지속가능한 지구를 위한
환경사회학

찰스 L. 하퍼 지음

정대연 옮김

한울
아카데미

이 도서의 국립중앙도서관 출판시도서목록(CIP)은 e-CIP홈페이지(http://www.nl.go.kr/ecip)에서 이용하실 수 있습니다. (CIP제어번호: CIP2010001509)

Fourth Edition

ENVIRONMENT AND SOCIETY

Human Perspectives on Environmental Issues

Charles L. Harper
Creighton University

PEARSON/Prentice Hall

Upper Saddle River, New Jersey 07458

Fourth Edition
Environment and Society: Human Perspectives on Environmental Issues
by Charles L. Harper

Authorized translation from the English language edition, entitled ENVIRONMENT&SOCIETY, 4th Edition, ISBN: 0132403560 by CHARLES L. HARPER, published by Pearson Education, Inc, publishing as Prentice Hall, Copyright ⓒ 2008

All rights reserved. No part of this book may be reproduced or transmitted in any form or by any means, electronic or mechanical, including photocopying, recording or by any information storage retrieval system, without permission from Pearson Education, Inc.

KOREAN language edition published by HANUL PUBLISHING COMPANY, Copyright ⓒ 2010

이 책의 한국어판 저작권은 Pearson Education, Inc와의 독점계약으로 도서출판 한울에 있습니다. 저작권법에 의해 한국 내에서 보호를 받는 저작물이므로 무단전재나 복제를 금합니다.

옮긴이 서문

찰스 L. 하퍼 교수가 쓰고, 미국 Pearson/Prentice Hall 출판사가 출간한 *Environment and Society: Human Perspectives on Environmental Issues*는 1996년에 초판이 나온 후 2007년에 제4판이 나왔다. 이 책은 제4판을 번역한 것이다.

옮긴이는 환경 관련 국제학술대회나 국제회의 등을 통해 20여 년 전부터 하퍼 교수와 교분을 나누며 가까이 지내고 있다.

사회학에서 환경에 관한 연구는 크게 두 틀로 나뉜다. 하나는 '환경의 사회학(sociology of environment)'이고, 다른 하나는 '환경사회학(environmental sociology)'이다. 전자는 환경 관련 개별 쟁점들을 사회학의 시각으로 연구하는 것이고, 후자는 인간과 환경의 관계를 연구하는 것이다.

그중 환경사회학에 속하는 이 책은 오늘날 인간의 생존 자체를 위협하는 환경문제에 대한 설명에 초점을 두면서, 그 초점을 다음과 같은 틀에 기초해 설명하고 있다.

먼저 인간과 환경의 관계에 대한 논의에서 출발해, 인간과 환경의 매개자로서 자원 등의 문제를 다루고, 성장을 위한 자원 이용으로 인해 발생하는 환경

문제의 본질을 설명하며, 환경문제에 대한 반성으로 정부 차원의 정책과 시민 일상생활 차원의 친환경적 행동을 설명한다.

이와 같은 틀에 기초해 이 책은 개별 주제들을 8장으로 구성하고 있다. 각 장에서는 각 주제에 대한 기존의 다양한 패러다임을 제시한 후, 각 주제에 대해 지은이의 관점에 기초한 결론을 내린다. 이 책이 특히 가치 있는 점은 각 주제에 대해 지은이의 결론에 이어 '독자들이 생각해볼 문제'를 제시함으로써 독자들이 관점을 정립할 수 있도록 한 것이다.

아무쪼록 이 책이 환경에 관한 사회학적 연구의 내용과 방향을 이해하고, 환경이 개인의 삶뿐 아니라 인류사회의 존재양식과 발전방향에서 차지하는 비중이 얼마나 지대한지를 이해하는 데 보탬이 되길 바란다.

이 책은 많은 사람들의 도움으로 번역되었기에 이들 모두에게 감사한다. 먼저 이 책의 번역을 허락해준 하퍼 교수에게 감사한다. 어머님의 병환 중에도 번역과정에 도움을 준 김현정과 번역 초고를 일일이 읽고 문장을 다듬어준 김찬규 박사님, 공지영에게도 감사한다. 그리고 어려운 여건 속에서 이 책의 출판을 허락해준 도서출판 한울과 기획실 윤순현 과장, 특히 한울 편집부의 고마움을 빼놓을 수 없다.

2010년 4월
제주대학교 사회학과 교수 정대연

지은이 서문

  이 책은 환경에 관심을 갖고 있는 학생과 독자에게 환경의 쟁점들을 소개하고자 한다. 더 자세히 말하면, 이 책은 인간과 환경 사이의 연관성과 이 둘이 서로에게 미치는 영향에 관한 것이다. 환경의 특정 주제와 쟁점을 다룬 연구보고서와 학술논문은 많이 있다. 이 책은 다양한 인간과 환경의 쟁점을 다루는 하나의 통합적 매개체를 지향한다.

  고등교육에서 환경의 쟁점과 환경문제에 대한 관심이 크게 고조되고 있기에 내 강의에는 생물학, 환경과학, 사회과학을 전공하는 학생들 외에도 교육학, 철학, 마케팅을 전공하는 학생들이 섞여 있다. 나는 적어도 이 학생들은 모두 이해할 수 있는 책을 쓰기로 했다. 통찰력이 있는 독자라면 이 책의 몇몇 부분에서 기본적인 설명과 심화된 토론이 번갈아 행해지고 있음을 알게 될 텐데, 이것은 의도된 것이다. 왜냐하면 사회과학을 배우는 학생들은 알고 있는데 자연과학을 배우는 학생들은 모르는 것도 있고, 그 반대인 경우도 있기 때문이다.

  이 책은 현재 환경에 대한 관심, 논쟁, 담론을 종합화하는 여러 요소에 관해 논의하고 있다. 제4판인 이 책은 여러 곳에서 새로운 자료뿐 아니라 새롭거나 최근의 관점들을 다루고 있다. 예를 들면 인간과 환경 및 인간과 생태계를 연결 짓는 인간생태학 및 세계 정치경제, 지구에 남긴 '인간의 발자국', 기후변화, 다가오는 세기의 에너지 전환, 생태적 근대화, 세계화, 경제성장의 한계, 환경운동, 그리고 지속가능성을 다루고 있다. 학자들은 인간-환경의 쟁점들에 대해 서로 다른 지적 관점(paradigms)을 제시하고 있는 것이 보편적이다. 이러한 다양한 견해가 궁극적으로 화해할 수 없는 것이라고는 생각하지 않는다. 그러나 만약 독자들이 여러 다른 관점들에 관심을 두는 것을 좋아하지 않는다면 이 책은 독자들에게 적절하지 않을 수도 있다.

독자들이 대규모의 쟁점과 개인들의 삶 사이의 거시적·미시적 관련성을 찾을 수 있도록 각 장에 몇 가지 질문과 '독자들이 생각해볼 문제'를 달아놓았다. 이것은 각 장의 내용을 요약하는 검토의 질문이 '아니라', 이 책과 독자 또는 독자들 간의 대화를 시도하는 기회이다. 다른 한편으로는 토론 또는 주장의 출발점이 될 수도 있을 것이다.

독자들이 어떤 종류의 책을 읽을 것이며 그 책이 어떻게 구성되어 있는지에 대해 생각을 가지는 것은 당연하다. 그 생각은 환경문제 자체에 관한 것이지만 사회과학적 관점(social science perspective)을 가지고 있고, 환경문제가 인간의 행위, 문화, 사회제도와 어떻게 연관되어 있는지에 관한 더 많은 관심일 수도 있다. 이 책도 역시 더욱 '지속가능한' 환경, 사회, 세계질서로 변하고 있는 인간과 환경의 관계에 대한 주장들을 검토하고 있다. 마지막으로, 이 책은 특정 쟁점을 깊이 있게 다루기보다는 다양한 쟁점들이 서로 어떻게 관련되어 있는지에 초점을 두고 폭넓게 개괄할 것이다. 많은 책과 연구논문이 특정 주제에 대한 깊이 있는 내용을 제공해주고 있다(이 책의 각 장 끝에 그런 책들과 웹사이트들을 적어두었다).

이 책의 제1장은 환경, 생태계, 인간사회의 체계에 관한 기본 개념들, 그리고 인간이 자신의 생물물리적 환경에 대해 이해하고 상호작용하는 다양한 방법을 소개한다. 사회과학자들이 인간과 환경의 관계를 어떻게 이해해왔는지도 검토하고, 인간의 활동이 어떻게 생물물리적 환경에 영향을 주는지 역시 요약한다. 제2장은 지구에 남기고 있는 인간의 '발자국'을 해석하고, 자원, 자원고갈, 그리고 오염 사안을 논의한다. 제3장은 기후변화, 특히 논쟁이 되고 있는 지구온난화에 관한 것이다. 제4장은 모든 인간의 경제활동의 근간을 이루고 있는 에너지체계와 가까운 미래의 에너지 전환에 관한 것이다. 제5장은 식량 사안과 관련해 인구증가에 관한 것이다. 제6장은 현재 몇몇 관점에서 세계화와 더욱 지속가능한 인간과 환경의 관계를 음미한다. 제7장과 제8장은 경제시장, 정치, 정책, 환경운동을 음미함으로써 더욱 원대한 지속가능성의 전망을 다룬다.

'세계가 작동하는 방향'에 대해 기본적인 잠재적 가정을 지니고 있는 세계관과 패러다임의 중요성이 내가 점진적으로 명확하게 규명하고자 하는 하나의 중요한 명제다. 사람들은 문화 안에서 이 세계관과 패러다임을 가지고 있고, 그리고 이 세계관과 패러다임은 다양한 분야에서 전문가들의 학문을 형성한다. 이 세계관과 패러다임은 우리의 사고에 내재해 미묘한 방식으로 종종 원활한 의사소통을 어렵게 만든다.

나는 훈련에 의한 사회학자이고, 환경의 쟁점들에 대한 나의 견해는 지난 30년 동안 급속도로 발전된 사회학의 하위영역인 환경사회학으로부터 형성된 것이다. 설령 그렇다 해도, 어느 단일 학문분야도 다각적이고 중요한 주제에 대해 진실의 각 부문을 알 수가 없다. 그렇기 때문에 나는 경제학자들, 정치학자들, 인류학자들, 지리학자들, 정책 분석가들이 환경과 생태 쟁점들에 대해 관심을 두고 있는 관점과 연구에 초점을 두었다. 이러한 점에서 이 책은 환경사회학에 한정된 학술서라기보다는 사회과학 서적이다. 그러나 이 책은 사회과학의 여러 분야 가운데 환경사회학과 경제학에 가장 큰 비중을 둘 것이다.

과학, 가치, 언어

나는 환경문제와 환경 쟁점에 대한 인간의 반응과 원인에 관해 객관적인 글을 쓰려고 노력해왔다. 그러나 이 책에서 학문적 또는 대중적 논쟁과 의견 차이를 무시하지는 않을 것이다. 이 책은 터무니없이 어렵고 다차원적인 몇몇 쟁점들을 되도록 합리적으로 다루고자 하지만, 분명히 모든 사람의 구미에 맞지는 않을 것이다. 모든 훌륭한 사회과학(또는 어떤 분야든 모든 좋은 과학)처럼, 이 책은 객관적 '사실'을 사람들이 중요하다고 생각하는 것들(가치), 그리고 그 가운데 규범적 선택을 하는 데 필요한 기준과 연관 지어줄 것이다. 토머스 디에츠(Thomas Dietz)의 주장을 빌려 새로운 '인간생태학(human ecology)'을 위한 전망을 말해보겠다.

> 우리의 과학은 규범적이고 실증적이어야 한다. 과학자로서의 인간생태학자가 지속적으로 변호에 관여할 필요가 있음을 말하는 것이 아니다. 어떤 결정을 내리기 위한 타당한 기준을 제시하려고 논증을 할 때 분석적 기술을 사용해야 한다는 말이다. 우리는 가치 문제를 처리하는 데 필요한 방법들을 제공함으로써 개인과 집단이 더 나은 결정을 내리도록 도와야 한다(1994: 50).

사실, 가치로부터 완전히 자유로운 사회과학은 없으며, 이것은 다른 어느 과학도 마찬가지다. 그렇기 때문에 이 책 역시 사실과 자료에 관해 논의할 테지만, 한편으로는 내 자신의 가치, 기대, 인간의 곤경에 대한 두려움 역시 담고 있다. 학문적 연구에서 자신의 견해와 가치를 배제하는 것은 불가능하다(또한 바람직하지 않다고 생각한다). 그러나 그것들은 지은이의 것으로 구분이 되어야 하며, 그렇기 때문에 이 책의 지은이 또한 모두가 동의하지는 않을 것 같은 곳에는 서두에 '내가 생각하기에는 ······'이라고 신중히 단서를 달았다.

독자에게 인간과 환경의 상호작용에 대한 많은 나쁜 소식을 자세하게 다루는 책을 읽게 될 것이라고 경고를 해주는 것은 옳다. 나쁜 문제들에 관한 내용을 계속해서 읽다보면 사람이 우울해지기도 하고, 운명주의를 갖게 될 수도 있다. 그러나 더욱 긍정적인 미래가 있을 수 있다는 희망을 위해(낙관론은 아니지만) 설득력 있는 이유들을 찾아내는 것 또한 중요하다. 이러한 이유들은 이 책의 후반부에 주로 제시된다. 그러니 앞쪽의 내용들이 독자를 다소 우울하게 만들더라도 끝까지 읽어주기 바란다. 책의 전반부 이후에, 환경 쟁점들에 관한 서술은 물리적 차원에서 사회적 차원으로, 장황하고 우울한 사실과 문제점에서 긍정적 변동을 위한 몇 가지 가능성의 고찰로 옮겨 간다. 이 책을 쓰면서 나는 내가 비관론자이긴 하지만 그래도 희망을 가지고 있는 사람이라는 사실을 발견하고 조금은 놀랐다.

이제 독자들에게 또 한 가지를 명확히 밝히지 않으면 안 된다. 이 책은 가능한 한 많은 부분에서 격식이 없고 (내가 바라기에는) 담백한 어조로 쓰였다. 익명의 여러 집단의 사람들과 의사소통을 한다기보다는 개인으로서의 독자와 대화를 나누는 것처럼 쓰려고 자주 노력했다. 이것이 내가 좋아하는 의사소통의 방법이고, 덕분에 이 책이 더 많이 읽히기를 바란다.

감사의 글

모든 지적 작업은 어떤 의미에서 자서전을 쓰는 것과 같다. 내 초창기 대학 전공(수십 년 전)은 생물학과 물리학이었다. 이어 대학원에서는 사회학을 공부했고, 몇 년 동안 환경과 생태 쟁점들을 주변적으로만 다루는 교수생활을 해왔다. 이 책은 나의 자연과학과 사회과학 교육의 부분들을 하나의 연관된 전체로 총합해 우리 시대의 중요한 인간적·지적 관심들에 초점을 두려는 시도이다.

지적 작업은 자전적이기만 한 것이 아니다. 통찰력, 격려, 인내 그리고 다른 사람들이 한 건설적인 비평을 담고 있다. 이들에게 감사하고자 한다. 특히 크레이턴 대학교의 동료들과 학생들에게 감사한다. 이들은 본질적으로 이 책의 저술에 도움을 주었고, 저술하는 동안 어려움을 감내해주었다. 특히 제임스 얼트(James T. Ault)에게 감사한다. 그는 인내하면서 이 책을 읽고 많은 부분에 비판적인 조언을 해주었다. 크레이턴 대학교 후임 대학원장에게도 감사한다. 그는 사소하지만 중요한 자료를 제공해주었다.

여러 연구소에 근무하는 환경사회과학자들의 경이로운 네트워크에도 역시 감사한다. 그들은 이 책의 여러 판을 통해 지은이를 격려했다. 때 이르게 작고한 프레드 버텔(위스콘신 대학교), 유진 로사, 토머스 디에츠, 로버트 브럴, J. 앨런 윌리엄스, 폴 스턴(국립연구회), 브루스 포더브닉이 그들이다. 특히 수년에 걸쳐 격려와 비평을 해준 윌리엄 프로이덴버그(캘리포니아 대학교 샌타바버라 캠퍼스)와 라일리 던랩(오클라호마 주립대학교)에게 많은 신세를 졌다. 물론 이들은 이 책에서 누락 또는 첨삭된 오류에 대한 책임이 없다. 책에서 잘못된 부분에 대한 책임은 전적으로 지은이에게 있다.

다양한 경로로 이 책의 제4판에 대해 유용한 평가를 해준 익명의 검토자들에게도 감사한다. 지금 이름이 밝혀진 이들은 아이오와 주립대학교 수 자내진, 노스캐롤라이나 센트럴 대학교 로버트 워댐, 아이오와 주립대학교 피터 콜싱, 메인포트 켄트 대학교 마리엘라 스콰이어, 머스킹엄 대학 데이비드 타바크닉, 디모인 지역 커뮤니티 대학 마이크 디레이니, 오하이오 주립대학교 테드 네이피어이다. 또한 이 책의 출판자 낸시 로버츠, 사회학 편집자 크리스 디죤과 제니퍼 길러랜드, 유능하고 항상 도움을 준 연구보조원들, 출판사 사람들과 그들의 조언에도 고마움의 큰 빚을 지고 있다. 깔끔하지 못한 글을 다듬고 정리하는 큰일을 해준 편집자 탤리 모건에게도 감사한다. 마지막으로, 인내와 사랑으로 지원해준 아내 앤에게 이 책을 바친다.

독자들에게서 이 책과 책의 쓸모에 대한 평가와 조언을 듣는다면 기쁘겠다. 그렇게 해서 책이 더 나아지길 바라고 있으니까.

찰스 L. 하퍼
크레이턴 대학교 사회학 및 인류학과
charper@creighton.edu

차례

옮긴이 서문 • 5
지은이 서문 • 7

제1장 환경, 인간계, 그리고 사회과학 ─── 18
1. 생태재앙이냐, 생태과장이냐 • 20
2. 생태계: 개념과 구성요소 • 21
   2.1 생태계 변동과 진화 | 2.2 인간과 환경의 관계에 대한 생태학 이론의 적절성
3. 사회문화체계 • 28
   3.1 문화 | 3.2 사회제도 | 3.3 사회구조 | 3.4 인구의 규모와 특성 | 3.5 인간생활의 이중성
   | 3.6 세계관과 인지된 환경
4. 생태계와 사회문화의 진화: 인간생태학 • 37
   4.1 산업사회
5. 환경사회과학 • 48
   5.1 경제학적 사고 | 5.2 사회학적 사고 | 5.3 사회이론과 사회학의 녹색화
6. 결론: 환경, 생태계, 그리고 인간계 • 69
   6.1 인간의 환경과 생태변동 추진 | 6.2 체제의 연관 | 6.3 인간과 환경의 관계에 대한 지적
   패러다임
7. 독자들이 생각해볼 문제 • 74

제2장 인간과 지구의 자원: 근원과 하치장 ─── 77
1. 토지와 토양 • 79
   1.1 토양과 식량 | 1.2 토양 문제 | 1.3 경제적 및 생태계 서비스: 토양 퇴화의 가격화
2. 수자원 • 84
   2.1 물 사용의 증가와 문제점 | 2.2 물과 정치적 갈등 | 2.3 물 문제 | 2.4 담수의 경제적 및
   생태계 서비스
3. 종다양성과 산림 • 90

3.1 산림 자원 | 3.2 산림의 경제적 및 생태계 서비스 | 3.3 종다양성 감소 | 3.4 벌채와 종다양성 감소

4. 폐기물과 오염 • 108

4.1 농업의 화학적 오염 | 4.2 고체폐기물 문제 | 4.3 도시의 오염 | 4.4 오염의 경향

5. 결론: 지구의 자원 • 122

6. 독자들이 생각해볼 문제 • 125

제3장 범지구적 기후변화 ─────────── 130

1. 오존고갈과 자외선 복사 • 134

　1.1 오존층 파괴 | 1.2 조심스러운 이야기 | 1.3 행복한 결말?

2. 열 올리기: 지구온난화 • 141

　2.1 일반순환모델 | 2.2 몇 가지 모호한 증거 | 2.3 진화하고 있는 과학과 합의 | 2.4 사회에 대한 영향

3. 우리는 행동할 만큼 충분히 알고 있는가? • 155

4. 정책적 선택: 지구온난화에 대해 무엇을 할 수 있는가? • 157

　4.1 전략, 사회변동, 그리고 불평등 | 4.2 온실효과 외교: 교토 의정서와 이를 넘어서 | 4.3 우리는 비용을 감당할 수 있을까?

5. 독자들이 생각해볼 문제 • 171

제4장 에너지와 사회 ─────────── 175

1. 역사적 우회: 최근의 에너지 위기 • 177

2. 에너지 문제: 환경적·사회적 문제 • 181

　2.1 근원의 문제: 에너지자원 공급 | 2.2 인구증가, 경제발전, 그리고 분배 문제 | 2.3 정책과 지정학적 문제 | 2.4 흡수 문제: 에너지와 환경

3. 인간사회의 에너지학 • 190

　3.1 저에너지와 고에너지 사회 | 3.2 사회과학과 에너지학

4. 현재의 에너지 체계와 그 대안 • 206

　4.1 화석연료 | 4.2 원자력 에너지 | 4.3 재생가능 에너지원

5. 방해요소, 변천, 그리고 에너지 정책 • 226

　5.1 변동의 방해요소 | 5.2 전환과 정책

6. 요약: 에너지와 우리가 처한 위기 • 232

7. 독자들이 생각해볼 문제 • 233

제5장 인구, 환경, 그리고 식량 ——— 237

1. 인구변동의 동태 • 240
   1.1 인구추이 모델 | 1.2 인구분할: 고개발국가와 저개발국가 | 1.3 인구 재분배: 도시화와 인구이동
2. 세계 인구증가가 얼마나 심각한 문제인가? • 259
   2.1 신맬서스주의자의 주장 | 2.2 경제학자의 주장 | 2.3 불평등 관점에서의 주장
3. 이 논쟁의 의미 찾기 • 269
4. 인구, 식량, 그리고 기근 • 273
   4.1 세계 기근의 변화와 형세 | 4.2 세계 기근에 대한 설명
5. 50년 후 80억 인구를 먹여 살리기 • 284
   5.1 생물공학? | 5.2 지속가능한 농업: 농작생태학과 저투입 농사
6. 세계 인구의 안정화: 정책적 선택 • 293
7. 결론 • 296
8. 독자들이 생각해볼 문제 • 297

제6장 세계화, 성장, 그리고 지속가능성 ——— 301

1. 세계화 • 304
   1.1 정치경제학적 전망 I: 신자유주의 | 1.2 정치경제학적 전망 II: 세계체계론 | 1.3 세계화와 사회적 분편들 | 1.4 불평등과 환경부하량 | 1.5 환경부하량 측정: $I = PAT$
2. 지속가능성 • 321
3. 성장과 지속가능성: 두 가지 관점 • 325
   3.1 성장의 한계: 분출 충돌 | 3.2 생태적 근대화: 환경보호와 번영 | 3.3 논쟁에 대한 이해 | 3.4 더욱 지속가능한 소비의 촉진 | 3.5 성장, 복지, 그리고 행복
4. 지속가능사회? • 343
5. 전환과 지속가능성: 사회변동 • 346
   5.1 기능주의와 변동 | 5.2 갈등이론 관점과 변동 | 5.3 해석학 이론과 변동 | 5.4 통합적 관점? 기관, 구조, 그리고 시간적 범위 | 5.5 시간적 범위들
6. 결론: 지속가능성으로 전환? • 352
7. 독자들이 생각해볼 문제 • 355

제7장 구조의 전환: 시장과 정치 ——— 358

1. 시장 • 361

1.1 시장 실패 | 1.2 환경적으로 역전된 보조금과 시장 유인책 | 1.3 시장 유인책의 전환: 녹색세금 | 1.4 경제적·사회적 번영의 새로운 시책 | 1.5 합리적 선택과 인간-환경의 문제 | 1.6 시장 하나로는 해답이 되지 않는다
  2. 정치와 정책 • 378
    2.1 공공정책을 위한 전략 | 2.2 정책과 경제생산 주기 | 2.3 정책과 사회구조 | 2.4 정치와 정책의 한계
  3. 번영을 위한 가능한 지렛대 • 390
    3.1 환경상태와 규제정책 | 3.2 생태적 근대화 | 3.3 공동자원의 지역사회 관리 | 3.4 교역 가능 허용수준 | 3.5 교역가능 환경허용(TEA)과 지역사회 자원관리(CRM)의 비교
  4. 범세계적 정치경제와 환경 • 403
    4.1 조직, 무역, 협약, 그리고 환경 | 4.2 초국가 기업 | 4.3 세계화에 반대: 세계무역기구의 괴로움 | 4.4 환경보호를 위한 국가 간 조약과 협약
  5. 결론 • 413
  6. 독자들이 생각해볼 문제 • 414

제8장 환경주의: 이념과 집합행동 ──────────── 417
  1. 미국 환경주의 • 422
    1.1 초기 미국 환경주의운동, 1870~1950 | 1.2 최근 환경주의 운동 | 1.3 환경정의와 풀뿌리 운동 | 1.4 다른 주장들: 심층 생태학과 생태여성주의 | 1.5 다른 주장들: 생태신학과 자발적 검소주의 | 1.6 반환경주의: 명백한 운명과 대항운동
  2. 범세계적 환경주의 • 464
  3. 환경주의와 변동 • 471
    3.1 사람과 환경: 태도, 위탁, 그리고 행동
  4. 환경주의: 얼마나 성공적인가? • 474
  5. 결론 • 476
  6. 독자들이 생각해볼 문제 • 479

  참고문헌 • 482
  찾아보기 • 521

제1장
환경, 인간계, 그리고 사회과학

▲ 뉴욕 시 스카이라인 가까이에 있는 고체폐기물.

▶ 우리가 '사회화된 환경' 속에 살고 있다고 할 만큼, 환경에 미치는 인간의 영향은 무척 광범위하다.

◀ 스모그로 뒤덮여 있는 로스앤젤레스에서 볼 수 있는 것처럼, 산업사회는 대량의 폐기물과 오염을 만들어내고 있다.

최근 몇십 년 동안 우리의 환경과 그 안에서 인간이 어떻게 살아가고 있는지에 대한 뉴스들은 썩 유쾌한 것들은 아니었다. 야생, 토양, 수자원이 스트레스를 받고 있고, 숲은 사라지고 있으며, 우리는 우리 자신이 만든 오염물과 쓰레기에 파묻혀 있는데다가, 지구의 기후는 확실히 더워지고 있다. 만일 지금 이 책을 읽는 이들의 부모 세대가 독자의 나이에 이러한 뉴스를 들었다면, 그네들에게 익숙한 단어와 구절이 얼마나 됐을까?

산성비, 대기오염, 스모그, 열전도, 산림벌채, 지구온난화/온실효과, 탄소 격리, 실내공기오염, 매립지 과부하, 저준위 핵폐기물, 원자로의 용융, 부영양, 도시 확장, 오존층 파괴, 교토협약, 전력공급선의 방사능, 멸종생물종, 지속가능발전, 생물종다양성, 유독성 폐기물 더미, 사막화, 녹색정치, 녹색소비주의, 님비(NIMBY) 증후군

그네들은 기껏해야 공기오염, 스모그, 유독성 폐기물 더미와 같은 두세 단어에 친숙했을 테다. 독자들은 적어도 더 많은 단어와 구절을 알고 있을 것이 거의 확실하다. 이 사실은, 내가 생각하기에, 환경 쟁점과 환경문제들이 얼마나 급속히 그리고 널리 대중적 의식과 정치적 담론으로 자리 잡는지를 보여주는 하나의 척도이다. 이 책은 이러한 환경문제, 인류가 초래한 환경문제들, 그리고 그 함의에 관한 것이다. 환경(environment)은 지구 – 바위, 토양, 물, 공기, 대기, 살아 있는 유기체들 – 를 포함하지만, 생태계(ecosystem)란 지구물리적 환경의 부문 속에 살면서 상호작용하는 유기체들을 의미한다.

1. 생태재앙이냐, 생태과장이냐

앞에서 열거한 문제들은 그저 환경경고주의자들의 허튼소리일 뿐인가? 이러한 문제들은 얼마나 '현실적'일까? 확실히 오염, 열대우림, 원자력 에너지, 지구온난화의 가능성과 같은 환경문제들이 존재한다는 것은 모든 사람이 알고 있다. 그러나 생태재앙이 과연 코앞에 바싹 다가와 있는 것일까, 아니면 지나치게 과장되어 있는 것일까? 나처럼, 독자들도 아마 이런 문제들을 생각해 보는 데 시간과 에너지를 투자하지는 않을 것이다. 세계는 문제가 없는 것처럼 보인다. 우리는 일어나 출근을 하고, 가족과 일상생활을 즐긴다. 농부는 풍부하고 평소처럼 맛있는 작물을 계속 가꾸고, 마시는 수돗물은 우리를 병들게 하지 않는다. 2000년 이후, 특히 2001년 9월 11일 이후, 많은 사람들은 여러 가지 이유로 불안해하고 있다. 부유한 국가에 살고 있는 많은 사람들은 여전히 생물물리적 세계에 문제가 없다고 여긴다. 독자들도 나와 마찬가지라면, 아마 이 책에 서술된 환경재앙을 직접 경험하는 것은 어려운 일일 것이다. 분명 우리는 이 세계에 고난, 가난, 질병, 테러가 있음을 알고 있고, 대다수는 인간의 문제와 비참함의 경제적·정치적·개인적 원인들이 환경문제들보다 더욱 직접적이고 명백하다는 것도 알고 있다. 독자들은 확실히 내가 인류의 미래를 위해 매우 복잡한 사안과 논쟁에 관해 말하고 있다는 사실을 알 것이다. 만약 이것이 독자들 자신을 위한 것이 아니라면, 분명 독자들의 자녀와 손자·손녀들을 위한 것이다. 이러한 문제들은 단지 과학적·학술적 논쟁이 아니라, 더욱 전통적인 쟁점들과 경쟁하고 있는 미국과 전 세계의 정치 영역에서 울려 퍼지고 있는 쟁점이면서 또한 정치적 딜레마가 되고 있다.

이 장에서는 (1) 생태계, (2) 인간의 사회문화체계, (3) 생태계와 인간계 진화의 유사점과 차이점, (4) 환경사회과학, 특히 경제학과 사회학, (5) 환경과 생태계 변화에 대해 인간이 제공하는 몇몇 원인을 광범위한 관점에서 소개하려고 한다.

2. 생태계: 개념과 구성요소

생태학적 이해를 위한 가장 근본적인 개념은 서로 연관되어 상호 의존하고 있는 부분들의 연결망인 체계(system)라는 개념이다. **생태계**(ecosystem)는 생태학적 분석의 가장 기본 단위이고, 주어진 환경 속에서 상호 의존적인 모든 유기체들의 종다양성과 개체군을 포함한다. 생태계는 진보적으로 더욱 포괄화되는 위계질서를 이루는 구조적 단위들로 구성되어 있다.

추가로, 생태학자들은 생명체가 발견되는 총체적 영역으로서 **생물권**(biosphere)에 관해서도 이야기하고 있다. 생물권은 대기권의 하층부, 수권(물의 전체), 암석권(바위와 토양의 상층부)으로 구성되어 있다. 생물권은 이것들이 결합된 가장 깊은 해양의 바닥에서 가장 높은 산의 꼭대기에 이르는 약 20km인데, 상대적으로 그 층이 얇다(Miller, 1998: 92).

에너지, 화학물, 영양분의 교환(또는 순환)이 물리적 환경과 생태계 구성단위 및 하위생태계를 묶어 생태계를 하나의 전체로 결합시킨다(〈그림 1.1〉참조).

1차 생산자인 녹색 광합성 식물로부터 시작해 소비자 유기체들이 수차례 반복하며 먹고 먹히는 일련의 과정을 통한 음식에너지의 전이를 먹이사슬

유기체(Organism)	동식물을 포함해 생명체의 개별적인 형태(예: 철수, 바둑이, 너, 나)
종(Species)	같은 종류의 개별적 유기체(예: 돌고래, 참나무, 옥수수, 인간)
개체군(Population)	특정 지역 안에 살고 있는 같은 종의 유기체들의 집합
군집(Community)	특정 시기에 한 지역 안에서 상호작용하면서 살고 있는 다른 유기체의 개체군(예: 캘리포니아 몬테레이 만 어귀에서 상호작용하면서 살아가고 있는 생명체들)
생태계(Ecosystem)	무기환경으로 만들어진 화학적·물리적 요소들과 어울려 상호작용하는 군집과 개체군(예: 호수, 아마존 유역의 우림, 미국의 대평원)
생물군계(Biome)	여러 작은 생태계로 구성된 큰 규모의 생명과 식생지대(예: 열대)

<그림 1.1> 탄소 순환

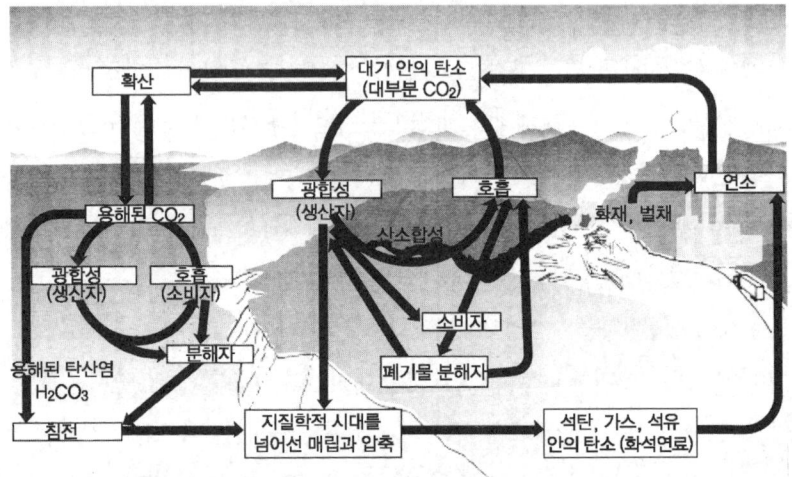

자료: T. G. Miller, Jr.(1998: 114~115)에서 응용.

(food chain)이라고 한다. 먹이 - 또는 영양 - 단계의 수가 많을수록 이용 가능한 에너지의 누적 손실이 더 커진다. 이 사실은 왜 높은 먹이단계, 특히 먹이사슬 최상층부에 위치한 적은 수의 개체군을 먹여 살리기 위해서 낮은 먹이단계에 위치한 많은 수의 개체군이 필요한지를 설명해준다. 결국 먹이사슬은 식량 피라미드(food pyramids)이다. 이러한 에너지 흐름의 피라미드는 왜 인간이 영양 섭취를 위해 먹이사슬의 높은 단계, 즉 곡물에 의해 사육된 쇠고기를 섭취하기보다 낮은 단계, 즉 채소나 곡물을 섭취한다면 더 많은 인구를 유지할 수 있는지를 설명해주고 있다(Bender and Smith, 1997: 14~16).

서식지(habitat)는 생태계 안에서 한 유기체의 개체들이 살고 있는 장소를 말하고, 생태적 지위(ecological niche)는 생태계를 구성하고 있는 유기체 군집 안에서의 역할을 말한다. 생태적 지위는 때때로 중첩되기도 하고, 두 생물종이 동일한 자원을 두고 경쟁하기도 한다. 그러나 여러 다른 종류의 자원분할화

(resource partitioning)로 인해 여러 종들이 치열한 경쟁을 하지 않고도 같은 서식지를 공유할 수 있다. 예를 들면 열대우림에서 생물종들은 각기 다른 단층에서 서식하며 먹이를 구한다. 즉, 땅바닥에서 먹이를 구하는 종도 있고, 관목지대에서 먹이를 구하는 종도 있으며, 그늘진 땅 아래에 살면서 먹이를 구하는 종도 있고, 높은 닫집에서 사는 종도 있다. 이러한 모든 종의 배설물은 잘 부서지는 열대 토양에 영양소를 재생하는 박테리아 등과 같은 분해자의 먹이가 된다. 이외에도, 주어진 생태계 내에서 '자원을 공유하는' 다른 방법들도 있다. 매와 부엉이는 동일한 사냥감으로 살아가지만 매는 낮에 사냥을 하고, 부엉이는 밤에 사냥을 한다.

모든 유기체는 생존하기 위해서 영양을 필요로 하고, 생태계와 물리적 환경이 이것을 공급해주어야 한다. 만약 한 개체군의 수가 지나치게 많아지면 생태계는 과부하 상태가 되고, 각 유기체의 기본 욕구를 충족시킬 수 없게 된다. 과부하가 발생하면, 개체군들은 곤경에 빠져 점차 죽게 된다. 클라크(Clark)는 생태계의 **환경용량**(carrying capacity)이라는 개념과 개체군 증가가 이용가능한 자원을 **초과이용**(overshoot)할 가능성을 미생물 배양용 접시에서 박테리아를 배양하는 실험과의 유비를 통해 보여주었다. 박테리아는 영양소가 풍부한 미생물 배양용 접시에서 배양될 때 폭발적으로 성장하지만, 제한된 미생물 배양용 접시 세계에서의 성장은 영원히 지속되지는 않는다. "조만간 박테리아 개체군이 이용할 수 있는 자원을 모두 고갈시키고 그들 자신의 배설물에 빠져버릴 정도가 되었을 때, 초기의 번식은 정체하거나 붕괴한다"(1990: 1). 그러나 이와 같은 유추 내용에만 매달려서는 안 된다. 생물종들이 생태계의 환경용량을 벗어나거나, 과대번식 후 개체군의 크기가 붕괴되는 실제 사례도 많다. 예를 들면 데이비드 클라인(David Klein)은 알래스카 해안선에서 멀리 떨어져 있는 매슈 섬에서 포식자인 늑대를 빼고 29마리의 동물을 유입시켜 순록에 관한 연구를 했다. 19년 후 순록은 6,000마리로 늘었지만, 그 후 기근을 거친 그 다음 3년에 와서는 42마리로 급격히 줄었다. 이 사실이 밝혀졌을 당시 42마리의 순록은 모두 건강 상태가 나빴고, 거의 확실히 불임 상태였다(1968: 350~367).

다른 생물종과 마찬가지로 인간도 생존하고 삶의 질을 유지하기 위해 공간, 신선한 공기, 물, 음식, 기타 필수적 영양소를 필요로 한다. 그러나 환경에 비해 상대적으로 인구가 지나치게 많으면 생태계의 환경용량이 혹사당하고, 인간의 복지가 위협받을지 모른다(Buchholz, 1993: 34). 그리고 역사적으로 볼 때 인간도 다른 동물과 마찬가지로 여러 나라에서 국지적·지역적으로 초과이용 재앙을 겪고 인구로 인한 문제에 빠진 사례가 많다. 나중에 몇몇 사례를 논의할 것이다. 이 결과로 영양실조, 질병, 기근, 모든 종류의 사회적 스트레스, 이동 그리고 때에 따라서는 희소자원을 둘러싼 경쟁으로 발생한 전쟁 등이 있다.

2.1 생태계 변동과 진화

오늘날 대개의 과학자들은 생물종들은 진화하고, **자연도태**(natural selection)와 느문 **뉴선적 돌연변이**(rare genetic mutations)가 종의 진화에 중요한 메커니즘이라고 생각한다. 또한 생태계도 인간이 지구에 출현하기 훨씬 이전부터 변하고 진화해왔다. 어떻게 그랬을까? 생태학의 창시자 중 한 사람인 알프레드 로트카(Alfred J. Lotka)는 1920년대 초기에 이 질문에 중요한 해답의 실마리를 제공했다. 생태학적으로 보면, 생물종들 간의 경쟁은 근본적으로 에너지원을 둘러싸고 일어난다. 주어진 환경 안에서 이용 가능한 에너지(영양소와 음식)를 위한 경쟁은 다른 생물종들 간 상호관계의 변동을 유발하고, 종종 생태계를 더욱 포괄적인 체제로 진화시키는 원인이 된다. 환경 안에서 에너지가 이용 가능할 때, 가장 효율적인 에너지 획득 메커니즘을 가진 생물종은 그만큼 생존에 유리하다. 우월한 에너지 획득 메커니즘을 가진 유기체들은 **자연도태의** 원리에 의해 혜택을 받고, 생태계 도처에서 개체수와 전체 에너지 소비를 증가시키게 된다(Lotka, 1922; 1945: 172~185). 이러한 과정은 종종 단계적 변화를 통해 특정 생물종이 다른 종으로 대체되는 **생태적 계승**(ecological succession)을 가져온다.

지구의 30억 년이라는 긴 지질학적 역사 동안에 생태계는 (1) 앞서 설명한 자연도태, (2) 다른 생물종들과의 **공동진화**(coevolution), 혹은 **공생**(symbiosis)이라고 불리는 다른 생물종들 간의 상호관계를 형성하는 상호 자연도태, (3) 개별적으로는 불리한 유전 보유자일 때 전체 집단적으로는 유리한 속성을 유지시키는 **집단도태**(group selection) 또는 **군집도태**(community selection)에 의해 진화해왔다. 비록 집단도태의 과정은 명확하지 않지만 집단도태가 일어나고 있다는 데 대해 의심을 품는 생태학자는 거의 없다. 공생은 서로 이익을 보거나(상호주의), 곰팡이나 미생물이 인간이나 다른 종에 침입할 때처럼 어느 한 쪽의 주체적 기생 관계(기생주의)와 같이 한 종에게는 이익이지만 양쪽 모두 이익이 아닌 경우도 있다. 흥미롭게도 인간의 소화기관에 기생하며 소화과정에 도움을 주는 인간과의 상호주의와 유사한 관계를 보여주는 미생물도 있다(Odum, 1971: 271~275).

2.2 인간과 환경의 관계에 대한 생태학 이론의 적절성

나는 이 주제에 대해 유명한 생태학자이자 생태이론가인 오덤(E. P. Odum)의 연구에 전적으로 의존하고 있고, 생태학적 진화와 인간-환경 상호작용 관계에 대한 그의 생각을 몇 가지 제시하려고 한다. 오덤은 여러 종류의 환경과 생태계의 관계를 **구획모델**(compartment model)로 이해했다. 이 모델은 생태계의 생물적 기능과 생애주기를 기준으로 삼아 종들의 자연적 상황을 크게 네 가지 유형으로 분할한 것이다. 네 가지 유형은 (1) 생성된 지 얼마 안 되어 상대적으로 미성숙하면서 빠르게 성장하고 있는 생태계를 가진 환경, (2) 더 다

〈그림 1.2〉 기능과 생애주기를 기준으로 한 환경과 생태계의 구획모델

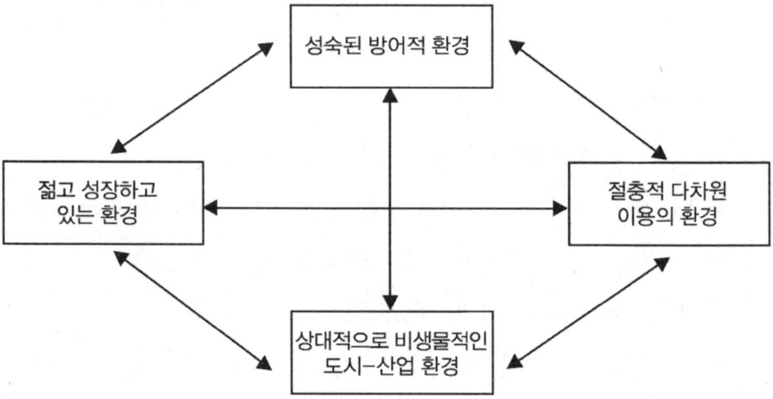

```
                    ┌──────────────────┐
                    │  성숙된 방어적 환경  │
                    └──────────────────┘
                          ↕
┌──────────────┐                    ┌──────────────┐
│ 젊고 성장하고  │  ←──────────→     │ 절충적 다차원  │
│  있는 환경    │                    │  이용의 환경   │
└──────────────┘                    └──────────────┘
                          ↕
                    ┌──────────────────┐
                    │ 상대적으로 비생물적인 │
                    │   도시-산업 환경    │
                    └──────────────────┘
```

자료: Odum(1971: 269).

양하게 성숙되었거나 또는 방어적 균형을 띠는 절정의 생태계를 가진 환경, (3) 기능과 형태를 결합해 절충적·다차원적 이용의 생태계를 가진 환경, (4) 다른 유형과의 관계에서 상대적으로 비생물계(abiotic)인 도시-산업 환경으로 구분된다. 이 네 가지 유형은 〈그림 1.2〉와 같이 도식화된다.

중요한 점은, 인간의 정착과 공동체의 성장은 좀 더 성숙하고(mature) 방어적인 것들을 희생시킴으로써 다른 유형의 환경과 생태계 부분을 분명히 감소시킨다는 사실이다. 인간의 활동은 도시-산업 환경을 만들고 있는데, 이는 거대한 무차별적 성장과 엄청난 팽창이라는 단순한 성장 생태계의 형태를 취하고 있다. 이러한 현상은 산림 벌채, 농업과 기타 용도의 토지 확장을 통해, 그리고 미개척지를 경작지, 도시, 고속도로, 기타 다른 요인들과 결합한 다차원적인 용도의 생태계 증가를 통해 일어난다.

인간의 활동은 사실상 단일경작지(monoculturals, 주로 한 유형의 유기체가 성장하는 지역)로 개간함으로써 일반적으로 단순화된 성장 생태계를 만든다. 인

간이 무엇을 하든지, 즉 나무를 벌목하든, 수확을 위해 대초원을 경작하든, 초목지에 풀을 재배하든, 인간의 활동은 '야생' 생태계에 존재하는 생명체들의 생물학적 다양성을 감소시킨다. 옥수수나 콩밭은 이와 같은 단일경작이다. 만일 초목지가 주로 한 종류의 풀(블루그래스, 호밀, 잔디 등과 같이)로 이루어져 있다면 이것 역시 단일경작이다. 단일경작을 계속한 경험이 있다면, 잡초 제거 작업에 많은 노력이 들어간다는 사실과 다른 생명체들이 단일경작지에 침해하지 못하도록 하기 위해 제초제나 살충제도 필요하다는 사실을 알고 있을 것이다. 단일경작에 의한 종다양성의 손실은 그 대가를 치르는데, 그것은 자연의 재생을 어렵게 만드는 화학물질을 사용해야 한다는 것이며, 단일경작은 다양한 경작물의 재배보다 튼튼하거나 견실하지 못하다는 사실이다. 단일경작물들은 가뭄과 질병(블루그래스를 죽이는 잔디나방 유충 또는 단일경작의 곡식 농작물과 가축을 죽일 수 있는 모든 종류의 곤충, 균류, 세균 등의 감염)에 훨씬 더 민감하다. 1840년대 아일랜드 감자 기근은 단일경작 농업의 붕괴가 초래할 수 있는 재앙의 한 사례이다. "잎마름병(blight)"의 감염은 여러 해 동안 아일랜드의 감자농사를 망쳤으며, 그 결과 아일랜드에는 대기근과 사회무질서가 초래되었다. 그리고 중요한 사실은 그것이 미국, 캐나다, 호주 등지로의 대규모 아일랜드 이민을 촉발시켰다는 것이다.

1970년대 오덤의 연구는 여전히 유효하다. 즉, "어느 정도까지의 보호지역을 파괴하면서 우리가 안전하게 집약적 농업을 확장할 수 있는지 그리고 도시가 팽창할 수 있는지에 대해 좀 더 정확하게 판단할 수 있을 때까지, 가능한 한 많은 보호지역을 침범하지 않는 것이 미래를 위한 좋은 보험이 될 것이다"(1971: 270).

그 대상, 방법, 그리고 양적 측면에서 인간의 이용에 전유할 수 있는, 그리고 사회생활을 위한 긍정적인 조건을 대다수의 인류에 제공할 수 있는 생물·물리적 환경의 포화 한계(saturation limit)는 존재하는가? 우리는 어느 정도까지 이것을 할 수 있을 것인가? 그리고 30억 년에 걸친 진화의 결과로 형성된 지구의 생태계와 생물종의 풍요롭고 다양한 유전적 유산을, 그 자신을 위해 어느 정도까지 소중히 여기고 존중할 수 있을 것인가? 어려운 질문들이지만 생각해볼 가치가 있는 중요한 것들이다.

3. 사회문화체계

농업에서 단일경작의 생물적 취약성(biotic vulnerability)을 설명하기 위해 앞서 1840년 아일랜드의 감자 기근 사례를 들었다. 부분적으로 이러한 재난 때문에 수많은 아일랜드 후손들이 미국, 캐나다, 호주에 살고 있다는 사실은 인간과 자연세계 사이의 중요한 연관성을 매우 사실적으로 보여주고 있다. 인간과 사회는 확실히 생태권에 내재되어 있지만, 자주 지적하듯이 인간은 다른 종과는 다른 독특한 양상을 보여주는 피조물이기도 하다. 인간은 벌, 고릴라, 돌고래와 같은 종들과 비슷한 특성을 가진 사회적 동물이자 독자적인 존재인 것이다.

생태학자들의 생태계와 같이 사회학자들에게도 추상적으로 개념을 조작화한 사회체계(social system)라는 개념이 있다. 사회체계의 구조적 단위들을 작은 단위에서 크고 포괄적인 단위까지(예를 들어, 개인, 단체, 공동체, 관료제, 사회, 세계질서) 단순하게 언급할 수도 있을 것이다. 그러나 그것은 호모사피엔스를 다른 종과 확연하게 구분하는 전체적인 차원의 인간체계를 무시하고 있기 때문에 아주 정확한 표현은 아닐 것이다. 그것은 바로 문화(culture)이다. 사회적 동물들이 사회체계에서 살고 있다고 언급될지라도 그것들은 문화적 차원을 결여하고 있다. 사회문화체계(sociocultural system)란 상호의존적인 행위자 - 개인, 조직, 하위체계 - 가 상호작용과 의사소통의 안정된 패턴을 유지하며 형성

〈표 1.1〉 사회문화체계의 요소

문화 (Culture)	세계관(worldviews) 패러다임(paradigms) 이념(ideologies) 지식(knowledge), 신념(beliefs), 가치(values) 상징(symbols), 언어(language)
사회구조 (Social structure)	세계체계(world-system) 사회(society) 민족국가(nation state) 복잡한 조직(complex organizations) 또는 관료제(bureaucracies) (계급, 윤리, 혈연, 또는 성에 기초한) 사회계층체계(social stratification systems) 지위-역할(status-roles)
물질의 하부구조 (Material infrastructure)	부(wealth, 예를 들어 대용-경화, 아내, 소, 돈) 물질문화(material culture), 생존기술(subsistence technologies, 예를 들어 경작, 컴퓨터) 인구(human population, 예를 들어 규모, 특징) 인간과 환경 사이의 관계(human-environment relations) 생물물리적 자원(biophysical resources, 예를 들어 땅, 숲, 광물, 물고기)

하는 연결망을 말한다. 여기에는 다른 하위체계에서는 볼 수 없는 문화적 형태 – 물질적·상징적인 면 – 가 유지되고 있다. 이것이 새로운 근거에 기반을 두고 있지 않다고 의심한다면 그것은 틀린 것은 아니다. 즉, 인간체계는 앞 장에서 소개된 일반적인 체계 개념의 또 다른 특별한 버전이다. 체계를 중요하게 보는 시각은 근본적으로 생태적이면서 사회과학적이다. 또한 이는 다른 종뿐 아니라 인간을 위한 내용을 포함하기 때문에 중요한 개념이다. 즉, (1) 이들 모두는 궁극적으로 모든 것과 연결되어 있다. 따라서 (2) 우리가 살고 있는 체계의 다른 부분들에 대해 어떤 연쇄적인 결과를 가져오지 않고, 우리는 아주 단순한 '한 가지 일조차도' 결코 할 수 없다. 〈표 1.1〉은 관련 내용들을 이해하

는 데 필요한 인간체계의 구성요소들이다.

이것은 유용하면서도 아주 전통적인 분석표이다. 그러나 모든 것이 아주 명확하게 구분되지는 않지만 점차 분명해질 것이다. 그리고 다른 것들은 약간 다르게 나타날 것이다. 자세한 내용은 렌스키와 놀런(Lenski and Nolan, 1999), 그리고 샌더슨(Sanderson, 1995)을 참조하라.

이러한 인간계의 요소 또는 하위체계의 적절성이 아주 명확하게 인식되지 않을 수도 있으므로, 그것들에 관해 몇 가지 언급할 필요가 있다. 그리고 이것들은 부분적으로 환경적 문제를 이해하는 데 관련이 있다. **첫째**, 특히 민족국가와 사회의 차이점이 무엇인지에 대한 것처럼, 체계와 사회의 어떤 것들이 어떻게 다른지 궁금할 수 있다. 오늘날 우리는 이들을 같은 것으로 여기기도 하지만 실제로 같지는 않다. 실제 민족국가는 1500년대 이전에는 존재하지 않았지만, 인간계의 가장 심화된 구조단위인 사회(society)는 호모사피엔스의 역사와 그 궤를 같이하고 있다.[1] 미국과 캐나다 국경선에 걸쳐 존재했던 모호크족이나 집약적인 사회를 구성하고 있지만 여러 북아프리카의 민족국가에 걸쳐 사는 북아프리가 베르베르족이 그 예이다. **둘째**, 이러한 요소들은 진화적

---

1   인간역사상 왕과 정치적 제국은 많이 존재했다. 그러나 대단히 확장된 사회 기능 – 경제보조금과 규제, 공공교육, 사회복지 – 을 가진 근대민족국가는 이와 차원이 다른 것이었다. 아마도 근대민족국가는 단순한 강압적인 권력과는 또 다른 성격의 정당성과 관련된 지배의 통치권(sovereignty)을 강조하는 것이 바람직하다. 유사하게 관료제적 관점에서의 조직은 민족국가와 비슷한 시기에 출현한 새롭게 고안된 사회이다. 근대적 조직과 고대의 풍습과의 중요한 차이점은 근대 관료제적 조직 안에서는 책임감과 권위가 구성원 자체보다는 조직적 지위와 구조에 귀속된다는 점이다. 근대적 조직은 대단히 향상된 안정성과 연속성을 가진다는 점에서 중요하다. 훈족의 왕 아틸라의 군대와 이집트 파라오의 피라미드 건축을 위한 군대는 모두 그들의 시조들을 오랫동안 생존시키지 못한 사적 제국의 형태라 할 수 있다. 관료적 조직의 특성에 관한 고전적 관점은 베버의 문헌을 참조하라(1922/1958).

또는 발전적인 연속성을 항상 유지하지는 않는다. 호모사피엔스로 알려진 초기 인류와 오늘날 세계에 흩어져 있는 몇몇 토착민족은 큰 공동체이지만 나이와 성별에 기초한 기본적 지위 모델을 넘는 수준의 불평등은 없었고, 가족 또는 혈연 체계를 넘어서 작동하는 사회도 없었다. 더욱이, 국가와 사회를 지구적 차원의 체계로 밀착시키는 능력을 가진 진정한 세계질서는 지금 겨우 500여 년 동안 출현해 작동되고 있고, 그 성격 또한 매우 확실하지는 않다. 셋째, 그 외 사적인 인간들의 유기적 조직이 있는데, 행위자 사이의 체계적인 연대의 수와 강도의 측면에서 다소 느슨한 인간들과 조직적 단체로 구성된 다소 느슨한 사회연결망(social networks)이 있다.

3.1 문화

호모사피엔스와 다른 종 사이의 가장 중요한 차이점은 인간은 문화적 창조물이라는 점이다. 인간이 아닌 동물들의 사회적 행동은 그들의 유전적 특성에서 비롯한 행동적 지시 또는 입력으로 더 잘 발현된다. 이는 복잡한 방법으로 환경 내에서 상호작용한다. 인간의 행위와 환경에 대한 학습은 더 유연하고도 개방적으로 형성된다. 다른 말로 표현하면, 그것은 문화적이라 할 수 있다. 문화(culture)는 단체 내의 사람들이 공유하는 학습된 삶의 형태의 총체이다. 컴퓨터로 비유하면 인간으로 구성된 소프트웨어의 종류라고 할 수 있다. 그 예로 세계는 무엇인지, 어떻게 인간은 다른 사람들과 관계를 맺어야 하는지, 그리고 생물물리적 환경 내에서 '어떻게 생계를 유지, 적응해야만 하는지' 등이 있다. 우리의 유전적 자산은 위의 질문에 대해 매우 적은 답변을 주기 때문에 우리 행동과 사회적 유형의 많은 부분은 생물적이기보다는 문화적으로 형성된다고 말하는 것이 바람직하다. 정확히 얼마만큼 그러한지에 대해서는 진화적 생물학자, 인류학자, 그리고 사회학자들 사이에서 10여 년 동안 생산적이지 않게, 그러면서도 매우 격렬하게 논쟁의 핵심이 되고 있다.[2] 사람들이 항상 문화적 규범을 따르는 것은 아니지만, 우리는 모두 그러한 규범에 따라야 한다는 사회적 압력을 경험하며, 만약 규범에 따르지 않을 경우 사회적 제재를 당하기도 한다.

그러나 문화는 상징적이면서 동시에 물질적이기 때문에 단순하게 도식화된 세 부분으로만 구분하기가 어렵다. 〈표 1.1〉을 참조하라. 예를 들어 물질적인 기술은 경제적 생존기술과 관련 있는 도구, 공장, 무기, 컴퓨터 등을 포함한다. 이러한 '사물들'을 강조하는 것은 무엇을 하는 데 필요한 생각, 계획, 처방임과 동시에 상징적 문화의 부분이 되는 혁신 과정이 된다. 또다시 컴퓨터에 비유하자면 물질적인 문화가 하드웨어 또는 핵심구조물이라면, 상징적인 문화는 인간계의 소프트웨어 프로그램이라고 할 수 있다. 따라서 생존기술은 인간들이 생물물리적 원자재를 인간에 유용한 재화와 용역으로 전환하는 데 사용하는 모든 종류의 사고, 방식, 도구, 그리고 묘안들을 포함한다. 물질의 하부구조라는 측면에서 보면, 이것들은 의식주에 필요한 기초적 측면의 생존기술과 관련이 있다. 그러나 여기에는 또한 바비인형, 발톱깎이, 컴퓨터, 사

---

[2] 호모사피엔스와 다른 동물종 사이의 유사점에 대해 과장해서도 안 되지만 반면에 생명 세계에서 인간의 근본성향을 무시해서도 안 된다. 인간과 다른 종의 행동 원인으로서 생물적·발생적 프로그램이냐 문화적 학습이냐를 가르는 상대적 무게에 대한 논쟁은 새로운 모습으로 변모되어 매년 끊이지 않고 있다. 그러나 이는 확실히 선택의 차이라기보다는 정도의 차이이다. 내가 생각하기에 이는 '양자택일'보다는 '둘 다'의 문제인 것이다. 확실히 이렇게 말하는 것은 단순히 추상화된 원칙을 인정하는 것이고, 특별히 어떤 환경 속에서 무엇이 강조되어야 하느냐를 결정하는 데 별 도움이 되지 못한다. 이러한 유전과 환경 사이의 논쟁은 사회생물학이라고 하는 생물학의 하위분야에서 형성되었다. 이에 대해 더 많은 것을 알기 위해서는 바라시(Barash, 1979), 마리안스키(Maryanski, 1998), 반덴버그(Van den Berghe, 1977~1978), 그리고 윌슨(Wilson, 1975)을 참조하라.

회학 서적 등 기초생계와는 별 관련이 없는 '물건'이 포함되어 있는데, 지구상에 존재했던 인간들 대다수에게 이것들의 경제적 효용은 이해하기 곤란한 것일 테다.

3.2 사회제도

사회제도는 앞서 얘기한 도식으로는 분류하기 어렵고 소홀하게 취급되기도 한다. 여기에는 가족, 경제, 정치체계, 사법체계, 의료, 기타의 사회문화 형성물 등을 포함한다. 사회제도는 구조적이면서 문화적이다. 즉, 이들은 사고, 가치, 신념, 기술, 그리고 생존과 관련된 인간 관심사를 양산해내는 폭넓은 구조적 체계들이다. 가족이나 혈연을 중심으로 조직화된 집단은 그 제도의 구조적·문화적 측면에서 이해하는 것이 쉽다. 법과 관습에 의해 구성된 미국 가족의 실질적인 구조적 단위는 바로 부모와 자식이다(물론 다른 친척들도 중요한 법적·문화적 지위를 가지고 있다). 문화적이면서 법과 관습에 의해 재구성된 결혼한 배우자는 이성 간의 두 사람만을 의미한다. 그들은 이념적으로 경제적 유용성이나 지배와 복종관계보다는 긍정적 매력인 사랑과 믿음의 가치를 통해 형성된 상호작용을 만들어낸다. 현재 규범적으로 두세 명을 넘지 않는 아이들은 본질적으로 소중히 여겨지고 있으며, 가족 경제나 성적 착취를 위한 존재로 여겨지지는 않는다. 그렇다면 이러한 현상은 미국 내 모든 가족들에게 경험적인 현실로 나타나고 있을까? 물론 그렇지는 않다. 그러나 사회제도는 강력한 문화적 관습과 법에 의해 지지되고 있듯이, 대부분의 사람들이 동의하지 않을 수 없는 명령적인 규범의 당위인 것이다. 더욱이 이러한 제도의 형세는 다른 문화 내의 가족제도와는 매우 다르게 나타나기도 한다. 이는 종종 인류학자들에게 다방면에 걸친 연구의 대상이 된다. 하지만 중요한 점은 사회제도란 구조적인 만큼 문화적인 성격 역시 가지고 있다는 것이다.

3.3 사회구조

인간계의 기본적 구조 단위는 지위(status)와 역할(role)이다. 지위란 인간이 사회체계 내에서 점유하고 있는 위치 또는 '순위'를 말한다. 이는 학생과 교수의 관계처럼 다른 지위와 위계적으로 연관되어 있다. 사회적 역할이란 지위를 가지는 동안 행동하도록 '기대되는 것'을 말한다. 예를 들어 교수는 수업을 준비하고 학문적 연구를 진행하며 학생의 관심사를 유발하는 행동이 '기대'된다. 그러나 이러한 역할에 대한 기대는 너무 다양해 어떤 행동을 하는 것으로만 나타나는 것은 아니다. 지위는 구조적 용어이고, 역할은 행위적 또는 문화적 용어이다. 반복하지만 이는 정확하게 분류되지는 않는다. 지위 역할은 모든 크기의 사회체계에 존재하고, 복잡한 인간계라는 사회성층의 거대한 구조 속으로 병합될 수 있다.

지위-역할이라는 개념은 생태학자가 생태계 내에서 유기체의 구조적 위치와 기능을 규정하는 생태학적 서식지와 생태적 지위에 대해 사고하는 방식과 어느 정도 유사하다. 더욱이 몇몇 사회적 동물들(특히 영장류)은 거의 인간과 흡사한 지위와 역할의 체계를 가지고 있다는 점을 주목할 필요가 있다. 인간의 진화적 사촌인 영장류와 몇몇 포유류는 비조직화된 단순한 무리의 떼가 아니라 연장의 수컷이 책임지는 비교적 구조화된 서열-지배 위계질서(rank-dominance hierarchies)를 가지고 유지되는 생물종이다.

3.4 인구의 규모와 특성

인간계의 가장 기본적인 구성요소는 개인적 인간과 다양한 규모와 성격을 가진 인구이다. 인구는 체계가 아니라 '군집'이지만, 인구의 규모와 연령 분포에서 볼 수 있는 바와 같이 무엇이 인간계 내에서 일어나는지, 어떻게 구조화되는지를 보여준다. 예를 들어 인간계가 규모 면에서 성장할 때, 그들은 전형적으로 복잡한 하위체계를 발전시키고 의사소통과 조정이라는 문제를 경험하게 된다. 인구의 규모에 관한 환경적 함의를 살펴보면 '다른 것들과 마찬가지로' 인구 규모가 더 클 때 생물물리적 환경에 대해 더 많은 요구를 한다. 그러나 현실 세계에서 항상 이 원칙이 적용되는 것은 아니다. 기술은 인구의 환경 영향력을 '불평등하게' 만드는 주요 원동력이다. 강력한 생존 기술을 가진 작은 규모의 인구는 덜 강력한 기술을 가진 큰 규모의 인구보다 환경에 더 많은 영향을 미칠 수 있다. 제5장과 제7장에서 인구와 기술의 상호작용에 대한 환경적 함의에 대해 이야기할 것이다.

3.5 인간생활의 이중성

인류의 문화적 독특함은 심오한 함의를 가지고 있다. 이는 결과적으로 환경문제의 심각성에 관한 논쟁을 포함해 인간과 환경과의 관계에 대한 많은 논쟁에서 기초가 되는 실체론적 이원론을 취하도록 한다. 선천적으로 주어진 인간의 이중성은 다음과 같이 간단하게 언급된다.

> 한편으로 인간과 인간계는 분명히 생물권 내의 더 넓은 생활망 내에 존재한다. 우리는 생물학적 구성이라는 측면에서 그리고 지구가 제공하는 음식과 에너지에 궁극적으로 의존한다는 측면에서 다양한 생물종 중 하나이다.
> '다른 한편으로' 인간은 자연환경의 한계를 변화, 조작, 파괴하고 때때로 이를 초월하는 비범한 능력과 기술을 소유하며 이를 토대로 사회문화 환경을 창조하는 유일한 존재이다(Buttel, 1986: 338, 343).

일반적으로 생물학자와 생태학자는 앞의 이중성에서 첫 번째 부분을 강조하고, 사회과학자는 두 번째 부분을 강조한다. '두' 진술 모두 복잡하면서도 부분적으로는 옳다. 그러나 행동하고 선택할 때, 또는 정책을 형성할 때 앞의 두 기본 가정은 현실적으로 대단히 큰 차이점을 만들어낸다. 산업혁명 이래 두 번째 가정 - 예외적인 종으로서의 인간 - 이 일반적이고도 지배적인 가정이자 견해가 되었다. 따라서 '실재하는' 세계 자체가 과연 무엇인지 살펴보기 전에 앞의 두 견해에 기초해 인간이 어떻게 행동하는지를 살펴보는 것이 중요하다. 미묘하지만 중요한 차이가 있기 때문에 유심히 살펴볼 필요가 있는 것이다.

3.6 세계관과 인지된 환경

확실히 인류에게는 삶의 터전인 현실적인 외부세계가 있다. 그러나 인간이 어떤 선택을 하고 정책을 형성하는 데에서는 무엇이 현실로 '실재'하는지보다는 그 실재를 어떻게 '정의' 내리고 있는지가 중요하다. 곧, 인간사회의 행위는 외부환경 자체보다는 상징적인 구조와 상황에 대한 정의와 직접 연관되어 있다. 인간은 분명히 자연 환경 안에 '존재'하지만, 문화적 상징에 의해 조정되고 구조화된 세계 안에서 '살며 행동'한다(Berger and Luckmann, 1976; Schutz, 1932/1967; Thomas, 1923).

인간이 외부 생물물리적 환경을 어떻게 생각하는지와 상관없이 그 환경은 존재하지만, 인간은 그 환경이 무엇인지 '생각'하는 바에 기초해 행동한다. 이렇듯 학자들은 실제의 환경과는 구별되는 환경을 인간이 정의하고 해석한 환경이라는 의미를 포함시켜 다소 어색한 '인지된 환경(cognized environment)'이라는 개념을 고안했다. 18세기 이전에 자연 그 자체는 존재하지 않는 환경을 표현했던 용어이다. 문화적인 개념이자 관념으로서의 자연은 주로 18세기 영국의 지성계, 특히 낭만주의 예술가, 작가, 시인, 그리고 워즈워스(Wordsworth)와 러스킨(Ruskin) 같은 문학가들에 의해 창안되었다. 그들은 선하고 순결한 자연을 도시, 광산, 공장의 산업 세계라는 악마적 성격의 인공물과 비교하려고 은유법을 사용했던 것이다. 따라서 우리에게 전해지는 자연의 의미에는 산업적 체계의 잔인한 기계가 '자연적인 것'을 침해하고 파괴하는 현실을 비판적으로 바라본 낭만주의 기법의 태도가 반영되어 있다(Harrison, 1993: 300; Fischer, 1976, 제2장). '어머니 대자연(Mother Nature)'이라는 표현은 생물물리적 환경을 조금 더 명확하게 성별화하고 의인화한 인식이다('의인화'란 인간이 아닌 사물을 인간의 말로 이해하는 것이다).

인간이 공유하는 세계관은 현실과 세계에 대한 문화적 총체와 신념체계를 말한다. 이는 인간이 목적을 가지고 행동하고 정치적인 선택을 정당화하는 데 사용하는 세계관의 부분인 이념 - 개인주의, 민족주의, 환경주의 - 보다 포괄적인 개념이다. 또한 인지된 환경은 환경에 대한 이념과 관련 있는 세계관의 구성요소이다.

4. 생태계와 사회문화의 진화: 인간생태학

인간계의 구성요소를 논의하는 것으로 시작해, 생물물리적 환경과 인간의 경험에 대해 몇 가지 논의해보았다. 자연종인 인간 자신에 대한 이중적 인식, 환경적 한계를 초월하는 능력, 그리고 세계관, 이념과 인지된 환경의 중요성에 대해서 말이다. 생태계에 대한 균형감각을 유지하면서 인간계 진화에 대해 관심을 돌려 이후 생물학적 진화와 사회문화의 진화 간의 유사점과 차이점을 살펴보고자 한다. 몇몇 학자들은 크고 작은 규모에서 나타나는 복잡성의 출현을 설명했고, 사회과학을 생물학과 연관 지어 인간계에 적용하되 환원주의의 오류를 피하려는 진화론적인 사고를 재생시켰다(Dietz et al., 1990: 155; Maryanski, 1998).

생태학 이론가 중 특히 로트카와 오덤은 생태계란 서로 다른 종들이 물리적 환경 속에서 유용 가능한 에너지를 얻기 위해 경쟁하는 자연 도태의 과정을 걸쳐 진화한다고 주장했다. 만약 이러한 과정이 방해받지 않는다면, 그 결과는 시간이 흐름에 따라 좀 더 크고, 복잡하고, 포괄적인 생물종의 구조가 될 것이다. 그리고 이러한 구조는 먹이사슬로 연계되어 있으며, 종종 상호의존적인 것에서 기생적인 것에 이르기까지의 공생관계로 연계되어 있다. 이와 비교되는 방법으로, 사회문화적 진화는 인간이 제한된 자연자원에 대한 통제를 놓고 경쟁할 때 이루어진다. 인간들이 그렇게 함으로써 몇몇 인간과 단체만이 생존과 관련 있는 효율적인 물질적 생존하부구조를 발전시킨다. 지위-역할과 관계된 복잡한 체계는 생태계 내의 지위(niche)에서 보여주는 것과 유사하다. 이러한 관계 내지는 그 관계에 기초한 상품, 노동, 통제, 충성심, 상징체계 등의 교환은 적어도 생물 세계의 공생관계(symbiotic relationships)와 유사한 것처럼 보인다. 첫째, 비위계적인 맥락에서 나타나는 상호이익 관계에는 인류평등을 주장하는 사회적 상호호혜의 교환(exchanges of reciprocity)이 있다. 이러한 교환은 상리공생(相利共生, mutualism)과 흡사하다. 둘째, 이윤, 약탈, 세금처럼 상품과 재화가 중앙 또는 몇몇 소수 사람에게 상승 이동되어 배열되는 사회적 재분배의 교환(exchanges of redistribution)이 있다. 이러한 교환은 권력, 자산, 계층화된 관계와 같이 불균형적인 관계를 형성한다(Rogers, 1994: 45 재인용). 상호의존적 교환은 수렵 채집꾼 사이에서 잘 나타나는 반면 재분배적인 교환은 인간계가 문명과 같은 좀 더 복잡한 체계로 발전할 때 더 잘 나타난다. 재분배적 교환은 기생 관계나 약탈과 포식 관계라는 불균형의 양상과 비슷하다.

산업주의의 출현과 더불어 나타난 제3의 교환 형태는 사회체계를 근본적으로 변형시켰다. 사용을 위한 경제적 생산은 다른 상품과 재화 사이의 교환을 위한 생산으로 빠르게 변모하면서 쇠락했다. 교환이 용이한 화폐가 상품과 재화의 휴대가능하고 편리하며 추상적인 교환 수단이 되어 이전의 물물교환을 대체해나갔다. 심지어 인간의 노동도 고정된 화폐 비율로 환산되는 '교환을 위한 상품'이 되었다. 화폐는 토지, 광물과 같은 생물물리적 자원의 가치를 표현할 수 있었고, 금융자본처럼 산업사회 최고의 물질적 가치가 되었다. 이러한 과정은 제3의 교환 형태인 교환 시장(exchange markets)에서 나타났다. 앞서 언급한 상호의존, 재분배와는 또 다른 형태의 사회관계가 시장이라는 경제에 이미 내재되어 있다고 보고, 그 역의 관계는 성립하지 않는 것으로 보았다(Rogers, 1994: 45 재인용).

    수렵채집에서 산업주의로의 이동처럼 인간 기술체계가 복잡해지는 현상은 생태계 진화와 유사하다. 특히 산업사회 속 대규모의 시장 교환은 직업의 특화 또는 '노동의 분화'와는 또 다른 종류의 사회적 차별을 극적으로 야기했다. 이는 차별적으로 발생하는 생물종의 진화는 주어진 환경 내에서 차별적인 생물학적 지위를 이용한다는 종분화(speciation)현상과 유사하다. 사회적 차별은 바로 준전문화(quasispeciation)의 한 형태라 할 수 있다. 우리 호모사피엔스는 단일한 생물종을 유지함에도 생물학적으로 여러 종인 것처럼 환경을 사용한다. 다른 제도, 다른 산업, 그리고 다른 직업을 동일한 생물물리적 환경 내에서 특화된 목적에 따라 다양한 방법으로 사용한다. 따라서 근대 기술과 함께 고도로 복잡해진 사회적 위계질서 속에서 인류는 다지위종(multiniche species)이 된다(Hutchinson, 1965; Stephan, 1970; Catton, 1993/1994). 이것이 왜 중요할까? 이는 바로 근대사회의 인간이 특화된 (사적)이익을 염두에 두지 않고서는 공공 이익의 문제를 해결하는 데 잘 협력하지 않는 이유를 설명해준다.

    생태계의 진화와 사회문화의 진화 사이의 몇몇 유사점을 찾았다면 다행이지만, 다른 한편으로는 중요한 차이점도 있기 때문에 지나칠 정도로 유사점을 강조하는 것은 무리가 있다. 모든 동물은 행동을 통해 적절한 정보를 이동시키는데 오직 인류만은 문화적 상징(cultural symbols)을 통해 심도 있는 의사소통을 한다. 호모사피엔스의 영장류 사촌 역시 이러한 상징 능력을 가지고 있기는 하지만, 인류의 상징 능력은 매우 출중해 그 덕분에 인류가 다른 동물에 비해 독보적인 존재가 되었다. 다른 생물종 대부분의 의사소통 기제는 선천적이고 발생적으로 주어지지만, 인류의 상징체계는 자의적(恣意的)이면서 언어 사용자 사이의 합의에 기초한다(Sanderson, 1995: 32~33).

생물학적 진화에서 유전과 도태의 단위는 개별적이며 특수한 유전자들이며, 이러한 유전자들은 한 세대에서 다음 세대로 이어지는 동안에 생존하기도 하고 소멸하기도 한다. 하지만 사회문화의 진화에서 유전과 도태는 개인, 사회, 또는 그것의 하위체계가 단위가 되고 그 모두에서 나타난다. 그러나 세대와 세대 사이에서 이루어지는 유전과 도태 현상과 함께 나타나는 사회문화적인 새로운 세대는 유전적인 것이라기보다는 라마르크의 용불용설적인 것이다. 다윈의 가장 유명한 계승자인 장 바티스트 라마르크(Jean Baptiste Lamarck)는 동물이 학습된 행동과 특성을 이후 세대에 상속할 수 있다고 주장했다. 더욱이 상징체계는 혼합된 양상을 가지며 그 구성요소들은 문화에 의해 추가되거나 제외될 수 있기 때문에 상징체계의 무엇이 상속되고 변형될 것인지 예측하는 것은 어렵다(Freese, 1998: 29 재인용). 이를 가리켜 마리안스키(Maryanski)는 인간계란 진화하는 것이 아니라 변화하고 발전하는 것이라고 주장했다. 대부분의 학자들은 사회문화적 진화라는 개념을 고수하지만, 새로운 형태의 세대 그리고 오랜 시간에 걸친 그들의 유전과 도태와 같은 복잡한 우연의 축적이라는 것도 강조한다. 이것은 초기 개념에서 일반적이었던 고정된 발전 단계보다는 그 기간에 대한 생물학적 의미에 더 가까운 것이다(Burns and Dietz, 1992).

이러한 생각으로 학자들은 인간계의 모든 진화가 환경적·물질적 위력에 의해 결정된다고 주장했던 초기 결정론적 접근을 포기했다. 초기 인류학자와 지리학자 세대는 조금 더 유연한 자세로 환경가능주의(environmental possibilism) 접근법을 고안했다. 이러한 접근법은 물질적·생물물리적 요소가 특정 인간계에서는 중요한 제한요소가 된다고 가정한다. 그러나 사회적이고 문화적인

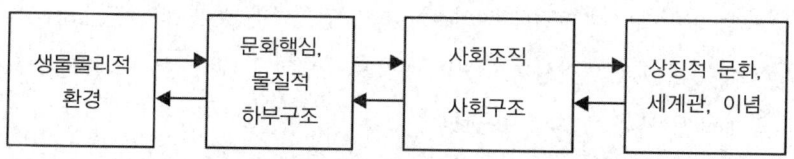

〈그림 1.3〉 인간생태학 이론: 생물물리적 환경과 사회문화체계 요소들과의 관계

많은 변화들의 가장 직접적이고 특별한 원인들은 바로 다른 사회적이고 문화적인 요소들인 것이다. 인류학자 줄리언 스튜어드(Julian Steward)는 사회문화의 진화에 관심을 가졌는데, 사회적 기술과 물질의 하부구조의 집계를 문화핵심(culture core)이라는 용어로 표현했다. 생물물리적 환경의 직접적인 상호작용의 결과는 문화핵심에는 영향을 주지만 인간계의 다른 요소들에는 그렇지 않다. 이들 관계는 환류(feedback) 또는 인공두뇌적(cybernetic)인 양방향 상호작용을 한다(Kormondy and Brown, 1998: 45~47). 〈그림 1.3〉을 참조하자.

사회문화의 진화가 더 총체적이고 기술적으로 복잡한 체계라는 단일한 형태로 보는 점은 중요하다. 퇴화(devolution)는 초기문명의 복잡한 체계가 붕괴되어 더 간단한 체계로 변화되는 시기에 나타났다. 생태계와 사회문화의 퇴화를 설명하기 위해서는 사회문화의 현상보다는 수렵채집과 산업사회를 자세하게 살펴보자. 다음은 산업사회에 대한 내용으로, 산업사회에 있는 우리가 지금의 환경문제를 이해하는 데 중요한 내용이 될 것이다.

4.1 산업사회

유럽에서는 대략 300년 전부터 산업화가 시작되었다. 농업의 발견과 같이 산업화는 몇몇 핵심적인 발견과 기술에 의존한다. 첫째, 영국에서 섬유산업은 인간과 동물에 의한 노동을 기계 생산으로 대체하며 발전했다. 산업 생산은 새로운 기계뿐 아니라 생산을 위한 동력인 수력 발전, 증기 기관, 조력 발전, 석유 등의 신에너지 자원에도 의존한다. 농업혁명과 같이 산업혁명(industrial revolution)은 결국 인간사회 규모와 복잡성 측면과 경제적 잉여의 축적 능력 측면에서 비약적인 변화를 이룩했다.

새로운 동력과 기계는 크고 비용이 많이 들었기 때문에, 공장에서의 중앙집중화된 생산이 이전의 분산적인 가내수공업을 대체하기 시작했다. 도시에 공장 일거리가 있고 농업에는 농기계와 새로운 무기화학비료 같은 산업 기술을 사용했기에 농촌의 노동력 수요는 크게 감소해, 많은 사람들이 도시로 이주했다. 산업화 도시의 부와 능력은 농촌사회에서 토지를 통제하는 방식과는 달리 산업화 기업의 소유와 통제로 이루어졌다. 토지의 소유가 아닌 산업적 부의 축적으로 새로운 계급체계가 출현했다. 노동력은 생계 활동보다는 세금이 부과되는 현금화 상품으로 점차 변했다. 일은 가족생활을 분리시켰고 생산 과정에서 관료제 체계의 출현을 점증시켰다. 민족국가와 복잡한 근대 조직 – 관료제 – 은 산업주의에 매우 중요한 새로운 사회 형태가 되었다.

이전 농업혁명에서와 마찬가지로 산업주의는 운송, 의사소통, 의료, 위생, 그리고 질병통제에서 전체적인 차원의 문화적·경제적 혁신을 자극했다. 탁월한 혁신이라 평가할 수 있는 것은 경제적인 생산 활동에서 과학 기술이 응용되고 과학적 발견이 촉진되었다는 점이다. 특히 질병 통제와 음식 저장 기술의 발전은 유래 없는 인구증가와 생명주기의 연장을 가져왔다. 과잉인구, 생태적 붕괴, 흑사병 등으로 세계 인구 비율을 일정 선으로 유지했던 1600년대까지의 농업 사회와는 다르게, 산업사회는 경제적 기술과 질병 통제의 급격한 향상으로 인구증가와 부의 축적 사이에 긍정적인 환류현상을 가져왔다. 이에 대한 내용은 제5장 인구와 환경 사안에서 언급할 예정이다.

하지만 농업 혁명에서와 같이 산업주의가 20세기 보통 사람들의 삶을 향상시켰는지 여부는 적어도 20세기 전환기까지는 다소 논쟁적이었다. 찰스 디킨스(Charles Dickens)와 카를 마르크스(Karl Marx)가 분석했던 초기 산업주의는 대다수 사람들의 생활을 참혹하게 하고, 산업 위험도를 높이고, 착취공장을 세우는 등 냉혹한 신생활로 변화시켜 농촌생활을 파괴한 원흉이었다. 그러나 장기적인 관점에서 보면 건강과 생활수준의 향상이 하층계급까지는 아니지만 사회 엘리트에서 산업사회의 중산계급과 노동계급에까지 확산되었다. 몇몇 학자는 20세기 전환기 이후의 산업사회가 정치적 권리와 물질적 재화분배 측면에서 이전의 농업사회보다 삶을 평등하게 만들었다고 주장했다(Lenski and Nolan, 1999). 그러나 이는 여전히 파악하기 어려운 논쟁일 뿐이다. 대다수의 사람은 더 오래 살게 되었고, 물질적으로 더 나은 상태가 되었으며, 더 큰 개인적 자유를 누리게 되었다. 그런데 과연 그들이 공공연한 사회적 지배, 산업세계의 독특한 통제방식, 만연된 소외라는 조금은 미묘한 성격의 현실과 이를 맞교환했던 것일까? 도시 산업사회에 대한 비판가들은 자연으로부터 인간이 분리되었고, 전통적인 공동체(이웃, 친척)의 유대가 파괴되었으며, 시민 공동체에 대한 의식이 약화되었고, 거대한 국제적 체계(시장경제, 조약 기구)에 의존하게 되었다고 비판한다. 이들은 도시 산업주의가 여러 면에서 교류하지 않는 파편화된 또는 자율적인 개인과 가족을 양산했다고 주장한다(Young, 1994).

현재 세계시장경제(world market economy)와 연결된 국가들의 세계체계(world system)는 진화하고 있다. 세계 여러 지역에 사는 사람들의 열망과 문화적 특성을 공유하며 나타나는 이러한 발전된 모습은 기본적으로 무엇이 세계화(globalization)인지를 말해준다. 가장 중요한 것은 세계체계가 출현했기 때문에 산업사회의 확장으로도 침범되지 않았던 지구 곳곳의 수렵·채집 또는 농업에 종사하는 사람들의 생활마저 이제는 거의 존재하지 않게 만들었다는 것이다. 산업기술, 소비재 상품, 문화의 확산이 동등하지는 않지만 지구 곳곳에서 발견된다. 좋든 나쁘든 코카콜라와 말보로 담배는 이제 중국에서도 볼 수 있다. 북극 에스키모인 이뉴이트(Innuit)는 지금 스노모빌과 자동소총을 가지고 툰드라 지역 곳곳에서 사냥한다. 이글루와 (경주용을 제외하고) 개썰매는 영원히 사라져버렸고, 이들의 자녀는 지금 원시시대 수렵·채집 생활에서는 없었던 문제인 설탕으로 인한 충치 때문에 고심하고 있다.

산업사회에서 인간과 환경의 관계

농업사회와 마찬가지로, 산업주의는 생물물리적 자원의 추출과 사용을 극적으로 증가시켰다. 인간과 환경의 관계에서 핵심적인 변화는 산업주의, 집약적 농업, 도시화를 지탱하려고 비교적 값싼 화석연료를 사용한 데서 비롯했다. 이는 훨씬 더 광범위한 수준의 물리, 생명 자원의 기반을 약탈하는 것이다. 생산에서 환경적으로 우수한 원자재(나무, 종이, 면)를 사용하지 않고 인간과 야생에 유독한 합성재(대자연은 결코 알지 못했던 화학물질인 스테인리스 스틸, DDT, 다이옥신, 플라스틱)를 사용함으로써 더 많은(그리고 처리하기도 더 힘든) 오염 문제를 발생시켰고 생태계를 서서히 붕괴시키고 있다.

산업사회의 전반적인 붕괴 또는 쇠퇴에 대한 증거는 아직 존재하지 않는데, 이는 생태학적 이유들 때문이며, 반면에 과거 농업사회에 대한 그러한 증거는 충분하게 존재한다. 이것은 지금까지의 산업 환경의 퇴화는 투자증가와 기술 투입에 의해 상쇄되는 것보다 크기 때문이다. 이러한 언급이 미래에도 계속 사실이 될 수 있을지는 논쟁적이다. 제6장에서 이 거대한 질문에 대해 다시 생각해보자. 여기서는 마야문명이 붕괴되는 데 400년 이상이, 그리고 메소포타미아는 그보다 더 긴 시간이 걸렸다는 점만 지적하겠다. 산업사회는 여전히 300여 년 동안 지속되고 있고, 세계 인구증가와 기술적 진보에 의한 생물물리적 영향력은 이전 역사의 농업체계보다 더 큰 규모로 발생하고 있다.

산업사회에서의 지배적인 세계관

농업사회에서 중요하게 인지되었던 환경을 인간이 선호하고, 조정하며, 지배하는 정원이라고 본다면, 산업사회에서 이 정원은 극적으로 팽창했다. 경험적 이성, 과학, 거대 우주적 메커니즘을 가진 세계, 그리고 체계적인 혁신과 실험으로 자연을 합리적으로 통제하는 인간 능력을 강조하던 시기인 17세기와 18세기의 유럽 계몽주의 문화 발전에 의해 더욱 확장되었다. 지구와 다른 생물종은 거대한 자원의 기반이자 시설을 위한 대상이고 인간의 필요와 요구의 대상으로서만 인지되었다. 농업종사자와는 달리, 산업종사자는 정원을 좋아했을 뿐 아니라 이것을 재구성하려고 했다.

많은 학자들이 산업사회의 지배적인 세계관(dominant worldview, DWV)을 서술하고자 했다. 세부적인 차이는 있지만, 산업사회의 지배적인 세계관이란 이미 언급한 인간의 이중성에 관한 두 번째 부분을 확장한 것이다. 인류는 문화와 기술을 통해 자연 환경의 한계를 변화, 조작, 때때로 초월하는 유일한 능력을 가진다. 대다수 학자들은 아래에 적시한 산업사회의 지배적인 세계관에 동의하는 것처럼 보인다.

- 그 자체를 위한 자연에 대한 낮은 평가
- 주로 그들의 친밀한 사람들에 대한 연민
- 부의 극대화는 중요하고 이로 인한 위험은 감당할 수 있다는 가정
- 기술적 혁신으로 극복할 수 없는 성장의 물리적 한계는 없다는 가정
- 근대 사회, 문화, 정치는 기본적으로 긍정적이라는 가정

(Milbrath, 1989: 119). 다른 견해는 던랩(Dunlap, 1983, 2000a); 하먼(Harman, 1979); 올슨, 로드윅, 던랩(Olson, Lodwick and Dunlap, 1992: 18); 파이리지(Pirages, 1977) 참조.

〈글상자 1.1〉 환경황폐화(Environmental Degradation)와 사회변동(Social Change)

인간의 사회적인 진화를 지속적인 진보의 역사로 이해하는 많은 사람들은 환경황폐화가 미치는 영향력을 평가하는 데 실패했다. 또한 이들은 음식 채집, 원예농업 그리고 이후 농업으로 변화한 것을 불확실하고 불안정한 삶의 방식에서 안정되고 만족스러운 삶의 방식으로 바꾼 것으로 믿는다. 하지만 이러한 견해를 지지하는 증거는 거의 존재하지 않는다. 오히려 생활 가능한 환경을 축소시키는 기후변화, 인구증가, 식용 동식물의 고갈, 그리고 농업에서의 발견과 혁신은 환경의 변화를 가져왔다. 화석기록과 고고학 증거에 의하면 위의 문제들 때문에 수렵과 채집이라는 생활방식을 강제적으로 포기하게 되었고, 이러한 현상은 다양한 시기와 넓은 지역에서 나타났다고 한다(Lenski and Nolan, 1999: 119; Sanderson, 1995). 환경문제, 식량부족, 기술의 결합은 고대제국 - 마야, 메소포타미아, 로마 - 이 쇠락하는 원인이 되었고 이후 산업사회의 출현을 자극했다. 혁신과 기술의 성장으로 생산능력의 향상을 가져와 인구를 지탱하고 더 복잡하고 포괄적인 인간계를 만들었다. 엘리트는 더 큰 규모의 체계 속에서 조세 통제력과 권력을 확장하고 그들의 능력으로 큰 이득을 얻을 수 있었지만, 엘리트가 아닌 사람은 삶의 형태를 바꾸는 것에 긍정적인 매력을 느낀 것이 아니라 선택의 여지 없이 생존을 위해 변화를 감내했다. 19세기와 20세기 농부들은 종종 농업을 자발적으로 포기하고 일자리를 찾아 도시로 이동한 것이 아니다. 도시에는 밝은 미래에 대한 환상과 일자리가 있기는 했지만, 농촌에서 도시로의 이동은 누적되는 농촌의 빈곤, 파산, 그리고 유질(流質)된 농장의 저당 때문에 발생한 것이었다.

몇몇 사람들은 자유시장 또는 자본주의 산업사회를 산업사회의 지배적인 세계관으로 보고 있다. 그리고 앞서 동유럽과 소련의 공산주의 국가가 서유럽 시장경제 국가보다 훨씬 더 넓은 수준으로 환경을 파괴했다는 점은 사실이다. 그러나 대개의 사람들은 산업사회에서 환경파괴가 발생한다고 믿는다. 세계체계와 세계 시장경제의 출현이라는 관점에서 보면, 이러한 지배적인 세계관이 단지 북반구의 선진국에만 국한된 것은 아니라고 보는 것이 옳다. 오늘날 세계 어떤 사람도 세계체계와 세계 시장경제에 대한 면역력을 가지지는 못했다. 덜 선진적인 국가에 사는 사람들 역시 산업주의의 산물(TV, 자동차, 백신, 코카콜라, 담배)을 원한다. 산업사회 지배적인 세계관은 빠르게 확산되고 있으며, 진보에 대한 열망은 물질적 소비, 안보, 그리고 복지를 증진시키는 관점에서도 폭넓게 조망된다. 건강 기준이 매우 낮은 참혹하고도 가장 가난한 미발달 국가들 역시 이러한 경향을 보인다.

그러나 다양성과 변화를 인식하는 것 또한 중요하다. 지배적인 세계관이 모든 것을 조정하는 것은 아니다. 여기에는 대항 세계관이 존재한다. 변동과 변천이 이루어지는 과정에서는 특히 그러하다. 20세기 초반 이래 미국은 자연환경을 중요하게 여기는 세기 전환적 보호운동을 이끌어내는 데 성공했다. 공리주의적인 면에서나 본질적인 면에서 이러한 운동들은 보호가 필요한 공유지의 설정, 국립공원의 설립을 이끌어냈다. 유사한 현상으로 토양 보전과 침식 관리의 목적을 실현하기 위해 설립된 농업기구에 지금까지 관심을 보이고 있다. 그러나 환경과 생태에 대한 대중의 자각은 1960년대 초 미국과 다른 나라에서 발생한 환경문제와 이에 대한 환경사회운동에서 직접적으로 비롯했다.

제7장에서 환경사회운동들을 깊이 있게 다룰 예정이다. 이는 앞서 언급했던 지배적인 세계관의 변화와 생태학적 사고의 출현과 연관되어 있다. 던랩과 그의 동료들은 '생태학적으로 세계를 바라보기' - 신생태적 패러다임(New Ecological Paradigm: NEP) - 라는 대안적 패러다임을 제안했다. 던랩과 밴 리에르(Van Liere)는 (1) 자연의 균형을 유지하는 것의 중요성, (2) 성장의 현실적 한계, (3) 인구조절의 필요성, (4) 인위개변(人爲改變, anthropogenic)적인 환경황폐화의 심각성, (5) 산업성장 조절의 필요성과 같은 주제에 주목해 열두 가지 신생태적 패러다임의 항목들을 발전시켜 경험적 연구(1978, 1984)를 위한 질문들을 구체적으로 제기했다. 일반 대중은 자신이 경험했던 것(1978)보다 폭넓게 신생태적 패러다임을 받아들이는 경향이 있음을 밝혀냈고, 이러한 경향이 계속해서 증가하고 있다는 변화의 증거를 제시했다(Dunlap et al., 2000). 또 다른 연구자들은 미국과 캐나다의 다양한 사례를 통해 신생태적 패러다임과 그

유사 개념이 지지되는 현상을 발견해냈다(예: Caron, 1989; Cooper et al., 2004; Edgell and Nowell, 1989; Poerce, Dalton and Zaitsev, 1999). 이러한 사례들은 지금 언급하고자 하는 환경사회과학의 출현과 관련이 있다.

5. 환경사회과학

생태학은 1930년대 이래로 생물학의 한 부분이 되었지만 환경·생태 사회과학은 그보다 새로운 학문이다. 이는 환경문제, 환경갈등, 환경운동, 대중적 의식에 대한 학문적인 반응으로서 1960년대와 1970년대에 주로 성장했다. 그러나 사실 사회과학은 인간계의 환경적 내재성을 어떻게 사고하는지에 대한 오랜 기간에 걸친 지성의 역사를 토대로 하고 있다. 오늘날 거의 모든 분야의 사회과학은 환경에 관한 문제를 의미 있게 다루고 있다. 이러한 사회과학은 인류학(예로 이 장과 제4장), 인구통계학과 인류지리학(제4장과 제6장), 사회심리학과 행위과학(제4장과 제6장), 정치과학(제7장)을 포함하는 것으로, 이들 모두 '환경사회과학'의 발전에 기여하고 있다. 여기서는 두 가지만을 이야기할 텐데, 현 시대 논란의 중심이 되고 있는 경제적 분석을 살펴보기 위해 경제학을 먼저 논의한 다음 통합적 사고에 기초해 인간과 환경 사안을 다루는 사회학을 논의하고자 한다.

5.1 경제학적 사고

경제학을 설립한 학자들은 대개 지구의 생물물리적 자원(토지, 광물, 생물)을 유용한 재화와 용역의 경제적 생산을 위한 필수요소라고 가정한다. 그러나 애덤 스미스(Adam Smith, 1723~1790)의 초기시대에는 자연이 아닌 **노동**(labor)을 주요한 경제적 가치의 자원이라고 주장했다. 애덤 스미스는 사적으로 규제되지 않은 시장(markets)의 작동이 재화, 용역, 임금의 경제적 가치를 결정하는 가장 자연스러운 기제라고 주장했다. 애덤 스미스는 시장적 가치와 도덕적·사회적 가치를 구분했고, 경제학으로부터 도덕적·사회적 가치를 분리시켜 이를 통해 경제를 사회문화의 나머지 세계로부터 분리해 다루는 경향이 있는 경제적 사고를 처음으로 형성시켰다.

애덤 스미스는 이윤을 추구하는 욕구와 규제되지 않은 시장의 보이지 않는 손(unseen hand)이 가장 이상적인 경제적·사회적 세계를 만든다고 주장했다. 그것은 현실적 경제 가치를 반영했던 체계를 창조해냈고, 소비자의 요구에 응하는 생산을 증가시키기 위해 투자, 노동 그리고 기술의 사용을 자극했다. 애덤 스미스의 낙관적인 견해는 유명세를 타는 한편, 영국의 무역업자·소매상·도매상의 성공적인 국가관은 산업을 확장시켰지만 어둠의 밤을 곧 맞이하게 되었다. 이후 몇십 년 동안 낙관주의는 지속적으로 퇴색해갔다. 예를 들면 데이비드 리카도(David Ricardo, 1772~1823)는 경제의 성장과 생산과정에서의 이윤추구는 척박한 토지에서의 생산성처럼 결국 그 한계점에 이르게 된다고 주장했다. 인구가 성장함에 따라 '경작의 한계시점을 늦추는 것도 필요'하게 되었다(Heilbroner, 1985: 95). 이러한 그의 언급은 생태적인 것이며 도덕적인 것이었다. 왜냐하면 그는 장기적인 관점에서 노동자의 생계를 위한 투쟁이나 이윤 유지를 위한 자본가의 노동이 아니라 오직 운 좋은 지주만이 그들의 소작지의 가치가 상승함으로써 지속적으로 이득을 얻을 수 있을 것이라고 주장했기 때문이다.

토머스 맬서스(Thomas Malthus, 1776~1834)는 생산성의 증가와 생활상태의 향상이 인구증가를 가져온다고 주장했다. 또한 식량공급과 같이 자연자원은 산술적 방법[3]으로 증가하는 반면 인구는 기하급수적으로 증가한다고 보았다. 초기성장이라는 꽃이 식량부족이라는 냉혹한 퇴물로 변한 이후 고통, 기근,

전염병(페스트), 전쟁, 그리고 사회분열 등의 '인구억제'가 야기된다고 예측했다. 맬서스는 경제학적으로 영향력이 있었지만 인구통계학, 생태학과의 연관 지점도 제공하는 공로를 세웠다.

카를 마르크스(1818~1883)는 다른 학자와 마찬가지로 자연을 생산의 중요 요소로 다루었지만 그중에서도 특히 '생산수단 – 토지, 자본, 공장 – 의 소유권'과 같은 사회적 요소를 대단히 중요하게 다루었다. 리카도와 맬서스처럼 마르크스 역시 자본주의 시대의 종국에는 혼란이 발생할 것이라고 보았다. 하지만 맬서스가 그 원인을 인구통계학적 경제적 산술에서 찾았던 것과는 다르게, 마르크스는 노동자계급과 생산요소 소유자 간의 물질적인 이윤을 둘러싼 내재적이면서 종국적으로는 통제할 수 없는 갈등에서 그 원인을 찾았다. 그는 임금과 이윤을 둘러싼 투쟁은 혁명적인 사회주의로 전환함으로써 해결된다고 예견했다. 이러한 고전학자들의 창조적이고도 지성적인 업적은 일화적인 내용을 과학적인 사고로 전환시켰다는 것, 즉 그 움직임을 이해하고 예견 – 아마 언젠가는 – 할 수 있는 법칙을 가진 체계로 경제적 시장을 이해했다는 것이다. 이러한 탐구 내용들은 부분적으로는 성공적이라 평가받는다.[4]

---

3 산술적(선형) 성장은 덧셈과 같은 이치이지만(1, 2, 3, 4, 5, 6, 7……) 기하급수적 성장은 새로운 수에 배가되는 이치를 따른다(2, 4, 8, 16, 32, 64 ……). 만일 맬서스의 주장이 옳았다면 그가 지적한 바와 같이 인구가 (식량)공급의 수준을 추월하는 냉혹한 현실을 직면할 수도 있었을 것이다.
4 예를 들어 '더 많이' 소비할 수 있는 능력은 성장, 진보, 그리고 사회적 지위를 측정하는 것으로 살펴볼 수 있다. 참으로 '더 많이' 소비한다는 것에서 소비를 선호한다는 것의 의미는 미국 문화에 깊이 내재되어 있어서 '얼마나 많은 것이 충분한 것인가?'라는 질문이 오히려 부자연스러운 것처럼 보인다. 가치 또는 유인책으로서의 물질주의는 확실히 근대 사회에서만 새롭게 나타난 현상이거나 독특한 현상이 아니다. 전(前)자본주의 농업 사회에서 출현한 세계 종교는, 종교 세계관에 대해서는 서로 일치되지 않는다 하더라도 물질적인 소비의 향상에 대해서만은 이를 비난하는 것이 탁월한 삶의 원칙이라

그러나 이들은 예언자로서는 모두 실패했다고 본다. 우리는 애덤 스미스의 자본가 천국을 실현하지 못했다. 리카도의 토지소유자가 산업사회를 지배하지 않았다. 이는 곧 금융자본을 희생시키지는 않았다는 것이다. 자본주의는 마르크스가 예견했던 정치적 종말을 경험하지 않았다. 역설적이게도 우리시대 사회주의가 이러한 모습을 보여주었다. 맬서스는 확실히 생산된 식량의 양과 이 식량으로 지탱할 수 있는 인구의 수를 지나치게 저평가했다. 그러나 이 모든 것 중에서 가장 큰 역설은 그들의 관점이 근대 경제적 사상을 형성했지만 산업 자본주의의 팽창주의적인 역동성을 이해하는 데 실패했다는 점이다. 그들은 모두 당대의 성장이 곧 파국을 맞을 것이고 활력 없이 팽창하는 경제의 붕괴 또는 체계 전반적인 붕괴가 수십 년 안에 오리라고 보았다(Heilbroner, 1985: 305~306). 하지만 이러한 가정은 완전히 틀렸다고 판명되었다.

고전적 사상가들 이상으로 현대 경제학자들은 앞서 제시된 인간과 환경의 이중성 중 두 번째 부분을 강조한다. 신고전경제학 이론(Neoclassical theory)의 지배적인 관점은 역시 자연환경과 사회생활과는 분리된 개념으로서의 경제를

는 점에 동의한다. 세계 종교의 경전에서 이렇게 묘사되어 있는 내용을 몇몇 소개해보고자 한다.
- 기독교: "부자가 신의 왕국에 들어가는 것은 낙타가 바늘구멍을 통과하는 것보다 더 어렵다"(마태복음 19: 23~24).
- 유대교: "가난도 부유함도 제게 주시지 마시옵소서"(잠언 30: 8).
- 이슬람교: "가난은 나의 자랑이다"(무함마드).
- 힌두교: "간절히 바라는 욕구로부터 완벽하게 자유로이 사는 사람들은 평화를 얻을 지이다"(바가바드기타, 11.71).
- 불교: "현세에서 이기적인 갈망을 극복하는 사람은 연꽃에서 떨어지는 물방울같이 자신의 불행을 말끔히 털어낼 것이다"(법구경, 336).
- 유교: "과잉과 결핍은 모두 잘못된 것이다"(공자, IX.15).

자료: Durning(1992).

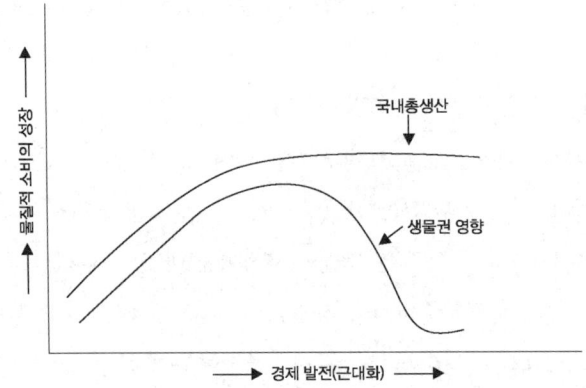

〈그림 1.4〉 신고전경제학: 성장과 자원

자료: Kuznets(1995), "경제성장과 소득불평등", *American Economic Review*, 45, 1~28.

투자, 생산, 분배, 그리고 소비의 순환적 흐름으로 보는 것이다. 고지식하게 본다면, 신고전경제학 견해에서 경제는 생태계를 (자원이 공급되고 오염물이 버려지는 곳으로서) 포함한다. 분명히 자연과학자는 생태계는 경제뿐 아니라 인간의 다른 제도들을 포함하고 있다고 말할 수도 있을 것이다. 신고전경제학 이론은 경제를 생산과 소비가 진자(pendulum)운동과 같은 폐쇄된 체계라 보았기 때문에 환경과 자원문제는 중요한 요소가 될 수 없었다. 이러한 모델은 환경을 관념화시켜 화폐경제가 현실에 내재되어 있고 화폐 흐름과 생물물리적 환경 간에는 어떤 연관도 없다고 보았다(Geogescu-Roegen, 1971; Reese 2002: 254). 〈그림 1.4〉를 참조하라.

이러한 지배적인 경제 모델은 환경적 지속가능성을 확신하는 자유개방시장에 의존한다. (지금은 고인이 된) 줄리언 사이먼(Jullian Simon) 교수는 "거의 완전한 대체가능성(near-perfect substitutability)" 이론의 가장 열성적인 지지자였다.

지금 기술은 자연으로 만든 모든 생산품을 끊임없이 생산하게 해준다 …….
우리 손 안에는 …… 다음 70억 년 동안 성장하는 인구를 먹이고, 입히고, 이들
이 활동할 에너지를 공급할 기술이 있다(1996: 342).

이들은 오랜 기간에 걸쳐 형성된 기술적 진보가 자원의 희소성을 상쇄해줄
것이며, 생태적으로 제공되는 서비스를 새로운 기술로 대체할 수 있다고 본
다. 이와 같은 이치로 경제 시장은 돈을 버는 데 유사하게 작동하고 자원이 풍
부하든 부족하든 가격을 결정해준다. 사회적 가치나 정의에 관한 질문들은 어
느 것도 간섭할 수 없다. 내가 옥수수를 재배하든, 의료서비스를 제공하든, 마
약을 판매하든, 독성 폐기물을 처리하든 또는 노예를 판매하든 상관없이 시장
은 작동한다. 신고전경제학은 다방면에 걸친 '효율적인' 자원배치에 관심을
갖고 있고, 그 다음으로 분배를 다루지만, 규모(scale)의 문제를 다루지는 않는
다. 확실히 협소하고 추상적인 용어로 세계를 바라보지만, 신고전경제학은 산
업사회의 사회·정치·환경 정책에 관한 논쟁을 형성하는 데 지대한 영향력
을 행사했다. 내가 생각하기로 이론이 인간의 가치나 정치적·윤리적 고려에
대한 문제를 무시함으로써 더 객관적인 자세를 유지할 수 있는 측면이 있기
때문에 이러한 견해는 부분적으로 옳다. 그러나 이러한 문제는 간과되기에는
너무나도 중요한 인류의 문제점과 고려할 일을 놓칠 수 있다고 본다(Costanza
et al., 1995: 60, 80; Daly and Townsend, 1993: 3~6).

몇몇 경제학자들은 몇십 년 동안 신고전경제학 이론을 재구성하지 않은 상
태로 환경 자원 사안에 관심을 가져왔다(Dorfman and Dorfman, 1972). 그러나
1970년대 즈음, 몇몇 경제학자 집단이 자연(nature)과 인간가치(human values)
를 경제학적 계산에 접목하는 방법을 찾아냄으로써 경제학 이론을 수정하고
자 노력했다. 그들은 경제를 분리된 고립체계로서가 아니라 생태권에 완전히
통합되고, 포함되고, 의존하는 하위체계로 보기 시작했다(Daly, 1992). 신고전

> **〈글상자1.2〉 신고전경제학과 자원**
>
> 이상의 한계점이 있지만, 신고전경제학 분석이 인간, 자원, 환경문제의 지평을 열었다는 것은 적절한 표현이다. 예를 들어 앞서 언급한 마야문명과 같이 생태적 퇴화로 인한 농업사회의 붕괴를 설명할 수 있게 되었다. 테인터(Tainter)는 마야문명, 미국 남서부 차코 캐니언(Chaco Canyon) 사회, 그리고 로마제국의 붕괴에 관한 세밀한 조사 이후 '투자가 한계수익점의 전환점을 지나 내리막을 형성'할 때 문제들은 발생한다고 결론을 내렸다. 어떤 점에서 사회는 필수적인 제도들(예를 들어 사원, 도시, 군대)로부터 혜택을 받기 위해서보다 단순히 제도들을 유지하기 위해 투자를 하기도 한다. 쇠락하는 전환지점에 이르렀을 때, 단지 현상유지를 하려고 끊임없이 투자를 증가시킨다. 하지만 어떤 면에서 이미 경제, 사회 체계는 붕괴하기 시작했던 것이다(1988: 187~195).
> 그러나 테인터의 통찰력 범위를 벗어나는 중요한 문제들이 있다. 예를 들어 무엇 때문에 많은 수의 마야인이 지속가능한 농업생활을 유지할 수 있는 토지와 마을에서 계속 거주하는 대신에 코펀 저수지 지역으로 이동했을까? 왜 그들은 도시, 사원, 군대가 필요했을까? 이러한 광범위한 질문들이 던져질 때 주류 경제학 분석은 그 한계를 드러내고 만다. 많은 중요한 사안들이 전통적인 경제학 분석틀 외부에 있는 것이다.

경제학과 대조적으로, 생태 경제학은 경제를 개방적이며 성장하는 체계이지만 물실적으로 폐쇄되었고 성장하지 않는 유한한 생태권에 전적으로 의존하는 하위체계로서 본다. 〈그림 1.5〉를 참조하라.

> 인류가 기술에 따른 경제 팽창(expansion of the economy)을 통해 전 세계 주요 생태계에 지배적인 소비자가 될 수 있었던 것은 생물물리학적으로 사실이다 ……. 이는 경제활동이 생물물리학으로 심각하게 제한되지는 않는다는 주류적 믿음에 심각한 도전을 가져왔다(Reese, 2002: 259).

생태 경제학자들은 전통적인 경제 분석 밖에 존재하는 새로운 문제와 딜레마들에 관심을 가지기 시작했다. 세 가지 예를 살펴보자. (1) 대기, 강, 해양, 그리고 공유지와 같이 누구에게도 소유되지 않았지만 많은 사람들이 사용하

〈그림 1.5〉 생태학적 경제: 유한한 세계에서의 성장

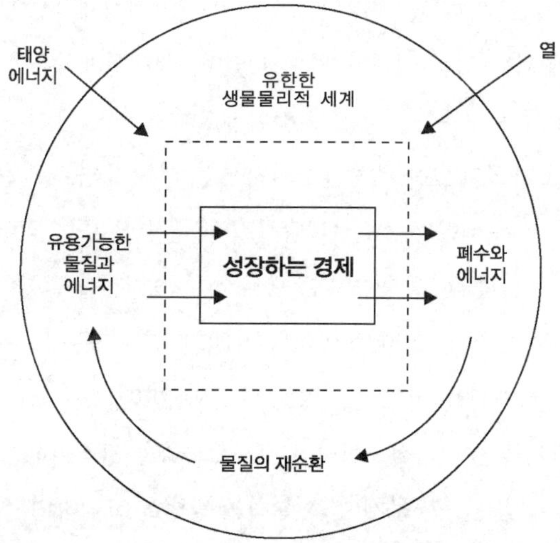

는 공공에게 개방된 상품[공유자산(the commons)]에 얼마만큼 가치 또는 가격을 부과할 수 있는가? 이러한 것들은 매매가 가능하도록 작게 분할해 개인에게 소유되도록 할 수 없다. 그러므로 상상적으로 고안된 시장 외에는 존재할 수 없고 사용을 제한하는 가격 역시 그러하다. 널리 알려진 문제로 사적으로 소유된 상품과는 다르게 공유자산을 남용하는 경우를 들 수 있다(Hardin, 1968, 1993). (2) 어떻게 경제적 분석이 다양한 환경적·사회적 **외부효과**(externalities)에 대한 책임을 통합하고 할당하는가? 생산과정의 특정 생산자 또는 소비자에 의해 발생한 것이 아니라 더 큰 사회 공동체 또는 환경의 제3영역에 의해서 발생한 현실적인 경상비용을 어떻게 다루어야 하는가? (3) 어떻게 우리는 현재 재생불가능한 자원의 사용가치를 미래에 사용될 또는 미래 세대를 위해 이를 보전하는 것과 비교해 계산할 수 있는가? 사실 우리는 현재의 소비를 더 높이 사고, 미래의 가치를 저평가하는 경향이 있다. 이는 신고전경제학 모델

에 역점을 둘 때에는 다룰 수 없는 문제들이다(Clark, 1991: 404).

이러한 견해들로 인해 잘 정리된 추상적인 신고전경제학 모델에 정면으로 맹격을 가하게 되는 점을 이해할 필요가 있다. 생태경제학은 인간과 과학이 환경적 한계와 생태계 용량을 극복할 것이라고 보는 신념에 찬 주류 경제학에 도전한다. 또한 가격의 효율로는 감소되지 않는 가치의 중요한 문제들을 인식하고 있다. "좋은 분배라는 것은 '정당하거나 공정한' 또는 적어도 불평등한 것을 어느 정도 받아들일 수 있는 수준으로 제한하는 것을 말한다"(Costanza et al., 1995: 80). 얼마만큼의 불평등이 정당한 것인가? 자연뿐 아니라 인간의 가치와 문화를 중앙 무대로 다시 재조명할 필요가 있다.

생태 경제학자들은 사회적·심미적 외부효과들을 가격화하는 방법을 가지고 땜질을 하고, '공유자산 문제'를 해결하는 방법을 고심하며, 국가가 생산하는 생산액수가 얼마인지 간단하게 측정하는 방법(예를 들어 국민총생산)보다는 더 넓은 차원의 인간복지 개념을 측정하는 방법을 찾으려 하고 있다. 그들은 또한 역사적으로 환경을 위협하고 의무적인 규제를 회피하려는 방법을 미리 빙지하고 전환시키기 위한 조세와 보조금 정책에 대해 다시 생각하고 있다.

이러한 노력을 넘어서서 경제학자들은 두 가지 주요한 생각들에 기여했다. 첫째, 배출권거래제(emissions trading schemes)는 정책을 고안하는 데 유용하다. 쓰레기와 배출가스 유발자에게 환경적으로 덜 위험한 생산을 위해 교역가능한 채권(credits)이 할당된다. 배출권거래제는 단위생산당 더 많은 오염을 야기하는 자에게 교역할 수 있거나 돈으로 환산해 경매할 수 있는 제도를 말한다. 배출권거래제는 오염인자를 환경으로 배출해 돈을 버는 오염회사들에 책임을 지게 해 유용한 경제적 이익을 발생시키려고 시도된 것이다. 이러한 제도는 생산자가 어떤 유해 폐기물의 발생을 줄이게 하려고 도입되었고, 이는 온실가스의 배출을 줄인 국가들에 보상을 주어 지구온난화를 처리하는 방법이라고 논의된 것이다(Tietenberg, 2002). 둘째, 생태적 근대화(ecological modernization)

는 근대화 과정에서 회사가 풍부한 환류체계와 재생체계를 갖춘 생태계를 모방함으로써 회사를 조금 더 효율적으로 운영할 수 있도록 하는 광범위 이론이다. 예를 들면 원자재를 추출하고 소비한 후 일회적으로 버리는 데서 그치지 않고 하나의 과정에서 발생한 폐기물을 다른 경제활동 과정에 공급하거나 연료로 사용하는 것이 있다. 이러한 효율은 이윤을 발생시킬 수 있고, 재생 비용을 전체 비용으로 환산시키고 가격을 책정하는 데 반영할 수 있다. 신고전경제학자들에서 기원해 생태경제학자와 환경사회학자들에 의해 정교화된 생태적 근대화는 지금 연구와 정책에서 중요한 기본적 틀이 되고 있다(Mol, 2001; Mol and Sonnenfeld, 2000). 이에 대한 내용을 제7장과 제8장에서 깊이 있게 언급할 예정이다.

5.2 사회학적 사고

사회학적 사고는 1880년대에 영국 해협을 건너 프랑스와 독일 내에서 형성되었다. 단순화하자면, 사회학 내 고전적인 형식은 세 명의 탁월한 학자의 연구에서 찾을 수 있다. 즉, 카를 마르크스, 에밀 뒤르켐(Emile Durkheim), 그리고 막스 베버(Max Weber)이다. 고전경제학 사상가들과 같이, 그들은 생물학적 분석을 가지고 사회현상을 이해하는 데 사용했던 생물학적 결정론(biological determinism)이라는 유행 사조에서 벗어나 사회를 분석했다(Buttel, 1986: 340). 고전사회학 사상가들은 자연적·환경적 요소들을 전적으로 무시하지는 않았지만 사회구조와 과정에 대한 이 요소들의 영향에 대해 유동적인 경향을 보이고 세심하게 다루었다.

사회학이 발전할 때 대개의 사회학자들은 사회구조와 과정에 대해 독특하지만 서로가 승인한 것으로 보는 관점을 공유하고 있다. 이 '렌즈(lens)'는 사회적·문화적 현상들이 다른 사회적·문화적 요소들의 원인이 될 수 있고, 생물학적 또는 환경적 '결정론(determinism)'을 피하도록 도움을 주었다. 그러나 1960년대와 1970년대에 양질의 공기와 물, 도시 오염, 그리고 유독성 폐기물과 같은 환경에 관한 것들이 미국의 문제로 폭넓게 인식되기 시작했을 때, 몇몇 분석가들은 환경문제와 사람들이 이러한 문제를 어떻게 인식하고 관련되어 있는지에 대해 연구하는 사회학에 관심을 돌렸다. 몇몇은 왜 사회학이 사회와 문화에 중요한 영향을 주는 것으로 물리적·환경적 변수를 소홀히 다루었는지에 대해 의아해했다. 일련의 개척적인 연구논문 중 던랩과 캐턴(Catton)은 사회학자들이 스스로 피하려 했던 과학적인 패러다임을 그들 자신도 모르게 수용했다고 지적했다.

과학철학자인 토머스 쿤(Thomas Kuhn)은 특정영역에서 과학자들의 이론과 연구를 이끌었던 그들의 정신적 심상을 기술한 과학적 패러다임(scientific paradigms)이라는 개념을 발전시켰다(1970). 패러다임이란 주제를 다루고 현실에 적용하는 학자들의 시각에서 '세계가 어떻게 작동하는지' 또는 이들을 바라보는 '렌즈'에 대한 일련의 암시적 가정이다. 이는 변수 간의 관계에 관한 이론이 아니라 오히려 "각 학문의 분야 안에서 단련된 핵심적 사안에 대한 폭넓은 합의를 나타내는 기본적 심상이다"(Ritzer, 1975: 7). 캐턴과 던랩은 사회학의 지배패러다임이 고전이론과 서구 산업사회의 지배적 세계에 의해 형성되었다는 것은 놀라운 것이 아니라고 주장했다(Catton and Dunlap, 1978; Dunlap and Catton, 2002: 332). 이들은 인간은 다른 종과 다른 유일한 존재이고 우리는 환경의 영향력으로부터 예외적인 존재이기 때문에 이를 인간면제주의 패러다임(Human Exemptionalism Paradigm: HEP)이라고 했다.

- 인류는 문화를 가지고 있다는 점에서 지구의 창조물 중 유일한 존재이다.
- 문화는 매우 다양하고, 생물학적 특성보다 훨씬 더 빨리 변화한다.
- 따라서 인간의 차별성은 많은 부분에서 생래적으로 주어진 것이 아니라

사회적으로 유도된 것이다.
- 따라서 문화적 축적이란 진보가 모든 사회 문제를 궁극적으로 해결하고 무한정 지속될 수 있다는 것을 뜻한다(Catton and Dunlap, 1978: 42~43).

인간면제주의적 사고에 대해 비판적인 캐턴과 던랩은, 사회학자들이 인간면제주의를 극복하려면 그들 연구에서 환경적 변수들을 심각하게 받아들이는 방향의 새로운 패러다임으로 이전해야 한다고 주장했다. 그들은 이를 인간면제주의 패러다임에 대항하는 신생태적 패러다임(New Ecological Paradigm: NEP)이라 이름 지었다.

- 인류는 예외적인 특성을 가지고 있지만 생태계와 상호 의존하는 많은 다른 종 중 하나이다.
- 인류는 사회적 · 문화적 영향력뿐 아니라 자연이라는 그물망 속에서 인과관계를 형성하고 그 안에서 환류하며 형성된 존재이다.
- 인류는 인간의 활동을 강력하게 제한하는 유한한 생물물리적 환경 안에서 살고 있다.
- 인간의 창의력에서 비롯한 능력은 수용능력의 한계를 확장시킬 수도 있지만 생태적 법칙을 벗어날 수는 없다.

환경사회학을 고안하기 시작하면서, 사회학자들은 고전사상가들의 생각에 착안했다. 고전사회학이 아니라면 다른 어느 곳에서 시작할 수 있었을까? 고전사회학 이론가들은 사회현상을 형성하고 함유하고 있는 능력으로서 자연세계의 역할을 그다지 강조하지는 않았지만, 그럼에도 환경사회학의 발생을 이끄는 창조적 시각을 고안했다. 마르크스에게는 관념적 존재론이 아닌 유물론과 자연과 사회의 '대사작용'이라는 개념이 있었다(Foster, 1991). 뒤르켐은 사회현상에 대한 생물학적·심리학적 결정론을 부정하기는 했지만 그럼에도 생물학적 분석을 통해 사회를 이해하려고 했다. 베버는 사회그룹과 계층 간 세력의 차이점을 형성시킨 자연자원(또는 환경적) 요소들에 관해 연구했다. 이들 세 명은 모두 사회변동을 이해하는 데 진화 모델과 다원주의를 사용했다(Buttel, 2002: 39; Buttel, 1986: 340~343). 환경사회학이 어떻게 발전했을까?

5.3 사회이론과 사회학의 녹색화

카를 마르크스는 오늘날에도 많은 영역에서 그의 생각을 지지하거나 반대하는 학자들이 나올 만큼 여전히 영향력 있는 학자이다. 마르크스는 초기 자본주의에 대해 다양하게 비판하면서, 만연된 사회 갈등 과정은 경제적 부에 따라 결정되는 정치적 통제와 함께 빈부계급을 형성할 뿐 아니라 돈을 포함한 생산자원과 토지 소유권의 집중도 가져온다고 했다. 그는 지배적 견해와 가치, 법, 철학, 그리고 세계관 – 곧 문화 – 은 단순히 지배적인 경제계급의 물질적 이해관계를 대표하는 것이라고 보았다. 초기의 정치적·경제적 사상가들이 지적했던 것과 같이 마르크스는 예언가로서는 실패했다고 보는 것이 정당하다. 프롤레타리아 혁명의 성공을 통해 유토피아를 건설하려는 그의 생각은 우리 시대의 현상들을 통해 볼 때 명백한 오류이다. 그렇다 할지라도 자연과 인간사회의 역동성에 대한 그의 생각은 상당한 호소력을 지니고 있다.

마르크스의 현 시대 계승자들은 유토피아적인 예언을 제거하고, 자신들의 관점을 갈등이론(conflict theories)으로 설명하고 있다. 즉, 가장 중요한 사회 동력이란 사회 내 하위체계와 계급들이 제한적인 물질 자원과 사회의 상징적인 보상체계를 두고 이를 통제하기 위해 갈등하게 되는 다양한 과정이라는 것이다. 많은 개발도상국에서 물질 자원은 토지나 광물 같은 생물물리적 자원을 의미하지만, 산업사회에서 물질 자원은 추상화된 경제적 가치인 '돈'이 된다.

더욱이 막스 베버가 마르크스에 대한 비판자로서 지적한 바와 같이, 갈등은 물질적 이해관계뿐 아니라 아카데미 시상식, 올림픽, 또는 노벨상 수상과 같은 특권과 사회적 명예의 상징물들을 통제할 때도 나타날 수 있다.

갈등과 권력투쟁의 형태는 다양하지만, 사회 하위체계는 자신들이 가진 자원과 가치의 통제를 보호하거나 획득하고자 시도한다. 이러한 과정들은 시기적으로 눈에 보이는 긴장과 갈등을 표출하고, 그 결과 생물학자들은 **지배위계체계**(dominance hierarchy)라고 부르고 사회과학자들은 **사회계층체계**(social stratification system)라고 말하는 권력과 자원의 불평등을 야기한다. 그렇다 해도 체계를 지배하는 한 부분의 능력은 그들과 경쟁하는 다른 부분들에 의해 제한되고, 사회 그 자체는 가장 강력한 하부 단위들의 연합에 의해 지배되기 쉽다. 사회적 안전성과 사회변동은 모두 경쟁과 갈등의 진행에서 유래한다(Collins, 1975; Olsen, 1968: 151).

앨런 슈나이버그(Allan Schnaiberg)와 그의 동료들은 대규모 법인조직을 근대 자유 시장 사회의 중요한 조직체로 보면서 인간과 환경의 상호작용의 갈등이론을 발전시켰다. 이들은 환경문제에 대한 많은 사회분석들이 소비에 지나친 관심을 쏟은 나머지 생산의 역동성은 소홀히 다루었다고 주장한다. 법인이 생존하는 데 경쟁은 더 많은 이윤을 만들어내는 핵심이고, 회사는 끊임없이 이윤을 창출하고 투자를 유인해야만 한다. 지속적인 성장을 위한 이 같은 명령은 새로운 성장 단계에서 미래의 성장을 필요로 하고, 생산의 성장은 소비의 성장을 자극하게 된다는 **생산의 반복활동**(treadmill of production)이 된다. 이는 '경제적 팽창은 사회적으로 바람직한 것이 되지만, 생태적 파괴가 필수적으로 수반된다'는 모순을 빚는다. 환경파괴는 더 많은 경제 팽창을 제한한다. 신기술이 생산단위당 발생하는 환경 영향을 감소시키는 효율성을 가져올 수도 있지만, 전체 소비의 지속적인 성장은 이러한 결과를 상쇄하고 만다. 이러한 반복활동 현상의 더 큰 위협은 오염을 상쇄시키는 기술에 있는 것이 아니라 시장 극대화의 경제적 논리가 제한 없이 사용될 때 생긴다(Schnaiberg and Gould, 1994: 53). 정부는 경제성장을 독려하면서 한편으로 환경 파괴의 비용을 지불하고, 환경 남용을 규제해야 하는 모순된 상황에 처한다. 이러한 결과의 첫 번째 상황으로 정치가 압도적으로 중요해진다.

슈나이버그와 동료들은 사회-환경 변증법(societal-environmental dialectic)을 가장 유력한 변동 형태로 제시한다.

1. 경제적 합(The economic synthesis): 생태 문제를 발생시키지 않고 성장을 극대화하기 위해 경제 팽창과 환경 파괴 사이의 모순을 만들어내는 체계.
2. 관리된 희소성의 합(The managed scarcity synthesis): 여기에는 규제에 의해 건강 또는 더 나아가 생산을 위협하는 가장 치명적인 환경문제를 조절하기 위한 시도들이 있다. 정부는 실제 상황 이상을 집행하는 것으로 나타난다(1970년대 이후 미국의 환경규제정책의 상황).
3. 생태적 합(The ecological synthesis): 반복활동 생산과 소비제도에 대해 특별한 통제를 가해 환경황폐화를 감소시키기 위한 주요 노력들이 결국 나타났다. 재생가능 자원의 사용은 생산과 소비가 지속가능하도록 했고, 이를 통한 경비절감이 경제적일 수 있다. 이는 알려진 사례가 없는 가설적인 경우이다. 이러한 경우는 환경 파괴가 너무 심각해 정치권력이 이를 방지하기 위해 출현할 때 나타날 것이다(Buttel 재인용, 1986: 346~347; Buttel, 2002; Schnaiberg, 1980; Schnaiberg and Gould, 1994).

위와 같은 동의 또는 통합을 가져오는 갈등에 기초한 과정들은 다른 결과를 가져올 수 있다. (1) 가장 강력한 권력체가 현상유지를 영속시키고 그들의 지배를 강화한다. (2) 지속적 교착상태가 체계의 지배자와 경쟁자 사이에 발생한다. (3) 권력, 부, 그리고 특권을 재분배하기 위해 중요한 변화가 발생한다.

대개의 역사적 상황에서는 첫 번째 결과가 일어날 가능성이 가장 크다.

우리는 인간과 환경의 관계에 대한 신생태적 패러다임 경향의 갈등이론의 타당성을 찾아볼 수 있다. 다른 점도 있다. 예를 들면 로버츠와 그림스(Roberts and Grimes, 1999), 골드프랭크, 굿맨, 그리고 사즈(Goldfrank, Goodman, and Szas, 1999)를 참조하라. 로버츠와 그림스의 논문 "Extending the World-System to the Whole System: Toward a Political Economy of the Biosphere"가 그 예이다.

마르크스와 달리 뒤르켕(1858~1917)은 독특한 학문 영역으로서의 사회학을 보여주었다. 뒤르켕 사회학의 독특한 점은 인간사회에서 통합적이고 구속력 있는 도덕을 집합 표현(collective representations)이라고 표현해 문화와 문화적 가치에 대해 강조했다는 점이다. 그는 다윈의 진화론적 사고에 대단히 많은 영향을 받았고, 사회관계를 이해하는 데 생물학적 체계와 사회적 체계의 유사점을 사용했다. 그러나 이전에 언급한 바와 같이, 그는 지리적·환경적 결정론뿐 아니라 그 시대 생물학적 요소가 모든 여타의 것을 결정한다고 단언했던 매력적인 생물학주의(biologism)를 과감하게 거절했다. 뒤르켕은 또한 '위대한 인간(great man)'의 역사이론을 거부하고, 사회와 문화는 그 자신의 구조와 역동성을 갖춘 '자기 산출 체계(self-generating systems, sui generis)'라고 주장했다. 그렇게 함으로써 그는 의심할 여지도 없이 후대의 사회학자들의 인간면제주의 패러다임의 우월성에 공헌했다.

뒤르켕에게 문화는 사회적 세계의 연대를 위한 가장 기본적인 힘이었고, 그는 인간의 사회적 진화를 강력한 구속력을 갖춘 문화 통치, 곧 기계적 연대(mechanical solidarity)를 갖춘 간단하고 동질적인 체계로부터 약하고 구속력이 적은 문화 통치, 곧 유기적 연대(organic solidarity)를 갖춘 복잡하고 이질적인 체계로의 전환이라고 추상적으로 보았다. 수렵·채집 생활, 농업 제국, 그리고 복잡한 산업사회로 전환되는 긴 혁명적 역사를 고려할 때 뒤르켕의 창조적인 발상을 목격할 수 있다.

그러나 뒤르켕의 생태학적 사고에도 '옥에 티'는 있다. 맬서스와 마르크스의 예언적인 사고가 인구 통계학 또는 계급 갈등에서 비롯한 유행을 타고 있을 때, 뒤르켕은 이러한 두 가지 예언 모두를 거부했다. 대조적으로 뒤르켕은 증가하는 인구밀도와 희소자원에 대한 격화된 투쟁은 산업주의와 산업사회의 복잡한 노동분화의 출현을 알리는 중요한 전조라고 주장했다. 뒤르켕은, 이와 같이 점차 복잡해지는 노동 분화는 자원에 대한 직접적인 경쟁을 감소시킴으로써, 그리고 자원을 재정의하고 효과적으로 확장시키는 과학과 관료제와 같은 문화혁신을 초래함으로써 인구밀도가 높은 사회의 적응력을 증가시킨다고 생각했다. "안과 의사는 정신과 의사와 경쟁하지 않고, 또한 구두직공은 모자직공 또는 가구제조공과 경쟁하지 않으며, 물리학자와 화학자 등과의 관계 또한 그러하다"(1893/1964: 262). 산업 자본주의의 직업 특화(occupational specialization)는 동일한 자원을 가지고 직접적으로 경쟁하지 않는 열대우림 생태계의 하늘과 땅의 서식자 사이처럼 생물의 준전문화와 유사한 형태를 띤다. 마르크스와 대조적으로 그는 산업주의는 희소성을 감소시켜 계급투쟁을 완화시킨다고 보았다. 그는 산업주의 거대한 문제섬이 점승하는 복잡한 노동분화와 사회적 연대의 약화와 문화적 혼란인 아노미를 가져오는 속에서 집단 간의 문화적 연대를 약화시키는 것에서 비롯한다고 보았다.

사회학자 윌리엄 캐턴(William Catton)은 뒤르켕이 다윈주의와 그 시대 생태학을 잘못 이해했다고 맞섰다. 뒤르켕이 그 시대에 보았던 사회 복잡성의 성장 결과는 '상호의존적인 전문가들의 상호주의'가 아니라 오히려 마르크스가 보았던 '기생상태(parasitism)'에 더 가까운 불평등한 권력 의존적인 계급 관계의 그물망이라는 것이다(Catton, 1997: 89~138). 이러한 비판이 뒤르켕의 사상에 얼마나 곤욕스러운지 확실히 알지 못한다. 근대 자본주의 사회의 계급 관계가 불평등했지만, 그들은 자원과 권리라는 측면에서 고대 제국시대와 같은 산업화 이전 단계보다는 인류평등주의에 더 가까웠다. 이는 아마도 중요한 지점으로 논의될 여지가 있다고 본다. 약탈과 포식, 그리고 숙주와 기생 관계는 공정하지는 않아도 공생적인 측면에서 안정적일 수 있다. 잘 적응한 약탈자는 함부로 먹이의 개체수가 크게 줄게 하지 않으며, 잘 적응한 기생자는 자신의 숙주를 빠르게 죽이지는 않는다.

기능주의자(functionalist)들은 뒤르켕의 생각을 이론적으로 계승했다. 그들은 모든 다른 체계와 마찬가지로 전체 체계가 유지되도록 기능(function)하고 작업하는 하위체계(subsystems) 또는 부분들 - 복잡한 노동 분화가 산업 자본주의를 유지하도록 하는 것과 마찬가지로 - 을 가지고 있는 사회문화 체계(sociocultural systems) 안에 인간들이 살고 있다고 가정한다. 이와 같은 생각을 받아들이기 위해서 다음의 정신적 실험을 시도해보자. 어떤 종류의 과정 또는 기능들이 모든 사회 체계의 생존과 성장에 필수적인 것일까? 몇몇의 내용이 확실하다. (1) 재생산, 이동, 또는 조직의 충원 등을 통해 사적 개인들을 충분히 양산하는 것, (2) 특별한 체계에 적응해 잘 살아가도록 개인들을 사회화하는 것, (3) 개인과 조직들을 유지하는 데 충분한 재화와 용역을 생산하는 것, (4) 갈등을 해소하고 상품을 배분하는 데 효율적인 질서와 권위를 유지하는 것, (5) 의사소통과 합의를 촉진시키는 충분히 공유된 문화를 창출하는 것이 바로 그것이다(Mack and Bradford, 1979; Parsons, 1951 참조). 이와 같은 기능들이 실행되는 방법들에 따라 인간사회는 많이 달라진다. 더욱이 1950년대에 이해되었던 것처럼 인간과 생물물리적 환경 사이의 지속가능한 관계는 기능적 과정으로 나열된 목록의 부분이 '아니라는 점'을 명심할 필요가 있다. 오로지 자연은 경제적 기능을 위한 자원으로서 외부에 존재하고 있는 것으로서의 의미를 가질 뿐이다.

던랩과 캐턴은 (다른 종들과 마찬가지로) 인간사회에 대한 환경의 세 가지 기능들을 주장함으로써 환경의 기능들을 다르게 기술했다. 생태계는 인간의 물질적 생계를 위한 공급창고(supply depot)로서 기능한다. 생태계, 하천, 대기와

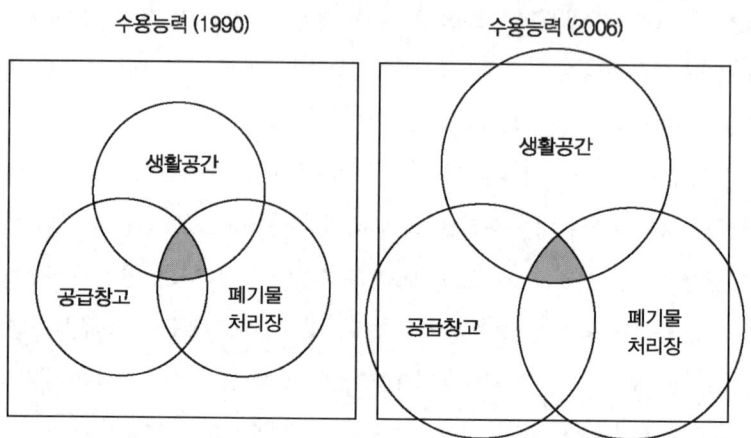

〈그림 1.6〉 환경의 사회적 기능

자료: Dunlap and Catton(2002), "Which Functions of the Environment Do We Study?" Society and Natural Resources, 15, 245. Taylor and Francis Group 허가, L.L.C., http://www.taylorandfrancis.com.

같은 환경적 하수구는 쓰레기와 오염물의 폐기물 처리장(waste repositories)으로 기능한다. 게다가 생태계는 모든 활동이 생활공간(living space)을 제공하는 기능을 수행하는데, 이러한 기능의 남용은 과밀과 혼잡을 가져오고 다른 종들의 서식지를 파괴한다. 더욱이 던랩과 캐턴은 쓰레기가 이웃의 삶을 황폐하게 만들고 지하수를 오염시키듯이 하나의 기능을 위해 환경을 남용하는 것은 다른 기능들에 손상을 가할 수 있다고 주장한다. 인간의 영향은 너무 지대해 지구적 규모의 인간사회 생존을 위협할 만큼 역기능(dysfunctional)을 수행할 수도 있다. 이러한 손상은 인간과 다른 종들을 위한 세 가지 기능 모두를 수행하는 환경의 능력을 손상시킬 만큼 대규모로 나타날 수도 있다(Catton and Dunlap, 1986; Dunlap and Catton, 2002). 〈그림 1.6〉을 참조하라.

막스 베버(1864~1920)는 생태적 사상가로 간주되기 어렵지만, 환경 사회학에 영향을 미친 중요한 초기 사회학 이론가였다. 마르크스와는 다르게, 베버는 사회의 기본적 힘을 단순한 부의 통제가 아닌 권력 그 자체로 생각했다. 베버는 근대 사회에서 권력이 대규모 조직과 관료제에 의해 점증해 행사되는 것을 목격했다. 그러나 마르크스와 달리 베버는 역사 변동과 발전에서 이념을 합법화하는 사고방식과 신화, 곧 '문화'의 역할에 상당한 무게를 두었다(Humphrey, Lewis, and Buttel, 2002: 45). 더 나아가 서구 사회 발전의 주된 핵심은 진보적인 성향의 노력과 문화적 복합체인 '합리성(rationality)' – 수단과 목표를 효율적으로 연결하는 – 을 보급한 것으로 이해될 수 있다고 주장했다. 그는 합리성이 관료제, 경험 과학과 자본주의의 발전의 기초가 된다고 했다.

베버의 생각은 환경사회학에 두 가지 다른 갈래의 영역으로 확장되었다. 하나는 관료제적 조직의 관리자에게 초점이 맞추어져 있다. 환경 보호는 환경보호 입법 계획을 수행하려는 목적으로 권력을 사용하는 과정에서 정부 관리자 그리고 행정 관료와 연관된다. 예를 들어 켄 굴드(Ken Gould)는 캐나다와 미국에서 지방자치체의 능력을 수자원 오염 규제 과정을 통해 연구했다. 지방자치체들은 규모, 환경단체에 대한 접근방법, 그리고 단일한 지방 사업자(제지소나 핵연료 가공 설비 등)에 의존하는 정도에서 차이가 있다. 혹시 단일산업 공동체들이 활동적인 환경단체 또는 지방정부나 중앙정부의 규제에 제대로 응하기 못한다면, 이 공동체는 오염규제를 관리하거나 강제하는 힘이 제한돼 있을(부족할) 것이다.

굴드는 훨씬 다양화된 고용기반을 가진 공동체들은 정치적 자율성이 더 크고, 따라서 관리하는 데서도 더 큰 조절 능력을 갖추게 된다고 했다. 이는 여름과 가을 휴가철에 고용을 창출할 수 있었던 공동체에 적합했다. 통제능력이 크다는 것은 조절 기구 관리자가 공동체 내에서 더 큰 정치적 합법성과 환경관리 수행능력을 가지고 있다는 것을 의미했다(1991).

캐나다의 사회학자 레이먼드 머피(Raymond Murphy)는 환경에 대한 베버의 생각을 확장해『이성과 천성(Rationality and Nature)』이라는 책에서 사태의 다른 면을 연구했다. 신생태적 패러다임이 반영된 새로운 회계 절차를 발전시킨 다양한 연구방법을 통해, 왜 환경운동은 초국가적 법인체와 관료적 조직을 압박하는지 살펴보았던 것이다. 그렇게 할 때, 그들은 종종 국가관리 기구를 목표로 삼는다. 왜냐하면 오직 국가만이 사기업으로부터 정보를 얻는 데 필요한 힘을 가지고 있을 뿐 아니라, 숨겨지지 않은 (위험에 대한) 정보를 지키는 데 필요한 규칙을 만들고 강제할 만한 힘을 가지고 있기 때문이다(1994: 143). 국가가 거대 기업이 제공한 돈과 영향력에 상당히 의존하고 있다면, 국가가 독립적으로 집행할 권력을 갖고 있는지 아닌지가 중요한 문제가 된다.

베버의 사고방식에서 확장된 두 번째 갈래는 상징, 문화, 그리고 생각 들의 역할을 강조하는 해석적 관점(interpretive perspectives)이다. 이와 같은 종류의 하나가 미국적 사고와 가장 유사하다. 사회심리학적 시각인 **상징적 상호작용론**(symbolic interactionism)은 자아 개념과 행동이 언어, 상징체계, '처한 상황에 대한 정의'에 의해 중요하게 형성된다는 것을 강조한다. 인간들이 상호작용을 할 때, 이들은 자신의 정체성, 사회적 관계, 그리고 문화적 의미들을 지속적으로 창조하고, 의존하고, 개조되히고, 타협한다(Mead, 1934). 이것은 사회문화적 실제란 실제로 사회적으로 구성된다는 함의를 지니며, 이 함의가 **사회구성체론자들**의 시각을 발현시켰다(Alfred Schutz, 1967; Berger and Luckmann, 1976).

이것이 무엇을 의미하는지 서술해보자. 조직, 사회, 문화, 사회제도, 심지어 '자연'까지도 포함한 것들을 '사물'로서 취한다는 것은 실제로 인간 행위자들 사이에서 상호작용했던 일화들 속에서 특별한 역사적 사실을 기술한 방법과 유사하다. 사회적 구성(Social construction)이란 경쟁하는 집단들이 그들의 물질적 이해관계를 반영하는 용어로 여러 쟁점들을 정의하고자 하며, 이를 통해 기본적인 물질적·사회적 과정을 재형성하려는 사회적 행동양식인 것이다. 환경사회학자들에 의해 이러한 관점이 가장 일반적으로 적용된 것은 환경운동에 관한 연구이다. 예를 들어, 로버트 브럴(Robert Brulle)은 '미국문화 속에서 그들은 어떻게 인간과 환경의 관계에 대한 다양한 논의를 구체화시켰는가'라는 견지에서, 미국 환경운동(그리고 반환경운동)의 다양성을 심도 있게 분석했다(Brulle, 2000). 제8장에서 환경주의에 대해 논의할 때 그의 작업을 자세히 살펴볼 예정이다.

사회 구성으로서의 세계 그리고 환경('자연')을 바라보는 것은 미묘하지만 중요하다. 확실히 외부적 생물물리적 세계는 인간의 자각과 인식에서 상당히 분리되어 존재한다. 인간은 이러한 세계와 그것이 주는 제한 내에서 살지만, 중요한 점은 어떻게 인간이 환경을 이해하고 정의하는지에 기초해 살고 있다는 점이다. 더욱이 앞서 제시한 바와 같이, 사람들은 자연 세계와 환경을 매우 다양한 방법으로 인지하고 있다. 인류 발전 단계에서 사람들이 환경을 얼마나 다양하게 인식하고 구성하는지에 대해서는 이미 상세히 기술했다. 자연의 문화(culture of nature)란 곧 우리가 자연에 대해 생각하고, 배우고, 이야기하고, 구성하는 방법이고, 자연 그 자체가 행동을 위한 중요한 영역이 되는 것은 명백하다(Ciccantell, 1999: 294~295; Hannigan, 1995; Wilson, 1992: 87).

6. 결론: 환경, 생태계, 그리고 인간계

이제 어떻게 환경, 생태계, 인간계가 서로 영향을 주는지에 대해 요약하고, 모든 환경문제는 또한 사회적 사안이 된다고 강조하는 것으로 이 장을 매듭지으려 한다.

6.1 인간의 환경과 생태변동 추진

자연의 균형 또는 정적인 평형(static equilibrium) 상태 대신 생태이론은 지금 몇몇 변동과 변화는 보통 상태의 상황이라고 강조한다(Lewis, 1994: A56; Miller, 1998). 그러나 환경·생태변동은 오늘날 적어도 두 가지 차원에서 과거의 변동과는 다르다. 지구적인 환경변동의 추세는 극적으로 촉진되었고, 가장 중요한 환경변동은 지금 인간이 끼친 영향이 원인이 되는 인류발생론적인 것이다(Southwick, 1996: 345~348; Stern et al., 1992: 27). 실제로, 인간이 자연 체계를 개조한 모습의 증거들을 어디서든 볼 수 있다. 빌딩, 도로, 농장, 인간이 개조한 호수·하천·해양 등이 그것이다. 심지어 지구를 둘러싼 가스덮개(gaseous envelope)마저도 지금 궤도상에 있는 인공위성의 폐기물 등과 같은 인간이 배출한 쓰레기로 어질러지고 있다. 자연이 지구의 틈 속으로 물러나면서 원시의 미개척지는 매우 드물어졌고, 인간 문명에 의해 변형되지 않은 자연의 마지막 피난처를 보호해야 한다는 염려의 목소리가 나타나고 있다.

인간 변수의 네 가지 유형은 환경과 생태 변동의 직접적 원인(proximate causes) 또는 요인이다. (1) 인구변동, (2) 제도 특히 경제성장을 자극하는 정치경제, (3) 사회 구성과 환경문제를 포함한 문화, 태도, 그리고 신념, (4) 기술변동으로 나뉜다(Stern et al., 1992: 75). 제7장에서 인구와 연관된 상품, 풍요로움의 정도, 그리고 기술($I = PAT$ 모델)과 같은 환경 영향을 이해하는 또 다른 방법에 대해서도 논의할 예정이다.

6.2 체제의 연관

이와 같이 인간 활동이 '원인이 되어' 환경변동을 야기하는 요소들은 지구 생태계의 변동을 양산할 뿐 아니라 복잡한 환류 기제를 통해 서로의 변동을 추인하는 복잡한 체제를 구성한다. 이들은 서로 구별되지만 상호의존적이다. 하지만 몇몇 학자들이 했던 것처럼 무엇이 '더 기본적 원인이 되고 있는지'는 이곳에서 주장하지는 않으려고 한다.[5] 상호의존적 성격은 이미 주어진 것이

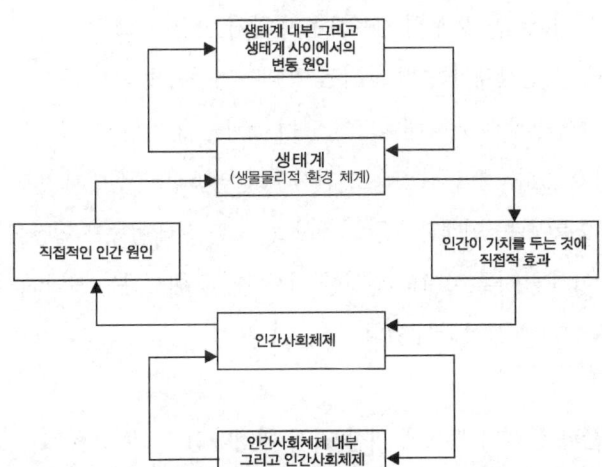

〈그림 1.7〉 생태계와 인간사회체제의 상호작용

자료: Stern et al., 1992: 34.

고, 달걀이 먼저인지 닭이 먼저인지를 주장하는 수많은 비생산적인 논쟁들을 일으킬 수 있다고 보기 때문이다. 기근 또는 내전을 일으키는 특별한 기술 또는 사회 요인과 같이 무엇이 좀 더 직접적 원인인지 그리고 인과관계의 수준이 좀 더 중요한지 여부가 중요하다고 생각한다. 어느 것이 더 중요한지는 시간의 범위와 분석의 목적에 달려 있는 것이다.

물리적 환경 내에서, 생태계와 인간사회체제는 서로 연관되어 있고 상호의

---

5 환경 과학자들과의 논쟁에서 생물학자 폴 에얼릭(Paul Ehrlich)은 인구 성장이 가장 중요한 환경변동과 문제의 요인이라고 주장한다(1974, 1992). 반면에 동물학자 베리는 진보된 산업 기술이 더 중요하고 강력한 원인이라고 주장했다(1971). 사회학자 앨런 슈나이버그는 제도적 배열, 특히 정치 경제의 중요성을 강조한다(1980). 사회이론가 탤컷 파슨스(Talcott Parsons)를 비롯한 다른 분석가들은 문화, 가치, 그리고 패러다임을 다른 변수들을 이끌고 제한하는 가장 기본적인 힘이라고 보았다.

존적이며, 인간 활동의 영역은 지금 너무나 방대하고 지대해서 세계의 어떤 생태계가 인간 영향으로부터 자유로운지 알기 어렵다. 그러나 각 생태계는 그 자체의 내부에 인간계와는 꽤 분리된 평형과 변동의 동학을 가진다. 유사하게도, 각 인간계는 생태계에 내재되어 있는 것과는 분리되어 변동 그 자체의 원인을 가지고 있다. 중요한 것은 인간사회의 역동성이 생태계 변동의 중요한 요인이 되도록 하는 연계관계를 이해하고, 또한 생태변동과 인간이 의지하고 중요하게 여기는 것들 사이의 평행한 연계관계를 이해하는 것이다. 이러한 관계는 〈그림1.7〉에 요약되어 있다.

6.3 인간과 환경의 관계에 대한 지적 패러다임

학문분야의 배경이 다른 학자들은 '세계가 움직이는 방식'에 대해 다른 가정을 하고, 따라서 약간 다르게 질문을 던진다. 여기 인간과 환경 사안에 대한 세 가지 학술적인 패러다임이 있다.

1. 자연과학자들은 유한한 세계에서 일정하고 지속적인 성장의 논리를 강조한다.
2. 신고전경제학자들은 인간과 환경 문제의 원인을 **시장 실패**(market failure)와 **자원 할당의 문제점**(resource allocation problems)에 좀 더 가까운 직접적 원인이라는 관점에서 그 틀을 마련한다.
3. 몇몇 경제학자, 사회학자 그리고 정치학자를 포함한 다른 학자들은 사회 불평등과 불균등배분이라는 또 다른 직접적인 원인의 관점에서 인간과 환경 사이의 문제를 폭넓게 파악하고 있다. 예를 들어, 이것들은 부, 정치권력, 정보, 기술 등에서 엄청난 불균등배분을 함축하고 있는 국가적·세계적 패턴을 포함하고 있다

설명을 위한 예로, 세계 기근의 문제는 (1) 제한된 자연자원과 농업자원에 비해 너무 많은 사람들의 요구, (2) 다른 투자와 비교할 때 이윤이 발생할 수 없는 식량을 생산해야 하는 자유 시장 실패와 과잉규제, 또는 (3) 총 식량공급량은 적절하지만 가난한 사람은 너무 가난해 식량을 구입할 형편이 되지 않고 너무 권력을 가지지 못해 정부가 이들의 필요에 반응을 보이지 않는 것에서 발생한다(제5장에서 이를 다시 언급할 예정이다). 이러한 패러다임의 차이는 인간과 환경 문제의 심각성과 원인에 대한 많은 논쟁들을 이해하는 데 핵심이 된다. 정당하지만 차이가 있는 관점들을 조정하는 것은 어렵기는 하지만 불가능하다고는 생각하지 않는다. 이후 내용에서 다양한 위치에서 나타나는 패러다임의 차이점들을 다루고자 한다. '시선을 고정하시라.' 무엇이 명백해야 하는지 반복하면서 이 장을 마무리하고자 한다. 자연환경·생태계의 현상과 문제들은 그만큼 사회적 사안이다. 사회적 질문들과 논쟁들이, 예를 들면 비옥한 토지, 매장된 광물, 원시 우림, 그리고 담수와 같은 자연자원에 대해 일어난다. 누가 이것들을 소유하는가? 그들은 사용되어야 하는가 아니면 보전되어야 하는가? 만일 사용되어야 한다면 무엇을 위해 어느 정도 속도로 사용되어야 하는가? 누가 이득을 얻고 누가 비용을 지불해야 하는가? 어떤 사람 또는 기구들이 이러한 문제에 대한 이해관계를 가지고 있는가? 그리고 이러한 선호는 널리 보급될 것인가? 만일 오염, 종족 멸종, 또는 기후변화와 같은 환경·생태 문제가 발생한다면, 이 문제들을 해결하기 위해 무엇인가를 할 때 소요되는 비용을 누군가가 부담해야 한다면, 과연 누가 부담해야 하는가? 좀 더 추상화해보자. "자연자원이라고 일컬어지는 것은 사실 자연적일 뿐 아니라 사회적이다. 이들은 생화학적 과정의 산물인 만큼 역사적으로 우연하게 나타난 사회문화의 정의이기도 하다"(Freudenburg and Frickel, 1995: 8). 지금 대다수의 학자들은 환경문제와 변동이 사회과학의 실질적인 공헌 없이는 이해될 수도 다루어질 수도 없다는 점을 잘 인식하고 있다(Stern et al., 1992: 24).

7. 독자들이 생각해볼 문제

결론과 질문

1. 인간을 자연세계와 절연시키는 문화와 문명의 층위에는 어떤 것들이 있는가? 그것들로 인해 자연 속에서 당신의 위치는 어떻게 그려지는가? 예를 들어 매장에서 음식을 구입하는 것을 생각해보자. 우리가 일반적인 소비자로서 이해하는 그 행위가 실제로는 우리를 거대한 먹이사슬 속의 참여자, 그리고 자연은 결코 할 수 없는 에너지와 자원의 변환 과정의 참여자로 만든다. 다른 예들로는 무엇이 있을까?
2. 언제 자연세계에 대해 생각하는가? TV나 책에서 산맥들의 아찔한 사진을 볼 때 당신의 일상은 자연세계의 하나가 되는 것일까? 자연을 미학적 감상의 대상으로 바라보는가? 이용할 자원으로 보는가? 또는 안락한 생활을 방해하므로 최소화해야 할 틈입물로 여기는가?
3. 세계관의 개념은 추상적이다. 그러나 이 장에서 제시된 서구 산업사회의 세계관에 대한 서술내용을 다시 살펴보자. '세계가 작동하는 방식' 또는 무엇이 좋고 나쁜지에 관한 가치에 대한 당신 또는 당신 친구들의 인식 사이에서 어떤 연관 지점을 찾아볼 수 있는가? 어떻게 당신 주변 사람들의 행위에 이것이 반영되었을까?
4. 어떤 종류의 사적인 동기가 당신 또는 당신 친구들로 하여금 소비하도록 만들까? 다른 사람들의 기대와 같은 압력? 시간? 미디어와 광고? 어떤 종류의 힘이 당신과 다른 사람들로 하여금 환경적으로 유해한 행위를 금지시키는가? 당신 삶의 휴양, 소비, 그리고 쓰레기 사이의 연관 지점은 무엇인가? 어떻게 당신은 '잘 살 수' 있을까?

우리가 할 수 있는 것

"지구적으로 생각하고, 지역적으로 행동하라"는 환경운동의 구호가 되었다. 환경문제에 관심을 가지고 있다면, 지구적 차원에서 생각해볼 필요가 있다. 또한 세계 속 당신 자신의 위치에서 지역적으로 행동할 필요가 있다. 그러나 또한 대규모의 차원에서 적절한 방법으로 행동할 필요가 있다. 지구 위를 가볍게 걷는 것과 같은 일들의 목록은 환경 사안과 관련된 책에 공통적으로 나와 있다. 후에 이런 생각 중 몇몇을 소개할 예정이다. 개인적 삶의 방식을 바꾸는 것은 중요하지만 우리를 둘러싼 환경문제를 해결하기에는 충분하지 않다. 강력한 제도와 기구들이 개인 행위를 넘어서서 작동해야 한다. 그러나 이는 개인의 행동 또는 태도가 대규모 변화 차원에서 부적절하다는 말은 아니다. 현재를 위해 당신이 개인적 문제라는 생각을 떨쳐버리기를 바란다. 이것은 영국의 유명작가 조지 엘리엇(George Elliot)의 소설 『미들마치(Middlemarch)』에 잘 나타나 있다. "세계에서 나타나는 선행은 개인적인 행동에 달려 있다." 유명한 인류학자 마거릿 미드(Margaret Mead)도 유사한 생각을 가지고 있다. "사려 깊은 소규모의 집단, 헌신적인 시민만이 세계를 변화시킬 수 있다는 점에 대해 의심하지 마라. 이는 늘 간직할 수 있는 유일한 명제이다." 당신의 삶이 어떻게 되고 있고 또는 될 수 있는지 생각해보자. 이를 환경적 기풍(ethos)으로 구체화하라.

실제 상품들

내가 여러 해 동안 실천하지는 못했지만 최근에 가치 있다고 생각하는 것을 말하려고 한다. 바로 나의 아내 '앤(Anne)의 정원'이다. 아내는 무언가 기르는 것을 좋아한다. 우리는 벽돌과 나무 기둥으로 된 집과 커다란 나무들과 나이 많은 평범한 도시 이웃과 살고 있다. 뒤뜰에 그늘을 드리운 나무들은 매력적인 것들만은 아니다. 사실 정원사들이 잡목이라고 부르는 것들로, 하늘나무, 뽕나무, 중국느릅나무, 그리고 커다란 사시나무가 있다. 나는 나무들이 자라건 말건 잔디를 깎지만 거기에는 뿌리를 내린 다양한 잡초들과 클로버도 있다. 대조적으로 몇몇 내 이웃은 정기적으로 정원 잔디에 비료, 제초제, 그리고 살충제를 뿌리는 데 돈을 쓴다. 그리고 이들은 아름답게 손질된 블루그래스와 잔디를 단일경작한다.
우리가 거기에 처음 살았던 이래로, 앤은 나무를 심고 꽃과 채소를 키웠다. 아이리스, 나리꽃, 장미, 튤립, 그 외 여러 꽃들이 자란다. 그리고 수년간 여러 가지 콩, 완두, 양배추, 브로콜리, 고추와 토마토를 키웠다. 정원은 다양한 생명체들로 아름다웠다. 즐겁고 부산한 다람쥐, 벌떼들, 여름 곤충들, 오래된 도로의 구석 아래에 둥지를 튼 뱀, 둥지를 틀고 새끼를 키우는 다양한 새들, 여름 저녁 동안 벌레를 잡는 박쥐들. 때때로 황혼 이후 조용히 앉아 있자면 부엉이가 부엉부엉 울면서 도시를 가로질러 근처를 배회한다. 아, 맞다. 게걸스럽게 식탐을 내는 테리어 강아지도 있다(하지만 다람쥐를 잡을 수 있을 만큼 나무를 잘 타지는 못한다). 무엇을 말하려는 것일까? 오랫동안 나는 그것이 이상하다고 여겼다. 그러나 더 최근에는 우리 전체 뒤뜰이 그 자체로 작은 하위생태계라는 것을 깨달았다. 몇몇 이웃들의 뒤뜰과 비교할 때 녹색의 잎이 무성하고, 벌레들이 살고, 꽃이 피고 지는 도시의 복수경작(poly culture)인 것이다. 낙원(paradise)의 어원이 "작은 녹색 정원"이라는 고대 중동어에서 비롯된 것인지 알게 되었다. 이는 그 자체로 아름다움을 축복하는 세상의 작은 구석인 것이다. 겨울이 올 때마다 나는 이들이 되돌아오기를 기다린다.
여러분 주변에서 사람들이 이와 유사한 경험을 하고 있는 장소를 떠올릴 수 있을까?

추가 자료

Dunlap, R., Buttel, F., Dickens, P., Gijswijt, A. (2002). *Sociological theory and the environment: Classical foundation, contemporary insights.* Lanham, MD: Roman & Littlefield Publishers.

Dunlap, R. E., and Marshall, B. (2006). Environmental sociology. In C. Bryant and D. Peck, *21st century sociology: A reference handbook*, vol. 2(pp. 329~340). Thousand Oaks, CA: Sage.

Kormodym E., and Brown, D. (1998). *Fundamentals of human ecology.* Upper Saddle River, NJ: Prentice Hall.

Miller, T., (2005). *Living in the environment*(14th ed.). Pacific Grove, CA: Brooks/Cole.

Pointing, C.(1991). *A green history of the world.* London: Sinclair Stevenson.

전자 자료

www.wri.org

www.socio.ch/evo/index_evo.htm

제2장
인간과 지구의 자원: 근원과 하치장

▲ 보호복을 입은 노동자들이 매립된 독성 폐기물을 제거하고 있다.

▶ 목재를 얻기 위한 벌목은 식생파괴의 주요한 원인이다.

◀ 미국의 여러 해안, 특히 도시에 근접해 있는 해안은 심각하게 오염되었다(배경으로 보이는 방파제를 주목하라). 해변의 표시판에는 사람들에게 오염된 물에 들어가지 말라고 경고하는 문구가 써 있다.

1960년대, 그러니까 내가 젊은이였을 때 나는 친구들과 함께 미주리 강 남동부 커런트 강(Current River)을 타고 카누여행을 떠났다. 물은 맑고 시원했고, 주변 땅은 언덕과 돌이 많았으며, 몇몇 소를 방목하는 지역을 제외하고는 농업에 적합하지 않았고, 오자크 국립 경관 강길(Ozak National Scenic Riverway)과 마크 트웨인 국유림(Mark Twain National Forest)의 웅장한 숲을 따라 강줄기가 흐르고 있었다. 관광업과 카누 장비 대여업은 주변 지역의 주요한 산업 중 하나가 되었다. 나의 아버지는 당신이 그 지역 가까이에서 젊은 시절을 보내던 1920년대에 그곳의 숲이 목재회사들에 의해 훼손되었고 토양 침식으로 인해 깨끗한 상수원이었던 강은 진흙탕이 되었다고 알려주었다. 나는 세기가 전환될 즈음의 무자비한 자원개발과 1960년대에 목격했던 복원 사이의 현저한 차이에 놀라움을 느꼈다. 물론 풍경이 인간이 거주하기 전의 모습과 같지는 않지만, 시간이 지남에 따라 인간 활동의 순효과는 여러 방법으로 이전의 손상, 적어도 특정 지역에 한해 나타났던 손상을 보상하고 있었다.

제1장에서 나는 독자들의 관심을 끌기 위해 환경문제에 관한 현 시대의 장황한 이야기를 매우 추상적인 방법으로 제시했다. 이 장에서는 몇몇 문제를 깊이 있게 다루고 인간과 인간사회의 연관 지점들에 대해 대략적으로 다루어 보려고 한다. 경제자본(돈), 사회자본(사회관계, 문화자원), 자연자본(물, 토양, 광물, 생물자원을 포함하는 자연자원)을 구별하는 것은 오늘날 보편적인 구분 방식이다. 이 장은 자연자본과 나머지 두 자본 간의 관계에 대해 대략적으로 살펴보고자 한다. 하지만 이 장의 내용이 지구행성 전체의 자원체계 상태를 총망라한 개요의 수준은 아님을 미리 밝힌다. 만일 독자가 좀 더 내실 있게 알고자 한다면, 살펴볼 만한 많은 자료들(문서와 논문, 그리고 전문적인 문학작품)이 더 있다. 참조할 것들은 이 장 마지막에 적어두겠다.

지구는 인간과 다른 생명체들을 위한 거대한 재생 체제로서 기능하는 자연적 자본의 거대한 체제이다. 독자가 자연자본을 무료로 무한정 쓸 수 있는 것으로 인식하지 않도록 하기 위해, 나는 지구가 제공하는 중요한 경제적 서비스와 생태계 서비스에 대해 언급할 것이며, 또한 가끔 (만약 자연자본에 가격을 매길 수 있다면) 화폐가치로 측정된 평가액에 대해 언급할 것이다. 편협한 인간 중심적 사고로 독자는 지구를 일련의 근원(sources) − 이로부터 물자가 추출되는 − 과 하치장(sinks) − 이쪽으로 폐기물과 폐수가 방출되는 − 이라고 개념화할 수 있다. 이 장에서는 인간의 물리적 자원(physical resources) 사용과 현황에 대해 논의하겠다. 토양, 물, 생물자원(숲과 종다양성)이 그것이다. 이후 기후와 에너지 물자 사안에 대해 심도 있게 논의하겠다. 고체쓰레기와 화학 오염원의 오염하치장(pollution sinks)에 대해서도 − 유사단어로는 앞서 공급창고, 폐기물 처리장이라고 묘사했다 − 다루겠다(Dunlap and Catton, 2002).

1. 토지와 토양

토양은 동식물의 사체와 부패물로부터 형성된 유기물질이 바위의 풍화와 침식작용으로 생겨난 무기물과의 혼합으로 형성된다. 토양은 미생물(microbe)과 다른 분해자(detritovores)를 함유하고 있으므로 다양한 유기·무기화합물의 혼합체일 뿐 아니라 생태권의 '살아 있는 층(living layer)'이라 할 수 있다. 표토층(topsoil layers)은 1차 생산자가 광합성을 수행하는 데 필요한 영양소가 특히 풍부하다. 우리는 식량을 위해 전적으로 토지에 의존하고 있다. 인간 식량의 98%는 토지에서 생산된다. 세계적 차원에서 보면 식량과 섬유질 식품이 토지 표면의 12%에서 경작되고, 24%는 육류와 우유를 생산하는 가축의 목초지로 사용된다. 숲은 31%를 구성하는데, 연료, 목재, 종이, 다른 숲의 생산물을 위해 이용된다. 1/3 남짓한 나머지 토지는 사막, 산맥, 툰드라, 그리고 농업에는 적당하지 않은 토지들이다(Buringh, 1989).

토지는 침식되거나 부식될 수 있으며, 이로 인해 인간이 경작할 때 생산성이 떨어지거나 심지어 쓸모없는 것이 될 수도 있다. 사실, 토지는 항상 자연적으로 부식되고 있고, 표토는 물과 바람에 의해 용해되거나 운반되며, 이러한 자연적 부식의 비율은 지역의 지리, 기후, 그리고 지형에 따라 다양하게 이루어진다. 중요한 문제는 토양구성 비율과 관련된 부식과 침식의 비율이며, 특히 이 두 가지 과정 사이의 관계에 대해 인간활동이 미치는 영향이다. 농사를 짓는 인간의 등장으로 인해 토양과 침적토의 양을 적어도 원래 비율의 2.5배 정도 해양으로 더 보내게 되었다(Craig et al. 재인용, 1988: 353). 농업이 표토와 토양의 영양 손실이라는 부식을 촉진했다는 점은 의심의 여지가 없고, 이것은 다시 경작과 목축의 산출 감소로 이어졌다. 이는 제1장에서 언급된 것처럼, 때때로 농업사회의 운명을 결정했다.

1.1 토양과 식량

만일 인간 간섭(human intervention)으로 토양이 퇴화되었다면, 어떻게 우리는 최근 식량생산의 방대한 증가 - 인구보다 더 빠르게 성장하는 - 를 설명할 수 있을까? 농업 초기시절로부터 대략 1950년대까지 거의 모든 식량산출의 성장은 경작지의 확장에서 비롯했다. 1950년 이래로 적어도 식량산출 증가의 4/5는 증가된 생산성(productivity)에 기인했다(Brown et al., 1992: 36).

현대의 '집약적' 농업은 생산성을 극적으로 증가시켰지만, 토양의 생산성을 보존하는 전통적인 방법을 파괴했다. 이러한 전통적인 방법은 모든 곳의 농부들이 해왔던 농사법으로 계단식 경작, 등고선 경작, 순환경작, 휴경지 사용, 유기비료 사용, 그리고 열대지방에서의 이동 농업과 가축의 이동 등이 있다. 집약적인 농업은 휴경지나 돌려짓기 없는 지속적인 단일경작, 구릉지와 한계토지(marginal land) 경작, 그리고 제한된 목초지의 과잉을 가져왔다. 1950

년 이래로, 제조된 무기 화학비료, 자본, 그리고 에너지의 투입은 식량 공급의 팽창을 가능하게 했다. 그 결과 1950년 이래로 순경작지 재배면적은 그다지 증가하지 않았다(Brown, 1996b). 따라서 풍부한 식량생산은 그 생산을 극대화 기 위해 자연자원 – 물과 토양 – 을 지나치게 사용하고 질을 저하시켰다.

전문가들은 때때로 지구 토양의 상황에 대해 관심을 기울인다(예, Eckholm, 1976). 1980년대 지구토양에 관한 논문들은 식량을 생산할 적당하고도 많은 토지가 있기 때문에 우리가 적당히 세계 인구를 먹여 살릴 수 있다고 주장했다(Crosson and Rosenberg, 1990). 하지만 이러한 낙관론은 약화되었다. 좀 더 최근의 전문가들은 이제까지 잘 존재했던 세계토양의 1/3이 소실되었다고 추정했다(Southwick, 1996: 347). 1992년에 유엔환경프로그램(U.N. Environmental Programme)과 세계자원협회(World Resources Institute)의 공동연구에서 세계경작지의 38%의 토양이 부식되었고, 또 다른 연구에서 토양부식과 퇴화는 세계경작지의 16% 정도의 식량생산을 감소시켰다는 점을 밝혀냈다(Miller, 2005: 279). 이러한 하락세는 비용이 드는 비료를 대량으로 사용하는데도 몇몇 토지 산출량이 줄어들고 있는 현상에 대해 부분적으로 설명해준다. "비료는 비옥한 토지의 대체물이 아니기 때문에, 농작물 수확량이 감소하기 시작하기 이전에 일정 정도까지만 적용될 수 있는 것이다"(Pimentel, 1992b: 331).

1930년대의 모래폭풍지대(dustbowl)의 대량 토양 부식으로 인해 미국은 몇 몇 국가들과 함께 토양보전(soil conservation)에 정책적 우선성을 두는 국가가 되었다. 1985년 농장법령안의 일부인 보전프로그램(Conservation Reserve Program: CRP)은 부식가능한 토지를 초지 또는 산림지대로 보전하는 것을 고양시켰고, 정부가 가격보조, 경작보험, 저금리융자 등 농장 프로그램의 혜택을 주지 않음으로써 토양에 대해 책임을 다하지 않는 농부들을 처벌했다. 그 결과 부식가능한 경작지에서의 토양손실이 대략 65% 감축되었다는 좋은 소식이 들렸다. 이는 미국 역사에서 가장 큰 폭의 단기 부식 축소였다. 의회가

'아무것도 하지 않은' 농부에게도 혜택이 돌아간다는 이유로 예산감축을 통해 이를 종결시키려는 위협을 하기는 했지만, 2003년 보전프로그램(CPR)은 향후 10~15년을 바라보며 새롭게 개정되었다. 이러한 진보가 있었지만 미국 농림성(U.S. Department of Agriculture)의 자연자원보호청(Natural Resources Conservation Service)은 미국 토양이 형성된 시기의 토양보다 16배 빠르게 부식되고 있다고 추정했고, 대평원(the Great Plains)의 상태는 농업이 시작된 이래로 표토의 절반을 유실했다고 보고 있다(Miller, 2005: 280).

1.2 토양 문제

토양 문제에 관심을 보이는 주요한 이유는 명백하다. 농업자원은 퇴화가 빠르고 비용이 크기 때문에, 증가하는 지구의 인구를 먹여 살리려면 경작지의 비옥도를 보호하면서 농업 산출량을 늘려야 한다. 말하기는 쉽지만 이는 '만만치 않은' 목표로, 특히 세계적인 수준에서라면 더욱 그러하다. 부식은 계단식 경작(terracing), 등고선 경작(contour plowing), 다각화 경작(multiple cropping) - 예를 들면 줄지은 옥수수 밭 사이로 지표경작식물을 심는 것 - , 그리고 토양 바인더(binder)와 유기비료를 위해 토지에 경작된 나머지를 남겨두는 저경작 방법(low-tillage)을 권장함으로써 감소되었다. 유기비료를 많이 써 화학비료 요구량을 줄여 영양분의 순환을 늘릴 수 있었다. 유기물 쓰레기를 비료로 사용하는 일도 늘고 있다. 많은 아시아 도시들은 체계적으로 주변 농장에 사람이 배출한 오물들을 재생한다. 1980년대까지 상하이는 이러한 방법으로 키운 채소를 생산하는 자급자족이 가능한 지역이었다(Brown, 1988: 50). 더욱이 1990년대까지 고개발국가들(More developed countries: MDCs)의 지역사회에서 토양에 유기물을 되돌려주는 추세가 늘고 있었다(Gardner, 1998).

지구적인 추세와는 다르게, 몇몇 사람들은 소규모 개인소유 농장들을 활성화시키는 토지 개혁을 제안하는데, 소규모 농장이 상대적으로 큰 규모의 농장과 비교할 때 노동집약적이고, 그래서 더 생산적이기 때문이다. 안정된 토지 소유권을 가진 소규모 농장주들은 다른 조건이 같은 경우 멀리서 대규모 자산으로 토지를 소유하고 있는 지주 또는 법인체보다 지속가능하게 토지를 관리하기 쉽다. 하지만 기술의 적용과 대규모 관리의 장점을 통해 토양(과 식량)의 문제점을 해결할 수 있다고 주장하는 이들도 있다. 많은 국가들은 농업의 이윤성을 향상시키기 위한 식품가격정책을 필요로 한다. 그러나 토지개혁과 가격 정책에 대한 이러한 생각들은 토지소유규칙에 대한 변화와 종종 식품가격의 상승과 연관성이 있기 때문에 정치적 다이너마이트(political dynamite)라 할 수 있다. 여기서 독자들은 왜 이러한 문제들을 기꺼이 해결하려는 정부가 거의 없었는지 이해할 수 있을 것이다. 토양을 보존(preserving)하고 세계 식량 공급을 늘리는 것은 농업과학자와 유전학자뿐 아니라 에너지 계획가와 모든 종류의 경제·정치 정책결정자의 최선의 노력을 필요로 한다. 이는 제1장을 마무리하면서 내렸던 핵심내용을 되새기게 한다. 즉, 모든 환경문제는 사회적 사안이기도 하다. 이것은 매우 중요한 내용이기 때문에 제5장에서 식량 사안에 대해 다시 언급할 예정이다.

1.3 경제적 및 생태계 서비스: 토양 퇴화의 가격화

토양 퇴화의 비용을 추상적이고 먼 이야기로 생각하지 않았으면 하는 마음에서 이를 가격화해보자. 경작지에서 소실된 물과 영양소를 대체하는 비용을 토대로 측정된 토양 부식의 직접적 비용은 지구적으로 해마다 약 300조 원(2,500억 달러)에 이른다. 휴양, 인간의 건강, 개인재산, 수로, 기타 등등을 포함한 추가 비용은 지구적으로는 약 180조 원(1,500억 달러), 미국 단독으로는 약 52조 8천억 원(440억 달러)에 이른다. 토양 부식은 단기간에 비용이 무척 많이 들지만, 여러 예방조치로 얻을 이익은 그 비용을 상쇄하고도 남을 만큼 훨씬 가치가 있다. 그렇지만 이러한 예방조치를 하기까지 넘어야 할 정치적·경제적 장벽은 만만치가 않다(Daily et al., 1997: 127~128).

2. 수자원

토양보다 훨씬 더 명확히, 물은 생물권(biosphere)의 원동력이다. 해양에서 대기로, 대기에서 대지로, 그리고 다시 해양으로 이동하는 수리학적 순환(hydrological cycle)이라는 태양에 의한 물의 순환 때문에 생명체의 존재가 가능한 것이다. 물은 재생가능 자원이지만 대부분의 물은 해양에서 대기로, 또한 다시 그 역의 방향으로 순환한다. 훨씬 더 적은 양의 물이 대지 위로 떨어지는 강수가 되는데, 그중 상당량은 재증발되거나 해양으로 다시 흘러들어가고, 그 결과 더욱더 적은 양의 물이 인간의 농업·공업·가정용수로 유용하다. 사용가능한 물은 지구 표면에 균일하지 않게 분배되는데, 그 결과 충분한 양의 물을 확보하는 것이 종종 정치적 갈등의 원인이 된다. 물은 순환을 통해 갱생되기 때문에 우리는 그것을 새롭게 얻을 수 있고 가격이 없는 공짜 공유 자산으로 여기는 경향이 있다. 그러나 물을 얼마나 오랜 기간 동안 이용할 수 있는지를 결정하는 것은 물의 양이 아니라 지하수·호수·강물 등이 재충전 또는 회복되는 비율인 것이다. 세계적으로 지표수와 지하수는 각각 필요담수의 절반 정도를 공급하지만, 지하수의 재생 비율은 1년에 대략 1%가량으로 매우 느리다(Miller, 2002: 296~299).

많은 자원들과 다르게, 물 필요량에는 비교적 고정된 최소 요구량이라는 것이 있다. 적절한 건강을 영위하기 위해서 사람들은 먹고, 요리하고, 씻는 데 필요한 하루 최소량으로 대략 100리터(대략 26.5갤런)의 물을 써야 한다. 이러한 양의 몇 배가 지역사회의 경제적 기반을 유지하는 데 필요하고, 물이 풍부한 사회의 부유한 사람들은 1인당 하루 최소량의 몇 배를 사용한다. 농업은 세계적으로 물 사용의 대략 70%를 쓴다고 집계되는데, 이는 또한 가장 비효율적인 사용이 되기도 한다. 1헥타르(2.4에이커)의 옥수수를 키우는 데는 성장기에 약 420만 리터(1,100만 갤런)의 물이 필요하다. 증발, 폐수, 그리고 다른 요인으로 소실되는 양을 계산하면 1헥타르의 옥수수를 기르는 데는 성장기를 포함해 평균적으로 1,000만 리터의 강우량이 필요하다. 관개체계에서 대략 물의 70~80%가 농사에 유입되기 전에 지하로 스며들거나 증발되어 소실된다는 점은 잘 알 것이다. 산업은 지구 물 사용의 대략 23%를 차지한다. 한 대의 자동차를 생산하려면 40만 리터의 물이 필요한 것으로 추정되며, 산업사회는 매년 대략 5,000만 대의 차를 생산한다. 핵 원자로는 매년 1.9세제곱마일의 물을 필요로 하며, 전체 미국 원자로는 매년 이리 호(Eries)의 1/3에 해당하는 물을 소모한다. 전체 물 사용량 중 가정에서 소비하는 물은 대략 8% 정도이다. 여전히 거기에는 많은 물이 합산된다. 1일 최소요구량인 약 100리터(26~27갤런)의 물과 비교할 때, 독자들은 실제로는 생각했던 것보다 매일 더 많은 물을 쓰고 있을 것이다.

2.1 물 사용의 증가와 문제점

물 사용량은 1950년 이래로 3배 증가했고, 1992년까지 인간은 미시시피 강 유역량의 8배 이상 - 대략 매년 4,400세제곱킬로미터 - 을 사용했다(Postel and Carpenter, 1997: 197). 정책 입안가들은 댐, 관개, 강 이용 계획 등 이른바 물 개발 계획에 의해 증가하는 물 요구량에 직면했다. 그러나 이렇게 계속 증가하는 소비의 한계점이 신속하게 밝혀지고 있다.

세계 곳곳에서 물 보유량(water tables)이 줄고 있고, 호수가 메말라가며, 습지가 사라지고 있다. 아마도 물 부족의 가장 명확한 조짐은 사용가능한 물에 의해 총인구가 여유롭게 지속가능할 수 있는 수준을 벗어나버린 국가가 늘고 있다는 점이다. 수문학자들(hydrologists)은 어림잡아 매년 1인당 1,000세제곱미터보다 적게 공급되는 국가를 물 부족 국가로 여긴다(Postel, 1992a: 2332).

현재 중국, 인도, 그리고 미국을 포함해 세계 인구의 반 이상을 차지하는 수십 개 국가에서 지하수면이 줄어들고 있다. 이 나라들이 지구 곡물의 거의 반 정도를 경작하고 있다(Brown, 2004: 100).

관개가 근대 농업의 기초로 빠르게 성장하면서, 지하수 공급은 특히 중요해지고 있다. 물은 재충전되는 비율을 넘어서 훨씬 더 빠르게 우물에서 뽑아 올려지고 있다. 이러한 대수층(aquifer) 고갈의 결과는 대수층이 (비와 강으로부터 유입에 의해) 재생가능한 것인지 또는 (지하에 있지만 결코 재생가능하지 않은) 화석층이 형성된 것인지에 따라 다양하게 나타난다. 재생가능 대수층은 지나치게 퍼 올렸을 때 회복될 수도 있지만 재생불가능한 대수층은 앞으로 퍼낼 수 없게 된다는 것을 뜻한다. 화석 대수층은 미국 대평원 아래의 오갈라라(Ogallala) 대수층, 밀을 경작하는 데 사용하는 사우디스(Saudis) 대수층, 그리고 중국 북부 아래의 두 개 대수층을 포함하고 있다. 이와 같은 대수층 고갈은 심각한 식량문제의 원인이 될 잠재성을 품고 있다. 중국의 경우 옥수수와 쌀은 다우 지역의 남부 지역에서 경작되는 반면에 밀은 북부평원에서 자란다. 중국 밀 경작은 1997년부터 2004년까지 27% 하락했다. 중국에서 밀 부족현상이 심각한 만큼이나, 인도에서 대수층의 초과추출은 좀 더 심각할 수 있는데, 그 이유는 식량 생산과 소비 사이의 여유가 거의 없어 생존이 매우 위태롭기 때문이다(Brown, 2004: 100, 103). 미국의 현재 소비 비율에서 보면, 오갈라라 대수층의 대부분이 고갈될 것이며, 미국 육류와 곡류의 약 40%를 공급하고 있는 지역의 생산량이 급속도로 하락할 것이다. 이러한 현상이 발생했을 때, 대평원 지역의 경제와 지역사회에 연쇄효과를 미칠 것이며, 이에 이들은 완만한 인구감소 문제를 고민하고 그들의 전통적인 농업기반을 대체할 수 있는 경제를 모색하기 시작할 것이다(Postel, 1993). 네브래스카에 살고 있는 이에게 이 글은 직접 피부에 와 닿는 밀접한 사안일 테다.

유사한 물 문제가 캘리포니아의 샌와킨(San Joaquin) 계곡 내 '샐러드볼(salad bowl)'과 같은 지역들에서도 나타난다. 갈등은 농부들 - 이들은 그 지역의 물 82%를 소비하고 있지만 그 지역 경제적 부의 2.5%만을 생산하고 있다 - 과 남부 캘리포니아의 거대 도시 - 로스앤젤레스, 샌디에이고 - 사이에서 오랫동안 일어나고 있다. 남부 캘리포니아는 캘리포니아뿐 아니라 콜로라도 강에서도 물을 끌어다 사용하고 있다. 미국 내 물 부족에 대한 사회적 결과는 주, 지역, 도시, 농촌 물 사용자 사이의 소송 용광로를 만들고 있으며, 물 관리 행정계획을 확산시키고 있다.

2.2 물과 정치적 갈등

미국과 같이 부유한 국가 내의 물 갈등은 가난하고 건조한 국가들과 비교해 볼 때 유연한 편이다. 이러한 나라들은 캔자스나 캘리포니아 사람들처럼 물 문제를 제기하기 위한 경제적 부나 기술자원을 가지고 있지 못하다. 예를 들어 나일 강 상류를 통제하고 대부분의 물을 사용하고자 하는 에티오피아 · 수단 지역과 나일 강 유역에 전적으로 의존하는 이집트 하류지역 사이에서 나타나는 물 분쟁이 급속하게 확대되고 있다. 카슈미르(Kashmir)를 넘어서는 인도와 파키스탄 간의 몇십 년에 걸친 갈등은 부분적으로 히말라야의 아래에 있는 물 부유 지역에 대한 통제권 문제에서 비롯한다. 인도는 전체 지역을 서로 결합하는 강에 댐을 건설하고 있으며, 파키스탄은 인도가 무더운 한여름에 수문을 잠가 파키스탄 전역을 메마르게 할 것을 두려워하고 있다. 인도가 경계선으로부터 겨우 몇 마일 되지 않은 지역에 댐을 건설하고 있어서, 인도 동쪽 경계지역의 가난에 찌든 방글라데시 사람들도 유사한 공포감을 가지고 있다. 방글라데시 공직자들은 이를 생사가 걸린 문제로 보고 있으며, 헤이그 국제법원에 이 사안을 다루어줄 것을 요청했다(*Der Spiegel*, 1992).

2.3 물 문제

토양의 문제점과 같이, 물 부족에 관한 해결 지점은 효율성 향상과 보전과 관련이 있다. 그리고 가장 명백한 그 시작 지점은 낭비가 심한 오늘날의 관개체계를 더 효율적인 관개체계(drip irrigation)로 대체하는 것이다. 지금 이에 유용한 기술과 도구를 가지고 기술적으로 농부는 물 필요량을 10~50%까지 절감할 수 있고, 산업은 40~90%, 그리고 도시는 경제적 산출 또는 삶의 질을 희생하지 않고 1/3까지 절약할 수 있다(Postel, 1992a: 2333). 물이 정부에 의해 싸게 공급될 때, 농업종사자가 좀 더 효율적인 물 체계에 투자하는 것에 대한 실질적인 인센티브는 없다. 그리고 기술과 보전에 투자할 수 있는 국가들의 능력차는 상당히 크다. 남부 캘리포니아와 같은 부유한 사회는 물을 유입하는 운하, 송수관, 펌프시설을 건설할 수 있다. 더 가난한 사회들은 엄격한 합리성과 규제 계획을 발전시켜야만 하는데, 종종 기근과 물을 둘러싼 갈등을 경험한다(Meadow et al., 1992: 56).

물 부족을 역설하는 정책은 논쟁을 야기한다. 인간의 필요를 충족시킬 수 있는 충분히 깨끗한 물에 대한 접근은 기본적 인권인가? 또는 물은 가게에서 판매되는 상품인가? 요즈음 대부분의 수자원은 정부에 의해 소유되고, 시민을 위한 공공자원으로 관리된다. 하지만 정부는 물 공급을 관리하는 사기업들을 고용하고 있다. 더욱이, 유럽에 기반을 둔 세 개의 초국가적인 대기업 – 비

> **〈글상자 2.1〉 물과 중동의 갈등**
>
> 세계의 지역 중에서 중동은 "물 전쟁(water wars)"을 발발시킬 가능성이 가장 높다. 중동의 민족적·종교적·이념적 갈등은 잘 알려져 있고, 물은 확실히 갈등의 가장 명백한 원인으로 여겨지지는 않는다. 그러나 대수롭지 않아 보이는 수리학적 시한폭탄이 오래된 역사적 갈등을 중요하게 만들고 확장시킨다. 요르단 강의 분지는 지금까지 물이 가장 부족한 지역으로, 시리아, 팔레스타인(가자지구와 요르단 강 서안), 그리고 이스라엘 사이에서 물을 둘러싼 격렬한 경쟁을 벌이고 있다. 이스라엘, 요르단, 팔레스타인 어느 곳도 세계보건기구(World Health Organization: WHO)의 1인당 일일 최소 기준인 500제곱미터의 물 필요량을 공급받지 못하고 있다(Deconinck, 2004). 1964년에 이스라엘은 갈릴리 호수의 남부 하구에 댐을 건설했고, 남쪽으로 향하는 "국내 물 운송(national water carrier)" 파이프로 물을 전용하기 시작했다. 이에 대한 반응으로 아랍 연맹(Arab League)은 북부 요르단 강의 두 개의 지류를 전용하고 요르단과 시리아가 사용할 물을 채워두는 것에 동의했다. 이스라엘은 이 전용 계획시설에 폭격을 감행했고, 이로써 1967년 아랍·이스라엘 전쟁으로 이어지는 일련의 사건이 시작되었다(Wolf, 2000). 물이 중동의 정치적 갈등의 기반이 되든, 긴장을 강조하는 구실이 되든 간에 물을 둘러싼 갈등이 긴장에 기여했다는 것은 명확하다. 반면에 물 부족에 대한 국가들 간의 상호 취약성은 전쟁보다는 미래 협력의 근원이 될 수 있었다(Coles, 2004).

벤디(Vivendi), 수에즈(Suez), 그리고 RWE — 은 세계 물 공급처, 특히 유럽과 북미에서 가능한 한 많은 양을 사들이겠다는 전략적 계획을 가지고 있다. 그들은 사기업들이 정부 관료들보다 수자원을 더 효율적으로 잘 관리할 수 있는 돈과 전문가를 가지고 있다고 주장한다. 그동안 몇몇 회사는 이러한 공–사 협력관계에서 사업을 잘 수행했지만 몇몇은 그렇지 못했다. 현금이 부족해 곤궁한 저개발국가들(less-developed countries: LDCs)의 몇몇 정부 관료는 실제로 수자원을 사기업에 판매하기를 원하지만, 많은 사람들은 사적인 영역에 이를 전적으로 맡기기에는 수자원은 너무 중요한 필수 자원이라고 믿기 때문에 수자원의 완전 사유화에 반대한다(Miller, 2005: 312).

우리는 물 공급 문제를 제기함으로써 현존 공급시설을 충분히 보존할 수 있고 효율성을 증가시킬 수는 있지만, 수리학적 순환의 특성 때문에 총 공급량을 크게 확대시킬 수는 없다. 그렇다고 보전과 기술적 전략에 전적으로 의지할 수도 없다. 물 공급과 분배 문제를 역설하려면 할당, 인구 저성장, 향상된 효율성, 관개효율성을 향상시키기 위한 물 가격의 상승, 그리고 때때로 물 필요량을 감소시키는 곡물 또는 식량의 수입에 대한 지역적 수준의 협력이 결합되어야 한다. 분명한 것은, 이러한 요소들의 복잡한 결합을 고려하는 것이 쉽지 않다는 점이다(Miller, 2005: 305).

2.4 담수의 경제적 및 생태계 서비스

강, 호수, 대수층, 그리고 습지는 인간 경제에 무수히 많은 혜택을 제공한다. 이것들은 식수와 위생시설, 관개시설과 제조업, 그리고 물고기와 물새를 위해 물을 공급할 뿐 아니라, 레크리에이션, 운송, 홍수억제, 새와 야생동물의 서식지, 오염원 정화 등을 포함한 지속적인 혜택을 제공한다. 이러한 흐름상이 혜택들은 시장경제로는 가격화되지 않은 공유자산이 많기 때문에 특히 정량화하기 어렵다. 따라서 담수체계에 의해 제공되는 모든 서비스와 혜택의 총지구적 가치를 정확하게 측정하는 것이 불가능하지만, 분명히 수천조 원(수조 달러)에 달할 것이다(Postel and Carpenter, 1997: 210).

3. 종다양성과 산림

이 장의 도입부에서 우리는 경제적 자본, 사회적 자본, 그리고 자연자본을 가진 세계에 살고 있다고 했다. 확실히 이 중 첫 두 개는 우리의 일상적 삶이기 때문에 우리는 그 중요성에 대해 잘 이해하고 있다. 하지만 식물과 동물의 종다양성이라는 생물학적 차원의 자연자본은 저평가되어 있다고 본다(Wilson, 1990: 49). 이것은 사실이기 때문에 토양과 물에 관해 다루었던 것보다 깊이 있게 논의할 예정이다.

3.1 산림 자원

전 세계에 걸쳐 역사상 존재했던 산림의 2/3는 지금 사라졌다. 지구 표면의 대략 12%를 덮고 있으면서, 파편화되어 있지 않은 산림의 생물군계 중에서 **북방침엽수림**(boreal forests, 캐나다, 러시아, 그리고 스칸디나비아 등)들은 지구상에 가장 넓은 분포(현존 산림의 30%)를 이루고 있다. 그다음은 미국과 유럽의 **온대지역 산림**(temperate zone forests), 그리고 그다음은 열대지역의 산림으로, 지구표면의 약 6%(미국 48개 주보다 약간 작은 규모)를 덮고 있으며 브라질, 인도네시아, 자이르, 페루 등 4개국이 열대 산림의 절반 이상을 갖고 있다. 가장 좁은 지역이라 할지라도 열대림은 세계 강우의 절반 이상을 받아들이고, 세계에 알려진 특이하고 방대한 식물과 동물의 서식지를 제공한다. 이러한 사실 때문에 열대림은 지구체계에서 독특하고도 전략적으로 중요한 위치를 차지한다(Myers, 1997: 215~216).

인간은 급속도로 북쪽지역(boreal)과 열대림 모두를 파괴하고 있다. 북쪽에서는 상업적인 벌목이 주된 원인이 되지만 열대지역에서는 상업적 벌목, 농장주, 그리고 목장주(농업적·기업적 목장주 모두)를 포함한 다양한 원인이 있다. 독자들이 먹고 마시는 햄버거와 커피(바로 지금 내 컴퓨터 앞에 있는 커피 한 잔을 포함해)는 열대 산림의 토지에서 생산되었을 가능성이 높다. 오염과 기후변화는 또한 산림을 희생자로 만들 수 있고, 이 둘의 영향은 미래에는 더욱 증가되기 쉽다.

온대지역에서 산림은 지금 '지역 내'에서 대부분 안정화되어 있지만 미국의 산림 중 상당 부분이 20세기 전환기 이전에 북동부, 중서부, 그리고 남동부에서 행해진 벌목 이후에 2차림으로 재성장하고 있다. 이 산림들은 매우 파편화되어 있고 종다양성이 위축되어 있다. 유럽은 가시적으로 남겨진 원시 산림이 없다. 미국과 유럽이 재조림사업(reforestation)을 하게 된 근본 원인은 (계획적인 재조림사업보다 훨씬 더 중요한) 규모도 작고 파편화된 농장 인구만을 양산한 도시화에 있었다. 농업과 가축은 생산적인 토양에 집중되었기 때문에 예전에 많이 조림되었던 토지에 대한 압력은 줄어들었다. 이와 유사한 재조림사업 유형이 일본에서도 발생했다(Spears and Ayensu, 1985: 301). 온대림은 지금 지역적으로 안정화되고 '지속가능하게' 관리되고 있기는 하지만, 몇몇 온대림은 성장 비율, 토양 영양상태, 목재의 품질 면에서 하락하는 추세이다(Cunningham et al., 2005: 245~246). 20년 전, 탁월한 생물학자인 노먼 마이어스(Norman Myers)는 "만일 우리가 지금과 다름없이 사업을 이어간다면 오늘날 젊은 사람들은 결국 산림이 대단히 황폐화된 세상을 보게 될 수도 있다"고 논평했다(1989).

열대림 파괴

온대림의 역사가 열대지역에서도 반복될까? 매우 다른 기후, 토양 형태, 그리고 생태계로 인해 아마도 그렇지 않을 것이다. 일반적으로 열대 산림은 생물학적 종이 훨씬 다양하고, 더 빠르게 성장하고, 더 잘 망가지며, 더 약하다. 열대 산림의 정글 생태계는 일반적으로 영양상태가 양호하지 않은 열대 토양보다는 산림 그 자체 내의 영양 순환에 더욱 의존한다. 나무가 제거되었을 때, 열대 폭우는 토양의 현존 영양분을 빠르게 용해시키고 침식시킬 것이며, 농업은 지속불가능해질 것이며, 산림의 재성장은 길어지고 또 어려워질 것이다. 따라서 현재 파괴되는 비율로 볼 때 열대림은 재생불가능해지고 재생불가능한 자원이 된다(Meadows et al., 1992: 57~58; Cunningham et al., 2005: 245~246).

지구적으로 원시 열대림의 절반 정도가 남아 있지만 이들은 벌채되어 목재화되고 퇴화되고 있기 때문에 급속도로 사라지고 있다. 원시 열대림의 소멸 비율은 매년 15만 제곱킬로미터보다 더 큰 것으로 알려져 있다(Myers, 1997: 224). 현재 개발 비율로 볼 때, 전문가들은 2020년에서 2090년 사이의 미래에 세계 열대림이 모두 사라질 것이라고 예측한다.

열대림 파괴의 기본 원인으로 인구 성장, 가난, 정부 정책, 농업용지의 확산, 도시화, 목재 수출, 현존하는 산림의 경제적·생태적 서비스에 대한 가치 절하를 들 수 있다(Miller, 2004: 212). 더 확실하게 이러한 파괴에는 이윤을 추구하는 다국적 목재·종이회사, 국제적 부채를 상환하고자 열망하는 저발전 국가의 정부(LDC government), 장작을 구하는 농부 등 다양한 행위자들과 기구들이 함께 연루되어 있다(Meadows et al., 1992: 60~61).

3.2 산림의 경제적 및 생태계 서비스

현존하는 산림들은 조경을 안정화하고, 부식으로부터 토양을 보호하고, 토양이 수분을 유지하도록 도와주며, 영양소를 저장하고 순환시키는 등 인간과 생태계에 다양한 서비스를 공급한다. 산림은 해충과 질병에 대항하는 완충제 역할을 한다. 산림은 유역을 보전해 유수의 양과 질을 조절하고, 홍수를 방지하거나 완화하며, 하류 지역의 가뭄을 해갈하는 수분을 함유한다. 산림은 침적토가 강과 해안을 메우는 것을 방지한다. 강수를 조절해 국지적·지역적 수준에서 기후를 온화하게 하고 지구의 에너지를 균형 있게 만드는 데 핵심적 역할을 한다. 이는 '알베도 효과(albedo effect)'라는 지구의 태양 반사율(sun reflectivity)을 형성한다. 행성 수준에서 지구 탄소순환의 한 부분인 산림은 탄소를 저장하고 격리해 지구를 따뜻하게 유지하도록 돕는다(〈그림 1.1〉참조). 모든 산림이 이러한 역할을 하고 있지만 열대림은 이러한 기능의 큰 부분을 탁월하게 수행한다(Myers, 1997: 215~216).

산림의 손실이나 변경의 결과 또는 인간에게 미칠 수도 있는 영향으로 특정 산림생태계 서비스의 비용을 생각해보자. 네팔에서는 30~75톤의 표토가 산림이 파괴된 토지(약 2.5에이커)로부터 씻겨 내려가 그중 상당한 부분이 뜻하지 않게 매년 인도로 '유출'되는데, 이렇게 쓸려간 흙은 갠지스 강과 다른 강들에 유입돼 진흙탕을 이룬다. 이러한 경제적 비용은 네팔과 인도의 농업에 상당히 실질적인 문제가 된다. 그 지역의 강들이 미시시피 강의 그것에 비해 약 14배에 달하는 실트(silt) 퇴적물을 만들고, 상승한 하상(riverbed)이 인구가 밀집한 지역을 범람하는 악순환을 가져온다. 나무로 덮인 인도 지역의 토양을 보전하는 혜택은 매년 약 6조 원~14조 4천억 원(50억~120억 달러)으로 추정되며, 범람을 조절하는 가치는 약 86조 4천억 원(720억 달러)으로 추산된다. 생각만으로도 심란해지기는 하지만, 적어도 저개발국가 30억 인구가 물 부족으로 고통을 받을 것이라 예상되는 2025년에는 무엇으로 이러한 산림 서비스의 가치를 환산할 수 있을까? 만일 산림이 사라진다면 식량, 야생 사냥감, 과일, 브리 질링 콩, 천연고무와 같이 지역 사람들에게 (그리고 때로는 교역에서) 중요한 비목재 상품들의 생산이 줄어들 것이다. 지중해 유역 – 그리스, 이탈리아, 스페인, 프랑스, 모로코 등 – 에서 코르크 무역, 송진, 굴, 버섯, 야생 과일과 가축사육에 사용되는 나무는 1992년에 대략 10억에서 50억 달러의 추정가치가 있다. 북미 태평양 북서부의 오래된 산림은 물고기 112종의 서식지를 보호하며, 연어 산업 하나만으로도 매년 10억 달러의 가치가 있다(Myers, 1997).

3.3 종다양성 감소

우리는 확실히 식량, 피복, 목제품 들을 제공하는 생물종들의 가치에 고마워하고(appreciate)는 있지만 생태계 내에서의 종다양성 그 자체의 가치는 인간에 의해 대단히 저평가(unappreciate)되고 있다(Wilson, 1990: 49). 언급한 바와 같이, 열대림과 세계의 습지 - 예를 들어 늪, 홍수림, 해수습지 - 는 특히 종다양성의 풍요로운 보고이지만 지금 전체적으로 위협을 받고 있다. 이는 열대림만의 문제가 아니다. 1997년에 세계보호연맹(World Conservation Union)은 세계 24만 종의 식물에 대한 연구를 통합했고, 조사된 8종의 식물 중 하나는 잠정적으로 멸종 위기에 처해 있으며, 위기종의 90% 이상이 세계 어디에서도 볼 수 없는 단 한 국가만의 고유종임을 밝혀냈다(Tusill, 1999: 97). 많은 동물 종 역시 위기에 처해 있다. 25개 이상의 연구 결과를 요약한 〈표 2.1〉은 동물다양성의 감소 또는 감소위협의 사례를 보여주고 있다.

우리의 가장 근접한 생물학적 이웃인 영장류 중 많은 수가 이처럼 멸종의 위협을 받고 있다는 것은 내게는 가계도 내 친척의 죽음과도 같이 느껴지는 슬픈 일이다. 종의 멸종에 대한 이와 같은 각별함은 하나의 인상적인 그림을 그려보게 한다. 하지만 토양의 퇴화와 물 문제에 대해 앞서 언급한 자료들과 비교할 때, 이러한 추정치는 훨씬 더 불확실하다. 누구도 얼마나 많은 생명체가 실제로 존재하는지 알지 못하고, 따라서 실제로 정확한 멸종의 비율을 산출해낼 수 없기 때문이다. 생물학자 에드워드 윌슨(Edward O. Wilson)은 여러 전문가들과 함께 작업하며 대략 1,400만 종을 공식적으로 밝혀내고 이름을 지었으며, 적어도 400만 종이 현존한다고 신중하게 추측하고 있다(Wilson, 1990: 49). 이와 같은 불확실성은 몇몇 학자들로 하여금 종다양성의 실제적인 감소가 발생하고 있는지에 관한 질문을 하도록 만들었다(Simon and Wildavsky, 1993). 그러나 대다수의 학자들은 생물학적 종이 급속하게 사라지고 있다는 것은 명백한 사실이라고 믿는다. 미국의 자연사박물관(American Museum of Natural History)이 1998년 생물학자들을 대상으로 실시한 조사에 의하면, 대다수의 생물학자는 '집단 멸종(mass extinction)'이 진행 중이라고 확신하고 있었고, 대다수의 미국인은 이 문제에 대해 겨우 어렴풋이 인식하고 있을 뿐이었

〈표 2.1〉 감소하는 동물다양성

양서류 (Amphibians)	최근 몇 년 동안 세계적으로 쇠락이 목격되었다. IUCN이 조사한 497종 중 30%가 즉각적인 멸종의 위험에 처해 있거나 위협받고 있는 것으로 나타났다.
파충류 (Reptiles)	세계의 거북이 270종 중 42%가 멸종의 위협을 받거나 희귀해진 것으로 나타났다. IUCN이 조사한 1,277종 중 26%는 즉각적인 멸종의 위험에 처해 있거나 위협받고 있는 것으로 나타났다.
조류 (Birds)	세계의 조류 중 3/4이 개체수가 감소하고 있거나 멸종의 위협을 받고 있다. IUCN이 조사한 9,615종은 즉각적인 멸종의 위험에 처해 있거나 위협받고 있는 것으로 나타났다.
어류 (Fish)	북미 담수 어족의 1/3이 희귀하거나, 위협받고 있거나, 위험에 처해 있다. 미국 해안 어류의 1/3은 1975년 이래로 개체수가 감소하고 있다. 나일 강의 식용담수어종(perch)의 유입은 아프리카의 가장 큰 호수인 빅토리아 호의 400여 어종의 절반을 몰아내고 있거나 멸종에 이르게 하고 있다. IUCN이 조사한 2,158종 중 39%는 즉각적인 멸종의 위험에 처해 있거나 위협받고 있는 것으로 나타났다.
포유류 (Mammals)	ICUN이 조사한 4,355종 중 39%는 즉각적인 멸종의 위험에 처해 있거나 위협받고 있는 것으로 나타났다.
육식동물 (Carnivores)	사실상 모든 종류의 야생고양이와 대부분의 곰은 그 숫자 면에서 심각하게 감소하고 있다.
영장류[1] (Primates)	ICUN은 영장류를 포유류 중 가장 위험에 처한 것으로 보고 있다. 이들 중 50%가 멸종의 위험에 처해 있고 그 외 20%가 준위협 상태에 있다고 보았다. 많은 종이 위험에 처해 있지만 한 종(인간)은 세계 인구가 60억 이상일 정도로 유래 없는 팽창을 거듭하고 있다.

자료: Ryan, 1992: 13; Tuxill, 1997: 13; 1998: 128.

다(Washington Post, 1998). 그들은 현재 인간이 촉진한 멸종의 물결은 공룡의 시대를 마감하게 했던, 6,500만 년 전 포유류 시대(Cetaceous Age) 동안 발생했

---

[1] 원숭이, 유인원, 여우원숭이(lemurs), 인간을 포함하는 포유류의 한 종류.

던 종 멸종의 물결 이래 그 어느 것보다도 심각한 것이라고 생각한다(Meadows et al., 1992: 64; Miller, 2002: 178~179; Tuxill, 1998: 128).

인간이 원인이 되는 종다양성 감소

종다양성이 감소하는 원인은 세 가지이다. 첫째, 이것은 모든 야생종의 가장 큰 위협인데, 인간이 행성을 좀 더 많이 점유하고 통제하기 때문에 동식물의 서식지가 파괴되고 파편화되고 있다. 보수적인 생물학자들에 따르면 열대림 파괴는 산호초와 습지 파괴에 이어 동식물 종이 파괴되는 가장 큰 원인이다. 반복하자면 열대림이 지구 표면에서 차지하는 비율은 5%이지만, 열대림에는 모든 육지에서 서식하는 생물 종의 50% 이상(절지동물과 꽃씨식물로 보면 그 이상)이 있다. 윌슨(1990: 54)은 열대림에서 현재 사라진 종의 비율은 매년 4,000에서 6,000종에 이른다고 추정한다. 이는 인간이 지구상에 나타나기 이전에 있었던 '배경적(background)' 멸종비율의 1만 배나 되는 비율이다. 다른 거대한 종의 보고는 습지와 산호초인데, 이 둘 역시 인간의 침입과 오염된 땅과 물 때문에 크게 몸살을 앓고 있다.

둘째, 근대 농업은 종다양성을 감소시키는 크나큰 원인이다. 사람은 역사적으로 식량을 위해 7,000종 이상의 식물을 이용해왔는데, 지금은 전 세계적으로 20여 종을 사용할 만큼 크게 감소했다. 주로 밀, 옥수수, 기장, 호밀, 쌀 같은 것들이다. 농업 혁명의 여명기에 인간은 이러한 식물들을 우연히 만나게 되었지만 이들은 지금 선택적으로 커다란 변이가 이루어진 개량종으로 변모되어 재배되고 있다. 1959년 말 스리랑카의 농부가 경작하는 쌀의 품종은 2,000종 정도였지만 오늘날에는 주요 5종만 경작한다. 인도에는 3만 종의 쌀 품종이 있지만 오늘날 10여 종의 쌀만을 생산하고 있다. 슈퍼마켓 과일판매대에서 우리가 골라 살 수 있는 사과 품종은 대개 5~6가지 정도이다. 1800년대 말 사과는 북미 내에서만 100종 이상이 재배되어 판매되었다. 유전적인 종이 감소하는 유사 사례가 인간이 사육하는 소, 양, 말에서도 발생했다. 유엔식량농업기구(U.N. Food and Agriculture Organization)는 2000년까지 저개발국가에서 재배되는 모든 씨앗의 2/3가 단일하게 변형되고 있다고 보았다. 게다가 서식지의 훼손과 농업의 영향과 같이 다양한 인간 활동은 종다양성을 감소시켰다. 원인에는 물고기의 남획, 상업적 목적의 사냥, 밀렵, 육식동물와 해충 통제, 신종 애완동물과 식물, 생태계 내의 외래종과 토종이 아닌 종의 의식적·우연적 도입 등이 포함된다. 토종이 아닌 종은 일반적으로 그들의 원래 영역 밖에서도 급속도의 적응력을 갖추고 있고, 인간의 도움을 받은 동식물은 교란된 서식지에서도 잘 생장한다(Miller, 2002: 565~570; Tuxil, 1998: 129; Wilson, 1990: 85).

셋째, 지구기후가 온난화되는 온실효과(greenhouse effect)의 연장선에서 종다양성은 감소할 것이다. 이와 같은 지구적인 추세는 계절, 강수형태, 해류, 그리고 지구의 생명보전체계의 일부분에 변화가 발생한다는 것을 의미한다. 지구온난화는 산림 생물자원(biomass)의 고사와 부패를 증가시키는 원인이 되며, 이는 다시 더 많은 이산화탄소와 온실가스를 대기 중에 방출하는 결과를 촉진한다. 가장 큰 산림으로 (캐나다와 시베리아 같은) 북부 고위도 지방에 위치한 산림 지역은 온실효과의 영향을 받는 지역 중 온도가 가장 많이 올랐다. 강수의 증가로 온도상승이 상쇄된 지역을 제외하고는 건조현상과 집단폐사(dieoff)가 빠르게 시작되었다. 한 추정에 의하면 이와 같은 온난화현상은 캐나다 산림의 화재발생률을 20%, 심각성을 46%까지 증가시킨다고 한다(Myers, 1997: 223). 동식물 종은 활동 영역을 옮겨 기후변화에 적응을 했지만, 이와 같은 반응은 오늘날의 퇴화된 서식지에서라면 더 어려운 일이 될 것이다. 얼마나 많은 동식물종이 기후변화에 적응하거나 이를 피해 이동하는지는 잘 알려지지 않았다(Tuxill, 1998: 129). 세계 '곡창지대(breadbasket)'로부터 척박한 토양으로의 이동이 성공적이었던 사례는 이제까지 없었다. 다음 장에서는 기후변화에 대해 더 많이 얘기하려고 한다. 종합적으로 지구의 '야생생물(wild things)', 곧 동식물 모두는 농업 품종, 서식지 파괴, 지구온난화의 잠재적 위협의 덫에 사로잡힌 것이다. 누가 이것들을 보호할 것인가?

종다양성에 대한 관심: 누가 야생생물을 보호할 것인가?

우리는 적어도 세 가지 이유에서 감소하는 종다양성에 주의를 기울여야만 한다. (1) 생명체의 자연적 다양성은 음식, 약품, 그리고 인간의 상업적 활동에 중요한 생계수단과 같은 실제적·잠재적 가치를 가지고 있고, (2) 종다양성은 인간을 포함한 모든 생명체가 궁극적으로 의존하는 생태계 내에서 다양한 지위를 가지고 다양한 생태적 역할을 수행하는 생태계 서비스를 제공하며, (3) 지구의 진화적·생물적 유산으로서 종다양성은 그 자체가 대체불가능하고 가치 있는 것이다. 이들 주제에 대해 조금 더 확장해 살펴보자.

첫 번째 이유는 가장 인간중심적인(anthropocentric) 사고로서, 천연 종다양성의 실제적이고 잠재적인 경제적 가치이다. 열대림 자체에서 우리는 주요한 기름, 껌, 천연고무, 송진, 타닌산, 스테로이드, 왁스, 산(酸), 페놀, 알코올, 등덩굴, 죽제품, 향료, 감미료, 양념, 향유, 살충제, 염료 등을 얻는다. 많은 야생식물은 섬유, 세탁제, 녹말, 식품을 만드는 데 필요한 기름을 씨앗 속에 함유하고 있다. 등대풀속 식물은 탄수화물보다는 탄화수소를 함유한다(탄화수소는 석유를 만들어낸다). '유전지(petroleum plantations)'가 될 수 있는 식물 종 중 몇몇은 채굴이 어려운 쓸모없는 땅에서도 성장할 수 있다. 너도밤나무(beech), 느릅나무(elm), 참나무(oak), 무화과(sycamore), 버드나무(willow), 양딱총나무(elder)를 포함하는 여러 종의 식물들은 도시 오염, 특히 아황산가스(sulfur dioxide)를 정화하는 능력을 가진다. 이는 공기냉각제로서 구실한다. 20

미터를 그늘지게 하는 나무는 미국에서 매일 2만 4,000원(20달러)의 비용을 들여 3톤의 열을 낮추는 데 사용하는 공기정화기(에어컨)의 역할을 할 수 있다.

이 간략한 명단은 시작일 뿐이다. '야생생물'로부터 얻을 수 있는 치료제와 약제를 고려해보라. 치료제와 약제의 네 가지 중 하나는 식물의 세포조직에서 얻어지며 네 가지 중 다른 하나는 동물과 미생물에서 비롯한다. 이는 항생제, 진통제, 이뇨제, 신경안정제 등을 포함한다. 경구피임약은 열대림 식물로부터 나왔다. 아마도 가장 유명한 예는 태평양 상록수(yew)의 껍질에 들어 있는 택솔(taxol)이라는 물질일 것이다. 태평양 북서부 지역의 벌목꾼들은 이를 '쓰레기 나무(trash tree)'라고 부른다. 연구가들은 택솔이 다른 의약제로는 치료가 어려운 암세포를 제거한다고 밝혀냈다. 이것은 치료는 아니지만 미국에 있는 10만 유방암, 폐암, 난소암 환자가 고통 없이 삶을 연장하고 병마와 싸우도록 해준다. 제약회사들이 지금 특효약을 합성하고 있기 때문에 이제 더는 택솔을 얻는 데 이 나무껍질이 필요하지 않을 수도 있다. 1960년에는 백혈병 어린이에게는 고통을 완화시킬 수 있는 10가지 방법 중 한 가지만 쓸 수 있었지만, 아프리카 남동 섬나라인 마다가스카르 지역에서 시식하는 상미(periwinkle)로부터 얻어낸 두 가지 강력한 식물 염기성 물질인 알칼로이드 덕분에 1997년 백혈병 어린이 환자에게 20가지의 완화방법 중 19가지를 쓸 수 있게 되었다. 항암제 말고도 식물에서 추출한 생산품의 상업적 가치는 1980년대 말에는 매년 약 480억 원(4,000만 달러)에 이른다. 식물에서 추출한 항암제는 지금 미국 내에서만 매년 대략 3만 명의 생명을 구해내고 있고, 환자와 사회에 적어도 444조 원(3,700억 달러)의 경제적 혜택을 아울러 가지고 있다. 모든 산업 국가의 수치를 합산한다면 그 가치는 배가한다. 더 많은 것이 발견될 잠재 가능성, 특히 열대림이 가지고 있는 가능성은 실로 방대한 것이지만, 열대림에서 가치 있는 다수의 종이 멸종하고 있다(Myers, 1997: 263~267).

치료제와 약제는 또한 동물에서도 추출된다. 양서류는 모든 종류의 육식동물과 질병에 연관이 있기 때문에 특히 중요한 자원이다. 호주 나무개구리(Australian tree frog)로부터 나온 약품은 여타 감염을 방지한다. 에콰도르 열대우림 개구리는 모르핀이 주는 통증완화의 200배에 달하는 효능을 내는 물질을 분비한다. 곤충은 부상치료와 항바이러스 작용을 증진시키는 물질을 함유한다. 문어에서 추출한 성분은 고혈압을 낮추고, 바다뱀의 성분은 항응고제를 생산하게 해주고, 청어의 성분은 동맥경화증을 방지하는 기름을 만들어낸다. 페니실린이 박테리아 질병에 효능이 있었던 것처럼, 캐리비안 해면은 바이러스가 원인인 질병에 대항하는 화학물질을 만들어낸다. 뱃사람에게는 골칫거리인 하찮은 따개비조차도 치아 충전재의 접합제가 되는 화학물을 양산하고, 현재 사용되는 골절된 뼈의 지지접합재를 대체할 수도 있다(Myers, 1997: 265).

　상품과 치료제의 가치를 넘어서 식량과 농업을 위한 종다양성의 가치를 고려해보자. 농부들은 지금 유전적으로 변형된 씨앗을 구입해 심을 수도 있지만 우리의 식량공급을 위한 생산성은 여전히 자생지에서 자란 식물다양성과 전통적 농업방식에 의존하고 있다. 이러한 자생 식물들은 질병에 강하고 생장력이 왕성하며 그 외 다른 긍정적인 특성을 가지고 있어 전 세계 농업에 수십억 달러의 이익을 준다(Tuxill, 1999: 100). 앞서 종다양성을 감소시킨 농업적 단일경작 내에서는 본래적인 취약성이 있다고 지적했다. 아일랜드 감자 기근과 그에 연속된 사회적 현상을 기억할 것이다. 1970년대에 북미 오대호에서 멕시코 만에 이르는 옥수수 재배경지를 감염시킨 잎마름병이 미국의 거대한 옥수수지대를 위협했는데, 이때 미국에서 재배되고 있던 종자 옥수수의 70%가 종자회사에 의해 상업적으로 개발된 6가지의 유전적 계통을 통해서 얻은 것이었다. 잎마름병으로 전체 경작의 15%가 피해를 입었으며, 이것은 남부지역 경작의 절반에 해당되는 것이었다. 이는 소비자에게는 2조 4,000억 원(20억 달러) 이상의 손해였다. 피해는 멕시코의 야생종 옥수수가 가지고 있던 다양한 잎마름병 저항 세포질의 도움을 얻어 멈출 수 있었다. 야생종은 세계 식량문제를 해결하는 잠재적인 성향을 대단히 많이 가지고 있다. 예를 들면 1970년대에 야생옥수수 한 종이 발견되어 멸종 위기에서 벗어났다. 이 품종은 세 뙈기 남짓한 땅에 겨우 수천 줄기만이 남아 있었는데, 이마저도 곧 벌목꾼과 농부들에 의해 베여 사라질 찰나였다. 이 품종이 옥수수에 영향을 미치는 8가지 주요 바이러스 중 4가지에 이미 유전적 저항력을 가지고 있음이 밝혀졌다. 이러한 특성은 지금까지 경작자들이 상업 품종으로 개량해내지 못했던 것이었다.

꿀벌, 그리고 다른 생물처럼 '꽃가루받이(pollinators)' 역할을 하는 인간의 가치에 대해서 생각해보자. 야생(feral)곤충과 경작지나 과수원 상자 집에서 키워진 곤충은 경작물에 꽃가루받이를 해준다. 예를 들어 꿀벌과 야생벌의 활동은 미국 경작에서 천연식물 종에 36조 원(300억 달러) 정도의 수분작업을 해주는 가치를 지닌다. 뉴욕 주 안에서만 벌들이 여름날 하루에 꽃 '1조' 송이의 꽃가루받이 작업을 한다고 한 과학자는 추정했다(Primental, 1992a: 219). 수많은 미국 내 꿀벌 서식지는 1947년 이래로 살충제의 사용과 병으로 인해 감소하고 있다. 서식지는 1990년과 1994년 사이에 20% 감소했다. 만일 관리된 꿀벌을 통한 꽃가루받이가 줄어 (20가지 과일, 17가지 야채, 7가지 기름 씨앗 중을 포함한) 62가지 미국 경작물이 야생 꽃가루받이 작업에 주로 의존하게 된다면, 이는 미국 소비자에게 적어도 매년 19조 2,000억 원(160억 달러)의 손해를 가져올 것이다. 만일 토종 또는 야생 수분자가 같은 이유의 영향을 받는다면, 미국 농업경제가 받는 손실은 적어도 매년 49조 2,000억 원(410억 달러)에서 80조 4,000억 원(670억 달러)에 이를 것이다(Nabhan and Buchmann, 1997)! 생물학자 데이비드 파이멘털(David Pimental)은 냉소적으로 이렇게 말했다. "천연서비스 또는 야생생물이 제공하는 것을 인간이 대체할 만한 기술은 없다는 것을 알고 있다"(Pimental, 1992a: 219).

이러한 예들의 중요한 주제는 인간이 단지 몇몇 가축과 경작 품종에만 의존해서는 생존할 수 없다는 것이다. 야생종의 다양성은 이들의 역할이 종종 평가되지 않았다고 하더라도 인간의 생존과 생태계 그 자체의 유지를 위해 필수적이라는 것이다.

직접적인 인간의 이익을 넘어서, 종다양성이 중요한 두 번째 이유는 '생태계 서비스(ecosystem service)', 곧 어떻게 생태계의 재화와 용역 공급에 영향을 주는지와 관련이 있다. 생태계 서비스는 특별한 생물적 지위 내에서 중요한 역할을 하고 있다. 다양한 생물 종은 먹이사슬을 유지하고, 에너지와 물질을 순환시키고, 전체 생태계의 개체수의 균형을 잡아준다. 다양성은 모든 생태계의 기초가 되며 다양성의 감소는 수많은 걱정거리를 만드는데, 이러한 걱정거리 중 하나는 생태계 다양성의 손실에 의해 지구 생태계의 기능과 안정성이 위협받을 수도 있다는 것이다(Schulze and Moonet, 1993).

다양한 생태계가 더 생산적이라는 사실을 많은 증거들이 보여주고 있는데, 다른 여러 종이 좀 더 보완적인 방법으로 자원을 사용하기 때문에, 즉 한정된 자원을 좀 더 효율적으로 사용하기 때문이라는 것이다. 그들은 가뭄 또는 홍수와 같은 다양한 재앙에 '더 안정적'이고 덜 민감하다. 이러한 생각을 뒷받침하는 증거들은 1998년 중서부 혹서에 관한 연구에서 나왔다. 종다양성이 적은 미네소타 지역의 목초지는 가뭄 이전에 비해 생산성이 1/12 수준으로 하락했지만 반면에 종다양성이 많은 목초지는 1/6 수준으로 하락했다. 더 다양한 생태계가 '좀 더 지속가능(more sustainable)'한데, 그 원인은 아마도 물과 토양의 영양소를 잘 보존하고 더 효과적으로 사용하기 때문일 것이다. 종다양성에 의해 제공된 생태계 서비스가 마술과 같은 직접적 효과를 보여주는 것은 아니지만, 더 많은 종을 가진 생태계가 더 나은 기능을 발휘하는 것은 사실이다(Tilman, 1997).

지구 곳곳을 가로지르는 인간 활동의 급속한 팽창과 그 결과로 나타나는 자연 생태계의 변화는 관리된 생태계 내부에 더 낮은 다양성을 가져왔다. 우리가 자신만을 위해 더 많은 자연 체계를 파괴하고, 개조하고, 전유할 때 생태계와 이들의 서비스는 위태로워진다. 이러한 관점에서 유사한 결과를 환경과 생태계 쇠락이라는 연쇄적인 반응에서 볼 수 있다. 물론 이와 같은 상황이 언제 올지는 아무도 알지 못한다. " …… 딱정벌레나 야채밭이 지구 복지체계에 결정적인 역할을 한다고 주장하는 학자는 거의 없다. 그러나 지구차원의 생명지탱 체계가 조각조각 분해된다면 파멸에 이르는 위험을 불러오게 된다"(Ryan, 1992: 10).

종다양성이 가치 있는 세 번째 이유는 인간의 유용성 또는 생태계 서비스와는 매우 다르다. 생물 종다양성을 보전하는 것은 많은 사람들에게 미학적으로나 정신적으로 중요하다. 현존하는 다양성은 무한히 긴 혁명적 과정에서 나타난 대체불가능한 생산물이다. 모든 생명체는 하나에서 100억 개까지의 유전정보를 가지고 있다. 이러한 유전정보는 수천 또는 수백만 년의 과정을 걸친 자연도태의 결과에 의해서, 그리고 천문학적인 수의 돌연변이에 의해서 만들어진 것이다. 이러한 과정은 생명체가 믿을 수 없는 만큼 다양한 물리적·자연적 환경에 적응할 수 있도록 만든다. 그러나 종다양성이 감소함에 따라 자연적 종의 형성(speciation)은 멸종으로 생긴 종의 공백을 적어도 의미 있는 인간의 시간 내에서는 채울 수 없게 되었다. 마지막 다수 멸종 - 공룡시대가 막을 내렸을 때인 포유류 시대 - 이후에 생물 다양성이 이전 수준으로 회복하는 데 500만에서 1,000만 년이 소요되었다. 종다양성(세계의 유용가능한 유전 풀)은 또한 지구에서 가장 가치 있고 대체불가능한 자원 중 하나가 되었다. 종다양성은 또한 많은 사람에게 미스터리와 대단한 아름다움의 의미 있는 근원이 된다. 이러한 생각들은 명백하게 지구와 지구의 창조물에 대한 인간의 사용과 관련된 '자원이자 하치장'으로 세상을 바라보는 편협한 인간중심적 사고를 초월한 것이다. 각 국가는 자원의 기반뿐 아니라 지구적 차원의 유산의 부분으로서 생명체의 다양성에 가치를 두어야만 한다. 그것은 지구라는 특정한 장소에서 수백만 년에 걸쳐 일어난 진화의 결과이기 때문이다. 그러므로 국가의

> **〈글상자 2.2〉 어쨌든, 누가 박쥐들에 관심을 가지나?**
>
> 유일하게 날 수 있는 포유류인 박쥐는 전 세계적으로 950여 종이 있는 것으로 알려져 있다. 이들은 쉽게 멸종할 수 있는 두 가지 특성을 가지고 있다. 이들은 번식이 더디고, 사람의 손길이 잘 닿지 않는 동굴 또는 폐광에 서식한다. 박쥐는 중요한 생태적 역할을 수행한다. 경작에 치명적인 곤충이나 모기와 같은 해충의 70%를 잡아먹고 산다. 이와 같은 곤충들에게는 야간특공대인 것이다. 열대림 내에서 과일을 먹고 사는 박쥐는 소화되지 않은 씨앗을 배출해 열대림 전체에 씨앗을 배분한다. 시금석과 같은 이들 박쥐 종은 식물 다양성을 유지하고 사람에 의해 파괴된 열대림을 재조성하는 데 중요한 역할을 한다. 바나나, 열대오디(cashew), 대추야자, 무화과, 아보카도, 망고를 좋아하는 사람이라면 박쥐에게 고마움을 전해야 한다. 희한하게도 많은 사람이 박쥐를 불결하고 공수병을 옮기는 흡혈귀로 잘못 생각하고 있지만, 대개의 박쥐는 인간과 가축에 해롭지 않다. 지난 수십 년간 미국에서 박쥐가 옮기는 질병으로 사망한 사람은 10명뿐이다. 매년 이보다 더 많은 미국인이 나무에서 떨어지는 코코넛에 맞아 사망한다(Miller, 2005: 230).

역사, 언어, 문화에 관심을 갖고 보전해야 하는 이유만큼이나 생물의 종다양성을 보전해야 하는 매우 합리적인 이유가 있는 것이다(Wilson, 1990: 50~58).

3.4 벌채와 종다양성 감소

토양, 수자원과 마찬가지로 세계 국가들이 무분별하게 산림의 지속가능성을 저해하는 것을 늦추거나 중단시키는 방법에는 여러 가지가 있다. 나무 수확률(tree harvest rates)을 줄이는 가장 중요한 방법 중 하나는 쓰레기를 줄이고 재생함으로써 사용 효율을 크게 높이는 것이다. 예를 들어, 미국은 종이 소비율이 1인당 매년 317킬로그램으로 세계에서 가장 높고, 전체 포장지로 버려지는 양이 절반에 이르며, 그중 29%만이 재생된다. 일본의 경우와 비교해보면, 일본은 종이의 50%를 재생하지만 쓰고 버려진 상품에서 가치 있는 열대지방의 단단한 재목을 가장 많이 재생한다. 제재소에서 목재와 합판을 절단할 때와 현장에서 건물을 건설할 때의 효율성을 높이고, 종이 재생을 두 배로 올리고, 일회용 종이 생산품의 사용을 줄이는 것으로 미국 목재 소비의 절반 정도는 절약할 수 있다(Postel and Ryan, 1992). 모든 고개발국가(MDCs)에 이와 유사한 조치들이 취해질 수 있을 것이며, 이것은 세계의 땔감의 수요를 감소시키기 위해서 저개발국가들이 더 효율적인 요리난로를 도입하는 것과 함께 이루어질 수 있을 것이다. 이는 모두 산림벌채율을 낮추기 위해서 산림 생산품의 경제적 처리량(throughputs)을 감소시키는 방법이다.

산림과 종다양성을 보전하기 위한 몇 가지 특별한 창의적 생각을 살펴보자.

1. 지속가능한 사용의 증진(promoting sustainable use): 지역민과 토착민에 의한 산림의 지속가능한 벌채는 종종 상업적인 벌채보다 더 가치가 있다. 사하라 사막 이남 아프리카의 남아 있는 산림에서 사람들은 그들이 음식물로 섭취하는 단백질의 80% 정도를 얻고 있다. 아마존 지역에서는 상업적 벌채가 1헥타르당 18만 원(150달러) 미만을 산출하는 반면에, 포유류, 조류, 약제, 어류, 땅콩류와 같은 것들의 포획과 수확은 1헥타르당 24만 원(200달러)을 산출한다(Myers, 1997: 227). 주된 방해물은 정치적인 것이다. 대기업과 국가 정부는 지역 주민에게 더 많은 혜택을 가져다주는 산림 생산물보다 목재, 소, 또는 금을 통해 더 쉽게 이득을 얻을 수 있다고 생각한다.

2. 환경 대 채무 스왑(Debt for nature swaps): 해외 원조나 부채탕감의 답례로 참여국이 산림의 특별보전지역의 관리자로서 행동한다. 전형적으로 사설 기구 한 곳이 부채의 일부분을 지불하고 교환거래를 감독한다. 1987년까지 13개국에 31가지 환경 채무가 있었고, 2,224억 원(1억 8700만 달러) 이상의 부채를 줄였다(Humphrey, Lewis, and Buttel, 2002: 247).

3. 적재적소에서 자연을 보전하기(preserving nature in place): 보호론자들은

오랫동안 공원과 천연 보전지역을 잘 보전해두고자 했다. 이러한 천연 보전지역은 지금 지구 표면의 8%가량이다. 이러한 야생 보전지역은 이곳을 문화적·경제적으로 사용하는 일과 갈등이 생겼을 때 문제가 된다. 어떤 곳은 명목상으로만 보호를 받는다. 열대림을 보호하는 가장 좋은 직업은 코스타리카에 있다. 1970년대 이곳에서는 토지의 12%를 그대로 남겨두었다. 토착민의 배타적인 사용을 위한 6%와 비교할 때, 미국은 토지의 1.8%만을 상업적 목적을 위해 사용되지 않는 야생 보전지역으로 남겨두었다. 코스타리카는 '생태관광'으로 국가의 소득 대부분을 국외에서 벌어들임으로써 이러한 보전을 통한 이득을 누린다.

4. **유전자은행과 온실**(Gene banks and conservatories): 식물과 동물을 보전하기 위한 주요 접근법은 이들을 서식지로부터 동물원, 식물원, 동식물 양성소, 유전자은행과 같은 특화된 제도 속으로 옮겨 보호하는 것이다. 세계 꽃식물과 양치류의 거의 25% 정도가 그렇게 보호된다고 추정된다. 유전자은행은 다양한 농작물 종자와 그들의 야생종을 저장하는 것에 전적으로 주력한다. 이것은, 특히 앞에서 언급했던 1970년도의 미국 옥수수 경작 재난 이후, 쉽게 접근할 수 있는 품질개량 원료 저장소를 필요로 했던 작물 품종개량자들에 의해 만들어졌다.

5. **생명조망**(bio prospecting): 1991년 메르크 앤드 컴퍼니(Merck & Company)는 제약 분야에서 원료로 쓸 열대 생물을 찾고 점유하기 위해 코스타리카 종다양성 연구소에 12억 원(100만 달러)을 지불했다. 시장성 있는 상품을 생산한 결과로 그 회사는 특허권을 획득할 것이고 연구소에 (판매 수익의 1~3%로 추정되는) 특허권 사용료를 지불할 것이다. 이에 대해 생산품은 지역과 지식을 통해 개발되었기 때문에 대부분의 돈이 산업국가의 기업보다는 이를 제공한 지역민 또는 토착민에게 가야 한다는 비판이 있다.

6. **국제조약**(International treaties): 1973년 멸종위기 동식물에 관한 국제 무

역협정(Convention on International Trade in Endangered Species of Wild Fauna and Flora: CITES)은 멸종위기 동식물의 국제무역을 통제하는 강력한 법적 도구를 제공한다. 서명국은 제한된 수의 생물종만을 수출입하도록 허가해줄 수 있게 된다. 예상하듯이, 생물종 멸종의 과정을 늦추거나 중단하는 데 필요한 강력한 전략의 결합이 잠정적이나마 가능하다고 본다.

4. 폐기물과 오염

인간의 경제활동은 막대한 양의 폐기물을 만든다. 여러분은 아마 지역 쓰레기로서 고체폐기물(solid wastes)을 생각할 것이다. 그러나 그것은 산업사회에서 배출되는 고체폐기물 중 눈에 아주 잘 보이는 부분이지만 매우 작은 부분일 뿐이다. 미국 환경보호기구와 광산국(U.S. Environmental Protection Agency and the Bureau of Mines)은 광산 및 기름·가스 생산으로 75%의 고체폐기물이 발생하고, 농업으로 13%, 산업으로 9.5%, 지자체 쓰레기장에서 1.5% 그리고 하수찌꺼기에서 1%가 발생한다고 추정했다(Miller, 2004: 533). 연료가 아닌 광산 채굴 시 발생하는 고체폐기물은 매년 10억 톤 이상이 되는데, 적어도 지자체에서 발생하는 양의 6배에 이르는 양이다. 그러나 가정, 사업체, 지자체에서 발생하는 총 고체폐기물에 해당하는 1.5%도 버려지는 쓰레기 중에서 의미 있는 양이다. 미국인이 버리는 쓰레기에 대해 살펴보자.

- 지구 둘레를 거의 세 번이나 돌 수 있는 양의 자동차 타이어
- 국가의 모든 상업용 항공기를 3달마다 다시 만들 수 있는 알루미늄
- 매 시간마다 회수불가능한 약 2,500만 개의 플라스틱 병

- 만일 1년 동안 사용한 양을 일렬로 세운다면 달에 7번 다녀올 수 있는 휴대용 기저귀
- 매년 15억 파운드 상당의 식품
- 뉴욕에서 샌프란시스코까지 주를 가로질러 3.4미터(11피트) 높이의 담을 쌓을 수 있는 사무용 종이(Miller, 2004: 534).

미국과 세계에서 버려진 TV, 휴대폰, 컴퓨터, 그리고 전기 기구와 같은 이 폐기물(e-waste)은 가장 빠르게 급증하는 고체폐기물 문제가 되고 있다. 그것은 공기, 물, 토양을 오염시킬 수 있는 납과 수은의 합성물이나 폴리염화비닐(polyvinyl chloride: PVC)과 같은 유독성·독성 폐기물의 원인이 되고 있다. 현재 미국에서는 2%의 전자 폐기물만이 재생된다(Miller, 2005: 534).

4.1 농업의 화학적 오염

농업, 특히 집약적·산업적 농업은 유독성 물질과 오염의 중요한 원인이다. 농업은 살충제와 제초제에서, 질산칼륨과 인산염 비료에서, 화학적 성장촉진제의 사용에서, 관개수에서 토양으로 유입되어 축적된 소금에서 발생하는 잔존물질이 화학적인 오염물질을 만들어낸다.

현대의 합성 살충제와 제초제는 확실히 경작의 생산성을 증가시킨다. 1950년대 이래 살충제 사용은 50배 이상 증가했고, 오늘날 대다수의 살충제는 1950년대의 것보다 산성물질의 농도가 10배 이상 증가했다. 이러한 농약은 대개 고개발국가에서 사용되어, 저개발국가로 확산되고 있다. 1980년 이래로 비농업적 사용이 증가했고, 오늘날 제초제와 살충제의 25%가량은 잔디, 정원, 골프장, 그리고 공원과 같은 곳에 사용된다. 평균적인 미국의 잔디에는 같은 넓이의 농장보다 10배 이상이나 되는 농약을 뿌린다.

〈글상자 2.3〉 독소의 순환 방지

미국과 고개발국가의 농약회사는 제조물을 다른 국가, 저개발국가로 판매하는데, 일반적으로 이 살충제와 제초제는 원산지에서는 금지되거나 사용 제한이 있거나 아예 승인조차 나지 않은 위험한 것들이다. 그러나 '수입된 식품을 경유해 무엇이 오고 가는가?' 그다지 성공적이지는 않았지만, 과학자들은 미국 의회가 이러한 제조품 수출을 금지하도록 시도했다. 1998년 50개국 이상의 국가가 22가지 살충제와 5가지 산업 화학물의 수출 국가는 수입 국가에 그 정보를 주고 동의를 구하도록 강제하는 내용의 국제조약을 체결했다. 2000년 100개국 이상이 특히 해로운 12가지 잔류성 유기오염물질(POPs)의 사용을 금지하고 단계적으로 철폐하는 국제적 합의를 발전시켰다. 이들 중 9가지는 DDT와 같이 탄화수소를 염화처리한 것이다. 이 조약은 2004년 발효되었다(Miller, 2005: 525).

그러나 제2차 세계대전 이후 이러한 농약은 인간과 다른 생물종에 치명적인 독성 효과를 가지고 있다고 알려졌다. 가장 악명 높았던 것으로 농장에 사용하는 다양한 제초제, 살균제, 살충제가 있는데, 이들은 우리가 식료품 가게에서 구입하는 과일과 채소뿐 아니라 토양과 물에도 잔존물질로 남아 있다. 오래 지속되는 잔존성을 가진 가장 위험한 화학물질 중 몇몇(DDT와 클로르덴과 같이 염소처리된 탄화수소)은 미국 내에서 사용이 금지되었지만, 이것들이 약간 덜 지속되는 잔존물질을 가진 동등한 독성 물질(파라티온과 같은 유기인산염)로 대체된 것뿐이다. 스웨덴 연구가들은 글리포세이트(glyphosate) – 몬샌토(Monsanto)에서 광범위하게 사용된 박멸용 제초제 활성화 성분 – 에 노출되는 것이 3배 이상 암 – 비악성 육아종증 림프종, 비호지킨병(non-Hodgkin lymphoma) – 을 유발시키는 것을 밝혀냈다(Miller, 2002: 508). 더 위험한 농약이 해외, 특히 저개발국가에서 사용되는데, 미국은 이곳에서 생산되는 식품의 수입을 늘리고 있다. 세계시장경제는 재화와 용역의 순환뿐 아니라 독소의 순환(a circle of toxins)마저도 증가시킨다는 것은 역설이 아닐 수 없다.

세계보건기구(WHO)는 매년 저개발국가의 2,500만 농업인구가 심각하게 농약에 감염되고 22만 명이 죽음에 이른다고 발표했다. 미국에서는 매년 적어도 30만 명 농업인구가 농약 관련 질병으로 고통을 받고, 적어도 25명이 사망한다. 이러한 결과는 노출 정도가 매우 심한 라틴계 이주 농업인 사용에서 더 심각하게 나타난다. 사실 농약에 노출되는 것 때문에 이들 국가에서 농사는 건설, 광산, 그리고 제조업을 넘어서는 가장 위험한 직업으로 알려졌다. 더욱이, 매년 약 2만 명의 미국인 - 대부분 어린이 - 이 가정에서의 농약 오용 또는 안전하지 못한 저장으로 인해 고통받고 있다(국립연구소 National Institute for Occupational Safety and Health, 1992, Miller 재인용, 1998: 623). 미국환경보호기구(U.S. Environmental Protection Agency)는 20년 전과 비교할 때 음식에 잔존해 있는 농약은 세 번째 암 유발 위험요인이 될 만큼 심각하다고 평가했다(Miller, 1998: 625).

더 나쁜 소식은 농약이 경작물 손실을 막는 데 최종적으로는 효과적이지 않은 것으로 나타난 것이다. 장기적으로 볼 때, 농약은 농작물의 손실을 방지하는 데 효과적이지 못하다는 사실을 많은 증거들이 보여준다. 그 이유를 들자면, 곤충과 해충은 처음에는 살충제로 박멸되는 것처럼 보이지만 급히 돌연변이를 일으켜서 결국 화학적인 저항 능력을 발전시키는데, 다시 이를 극복하려면 더 많은 양의 화학제품이나 다른 종류의 화학제품이 필요하다. 화학제품은 또한 이들의 포식자(조류)를 죽임으로써 더 많은 해충을 양산할 수 있다.

1986년 살충제에 저항력을 갖춘 벼멸구가 창궐한 논에 대해 인도네시아 정부는 이전의 매년 실시했던 살충제 보조금 1억 달러를 철회했고 57가지 살충제를 금지시켰으며, 국가적 수준의 통합 해충 관리 프로그램(integrated pest management: IPM)을 벌였다. 통합 해충 관리는 해충제 사용을 억제하면서 다양한 박멸 전술을 결합한 것이다. 그 후 살충제 사용은 60%까지 줄었고, 반면에 쌀 수확량은 거의 25%가량 늘었다(Halweil, 1999).

세계 곳곳에서 이와 유사한 사례가 빈번하게 나타나고 있다. 1940년대 이래로 전 세계적으로 농사를 지을 때 제초제와 **살충제**를 반복해서 사용했는데, 이 덕분에 농약 사업은 매우 큰 이윤을 남겼다. 그러나 식량안보라는 장기적인 가치로 볼 때 그 이윤은 의심스러운 것이며, 장기적인 관점으로 볼 때 건강의 위험요소가 된다(Halweil, 1999). 합성 농약은 먹이사슬의 다양한 수준을 통해 생명체의 조직 안에 축적된다. 이를 **생명축적**(bioaccumulation)이라고 한다. 이러한 성질 때문에 잔류성 유기오염물질(persistent organic pollutants: POPs)이라 부르기도 한다. 내분비물 교란물질이라고 폭넓게 알려진 이 물질은 인간의 호르몬을 모방하기도 하는데, 특히 에스트로겐 호르몬과 유사한 물질이 되어 행동적·생리적 건강 이상의 원인이 된다. 엄마에게서 수유를 통해 자식에게 전이될 수 있다(Adeola, 2004; Baskin et al. 2001).

농업적 오염물질의 또 다른 종류에는 경작지에 뿌려지는 무기 화학 비료(inorganic chemical fertilizers)로부터 생기는 잔여물을 들 수 있다. 이러한 비료는 의심할 여지 없이 경작지의 생산량을 증가시키지만, 그들은 질산칼륨을 집적시키고, 인산염을 시내, 강, 호수, 지하수로 씻겨 들어가게 한다. 날씨가 따뜻할 동안 촉진된 질산칼륨은 해조류, 수생 히아신스, 좀개구리밥 등과 같은 수생 식물을 급속하게 성장시켜, 이들의 호흡작용만으로도 물속 용존 산소량(dissolved oxygen)의 대부분을 사용하게 만든다. 이러한 식물들은 산소를 소비하는 물고기를 비롯한 다른 수생동물과 함께 죽어서 바닥으로 가라앉아 썩는다. 이러한 과정을 인위적 부영양화(cultural eutrophication)라고 하는데, 이는 넓은 수역을 분해자를 제외하고는 살아갈 수 없는 죽음의 수역으로 만들고, 몇몇 쓰레기 처리 생물종만이 이렇게 산소가 고갈된 환경에서 살아간다. 특정 지점에서 인위적 부영양화를 겪게 되는 강의 경우 몇 마일 아래 하류에서 생태계가 회복될 수 있지만 특별한 지점에서 발생한 것이 아닐 경우 그 피해의 정도는 더 심하다. 221제곱마일의 플로리다 에버글레이즈(Florida Everglades,

플로리다 주 남부의 대저택지로 남서부는 국립공원)에서 이러한 모습을 목격할 수 있는데, 사탕 농장과 오렌지 과수원에서 북쪽 지역으로 방출한 질산칼륨과 살충제를 함유한 넓은 수역에 의해 그 지역 전체가 피해를 보고 있다(Miller, 2002: 651). 미국에서는 많은 중대형 호수, 그리고 주요한 인구집중지역 근처에 있는 대형호수의 반 이상이 어느 정도 인위적 부영양화를 겪고 있다. 장기적인 관점에서 마시는 물에 들어 있는 고농도의 질산칼륨이 성인의 건강에 얼마나 위해한지에 대해서는 잘 알려져 있지 않지만, 여성 유방암, 유산의 높은 발생률과 연관성이 있다는 증거는 어느 정도 존재한다. 어린이에게는 혈액 속 산소를 운반하는 헤모글로빈에 작용해 청색증(blue baby syndrome)이라는 심각한 질병을 일으킨다는 증거가 명백하다(World Resources Institute, 1993: 40~41).

장기적인 관개로 인한 토지의 염수화(salinization)는 화학적 오염의 세 번째 중요한 요인이다. 담수는 200~500ppm의 소금을 함유한다. 경작물은 담수를 흡수해 성장하지만 토양 염분을 남겨둔다. 그리고 매일 한 구획의 농지에 물을 공급하는 것은 실질적으로 매년 토양에 소금을 몇 톤 추가하는 것과 같아서 결국 경작물의 염분 한계량을 넘어서게 된다. 주기적으로 토양 위로 담수가 흠뻑 흘러들어가지 않으면 ― 물이 부족한 관개지역에서 비용이 높은 과정 ― 토양은 결국 불모지가 되고 유용성을 잃게 된다. 제1장에서 언급했던 고대 메소포타미아인들과 다른 농업경작 시민들이 곤경에 빠졌던 상황을 떠올려보자. 제2차 세계대전 이래로, 급증하는 관개시설로 농업 생산성이 커졌지만 장기적 관점에서 토양이 염분화되어 생산성이 줄어들 수도 있다(Postel, 1992b).

4.2 고체폐기물 문제

고개발국가에서 현대적인 위생 매립지는 예술의 경지에 이른 건축물로서, 이전 역사의 도시 쓰레기와는 현저하게 다르다. 고체폐기물이 썩으면서 나오는 유해한 액체폐기물 찌꺼기인 **침출수**(leachate)가 토양과 하수구로 침투하는 것을 막아내는 방어벽과 뚜껑의 개발과 같은 많은 기술적인 발전을 이룩했다. 하지만 여전히 문제는 있다. 대부분은 결국 '새게' 마련이다. 나무의 뿌리들이 방어벽과 뚜껑을 뚫어버릴 수 있다. 그렇게 되면 100가지가 넘는 독성 화학물을 가진 침출수가 스며 나오게 된다. 많은 미국의 매립지 근처에는 수원지가 있고, 대다수의 지자체는 침출수를 검사하지 않는다. 측정가능한 건강문제는 매립지의 근접성과 정적 관계가 있다. 이전에 말한 바와 같이 만일 광물의 생산과 분배가 지구적 차원의 사회적 불평등과 관련이 있다면, 여기에도 유사한 국가적 연관이 숨어 있다. 매립지는 저소득층과 소수계 사람들의 거주지 부근에서 더 쉽게 찾아볼 수 있다(Bryant, 1995; Bullard, 1990, 1993).

고체쓰레기 더미와 관련해서 환경·건강·사회정의의 사안 말고도 다른 긴급한 관심 사안들이 더 있다. 하나는 쓰레기 더미가 빨리 채워지고 있다는 점이다. 더욱이 사람들은 쓰레기 더미를 원하지 않고 지역사회는 산업·지역사회 쓰레기 하치시설의 신설을 더 효과적으로 봉쇄하고 있다. 님비(Not in my back yard: NIMBY)는 풀뿌리 환경운동가들에게 핵심적인 조직화 사안이 되고 있다. 정부와 산업은 소각하거나 재생해 고체폐기물의 양을 줄이는 방향으로 선회하고 있다. 그러나 두 가지 문제점이 발생한다.

소각(Incineration)은 약 90%까지 고체폐기물의 양을 감소시킨다. 폐기물로부터 해로운 화학물을 많이 제거할 수 있고 에너지를 양산하는 잠재력을 가지고 있지만, 소각로 건설에 비용이 아주 많이 들어간다. 소각은 굉장한 독성 물질 - 다이옥신, 퍼난(furnan), 탄화수소, 납, 카드뮴, 크롬, 수은, 그리고 아연 - 이 다량 내포된 화학재를 발생시킨다. 이는 폐기물 발생을 거의 억제하지 못하고 하나의 하치장(매립지)에서 다른 하치장(대기)으로 장소 전환을 한 것뿐이다.

재생(Recycling)은 고체폐기물의 흐름을 줄이는 가장 공식화된 해결방법이다. 스위스와 일본은 지역사회에서 나오는 고체폐기물의 거의 반 정도를 재생한다. 미국은 1960년 6.4%에서 거의 30%까지 재생 비율이 상승했다. 이와 함께 1980년과 1990년대 중반까지 재생된 유리의 비율은 20% 미만에서 50%를 넘어서게 되었다. 미국인이 사용한 금속의 재생 비율은 1970년에서 1998년 사이에 33%에서 50%로 상승했다. 더욱이 전 세계에서 종이와 마분지의 재생 비율은 1975년과 1995년 사이에 38%에서 41%로 상승했고, 아마도 2010년에는 46%에 이를 것이다(Gardner and Sampat, 1999: 45). 지역사회의 고체폐기물을 재생하는 데 많은 현실적인 어려움과 이를 배척하는 미국식 삶의 행태가 있지만 더 큰 경제적 혜택과 더 효율적인 폐기물 관리체계를 가진 고개발국가들이 지역사회의 폐기물 재생률을 60~80%까지 끌어올릴 수 있었다. 재생은 환경을 살리려는 일종의 운동에서 하나의 산업으로 전환하고 있다. 이러한 변화의 원인은 더 많은 원자재를 요구하는 경제적 성장과 재생물질을 처리할 수 있는 공장의 건설인 것이다(Miller, 2005: 540; Scheinberg, 2003). 재생이 현대 경제의 한 부분이 되는 것은 좋은 일이지만, 무엇이 재생되어야 하는지를 건강과 환경적 위협이라는 측면보다 이윤 측면에서 판단하는 것은 비판받을 일이다(Weinberg, et al., 2000).

물질의 재사용(Reuse)은 훨씬 효과적이다. 이는 자원 공급을 확장시키고 소각이나 재생보다 오염과 에너지 사용을 감소시킨다. 명확한 예로 음료수 공병이 있다. 버려지거나 재생된 캔이나 병과는 달리, 다시 보충될 수 있는 음료수병은 수집과 리필(refill)과 관련한 지역사회 직업을 창출시킨다. 그러나 미국에서 병들은 거의 리필되지 않고, 1990년대 중반까지 겨우 10개 주에서만 리필이 가능한 병이 판매되었다. 독일에서는 음료수, 맥주, 포도주, 사이다 등의 음료용기의 95%가 리필해 쓸 수 있는 것이다. 그러나 덴마크는 재활용할 수 없는 음료용기는 모두 금지시킴으로써 이 분야에서 세계를 주도하는 국가가 되었다(Miller, 2002: 528).

문제는 일단 고체폐기물 또는 다른 오염물질이 생기면 이를 처리하는 것이 어렵다는 점이다. 폐기물을 다루는 가장 효과적인 방법은 근원 절감(source reduction) 또는 생산과 소비의 **탈물질화**(dematerialization)라 불리는 것이다. 좀 더 부언하자면 가장 효과적인 고체폐기물 흐름의 감소 방법은 자원추출, 생산 또는 소비 내에서 효율성 원리를 도입해 실현할 수 있다. 그 결과 경제적 순환 과정에서 많은 고체폐기물이 발생하지 않았다. 소비자에게 이것은 휴대용 물품보다 좀 더 내구성이 있고 오래 지속되는 상품을 제조하는 것, 재생하기보다는 유리병과 같은 물건을 재사용하는 것, 재생하기보다는 포장을 간소화하는 것이다. 대략, 고체폐기물 문제를 해결하는 효율적인 방법의 순서는 자원절감, 재사용, 재생, 소각, 그리고 매립이 되겠다.

이 모든 것은 많은 산업 국가에서 **폐기물 경제**(throw-away economies)에 대한 대단히 중요한 조정을 필요로 할 것이다. 현 체계에서는 생산자나 소비자나 모두 자신들이 배출하는 고체폐기물의 실질적인 비용을 부담하지 않는다. 정부 또는 세금 부과자는 특히 그러하다. 이는 특정 생산자 또는 소비자에게 실제적인 시장신호가 없기 때문에 물질 처리량(material throughput)의 감소를 고무시키는 실제적인 유인책이 없다는 것을 의미한다. 제1장에서 기술했던 것처럼, 경제적인 과정은 생산의 실제비용을 내부화하고 특화시키거나 생물학적 생태계와 같이 좀 더 많은 산업체계 기능을 만들어야 한다.

많은 미국도시들은 환경보호국(Environmental Protection Agency: EPA)의 보조금과 산업오염물질에 징수된 과태료를 사용해 도시지역 독성 물질에 대한 환경 '개선작업'을 진행하고 있다. 책임자인 산업부문은 이러한 작업에 시종일관 반대하고 있고, 보수적인 정치인들은 2007년까지 고갈될 여지가 있는 펀드(superfund)만을 인정했다. 내 고향인 네브래스카 주 오마하는 고비용이면서도 다소 논쟁의 여지가 있는 프로그램을 실행하고 있다. 즉, 1910년부터 2000년까지 가동되었던 납 제련소와 인접했던 도시 전체지역에서 납으로 오염된 거주지역의 토양을 교체하는 것이다.

4.3 도시의 오염

산업지역은 항상 인간 거주지와 도시 내에 있기 때문에 직접적으로 도시 주변의 물과 공기 오염에 원인이 되지만, 도시의 오염은 자동차, 공장, 그리고 가정의 연료 연소로부터 발생하는 공기 오염과 지역의 폐기물과 하수로부터 발생하는 오염을 포함한다.

저개발국가에서는 인간 거주지역에서 나오는 하수의 대부분이 처리되지 않고 있으며, 이질, 장티푸스, 콜레라와 같은 수인성 전염병을 옮기는 미생물과 하수로 인해 심각하게 오염되어 있다. 가난은 종종 영양부족과 병을 유발하는 토양과 물에 노출된다는 것을 의미한다. 저개발국가에서 설사병이 자주 발생하는 것은 안전한 음용수가 부족하고 병을 유발하는 음식과 토양 내 미생물을 섭취하기 때문이다. 저개발국가에서 건강과 영양을 개선할 수 있는 가장 중요한 방법 중 하나가 더 많은 사람들에게 깨끗한 음용수를 제공해 그들이 소유한 음식을 섭취할 수 있게 하는 것이다. 물론 문제는 대부분의 저개발국가가 상업중심지와 성장하는 도시지역의 하수를 처리하기 위한 시설을 만드는 데 필요한 자본이 없다는 것이다. 고개발국가 내에서도 가난한 사람들은 종종 이러한 위험에 상대적으로 훨씬 더 많이 노출되어 있다. 부분적으로 이러한 이유 때문에 혜택을 받지 못하는 도처의 사람들은 기대수명(life expectancies)이 더 짧다.

대다수의 고개발국가는 오랫동안 수인성 질병에서 보여주는 위험을 감소시키기 위해 위생과 물 처리 시설에 투자해왔다. 1차 처리(primary treatment) 과정은 부유하는 쓰레기를 제거하기 위한 여과작용과 관련되어 있는 반면에 2차 처리(secondary treatment) 과정은 호기성 박테리아가 유기 오염물질을 부패시키는 곳에 붙박이 독을 설치하는 것이다. 하수를 처리할 때 생기는 독성이 있고 끈적거리는 침전물은 버려지거나 유기비료로 재생된다. 약 54% 이상의 도시 침전물은 농장, 산림, 고속도로 중앙 분리구역에 쓰이고, 퇴화된 토지에 비료로 사용되며, 9% 정도는 합성퇴비에 쓰인다. 그 나머지는 전통적인 매립지에 버려지거나(이곳에서 지하수를 오염시킬 수 있다) 소각된다(이는 다시 독성 화학물질을 배출해 대기를 오염시킨다)(Miller, 2005: 511). 그러나 전통적인 하수 처리는 많은 독성 화학물질, 질산염 또는 인산염을 제거할 수 없다. 특수 처리는 이러한 많은 문제를 처리할 수 있지만 비용(전통적인 처리시설의 두 배) 때문에 거의 건설되지 않는다.

탄소 화합물은 모든 호흡작용과 탄소 기반 연료의 연소 작용 부산물로서 제1장에서 언급되었다. 그러나 연료가 연소될 때 많은 다른 화학적 부산물이 생긴다. 하나는 공중으로 확산된 탄소 분자 - 매연 - 로, 이것은 공기 중에 오랫동안 남아 호흡기 질환의 원인이 될 수 있다. 다른 하나는 일산화탄소(CO)로, 이는 특히 차와 트럭의 불완전 연소 결과로 생성된다. 일산화탄소는 무취의 가스로 신체가 산소를 흡수하는 능력을 방해하고 심장기능을 악화시키며, 호흡기 질환, 심지어 죽음에 이르게 한다. 이산화황(SO_2)은 석탄과 석유를 연소시킨 때 발생하는 기체로 호흡기 문제의 원인이 된다. 생태계 관점에서 더 중요한 것은 이산화황이 물과 결합해 대기에서 산성화(황산)되고 산성비를 내리게 해 발생지에서 수 킬로미터 떨어진 곳의 산림을 죽이거나 최적의 식물성장을 위한 토양을 산성화시켜 토양오염을 초래하는 것이다. 미국과 중부·동부 유럽에 걸친 넓은 지역은 도시와 산업에서 발원한 산성비의 영향을 받게 되었다. 질소 산화물(NOx)과 다른 휘발성 유기화합물은 또한 연료의 불완전 연소로부터 형성되고, 탄화수소는 자동차와 다양한 상업적·산업적 근원으로부터 형성된다. 더 중요한 것은 이산화황, 질산산화물, 오존 그리고 휘발성 유기화합물은 햇빛과 반응해 스모그(smog) - 백 가지 이상의 특이한 화학물질로 이루어진, 흐릿하고 더러운 갈색이며 유독한 마녀의 혼합물 - 를 만들며, 이것은 날씨가 적당할 때는 대부분의 도시에 물방울의 형태로 떠다닌다. 스모그는 런던, 로스앤젤레스, 멕시코시티와 같은 도시에서 특히 문제가 되고 있는데, 이러한 도시에서는 지형과 역전된 (지표면 쪽의 공기보다 상층부의 공기가 더 따뜻해지는) 공기열층이 스모그를 좀 더 집적된 형태로 표면에 머물게 한다. 다른 주요 거대 거대도시의 상황을 직접 찾아볼 수도 있을 것이다.

4.4 오염의 경향

1960년대부터 발전된 환경문제에 대한 자각은 유독성 폐기물과 물·토양 오염에 대한 자각에서 시작했고, 그때 이래로 많은 고개발국가 정부가 반오염(antipollution) 프로그램을 제도화하기 시작했다.[2] 미국은 1974년에 안전화 음용수 법령안(Safe Drinking Water Act)을 통과시켰고, 1972년부터 1992년까지 하수와 산업장의 유기물질이 강으로 유입되는 일이 현저하게 줄었다. 음용수는 농약(비료의 질산칼륨)이 대량 살포되는 지역, 사적으로 소유한 우물, 그리고 매우 작은 규모의 물 체계를 제외하고는 일반적으로 더 안전해졌다(World Resources Institute, 1993: 38~41).

좋은 소식은 지금 고개발국가 인구의 95%, 그리고 저개발국가 인구의 74%가 깨끗한 물을 접할 수 있다는 점이다. 축소된 공급의 문제는 앞서 얘기한 바와 같이 다른 차원의 문제이다. 그러나 여전히 문제점들은 남아 있다. 세계보건기구는 여전히 깨끗한 음용수에 접근할 수 없는 14억 명의 저개발국가 사람들이 있다고 밝혔다. 그 결과 대략 9만 3,000명의 사람들이 오염된 물 또는 적절하게 위생 처리된 식수의 부족으로 인한 전염병으로 너무 이른 시기에 죽음

---

[2] 예를 들어, 미국에서는 청정공기법안(1963, Clean Air Act), 고체폐기물 처분에 관한 법안(1965, Solid Waste Disposal Act), 수질관리법안(1965, Water Quality Act), 그리고 국가환경보호법안(1960, National Environmental Protection Agency)은 연방 환경보호관리국에 의해 제출되어 제정되었다.

을 맞이한다. 유엔은 이러한 사람들에게 물과 위생을 제공하려면 약 10년에 걸쳐 27조 6,000억 원(230억 달러)이 소요될 것으로 추정하고 있다. 만일 고개발국가가 그 절반을 지불한다면 저개발국가의 한 사람을 위해서 1년에 2만 2,800원(19달러) 정도가 필요하다(Miller, 2005: 495).

심지어 미국에서조차도 수질문제는 여전히 혼란스럽고 논쟁적인데, 그것은 가정 정수체계와 생수 판매의 증가(기업들은 이 두 가지에 대해 굉장히 많이 선전하고, 조장하고 있다)에 따른 수질에 대한 두려움과 심미적 이유 때문이다. 건강과 관련해서 이 두 가지는 매우 의문스러운 것이다. 병에 담겨 팔리는 어떤 물은 수돗물보다 깨끗하지 못한 것으로 밝혀졌다. 2000년까지 의회는 다양한 방법으로 안전한 음용수 법령안(Safe Drinking Water Act)을 약화시키라며 물 오염 기업에게서 압력을 받았지만 환경운동가들은 법안을 강화하기를 요청했다(Miller, 2002: 499).

미국 의회는 1970, 1977, 1990년에 환경보호관리국이 대기 질에 관한 기준과 독성 공기오염물질에 대한 배출허용기준을 정하도록 하는 내용의 청정공기법령안(Clean Air Acts)을 통과시켰다. 1970년에서 1990년대 중반까지 대기 오염물질의 수준이 국가적으로 거의 30%까지 감축되었기 때문에 그 기간 동안의 지속적인 인구증가와 경제성장을 고려할 때 이러한 입법은 성공적이었다. 기업들에 그들이 배출하는 독성 화학물질에 관한 공식적인 연례 보고서를 발표하도록 요구한 것은 기업들로 하여금 이를 좀 더 효과적으로 관리하도록 촉진했다. 강압적인 독성물질배출목록(Toxic Release Inventory: TRI)에서 이러한 자료를 볼 수 있다. 1988년 이래 감시 대상인 300가지 화학물질의 배출은 2002년까지 반으로 감축되었다(Assadourian, 2005b). 특히 납의 경우 가솔린에서 제거되었기 때문에 공기 오염이 눈에 띄게 사라졌다. 그 결과 5,000만 명 사람들이 지금보다 깨끗한 공기를 마실 수 있게 되었고, 경제적 혜택은 그 비용을 현저히 초과한 것으로 나타났다. 미국은 청정대기법(Clean Air Acts)을 준수하기 위해 1970년에서 1990년 사이에 415조 2,000억 원(3,460억 달러)을 투입했다. 반면에 같은 기간 동안 인간건강과 생태적 혜택은 3,240조 원(2조 7,000억)에서 1경 1,735조 5,200억 원(14조 6,000억 달러)에 이르는 것으로 추정되었다. 그렇게 했어도 1990년 중반 이후 의회는 1990년 오염산업으로부터 청정대기법을 약화시키라는 심한 압박을 받았고, 2006년에 부시 행정부는 더 정확한 내용의 입법을 제안했다.

명백한 개선이 있었지만 미국의 공기는 충분히 깨끗하지 못하고, 문제는 여전히 남아 있다. 질산 이산화물 수준은 부적절한 자동차 배출 기준들의 조합과 장거리 이동 차량의 증가로 인해 1980년 이래 그다지 감축되지 않았다. 도시 스모그 현상은 많은 지역에서 문제로 남아 있다. 1994년에는 43개 거대 도시 사람들 1억 명이 연방 대기 안전기준을 위반하는 지상 오존 수준과 스모그 상태에서 계속 살아갔다. 공기가 가장 오염된 곳은 놀랍게도 로스앤젤레스 분지였다(Associated Press, 1994a: 19).[3] 유사한 경향이 다른 고개발국가에도 존재한다. 그러나 공기 오염은 베이징, 캘커타, 테헤란, 카이로를 포함한 저개발국가의 많은 도시에서도 건강 기준선을 초과하고 있다(O'Meara, 1999: 128).

---

3 미국의 환경보호관리국(EPA)에 의하면, 1994년 공기오염이라는 관점에서 가장 심각한 도시는 다음과 같다.
- 극심한(extreme) 오염: 로스앤젤레스 분지
- 심각한 오염(severe): 샌디에이고, 남동부 사막 지역, 벤투라 카운티 지방, 캘리포니아; 시카고, 볼티모어, 볼티모어 뉴욕 롱 아일랜드, 필라델피아, 휴스턴, 밀워키
- 심한(serious) 오염: 새크라멘토, 샌와킨 계곡, 캘리포니아; 대(大) 코네티컷, 워싱턴시, 애틀랜타; 배턴루지, 루이지애나; 보스턴, 스프링필드, 매사추세츠; 포츠머스 로체스터, 뉴햄프셔; 프로비던스 지방, 로드아일랜드; 보몬트-포트 아더, 텍사스; 엘패소 새크라멘토 세리어스

5. 결론: 지구의 자원

한 장이라는 범위 내에서 공정하고 엄격하지만 인간에게 중요한 몇몇 자원 사안 – 토지, 물, 생명자원 – 의 상태에 대해 선택적으로 읽을 수 있는 자료를 제공했다. 그러고 나서 어떻게 폐기물과 오염이 다양한 하치장에서 축적되는지를 기술했다.

고개발국가에서 특정 종류의 오염을 다루는 데서 진전을 이루었을 뿐 아니라 많은 문제점이 있음을 보여주는 증거는 여전하다. 몇몇 사안은 저개발국가에서도 향상되었지만, 세계의 많은 지역이 여전히 생명과 건강을 위협하는 비위생적 상황에서 살아간다. 야생 생물자원과 다양성은 인간 활동에 의해 전 지구적으로 위협받고 있다. 그리고 야생 생물자원과 다양성은 인간에게 그들의 유용성, 생태계를 유지하는 데에서 그들의 역할, 생물종과 유전적 다양성이라는 지구유산으로서 그들의 위상 측면에서 저평가받고 있다. 물 공급에서 심각하고도 시급하게 나타나고 있는 일반적 문제는 (1) 급증하는 물 수요와 (2) 제한되거나 불공평한 지역적 차원의 물 공급과 수문학적 순환(hydrological cycle)과 관련이 있다. 물을 사용하는 데 기술적인 효율성의 문제가 존재하지만 이러한 문제들은 다루기 어렵고 정치적으로 격한 사안이 될 수 있다. 유사하게 토지와 식량안보 문제들은 집약적인 산업적 농업에서 성공적이었던 많은 기술에 대한 더 높은 제한요인으로 작용한다. 인간의 물질 안보는 현재 세계의 국가가 작동하는 방식에서 상당히 높은 수준의 기술 혁신과 제도 변화를 요구한다. 지난 50년 동안 환경문제를 이해하는 대중적이고도 과학적인 방법은 다소 성공적인 측면이 있었던 특별한 환경문제에 대한 관심사 – 오염 – 로부터 생태학적 문제에 대한 좀 더 통합되고 전체적인 차원의 시각으로 변하고 있다. 이러한 견지에서, 이들을 고립된 차원으로 보아서는 안 된다(Dunlap, 1992; White, 1980).

몇몇 관찰내용들로 끝을 맺고자 한다. 명백하게도 지구의 자원에 대한 인간의 존재는 너무나도 크고 침입적이어서 세계 어디에도 인간의 손길이 닿지 않은 원시 자연 상태로 보존되는 곳이 거의 없다. 이것에 대한 증거는 지구의 순일차생산(net primary production: NPP)에 대한 인간의 사용과 관련이 있다. 생태권 내의 순일차생산은 녹색식물이 햇빛으로부터 얻어 생명체로 고정시킨 에너지의 총량으로, 모든 먹이사슬의 기본이 된다. 순일차생산은 모든 생명체에 힘을 주는 에너지의 흐름이다. 몇 년 전에, 스탠퍼드 대학교의 피터 비투섹(Peter Vitousek)과 그의 동료는 식물의 생물학적 생산에서 얼마나 많은 부분이 인류의 사용에 적절한지를 계산했다. 놀라운 결과가 나왔다. 지구 전체 광합성 생산의 25%, 육지 광합성 생산의 40%를 인간이 사용했다. 인간은 직접적으로는 토지에 기초한 순일차생산(음식, 동물의 먹이, 그리고 땔감)의 3%정도만을 소비했다. 그러나 간접적으로 그 외 36%를 경작 폐기물, 산림화재 및 벌채, 사막화, 자연 지역에 대한 인간 거주지로의 변화 등으로 사용했다. 더욱이 (Vitousek et al., 1986). 만일 40%가 대략적으로 맞는 수치라면, 미래 더 많은 인구수가 되었을 때 가져올 결과는 흥미로운 질문이 될 수 있다. 만일 인간이 순일차생산의 80% 또는 100%를 제멋대로 사용한다면 세계에는 어떤 일이 발생할 것인가? 어느 누구도 확신할 수는 없다. 아무리 잘 봐주어도 인간이 통제해 전체적으로 잘 손질된 네덜란드나 영국과 같이 보일 것이다. 생기는 있지만 야생상태도 없고 팽창이나 실수의 여지도 없을 것이다.

그러나 기다려보자. 네덜란드와 영국은 음식, 사료, 목재, 그리고 피복을 수입하고, 따라서 국내 지역의 순일차생산의 100% 이상을 수입에 의존한다. 네덜란드는 그들 자신의 영토의 5배에서 7배에 해당하는 다른 어떤 곳을 '점령'하고 있다고 하는데, 그것은 주로 저개발국가로부터 동물사료를 수입하기 때문이다. 몇몇 나라는 이와 같이 살고 있지만 전체 지구는 이렇게 할 수 없다 (Meadows et al., 1992: 49~50; Rijksinstituut voor Volksgesondheid en Milieuhygiene,

1991). 중요한 점은, 순일차생산을 인간과 그들이 보호하는 생명형태(옥수수 또는 소)에 맞춰 사용하면 할수록 다른 생명종들에게 남겨질 몫은 더욱더 적어지고, 종다양성의 엄청나게 축소된다는 것이다. 호모 사피엔스가 전유하고 관리하는 세계가 생명력을 가진 생태권으로 남을 수 있을까?

우리 중 대다수는 '사회화된' 또는 관리된 자연 안에 살고 있다. 인간과 환경의 상호작용이라는 면에서, 그것은 인간적으로 조직화된 환경인 '생태사회 체계(ecosocial system)'라 할 수 있다. 로스앤젤레스에서 아마존 지역에 이르는 모든 조경은 이와 같은 생태사회적인 지역이다. 이는 인간의 자연에 대한 관리가 전체적으로 성공적이었다는 것을 의미하지는 않는다. 왜냐하면 그것을 무한정 확대하려는 시도가 실패하면서 그러한 통제의 한계가 노출되고 있기 때문이다. 환경에 영향을 주는 간섭을 철수하거나 환경으로부터의 부수적 효과를 제거하려는 인류의 시도가 없었다는 것을 의미하지도 않는다. 이 장에서는 지구의 자원을 사용하는 상황에 대해 논의했다. 그러나 모든 풍경이 생태사회적인지, 무엇이 사회적인 것이고 무엇이 '실제적으로' 자연적인 것인지를 분리할 수 없게 된 이래로 우리는 이제 환경적·생태적 문제를 단순히 '원시 자연'에 대한 호소가 아닌 것으로 다루어야만 한다. 제1장은 환경문제는 또한 사회적 사안이라고 주장함으로써 끝맺음을 했다. 이와 같은 맥락으로 우리가 얼마나 많이 자연 과정의 복구를 연기하고 또 그렇게 하려고 시도했는지는 단순히 그것들이 얼마나 복잡한지 또는 우리가 에워싸기에는 많은 것들이 너무나 크다는 사실(물론 자연과정은 의심할 여지 없이 그러하지만)에 달려 있는 것은 아니다. 환경적 자원 문제를 향상시키기 위한 시도는 우리가 영향을 주는 자연 과정의 어떠한 것이 가장 잘 안정화될 수 있고 본래대로 되돌아올 수 있는지에 대해 합의할 수 있는 범위에 달려 있는 것이다. 이는 보호의 시책을 형성하는 인간가치의 합의에 의존하게 된다는 것이다. 다른 말로 표현하면, 이러한 문제를 나열하는 기준은 자연 그 자체에 주어지는 것이 아니라 우리가 야생상태 또는 도시 지역이 무엇인지 말하는 것과 상관없이 관리의 방향을 정해주는 인간의 가치에 달려 있는 것이다(Giddens, 1995: 210~211).

6. 독자들이 생각해볼 문제

결론과 질문

일상적인 형태의 삶에서 나타나는 물질의 흐름을 고려하면서 다음의 중요한 사안에 대해 생각해보자.

1. 당신과 당신의 가족은 하루 동안 얼마나 많은 물을 사용하는지 계산해보자. 일반적인 양에 대해서 적어본다.

용도	사용량(Gallons)
호스로 물을 뿌리며 세차하기	180
10분 동안 잔디에 물주기	75
최고 수압으로 기계 닦기	60
10분 동안 샤워하기	25~50
평균적인 목욕	36
물 틀어놓고 설거지하기	30
자동 접시세척기 사용	10
화장실	5~7
물 틀어놓고 양치질하기	2

자료: American Water Works Association, Miller 재인용, 1992: 356.

당신은 하루에 얼마나 많은 양의 물을 사용한다고 생각하는가? 한 달에는? 만일 당신이 대학 기숙사나 아파트에 살고 있다면 얼마나 많은 양의 물을 사용할까?

2. 당신이 살고 있는 지역사회 내에서 사용되는 물은 어디서 오는 것일까? 비용에 관해서, 또는 사업, 농업, 또는 소비로서 사용하는 것을 할당하는 데 갈등이 있는가? 물 부족 또는

특정 목적을 위해 물을 할당하게 되었음을 알리는 뉴스를 접해본 적이 있는가? 물을 정수할 때 지역적인 사안으로는 무엇이 있는가? 당신은 지역사회의 유용성을 위해 이에 대한 회사 또는 정부의 규제를 요청할 수도 있다.

3. 이 장에서 언급한 바와 같이 미국에서 발생하는 고체폐기물은 대개 지역사회에서 나온다. 총 폐기물의 10%밖에 안 되지만, 이는 여전히 엄청난 양이라 할 만하다. 당신의 쇼핑 영수비용 중 10% 정도는 포장비용이다. 잘 포장된 편의점 음식들이라면 그 비율은 더 커진다. 일반적인 가족은 매주 큰 쓰레기통을 2~3번 채울 분량의 쓰레기를 만든다. 심리적인 실험을 해보자. (1) 며칠 동안 당신이 만들어낸 쓰레기의 경로를 추적해보자. 주된 쓰레기가 무엇인가? 음식 포장지? 신문? 청량음료 깡통? (2) 쓰레기를 집 밖에 버리는 대신에 뜰에 쌓아놓을 수만 있다고 가정해보자. 얼마 만에 뜰을 채울 수 있을까?

4. 컴퓨터를 가지고 있거나 사용하고 있는가? 그렇다면, 여러분이 생각하기로 컴퓨터를 사용하는 것이 종이를 더 많이 사용하게 하는가 아니면 절약하게 하는가? 무엇 때문에 컴퓨터로 인한 종이 쓰레기가 생기는가?

우리가 할 수 있는 것

원하기만 한다면 우리는 실제적으로 꽤 많은 것을 할 수 있다. 자신의 생활습관을 좀 더 환경적으로 절약하는 생활로 개조할 가능성에 한계가 있는지를 찾는 것은 어렵다. 이 주제로 쓰인 책이 많다. 노서관과 서점 어디에서든 이 책들을 찾을 수 있다. 여기 몇 가지 유익한 팁이 있다.

물에 관해

- 다른 일을 하고 있는 동안에는 수도꼭지의 물을 틀어놓지 않는다.
- 새로운 식기세척기를 구입한다면, 에너지 효율성이 높은 것을 구입한다.
- 욕조목욕보다는 샤워를 즐긴다. 청결을 위해서가 아닌 휴식 요법으로 사용하지만 않는다면 샤워는 욕조목욕에서 사용되는 물의 1/3가량만을 사용한다. 짧은 샤워를 즐겨라. 짧은 노래를 부르면서.
- 좌변기 물통 속에 물을 가득 채운 1쿼트 분량의 병이나 벽돌을 넣어두면 물을 한 번 내릴 때마다 물을 적게 사용할 수 있다. 새 좌변기를 구입할 때는 물 절약 좌변기를 구입한다.
- 수도꼭지, 특히 샤워꼭지에 조절 장치를 단다. 내가 이렇게 장치를 달았을 때 내 가족이

나를 많이 원망했다는 것을 고백한다. 그러나 가족들은 곧 이 장치에 익숙해졌고, 지금은 이를 일상으로 받아들이고 있다.
- 정원에 많은 양의 물이 증발하는 물 호스나 스프링클러로 물을 뿌리는 것보다는 물방울이 떨어지는 정도의 물 공급 호스를 묻는다. 더 좋은 방법은 도랑을 1배럴 정도의 세로홈통에 연결해놓고, 나무에 물을 줄 때 저장된 빗물을 사용하는 것이다.

쓰레기에 관해

- 쓰레기통에서 재생되는 것(알루미늄, 유리, 금속, 그리고 플라스틱)과 유기물 쓰레기(먹다 남은 과일껍질 등)를 분리한다.
- 여러분의 도시 또는 일터에 재생 프로그램이 없다면 왜 하지 않고 있는지를 밝혀내려고 시도한다.
- 유기물 쓰레기로 퇴비를 준다. 간단하다. 야채쓰레기, 달걀 껍질, 잎사귀 같은 것들을 모아 두는 바깥 통을 마련하면 된다. 퇴비 통에 먹다 남은 고기나 뼛조각을 넣지 않도록 한다. 몇 달 후에 삽을 마련하고 비료를 뒤집거나 그것이 생물학적으로 빨리 분해될 수 있도록 물이나 약제를 넣는다. 몇 달 후면 누군가의 꽃과 정원을 위한 유기적으로 풍부하고 좋은 부식토와 비료를 얻게 될 것이다. 몇몇 지역사회는 지역 퇴비 저장소를 두고 있다.
- 이와 같은 방법으로 쓰레기를 분리하다보면, 남은 쓰레기는 대부분 포장지 재료라는 것을 알게 될 것이다. 그것은 재생보다 더 중요한 차원의 것을 말해준다. 포장이 많이 되지 않은 물건을 구입하고, 되도록 가게에서 봉투 없이 집으로 물건을 가져오도록 한다.

실제 상품들

- 일회용 컵, 연필, 면도기 등 일회용 상품보다는 내구성이 강하고 고쳐 쓸 수 있는 상품을 구입한다. 살 수만 있다면 재사용된 병에 든 음료를 구입한다.
- 빨간색 또는 노란색 포장을 피한다. 독성 있는 카드뮴 또는 납을 함유하고 있을 수도 있다.
- 포장이 간소한 상품을 고른다. 플라스틱 재질로 포장된 것보다는 재활용할 수 있는 운반용기 그대로 냉장고에 저장한다.
- 직접 마케팅 연합(11 West 42nd street, P.O. Box 3681, New York, NY, 10163-3861)에 연락해 쓸모없는 광고편지의 양을 줄인다.
- 자신에게 더는 쓸모가 없는 물건을 쓰레기로 버리기보다는 나눠주고, 팔고, 바꾸고, 기증한다.

> ■ 반대로, 중고품을 구할 수 있고 사용할 수 있다면 중고품을 산다. 중고가게가 가난한 사람들만 이용하는 것이라는 말은 옛말이다. 중고차는 새 차보다 가격이 저렴하다. 내 추측으로는 중고차를 구입하는 것은 유행을 따르는 부자들 속에서 문화적인 이단자가 되는 것이다. 1년만 기다릴 수 있다면 이를 금세 알게 될 것이다.
>
> 아마도 눈치 챘겠지만, 이와 같은 목록에는 논리적인 결말이 없다. 그러나 생각은 무궁무진하게 얻을 수 있다.

추가 자료

Brown, L. (2004). *Outgrowing the earth: The food security challenge in an ange of falling water tables and rising temperatures*. New York: W. W. Norton.

Gleick, P. H.(2003). Global freshwater resources: Soft-path solution for the 21st century. *Science*, Nov-Dec, 302, 1524~1527. www.sciencemag.org.

Mock, G. (2001). Domesticating the world: Conversion of natural ecosystems. *World Resources 2000-2001*, September. World Resources Institute.

Olshansky, S. J., Carnes, B., Roberts, R., and Smith. L. (1997). Infectious diseases — New and ancient threats to world health. *Population Bulletin*, 52, 2.

Rudel, T. K. (2002). Path of destruction and regeneration: Globalization and forests in the tropics. *Rural Sociology*. 67(4), 626~636.

전자 자료

www.us-ecosystem.org/

www.nrcs.usda.gov/technical/worldsoils

www.statlab.iastate.edu/soils/nssc

www.worldwatch.org/alerts/990717.html

water.usgs.gov/eap/env_data.html

worldwater.org/conflictIntro.htm

seawifs.gsfc.nasa.gov/OCEAN_PLANET/HTML/peril_toxins.html

www.scorecard.org

제 3 장
범지구적 기후변화

2006년 초 몇 달간은 날씨가 매우 이상했다. 그해 1월 북부 캘리포니아의 홍수, 남동부와 중서부 지역 주들의 넓은 지역에 나타난 가뭄, 로키산맥의 눈과 빙하의 현저한 해빙이 있었다. 내가 기억하기로 2005~2006년 겨울, 네브래스카 주에는 전반적으로 겨울이 나타나지 않았다. 제설기(snow blower)를 쓸 일도 거의 없었고, 겨울 내내 오토바이를 창고에 처박아두지도 않았다. 북극지방에서 극 얼음은 1월에도 녹고 있었다. 4월 18일 오전에는 라디오 뉴스에서 텍사스 휴스턴의 온도가 화씨 100도라는 보도가 나왔고, 그 지역에서 6월 또는 7월까지 이전에는 발생한 적이 없었던 전기과용으로 인한 정전사고가 있었다(Morning Edition, 2006. National Public Radio, 4월 18일, 2006).

날씨와는 다르게, 세계의 기후는 거의 명확한 차이를 보여주지 않았다. 기후는 수백 개의 변수들 — 햇빛, 해류, 강수량, 화재, 화산폭발, 지형, 인간 산업 배출가스, 그리고 생명체의 호흡 — 의 대규모·장기간에 걸친 상호작용에 의해 결정된다. 이 변수들이 복잡한 체계를 만들어낸다고 과학자들은 지금에서야 이해하기 시작했고, 정확한 예보는 아직 어려웠다. 확실히 생물권과 지구 기후 간의 환류 관계(feedback relationships)는 생명과 기후가 공동진화했다는 것을 시사한다. 이러한 공동진화 과정에서는 밀접한 상호관계가 두 가지 체계의 진화적 경로에 만일 서로가 존재하지 않았다면 발생하지 않았을 방법으로 영향을 주었다(Schneider and Londer, 1984; Alexander et al., 1997). 그러나 특정한 해의 날씨는 너무나도 다양해서 몇몇 지역은 예년보다 더 따뜻하거나 추울 수도, 다습할 수도, 가물 수도 있다. 그리고 많은 지역은 홍수·가뭄·허리케인과 같은 혹독한 날씨로 인해 폐허가 되기도 한다. 이러한 현상은 대개 방대한 수준의 기후 다양성으로 이해될 수 있다. 날씨와는 다르게 기후는 직접 경험하는 것이 불가능하고 단지 지구(또는 대륙) 평균으로 감지되고 측정될 수 있다.

지구의 온도는 1867년부터 기록되기 시작했는데, 1900년 이래로 세계의 평균 온도는 상승했지만 1976년 이래로는 1세기가 이뤄놓은 온도상승의 세 배 정도가 상승했다. 더욱이 가장 더웠던 해로 기록된 10년은 모두 1990년대 이후 발생했다(Goddard Center, National Aeronautics and Space Administration, Sawin 재인용, 2005a). 사실 남극 얼음의 중심부에 대한 조사를 통해 20세기 말은 적어도 14세기 이래 어떤 때보다도 더 더웠다는 것이 밝혀졌다. 온난화에 대한 지구물리학적·생물학적 징후들은 여러 가지 방법으로 확인되고 있다. 로키산맥, 안데스산맥, 유럽의 알프스, 아프리카의 킬리만자로 등을 포함해서, 전 세계에 걸쳐 산 정상부의 만년설과 빙하가 녹아내리고 있다. 가장 중요한 것은 전 세계에 걸쳐 해양수위를 상승시킬 수 있을 정도의 많은 물(얼음의 형태로)을 가지고 있는 그린란드 북부의 빙하가 현저하게 녹아내리고 있다는 사실이다. 열대 지역에서 더욱 뜨거워진 물로 인해 스트레스를 받은 지구의 산호초들은 희게 변하고 있다. 원예농업가와 정원사 들은 식물들의 성장시기가 유럽과 북미에서 더 길어지고 있다는 사실을 인식했다. 남극 주변의 해양 얼음은 1950년대 이래로 눈에 띄게 사라지고 있다.

지구온난화로 인한 생태계와 인간에 대한 결과는 심오하다. 온도와 강수량의 상승은 생물종을 북쪽 또는 위쪽으로 이동시킬 뿐 아니라 생장과 이동 시기에 영향을 준다. 탄소 순환과 저장과정은 변화되어왔다. 빙하의 감소는 사

> **〈글상자 3.1〉 1988년 여름**
>
> 무엇이 일반적으로 더 온난한 기후인지를 정리하기 위해서, 더운 여름의 결과에 대해서 고려해보자. 1988년 여름은 일반적으로 상승하는 지구 평균온도에 극적인 쐐기를 박았다. 북미 옥수수 작황은 곡물지대에서 가뭄으로 인해 줄어들었고, 옥수수 생산은 소비량 아래로 떨어졌다. 아마도 미국 역사상 처음 있는 일일 것이다. 국가 저장소에 여분으로 추가되는 곡식이 한 종도 없었다. 사람들이 에어컨 주변으로 몰려들고 공공기관은 더운 열기로 인한 체력손실이 건강에 치명적인 위협이 될 수 있는 노인들에게 선풍기를 지급했던 데서 볼 수 있듯이 전력소비량이 하늘을 찌르는 정도에 이르렀다. 미시시피 강처럼 하천 수위가 너무 낮은 강은 바지선과 짐들이 몇 주 동안 꼼짝도 하지 못하게 되었다. 산불은 미국의 거대한 국립공원에서 통제할 수 없을 정도로 타올랐고, 거대 허리케인이 걸프 해안을 위협했으며, 아시아에서는 방글라데시의 홍수가 2,000명의 생명을 앗아가고 수백만 명의 이주민을 발생시켰다.

람들과 다른 생물종들을 위한 물 공급을 위태롭게 한다. 상승하는 지구 온도는 세계적으로 증가하고 있는 가뭄의 요소이기도 하다. 세계보건기구는 지구온난화와 관련된 현상으로 인해 적어도 16만 명의 사람이 매년 사망에 이르고 있다고 추산한다(Sawin, 2005a).

물론, 특정 사건들이나 몇십 년 동안의 일들로 지구 기후 자체가 변하고 있다고 '추론할 수는 없다'. 그러나 더 온난해진 기후는 점점 더 심각해지는 기상이변의 가능성과 인간사회와 생태계에 있어 광범위한 분열적 변화 가능성을 증가시킬 것이다(Silver and DeFries, 1990: 63~64). 온난화 현상에 대한 일관된 증거는 계속 쌓이고 있다.

기후변화는 제2장에서 논의했던 환경문제와는 사뭇 다르다. 토양, 물 공급, 산림황폐, 종다양성, 광물 자원, 고체폐기물, 그리고 물과 공기의 오염과 같은 문제들은 전 지구적인 결과들을 만들어내지만, 그것들은 **생태계의 문제** (ecosystem problems)로서 대부분이 눈에 보이는 것들이다. 생태계 속에서 이러한 문제들의 심각성과 형태는 유사하기도 하지만 다르게 나타날 수도 있다.

대조적으로 대기와 기후의 변화는 생물권의 문제(biospheric problems)이다. 에너지와 물질이 지구 주변의 대기를 순환할 때 확실히 똑같은 방법 또는 똑같은 밀도로는 아니지만 그 결과로 개인, 사회, 그리고 생태계에 영향을 준다. 제1장에서 환경이 지구상 생명체의 계승과 분포를 결정하는 일련의 제한적 요소들을 가진다고 지적했다. 지구 주변의 가스체 – 대기 – 의 물리적·화학적 성격은 그중에서도 가장 중요하다.

기후변화와 같은 문제들은 인간 감각에 의해 직접 경험되거나 매우 직접적으로 연구되지는 않는다는 점에서 독특한 현상학(phenomenology)[1]을 가진다. 이러한 '거대 문제점(megaproblems)'들은 넓은 범위, 추상적 성격, 그리고 이런 문제들이 발전시킨 범위를 넘어서는 장기간의 영역 안에서 독특하게 나타난다. 더욱이 이런 문제들의 결과로 나타나는 것들은 상당히 고차원적인 위험이다. 누구도 그 결과로부터 면제되지 않으며, 이러한 거대 문제점들은 현대 세계가 상호의존성을 급속하게 발전시키면서 불거져 나온 부정적인 면을 보여준다. 이러한 거대 문제점들과 관련이 있는 전통적인 과학적 추론은 실험적인 연구에 기반을 두고 있지 않기 때문에 항상 논쟁적일 수밖에 없다. 예를 들어 기후변화의 유형은 특정 시기에 특정 장소에서 특별하게 측정된 기상 자료에 의해 확정적으로 파악될 수 없다. 더욱이 이러한 거대 문제들은 전형적으로 개인의 확고한 경험과는 거리가 멀고 개인이 행하는 어떤 것으로부터 그럴 듯하게 영향을 받을 수도 없다. 이러한 문제들과 이를 교정하는 방법은 너무나 추상적이고 복잡해서 사람들은 뛰어난 전문가와 이 문제에 대한 그들의 과학적(사회적) 구성물에 의존한다. 이는 이러한 문제들과 교정방법이 독특한 반사실적(counterfactual) 성격을 가지고 있다는 것을 의미한다. 만일 교정법이 작동한다면 우리는 초기의 진단이 옳았던 것인지 아닌지 결코 알 수가 없다. 그

---

[1] 현상학이란 인간이 어떻게 사물을 경험하는지를 의미하는 철학적 용어이다.

리고 교정이 있든지 없든지 간에, 문제가 있다고 진단을 했던 전문가들은 최후 심판일을 예견하는 상인으로 낙인찍히기 쉽다(Giddens, 1995: 219). 바위 동굴에서 칩거해 살고 있는 사람이 아니라면, 지구온난화(의 실태와 사람들의 적절한 대처)라는 문제가 매스미디어에 자주 등장하며, 시민, 과학자, 기업가, 정치가들이 이 문제로 종종 신랄한 논쟁을 벌인다는 것을 알 수 있을 테다(이 장에서 이것에 대해 더 많이 논의할 예정이다).

이 장에서는 행성의 지구물리학적 차원의 문제로서, 하지만 인간과 다른 종에게 위험을 주는 차원의 문제로서, 이 문제에 대응할 수 있는 선택적인 전략에 대해, 그리고 이러한 문제를 과학적으로 연구하는 것이 얼마나 어려운지에 대해 언급할 것이다. 이 장은 (1) 최근 대기권 상층부에서의 오존고갈(ozone depletion)과 증가된 태양 자외선 복사(radiation) 수준과의 관계, (2) 지구온난화(global warming)의 실제와 예측, (3) 지구온난화에 대한 윤리적인 질문과 전략적·정책적 선택에 대해 논의할 예정이다.

1. 오존고갈과 자외선 복사

성층권(strato spheric) 오존층의 심각한 파괴 정도는 놀랄 만한 인간 기술 발전이 가져온 의도되지 않은 장기적인 결과를 사실적으로 묘사해주고 있다. 그것은 또한 인간 또는 생태계에 심각한 재앙을 불러오기 전에, 어떻게 국가들이 특정한 환경적 한계의 초과를 인식하고, 그것을 되돌릴 것을 결정하고, 유익하고 유용한 산업생산품을 포기했는지를 보여주고 있다. 그러한 과정에서 과학계와 유엔은 각국 정부에 부정할 수 없는 국제적 문제로서의 증거들을 제시했으며, 문제해결을 위한 조약을 체결하기 위해 협상했다. 사실, 오존 고갈 위기의 해결방법은 국가들, 국제기구, 그리고 과학적 공동체 모두가 집단이익을 위해 최선을 다해야 함을 알려준다. 우리는 늦지 않게 문제를 해결해 무시무시한 파괴를 방지할 수도 있을 것이다(O'Meara, 1999).

에베레스트 높이 또는 제트기가 날아다니는 높이의 두 배 높이인 성층권에서는 오존이 얇은 막을 이루는데, 이 오존층은 중요한 기능을 수행한다. 일반적으로 대기권에서 산소가 2개의 산소원자를 가지고 있는 것(O_2)에 비해 오존은 3개의 산소원자(O_3)가 함께 뭉쳐져 만들어진다. 오존은 불안정하고 쉽게 반응하기 때문에 접촉하는 거의 모든 것을 부식시키고 산화시킨다. 대기권의 하층부, 즉 식물의 세포조직과 인간의 허파를 포함하는 모든 것과 반응을 하는 장소에서 오존은 파괴적이지만 단명하는 오염물질이다. 대기권의 상층부, 즉 일반적인 산소분자가 태양광선의 작용을 통해 형성된 오존이 존재하는 장소에서는 그리 많은 반응이 일어나지 않기 때문에 오존층은 오랫동안 지속된다. 대기권 상층부에서는 모든 생명체 구성 조직의 분자를 분해시키는 태양광선 중 가장 해로운 자외선 파장(UV-B) 대부분을 흡수할 만큼 충분한 오존층이 존재한다. 자외선은 인간으로 하여금 각막 손상, 재생산되는 돌연변이, 그리고 암과 투병할 수 있는 면역체계 능력을 압도해 피부암을 유발시킬 수 있다. 단세포 유기체와 해양 먹이사슬의 기반이 되는 부유 미생물(플랑크톤)에는 치명적이다. UV-B 광선에 노출되면 녹색식물의 성장과 광합성이 방해를 받는다. 연구된 경작물의 2/3에서 UV-B 수치가 상승하면 경작물의 수확이 감소한다는 사실이 나타났다. 오존층은 사실 성층권에 있는 햇볕차단막으로, 예견하기 어려운 여러 가지 방법의 손상으로부터 인간과 생태계를 보호한다.

1.1 오존층 파괴

1974년 개별적으로 출판된 두 편의 과학 논문은 성층권 내의 염소(chlorine) 원자들이 강력한 오존 파괴물질이 될 수 있고 염소 원자들은 염화플루오린화탄소 분자(CFCs)가 성층권에 도달하고 방출되도록 해체될 때 그 수가 증가하게 된다고 밝혀냈다. 이 가설은 논쟁적이었지만 9개의 나라에서 이 가설을 충분히 심각하게 받아들여, 1970년대 말에 스프레이 내에 염화플루오르카본의 사용을 금지했다. 1985년 성층권 오존 파괴의 명백한 첫 신호가 있었다. 그때 한 영국 과학자 집단은 세계 대기 과학자들을 경악시킬 과학적 발견을 책으로 발간했다. 그들은 1977년과 1984년 사이에 남극 오존층의 농축도가 1960년 남반구 봄 시기에 측정했던 한계 측정치의 40% 이하로 떨어졌다는 증거를 발표했다. 지상 수준에서의 오존 측정치는 하강 기미를 보이지 않았지만 미국항공우주국(NASA)의 인공위성 자료와 1986~1987년 미국 해양대기국(NOAA)의 남극 과학원정대의 자료 분석에 의하면 성층권 내 오존 고갈은 명백했다.

용해제와 화학냉매제, 그리고 스티로폼(plastic foam) 생산에 폭넓게 사용되는 CFCs는 주로 유럽과 북미에서 제조되었지만 대기권 하층부를 통과하며 혼합되어 콜로라도 또는 워싱턴 D.C.를 넘어서는 크기만큼 남극을 뒤덮는 많은 CFCs가 발생했다. 연구자들은 성층권에 이른 CFCs는 높은 에너지의 자외선 광선을 받게 되는데, 이 광선이 CFCs를 분해시켜 염소 원자를 방출한다고 추측했다. 염소 원자들은 오존과 함께 촉매 반응을 일으키는데, 이때 분해된 각 염소 원자가 오존을 일반 산소로 전환시킨다. 그러나 이러한 일련의 반응에서 각 염소 원자는 전환과정을 수차례 반복하고, 또한 그 과정에서 오존분자를 차례로 파괴하는데, 마치 "오존분자를 먹어치운 후 다시 더 높은 대기층을 꿀떡 삼키려는 모습이 오락기계의 팩맨"과도 같다(Meadows et al., 1992: 148). 각 염소 원자는 대기에서 소멸되기 전에 오존분자 10만 개를 파괴하는 능력을 가지고 있다. 화학자들은 위험성이 높은 CFC-11, CFC-12, CFC-113이 대기 중에서 매년 5~11%가량 증가하고 있다고 생각했다.

1980년대 말 즈음 과학공동체들은 CFCs가 남극 오존 고갈의 원인이라고 실질적으로 합의했다. 가장 심각한 오존 파괴가 남극에 제한되어 나타났는데,

그 이유는 이러한 반응은 저온, 성층권의 얼음결정(ice crystal), 남극 초봄의 태양광선의 성질을 필요로 하고, 극 소용돌이(polar vortex)가 또한 몇 달간 남극 위의 고갈된 오존을 옭아매고 있는 경향이 있기 때문이다. 덜 심각하기는 하지만 역시 오존 손실로 기록되는 것으로는 인구가 많고 농업이 활발히 이루어지는 북·남반구의 중·고위도 지방에서도 발생했다. 과학자들은 성층권 내에 황 분자(sulfurous particle), 수증기, 오염물질의 증가가 마치 북극과 남극에서 얼음결정체가 하는 역할처럼 오존 고갈 반응을 발생하도록 하는 물질적인 외양을 제공할 수도 있다고 조사했다(O'Meara, 1999; Silver and DeFries, 1990: 103~112; Stern et al., 1992: 57~59).

1.2 조심스러운 이야기

여기 문제의 물리적 사실에서 이 문제의 사회적·역사적 맥락으로 들어가는 짧은 우회로가 있다. 제1장에서 나는 현대 환경문제를 강조하는 것은 경제적, 사회적, 문화적, 그리고 기술적 사안이 된다고 주장했다. 다음 사안은 오존 고갈과 관련된 극적인 사례이다. 또한 그것은 거부할 수 없는 진보가 어떻게 예측하지 못한 장기적인 문제로 귀착되는지에 대한 고전적인 사례이기도 하다. 오존 고갈의 원인을 현실적으로 이해하기 위해서 독자는 CFCs가 발견되기 훨씬 이전인 1세기 전 이야기로 되돌아갈 필요가 있다(다음의 내용은 Stern et al., 1992: 54~59에서 많은 부분을 의존했다).

19세기가 거의 끝날 무렵까지, 식품과 음료의 냉장은 여름에 사용하려고 현지의 연못에서 쪼개어 창고나 움에 저장해둔 자연 얼음에 의존했다. 가정에서는 이러한 얼음을 사용했지만 양조장과 식당이 가장 큰 소비자였으며, 저장된 겨울 얼음은 때때로 냉장재료로 쓰이기 위해서 선박에 실려 수백 마일을 이동하기도 했다. 보스턴 얼음상인은 선박을 이용해 얼음을 사우스캐롤라이나 주나 카리브 해안까지 날랐다. 저장된 겨울 얼음을 사용하는 이런 방식은 까다롭고 비쌌기 때문에 대개의 경우 소금, 곧 염화나트륨 같은 화학 첨가물을 써 식품을 저장했다. 돼지고기는 소금에 의해 부패가 쉽게 방지되었기 때문에 가장 인기 있는 육류였다. 저장된 쇠고기는 인기가 적었는데, 쇠고기를 먹는 사람들은 지역 도살장에서 도축된 신선한 쇠고기를 구입하는 것을 더 좋아했다. 1870년대에 이윤을 높이기 위해서 식육가공도매업자들은 시카고에서 도축되어 냉장 손질된 쇠고기를 수백 마일 떨어진 소비자들에게 운반하려고 얼음냉장 철도차를 운행하기 시작했다. 이러한 얼음 저장과 운반에 관한 새로운 기술은 캘리포니아와 플로리다의 과일과 채소, 그리고 도시 배후지역의 유제품을 선박을 이용해 멀리 있는 소비자들에게 운반할 수 있게 했다. 이러한 기술은 음식 부패율을 크게 낮추고 상하기 쉬운 경작물을 몇 년이 지나도 소비자가 먹을 수 있도록 만들어주었다. 결국 냉장법은 미국인의 식습관을 전체적으로 변화시키는 계기를 제공했다. 그러나 자연 얼음은 신뢰할 수가 없는 것이었으며, 1889년과 1890년의 더운 겨울로 인해 자연 얼음을 얻을 수 없게 되자 포장업자들은 좀 더 신뢰할 만한 냉장법을 찾기 시작했다.

상업적인 냉장법의 원리(압축가스를 급속히 팽창시켜 온도를 낮추는 방식)가 알려진 것은 18세기 중반이었다. 그러나 도시 양조업자들은 이러한 과정을 19세기 말에야 처음 상업적으로 적용할 수 있었다. 이러한 초기 냉장체계에서는 암모니아, 이산화황, 염화메틸을 냉매 가스로 이용했는데, 이 방식에는 심각한 문제가 있었다. 효율성을 높이려면 고압과 강력한 압축기가 필요했는데, 기구가 고장이 나거나 폭발할 위험이 컸다. 게다가 이 물질들은 독성이 있는 탓에 수많은 사망의 원인이 되기도 했다. 이러한 유독성과 값비싼 압축기의 필요성 때문에 기계적 냉각기는 거대한 잠재적 시장인 소매업자에게까지 보급되지는 못했다. 그래서 1931년 GM사(社)의 전기냉장고 부서에서 근무하는 토머스 미질리(Thomas Midgely)는 기존 냉매제를 완벽하게 대체하는 새로운 염화플루오린화탄소(CFC) 물질을 개발해 '프레온12'로 특허를 받았다. 프레온 가스는 화학적으로 안정적이고, 불연성이며, 비폭발성이고, 무독성이었으며, 냉각효과를 얻기 위해 더 적은 압력을 필요로 했다.

압축기의 크기가 작아지면서 미국 소비자들은 곧 자신만의 '냉장고'를 가질 수 있게 되었고, 소매 규격 포장에 맞게 냉장된 식품을 판매하는 것이 가능해졌다. 냉동식품은 1950년대에 판매되기 시작했고, 이로써 신선한 채소와 유제품이 미국인 식생활의 일상적인 부분으로 받아들여졌다. 유럽에서도 미국을 따라 이러한 기술을 채용했다.

그만큼 중요한 변화가 하나 더 있는데, 프레온의 특성이 냉장기술을 건물의 온도를 낮추는 데에도 적용할 수 있게 했고, 따라서 이를 위한 또 하나의 중요한 시장이 창출되었다는 점이다. 에어컨디셔너는 사무실에서는 일상품이 되었고 마침내 일반 가정에서도 그렇게 되었다. 이러한 발전은 미국인의 사회적 일상형태에 어마어마한 영향을 주었다. 에어컨디셔너는 (플로리다에서 캘리포니아에 이르는) 미국의 선벨트(sunbelt)와 지구 열대지역에 도시의 성장을 증진시켰다. 많은 미국인들은 여름 몇 달 동안 또는 더운 곳에서 집, 자동차, 가게, 사무실에 에어컨디셔너가 없이 생활하는 것을 상상하기도 힘들 것이다. 에어컨디셔너의 보급으로 전력 수요가 최고치에 이르는 때가 겨울(채광과 공간 보온을 위한 사용이 최고조에 이르는 때)에서 여름(에어컨디셔너 체계가 전례 없는 비율로 전력을 사용하게 되는 때)으로 바뀌었다. 1950년대부터 CFCs의 판매는 다른 필요에 의해 증가했다. 분무식 스프레이 안에 들어가는 비독성 고압가스와 전기회로를 접합하는 제조과정에서의 용매화 분해제가 바로 그것이다. 이러한 기술들이 함께 이용될 때, 이러한 기술들은 많은 사람들을 위한 영양, 안락, 물리적 삶의 질을 향상시키는 데 어마어마한 영향력을 가지게 된다. 그러나 CFCs를 너무도 유용하게 만든 이 안정성은 결국 가장 큰 환경적 위험요소로 밝혀졌다. 냉장고와 에어컨디셔너, 스프레이 캔에서 새어 나온 CFCs는

(이 제품들을 쓰면 쓸수록 더 많이 나오게 되는데) 결국 성층권을 향하게 되고, 그곳에서 오존과 만난다. 오존 고갈의 문제는 사회적 생활방식(기술 혁신; 이윤성 있는 시장에 대한 연구; 주택, 소비, 그리고 생활 형태와 고개발국가가 되었다는 인간의 기대)의 직접적이지만 장기적인 결과였다.

1.3 행복한 결말?

CFCs와 오존의 감소 간의 관계에 대한 과학적 합의가 있었지만, 국제정치과정을 주도하고 촉진한 유엔 환경프로그램(United Nations Environmental Program)이 없었다면 거의 아무것도 취해지지 않았을 것이다. 그곳 사무국 직원들은 증거를 수집하고 해석하며 고위급 회담 수준의 중립적인 포럼을 만들고, 모든 국가에 단기간의 이기적인 고려는 오존층의 보전만큼 중요하지는 않다는 내용을 침착하게 설득했다. 그 결과로 세계의 CFCs의 25%를 양산하는 뒤퐁사(社)가 CFC 생산을 전면중단한다는 내용과 환경적으로 더 유익한 냉매 화학제를 연구하겠다는 내용을 발표했다. 1987년 몬트리올 의정서(Montreal Protocol)에 서약한 49개 가맹국은 CFC 생산을 감축하고 2000년까지 소비수준의 절반을 줄이겠다는 내용을 천명했다. 더 설득력 있는 엄격한 조약이 런던에서 서약되었다. 이로 인해 회사들은 덜 유해한 화학제품을 에어컨디셔너의 동력으로, 컴퓨터의 회로보드를 깨끗하게 하는 용제로, 단열판 재료로 생산하고 있다. 새로운 화학제품이 CFC보다 환경에 유익한 것인지는 오로지 시간만이 밝혀줄 것이다. 햄버거는 다시 종이나 마분지로 포장하고 있고, 많은 소비자가 스티로폼 컵 대신에 씻어서 쓸 수 있는 도자기 커피 컵을 재활용하고 있다.

CFC 생산은 가파르게 하락했지만, 이러한 화학물질이 대기 상층부에 도달하는 데 수년이 소요되고 한번 존재하면 수십 년, 심지어 수세기 동안 지속되기 때문에 오존층은 아직까지 회복되고 있지 못하다. 2001년 10월에 미국해양대기국(U.S. NOAA) 소속 연구원들은 남극 상층부 오존층에 나타난 계절적인 구멍(seasonal hole)이 고착화되었다고 밝혔다. 1년여 전에 과학자들은 오존층의 구멍이 10년 안에 닫히기 시작할 것이고, 2050년까지는 완벽하게 치유될 것이라고 예견했다(O'Meara, 2002).

종합하자면, 오존 문제를 다룬다는 것은 과학적인 합의와 이에 대한 정책적 해석, 국제적인 중재, 책임 있는 정치와 타협, 그리고 공공 교육을 포함하는 환경문제에 초점을 맞춘 한 모델을 제시하는 것이다. 그러나 이 해결책을 폭넓게 적용할 수 있을지에 관해 우려하는 목소리가 나오는 데에는 이유가 있다. 가장 중요한 것은, 오존 고갈 문제 해결을 위해 권장하는 한 가지 방안이 많은 다른 환경문제에 적용할 수 있는 게 아니라 특별한 환경에 의존하고 있을 수 있다는 점이다. 예를 들면 CFC 생산자는 전 세계에 20여 곳뿐이었고, 생산을 금지하는 것 때문에 크게 위협을 받은 회사나 오랫동안 개발해온 기술적 기간 시설은 거의 없었다. 그래서 몬트리올 의정서는 얼마나 빠르고 효과적으로 다른 국제적 협상이 이루어질 수 있는지에 대한 위험한 예언자인 것이다. 과학적인 합의가 있을 때도 (1) 변화의 필요성이 사회적 행동과 생활양식에 더 큰 변화를 요구할 때, (2) 책임을 져야 할 행위자가 수백만에 이를 때, (3) 변화의 비용과 이익이 지구 전반에 균형적이지 못하게 배분될 때 이러한 변화는 훨씬 더 어렵다(Stern et al., 1992: 59). 이러한 기준에 의해 지구온난화라는 임박한 문제는 훨씬 더 처리하기 어려운 문제가 될 것이다.

2. 열 올리기: 지구온난화

대기 가스는 생명이 살 수 있도록 지구의 평균온도가 비교적 좁은 범위 내에서 움직이도록 충분한 적외선 태양복사(열)를 잡아두는 데 결정적인 역할을 한다. 총량을 고려할 때 이러한 기체 중 가장 중요한 것들은 수증기, 이산화탄소(CO_2), 저위도 대류권의 오존, 메탄, CFCs, 그리고 질소산화물(NOx)이다. 수증기와 CO_2는 이 중에서도 가장 중요한 것으로, 전체 열수용력의 약 90%를 차지한다. 수증기는 앞서 논의한 대로 물의 순환에 의해 조절되고, CO_2는 제1장에서 논의한 대로 유사한 탄소 순환에 의해 제한된다. 그러나 인간은 화석연료를 태우고 산림을 황폐화시켜 대기 중에 CO_2를 더한다. CO_2를 소비하는 산림은 따라서 대기로부터 탄소를 '몰수하는' 역할을 한다(Miller, 2005: 464).

이러한 가스는 대기를 따뜻하게 만드는 방법이 정원가가 공기가 따뜻해진 유리온실 안에서 식물을 오랫동안 키우고 씨앗을 발아시키는 방법과 유사하기 때문에 전체적으로 '온실가스(greenhouse gases)'라고 한다. 햇볕 강한 날 차 창문을 모두 닫은 채로 두었던 차에 타본 적이 있을 것이다. 이러한 원리로, '온실효과(greenhouse effect)'는 대기 중 CO_2가 매우 두껍게 덮인 탓에 너무 뜨거워서 생명체가 존재할 수 없(다고 알려져 있)는 금성의 매우 더운 기후뿐 아니라 매우 효과적인 온실가스인 수증기가 거의 존재하지 않는 화성의 매우 차가운 기후를 설명해준다(Silver and DeFries, 1990: 64).

수증기 다음으로, CO_2는 매우 풍부하고 효과적인 온실가스이다. 이는 생명체의 호흡의 결과로서 자연스럽게 발생한다. 제1장에서 논의되었던 탄소순환에 대해 기억하는가? 대기 중에는 아주 많은 수증기가 존재하기 때문에 인간활동은 대기에 별 영향을 주지 않는다. 대조적으로 CO_2의 농축 정도는 너무 낮아(0.036%) 그 결과 인간 활동이 그 농축 정도를 상당히 높일 수 있다. CO_2는 화석연료(천연가스, 석유, 특히 석탄)의 연소를 통해 대량 발생한다. 다른 온실가스는 훨씬 양이 적지만 단위 분자당 CO_2에 비해 훨씬 더 많은 열을 잡아둔다. 메탄은 변소나 논에 사는 박테리아의 활동에 의해서, 그리고 소나 양 같은 반추동물의 소화기관을 통해서 발생한다. 대기 중에 있는 메탄은 대개 생물학적 기원으로부터 발생하지만, 일부는 인간의 쓰레기 더미가 부패하면서 발생한다. 앞서 논의된 CFCs는 성층권의 오존을 파괴할 뿐 아니라 더 낮은 수준에서 CO_2가 단위 분자당 가두는 열의 17~2만 배 이상을 잡아두는 효과적인 온실가스가 되기도 한다. 산화질소(N_2O)는 자연적으로 토양 속에서 그리고 목재를 태울 때의 미생물을 통해서, 경작 잔여물의 부패를 통해서, 그리고 화석연료의 연소를 통해서 발생한다.

온실가스 내 인위개변(anthropogenic)적인 요소가 증가한다는 연관성에 관한 조사는 실제로 새로운 것이 아니며, 지구의 온도를 유지하는 가스의 역할은 150년도 더 전부터 잘 알려졌다. 푸리에(Fourier)는 1827년에 열을 방출하는 CO_2의 역할을 처음으로 논의했다. 20세기 중반 스웨덴의 자연주의자 아레니우스(Arrhenius)는 CO_2의 포화가 지구의 평균온도를 상승시킬 수 있다고 주장했다. 1941년에 플론(Flohn)은 인위개변적 CO_2는 탄소순환을 교란시키고 대기 중에 지속적인 CO_2의 축적을 이끈다고 지적했다. 그리고 1957년 레벨(Revelle)와 쥐스(Suess)는 "인간 활동은 몇십 년 안에 감지할 만한 수준의 기후변화를 이끄는 지구물리학상 실험을 시작한 것이었다"고 결론내렸다(Krause et al. 재인용, 1992: 11). 1957년에 마우나 로아(Mauna Loa) 관측소(하와이)와 남극에서 CO_2의 체계적 측정이 시작되었다. 1979년에 세계기상기구(World Meteorological Organization)는 제네바에서 이 사안을 논의하기 위해서 세계 기후 회의(World Climate Conference)를 소집했다. 이 회의에 이어 기후변화 사안에 관한 몇 차례의 국가 회의가 있었고, 이를 계기로 1988년 유엔 환경프로그램과 세계기상기구가 후원하는 기후변화에 관한 정부 간 패널회의(Intergovernmental Panel on Climate Change: IPCC)가 처음 열리게 됐다.

요약하자면, 온실효과와 지구온난화의 가능성은 1세기 이상 동안 알려졌지만, 1950년대 이후에서야 이러한 위협이 심각하게 여겨졌고, 1990년대에 와서야 '예방적인' 정책적 조치에 관한 질문들이 국제적인 정치 영역에 포함되었다(Krause et al., 1992: 15).

2.1 일반순환모델

온실가스와 기후변화에 대한 우리의 지식 전체는 일반순환모델(general circulation models: GCMs)에 기초하고 있다. 이를 통해 기후학자들은 지구와 대기의 상호작용이라는 복잡한 작업을 표현하거나 '모의실험'하는 수학적 모델을 구축하고자 한다. 예상하겠지만, 이러한 지구적인 반작용은 매우 복잡하고, 완벽하게 이해되지 못한 채 추측되는 매우 많은 환류 고리들과 관련이 있다. 모든 모델이 그러하듯이, 일반순환모델은 실제 세계를 대단히 단순화된 시각으로 표현한다. 그렇지만 컴퓨터 처리된 이 수학적 모델들은 지구 기후변화를 이해하는 데 유용한 유일한 도구들이다. 온도, 습도, 풍속과 풍향, 토양 습기, 바다 얼음, 그리고 다른 기후 변수들이 변화하는 방식을 시간의 흐름에 따라 3차원으로 예측해내는 것이다. 일반순환모델은 다섯 가지가 있는데, 조사 결과는 대체로 일치하지만 이 모델들이 모두 동일하지는 않다.

단순화된 수학적 모델에 한계가 있다는 점을 인정한다면, 어떻게 대기학자들이 가변적이고도 비선형인 환류 고리들의 복잡한 상호작용 속에서 이러한 모델들을 지구 기후의 현실적인 역동성을 모의실험하는 데 이용할 수 있을까? 세 가지 방법이 있다. (1) 이미 존재하는 자료를 쌓아 '현재 기후', 특히 계절의 순환과 같은 커다란 온도변화를 모의실험하기 위해 적용해가는 방법, (2) 또 하나는 흐린 날씨와 같은 사실감 있는 기후 체계의 개별적인 물리적 구성 인자를 모의실험할 수 있는지 여부를 결정하는 모델, 그리고 (3) 고대 지구의 장기적인 기후변화를 재생산할 수 있는지 여부를 보기 위해 시간적으로 거슬러 올라가는 방법 등이 있다. 놀랍게도 세 번째 방법으로 고대 지구의 기후는 많이 알려져 있다. 〈글상자 3.2〉를 참조하자.

일반순환모델의 실행은 지속적으로 평가되었고, 일반순환모델은 기후변화를 점점 더 잘 예측하고 있다(Schneider, 1990a: 74; Miller, 2005: 470). 무엇을 결

> **〈글상자 3.2〉 아주 오래전의 지구 기후 측정**
>
> 오랜 지리학적 역사 곳곳에는 행성의 기후를 측정하는 것이 가능하게 만드는 물리적 신호가 있다. 빙하의 팽창과 수축에는 많은 물리적 신호가 있는데, 과거 온도 변동의 공신력 있는 측정치 중 하나가 내포되어 있다. 다른 증거는 화석화된 곡물의 꽃가루, 나무의 나이테, 그리고 해수면의 변화 – 산호초는 죽기 전에 빛을 필요로 해 해수면에 근접해 살기 때문에 산호초의 존재를 통해서 측정 – 를 통한 연구에서도 볼 수 있다. 심해저에서 추출한 침전물의 채취샘플은 특별하게 중요한데, 이는 화학적 구성과 냉온수 화석생물종의 존재로 판단할 수 있기 때문이다. 이러한 침전물 샘플은 해양온도와 극지방의 빙하량의 변화를 통해 조사연구의 단서를 제공해준다. 수백만 년을 통해 형성된 가스거품(CO_2 또는 메탄) 응집의 변화를 살펴보는 데 가장 유용한 것은 그린란드와 남극 빙하 샘플을 분석하는 것이다(Miller, 2005: 462~463; Silver and DeFries, 1992: 25).

론내릴 수 있을까? 일반순환모델과 다른 연구를 통해 축적된 증거를 기반으로 과학공동체 내에서 지구온난화가 실제 현상이라는 것에 대한 강한 합의가 점증하는 것이 사실이다. 지금의 온난화는 인간이 주요한 원인이 되는 인위개변적인 성격을 가지고 있고, 현재와 미래의 인간 복지에 심각한 위험 요소가 될 수도 있다. 이러한 합의 내용의 핵심에 대해서 짧지만 더 세밀하게 살을 붙여 이야기할 테지만, 먼저 이 합의의 모호성에 관해 몇 가지 논의해보겠다.

2.2 몇 가지 모호한 증거

다음은 현재의 '온난화이론'과 관련한 몇 가지 모호함을 정리한 목록이다.

1. 온실가스 포화와 온도 변동 간의 정적 관계가 지리역사학적 시간 안에서는 잘 작동하지만, 짧은 시간 범위 내에서 잘 작동하지 않는다.
2. 기후는 '선형적' 유형으로 변동하지는 않는다. 선형 변화로 가정되는 점

진성은 적응하는 데 필요한 시간을 사회들이 가질 것이라는 가정을 강조한다. 어떤 증거들은 기후가 과거에 파괴적이고 혼란스러운 유형으로 변화되었다는 주장을 뒷받침해준다(Cunningham et al., 2005: 320).
3. 탄소 저장소로서의 역할을 넘어서, 온난화과정에서 해양의 역할은 명확하게 이해되지는 않지만 점차 중요하게 인식되는 것 같다. 해양은 행성의 열과 CO_2의 대부분을 저장하며, 잘 모델화되지는 않지만 깊은 순환의 형태를 가진다. 방대한 해양은 지구온난화에서 초기의 증가추세를 늦추는 열 스폰지의 역할을 수행한다. 이때 해양 그 자체의 온도는 상승하게 되는데, 이러한 온도 상승의 폭은 '그 자체'가 바로 지구온난화로 변화할 해양 순환에 의해 좌우될 것이다.
4. 일반순환모델이 식물과 산림의 효과와 지표 반사율(albedo)의 영향, 이것들이 배출하는 수증기와 구름 형성의 유의미한 관계, 탄소 저장소로의 기능을 요인화하는 것은 어렵다.
5. 온도 변화와 구름 형성 간의 상호작용과 환류작용은 명확하지는 않다. 대기의 열은 더 많이 또는 적게 구름을 형성할까? 만일 더 많은 구름을 형성된다면 지표면의 더 많은 열을 가둬두거나 더 많은 태양빛을 우주로 반사시키게 될 것인가?

미국에서 지구온난화 논의가 얼마나 논쟁적인지는 잘 알려져 있다. 그리고 1980년대 말 널리 인식된 이후, 많은 사람들과 힘 있는 기업들과 협회들은 지구온난화를 실제 문제로 보이지 않도록 하는 강력한 사회적·정치적 세력이 되고 있다. 현재 논쟁의 한쪽에는 지구온난화가 실제적이고 대단히 중요한 문제라는 것에 대해 과학계 사이에서 폭넓은 합의가 존재한다. 그리고 다른 한쪽에 선 이들은 공신력을 가진 몇몇 과학자 집단, 몇몇 유력 필진과 미디어 인사로, 이들은 대기업(주로 광업, 목재업, 석유산업)의 넉넉한 지원을 받아 지구온난화는 '대단히 더운 공기'와 같은 의사문제일 뿐이라고 보는 시각을 양산하고 공식화한다. 기후변화에 대한 실제적이고 과학적인 복잡성도 전혀 없이, 지구온난화에 대한 회의론자들은 지구온난화는 결코 현실적인 문제가 아니며, 그것은 급진적인 환경주의자와 돈과 정치적 이득을 위한 정치적 자유주의자들 간의 결탁에 의해 만들어진 것이라고 주장했다. 이들은 미국식 자본주의와 소비주의에 대한 약간 경멸적인 공격성을 띠고 있다. 지구온난화를 현실적인 문제로 확장하기 위해, 그들은 그것이 수혜적인 측면을 가지고 있다고 주장한다. 예를 들어 대기권에 CO_2가 풍부하면 식물이 왕성하게 자라게 되니 가난한 사람들을 위해 더 많은 음식을 생산할 수 있고, 사람들은 의복과 보온에 들이는 비용을 줄일 수 있다는 것이다. 정통 과학 잡지에 거의 글을 쓰지 않는 온난화 회의론자들은, 지구온난화를 심각하게 바라보지 말라며 여론에 호소하고 부시 행정부와 의회에 로비를 하는 보수적인 기구와 손을 잡고 있다(Kennedy, 2005; McCright and Dunlap, 2000; 2003; Pope and Rauber, 2004). 이들이 사안에 대해 미국 여론과 정치를 효과적으로 장악해왔기 때문에, 과학과 사회 내 불확실한 위기의 원인에 대해 토론하고자 이 장의 마지막에서 이 사안에 대해 살펴보고자 한다.

2.3 진화하고 있는 과학과 합의

1985년경에 시작된 기후 상태에 대한 체계적인 관찰에서 기후변화에 대한 흥미롭고도 호기심을 유발하는 사항이 발견되었다. 당시 지구온난화 학설은 과학적으로 상당히 불확실했는데, 대기학자들은 이 학설이 중요하지만 아직 추론 수준에 있다고 여겼다. 이를 반영하는 것으로 이 책의 초판에서 초기 몇 년 동안에는 불확실하고 다분히 추론적인 성격의 증거들이 있음을 강조했다. 그러나 이러한 관점은 좀 더 정교한 기술과 연구로 더 확실한 증거가 제시되

〈글상자 3.3〉 미국 내의 온실가스 관련 정치

경제기업연합, 개별 기구, 그리고 국가정부 부처들의 강력한 '반운동' 성향들이 지구온난화를 '문제없는 영역'으로 기술하고자 노력한다(McCright and Dunlap, 2000). 최근 연구들을 보면, 1994년 이전에는 전통적이고 존경받는 기후과학자들이 지구온난화에 대한 의회 전문가들의 증언을 도맡았다고 되어 있다. 하지만 보수적인 공화당원들이 의회를 장악한 때인 1994년 이후에는 과학자 중 유명한 '기후변화 회의주의자'들이 증언하도록 요청을 받았다. 의회 증언에 대한 이와 같은 변화는 효과가 있었다. 1994년 이후 기후변화에 대한 언론 기사들은 과학 공동체의 확립된 합의를 대표하는 견해에 대한 것과 마찬가지로 소수 기후변화 회의론자들의 견해에 대해서도 관심을 더 많이 가질 것 같았다(McCright and Dunlap, 2003). 다른 연구에 의하면, 1990년대 동안 화석연료 산업은 제조업 조합과 노동조합에 있는 그들의 동맹자들과 함께 대국민 홍보활동 및 지구온난화 해결을 위한 국민발의권에 대한 대의회 로비활동이라는 이중적 캠페인을 벌였다(Gelbspan, 1997; Newel, 2000). 지구온난화에 대한 앨 고어의 다큐멘터리인 《불편한 진실(Inconvenient Truth)》에 대한 반응으로 ≪월스트리트 저널≫은 잘 알려진 지구온난화설 반대론자들의 말을 인용하면서 "하키 스틱 그래프는 엉터리(Hocky Stick Hokum)"라는 제목의 사설을 기사화했다(*Wall Street Journal*, 2006: A12). 잘 포장된 반대 요구로 무장한 보수운동단체와 싱크 탱크들은 언론에 보도자료를 엄청나게 배포했으며, 자신들의 생각을 지지하기 위한 실질적인 자료를 신뢰할 만한 기후변화 회의주의자들에게 제공하기 위한 포럼을 개최했다. 2006년 1월에는 미국항공우주국(NASA) 수석 과학자(Dr. James Hansen)가 자신이 온실가스 배출에 대한 즉각적인 감축을 요구하자 부시 행정부가 자신의 행동을 막으려 했다고 공식적으로 주장했다(Revkin, 2006).

자 변화했다. 1988년에 건립되고 2,000명의 뛰어난 대기학자로 구성된 기후변화에 관한 정부 간 패널(Intergovernmental Panel on Climate Change: IPCC)이 기후변화에 관한 과학 논문 속 증거들의 중요성을 가늠하는 임무를 맡았다. IPCC는 1990년, 1995년, 2001년에 걸쳐 보고서를 발간했다(Miller, 2005: 469). 미국 국립 과학자 학회(National Academy of Scientists: NAS)와 미국 지리물리조합(American Geophysical Union)에 소속된 과학자 패널들 역시 기후변화에 대한 과학적 연구들로부터 나온 증거의 중요성을 조사했다.

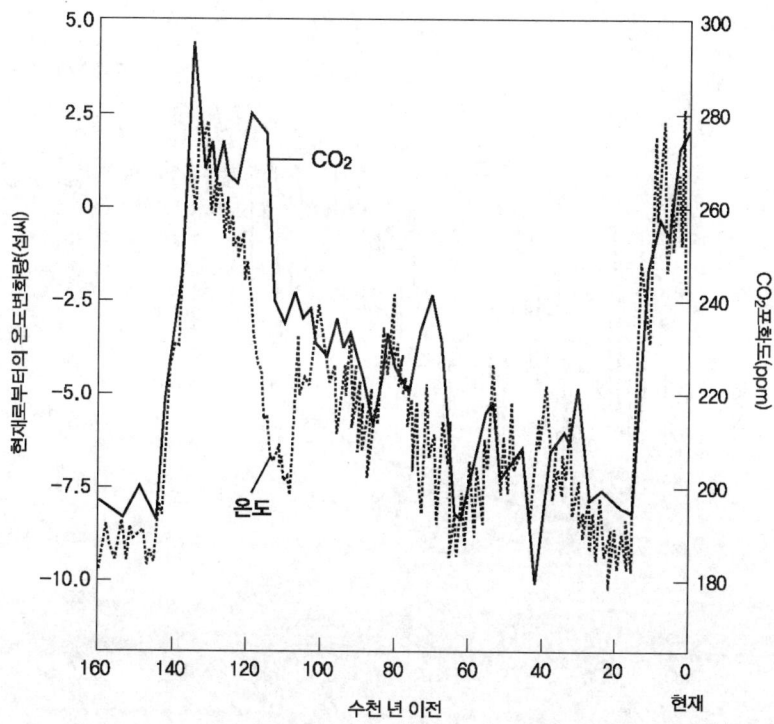

〈그림 3.1〉 CO2와 온도, 장기간 기록

자료: S.H.Schneider, "The Changing Climate", *Managing the Planet Earth*, 1990a: 29. New York: W.H. Freeman Co. 변형.

초기 몇 년 동안 지구온난화에 대한 불확실성은 오히려 지구온난화란 인류 복지에 대한 현실적이고 중대한 위협이라고 하는 세계 대기학계의 강력한 합의사항으로 점차 대체되었다. 더 오래된 지질학의 역사를 통해서만이 아니라 현재 세기에도 온실가스의 대기권 내의 포화와 지구 평균 온도의 변동 간에는 강한 정적 관계(positive correlations)가 있다. 대기권 내의 CO_2 포화량은 산업혁명 이전의 하루 280ppm에서 오늘날 하루 360ppm에 이른다. 배출의 여세가 꺾이지 않고 CO_2가 수세기 동안 대기권 내에 지속되자, 기후변화는 피할

〈그림 3.2〉 CO2와 온도, 산업 영역

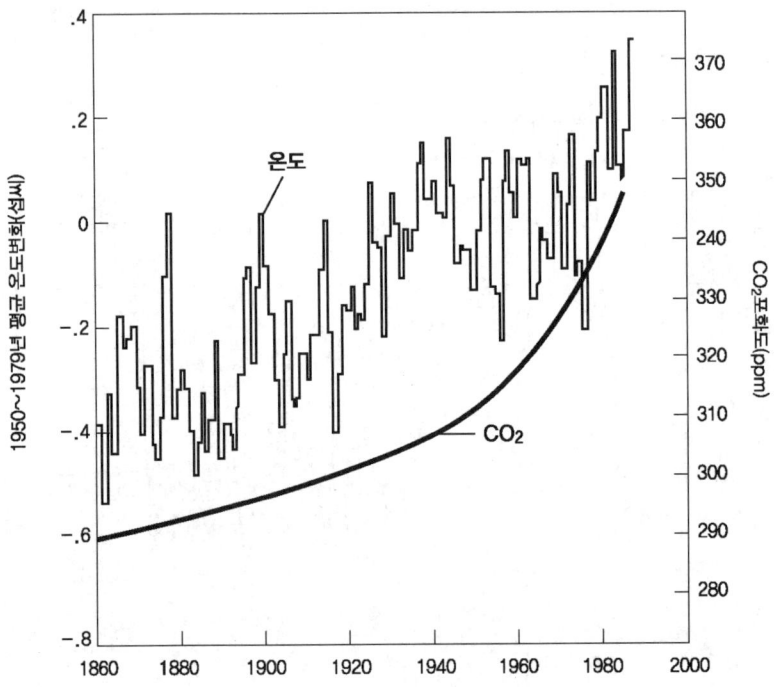

자료: S.H.Schneider, "The Changing Climate", *Managing the Planet Earth*, 1990a: 29. New York: W.H.Freeman Co. 변형.

수 없는 것이 되었지만 다소 완화되기도 했다(Raskin et al., 2002). 〈그림3.1〉과 〈그림 3.2〉를 참조하자.

IPCC 2001년 보고서의 세 가지 중요한 발견내용은 다음과 같다.

- 불확실성은 존재하지만, 가장 최근의 기후 모델은 1850년 이래로 지구 온도 변화에 대한 기록과 매우 밀접하게 잘 맞는다.
- "지난 50년간 목격한 온난화의 대부분은 인간 활동 때문이라는 새롭고도

강력한 증거가 있다."
- 2000년에서 2100년 사이에 지구의 평균 표면 온도가 섭씨 1.4~5.8도(화씨 2.5~10.4도)가량 상승하기 쉽다(90~99% 가능성).
(Miller, 2005: 469)

그 원인과는 상관없이, 온도 변화는 우리를 위협하고 있다는 사실보다는 그것이 매우 급속하게 일어나고 있다는 사실이 중요하다. 과거 온도변화는 1,000년에서 10만 년이 넘어야 발생하곤 했다. 우리가 직면한 문제는 꽤 날카롭게 예측된 금세기 대류권 온도의 상승에 있다. 2002년 NAS는 10~20년 내 온도가 극적으로 상승할 가능성이 있음을 예견하는 논문을 출판했다. 2006년에는 폭넓은 과학적 성과를 재검토해보고자 하는 의회의 요청에 따라 작성된 NAS보고서는 "최근 온기는 지난 수천 년 동안 유례가 없는 현상"이라고 결론 내렸다(Associated Press, 2006).

이러한 변화가 얼마나 엄청난 것일지 이해하기 위해서 지구의 기후 역사와 비교해보자. 지구 평균 기온의 1.5도 상승은 6,000년 이전 농업 인구가 시작된 이래 처음 경험되는 기후현상이다. 3~5도 상승은 200만 년 이전 지구에 인류가 나타난 이래 처음 경험되는 기후 현상이다. 지구에 이런 온난정도가 나타났던 마지막 시기는 300~500만 년 전 플라이오세(世) 기간 동안이었다. 더욱이 5도 이상의 상승은 조류, 꽃식물, 그리고 포유류의 진화 시기 이전인 4,000만 년 전 이래로 처음 경험되는 기후 현상을 의미하며, 이 시기는 남극, 아이슬란드 또는 그린란드에 빙하가 존재하지 않았던 때다(Krause et al., 1992: 28). 예측되는 온난의 정도는 주요 빙하기 이후 속도보다 15~40배 빠르게 일어나고 있다. 이러한 온난화는 생태계가 적응하거나 이전하는 능력을 훨씬 능가하고 초월할 수 있다(Silver and DeFries, 1990: 71).

2.4 사회에 대한 영향

이미 언급했듯이 불확실하고 대단히 추론적인 측면이 있기는 하지만, 기후변화가 얼마나 인간사회에 영향을 줄 수 있는지에 초점을 맞춘 경험적 연구가 늘고 있는 추세이다. 이러한 연구에서 다루고 있는 몇 가지 사안에 대해 언급해보자.

1. **식량안보**(food security): 대개 경작 수확량은 온도, 토양 조건, 강우 형태와 같은 조건의 혼합에 민감하게 좌우되는데, 이것이 지구온난화로 붕괴될 수도 있다. 농업이 (원칙적으로) 가능하게 됐던 고위도 지역은 이러한 좋은 조건을 제공하지 못할 수도 있다. 중위도의 건조한 대륙지역이 쓸모 있게 될 수도 있지만 세계의 곡창지대(미국 중서부, 우크라이나와 카자흐스탄)는 곡물 생산성의 50% 하락으로 고통을 받게 될 것이다. 열로 인한 침해는 또한 밥을 주식으로 하는 아시아 지역의 생산성을 심각하게 감소시킬 수 있다. 인구증가와 쌀 가격의 상승과 맞물린 수확량 감소와 수요를 밑도는 수확량 개선은 세계 식량안보를 심각하게 뒤흔들 수 있다 (Devereaux and Edward, 2004).

2. **지역의 영향**(regional impacts): 온난화의 영향은 북위도 지역에서 가장 크게 나타나는 것으로 예상되는데, 일부 경작지에 해를 끼치고 다른 지역에도 확산될 것으로 보인다. 그러나 컴퓨터 모델에서는 농작물에 미치는 영향이 남위도 지역에서 일괄적으로 더 심각하게 나타날 수 있다고 한다. 짧게 말하면 온난화로 인해 세계적인 범위에서 곡물 가격이 상승하기 쉽다. 그러나 영향은 특히 저개발국가(주로 남반구)에 심각하게 나타나기 쉽다. 일반적으로 관리되기 어려운 생태계(강수, 강우, 온도)에 의존하는 경제영역과 국가들은 기후변화에 가장 큰 영향을 받아 고통을 받게 될 것

이다. 일본 또는 미국과 같은 고개발국가는 비교적 그 영향에서 자유로울 수 있지만 세계 인구의 70%가 살고 있는 저개발국가는 더 큰 고통을 받게 될 것이다. 지구 온도 상승은 세계적으로 가뭄이 증가하는 핵심 요소가 될 수 있고, 수백만 명의 사람과 생물종의 물 공급을 위협할 수 있다. 세계보건기구는 적어도 1년에 16만 명의 사람이 기후변화로 인해 생명을 잃게 된다고 추정한다(Bhuttacharya, 2003). 온실가스는 농업, 산림, 관광 그리고 연안 활동에 거대한 영향을 줄 것이다.

3. 토지 이용과 인간 거주(Land use and human settlements): 해수면이 조금만 상승해도 인간 '절반'이 살고 있는 연안에 위치하고 있는 거주지가 위협을 받을 수 있다. 이러한 곳에는 도쿄, 오사카, 마닐라, 상하이, 광저우, 캘커타, 라고스, 런던, 코펜하겐, 그리고 암스테르담뿐 아니라 보스턴, 뉴욕, 마이애미, 뉴올리언스, 로스앤젤레스, 시애틀, 그리고 밴쿠버가 포함된다. 몰디브공화국 전체와 방글라데시의 대부분, 인도네시아, 네덜란드, 그리고 덴마크는 물 밑으로 가라앉게 될 것이다. 델타지역 강 주변의 부유한 농장은 소실되고, 염분이 상류로 유입되고, 높은 조수와 폭풍에 의한 파도는 내륙으로 더 깊숙이 침범하게 될 것이다. 이러한 변화에 적응(인구의 재배치, 연안 하부구조 보호)하는 데 드는 경제적 비용은 고개발국가에서는 수십억 달러 이상으로 어마어마할 것이며, 저개발국가는 이러한 경제적 비용을 감당조차 하지 못할 것이다. 예를 들어 미국의 경제적 분석에 의하면 2100년까지 해수면의 50센티미터 상승으로 손실된 자산과 손상된 경제적 하부구조는 204억~1,380억 달러에 이를 것이라고 추정한다(Alexander et al., 1997: 86). 해수면이 1미터 상승한다면 뉴욕시 전체를 전체 지하철 체계와 세 개 주요 공항을 포함해 홍수로 뒤덮어버릴 것이다. 평균 온도가 화씨 5도 상승한다면 세계 가장 큰 얼음인 그린란드 빙모(氷帽, ice cap)가 녹게 된다. 이는 다시 해수면을 상승시켜 마이애미

를 포함한 남부 플로리다 대부분을 간단하게 대서양으로 사라지게 만들 것이다.

4. **담수 공급**(Freshwater supplies): 지구온난화는 유역량을 감소시키고 지하수 사용에 대한 압박을 증가시키고 더 작은 유역으로 오염원을 방출시켜 오염을 악화시킨다. 이러한 결과는 제2장에서 언급했듯이 지구의 물 문제를 본질적으로 악화시킨다.

5. **불확실성에 대한 계획**: 급격하고 예측하지 못하게, 서로 다른 지역에서 다양하게 변화하는 환경의 영속적인 변동을 따라잡으려다 보면 사회는 끊임없이 인간 거주지의 재배치, 홍수 조절, 조금씩 변화하는 계절에 맞춘 농업방식 개혁 등의 계획을 세워야 하는 반복활동에 갇힐 수 있다.

6. **다른 영향들**: 지구온난화는 인간의 건강을 더 위험에 빠뜨릴 수도 있는데, 이것은 열에 의한 스트레스와 더 넓은 지역으로 왕성하게 확산되는 열대풍토병의 결과로 발생하는 것이다. 온난화는 에어컨디셔너로 인한 에너지 소비를 증가시킬 수 있고, 수력전기의 유용성 그리고 관광과 어업이 혜택을 감소시킬 수 있다. 생태계가 갑자기 붕괴되면, 저지대에 줄지은 도시들이 홍수에 뒤덮이고, 산림은 거대한 산불로 소실되고, 초원은 죽어 먼지지대로 변모하고, 열대 수인성 질병과 곤충으로 감염되는 질병은 현재의 범위를 넘어 빠르게 퍼질 것이다. 이것은 진짜 파멸적인 '최악의 시나리오'를 보여주는 것이 될 것이다. 또한 중요한 안보 위협을 일으킬 수도 있다. 2003년 국방성 분석은 식량, 물, 에너지 공급이 부족한 국가들에서 전반적인 폭동과 지역적인 갈등이 나타날 것을 예측했고, 지구온난화는 "지구 안전성에 가장 심각한 위협적인 요소가 분명하므로 과학적 논쟁을 넘어서 국가 안보 관심사로 승격되어야 한다"고 주장했다(Miller, 2005: 471~472). 온난화의 사회적 결과에 대한 더 많은 연구를 보려면 Alexander et al., 1997; Cairncross, 1991; Kates et al.,

1985; Miller, 2005: 473; Parry, 1988: Rosa and Krebill-Prather, 1993; Rosen- zweig and Parry, 1993; 그리고 특히 미국에 초점을 맞춘 Smith and Tripak, 1988을 참조하라.

3. 우리는 행동할 만큼 충분히 알고 있는가?

무엇을 할 수 있고 해야 하는지에 대해 주장하는 사상적 학파들은 다양하게 존재한다. 몇몇 주장에 담긴 가정들의 내용을 살펴보자.

1. **확신이 설 때까지 행동하지 마라, 혹은 기다리고 지켜보라.** 몇몇 과학자, 경제학자, 기업가, 그리고 정치인을 포함해 이러한 견해를 지지하는 사람들은 멀리 내다보는 경제적인 결정을 내리기 전에 더 많은 연구가 필요하다고 주장한다. 그리고 비용이 많이 드는 치료적·예방적 조치를 더 넓게 보장하기에는 여전히 불확실성이 크다고 주장한다.
2. **위험을 최소화하기 위해 지금 행동하라.** 이러한 견해를 가진 사람 ― 과학자(점차 그 수가 늘고 있다), 기업인, 정치인 ― 은 불확실성을 두 가지 경로로 차단할 수 있다고 믿는다. 예를 들어 만일 주요한 기후변화가 발생한다면, 행동하지 않는 것은 그 결과로 재난을 초래할 수 있고, 문제가 좀 더 어려워지고 후에 비용이 더 들 수 있다. 세계의 국가들은 이러한 문제를 해결하기 위한 투자와 정책을 수행해야 한다(Krause et al., 1992: 3). 이것은 인류와 생태계에 잠재적인 위협이 있을 때 정책결정자들이 행동을 취해야만 한다는 '예방원리(precautionary principle)'라는 의미로 널리 알려져 있다.
3. **지구온난화를 늦추도록 행동하라.** 지구온난화의 위협이 가시화되지 않았

다 하더라도 **후회하지 않도록** 말이다. 이러한 합리성은 다른 영역에서도 널리 사용된다. 화재가 결코 일어나지 않았더라도 집을 지키려고 보험에 가입하는데, 만일 화재라도 발생한다면 이는 재앙이 될 수도 있는 것이다. 유사하게 미국은 냉전시대 동안 결코 발생하지 않았던 원자핵 융합반응의 전쟁을 예비하면서 수십억 달러를 사용했다.

2번과 3번 가정이 더 설득력이 있다. '기다리고 지켜보'거나 또는 과학적 지식이 발달한 때면 기후변화로 인한 재앙은 우리 코앞에 닥쳐 있을지도 모른다. '더 많은 자료를 수집하면서 기다리면 보인다'는 가정은 방대한 위험과 거대한 도박이 도사리고 있다(Krause et al., 1992: 5). 따라서 신중한 방법이란 가능한 가장 나쁜 결과를 예견할 수 있다는 희망을 갖고 초기에 어떤 행동을 미리 취하는 것이다. 내가 보기에 현명하지 못한 방법은 완벽한 모델의 확립을 기다리며 아무것도 하지 않는 것이다. 세계은행 논문에서 진술되는 것처럼 "불확실성이 위협적이고 축적적이며 취소될 수 없는 위기로 다가올 때, 불확실성은 안일하게 만족하는 것보다는 신중하게 행동하도록 유인한다"(MacNeill et al., 1991: 17~18). 이 글이 과학적 합의가 오늘날처럼 강력하기 이전에 쓰였다는 점을 주목하라.

만일 우리가 행동한 다음 위협이 현실화되었다면, 우리는 이길 수 있다. 만일 우리가 행동한 다음 위협이 현실화되지 않았다면, 우리는 어떤 것은 잃었지만 투자와 '보험의 이점'은 남았다. 다른 한편으로 만일 위협이 현실화되고 이미 늦었을 때까지 우리가 그것에 대해 어떤 준비도 하지 않는다면, 우리는 재앙적 규모의 위험에 빠지게 될 것이다.

그러나 기다려라. 여기서 잠시 생각해볼 것이 있다. 지구온난화의 위협이 실질적으로 가시화되지 않았다 하더라도, 지구온난화에 역점을 두는 것은 모든 비용을 소모하는 것은 아니다. 그러한 노력은 인간복지와 다른 생태적 위협에 대한 부수적인 혜택을 주는데, 이는 다른 이유에서 그렇게 할 충분한 가치가 있는 것이다. 예를 들어 이러한 노력으로 도시의 공기오염과 산성비 문제를 개선하고, 에너지 효율성을 지킬 수 있고, 우리가 지난 몇십 년 동안 탄소에 기초한 에너지 체계를 버릴 수 있게 된다. 조림사업, 지속가능한 농업, 토양보전, 토지개혁, 그리고 가장 비참한 지구적 빈곤의 퇴치 등과 관련된 프로그램에서 지구적·국제적인 협력을 증진시킬 수 있다. 다른 말로 표현하자면, 지구온난화에 대비하는 것은 인간과 환경 간의 문제를 강조하기 위한, 그리고 '지구의 식탁(global commons)'을 보전하기 위한 개별적 수단들을 하나로 통합시키는 방법이 될 수 있다.

4. 정책적 선택: 지구온난화에 대해 무엇을 할 수 있는가?

지구온난화에 대한 인간 행동과 반응은 세 가지의 넓은 범주로 구분될 수 있다. 적응(adaptation), 완화(mitigation), 그리고 지리공학(geoengineering)이 그것인데, 이들은 서로 배제적이지는 않다.

적응(adaptation)을 촉구하는 사람들은 기후 예측(climate projection)에 커다란 불확실성이 존재하기 때문에 결코 가시화되지 않을지도 모르는 결과를 막으려고 시도하는 데 총력을 기울이는 것은 현명하지 못한 것이라고 믿는다(Schneider, 1990a: 34). 이들은 인간계가 기후변화가 발생시키는 현상보다 빠른 속도로 적응할 수 있다고 믿는다. 적응을 옹호하는 사람들이 능동적인 모든 정책(홍수 조절 또는 물 공급 문제를 예측하는 것)을 멀리하는 것은 아니지만, 그들은 일반적으로 인간 개인, 조직, 그리고 지역사회가 변화에 빨리 적응하므로 많은 양의 조직화된 정부 반응은 과잉이며 필요하지 않다고 주장한다. 이것은 신고전경제학자들이 선호하는 주장이다. 그들은 예상된 CO_2

의 배가가 다음 세기를 넘어서 발생할 것이고, 금융 시장은 순식간에 적응하고, 노동시장은 수년 내에 적응하며, 중요한 경제적·기술적 변화에 따른 생산 계획 기간(planning horizon)은 기껏해야 20~30년이 될 것이라고 본다(Stern et al., 1992: 110). 그래서 무엇이 발생하든지 간에 이에 적응할 시간은 충분하다.

진짜 문제는 기후변화가 발생할지 아닐지가 아니라 얼마나 급속히 나타날 것인지이다. 만일 온건한 변화가 점진적으로 수백 년 동안에 걸쳐 발생한다면 적응은 완벽하게 실행가능하고 적절한 반응이 될 것이다. 그러나 만일 2004년 NAS가 출판한 보고서에서 가정했던 것과 같이 "거대하고, 갑작스럽게, 그리고 환영받지 못하는 기후의 변동"으로 인한 지구 변화로 급속하고도 갑작스러운 변화의 문턱에 와 있다면 적응 비용은 만만치 않을 것이고, 상당한 수준의 사회적·경제적·정치적 소란이라는 비용 역시 치러야 할 것이다(Haimson, 2005: 471 참조). 이와 같은 재앙적이고 급속한 기후변화가 온다면 또한 많은 생물종이 적응하지 못할 테고, 따라서 지구의 종다양성은 감소할 것이다(Miller, 2005: 471).

완화(mitigation)는 지구온난화를 예방하고, 최소화하며, 적어도 그 속도를 늦추기 위해 온실가스 형성을 축소시키는 것을 의미한다. 온난화를 완화시키기 위해 지금 행동을 취해야 한다는 의견의 옹호자들은 지구 환경체계의 시간지체(time lags)현상 때문에 반응이 필요하다는 것이 명확해질 때에는 재앙을 예방하기에는 너무 늦을 수 있다고 주장한다. 만일 재앙이 쉽게 나타나지 않을지라도 변화의 비율을 늦추는 완화는 더 적은 비용으로 쉽게 성공적으로 적응할 수 있다는 것을 의미한다. 그들은 지금 시작된 완화를 위한 행동은, 상황이 좀 더 위급한 늦은 시기에 시작했을 때보다, 그 과정에서 더 많은 수정과 심지어는 실패까지도 고려할 수 있다는 것이다. 완화는 질병에 대한 보험을 드는 것과 비슷하다. 보험료로 들어가는 비용은 부담스럽기는 하지만 견딜 만한 정도이다. 그러나 세계 규모의 재앙의 비용은 그렇지 않을 수 있다. 그것은 지구환경에 대한 고위험의 통제되지 않은 실험이 이루어지는 것을 피하고자 한다. 더욱이, 완화를 옹호하는 이들은 고비용을 수반하는 완화와 배치되는 경제적 주장을 일반적인 경우에서 그럴 듯한 주장이라고 믿는다. 이것은 행동을 미루는 데서 생기는 비용과 이익이 항상 비교될 수 있는 것은 아니기 때문이다. 만일 현재의 경제적 활동이 인간이 의존하고 있는 삶의 체계를 파괴한다면 어떤 미래시장을 위한 적응 또는 투자가 이러한 비용을 지속적으로 벌충해갈 수 있을까? 경제적 주장들은 종다양성과 같은 경제적이면서도 내재적·정신적인 혜택을 가지는 환경적 가치들도 포함한 것일까? 더욱이 경제적 계산은 '공동자산(common-property)'을 저평가하는데, 이러한 공동자산은 사적으로 소유될 수 없으며(광대한 대기가 적절한 사례이다), 가격과 소유권은 허구적이며, 단지 잠재적인 것이다(Stern et al., 1992: 111~113).

에너지원을 석탄이나 석유원료에서 CO_2 함량이 낮은 또는 천연가스와 다른 연료로 바꾸거나 화석연료를 전적으로 포기하고 비탄소에너지원으로 발전되는 사회를 증진시키는 식의 다양한 에너지 보전 조치를 통해 완화 전략은 온실가스 형성을 줄일 수 있다. 이 모든 것은 재조림사업 프로그램에서 보여주듯이 대기 중에 CO_2가 축적되는 것을 감소시키거나 늦출 수 있다. 다양하고 방대한 완화기술이 제시되고 있다. 적응과 마찬가지로 국립과학학회(National Academy of Sciences: NAS)의 패널은 이러한 기술들을 수집하고 범주화하고 있다. 〈표 3.1〉의 목록이 이러한 제안들의 예시이다.

정책 선택의 세 번째 유형은 지리공학 전략(geoengineering strategies)으로, 이것은 기후변화를 방지하는 기술적 조치를 사용한다. 계획으로는 해양에서 CO_2를 흡수하도록 플랑크톤 성장을 자극하는 방법뿐 아니라 태양광선을 차단(예를 들어 우주 거울, 성층권 먼지 또는 매연, 성층권 풍선 반사, 구름 밀도 자극)해 온도의 증가를 낮추는 다양한 방법들을 포함하고 있다. 이미 언급한 바 있

<표 3.1> 완화 선택의 사례

	가정용·상업용 에너지 관리
흰색 덧칠과 식목	식물을 심고 거주지 지붕의 절반을 하얗게 칠해 25%까지 '도시열섬효과'와 에어컨디셔너 사용을 감소시킨다.
가정용수 가열	효율 좋은 물탱크, 향상된 단열, 저흐름 장비, 그리고 대안적 용수가열체계로 40~70%까지 효율성을 향상시킨다.
가정제품	냉장고와 식기세척기의 비열건조체계에 관한 새로운 가전제품 표준을 만들어 10~30%까지 냉장고와 식기세척기의 효율성을 향상시킨다.
가정 열난방	열펌프와 태양열의 사용을 늘리고 단열 개선, 창유리, 문풍지로 에너지 소비의 40~60%까지 감소시킨다.
가정용·상업용 조명	백열등을 경제적인 형광전구로 교체해 채광 에너지 소비의 30~60%까지 줄인다. 반사광, 점광 센서, 주광등.
산업 에너지 관리	폐열발전(cogeneration) — 현존 산업에너지 체계를 열과 전력을 동시에 양산하는 폐열발전을 이용해 2만 5,000메가와트(MW)를 추가적으로 얻는 체계로 대체한다.
연료 효율성	연료소비를 에너지 관리, 폐기물 열 재생, 보일러 개조, 다른 산업기술의 발전을 통해 30%까지 줄인다.
새로운 프로세스.기술	새로운 에너지 집약 프로세스 혁신을 통해 광물, 펄프와 종이, 화학, 석유 징세 산업 내에서 재생을 추신하고 에너지 소비를 줄인다.
	운송 에너지 관리
운송수단의 효율성(자동차)	현재 운송수단 대수의 변화 없이 25mpg까지 그리고 현재 운송수단의 크기를 점진적으로 소형화해 36mpg까지 연료경제를 향상시키는 기술을 사용한다(CAFE[2]에서는 33~47mpg까지 가능하다).
대안 연료	가솔린으로 작동하는 운송수단을 생물자원에서 얻은 메탄가스나 태양 전기 또는 전지를 통해 얻은 수소를 사용하는 운송수단으로 점차 대체한다.
운송수단 관리	고용주가 제공하는 주차장을 25% 제거하고 남은 공간에는 세금을 부여해 혼자 사용하는 교통을 줄인다.
전기와 연료 공급	화석연료를 태우는 발전소를 수력 또는 대안적 에너지원(지열, 생물자원, 태양광발전, 태양열)에 의한 발전소로 대체한다. 이는 집합적으로 에너지의 13쿼드(quad)에 이르거나 미국 전기제품이 사용하는 에너지의 절반 수준에 이르는 것으로 추정된다.[3]

비에너지 배출 절감	
염화플루오린화탄소(CFCs)	안전한 대체물질을 찾고, 생산과정을 변형시키고, 점진적으로 현재 냉장고와 에어컨디셔너 등의 냉매저장소를 개조한다.
농업	모든 논의 쌀 생산을 없앤다. 반추동물 생산을 25%까지 줄인다. 질소화합비료의 사용을 5%까지 줄인다.
매립지 가스	매립지 가스 발생을 소각하거나 에너지 재생 체계에 의해 수집해 60~65%까지 줄인다.
재조림사업	경제적·환경적 한계 경작과 가축목장의 2,870만 헥타르를 조림사업으로 푸르게 가꿔 미국 CO_2 배출의 10%를 줄인다.

자료: National Academy of Sciences, Policy implications of greenhouse warming, pp.54~57. National Academy Press. ⓒ1991. 사용허가.

듯이 조림사업은 진정한 지리공학의 '한 가지'이다. 〈표 3.2〉에서 여러 가지로 제안된 지리공학 기술을 찾아볼 수 있다.

지리공학적 선택은 본질적인 규모에서 지구온난화에 영향을 주는 잠재성을 가지고 있고, 어떤 것은 비교적 비용을 적게 들이고도 실행 가능하다. 그러나 이러한 모든 것들에 의해 발생 가능한 환경적 부수효과에 대해서는 많이 알려지지 않고 있다[예를 들어, 대기 또는 바다로 투입된 입자들은 플랑크톤의 성장을 촉진하기 위해 바다의 화학적 성질(그리고 먹이사슬)을 바꿀지도 모른다](NAS, 1991: 60). 만일 우리가 행성 수준의 동역학을 완벽하게 이해하지 못한다면 우리는 진정으로 지구를 그와 같은 규모로 개량하는 충분한 지식을 알고 있는 것일까? 그러나 NAS 패널은 만일 지구온난화가 특히 기온 계획과 같은 상층 범위에서 발생한다면 정책적 선택들이 결정적일 수 있기 때문에 이러한 선택에 대해 좀 더 알 필요가 있다고 주장한다. 만일 적응하려는 노력이 실패하고

---

2 법인 평균 연비(corporate average fuel economy, CAFE)
3 1쿼드 = 1 quadrillion BTUs(영국 열 단위) - 10^{15} BTUs. 미국 에너지 소개 부처로부터 미국 전력 유용 에너지 소비에 관한 자료(Craig et al., 1988: 75 재인용).

〈표 3.2〉 지리공학 선택의 사례

태양광선 차단막	5,000만 제곱킬로미터 넓이의 우주공간거울을 배치해 지구 궤도에서 태양입사광선을 반사시킨다.
성층권 먼지	성층권 내에 먼지 구름을 유지시키는 분무기와 풍선을 사용해 태양광선 반사를 늘린다.
성층권 거품(bubbles)	수소가스가 채워진 알루미늄 풍선 수십억 개를 성층권에 배치해 반사막을 형성한다.
저성층권 먼지	저성층권에 먼지구름을 유지시키는 비행체를 사용해 태양광선을 반사시킨다.
해양 생물자원 자극	해양에 철분을 두어 CO_2를 흡수하는 플랑크톤이 생성되도록 자극한다.

자료: National Academy of Sciences, Policy implications of greenhouse warming, p.58. National Academy Press. ⓒ1991. 사용허가.

지구적 차원에서 온실가스 생산을 억제하는 노력이 기술적·정치적 이유로 실패한다면, 이와 같은 지리공학적 선택은 사용할 수 있는 단 한 가지 방법이 될 것이다(NAS, 1991: 62~63).

4.1 전략, 사회변동, 그리고 불평등

적응과 완화 전략은 둘 다 중요한 사회변동과 연관이 있다. 완화의 관점에서 IPCC는 지구평균온도를 안정화하려면 1990년 수준 대비 60~80% 이하로 온실가스를 감축해야 한다고 추정했다(Flavin, 1998: 14; Miller, 2002: 464~465). 이러한 결과를 이뤄낸다는 것은 쉬운 일이 아니다. 에너지 효율을 향상시키는 것은 CO_2와 다른 공기 오염물질의 배출을 삭감하는 데 20년 내에서는 가장 빠르고 가장 싸고 가장 확실한 방법이 될 수 있다. 산업경제의 실제적인 에너지 효율은 아마도 5% 미만으로 추정되고 있기 때문에, 새로운 채굴작업 없이도 증가하는 에너지 수요에 걸맞도록 효율을 높이는 방대한 잠재성을 남겨두고 있는 상황이다(Ayers, 2001: 34).

그러나 다른 변화들(카풀제도, 대중 운송수단과 자전거로 이동하기, 에너지 낭비적인 저밀도 거주 형태 버리기)은 사회 행동, 소비 형태, 도시 성장, 그리고 기존의 선호도에서의 중요한 변경을 가져올 것이다. 다양한 공동체, 법인체, 가계 사이에서의 변동들을 사회적 규모로 발전시키고, 시장화하고, 조정하고, 모니터링하고, 통제하기 위한 문화적 합의를 구축하고 정치적 메커니즘을 형성하는 것은 쉽지 않을 것이다.

광범위한 탄소세(carbon tax)는 이런 어려운 문제에 대한 우아하면서도 간단한 해결책으로 제안된다. 옹호자들은 탄소세가 가정과 산업수준에서 에너지 보전과 효율적인 조치를 선택하도록 이끄는 유인책을 제공한다고 주장한다(Amano, 1990; Reddy and Goldemberg, 1990). 그러나 부담은 각 사회경제적 계급에 차별적으로 불평등하게 주어질 것이다. 고소득층 세대는 에너지 효율이 좋은 기술을 구입하고 건축을 변형시키고자 하는 경향이 있지만, 저소득층 세대는 이러한 행위 없이 소비를 축소하고자 하는 경향이 있다(Dilman et al., 1983; Lutzenhiser and Hackett, 1993). 앞선 장에서 환경문제와 치유 방법은 종종 불평등, 사회적 계층과 관계가 있고 그 결과 부담과 혜택은 동등하게 나누어지지 않는다고 지적했다. 좀 더 평등하게 부담의 몫이 분배되는 프로그램이 존재하지 않는다면 – 예로 주거와 운송에서 – 탄소세와 같은 것은 풍족한 세대보다 저소득 세대에게 훨씬 더 부담을 지우는 대단히 불공정하고 역행하는 결과를 가져올 수 있다.

국가 간 국제적 불평등에 대해서도 유사한 어려움이 있다. 미국 단독으로 지구 CO_2의 대략 28%를 발생시키고, 중국은 23%, 러시아와 여타 동구 유럽 14%, 서구 유럽이 12%, 나머지 모든 국가들이 남은 23%를 나누어 배출한다(World Resources Institute, 2001, Cunningham, 2005: 324). 미국인 1인당 평균 배출량은 중국인 7명, 나이지리아인 24명, 파키스탄인 31명, 그리고 소말리아인 수백 명이 배출하는 양과 같다(Dunn, 1999: 60).

4.2 온실효과 외교: 교토 의정서와 이를 넘어서

1992년 리우데자네이루에서 열린 유엔의 환경과 개발에 관한 세계 회의(World Conference on Environment and Development: WCED)는 성공적이었던 몬트리올 오존 조약과 같은 지구 온실효과에 관한 조약을 맺고자 했다. 그러나 이전에 제시했던 것처럼 이는 훨씬 더 이론의 여지가 있는 어려운 일이었다. NAS의 촉구가 있었지만 미국 정부는 승인을 거부했고, 배출 감축에 관한 국가 목표가 너무나도 크기 때문에 초기 협상안을 고의로 방해했다. 리우 회의에서 나온 성명서는 위반에 대한 강한 강제력이나 양적인 국가목표를 설정하지 않은 채 국가들은 온실가스 배출을 자발적으로 감축할 것을 약속한다는 내용이었다. 추측할 수 있듯이, 이루어진 것이 별로 없었다.

증거들이 계속 쌓이게 되자 이 사안과 관련된 정치적인 반동이 1990년대에 연이어 나타나기 시작했다. 과학단체와 환경단체들은 보험에 책임가입할 것과 함께 결단 있는 행동을 촉구했다. 그러나 많은 제약과 통제, 그리고 이윤 감소를 감지한 몇몇 산업단체들은 지구온난화 방지 행동에 반대하는 캠페인을 전개했다. 지구온난화를 막고자 하는 운동에 반대하는 산업들과 관련 있는 단체들에 대해서는 이미 언급했으며, 이런 단체들은 효과적인 완화 전략과 정책의 방향을 바꾸려 선전하고 로비하는 연구지원에 수백만 달러를 들이기 시작했다. 미국기업연구소, 카토 연구소, 헤리티지 재단, 조지 마셜 연구소가 포함된다. 이들은 지구온난화를 사실이 아닌 것으로 설명할 뿐 아니라, 지구온난화를 다루는 정책들은 좋은 것보다 해로운 것이 더 많다고 주장했다(McCright and Dunlap, 2000). 실직을 두려워한 몇몇 노동조합이 이들과 연합했다.

지구적인 경고에 반응해, 대략 1만 명의 정부 공무원, 로비스트, 환경기구 대표자, 그리고 산업관련 조직이 리우 협정보다 한층 고무된 세계 기후 회의를 개최하기 위해 일본의 고대 도시인 교토로 모여들었다. 혼란스럽고 복잡하고 방대하고 논란의 여지가 있는 10일간의 협상 끝에 160개 국가가 공식적으로 교토 의정서를 채택하기에 이르렀다. 21세기 초기에 산업국가의 온실가스 배출을 법적으로 감축하기로 한 것이다. 왜 산업국가만일까? 저개발국가들은 급속도로 발전하고 있기는 하지만 이들의 온실가스 배출은 고개발국가의 그것보다 훨씬 더 낮은 수준이라는 것을 이유로 반대했다. 인도와 중국에 의해 지도되는 국가들은 선진국가의 재정상·기술상 도움이 없는 상태에서 21세기 초 감축을 목표로 하는 것은 발전상에 있는 자신들의 연약한 경제기반을 붕괴시킬 것이라고 주장했다. 교토 의정서의 핵심사항은 '부속서 I'에 속한 모든 국가(선진국가와 전 동유럽 국가)에 의한 합의사항으로, 2008년과 2012년 사이에 1990년 수준의 5.2% 이하로 기후변화가스의 산출을 감소시키겠다는 것이었다. 중요하게 보이지 않을 수도 있지만, 별도의 조약이 없다고 할 때 2008년과 2012년 사이와 비교한다면 대략 29% 이하의 배출 수준 감축을 의미하는 것이다(United Nations, 1998c). 논쟁은 대개 집단적인 목표에 대해 각 국가가 분담하는 목표와 시간표 협상에서 비롯한다. 이는 많은 양보와 길게 이어진 논쟁이 있은 후에야 해결되었다(Dunn, 1998b: 33). 미국은 또한 부분적으로 저개발국가들이 양적인 목표와 시간표로부터 면제되었다는 이유로 기후협정에 조인하지 않았다. 교토에서 시작된 협정을 강화하고 명확하게 하기 위해서 다양한 도시에서 연례회의가 개최되었고, 2001년 즈음에는 150개국이 조약에 비준했다. 2004년 10월에는 러시아가 비준해 2005년 2월에 강제력을 가질 수 있게 되었다(Sawin, 2005a). 상당한 성과를 얻었지만 교토 의정서라는 이상적인 협정은 이제 겨우 지구 정치 과정을 시작한 것일 뿐이며, 여러 종류의 취약점을 가지고 있는 것도 사실이다.

1. **약한 의무**: 5.2%라는 배출 감축 목표는 IPCC가 지구온난화를 멈추는 데 필요한 1990년 수준의 60~80% 감축과 비교할 때 빈약한 수준이다. 외부에서 기후 정책이 인식되는 것은 거의 없다. 소비에트 연방의 가파른 쇠락으로 인해 고개발국가에 의한 총 CO_2 감축량이 이미 1990년 수준 이하에 도달했다는 것이 의심스러운 사실이다. 더욱이 저개발국가가 감축할 때, 지구 배출 총량은 2010년 즈음에는 1990년 수준의 30% 정도가 되도록 계획되었던 것이다. 교토 의정서에 대해 할 수 있는 가장 희망적인 말은 노자의 '천리 길도 한 걸음부터 시작한다'는 말이다. 지구 평균 온도에는 영향을 줄 수 없겠지만, 세계 정치 과정을 움직이게 되었다는 것이다.

2. **유연성 찾기**: 몇몇 국가, 특히 미국은 적은 비용으로 의정서 목표를 충족시킬 수 있는 조항(비평가들은 이를 '빠져나갈 구멍'이라고 불렀다)을 찾으려고, 또한 국내 CO_2 배출에 대한 막대한 분담금을 피할 방법을 찾으려고 애썼다. 그들은 각각에 개별적으로 초점을 맞추기보다는 배출의 총 바구니를 목표로 삼았다. 이는 산업에서 범법행위의 온상이 되기도 했다. 미국, 캐나다, 그리고 뉴질랜드가 주장한 바와 같이 이들 국가는 산림과 이탄 늪(peat bog)에 의한 탄소 흡수를 계산에 넣을 수 있었다(Flavin, 1998: 14~16).

3. **더운 공기 교역**: 유연성이 있는 또 다른 형태는 배출교역의 개념이다. 이것은 전력회사들이 이산화황 감축의무를 현찰로 매매하는 것을 허용한 미국 청정법안(Clean Air Act)에 기초해 모델화한 것이다. 이것은 최소비용으로 이산화황을 감축할 수 있는 곳이라면 어디서든지 감축이 이루어질 수 있도록 촉진할 것이라는 이론에 기초한 것이다. 지구의 기후변화와 관련해 국가들은 온실가스 배출 의무량을 초과해 감축한 어느 나라에서든지 초과한 의무량을 구입할 수 있는 선택권을 가지게 되었다. 배출 교역 이론은 가능한 한 효과적으로 배출 비용을 삭감할 수 있을 뿐 아니라

다양한 국가 사이에 열거된 문제들의 의무를 배분할 수 있게 되었다. 그러나 이러한 생각은 빠져나갈 구멍을 만든 셈이 되었다. 예를 들어 의정서 서명에 따라 러시아와 우크라이나는 경제침체로 배출을 줄였다. 전문가들은 이들의 경제가 폭발적으로 살아난다 할지라도 두 국가가 1990년대 수준에 근접하게 다가가리라고 기대하지 않았다. 이는 미국과 러시아 간의 '거래를 성사'시켰고, 이로써 미국은 단 한 줌도 배출 감축을 하지 않고서 배출 감축에 관한 신용을 구입할 수 있었다(Flavin, 1998: 14~16).

미국에서는 계속되는 의회와 부시 부자(H.W. 부시와 G.W. 부시) 행정부의 비준 반대로 거시적 문제에 대한 정책을 형성하는 데에서 실질적인 문제에 봉착했지만, 내가 생각하기로 더 중요한 것은 이전에 언급했듯이 미국의 보수적인 재단과 몇몇 기업과 같은 보수적인 단체들의 '반(反) 지구온난화 운동'으로 전진하는 권력과 언론의 효과에 있다(McCright and Dunlap, 2000, 2003). 2006년 11월 유엔 환경프로그램(United Nations Environmental Programme)은 지구온난화에 대한 세계 국가들의 회의를 케냐의 나이로비에서 소집했고, 온실가스 감축의 더 높은 목표와 중요 국가 사이의 효과적인 모니터링과 강화된 실행을 통해 교토 의정서를 더욱 효과적으로 만들었다.

역설적이게도, 국제 정치 과정은 침체되었지만 경제적으로 배출 감축을 위한 기회는 호황을 이루었다. 몇몇 국가는 CO_2 배출 감축에 완전히 실패하지는 않았다. 예를 들어 영국은 2000년에 이미 1990년 수준의 양으로 감축할 수 있었고, 2050년까지 60% 더 감축할 것을 서약했다. 계획은 '탈탄소화된' 영국 사회를 만들어 CO_2 배출로부터 국내총생산을 분리시키는 것이었다. 독일은 석탄을 천연가스로 대체해 CO_2 배출을 적어도 10% 줄였고, 앞서 언급했듯이 '후회 없는(no regret)' 전략을 통해 사회 전반적으로 에너지 효율을 키웠다(Cunningham et al., 2005: 324). 그러나 가장 놀라운 곳은 중국이었다. 천연자원

<글상자 3.4> 도시들은 국가보다 기후에 더 빨리 대처하는 중일까?

중앙정부는 종종 우유부단하게 행동하지만, 놀라울 만큼 많은 수의 도시가 배출수준을 감소시키는 활동적인 노력을 향해 움직이고 있다. 예를 들어 시애틀은 교토협약에 동의한 감축량을 수행하는 데 전념했고 풍력발전을 늘려 1990년 수준의 7%까지 온실가스 배출을 감축시켰으며, 샌프란시스코는 미국에서 가장 큰 태양 에너지 프로젝트의 재원 마련을 위해 1,200억 원(1억 달러)에 달하는 공채 발행을 통과시켰다. 태양과 바람이 샌프란시스코 전력의 25%를 공급하게 될 것이다. 자치단체국제환경협의회(International Council on Local Environmental Initiatives: ICLEI)는 1993년에 도시 대 도시의 연결망을 촉진하기 위해 설립되었고, 2001년 10월에는 지구 탄소 배출의 8%가량에 대해 책임이 있는 500여 개의 도시가 가입했다. 목표는 지역마다 다양하게 세워졌지만 몇몇 도시는 자국의 중앙정부보다 더 높은 수준으로 목표를 세웠다. ICLEI에 가입한 첫 도시들은 눈에 띄는 진전을 이룩했다. 미국의 110개 도시와 지방들은 2001년 6월까지 2,500만 톤의 탄소를 삭감했고 덴마크의 수도 코펜하겐은 1990년대 수준의 22% 정도의 배출을 감축했다. 지방정부는 교토협약의 주요행위자는 아니지만, ICLEI는 강력한 목표를 확인하고, 언론취재에 응하고, 공공의식을 고양시키기 위해 도시 공무원들을 중요한 회의에 파견한다(O'Meara-Sheehan, 2002: 39). 2005년 미국 환경운동은 지구온난화에 대항하는 유사한 노력의 일환으로 수많은 도시와 많은 더 작은 지역사회를 잇는 '시원한 도시(Cool Cities)' 연결망을 조직했다.

보호협의회(Natural Resources Defense Council: NRDC)의 연구에 따르면 중국은 1997년부터 2000년 사이에 17%까지 CO_2 배출을 줄였다. 같은 기간 동안 미국의 배출은 14% 상승했다. 중국 정부는 석탄보조금을 줄이고, 비효율적인 석탄 화력발전소를 폐쇄하고, 에너지 효율성을 늘리는 서약을 촉진시키며, 경제를 재생가능 에너지 자원의 사용을 늘리는 것으로 구조화해 이를 실현할 수 있었다(Miller, 2005: 482).

국가와 더불어 몇몇 기업이 지구온난화를 강조하는 노력에 동참했다. 범지구적 기후변화 퓨 센터(Pew Center on Global Climate Change)는 세계에서 가장 큰 목재회사 중 하나인 와이어하우저(Weyerhaeuser) 목재회사가 공식적으로 기후변화문제와 싸우는 센터의 노력과 함께하겠다는 의지를 천명했다고 발표했다. 토요타 프리우스의 '녹색 하이브리드' 자동차는 연료 효율을 두 배로 높이고 전통적인 자동차에 비해 CO_2 배출은 절반으로 줄였다(Haimson, 2002b: 4). 알코아(Alcoa, 미국 최대 알루미늄회사), 듀퐁, IBM, 토요타, BP Amoco, 그리고 셸(Shell)을 포함한 다국적 기업의 다수는 1990년부터 2010까지 온실가스 배출을 10~65% 줄이겠다는 목표를 발표했다(Miller, 2005: 482). 따라서 많은 국가 정부가 교묘하게 시간을 벌기 위한 노력을 기울이는 동안 많은 기업과 놀랄 만한 수의 지방 또는 시 정부에 의한 노력이 지구온난화 문제에 역점을 두고 있다. 〈글상자 3.4〉를 참조하라.

역설적이게도, 교토 의정서를 거부하고 지구온난화에 대한 모호한 자발적 접근을 제안했던 부시 행정부는 2002년 여름 온난화 문제에 대한 과학적 증거에 반응하는 위치에 있게 됐으며, 지구온난화는 인간에 의해 발생한 실제적인 문제라고 인식한 국가들로부터 압박을 받았다.

4.3 우리는 비용을 감당할 수 있을까?

지구온난화를 완화시키고 낮은 탄소경제로 이동하는 데에는 꽤 많은 비용이 들지도 모른다. 그러나 이 문제에 어떠한 행동도 하지 않는 것은 더 오랜 시간을 놓고 볼 때 훨씬 더 많은 비용이 들 수 있다. 2006년 10월 세계은행 (World Bank)의 전(前) 수석 경제학자인 니콜라스 스턴(Nicholas Stern)은 영국 정부의 의뢰를 받아 보고서를 발간했는데, 이는 기후변화의 영향력과 인간의 노력이 지구 경제에 어떤 영향을 미치는지에 관한 첫 번째 자세한 분석이었다. 그의 보고서는 지구온난화를 완화시키는 것보다 변화에 적응하는 것이 더 낫다는 몇몇 경제학자의 주장을 완전히 뒤엎어버렸다. 그의 보고서에 의하면, 이번 세기 동안 기후변화로 입는 피해만 해도 이를 해결하기 위해 지속적으로 써야 하는 비용의 20배에 이를 수도 있다는 것이다.

스턴의 보고서는 가뭄이 식량 생산에 타격을 가하기 때문에 아프리카 경제가 파괴되고, 빙하가 사라지기 때문에 10억 인구가 물을 공급받지 못하게 되며, 해수면이 상승하기 때문에 수십억 인구가 설 자리를 잃게 되며, 폭풍이 맹렬해지기 때문에 심각한 허리케인 피해를 입을 것으로 예측했다. 행동을 취하지 못했을 경우의 비용은 2100년까지 4,000조 8,000억 원(4조 달러)에 이를 수 있다. 세계 부의 1/5 이상이 사라질 수 있고, 생활수준의 20%가 감축되고, 세계가 1930년대 공항보다 더 심각한 상황에 빠지게 된다고 보았다. 올바른 기술에 투자하는 비용은 잠재적인 손해와 비교할 때 사소한 것에 지나지 않는다. 다음 50년을 넘어서 지구 전체 국내총생산의 대략 1%를 투자해 CO_2의 500~550ppm 수준(현 수준의 25% 위로, 스턴에 의하면 "높지만 받아들일 수 있는" 수준)에서 온실가스 축적을 안정화시켜야만 한다. 스턴의 보고서는 지구기후변화, 해양순환, 대기구성에 대해 언급한 과학에 대해서는 언급하지 않고 있어서 과학을 실망시킬 수도 있다. 과학자들은 인간과 정부가 그 문제의 긴급성을 확신하도록 최선을 다하고 있지만 전반적으로 그들은 실패하고 있다. 스턴이 보고서는 대단히 큰 반향을 일으켰디. 대게의 정치가들이 자연과학보다 경제에 더 신경을 쓰고 있는 상황에서 스턴의 보고서는 정치적인 급소를 강타한 것이다.

그러나 우리가 그것을 어떻게 할 수 있을까? 세계경제가 심각한 피해를 입기 전에 인간은 또 다른 1,000억 톤 정도의 탄소를 대기 중으로 배출할 수 있다. 가장 부유한 사람으로부터 가장 가난한 사람에 이르기까지 모든 사람은 지구적인 완화 전략의 한 부분이 되어야만 한다. 이는 인구의 규모와 1인당 평균 배출량에 기초할 수 있다. 그리고 확실히 어떤 사람들은 다른 사람들보다 더 많은 양을 배출한다. 우리는 탄소 오염을 유지하는 권리를 어떻게 할당해야 할까? 이러한 권리를 분배할 때 유일하게 공평한 방법은 지구 인구로 할당량을 나누고 다음 세기까지 대략 80% 수준까지 감축하는 것이다. 국가, 지역사회, 법인, 그리고 아마도 개인들조차도 그들의 권리를 교역할 수 있으리라 본다(Editors, *NewScientist*, 2006a, 2006b: 5~7).

5. 독자들이 생각해볼 문제

결론과 질문

1. 여러분과 다른 세대, 다른 교육 정도, 다른 환경의 지인들에게 지구온난화에 대해서 어떻게 생각하는지 물어보자. 의견이 다양하게 나타나서 놀랄 수도 있다. 또한 이 장에서 과학적 합의사항에 대해 읽어보았다. 누구를 가장 신뢰하는가?
2. 지구온난화에 대한 계획들은 올바르고, 평균 지구온도의 중요한 상승이 향후 40~50년 동안 발생할 것이라고 가정해보자. 사는 동안 아마도 몇몇 결과를 직접 경험하게 될 것이다. 이것들을 명확히 예견할 수는 없지만 가능성 있는 결과에 대해 알려진 추측을 해볼 수는 있다. 지구온난화의 결과를 처리하는 비용의 몫을 얼마만큼 감당할 수 있을지 생각해보라.
3. 1990년에 연방정부는 온실가스를 완화시키는 비용으로 매년 대략 1조 2,000억 원(100억 달러)이 소요될 것으로 추정했다. 지금까지, 물론 그것은 보수적인 추정이지만 그러나 확실히 사소한 세금 또는 일반적인 사회 그리고 경제적 기능에 대한 부당한 청구는 아니다. 전형적인 소비자 또는 납세자인 독자에게 이러한 비용 또는 세금이 부과되는 방법에는 무엇이 있을까?
4. 많은 수의 북미 사람들이 연안지역에 살고 있다. 이러한 관점에서 미국 거대도시와 초거대복합(metropolitan) 지역을 살펴보자. 기후 온난화로 해수면이 상승하면 우리는 영향을 받게 될 것이다. 만일 해수면이 어느 정도 상승하면 인구 밀집지역은 보호되어야만 하고, 내륙방향으로 사람들은 이전하거나 피난시켜야만 할 것이다. 이것을 하는 데 발생하는 혼란과 비용에 대해서 생각해보라. 특히 뉴욕, 로스앤젤레스, 시애틀과 마이애미와 같은 미국 주요 해안도시들을 말이다. 해수면의 상승은 큰 강어귀, 담수 대수층, 그리고 사회가 의존하는 다른 자원들을 물에 잠기게 할 것이다. 당신은 정확하게 계산될 수 없는 이러한 비용을 감내하게 될 것이다. 그러나 이 비용은 엄청나다. 그중 몇몇은 당신이 해안 지역에 살고 있지 않더라도 재화와 용역의 더 높은 비용, 더 높은 자산 보험 할증금, 그리고 주 또는 연방 질병 구제 프로그램을 위한 세금과 같은 형태로 당신에게 이동해 올 것이다. 연안 지역에 살지 않는 사람과 지역사회라 할지라도 사람들이 허리케인 카트리나(Katrina)에 의한 비용을 얼마나

감당했는지 생각해보자.

5. 기후지대 또는 식목은 예측할 수 없는 정도로 이동할 수 있다. 지구온난화는 수증기와 강수량을 모두 증가시키고, 대기모델은 지역적 결과가 대단히 차별적으로 나타날 것으로 보인다. 2006년에 중서부와 대평원 지역은 심각하고도 장기화된 가뭄으로 재앙을 경험했다. 토양의 수분은 부족했고 경작 생산은 하락했다. 만일 이것이 고질적으로 만성화된다면 식량 가격, 세계 곡물 시장, 식량안보에 얼마나 큰 영향을 줄까? 여러분은 이런 환경에 적응하는 삶의 방식으로 변화시킬 수 있다고 생각하는가? 어떤 종류의 적응 조치들이 있을까?

6. 우리는 이미 이러한 비용을 부담하기 시작했을 수도 있다. 지구온난화의 결과 중 하나는 급속한 날씨 변화와 그보다 빈번하고 심각한 날씨 유형이다. 더 더워진 대기와 바다는 에너지의 더 큰 교환과 사이클론, 토네이도, 번개와 폭풍, 우박과 폭풍 발달에 중요한 급속한 변화를 가져올 것이다. 확실히, 당신이 만일 2005년 카트리나가 닥쳤을 때 뉴올리언스나 한 계절에 허리케인이 다섯 번 닥쳤던 플로리다에 살고 있었다면 이러한 비용을 부담한 것이다. 어떻게?

보험 산업은 범람된 농장, 경작지, 허리케인, 토네이도로 인한 손해와 기타 질병으로 인한 손해에 대해 보상할 때, 다른 사람들과 같이 지구온난화에 대한 회의론을 나타내지는 않고 있다. 실제로 보험 산업의 장기적인 이익이라는 관점에서, 이들은 지구온난화에 적응하거나 지구온난화를 완화시키는 방법을 찾으려고 함께 노력하고 있다.

실제 상품들

1. 천장 팬: 에어컨디셔너에 대한 환경친화적인 기술의 대답은 저개발국가에서 수천만 명의 사람들을 시원하게 해주는 천장 팬이다. 미국 가정의 2/3에서 찾아볼 수 있는 에어컨디셔너는 전기 에너지 사용의 '밑 빠진 독'이다. 반면에 천장 팬은 간단하고 내구성 있고 고치기 쉬우며 에너지 소모도 적다. 천장 팬은 여름과 겨울에 느린 속도로 작동해 방 온도를 순환시킨다. 침대 위에 있는 팬은 에어컨디셔너를 켜지 않아도 될 만큼 충분한 공기를 순환시킨다.

2. (가스엔진 없는) 물레 형태의 잔디 깎는 기계: 그들이 되돌아왔다! 이 잔디깎이는 프로펠러식 동력 잔디깎이의 1/4 가격으로 구입할 수 있고, 아마도 유지비는 1/6 정도 들 것이다. 가벼운 금속합금으로 만들어져 예전 기계보다 사용하기에도 편리하다. 예전의 동력 잔디깎이는 앞뜰의 45도 경사면에서 엔진 안으로 기름이 배출되어 멈춰서 버리기도 했고, 잔디깎이 프로펠러 끝에 발가락을 다칠까봐 두렵기도 했다. 하지만 이제는 가스도, 조절도, 연기도, 오염도, 소음도 없다. 이 기계는 작동할 때, 조용한 찰칵, 찰칵, 찰칵 소리만 나며, 이는 어린 시절 추억을 떠올리게 한다. 이런 물건을 전혀 본 적이 없는 이웃집 아이들이 다가와서 묻곤

한다. "이게 뭐예요?"
3. 간편 형광 전구: 백열전구보다 3~4배 효율적이다. 18와트 형광전구 하나는 75와트 백열전구 정도로 밝고 10배 오래간다. 값이 비싸지만 현재 많은 사람들이 사용하고 있으니 더 저렴해질 것이다. 전구의 수명을 고려한다면, 18와트 형광전구는 땅속에 있는 80파운드의 석탄과 대기에 있는 250파운드의 CO_2, 그 이상을 절감할 수 있다.

추가 자료

Bryson, R. (1977). *The climates of hunger: Mankind and the world's changing weather.* Madison, WI: University of Wisconsin Press.

Devereux, S., and Edwards, J. (2004). Climate change and food security. *IDS Bulletin*, 35.3, 22~30.

Firor, J., and Jacobsen, E. (2002). *The crowded greenhouse.* New Haven and London: Yale University Press.

Moore, T. G. (1998). *Climate of fear: Why we shouldn't worry about global warming.* Washington, DC: Cato Institute.

National Assessment Synthesis Team (2002). *Climate impacts on the United States: The potential consequences of climate variability and change.* New York: Cambridge University Press.

Schneider, S. H., et al. (Eds.) (2002). *Climate change policy.* Washington, DC: Island Press.

Speth, J. G. (2004). *Red sky at morning: America and the crisis of the global environment.* New Haven, CT: Yale Nota Bene, Yale University Press.

전자 자료

www.epa.gov/globalwarming/news/

www.tellusinstitute.org/

www.mountwashington.org/climatechange

www.climatecrisis.net

제4장
에너지와 사회

▶ 인디애나에 있는 석탄 화력발전소는 미국 전력의 절반을 생산하지만 석탄 연소로 인한 오염물질의 배출로 수은, 이산화황, 그리고 다른 독성 화학물질을 포함한 공기를 만들고 있다. 발전소는 또한 다른 화석연료보다 더 많은 온실가스를 배출한다.

◀ 풍력발전소에서 생산된 전력은 세계 전력생산의 적은 비중을 차지하고 있다. 그러나 풍력발전소는 가격 경쟁력이 있고, 환경적으로 덜 유해하며, 세계 곳곳에서 빠르게 성장하고 있다.

▼ 원유를 가득 실은 채 좌초되는 선박의 저장탱크에서 원유가 유출되어 해양으로 흘러 들어가고 있다.

제1장에서 언급했던 저명한 오스트리아 생물물리학자 알프레드 로트카는 1920년대에, 생태계의 진화란 다양한 생물종들이 환경 속에서 에너지를 어떻게 충당하는지에 의해 형성된다고 주장했다. 사실, 인간 생활수준의 보편적인 향상은 소비 에너지의 양의 실질적인 증가로 가능하다. 그러나 에너지 소비의 증가가 인간의 발전과만 연관되는 것은 아니다. 현대 탄소기반 에너지 체계는 공기오염, 기름유출과 연관되어 있고, 제3장에서 언급했듯이 과학자들은 이것이 지구온난화에 인간이 영향을 미친 부분 중 하나라고 확신하고 있다. 1990년까지 세계 곳곳의 인간에 의한 전체 에너지 소비는 초기 산업화시대인 1890년대보다 14배 증가되었다. 에너지 소비의 증가는 같은 기간 동안 인구가 2배 증가한 수준을 훨씬 능가했다. 그러나 인간의 에너지 사용(채굴, 제련, 운송, 소비, 부산물 오염)은 환경에 대해 인간이 미치는 영향의 많은 부분을 설명해준다(Holdren, 1990: 159). 앞선 장에서 인간사회는 생물물리적 환경에 내재되어 있다고 주장했다. 사실 기능적인 부분에서 본다면 에너지 생산과 소비 체계에 내재되어 있다. 다른 말로 표현하면 에너지는 생태계와 사회체계를 중재하고 인간과 환경체계의 상호작용을 이해하는 데 핵심이 된다.

에너지는 기본적으로 칼로리, 킬로와트시, 마력, 영국열단위(BTU), 줄(J) 등으로 측정되는 물리적인 변수이다. 그러나 에너지는 또한 사회적인 변수이다. 왜냐하면 에너지는 우리 삶의 거의 모든 국면에 스며들어 우리 삶의 조건이 되기 때문이다. 운전, 햄버거 구입, 컴퓨터 사용, 영화관람 등은 이러한 행동을 가능하게 하는 에너지의 양이라는 관점에서 표현될 수 있다. 예를 들어 1킬로와트시의 전력은 100와트 전등을 10시간 동안 밝힐 수 있고, 음료수 또는 맥주 캔의 6개들이 한 상자에 들어가는 알루미늄을 녹일 수 있고, 우리가 몇 분 동안 샤워하는 데 충분한 물을 데울 수 있다(Fickett et al., 1990: 65). 넓고도 심오한 것으로부터 일상생활의 사소한 것에 이르기까지 모든 사회생활은 에너지 용어로 기술될 수 있다.

에너지가 생태계와 인간계 사이를 중재하는 것은 당연한 일이지만, 이것은 인간-에너지-환경의 관계를 매우 추상적인 방법으로 설정하는 것이며, 독자에게 그것의 함의가 명확하게 다가오지 않을 수도 있다. 그래서 이러한 주제를 명확하게 밝히기 이전에 1970년으로 되돌아가는 역사적인 우회를 통해 이 말에 관한 몇 가지 확고한 사례를 제공하고자 한다.

1. 역사적 우회: 최근의 에너지 위기

산업 세계에서 1973년 겨울은 무시무시한 기억이지만 꼭 계절 때문만은 아니었다. 에너지 공급의 유용성과 가격이 갑작스럽게 변동했기 때문이다. 산업계의 상업적 에너지의 핵심적 원천이 되어온 세계 원유시장은 여유가 거의 없었는데, 이는 과거 몇십 년 동안 전 세계 원유제품의 소비가 원유를 생산, 정제, 분배할 수 있는 한계를 거의 초과했음을 의미한다. 미국 국내 원유생산은 하락하는 추세였고, 고개발국가들은 점차 나이지리아, 베네수엘라, 그리고 특히 세계 매장량의 대부분을 보유하고 있는 중동 주변국과 같은 저개발국가의 석유매장량에 의존했다. 1973년 9월 일본 총리는 오일 위기가 10년 안에 닥칠 것이라고 예견했다. 그것은 10일 남짓 지난 후 이스라엘과 중동 이웃 국가 간에 속죄의 날(Yom Kippur)전쟁이라 불리는 전쟁이 발발해 충격을 주었다. 서구의 이스라엘 지지에 대한 보복 차원에서, 아랍 국가들로 구성된 산유국의 카르텔(OPEC)은 고개발국가에 석유수출을 중단하겠다고 선언했다. 국가들과 정유회사들은 지구 곳곳의 파이프라인과 저장소에 남아 있는 재고량을 구입하고, 통제하고, 할당하려고 쟁탈전을 시작했다. 오일 가격이 배럴당 2.5달러에서 10달러로 폭등했고, 대다수 물자의 가격상승, 빠른 인플레이션, 공장폐쇄, 그리고 실업을 동반하면서 세계 경제가 급격하게 하락하기 시작했다. 에

> **〈글상자 4.1〉 오마하의 1973년 겨울**
>
> 1973년 겨울, 크리스마스 장식 불빛들이 모두 꺼졌다. 크리스마스 전통으로 시 법원 앞에 설치된 구세군의 '빛의 나무(Tree of Lights)'도 하루에 한 시간씩만 불이 켜졌을 뿐이다. 도시 사무실 빌딩의 빛도 꺼졌다. 가스 충전소의 가스가 정기적으로 품절되었기 때문에 사람들은 모두 자기 차에 충분한 가스를 유지할 수 있을지 근심했다. 네브래스카 가스 충전소는 평일에는 문을 닫았고, 매주 토요일 저녁에는 긴 행렬이 이어졌다. 주와 주 사이의 제한 속도는 시속 75마일이었지만, 강력한 8기통 엔진의 고출력 자동차를 탈 수 있는 날은 손에 꼽을 정도였다. 사무실과 가정에서 온도조절장치는 낮은 온도로 유지되었다. 아이오와 주 의회의사당에서 커피포트 사용이 금지되었고, 모든 고등학교 야구경기는 12월 22일 이후 금지되었다(Kotok, 1993: 1). 시골의 중서부지역 고등학교 학생에게 야구경기 금지는 매우 '치명적인' 문제였다!

너지 공급의 통제는 서구 사람들이 이제껏 값싸고 풍부하게 사용하던 산업, 난방, 운송 연료의 공급이 갑작스럽게 불확실해짐을 뜻하게 되었다(Stanislaw and Yergin, 1993: 82~83). 리처드 닉슨(Richard Nixon) 미 대통령은 남아 있는 연료를 어떻게 할당할지를 각 주의 에너지 담당 부처에 맡겼다. 증가된 에너지 비용이 전체 경제에 반영됨으로써 미국 정세와 생활형태의 모든 영역이 위협받는 것처럼 보였다.

이란 혁명으로 인해 세계 오일 공급이 파괴되고 가격이 배럴당 13달러에서 33달러로 상승해 공항을 발생시켰던 1979년에도 위기는 지속되었다. 모든 것이 지속적인 부족과 소동을 예견하는 것처럼 보였다. 위기의 분위기에 더해 학자들과 컴퓨터 모델(로마클럽)은 다른 것들에 미치는 위기의 영향과 미래에 '가스 고갈'이 발생할 것이라는 내용의 논문을 발표했다(Meadows et al., 1972). 그러나 1970년대 오일 쇼크에서 가장 두려운 것 중 하나는 현실적으로 실현되지 않았다. 세계 오일 공급을 통제할 수 있는 OPEC 산유국의 능력은 급속도로 증가되는 비OPEC 산유국들의 석유생산을 통해 감소되었다. 세계 오일 시장에서 OPEC의 비중은 1972년 63%에서 1985년에 38%로 내려갔다(Stanislaw and Yergin, 1993: 82~83). 사람들은 살아가고 일하는 방식을 변화시키는 것으로 그 반응을 보였다. 집에 단열처리를 하고, 연료 효율이 더 좋은 자동차와 가전제품을 구입했다. 전 세계적으로 설비 회사들은 사용 연료를 기름에서 다른 연료로 교체하기 시작했다. 1992년까지 나의 고향 네브래스카 사람들은 휘발유를 1973년에 쓰던 양보다 1억 갤런을 절약해 소비하게 되었다(Kotok,1993: 1). 기술변화와 사람들의 행동변화의 결과로서의 에너지 보존은 기대했던 것보다 더욱 강력했다. 따라서 1990년대까지의 오일수요 감소와 오일공급 증가의 결합으로 1993년도의 실제 오일가격은 1973년보다 하락했다. 세계 곳곳에서 고개발국가들은 미래 위기를 완화하기 위한 안전 조치를 준비하기 시작했다. 국제적 배분 체계로서 국제 에너지 기구(International Energy Agency)를 창설했고, 서로 간의 의사소통, 지구적 오일선물시장의 창출, 그리고 예비 공급비축 시설 건립 등을 포함했다.[1]

이는 1970년 오일쇼크에 대한 긍정적인 반응임과 동시에 에너지에 대한 우리의 이해를 영원히 변화시켜준 거대한 역사적 모닝콜이라고 평가된다. 1970년대는 에너지에 대한 환경적 정치사회적 비용을 파악하는 전환지점으로 기록되었다. 공기와 물 오염 문제의 대부분은 바로 에너지와 소비와 연관되어 있고, 인간의 건강, 경제적 복지, 그리고 환경적 안전성에 대한 만연된 위협으로 인식될 수 있다(Holdren, 1990: 158). 에너지 문제가 아마도 역사상 처음으로 통합적인 환경적 관심사로 폭넓게 인식되었던 것이다. 게다가 수입 원유 의존도가 증가한다는 것을 인식하는 것은 국가 간에 경제적·지정학적 상호의존성이 커져가는 것을 알려주었고, 1992년 걸프전과 2006년 이라크 전쟁, 베네수엘라와 미국 간의 긴장과 같이 지속적으로 외교정책적인 문제를 만들었다.

---

[1] 상품을 위한 미래 시장 중 하나는 특정 미래 시기에 특정된 가격으로 상품을 구입하도록 협약해 투자자를 허용함으로써 크고 예견할 수 없는 가격 변동을 피하도록 한다.

'완화된' 에너지 가격이 유지되던 10년이 지난 후, 1990년 중반에 급격하고 중요한 원유가격 상승이 시작되어 21세기 첫 10년까지 지속되고 있다. 이러한 현실은(이전 상황에 대한 반응과 마찬가지로) 상승하는 오일가격, 중동오일에 대한 의존, 연방정부의 실질적이고 일관된 에너지 정책의 부재 등에 대해 정치인과 미디어에 의해 취해진 친숙한 절망의 과정(비록 에피소드이기는 하지만)으로 이어지게 했다. 2006년처럼 논쟁적이기는 하지만 G.H.W. 부시 행정부는 원유, 천연가스, 핵 발전을 증가시키고, 가스와 원유 탐사를 위해 북극 국립 야생 서식지(Arctic National Wildlife Refuge: ANWR)를 개방하는 내용의 연방 에너지 정책을 입법화할 것을 제안했다. 클린턴·고어 행정부는 소비자들에게 인기가 없고 강력한 산업과 그들의 의회대표들은 반대하게 만드는 넓은 영역의 에너지세 - BTU 세금 - 를 약속했다(Joskow, 2002; Lutzenhiser et al., 2002: 222). 일반 국민들이 에너지 문제에 대해 안심하던 시대는 원유, 휘발유, 그리고 천연가스 가격이 심각하게 상승했던 1999년 이후에 급속하게 종료되었다. 조지 부시가 2001년에 취임했고, 그는 또 다른 에너지 위기를 천명했다. 새로운 부시 행정부는 채굴과 자원 이용을 위해 북극 국립 야생 서식지를 포함해 공유지를 개발하는 또 다른 공급측면의 정책을 제안했다. 이러한 정책제안에는 대안 에너지원을 개발하는 데 가치가 거의 없는 화석연료와 광업에 대한 막대한 보조금이 포함되어 있다. 9·11 이후, 에너지 공포는 제2차 세계대전보다도 오래 지속된 이라크와의 값비싸고도 인기 없는 전쟁에 휘말려 들어갔다. 공화당이 의회다수당일 때도 논쟁적인 에너지 법안은 정규적인 방법으로 국회를 통과하지 못했고, 많은 이유로 반대에 부딪혔다. 에너지 문제는 다시 미국의 정치적 논쟁 사안 중에서 갈등적이며 가장 시급한 문제가 되었다. 2005년 에너지 법안은 통과되었다(그러나 ANWR의 권리와 대안 에너지 발전기금 부분 삭제). 10년 동안 자동차 시장을 장악했던 대형 자동차는 불황을 맞이했고, 작고 연비가 좋은 자동차가 다시 인기를 누리게 되었다. 비록 미국 운송수단의 중요한 부분이 되지는 않았지만 말이다.

역사적 우회를 통해 에너지가 인간사회와 환경을 중재하는 몇 가지 방법에 대해 규정해보았다. 앞서 확인한 것처럼, 에너지 위기의 분위기는 정치와 언론이 에너지 문제에 관심을 두는지에 따라 발생하기도 하고 사라지기도 한다. 만일 에너지 위기가 없다면 확실히 '에너지 곤경'이 나타난다. 위기는 상황을 급속도로 악화시키고, 만일 소중하게 다루지 않는다면 가까운 미래에 재앙을 불러올 것이다. 에너지 곤경은 진행되고 있는 시간의 문제로, 주의를 기울이지 않는다면 위기가 오게 되는 것을 뜻한다(Rosa et al., 1988: 168). 이러한 곤경은 이 장에서 언급할 수많은 차원의 문제를 가지고 있다. (1) 에너지 문제의 근원, (2) 에너지와 사회 간의 관계 또는 에너지학(energetics)에 대한 연구, (3) 현 에너지 체계와 대안적인 에너지 체계를 양산하는 방법의 가능성, 그리고 (4) 현존하는 에너지 체계에 대한 몇몇 정책적 사안을 살펴보도록 하자.

2. 에너지 문제: 환경적·사회적 문제

우리의 에너지 곤경에는 상호작용하는 네 가지의 차원 또는 문제가 있다. (1) 에너지 공급원과 관련이 있는 원천의 문제, (2) 인구·경제성장과 발전과의 관계에 대한 문제, (3) 지구적인 정책과 지정학적 문제, 그리고 (4) 에너지 부산물, 건강 위해요소, 그리고 온실가스와 관련 있는 배출 문제가 그것이다.

2.1 근원의 문제: 에너지자원 공급

21세기가 시작되었을 때, 세 가지 재생불가능한 화석연료(원유, 천연가스, 석탄)가 세계의 상업적 에너지 필요량의 75% 정도를 공급했다. 원자력발전소는

6%, 그리고 수력, 풍력, 태양력, 지열 발전을 합해 7%가량을 공급했다. 저개발국가에서 재생가능 에너지의 가장 중요한 근원으로는 **생물자원**(biomass, 열자원으로서의 동식물 폐기물)인 나무로부터 얻어진 땔감과 숯이 대부분이다. 세계 인구의 절반가량이 난방과 요리에 이런 생물자원을 주로 사용하고 있다(U.S. Department of Energy, British Petroleum Institute, Worldwatch Institute, and the International Energy Association; Miller 재인용, 2005: 351~352).

1970년대 세계 오일 매장량에 대한 부정적인 추정치가 발표된 이후 알려진 매장량의 추정치는 그것의 두 배가 넘는다(Stanislaw and Yergin, 1993: 88). 그리고 에너지 분석가들은 가까운 시간 안에 지구의 화석연료 공급은 문제가 되지 않으리라는 점에 동의한다. 현재 소비율로는 알려진 원유와 천연가스 매장량만으로도 꽤 오랫동안 연료공급이 가능할 것이고, 세계에는 많은 양의 석탄이 존재한다. 하지만 석탄은 원유와 천연가스에 비해 사용하는 데 예외적인 위험이 따른다.

원유를 살펴보자. 에너지 분석가들은 현재 소비율이라면 알려진 원유매장량의 대략 80%로 40년에서 90년 동안 사용이 가능할 것이라고 내체적으로 합의한다(Miller, 2005: 353). 그러나 세계 원유 발견은 1960년대에 최정점에 도달해 지금까지 하락추세에 있으며 전문가들은 현 흐름대로라면 2010년에서 2020년 사이 어느 날에 세계 원유생산이 최정점에 이르러 다시 하락추세가 될 것이라고 본다(Alkett, 2006; McKenzie, 1992; Podobnik, 1999; Prugh, 2006). 에너지원의 발견, 생산, 소비를 '절정(peak)'이라고 하는데, 작게 시작해 꾸준히 증가하다 예상치 못한 가까운 시기 안에 소모되어 하락하면서 종 모양의 곡선을 그리기 때문이다. 오일전문가이자 셸 오일(Shell Oil)의 지질학자인 킹 허버트(M. King Hubbert)가 1956년에 처음으로 이러한 추세에 대해 이야기했다. 지구온난화와 같이, 원유절정(oil peak)이라는 용어는 수용되었지만 '절정'이라는 시간에 관해서는 논란이 있다(Motavalli, 2006; Roberts, 2004: 171~173; Yeomans,

2004: 106~108). 새로운 오일 발견으로 자원 고갈이 영원히 뒤로 물러날까? 다음의 몇 가지 사례를 고려해보자. 현재(미래가 아닌) 소비율에서 (1) 북미에서 최대로 알려진 알래스카 북사면의 원유매장 추정치는 세계 수요량의 단 6개월분, 미국 수요량의 3년분에 해당한다. (2) 세계 최대 원유매장량을 가진 사우디아라비아 단독으로는 전 세계 수요량의 10년분을 공급할 수 있을 뿐이다(Miller, 2005: 229). 미래에 이러한 양의 원유가 매 10년마다 발견되리라고 생각하는 사람은 없다. 정유회사 관계자들은 이러한 사실에 대해 더 잘 알고 있다. 20년 전 애틀랜틱 리치필드 정유회사(Atlantic Richfield Oil Company)의 부사장이자 연구부 책임자인 로버트 허쉬(Robert Hirsch)는 애초부터 21세기 중반까지 대안 에너지 기술로의 정연한 이동을 시작해야 한다고 촉구했다(1987: 1471).

지구온난화와 같은 과학적인 질문에 대한 예측과 같이, 전문가들이 추측과 가능성에 의존할 때 연료와 광물자원 보유량이 고갈되기까지는 얼마나 남았을까? 이와 관련된 주장들을 조금 상세히 언급해보자면, 만일 고개발국가들이 에너지 효율성을 크게 높이려고 중무장을 시작한다면, 수요량이 하락하게 되면서 현재 추정치에 비해 공급이 수년 정도 더 이어질 것이다. 반면에 고갈시간의 추정은 세계시장경제 또는 저개발국가의 경제적 성장과 같은 기대되지 않은 성장과 새로운 자원 보유 지역이 충분히 발견되지 못할 경우 단축될 수도 있다. 내 관점은 소비억제가 1970년대에 고려되었던 것만큼 강하게 일어나지 않는다고 하더라도 공급에 대한 관심사는 지속되리라고 보는 편이다.

2.2 인구증가, 경제발전, 그리고 분배 문제

2000년에 세계 60억 인구는 약 14테라와트의 에너지를 소비했다(1테라와트는 원유 50억 배럴의 에너지와 동등하다). 그러나 세계 소비에 관한 통계는 국가 간에 있는 매우 다양한 소비행태를 감추고 있다. 고개발국가들은 세계인구의

1/5을 차지하지만, 세계 에너지의 거의 3/4을 소비한다. 고개발국가들 중에서 조차 북미는 다른 고개발국가들에 비해 1인당 국민소득 1달러당 더 많은 에너지를 소비한다. 미국인들은 큰 차를 운전하고 더 멀리 이동을 하며, 더 큰 집에서 살며 보온과 냉각과 채광을 위해 더 많이 소비하고, 유럽인들보다 단위면적당 더 많은 에너지를 사용하는 빌딩에서 일을 한다(Joskow, 2002: 107). 저개발국가들과 비교해보면 더욱 확연하게 나타난다. 미국인 1명이 평균 소비하는 에너지의 양은 일본인 3명, 멕시코인 6명, 중국인 14명, 인도인 38명, 방글라데시인 168명, 네팔인 280명, 에티오피아인 531명이 소비하는 양과 동일하다(Goodland et al., 1993: 5).

만일 미래 에너지 필요량과 인구성장에 대한 연구가 사실이라면(그리고 우리가 에너지 효율성을 경시하는 태도를 버리지 않는다면), 2100년에 세계 100억 인구가 우리가 지금 생산하는 양의 거의 4배에 이르는 50테라와트의 전력을 필요로 할 것이다. 이는 깜짝 놀랄 만한 전력량이다. 이는 지금의 전력량에 비해 엄청난 수준인 것이다. 이 정도 에너지를 생산하려면 에너지 하부구조를 훨씬 더 키워야 하고, 오늘날 존재하는 것 이상의 비용을 들여야 한다(Roberts, 2004: 223). 더욱이 인구가 많은 중국, 인도, 그리고 다른 저개발국가들이 고개발국가의 현재 생활수준과 근접한 정도로 에너지를 소비하게 된다면, 이것은 지구 에너지원 공급에 막대한 부담을 야기할 것이며, 그 결과로 발생하는 환경파괴(degration), 독성 폐기물, 온실가스는 견딜 수 없는 것이 될 것이다.

2.3 정책과 지정학적 문제

앞에서 언급했듯이 더 큰 에너지효율성을 향한 움직임은 1990년까지 지지부진했다. 비록 그런 움직임 중 몇몇은 지속되고 있지만, 1인당 에너지 소비의 증가라는 심상찮은 신호가 있었다(Klare, 2002: 101). 에너지 소비의 반등은 부분적으로 미국 신차시장의 절반을 차지하는 연료를 대량으로 소비하는 SUV와 픽업트럭(pickup truck)의 마케팅 결과였다. 더 근본적인 수준에서, 소비의 반등은 공공정책의 결과였다. 최근 미국 에너지 정책은 에너지원 공급 증가를 촉진하고 에너지 저가정책을 유도하는 **공급측면의 정책**(supply-side policies)이다. 이러한 정책은 에너지 시장에서 보존의 효과를 가진 잠재성을 약화시킨다. 제1장에서 '경제적 외부효과'에 대해 논의했고, 에너지 시장은 에너지 생산자나 소비자 둘 중 누구에 의해서건 직접적으로 지불되지 않는 중요한 비용을 가지고 있다고 언급했다. 원유시장을 강조하는 몇몇 중요한 지점들을 살펴보자.

- 정유회사와 도로건설사에 대한 세금삭감과 정부보조금
- 오염 정화
- 중동에서 원유공급에 대한 군사적 보호(이라크 전쟁을 제외하고도 적어도 1년당 대략 36조 원 – 300억 달러)
- 증가된 의료고지서와 보험할증, 교통체증으로 인한 지체된 시간, 소음공해, 공기와 물 오염으로부터의 증가된 사망자수, 도시확장(sprawl), 야생종과 서식지에 관한 해로운 결과와 같은 환경, 건강, 사회적 비용
- 미국 수출입 사이의 손익계산 적자에 따른 비용(에너지 수입의 1/3 이상) (Kingsley, 1992: 119)

진정으로 이러한 내용을 이해하려면, 독자가 구입하는 휘발유 1갤런의 가격 안에 다른 비용 요소의 '몫'이 내재되어 있다는 점을 짐작하라. 중동에서 원유공급원 간의 관계를 유지하기 위해 미국 군사비 – 이라크 전쟁의 비용을 포함 – 와 해외 원조비용의 누적된 총비용에 대한 독자가 내는 몫에 대해서 생각해보라. 만일 원유를 둘러싼 건강·지정학·환경적 비용의 총합이 시장가

격에 내재화된다면, 그리고 만일 생산에 대한 정부보조금이 제거된다면 원유는 너무 비싸져서 그 대부분이 즉각 효율성이 향상된 것이나 다른 연료들로 대체되었을 것이다(Miller, 1998: 434).

1990년대 발전된 수요측면 정책에도 유사한 문제가 남는다. 비록 1970년대의 가격통제, 배급정책, 에너지 할당정책의 회피에 의한 것이었지만, 그것은 시장의 불완전성과 규제 장벽의 붕괴에 대한 정부의 적절한 역할로 여겨졌다. 매우 심하게 변동되기는 했지만 그들은 10년 동안 20%가량 꾸준히 떨어지는 가격을 적절하게 유지했다. 그러나 에너지 소비는 1991년부터 2000년까지 17% 정도 꾸준히 증가했고 순수입은 1990년대 동안 50% 이상 성장했다. 캐나다는 미국 천연가스의 주요 공급원이 되었지만 페르시아 만은 세계 원유 생산의 30%가량을 제공하는 것을 지속했다. 미국은 페르시아 만으로부터 대략 18%의 원유만을 수입하지만 주요 지역 동맹국 – 일본과 서구유럽 – 이 주로 중동에 의존하기 때문에 주요한 전략적 이해관계를 가진다(Stanislaw and Yergin, 1993: 86~87).

국제에너지기구는 『세계에너지전망 2000(World Energy Outlook 2000)』에서 화석연료 소비가 1997년에서 2020년 사이에 57% – 연간 2% – 까지 성장할 것으로 기대했다(Dunn, 2001: 40). 세계경제에서 이익을 둘러싼 지정학적 갈등은 연료와 비연료 광물을 둘러싼 상품생산국가와 소비국가 간의 갈등과 유사하다. 대부분 손해를 보는 국가들은 많은 연료를 구입할 수 있는 돈과 팔 수 있는 자원을 가지지 못한 나라들이 될 것이다. 추상적으로 에너지는 부유국과 빈국을, 잘 먹는 나라와 못 먹는 나라를 결정하는 세계교역과 정치 형태의 중요 부분이다. 전 세계에 걸쳐 에너지의 생산과 분배의 중요성을 고려하지 않고서는 현 세계 긴장 또는 환경문제를 이해하려고 노력한다는 것은 생각해볼 수도 없는 일이다.

중요한 지점은 화석연료가 절대적으로 고갈되는 중이라는 데 있지 않고, 오히려 비교적 값싼 연료의 시대가 종말을 고하게 되리라는 데 있다. 쉽게 유용 가능한 원유는 고갈되고 있지만 모든 원유가 그런 것은 아니다. 미래의 에너지 수요를 충당하기 위해서는 최근 과거에 했던 것보다 훨씬 더 많은 투자를 필요로 할 것이다. 그것은 어려움이 증가하고 한계에 다다른 자원 원료를 추출한다는 것을 의미하고, 점증하는 인구 성장의 수요에 적응하는 것이며, 국가들로 구성된 세계체계 내에서 잘 정돈된 에너지 시장의 지정학적 비용을 지불하는 것이다. 이러한 비용은 증가하는 환경적 손상의 비용을 포함하고 있지 않다(Hirsch, 1987; Holden, 1990: 158; Klare, 2002; Mazur, 1991: 156; Motavalli, 2006: 29).

2.4 흡수 문제: 에너지와 환경

비록 에너지 공급 문제는 1970년대보다 심각하지 않을 것이라고 보이지만, 현재 에너지체계에 의해 발생되는 환경문제는 더 심각하고 나쁘게 되리라 생각된다(Flavin and Dunn, 1999: 24; Motavalli, 2006; Roberts, 2004; Stanislaw and Yergin, 1993: 88). 추상적으로 언급하면, 가장 문제가 되는 부분은 자원의 문제가 아니라 배출의 문제다.

화석연료의 연소는 주요하게 열을 가둬두는 온실가스인 인위개변적인 CO_2의 주요 원인이 된다. 원유생산품을 연소시키는 것은 질소와 황산화물을 발생시키고 사람, 농작물, 나무, 물고기, 다른 생물종 들을 해롭게 만든다. 거의 석유로 움직이는 도시 운송수단은 도시오염과 스모그의 원인이 된다. 송유관, 저장소, 운송, 그리고 천공구역에서의 원유 유출과 누출로 독성 석유폐기물과 부산물이 문자 그대로 질퍽거리며 세계를 떠돈다. 원유 유출로 인한 생태계 파괴는 특히 차가운 기후 속에서 20년 동안 길게 지속될 수 있다. 반질반질한 원유막은 해양 동물의 깃털과 가죽에 들러붙어 자연적인 방한과 부력 기능을 잃게 만들고 많은 수를 죽게 만든다. 무거운 오일 분자는 해양의 바닥에 가라앉거나 큰 강어귀로 씻겨 들어가며, 바닥에서 서식하는 유기체 – 예, 게, 굴, 대합조개 – 를 죽음으로 몰고 가며, 이를 인간이 소비하기에 부적절한 것으로 만든다. 이러한 사고는 해양 자산과 산업 – 관광과 어업 – 에 심각한 경제적 비용을 발생시킨다.

1989년 거대 유조선 엑손 발데즈(Exxon Valdez)호가 경로를 이탈해 바위에 부딪혀서 1,100만 갤런의 원유를 쏟아내며 알래스카의 프린스 윌리엄 해협(Prince William sound)의 바닥에 가라앉았고, 그 결과 상상도 못할 지경의 손상을 생태계와 인간의 지역 사회에 입혔다. 청정 비용과 손상에 대한 벌금을 포함해 비용이 8,400억 원(70억 달러)에 육박했다.[2] 1998년까지 모든 상업적인 해양선의 외피 두께를 두 배로 만들었지만, 대형유조선은 15%만이 그렇게 했다. 이론상 1990년의 원유 보호법에 따라 이와 같은 원유 유출의 위험을 감소시키기 위해서 대형유조선을 규제했다. 법 규제를 피하려고 많은 원유 운송사들이 원유 운송작업을 예인선에 의해 움직이는 바지선으로 바꾸었고, 몇 번의 바지선 유출로 인해 원유 유출 안전도는 오히려 감소했다. 2002년 원유 유소선 프레스티지(Prestige)호가 스페인 인근 해안에서 침몰되어 엑손 발데즈 사고 때보다도 두 배나 많은 원유를 바다에 유출시켰다. 언론의 핵심기사가 되었기 때문에 원유선 사고, 송유관 사고, 유정(油井)의 천공 유출 등이 세간의

----

[2] 1989년 엑손 발데즈호 사고로 인한 오일 유출은 58만 마리의 새, 5,500마리의 수달, 30마리의 바다표범, 22마리의 고래, 그리고 헤아릴 수 없는 수의 물고기를 죽음에 이르게 하였다. 3,200마일 이상의 해안가가 기름으로 오염되었다. 야생동물의 최종 피해는 대부분의 동물이 죽어서 가라앉고 분해되었기 때문에 계산할 수 없는 것이었다. 역사상 가장 비싼 정화 작업 이후에, 기술 평가 회의는 엑손 발데즈에 의해 유출된 오일 양의 3~4%만이 회수되었다고 평가했다. 해양정화 선원과 장비는 탱크에서 유출된 오일 양의 세 배 이상 되는 오일을 사용했다. 엑손사는 2만 7,000톤의 기름이 함유된 고체폐기물을 오리건 매립지로 선적했다(Miller, 1992: 616~617).

큰 관심을 얻었다. 그러나 전문가들은 도시, 개인, 산업에 의해 땅에 버려지는 폐유가 지류를 따라 해양으로 흘러들어가기 때문에 해안에 들어가는 오일의 50~90%는 내륙에서 비롯한다고 주장한다(Miller, 1998: 572~529; 2004: 507).

석탄은 채굴하기에 위험하고 가장 더러우며, 연소될 때 독성이 많은 연료이다. 채굴은 종종 토지를 황폐화시키고, 광부는 관습적으로 진폐증으로 고통받거나 목숨을 잃기도 한다. 석탄을 태우는 것은 다른 화석연료를 태울 때보다 CO_2와 미립자 물질을 더 많이 양산한다. 그리고 전력발전소 - 대부분 석탄에 의한 - 는 미국에서 두 번째로 큰 유독성 배출물 생산업체다. 연소되는 석탄은 단독으로 인간에 의해 대기 중으로 유입되는 질소산화물과 이산화황의 80% 이상을 배출해낸다. 미국만 보더라도, 석탄 연소로 인한 공기오염은 매년 수천 명의 생명을 앗아가고(6만 5,000명에서 20만 명으로 추정), 최소 5만 명의 호흡기 질환 환자를 만들고, 수십억 달러의 재산피해를 발생시킨다. 석탄 화력발전소의 가장 위험한 부산물은 독성 수은 분자이다.

2000년에 NAS(국립과학아카데미)는 매년 6만 명의 아기가 수은이 함유된 생선을 먹은 임산부를 통해 수은에 노출되어 신경계 질환을 가지고 태어난다고 추정한다. 또한 석탄 연소는 보통 핵발전소가 작동할 때보다 단위 에너지당 대기 중으로 수천 배 이상 많은 방사능 분자를 방출한다. 애팔래치아, 미국 북동부, 캐나다의 동부, 동유럽에 걸친 산림의 손상은 석탄 화력발전소가 그 원인이다. 석탄채굴에 의해 손상된 토지를 매립하는 것과 발전소 내에 전문 오염 통제 장치를 설치하는 것은 석탄을 사용하는 비용을 증가시켰다. 석유와 같이 만일 석탄으로 인한 건강과 환경의 비용을 시장비용에 내재화시키고 광업에 대한 정부보조금이 폐지된다면, 석탄은 너무 가격이 비싸져서 다른 연료들로 대체될 것이다(Fulkerson et al., 1990: 129; Miller, 2005: 365).

요약하자면, 우리의 에너지 곤경은 미래의 자원 압박 문제를 포함하고 있을 뿐 아니라, 현재 에너지 체계가 환경황폐화, 인구와 경제성장, 기후변화, 그리고 지구적 공평성과 지정학적 긴장 등과 같은 세계를 괴롭히는 문제들과 연계되는 방법을 포함하고 있다. 이 장의 뒷부분에서 현재 우리의 에너지 곤경을 해결하기 위해 현 체계를 전환시키려 할 때 취할 수 있는 몇 가지 선택과 가능성에 대해 언급할 예정이다. 에너지와 사회와의 관계에서 나온 이러한 문제에 대한 몇 가지 실마리가 있으며, 그에 대해 학자들이 연구한 내용을 소개할 예정이다.

3. 인간사회의 에너지학

'모든' 지구 에너지의 궁극적인 근원은 태양으로부터 나온 복사 에너지이다. 생태계와 인간사회체계의 에너지 흐름을 이해하는 데 근본적인 것은 다음과 같다. 스스로 영양분을 생성해내는 녹색식물은 태양복사 에너지를 광합성 작용을 통해 복잡한 구조의 탄수화물의 축적으로 전환시킨다는 사실이다. 이는 다른 생물종들의 호흡작용을 통해 활동에너지로 소비되고 전환된다. 2차 소비자는 1차 생산자를, 3차 소비자는 2차 소비자를, 그리고 기타 등등의 과정을 통해 소비할 때 생태계에 의해 에너지는 걸러진다. 물질과 다르게 에너지는 재순환되지 않으며, 엔트로피 과정을 거쳐 열과 같은 조직화되지 않은 형태로 변질되는 경향이 있다. 이때 열은 활동에너지의 더 많은 생산을 위한 연료로 사용되거나 호흡을 유지하기 위해 사용될 수 없다. 이와 같은 비효율성은 오직 저장된 잠재적 에너지의 일부만이 실제적인 활동에너지가 된다는 것을 의미한다.

물론 이러한 비효율성은 아주 큰 혜택이다. 왜냐하면 우리는 지금 수백만 년 전부터 저장되어온 에너지 자산에 의지해 살고 있기 때문이다. 그러나 이러한 연료의 비교적 풍부한 공급은 궁극적으로 고갈될 것이라는 열동학(엔트로피)의 두 번째 법칙 또한 사실이다. 좀 더 정확하게 말하면, 우리는 그것들을 절대적으로 다 써버릴 수 없을 것이다. 그러나 이것들은 매우 희소하고 낮은 수준이 될 수 있다. 따라서 이것들을 추출하고, 정제하고, 운송하는 데 필요한 에너지와 투자비용은 이것들의 이용가치를 초과하게 된다. 우리는 동일한 양의 에너지를 얻어내기 위해서 점점 더 세게 쥐어짜야만 할 테고, 환경에 대한 손상은 증가할 것이다.

3.1 저에너지와 고에너지 사회

모든 인간사회는 자연의 생태계와 에너지 흐름을 조정하지만 각 사회마다 그 정도가 매우 다양하다. 인간은 숨 쉬는 데만도 하루 2,000~2,500칼로리[3]를 만들어내기에 충분할 만큼의 음식을 필요로 하지만, 모든 인간사회에 살고 있는 사람은 생명 유지에 필요한 최소한의 에너지 공급량보다 훨씬 많은 에너지를 사용해 거주지, 의복, 도구, 그 밖의 것들을 마련한다.

〈표 4.1〉은 산업화 시대가 시작되고 석유화학에 대한 인간의 의존성이 증가한 이래로 세계 에너지 소비의 거대한 증가를 보여주고 있다. 대조적으로 전 산업화사회의 전통적 연료 – 예, 나무, 분뇨, 농작 잔여물, 숯 – 는 여전히 더 가난한 저개발국가에 사는 많은 사람들의 주된 에너지이다. 세계의 에너지 소비의 총량은 증가해왔지만, 이러한 증가의 대부분은 고에너지 사회인 고개발국가들에 의한 것으로 설명될 수 있다는 사실을 언급하는 것 또한 중요하다. 실제로, 도시 근교에 사는 전형적인 미국인 중상위층 한 가정이 사용하는 에너지의 양은 많은 저개발국가의 전체 마을이 사용하는 양과 비슷하다.

---

3 1칼로리는 1그램의 물을 섭씨 1도 올리는 데 필요한 에너지의 양이다.

〈표 4.1〉 다양한 사회 형태에서의 1인당 에너지 소비

사회	하루 1인당 킬로칼로리
고개발국가(미국)	260,000
고개발국가(그밖의 국가)	130,000
초기 산업사회	60,000
집약적인 농업사회	20,000
초기 농업사회	12,000
수렵-채집사회	5,000
선사시대	2,000

자료: Miller, 2002: 333, 변형.

산업화와 에너지

　산업화는 에너지 전환의 신기술이 전통적 연료보다 더 효율적이었기 때문에 가능했다. 19세기 초기 국면 동안 지배적인 기술은 석탄 채굴, 철의 제련과 주조, 증기 철도와 해양 운송수단에 의존했다. 각 체계의 구성들이 매우 밀접하게 꼬여 있고, 통합된 채굴, 제련, 제조, 운송의 하부구조가 생성되면서 산업화가 가능해졌다. 20세기 초 즈음에 이러한 체계는 전력, 내연기관, 자동차, 항공기, 화학과 금속산업에 의해서 급속도로 다시 변형되었다. 석유는 석유화학산업의 핵심연료와 공급연료로서 나타났다. 〈그림 4.1〉을 참조하자.
　미국을 비롯한 선진국들이 자연으로부터 너무 많은 에너지를 뽑아 사용해 자연에너지 흐름의 실질적인 조정이 필요하게 되었다. 산업도시들은 생태계를 급속도로 바꾸는데, 산업, 난방, 채광, 냉방, 상업, 운송, 폐기물 처분, 그리고 다른 서비스에 전력을 공급하려면 멀리 떨어진 화석연료 매장지의 막대한 양의 에너지가 필요하게 되기 때문이다. 도시는 자생력이 없고 상대적으로 비생물적인 곳이 되었다. 폐기물은 더는 자연적으로 흡수되지 않았고 처분소로

<그림 4.1> 산업화 시대의 에너지 소비의 증가

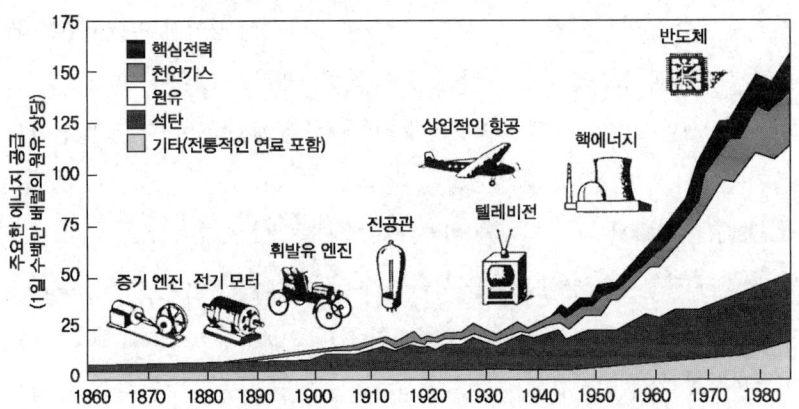

자료: G.B. Davis, 1990, Energy for Planet Earth, Scientific American Inc. 저작권 사용허가.

이동되어야만 했다(Humphrey and Buttel, 1982: 139). 게다가 산업적인 농부들은 기계, 비료, 도시 산업에 의해 제조된 연료를 사용하고, 식량은 더는 농장에서만 주되게 소비되지 않았다. 따라서 고개발국가는 화석연료의 막대한 양을 사용하고 자연적인 생태계와 에너지 흐름을 거대하게 조정하는 농업적-산업적 소비체계를 통합했다. 에너지는 생태계와 사회체계를 연결하고 조정하는 강력한 역할을 하기 때문에, 인간과 환경의 관계를 이해하는 사회과학의 핵심적인 주제가 된다.

3.2 사회과학과 에너지학

확실히, 앞 문단의 마지막 문장이 명백한데도, 초기 사회과학에서 에너지와 사회의 관계를 이해하려는 시도는 파편적이었다(Carver, 1924; Geddes, 1890; Ostwald, 1909; Soddy, 1926; Spencer, 1880).[4] 에너지는 사회와 그들의 생물물리학적 환경 간의 결정적인 연관사항이라는 개념을 넘어서, 초기의 분석에서 여전히 유효한 일반화된 문장은 에너지 생산과 효율성의 증가가 인간사회의 구조적 복잡성과 규모를 증가시키는 것과 관련되었다는 것이다(Lutzenhiser et al., 2002: 223). 그것은 환경-에너지-사회의 관계를 이해하는 누적된 발전이라는 측면에서 설명해주는 것이 거의 없다.

제2차 세계대전 이후 저명한 인류학자인 레슬리 화이트(White, 1949)는 사회 진화의 자원과 기술적 기반을 서술하기 위해 에너지학이라는 관심사에 다시 기운을 불어넣기 시작했고, 사회학자인 프레드 코트렐(Fred Cottrell)은 이용 가능한 에너지는 인간활동 수준을 제한한다는 개념을 발전시켰다. 그는 저에너지 사회 - 전(前)산업사회 - 에서 고에너지 사회 - 산업사회 - 로 전환하는 데 널리 수반하는 사회적, 경제적, 심지어는 심리적 변화를 증명하려 노력했고, 근대성으로의 거대한 사회변동은 에너지 전환으로 추적될 수 있다고 주장했다(Cottrell, 1955; Rosa et al., 1988: 153).

저에너지 사회의 거시적 수쥬의 연구

1960년대에 인류학자들은 다양한 생태적 배경에서 환경-에너지-사회의 상호작용이 어떻게 이루어지는지에 대한 매우 신중한 경험적 연구를 수행했다.

---

4 패트릭 게데스(Patrick Geddes) 경은 스코틀랜드의 생물학자, 사회학자, 도시설계가이자 1909년 영국의 사회학 사회(British Sociological Society)의 공동설립자였다. 스펜서와는 다르게 그는 사회생활을 연구하는 데 에너지 흐름을 통합하는 계산법을 착안했다(1890/1979). 빌헬름 오스트발트(Wilhelm Ostwald)와 프레더릭 소디(Frederick Soddy)는 모두 20세기 초의 노벨 화학상의 수상자였다. 카버(T.N. Carver)는 미국인 경제학자로서 에너지 이론에 이념적인 색채를 입혔다. 그는 자본주의가 에너지 잉여를 최대화할 수 있는 능력을 가진 체계이면서 핵심적인 사용으로 변화시킬 수 있기 때문에 우수한 체계라고 주장했다(Rosa et al., 1988: 150~151).

중앙 뉴기니 지방의 쳄바가 마링(Tsembaga Maring)족(Rappaport, 1968), 캐나다 북부 배핀(Baffin) 섬의 에스키모(Kemp, 1971), 남서아프리카 칼라하리 사막의 쿵 부시맨(Kung Bushmen)족(Lee, 1969), 그리고 농업에 종사하는 서부 베갈리(Begali)족(Parrick, 1969) 등이 그 예이다. 요약을 위해서는 코몬디와 브라운(Kormondy and Brown)의 1998년 책 제4장을 참조하라. 세부적인 경험적 증거로 무장한 학자들은 처음에는 사회에서의 에너지 흐름을 비교할 수 있게 만들었고 정돈된 형태를 발견했다. 인류학자 마빈 해리스(Marvin Harris)는 그러한 연구를 수행하는 데, 그리고 오래된 민족지학적인 증거들을 에너지학적 용어로 다시 고치는 데 가장 중요한 시도를 했다(1971, 1979). 다양한 식량생산 기술 - 수렵과 채집, 괭이 농업, 화전 농업, 관개 농업, 그리고 현대적인 산업농업 - 을 가지고 사회를 공식화하는 시도는 여러 가지 형태로 나타났다.

첫째로, 에너지 효율성, 사회규모, 사회복잡성 간의 관계에 대한 역사적인 에너지 이론의 핵심적인 통찰력을 확실히 밝히는 반면에 이러한 연구들은 증가된 기술효율성은 유용할 수 있는 에너지를 증가시키고 차례로 더 큰 규모의 인구와 고도의 사회적 복잡성을 이끈다는 초기 분석가들의 주장에 의심을 품기 시작했다. 최근의 인류학자들의 증거는 인구 압력이 종종 이러한 과정의 요인이 되고, 증가된 수요를 충당하는 에너지 변환의 기술적인 효율성을 증진시킨다는 주장을 뒷받침하고 있다(최근 상황을 확인하기 위해서는 Boserup, 1981. 참조). 둘째로, 인류학자의 연구는 고에너지 사회와 저에너지 사회가 접촉하게 될 때마다 고에너지 사회는 전형적으로 저에너지 사회를 교체하거나 동화시킨다고 주장했다. 가장 확실한 증거의 사례는 유럽과 토착 미국인 사이의 접촉의 결과에서 살펴볼 수 있지만, 세계 곳곳에서 이러한 교체의 증거는 강제적인 성격을 띤다.[5] 셋째로, 이러한 연구들은 에너지 강화(intensification) 과

---

[5] 고에너지 사회와 저에너지 사회를 연결하는 가장 세심한 연구로는 북쪽 핀란드 지역의 사미(Sami)족의 설상차(snow mobile) 도입 결과에 대한 펠토(Pelto)의 12년간의 연구

정의 장기적인 결과에 질문을 던진다. 현재 인구 압력에 대한 반응은 소비를 상향화시키고, 전산업사회는 종종 그들의 환경을 과부화시키고, 필수 자원들을 재산출해내는 것보다 더 빠르게 고갈시키고, 생태적 주기와 그리고 장기적인 관점의 지속가능성을 방해한다(Diamond, 2004). 이러한 증거가 우리의 현시대 에너지 곤경에 대한 역사적 맥락을 제공한다는 점이 중요하다. 점증하는 에너지·자원의 소비와 사회적·환경적 지속가능성의 문제들이 발생하는 것이다(Rosa et al., 1988: 157).

고에너지 사회의 거시적 수준의 연구

고개발국가의 복잡한 에너지 흐름을 분석하는 것은 쉬운 일이 아니다. 경제학자들은 1970년대 원유파동 이후부터 에너지에 관한 연구를 장악했고, 그들은 에너지의 중요성을 사회 내의 경제적 업적 중심으로 강조했다. 사회들 사이의 장기적인 연구와 비교 분석은 모두 에너지 생산의 증가와 국민총생산(GNP)과 같은 경제성장 척도의 증가 간의 강한 정적 관계를 주장했다(Cook, 1971). 〈그림 4.2〉를 참고하라.

이러한 연구들은 국민총생산과 같은 경제 지표들을 사회복지 지표로 보게

를 들 수 있다. 설상차와 라이플총의 도입은 스칸디나비아 사회로 사미족을 점진적으로 흡수시키는 에너지이자 기술적인 수단이다. 이들은 꾸준하게 이러한 물질문화의 물건들을 채택했고 삶을 변형시켰다. 그것은 사냥꾼들의 지리적 이동성과 사냥감의 양을 크게 늘렸다. 사냥꾼과 덫을 놓는 사람들의 작업일수를 줄이고, 여가 시간을 늘리고, 수입을 키웠으며, 누가 설상차를 소유하고 소유하지 못했는지에 기초해 그들의 지역사회가 계층화되는 새로운 기반을 형성시켰다. 또한 눈에 갇힌 사냥감의 개체수를 감소시킴으로써 심각한 생태적 불균형을 일으켰다. 그리고 핀란드인, 스웨덴인, 노르웨이인이 제공하는 휘발유, 소비재, 기타 등등에 대한 의존성을 키웠다(Pelto, 1973; Pelto and Muller-Willie, 1972: 95 참조).

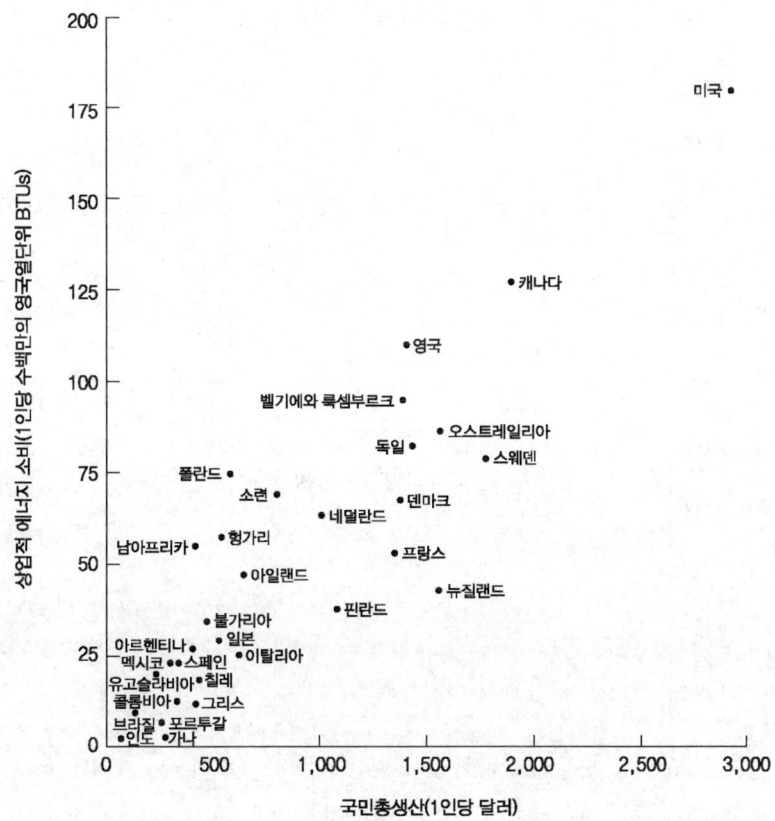

〈그림 4.2〉 1인당 에너지 소비와 국민총생산과의 관계, 1971년

자료: E. Cook, 1971 변형.

했고, 경제 성장이 사회적 복지를 향상시켜주기 때문에 에너지 증가는 사회적 성장에 필수적이라고 암시하는 단적인 예가 되었다(Mazur and Rosa, 1974). 에너지 소비 효율성의 증가를 생각할 여지는 있지만 에너지 소비 억제는 부의 감축을 이끌 것이라는 함의를 담고 있다.

그러나 주목하라. 고개발국가의 시장경제가 저개발국가와 비시장적 사회주의 경제로부터 분리되었을 때 그 정적 관계는 눈에 띄게 사라졌다. 많은 연

〈그림 4.3〉 20개의 산업국가 내에서의 1인당 에너지 소비와 국민총생산

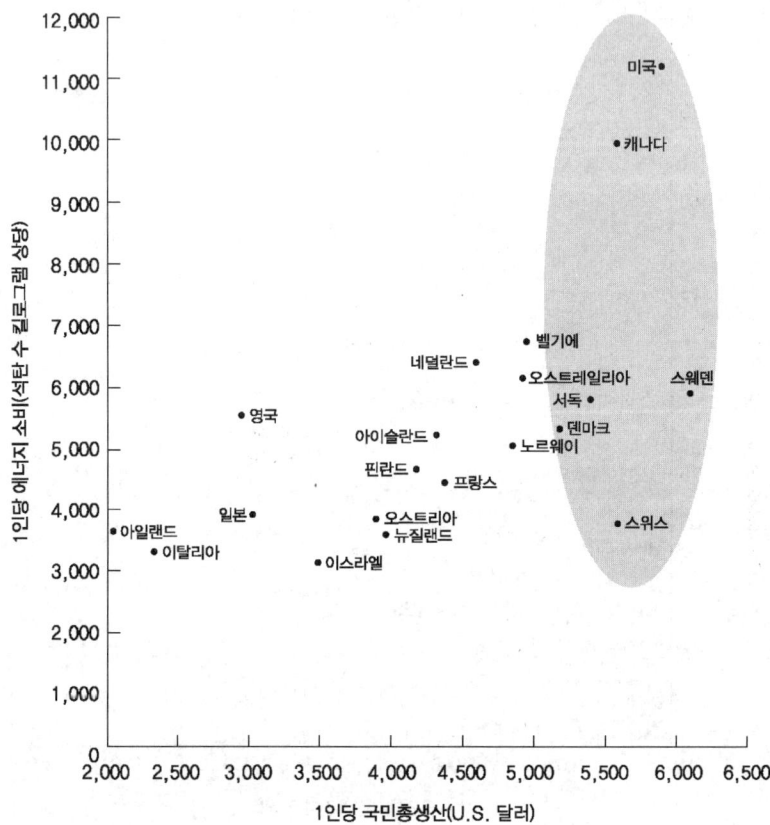

자료: Humphrey and Buttel, 1982, p.159; Sivard, 1979 변형.

구가 이러한 발견을 지지한다. 이는 국가 간 종적 비교연구, 유사한 생활 표준을 가진 국가들의 에너지 사용에 대한 조사 연구, 비교 사례연구 - 미국과 스웨덴 -, 그리고 에너지 강화·사회구조·사회복지 간의 관계에 대한 국가 간 비교연구 등을 포함하고 있다(Rosa et al., 1981, 1988; Schipper and Lichtenberg, 1976). 〈그림 4.2〉, 〈그림 4.3〉에서 에너지 소비와 국민총생산 수치 사이의 관

계가 느슨함을 볼 수 있고, 특히 〈그림 4.3〉에서 타원형 부분으로 표시된 지역들이 그러하다.

거시적 수준의 연구와 역사적인 자료들은 다음과 같은 결론을 맺는다. 고개발국가의 경제적 발전은 두 가지 국면 – (1) 화석연료로부터 증가된 에너지 사용에 고도로 의존하는 급속한 산업화와 소비로부터 (2) 에너지 집약도가 낮은 수준에서 이루어진 경제적 성장에 이르기까지 – 을 통해 노정되었다. 이후 국면에서 산업화에서 서비스분야로의 생산 이동 때문에, 그리고 더 효율적인 기술의 채택 때문에 경제적 성장과 사회복지는 에너지 집약도가 낮아지는 것과 동반해 증가할 수 있다. 다른 말로 표현하면, 높은 에너지 소비의 경계는 아마도 사회가 산업화와 근대성을 성취하는 데 필수적이지만 한번 성취되면 높은 생활수준을 영위하는 데 필요한 에너지의 양은 다양한 범위로 분포한다. 이러한 범위가 주어지면 산업화 도시는 복지의 전체적인 차원에서 장기간의 부정적인 전망의 공포 없이 저성장 에너지 정책을 선택할 수 있다(Reddy and Goldemberg, 1990: 113; Roberts, 2004: 215).

이러한 증거는 현 세계의 에너지 곤궁을 이해하고 역설하는 데 심오한 시사점을 내포한다. 그러나 그것은 에너지에 관한 정치적 논쟁의 압력과 담론을 많이 가지고 있지는 않다. 예를 들어 초기에 인용했던 애머리 로빈스(Amory Lovins)는 많은 책과 언론매체를 통해 에너지 절약을 대중화하는 데 중요한 영향력을 행사했다. 그는 다양한 에너지 경로가 추구될 수 있다고 강조했다. 높은 수준의 화석연료 사용을 구축한 '어려운 길(hard path)'은 매우 집중화된 방법으로 생산을 하고, 대안적 에너지원 – 풍력, 태양력, 증가된 효율성 – 사용을 구축한 '부드러운 길(soft path)'은 더 탈집중화된 방법으로 생산을 한다는 것이다.

공공 여론조사는 부드러운 길을 대안으로 지지하는 경향을 보여주었다(Farhar, 1994). 우리는 '어려운 길의 궤도'(작은 수준의 증가)에서 다소 벗어나 이동하고 있다는 점에서 – 이는 부분적으로 로빈스의 뛰어난 설득능력에 기인한 바가 크다 – 우리는 '다소 어려운' 혼성 체계라는 길로 가고 있다(Lutzenhiser et al., 2002: 238). 그러나 사회과학자에게 부드러운 길이 가지는 가장 흥미로운 요소는 사회정치학적 영향력에 의해 만들어진 요구라는 점이다. 이것은 사회의 증가된 생명력, 경제적 자기충족성(self-sufficiency), 기본적 인간 요구사항에 대한 더 나은 만족, 공공의료혜택, 인간 가치의 성장, 환경보호, 그리고 만성적인 '위기감', 그리고 자원전쟁에 대한 공포를 포함한다. 물론 이러한 요구들은 확실히 경험적인 확증을 필요로 한다. 이제 경험적인 사회과학 연구 보고서를 살펴보도록 하자.

미시적인 수준의 연구: 개인과 가정의 에너지 소비

1970년대 원유파동은 에너지 소비에 대한 거시적 수준의 연구뿐 아니라 미시적 수준의 연구를 자극했다. 이러한 연구들의 가장 큰 목표는 인간이 삶의 질에 대한 퇴보 없이 주요하게 에너지 소비를 감소시킬 수 있는지에 대한 과학적 이해를 발전시키는 것이었다. 기술적인 전문가는 국내 에너지 소비량의 절반을 절감할 수 있다는 결론을 내렸다(Ayres, 2001: 31; Ross and Williams, 1981). 개인과 가족은 국내 에너지의 1/3 – 운송과 가정 수요 사이에서 대충 균등하게 분할된 – 만을 소비했다. 그들은 사회정책에 대응하면서 에너지 보존을 할 수 있는 잠재적이고 거대한 미개발 에너지 자원으로 보였다.

공학적 관점은 초기 미시적 수준의 연구를 주도했는데, 이러한 관점은 기후, 주택설계, 가전제품 그리고 기계장치 및 운송수단의 효율성과 저장(stock)과 같은 물리적인 변수에 의해 간단하게 설명될 수 있다고 가정했다(Rosa et al., 1988: 161). 차량 및 운송수단에 적용될 때 더 효율적인 차량을 설계함으로써 1980년대와 1990년대 초기에 효과적으로 에너지를 절약할 수 있었다. 미국 자동차와 트럭의 연료 효율성은 두 배로 높아졌다. 누적된 공학적인 변화의 결과는 대부분 국내 에너지 효율성을 높이는 데 기여했다. 도시 공기 오염을 절감하는 촉매 전환기를 구축하는 것과 같은 변화는 다른 환경적 관심사를 주장하게 했다(Bleviss and Walzer, 1990: 103, 106). 이러한 것들은 자동차와 트럭의 복합선단(composite fleet)과 자동화기계(machines driven)를 시간이 지남에 따라 변화시키는 변경을 의도하고 있었지만, 미국인의 운전 습관에 대한 개조 또는 삭감은 아니었다. 그 당시 유일하게 성공적인 행동변화로는 연방 주 사이 도로에서의 제한속도를 시속 75마일에서 55마일로 낮추도록 법령으로 강제한 것이 있었다. 후에 몇몇 주는 제한속도를 시속 65마일 내지 75마일로 다시 올렸다. 덜 운전하기, 카풀, 자전거 이용, 걷기 또는 대중교통수단 이용하기와 같은 '자발적인' 행동변화와 삭감을 고무하는 시도들은 비참하게 실패했다. 하지만 적어도 논쟁을 만들기에는 충분한 시도였다.

운송수단과 함께 주거에서의 에너지 보전은 기후, 주거 설계, 그리고 가전제품의 수와 효율성과 같은 물리적인 변수를 강조하는 에너지 공학적 관점에 의해 지배되었다. 하지만 운송수단과 다르게 가정과 가전제품을 재설계하는 것이 에너지 사용을 의미심장하게 감축할 수 있을 것이라는 가정은 확고한 것이 아니었다. 예를 들어, 프린스턴대학교의 쌍둥이 강 프로젝트(Twin Rivers Project)라는 방대하고 세밀한 5년간의 현장연구 노력에 의하면 동일한 규모, 같은 방 개수, 그리고 가전제품 일체가 구비된 유사한 면적의 도시주택에서 유사한 규모의 가족이 살 때 에너지 소비가 엄청나게 다양한 양상을 보여준다는 것이다. 새로운 점유자의 에너지 사용은 이전 점유자에 견줘 예견될 수 없고, 가정의 에너지 소비에 대한 생활방식의 영향은 극적이었다(Rosa et al., 1988: 161; Socolow, 1978). 더욱이 인구통계학적으로 유사한 가족들에 의해 점유된 동일한 단위에 대한 다른 연구들에서는 에너지 사용량이 200~300%의 다양한 모습으로 보고되었다. 가전제품, 가정 난방과 냉방, 온수, 그리고 기타 등등에 사용된 에너지의 양은 천차만별이었다. 에너지 분석에서 '평균소비자'

는 다소 신화적인 개념인 것이다(Lutzenhiser et al., 2002: 240).

　이러한 연구는 대개 특별한 이론이나 개념에 의해 진행되지 않고, 전열기구를 끄고, 사용하지 않는 방을 닫거나 샤워시간을 단축시키는 방법 등과 같이 사람들이 가정 에너지 소비를 감축하도록 요청하는 상식적인 방법들을 찾았다. 오일쇼크 이후, 정책중심의 연구들은 초기에는 가정에너지 사용 회계결산을 포함해 에너지를 보존하는 정보와 교육프로그램을 제공했다. 그들은 모두 성공적인 효과를 거두지 못했다. 유일한 성공은 소비자가 소비에 대한 환류작용을 할 수 있도록 정보를 더 잘 제공하는 데 초점이 맞춰진 점이다. 하지만 그들은 가정에서 에너지 사용을 스스로 모니터링하는 데 어려운 장벽이 있음을 특별히 실감했다. 에너지는 대부분 눈에 보이지 않았던 것이다.

　초기 연구와는 다르게 가정 에너지 소비에 대한 후기 연구들은 두 가지 개념적 모델에 의해서 진행되었다. 경제학자와 공학자가 주로 선호한 경제적 합리성 모델(economic-rationality model)과 사회심리학자가 선호한 태도-행위 일관성 모델(attitude-behaviour consistency model)이 그것이다. 경제적 모델은 더 효율적인 기술이 나타난다면 인간은 에너지 가격변화에 '합리적으로' 반응한다는 점을 강조했다. 에너지 가격의 상승과 효율적인 기술은 에너지 보존에서 중요한 역할을 수행하는데, 연구의 많은 부분은 경제적 분석이 그들의 중요성을 과장한 나머지 에너지 흐름을 형성하는 비경제적 행위에 대해서는 저평가했음을 시사했다(Lutzenhiser, 1993). 에너지 수요의 상대적인 지속성(비탄력성) 등의 이유 때문에 행동은 가격변화에 반응하는 것이 느리고, 따라서 에너지 사용 행위들을 가격변화에 의해 설명할 수 없다는 것을 보여주었다.

　더욱이 에너지 사용, 가격, 투자비용, 기대되는 절약(savings), 그리고 다른 비가격적 요소들에 대한 정확하고 신뢰할 만한 정보의 취득은 가능하지만 비가격적 요소들은 단순한 경제-합리성 접근에서는 무시되기 쉽다(Gardner and Stern, 1996: 100~124; Rosa et al., 1988: 162~163). 심지어 소비자들이 에너지에 대해 잘 알기를 원하고, 경제적인 합리성의 방법으로 행동한다고 믿어질 때조차도 실수가 생길 수 있다. 에너지 사용이 눈에 보이지 않고 전문가들조차 본질적으로 정량화하고 분석하기 어렵기 때문에 일반 사람들은 에너지 보존을 위한 투자비용을 매우 설득력 있게 과대평가하는 특별한 계산방법을 발전시킬 수밖에 없다. 사람들은 더 큰 목표와 임무에 집중해야만 하기 때문에 많은 일상적인 에너지 관련 행동들을 인식하지 못한 상태로 단순히 지나치게 된다. 예를 들면 사람들에게 매일 자신의 행동을 기록하도록 한 가정 에너지 관련 행동에 관한 연구는 자신들이 얼마나 자주 문을 열고, 냉장고 안을 들여다보며, 온수를 틀어 흘려보내는지 알고 놀랐다는 사실을 보여주었다(Lutzenhiser et al., 2002: 246~247).

  이와는 대조적으로, 태도-행위 접근법은 에너지 문제와 소비에서 태도의 결과를 알아내려고 노력한다. 연구가들은 태도를 인지, 영향, 평가의 차원을 가진 것으로 넓게 이해했고, 어느 정도의 교육과 정보가 에너지 사용 행동을 변화시킬 수 있는지에 초점을 맞췄다. 그러나 연구들은 종종 태도와 행동 사이에 모순이 있음을 보여준다. 태도는 개인적인 선택이라기보다는 사회 내에서 발견되는 것으로 - 가정과 자동차의 종류는 이미 시장에 판매되는 것으로 제한되듯이 - 가격과 사용능력, 지식의 부족 또는 에너지 사용 상황을 변화시키는 장벽을 극복하지 못할 수도 있다. 가정의 에너지 사용 감축에 대한 한 연구는 가격과 태도 요소의 상호작용을 분석했다. 이 연구는 에너지 절약 행동이 쉽고 값싼 방법 - 온도조절 변화 - 에서 어렵고 비싼 방법 - 단열과 주요 난방장치 수리 - 으로 이동하게 되면 태도는 에너지 사용의 예언자로서 강력한 설명력을 갖추지 못하게 된다는 사실을 발견했다(Black et al., 1985, Gardner and Stern, 1996: 77 재인용). 많은 연구를 통해 얻어진 결론은 가격과 다른 경제적 요소들이 가정 에너지 행동과 결정에서 중요한 역할을 수행하지만, 이들은 정보의 선명성, 정확성, 특이성과 같은 사회적·심리적·시장적 요소에 의해 제한될 수 있다는 점이다. 정보원의 신뢰성, 투자에 대한 제도적 장벽, 그리고 다른 비경제적 요소들이 그것이다(Stern and Aronson, 1984).

정보 차이에 의해 조금 더 주의 깊게 통제된 가치와 태도에 관한 다른 연구들에서는 인격적 가치 - 변화에 대한 도덕적 의무 - 들이 강력한 효과가 있음을 찾아냈다. 이들은 종종 가격 유인책의 힘을 더 중요하게 만들었다(Heberlein and Warriner, 1983). 여전히 다른 연구들은, 특히 지역보전프로그램이 시행되고 있는 상황에서, 가정들에서 밝히는 에너지 보존 행동을 예측할 수 있는 것으로서 시민조직과 지역조직의 연관성의 중요함을 제시했다(Olson and Cluett, 1979; Dietz and Vine, 1982). 중요하게도, 연구들은 사회경제적 지위는 에너지 보존 행동의 방식을 형성한다고 밝혀냈다. 풍요로운 가정은 에너지효율성에 투자하지만 가난한 가정은 생활방식의 조정과 삭감을 통해 에너지 문제를 다룬다(Dilman et al., 1983; Lutzenhiser and Hackett, 1993).

에너지학의 거시적 연구와 미시적 연구를 함께 고려할 때, 이것 하나는 명백하다. 에너지 행위와 소비는 너무 복잡해 단순한 경제적 합리성 또는 태도 행동 모델 어느 하나로 설명되기 어렵다는 것이다. 학자들은 경제적·사회적·태도적 요소들을 결합하는 통합된 개념적 틀을 필요로 한다(Stern and Oskamp, 1987). 통합된 틀은 지금은 존재하지 않지만, 연구논문들의 요약에 몇 가지 실마리가 있다. 에너지 보존을 위한 경제적 유인책들은 다음과 같은 때에 효과적일 수 있다.

1. 비용, 신용(credit)에 대한 접근, 세금경감, 또는 '불편'과 같은 특별한 외부적 방해 요인에 그 방향을 맞춘다.
2. 중요한 방해요소는 큰 규모의 사회체계에 위치해 있지 않다. 일터와 가정, 쇼핑 사이의 거리가 먼 도시확장(urban sprawl) 또는 '불편'한 요소, 또는 단열이 잘 된 주택이나 효율적인 자동차가 시장에 나오지 않았을 때

의 비유용성과 같은 것들이 여기에 포함될 수 있다.
3. 그것들은 겨울철에 저소득층 또는 노인들에게 난방 또는 식량구입 사이에서 선택을 강요하는 에너지 가격의 인상(보상정책이 없는)처럼 반대되는 결과를 가져오지는 않는다.
4. 정보, 공공캠페인, 재생프로그램, 그리고 도덕적·윤리적 논쟁과 같은 다른 영향기술(influence techniques)과 결합된다(Gardner and Stern, 1996: 120~122).

정보와 태도 변화 프로그램들은 다음과 같은 사항을 제공할 때 효과적이다.

1. 정보 방향을 인간 행위에 직접적으로 맞춘 **정확한 환류**(Accurate feedback). 성공한 초기 가정에너지 소비프로그램 중 하나인 이것은 사람들에게 현재의 에너지이용에 대한 정보를 제공하는 것이었다.
2. 단순하게 문제를 논의하는 것이 아닌 효과적인 에너지 사용 감축 사례를 제공하는 **모델**(Model). 예를 들어 연구는 사람들에게 단순하게 도덕적 설득을 하기보다는 에너지 사용 감축의 효과적인 방법에 대한 비디오테이프를 보여준다.
3. 사람들의 세계관과 가치에 기초해 **구축된 메시지**(Framing messages). 예를 들어 북미 사람들은 에너지 보존의 관점보다는 '에너지효율성' 향상에 대한 주장을 더 수용하는 태도를 보인다(Gardner and Stern, 1996: 83~88; 2002: chaps. 4, 5).

에너지 소비를 이해하는 또 다른 접근방법들이 있지만, 더 좋은 것들이 더 직접적으로 개개인 행동의 사회적 맥락 — 행위는 본래 사회적·집단적 성격을 띤다 — 에 관여하는 것이 확실하다는 합의도 있다. 개인 소비자들은 에너지와 관련된 결정을 내릴 때 종종 사회적이면서 비경제적인 목표를 추구한다. 이는 지위 표현, 윤리적 소비, 그리고 오염 감축과 같은 요소들은 소비자들이 인센티브를 어떻게 평가하는지에 영향을 준다는 것을 의미한다. 더욱이 다양한 소비자 그룹은 유인책을 다르게 평가한다(Stern et al., 1986: 162). 에너지 소비를 이해하는 좋은 접근법은 어떻게 경제적·태도적·사회적 과정들이 실제 에너지 소비의 복잡성을 표현하고 상호작용하는지를 이해할 수 있어야 한다. 그것은 또한 분석가들에게 사회연결망과 조직뿐 아니라 어떻게 기술이 유포되는지를 이해할 것을 요구한다. 독자가 그것들에 대해서 생각할 때 이러한 것들은 명확해진다. 에너지 소비자는 상품, 재화, 정부, 주택, 자동차 등을 에너지 수요, 사용, 그리고 환경에 영향을 주는 사회 연결망과 조직을 통해 얻는다. 건축, 건축업자, 도급계약, 자동차 판매상, 공기업 대표자, 제품판매원 등의 조직들과 연결망을 포함한다. 일반적으로 이러한 중간업자들은 소비자와 제조업자의 관계에 대한 구조를 규제하고 중재하지만 에너지효율성을 추구하도록 하는 유인책을 가지지 못한다(Lutzenhiser et al., 2002: 248, 255; Stern and Aronson, 1984). 세계의 현 에너지체계에서의 에너지 곤경을 다루는 데 몇 가지 실마리가 있다. 지금부터 그것에 대해 살펴보려고 한다.

4. 현재의 에너지 체계와 그 대안

앞에서 현재 세계 에너지 수요의 대부분 – 84% – 은 유한하거나 재생불가능한 자원에서 공급된다고 언급했다. 이들 중 대부분은 세 가지 화석연료에서 발생한다. 원유, 석탄, 그리고 천연가스가 그것이다. 수력, 태양력, 풍력, 그리고 생물자원과 같은 재생가능한 것이 그 나머지를 공급한다. 나무, 농작물 찌꺼기 그리고 분뇨와 같은 전통적인 생물자원 연료들은 가난한 저개발국가에

〈표 4.2〉 세계와 미국의 상업적 에너지원, 1999년

	세 계	미 국
재생불가능한 에너지	84%	94%
원유	33%	39%
석탄	23%	23%
천연가스	22%	24%
핵	6%	8%
재생가능한 에너지	16%	6%
수력, 태양력, 풍력	6%	3%
생물자원	10%	3%
	100%	100%

자료: U.S. Department of Energy, British Petroleum, Worldwatch Institute, International Energy Agency 변형, Miller, 2005: 352 재인용.

서 중요한 연료가 되고 있으며, 그곳에서 이러한 것들은 상업적으로 교역되거나 상업적인 시장 바깥을 뒤져 얻을 수도 있다.

1999년 세계와 미국의 상업적인 에너지 흐름을 백분율로 보여주는 〈표 4.2〉를 참고하라. 이러한 비율들은 최근 몇십 년 동안 그리 많이 변화하지는 않았지만 변화의 유용성, 비용, 기술 때문에 서서히 변화한다. 사실 20세기 세계 에너지 흐름에서 다른 연료들의 비율에 중요한 변화가 있었다. 석탄은 55%에서 23%로 그 비중이 감소했고, 원유는 2%에서 39%로 증가, 천연가스는 1%에서 23%로 증가, 원자력 에너지는 0%에서 6%로 증가, 그리고 재생가능 자원 - 주로 나무와 유수 - 은 42%에서 16%로 감소했다(Miller, 2005: 352). 풍력, 태양력, 지열, 수소와 같은 나머지 재생가능 자원은 모두 합쳐봐야 미국과 세계 에너지 흐름에서 일부분만을 구성하는 것이 사실이다. 그러나 어떤 것들은 빠른 비율로 상승하고 있어 미래 잠재성을 가지고 있다고 평가된다.

4.1 화석연료

이 장에서는 공급 사안과 대부분의 화석연료의 문제에 대해 논의했다. 여기서는 반복하지 않으려고 한다. 하지만 몇 가지 장점을 놓쳐서는 안 된다. '원유'는 비교적 값이 싸고 쉽게 운송되며 순 이용가능 에너지(net useful energy)의 산출 비율이 높다. 순 이용가능 에너지는 자원을 찾고, 정제하고, 농축하고, 사용자에게 운송하는 데 사용되고 소모된 에너지의 양을 감한 후 남겨진 자원으로부터의 총 이용가능 에너지이다. 원유는 교통수단을 움직이고, 건물에 열과 물을 공급하고, 산업과 전력 생산을 위해 고온의 열을 공급할 수 있는 다재다능한 연료이다.

석탄은 모든 사람의 선호도가 가장 낮은 연료이지만 엄청난 양이 매장되어 있다. 지금까지 밝혀진 그리고 사용가능한 석탄 매장량은 이용률에 따라 200년에서 1,125년 정도 분량일 것으로 추정된다(Miller, 2005: 364). 석탄연소는 높은 수준의 순 에너지 이용률을 가지며 채굴과 사용에 높은 보조금이 주어지고 있고, 비용이 외부화(externalized)되기 때문에 전력을 생산하고 산업용 고열을 만들어내는 가장 저렴한 방법이다.

앞서 그리 많이 논의되지 않았던 천연가스는 자연적으로 발생한 메탄, 부탄, 프로판 가스의 지질 혼합물이다. 석탄에 비해 천연가스는 산업, 운송, 동력생산을 위해 사용하기에 충분할 만큼 깨끗하게 연소하고, 효율적이며, 융통성이 있다. 다른 화석연료들과 비교할 때 더 적은 오염원, 분자, 그리고 CO_2를 발생시킨다. 천연가스는 매 10억 줄(J)의 에너지를 양산할 때마다 14킬로그램의 CO_2를 방출하는 반면 원유나 석탄은 20~24킬로그램을 방출한다. 그러나 불완전연소나 새어나오는 메탄가스의 방출은 열을 가두어놓는 온실가스로서 CO_2보다 25배나 더 강하다. 원유와 같이 천연가스도 세계 몇몇 지역에서 생산이 집중된다. 천연가스의 전통적 공급과 비전통적 공급 – 더 높은 가격 – 은 얼마나 빨리 사용률이 상승하는지에 따라 65~125년까지 지속될 수 있다고 한다. 중동, 러시아, 캐나다는 알려진 세계 매장량의 70%를 가지고 있으며, 미국이 대부분을 수입하는 캐나다의 가스 생산은 2020~2030년에 최절정에 이를 것으로 전망된다. 천연가스는 같은 대륙 내의 파이프라인을 통해 값싸게 운송될 수 있지만, 유동성 있는 액화천연가스로 전환될 필요가 있고, 이를 해양 건너로 운송하려면 냉각탱크가 장착된 선박을 이용해야 한다. 현재 수준에서 이는 어렵고 위험하며 값비싼 작업이 된다(Miller, 2005: 362~363). 말하자면 석탄을 기체화·액화해 합성 천연가스를 생산해낼 수 있는데, 이것을 이른바 합성가스(syngas)라고 한다. 그러나 그것의 생산과 사용은 대략 50% 더 많은 온실가스 배출을 양산한다. 대다수의 분석가들이 보기에 큰 액수의 정부 보조금이 없다면 합성가스의 장점은 제한적이다(Miller, 2005: 355~356). 오일, 석탄, 원자력 에너지에 비해 천연가스가 가지는 장점 때문에, 많은 분석가들은 천연가스를 향후 50년 내에 향상된 에너지 효율성과 재생가능한 에너지의 더 많은 사용으로의 전환을 도울 최고의 연료로 보고 있다.

기술적 장점과 함께 화석연료의 다른 장점은 경제, 정치, 그리고 제도 부문에서도 나타난다. 매우 단순하게 말하자면, 화석연료들이 가지고 있는 문제점이 있음에도, 우리는 그것들을 생산하고, 처리하고, 사용하기 위한 기초시설에 막대한 자본을 투입하고 있다. 넓은 수준의 경제적이고도 실제적인 새로운 에너지 기술을 발전시키는 데는 거대한 투자와 몇십 년간의 실험이 필요하다. 놀랍지도 않게, 현 에너지 경제의 규칙은 그것들의 장점이 무엇이든지 간에 새로운 가능성에 초점이 맞추고 있는 것이 아니라, 현재 체계를 선호하도록 설계되었다. 화석연료체계를 유지하는 것은 이로부터 이득을 보는 개인이나 강력하게 결합된 이해집단에 매우 실질적인 이익을 준다. 역사적으로 세금제도의 편파성과 정부보조금은 화석연료의 사용을 촉진하고 있으며, 장기 투자보다는 현재 작동하고 있는 가격체계를 선호한다.

비록 현재 세계 에너지 소비에서 차지하고 있는 84%를 유지하려면 화석연료 소비가 2020년까지 57% – 매년 2% – 까지 증가할 필요가 있다고 해도, '화석연료 시대'는 아마도 다음 세기 언제쯤엔가 종말을 고하게 될 것이다. 우리가 그 종말을 볼 수는 없겠지만, 그것의 하락추세는 이미 가시적으로 나타나고 있다(Flavin, 2005: 30; Goodstein, 2004; Roberts, 2004). 무엇이 화석연료를 대체할 수 있을까? 15년 전부터 대개의 전문가들은 별 주저함 없이 원자력 에너지라고 답했다.

4.2 원자력 에너지

비군사적인 목적의 원자력 에너지 사용은 전력 생산이다. 핵분열 원자로에서 중성자는 우라늄 235와 플루토늄 239로 분리되며 많은 양의 고온 열에너지를 방출한다. 그리고 이것은 전기를 생산하는 증기터빈에 동력을 공급한다. 원칙적으로 핵분열원자로는 제2차 세계대전의 원자폭탄 작동과 같은 원리가 사용된다. 반응을 주절하고, 완화하고, 억제하고, 냉각시키는 장치를 필요로 하는 복잡한 체계 때문에 원자력발전소는 석탄발전소보다 더 복잡한 구조에서 작동한다. 이러한 방법으로 에너지를 생산하는 것에 관해 많은 논쟁이 있다는 점을 독자도 잘 알고 있을 것이다.

1950년대 연구자들은 원자력 에너지가 세계 상업적 에너지의 21%를 공급할 것이라고 예견했다. 하지만 2000년까지 50년 동안의 기술 발전, 막대한 정부보조금, 그리고 세계 곳곳에서의 2조 달러의 민간투자 이후, 32개국의 상업적 원자로는 세계의 상업적 에너지의 6%, 전력수요의 19%만을 생산하고 있다. 매년 1% 이하로 산업은 성장하고 있지만, 수송을 위한 파이프라인 건설은 거의 되지 않고 있는 상황이다. 1만 6,000메가와트(MW) 용량을 가진 원자로 23기만이 현재 신축되고 있다(1980년대에는 20만 메가와트 이상의 용량에 해당하는 발전소들이 건설 중이었다). 2005년에는 원자로 두 기가 또 폐쇄되었는데, 원자력 시대가 시작한 이래로 영구적으로 제거된 원자로의 수는 총 116개에 이른다. 중국만이 2020년까지 석탄 의존도를 낮추기 위해 50개 이상의 신규 발전소를 건설하려는 중이다.

비교적 보수적인 국제에너지기구(IEA)는 원자력 에너지 발전소는 10년 안에 최고조에 이를 것이고, 그 후 서서히 하락하기 시작할 것이라고 예측했다(Flavin, 2006; Miller, 2005: 369). 1978년 이후 미국에서는 원자력 에너지 발전소 신축이 허가되지 않았다. 1973년 이후 전체 120개의 발전소가 해체되었다. 현재 가동되는 104개 중 43개는 안전 설비 재건 문제로 1년 넘게 가동이 중단된 상태이다. 핵조절위원회(Nuclear Regulatory Commission, NRC)에 몇 해 동안 신규 발전소에 대한 허가가 신청되지 않고 있다. 사실 핵발전은 서서히 쇠퇴하는 기술적 선택인 듯하다(Miller, 2002: 347). 왜일까?

국가안전의 이유가 가장 크다. 원자력발전소를 건설할 만한 기술력을 가진 국가는 또한 핵무기를 만들 수 있다. 그래서 원자력 에너지의 보급은 잠재적인 핵무기와 지정학적 긴장의 확산에 기여한다. 이란과 북한과 같은 여러 국제 불량국가들은 국제적인 사찰에 응하지 않고 있으며, 은밀하게 핵무기 제조 능력을 발전시키는 것을 감추려는 수단으로서 원자력발전을 사용하고 있다고 의심받고 있다. 2006년까지 미국과 여러 불량국가 간의 긴장은 고조되었고 정치적으로 불안정했다.

둘째이면서 동등하게 잘 알려진 이유로는 원자력이라는 선택에 대한 국민의 이미지를 손상시키는 핵 붕괴와 핵 사고의 위험을 들 수 있다. 몇몇은 귀에 익숙한 단어가 되었다. 미국 펜실베이니아 주에 있는 원자력발전소인 스리마일 섬(Three Mile Island: TMI)에서는 방사능가스가 유출되었고, 구소련 – 현 우크라이나 – 의 발전소인 체르노빌은 완전히 붕괴되었다. TMI에서 부분적인 정화, 소송, 그리고 손해배상 비용은 1조 4,400억 원(12억 달러)에 이르렀다.

이는 거의 8,400억 원(7억 달러)가량의 원자로 건설비용의 2배가 되는 비용이다. 체르노빌 붕괴사건은 10일 동안 통제할 수 없는 화재가 일어난 사건인데, 히로시마와 나가사키 피폭량을 합친 방사능보다 더 많은 방사능을 대기 중에 방출했다. 방사선 낙진은 바람과 비를 타고 유럽 전역에 영향을 미쳤고, 알래스카에 이르는 먼 곳까지 그 영향이 측정되었다(Charman, 2006: 12). 자동 안전장치가 구축되어 있기 때문에 미국과 대다수 선진국의 원자력발전소의 방사능 노출 위험은 매우 희박하다고 한다. 그렇다고 해도 미국 핵조절위원회는 향후 30년 안에 미국 원자로가 완전히 붕괴될 가능성을 15~45% 정도로 평가했고, 원자로 39기의 외관은 봉쇄 실패 가능성 또는 봉쇄 구조 내부에서의 가스 폭발 가능성이 80%에 이를 것으로 보고 있다(Miller, 2002: 348).

셋째, 석탄 또는 천연가스를 연료로 하는 발전소와는 다르게 원자력발전소는 CO_2와 여타 온실가스를 양산하지 않는다. 그러나 이는 오래 지속되는 저준위 방사능 폐기물을 양산해 이것들이 지금 원자력발전소 부지의 폐기장(storage)에 축적되고 있다. 연방정부는 핵폐기물을 처리해 영구적으로 안전한 폐기장에 저장하는 데 필요한 김행을 게을리하고 있다. 정부는 부패, 누수, 지진, 또는 장기간의 태업 등으로부터 안정성을 보장할 필요가 있다. 만일 폐기장이 독자가 사는 지역과 가까운 곳에 있다면 어떨까?

넷째이자 덜 포괄적으로 평가된 것으로, 원자력발전소의 계획, 건설, 규제에 매우 비경제적인 투자가 이루어지고 있다. 예술적 경지에 이른 석탄 화력발전소는 전력을 생산하는 데 비교적 비용이 적게 드는 방법이다. 경제성은 부정적인 공공여론 또는 반핵 행동가보다 원자력 에너지 확장에 더욱 잠재적인 장벽이 될 수 있다. 더욱이 낡은 원자로의 구조물들을 분해하고 안전하게 만드는 것과 핵폐기물을 처분하는 데에는 안전 문제, 정치적 문제, 그리고 발전소의 발전과 작동 비용을 초과하는 경제적 비용 문제 등이 생긴다(Gibbons et al., 1990: 88). 미국의 은행과 대부 제도는 신규 원자력발전소에 추파를 던지고 있지만 공익사업투자가는 대규모로 이를 포기하고 있는 실정이다.

막대한 비용, 이미 입증된 심각한 사고의 잠재성과 지정학적 불안정성이 존재하지만, 놀랍게도 지구온난화라는 유령은 원자력 에너지가 다시금 세계 에너지 문제의 필수불가결한 해결책으로서 권유되도록 한다. 2006년 1월 ≪뉴스위크≫의 커버는 '원자력 에너지의 귀환'이라는 기사를 내세웠다. 그러나 나는 ≪월드워치(Worldwatch)≫의 크리스토퍼 플래빈(Christopher Flavin)이 논평 "원자력의 부활? 너무 믿지는 말라!"에 소개한 내용에 동의한다(Flavin, 2006). 만일 원자력 에너지가 화석연료에 대한 의존성을 약화시키는 가장 좋은 방법이 아니라면 무엇이 그러할까? 플래빈은 "재생가능 동력원을 통해 (원자력발전이 차지하는 것보다 더 큰 비중인) 오늘날 세계전력의 약 20%를 제공할 수 있고, 2005년에 정비된 새로운 풍력발전소의 발전능력은 원자력발전보다 세 배 정도 컸다"고 언급하고 있다(2006: 20).

4.3 재생가능 에너지원

재생가능 에너지원은 인간이 사용한 가장 오래된 에너지원이자 동시에 에너지를 생산하고 현 체제의 많은 문제점을 처리하는 데 가장 큰 잠재성을 가지고 있는 에너지원이다. 오늘날 재생가능 에너지원은 모두 합해 세계 에너지원의 19%, 미국 에너지원의 7%만을 대체하고 있다. 투자와 기술적 발전을 동시에 취한다면 유역, 생물자원(동식물의 잔존물), 바람, 태양으로부터의 에너지는 향후 50년 안에 세계 에너지의 절반을 생산해낼 수 있다. 에너지효율성에 대해 그만큼의 투자가 결합된다면 아마도 그 기간은 더 앞당겨질 것이다. 각 에너지원으로부터 에너지를 산출하는 원칙들은 잘 알려져 있다. 하지만 지금 대부분은 실용화되거나 대규모의 상업적 에너지로 사용될 수준은 아니다. 빠르게 그렇게 되고 있기는 하지만 말이다.

수력발전

수력발전은 저수지의 물을 사용해 터빈 엔진을 돌려서 전력을 생산한다. 2002년 수력발전은 세계전력의 약 20%를 생산하고(총 에너지 흐름의 6%), 노르웨이에서의 약 99%, 중국에서 25%, 미국에서 7%(그러나 서부 해안지대에서의 50%)를 차지한다. 유엔에 따르면, 수력발전에 관한 세계 기술개발 잠재력의 겨우 13% 정도만 개발되어왔으며, 그 대부분은 중국, 인도, 남아메리카에서 개발되었다는 것이다. 수력발전은 세계 많은 지역에서 대개 유역량의 연중 변화와 지형에 많이 의존하고 있고, 그 기술은 이미 상당한 정도로 발달해 있다. 수력발전은 발전소 가동과 유지 면에서 비용이 저렴하고 순 에너지 산출이 높아 성숙한 기술로서 평가받고 있다. 수력발전 댐은 CO_2와 다른 오염물질을 방출하지 않는다. 작동수명 역시 석탄 또는 원자력발전의 2~3배에 이른다. '대형 댐'은 관개시설로도 활용되고 홍수 조절과 휴양의 기능을 갖추고 있다. 반면에, 건설비용이 많이 들고 환경적으로는 유해한 측면이 있다. 댐은 야생의 서식지를 파괴하고, 사람들을 정든 집에서 떠나게 만들고, 댐 아래 지역의 우수한 농지의 자연적 비옥화와 물고기 수확량을 감소시킨다. 이러한 요인들은 세계 여러 지역, 특히 저개발국가에서 수력발전 개발을 부적절한 것으로 만든다(Reddy and Goldemberg, 1990: 111).

생물자원(Biomass)

세계 사람들의 대부분, 그리고 저개발국가 국민의 대략 80%는 **전통적 연료**(traditional fuel)인 나무, 숯, 분뇨 또는 식물의 잔재 등을 태운다. 이러한 생물자원 연료는 미국과 캐나다에서 에너지 사용의 4~5%, 저개발국가들에서 30%, 전 세계적 에너지 흐름의 약 10%를 차지하고 있다. 이러한 **생물자원 연**

료는 순 에너지 산출 비율이 낮고 이들을 태울 때 많은 탄소 분진 - 미립자, 이산화탄소, 그리고 일산화탄소 등을 부산물로 배출한다. 나무 또는 숯을 이용하는 난로로 가정을 난방하면 천연가스로 300개 가정을 난방할 때 배출하는 정도의 분진이 생긴다.

그러나 저개발국가 도시의 사람들이 나무 또는 숯을 구입하기도 하지만 전통적 연료를 사용하는 큰 장점은 바로 이것들을 구입하지 않고서도 이용할 수 있다는 점이다. 시골 지역에서는 돈을 주고 나무를 사는 대신 여성들과 아이들이 일상적으로 나뭇가지나 가축분뇨를 주워 모아 요리할 때 연료로 사용한다. 저개발국가 시골인구의 대부분은 가난해서 크게 상업적인 에너지원에 의존할 수 없기 때문에 상업적 에너지의 1인당 사용량은 고개발국가의 그것에 비해 낮은 수준이다. 화석연료와는 다르게, 생물자원은 지구의 많은 곳에서 유용가능하다. 원칙적으로 생물자원 연료는 재생가능하고 환경적으로 우수하다. 그러나 증가하는 인구의 압력은 연료로 쓸 나무를 구하려고 나무와 초목이 자라는 땅을 헐벗게 하기도 하고, 산림파괴와 사막화현상을 야기하기도 한다. 중국의 산림은 수세기 동안 벌목으로 인해 규모가 줄어들었고, 땔감을 사용하는 것으로 인해 오늘날 사하라 주변의 아프리카, 네팔, 티베트에서 사막화, 토양 침식, 환경황폐화가 악화되었다(Reddy and Goldemberg, 1990: 111).

생물자원은 다른 연료를 생산하는 데 사용될 수도 있다. 많은 저개발국가에서는 식물쓰레기, 분뇨, 하수, 그리고 다른 생물자원 연료를 메탄가스로 전환시키기 위해 생물가스 분해자(biogas digester)인 혐기성 박테리아(anaerobic bacteria)를 사용한다. 조명과 요리에 사용된 메탄의 사용 이후 고체잔존물은 농작물과 나무의 비료로 재생될 수 있다. 만일 자연적으로 부패된다면 전통연료 자체가 대기 중의 메탄가스가 될 것이다. 중국은 대략 600만이 생물가스 분해자를 이용하고, 인도는 1985년 이래로 75만 명이 그러하다. 생물자원 분해자의 사용은 약간의 노동을 가하면 50달러를 가지고 구축할 수 있다. 생물

〈글상자 4.2〉 바이오디젤?

디젤 연료는 유서 깊은 생각이다. 루돌프 디젤(Rudolf Diesel)은 디젤엔진을 발명했고, 그는 시험 모델에 땅콩기름을 사용했다. 디젤엔진 연료는 콩, 야자, 포도씨, 캐놀라, 해바라기 등의 다양한 야채기름으로부터 만들 수 있었다. 이러한 바이오디젤은 석유 디젤보다 가격도 저렴하고 환경친화적이었다. (모든 자원으로부터의) 바이오디젤 연료는 사탕수수와 옥수수로 만들어진 에탄올과 같이 순 온실가스 배출을 적게 양산한다. 한 추정치에 의하면 바이오디젤은 전형적으로 옥수수 에탄올의 감소량의 세 배 이상인 41%까지 이산화탄소를 감소시킨다. 그러나 문제도 있다. 예를 들면 브라질의 생물자원 에탄올의 생산은 농지의 3%만을 요구할 뿐이다. 그러나 미국의 생물자원과 바이오디젤 연료 수요의 10%를 공급하는 데에는 농지의 30%가 요구된다. 예를 들어 야자수 기름을 공급하기 위해 말레이시아는 열대우림의 300만 헥타르 – 대략 매사추세츠 규모 – 를 야자 플랜테이션을 위한 토지로 전환하려고 계획하고 있다. 반대자들은 바이오디젤의 대규모 생산은 열대우림을 쓰레기로 만들 수 있고, 수자원을 고갈시키며, 종다양성을 감소시키고, 식량가격을 상승시킨다고 말한다. 폐유와 오일경작을 위한 소규모의 전환으로부터 얻어지는 소규모의 바이오디젤 생산은 온실가스 배출을 약간 줄일 수 있지만, 환경적 혜택은 크지 않다(*New Scientist*, 2006: 38~40).

자원 연료자원을 이용하면 연료로 쓰려고 나무를 벨 필요가 없기 때문에 환경을 보호할 수 있고, 시골거주자들은 거대기업, 도시 또는 거대 발전소 연결망을 통한 값비싼 에너지에 의존하지 않아도 된다. 그러나 그들은 비용과 제한점을 가지고 있다. 생물자원 연료자원은 종종 계절적으로 유동성이 크고, 만일 생물가스 발생기에서 사용되면 경작물 비료로서의 용도 효용성이 감소한다(Reddy and Goldemberg, 1990). 저비용 식물 물질이 이미 유용화된 곳에서는 다른 가능성들이 있다. 에탄올은 지금 옥수수와 식물 잔존물에서 추출되고 있고, 잘 알려져 있듯이 미국은 석유공급을 확장하려고 휘발유첨가제를 실험하고 있다. 중서부 옥수수 농장주들이 생물연료(biofuel) 실험을 후원하고 있다는 점은 놀랄 만한 일이 아니다. 브라질은 자동차를 거의 순수한 에탄올에 의해 움직이도록 전환하는 실험을 했는데, 이는 기술적으로 어려운 것이 아니다. 몇몇은 생물자원 연료를 양산하기 위해 빠르게 성장하는 수많은 식물들,

곧 사시나무, 무화과, 관목, 스위치그래스 등을 'BTU 나무'의 생물자원 플랜테이션으로 경작할 것을 전망하고 있다. 그러나 이것은 거대한 양의 산림, 초지, 또는 농장을 단일 종의 생물자원 플랜테이션으로 전환시키고 더 나아가 종다양성 감소를 가속화시키는 것이 된다.

풍력

풍력발전기(wind generator)는 기본적으로 직접적인 전기를 생산하는 전력발전기로서 최신형 풍차라고 보면 된다. 이러한 전력은 바람이 충분히 부는 지역에서만 생산될 수 있다. 바람이 잠잠해질 때에는 공공전기설비 회사 또는 다른 종류의 에너지 저장 체계로부터 전력을 보충해야 한다. 더욱이 적은 양의 연료에서 많은 양의 에너지를 얻을 수 있는 석탄 또는 원유와는 다르게 넓은 지역을 가로질러 부는 많은 양의 바람은 약간의 전력을 양산할 뿐이다. 단일 연료의 전력발전소에서 얻어지는 양의 에너지를 얻는 데에는 '많은' 지역에 설치된 많은 풍력발전소가 결합되어야 하는 노력이 필요하다. 이러한 제약이 있지만 풍력발전은 '거대한' 잠재력을 지니고 있다. 2003년 ≪윈드리포트(Wind Report)≫ 12월호에 따르면, 지표면의 1/10에 구축된 '바람 공원(wind parks)'들은 2020년 즈음에는 예상되는 세계 전력수요량의 두 배를 생산할 수 있다고 한다(Miller, 2005: 396).

캐나다 국경에서 텍사스에 이르는 로키산맥과 대평원의 12개 주와 같이 어떤 지역에서는 바람이 끊임없이 분다. 이 지역은 미국의 풍력발전 잠재력의 90%를 가지고 있고, 미국 에너지성(Department Of Energy: DOE)은 이를 가리켜 '바람의 사우디아라비아'라고 했다. 전 세계에 걸쳐 이와 유사하게 바람이 많이 부는 지역은 세계 전력수요의 상당한 부분을 생산할 수 있다. 풍력발전은 작동하는 동안 CO_2나 다른 공기오염물질을 발생시키지 않고, 냉각수가 필요하지 않으며, 시설을 제조하거나 사용할 때 거의 오염이 발생하지 않는다. 몇몇 비판가들은 터빈엔진의 날 속으로 철새들과 새들이 휩쓸려 들어간다고 책망하기도 한다. 그러나 바람농장이 새들의 이동경로 ― 매우 정교한 연구에 의해서 도면화될 수 있는 ― 를 따라 위치하지만 않는다면 새들은 대개 발전설비를 에돌아 날아가는 방법을 습득하게 될 것이다. 이보다 많은 수의 새들이 제트기의 엔진에 빨려 들어갈 때, 야생·애완 고양이에게 물렸을 때, 고층빌딩 마천루·유리창·통신 송수신탑·자동차유리와 부딪쳤을 때 생명을 잃는다고 보여주는 연구결과가 있다. 바람 농장에 의해 점유된 토지들은 목초지나 다른 농사목적으로 활용될 수도 있다.

풍력은 이제 더는 연구계획이 아니다. 그것은 실제로 작동하며, 값싸고 안정적으로 작동해 다른 에너지원과 충분히 경쟁할 수 있게 되었다. 1980년과 2004년 사이에 미국 풍력전기의 1킬로와트시(kWh)의 가격은 40센트에서 대략 4센트로 떨어졌다. 이는 석탄, 천연가스, 또는 수력으로부터 얻는 전력과 비슷한 가격이며, 원자력으로부터 얻는 전력보다는 세 배나 값이 싸기 때문에 경쟁력을 갖추게 되었다. 만일 정부의 보조금이 비슷한 수준으로 주어진다면, 가격은 1킬로와트시당 1~2센트로 떨어져서, 전력을 생산하는 데 가장 값싼 방법이 될 수 있다. 이러한 경제적 장점을 인지했기 때문에 여러 대기업(General Electric, Royal Dutch Shell)이 풍력에 투자하기 시작했고, 전환을 진행하고 있다 (Flavin and Dunn, 1999; Miller, 2005: 396~397; Sawin, 2005b). 풍력발전은 세계 에너지의 1%만을 생산하고 있지만, 가장 빠르게 성장하고 있는(1995년에서 2004년에 22%에서 30% 사이에 이르고 있다) 에너지원이다. 원자력발전소에 의해 생산된 전력의 두 배에 이르고, 1990년에 생산했던 양의 10배에 이르며, 2050년 즈음에는 세계 에너지 예산의 10~25%를 생산할 수도 있다. 2004년에는 세계를 선도하는 생산자인 독일, 네덜란드, 영국, 덴마크, 스페인이 미국이 생산한 풍력에너지의 두 배를 생산했다(Flavin and Dunn, 1999: 28; Sawin, 2005b).

태양 에너지

태양 에너지의 직접적인 이용은 대안 에너지의 지속가능한 원천으로 가장 큰 잠재력을 가진다. 방대한 양의 복사 에너지가 지표면으로 떨어지는데, 만일 이것이 이용가능한 형태로 취해지거나 전환된다면 세계 에너지 수요량을 충족시킬 수 있을 것이다. 태양광의 전체 능력은 방대하지만 풍력발전과 마찬가지로 햇빛이 비추는 곳과 시간에만 활용할 수 있고, 저장소와 보조지원(backup) 체계가 필요하다. 태양복사 에너지의 강도는 위도와 계절에 따라 다양하지만 여전히 태양 에너지는 미국 북부지역 주에서 낮 시간 동안 60~70%, 남부지역에서는 80~100%까지 사용이 가능하다(U.S. Department of Energy, 1989). 많은 저개발국가가 분포해 있는 적도 부근의 햇빛이 강렬한 지역에서 태양 에너지의 잠재력은 방대하고, 세계 많은 지역에 전력을 공급할 수 있다.

태양 에너지는 지금 난방과 온수용으로 실용적이다. 이러한 목적에 사용되는 태양광의 집광기(collector) 기술은 비교적 간단하다. 평균 정도의 숙련된 목수가 가진 기술과 몇천 달러를 투자하면 낡은 집을 개조해 난방과 온수에 사용되는 화석연료의 양을 줄일 수 있다. 소극적 태양열 난방체계(passive solar heating system)는 태양광선을 마주하는 창과 공간을 통해 직접 햇빛을 모으고 이를 저온의 열로 전환한다. 열은 콘크리트, 흙벽돌, 돌 또는 타일에 저장될 수 있고 낮과 밤을 통해 서서히 방출된다. 적극적 태양열 난방체계(active solar heating system)는 집광기를 특별하게 디자인해 태양광선이 방해물 없이 마주하도록 지붕에 올린다. 이는 태양 에너지를 집중시켜, 매개물을 데우고, 다른 건물 부분의 난방과 온수를 위해 팬 펌프체계를 사용한다. 이러한 방법은 미국에서 난방비 지출액을 감소시키는 잠재력이 매우 크다. 평생의 비용을 고려한다면 태양열 난방 온수체계는 미국의 많은 곳에서 값싼 방법이 될 것이다. 그러나 미국에서는 정부보조금으로 인해 화석연료 가격이 인위적으로 낮게 형성돼 있기 때문에, 에너지 가격이 높고 수많은 세금혜택이 있던 1970년대의 원유파동 이후보다는 1990년대 이래로 태양열 이용에 대한 소극적 또는 적극적인 투자가 하락하고 있다. 요르단, 이스라엘, 그리고 호주와 같이 따뜻하고 햇볕이 강한 국가들에서는 지금 애리조나와 플로리다의 신주택처럼 태양 에너지가 많은 양의 온수를 만들고 공급해준다.

광발전 전기(Photovoltaic electricity: PVE)는 전류를 생산하는 반도체 소자들이 태양복사 에너지를 흡수할 때 직접적으로 생산된다. 작은 계산기와 손목시계를 작동시키는 광발전 전기 소자들을 익히 보았을 것이다. 많은 방법 중에서 광발전 전기는 전력을 생산하는 훌륭한 에너지원이다. 광발전은 오염을 발생시키지 않고, 움직이는 부분이 없으며, 광물을 사용하는 유지비가 들지 않고 물도 필요로 하지 않는다. 광발전은 외딴 장소에 휴대할 수 있는 작은 기계장치에서 수백만 제곱미터를 뒤덮는 광발전 패널을 가지고 있는 다차원 메가와트발전소에 이르기까지 다양한 규모로 작동한다. 더욱이 대개의 광발전 소자는 실리콘으로 만들어지는데, 이는 지구 표면에서 두 번째로 풍부한 광물질이다(Weinberg and Williams, 1990: 149). 그러나 풍치의 대양 닌빙과는 달리, 수막처리된 실리콘 반도체 소자는 상당한 비용이 드는 고기술 사업이다. 풍력발전 주변의 땅과는 다르게 태양전지판에 의해 점유되는 땅들은 목초지 또는 농업으로 사용될 수 없다. 그러나 태양전지판은 지붕 위나 고속도로, 또는 태양광선이 풍부하지만 다른 것이 거의 없는 사막을 따라 놓일 수 있다. 게다가 사용하는 토지는 지나치게 많은 것이 아닐 것이다. 수력발전용 저수지는 엄청난 양의 토지를 사용하고, 채굴에 필요한 지역을 포함한다면 석탄 광산은 태양열 발전보다 더 많은 토지를 필요로 한다.

광발전 기술의 확산에서 주된 방해물은 메가와트당 드는 높은 비용과 태양전지판의 하부구조 구축에 따른 높은 비용이다. 추측할 수 있듯이 현재 광발전 전기는 세계 에너지 흐름에서 미미한 수준이다. 하지만 풍력발전과 같이 광발전 전기는 여러 이유로 급성장하고 있다. 광발전소는 세계경제에서 틈새 시장을 발견했는데, 광발전은 도시 또는 대규모의 지역 발전소로부터 중앙집중화된 전력망의 확장 없이, 전기를 20억 시골마을 사람들에게 전달하는 가장 값싼 방법인 것이다. 1990년 말 즈음, 광발전 전기는 태양광선이 풍부한 베트남과 자메이카와 같은 지역에서 급성장하고 있다. 광발전 소자는 철도 트랙을 변환시키고, 시골 병원에 전력을 공급하고, 수문과 관개시설을 작동시키며, 배터리를 충전시키고, 노트북을 작동시키고, 해양부표·등대·해안의 원유탐사기 플랫폼에 전력을 공급하는 데 점점 더 많이 쓰이고 있다. 태양발전소의 생산비용은 계속해서 낮아지기 시작했다. 문제가 생길 가능성이 많은 원자력체계를 가지고 있는 일본은 가정과 산업에서 광발전을 구축할 때 세금보조 혜택을 주고 있다. 또한 여러 유럽 국가는 석탄과 석유에 대한 전통적인 보조금을 없애고, 대신에 그것들을 풍력과 광발전에 전환해 혜택을 주고 있다. 그 결과 광발전기를 이용해 생산되는 전기는 1996년에서 2005년 사이에 80메가와트에서 1,460메가와트로 증산되었고 광발전 소자의 판매가 43% 증가했다. 정부가 광발전 전기의 저개발국가 시장의 거대한 잠재성을 인식하는 데 둔감했다면, 기업은 그렇지 않았다. 2000년 즈음 브리티시 석유(British Petroleum)와 셀 오일(Shell Oil)과 같은 기업들이 광발전 전기의 발전을 위해 상당한 수준의 투자를 하기 시작했다(Dunn, 2001c: 46~47; Li, 2006; Sawin, 2005b: 34).

수소 연료

고등학교 화학시간에 물 분자가 산소와 수소 원자로 분해되면서 전기가 생성되는 물의 전기분해를 해본 경험이 있다면, 연료로서의 수소 가스 사용의 잠재성을 이해할 수 있을 것이다. 이것은 휘발유보다 중량 대비 2.5배 많은 에너지를 만드는 청정연료이다. 탈 때 열을 배출하는 온실가스는 아니지만 공기

중의 산소와 결합하면서 일상적인 수증기를 방출한다. 수소는 오늘날 프로판 가스처럼 탱크에 수집해 저장하거나 파이프라인을 통해 운반할 수 있다. 전기보다 더 저장하기 쉽다. 수소는 반응금속과 결합해 수소화물(hydrides)이라 불리는 단단한 혼합물을 형성한다. 그리고 수소화물은 저장할 수 있으며, 자동차나 난로에 연료공급이 필요할 때 수소를 방출하기 위해 가열될 것이다. 휘발유와 다르게, 수소화물 저장탱크는 위험한 폭발이 일어나지 않는다. 다용도 연료인 수소는 운송, 난방 또는 산업용으로 사용될 수 있다. 수소와 산소가스를 결합해 전력을 생산하는 연료전지(fuel cells)는 자동차, 트럭과 버스의 연료가 될 수 있다. 이러한 전지는 유동적인 부분을 가지지 않고 있으며 오늘날 내연엔진보다 몇 배 더 큰 에너지효율성을 가진다. 전기기구의 여타 전지와는 다르게 수소전지는 충전이 필요하지 않고, 수소 연료만 있다면 몇 분 만에 연료를 재공급할 수 있다(Miller, 1998: 424).

점진적으로 중요한 연료 자원으로서 화석연료를 버리고 수소로 교체하는 것은 대단한 규모의 광범위한 수소혁명(hydrogen revolution)을 의미한다. 향후 50년 이상에 걸쳐 이루어질 기술적·사회적 전환은 농업과 산업혁명이 했던 것과 같이 세계를 변화시킬 수 있다. 이론적으로 수소 연료 경제는 많은 공기와 수질 오염을 제거할 수 있고, 열을 방출하는 온실가스 발생을 제거할 수 있으며, 부존 연료 자원 사용의 필요성을 낮추고, 경제 발전을 위한 에너지 압박을 완화시킬 수 있다. 매력적인 비전은 전력을 광발전 전기, 풍력, 또는 생태학적으로 우수한 기술로 생산하고, 수소 연료를 창출하는 데 전기분해를 이용하는 것이다. 태양-수소 경제는 화석연료보다 풍부하고 균등하게 배분된 자원에 기반을 두고 있고, 지정학적 긴장과 국가들이 서로 의존할 때 발생하는 비용을 감소시킬 수 있다(Flavin and Dunn, 1999: 36; Hydrogen International Research Center, 2006; Weinberg and Williams, 1990: 149).

알아두어야 할 사항은 무엇일까? 자! 여기 굵직한 사실들이 있다. 첫째, 수소(H_2)는 물에 갇혀 있고 화석연료와 같이 유기화합물이다. 둘째, 물과 유기화합물로부터 수소를 얻는 데에는 비용과 에너지가 필요하다. 연료로서 수소에 관해 기술했지만, 그것은 직접적인 에너지원이 아니라 다른 연료들의 많은 에너지를 이용해 에너지를 저장하는 방법인 것이다. 셋째, 전지는 수소를 사용해 전기를 생산하는 가장 좋은 방법이지만 최근에는 비용이 많이 드는 경향이 있다. 열과 화학적 과정을 사용해 석탄, 천연가스, 에탄올, 또는 휘발유의 복잡한 탄소 분자로부터 수소를 분리시킬 수 있지만, 현재 그렇게 하는 것은 너무 비싸고 화석연료를 직접 사용하는 것보다 더 많은 이산화탄소(CO_2)를 발생시킨다(Miller, 2005: 401~402).

종합하면, 오직 이론상의 잠재성을 가지고 있을 뿐이지만 수소 발전은 아주 매력적인 것이다. 토지 또는 물과 관련한 압박이 심각한 경우, 이는 특별히 유용한 것이 될 수 있다. 예를 들면 1990년대 전문가는 세계의 '총' 화석연료 소비와 동등한 양의 광발전 전기(PVE) 수소가 50만 제곱킬로미터 - 세계 사막의 2%보다 적은 - 에서 대량생산할 수 있다고 평가했다(Weinberg and Williams, 1990: 153~154).

자원으로서의 효율성

화석연료의 대체물로서 이와 같은 인상적인 것들이 있지만, 현재 우리의 에너지 곤경을 해결하기 위해서는 효율성이란 가장 싸고, 쉽고, 빠른 방법이라는 것을 강조하는 일은 중요하다. 우리는 종종 도구들의 효율성이 얼마나 효과적인지 잊는다. 1975년에서 2000년 사이에 향상된 기술, 정책, 마케팅을 통해 미국경제가 50% 성장했을 때조차도, 우리의 에너지 집약도는 40%가 하락했다. 1970년대 말 즈음에 정부는 새로운 에너지 효율적인 가전제품, 이중창, 더 좋아진 단열, 그리고 더 효과적인 난방 체계를 추진했다. 모든 가정이 에너지효율성을 더 가지도록 하는 것이다. 이러한 변화들은 효과적이지만 대부분 가시적이지 않고, 편안함이나 생활스타일을 개조하지는 않았다. 새로운 냉장고 하나만을 통한 에너지 절약이 모든 미국 가정으로 확장된다면 전력발전소 40개를 새로 짓지 않아도 된다. 하지만 가장 극적인 수치는 운송수단에서 나왔다. 1977년과 1985년 사이에 경제는 27% 성장했지만 원유 수요는 1/6 수준으로 떨어졌다. 세계는 미국이 효율성이라는 강력한 무기를 가졌다는 것을 깨달았다(Roberts, 2004: 218).

역설적이게도 효율성의 큰 성공은 또한 효율성의 추락이었다. 원유가격이 떨어졌을 때, 에너지 보존을 지속해야 할 이유를 깨달은 소비자는 거의 없었다. 레이건 대통령의 취임 초기에 보수 정치인들은 보존을 시장에 대한 정부의 침해와 석유수출국기구(OPEC)에 대한 굴복으로 간주했다. 1980년, 미국의 대통령이 된 레이건은 전력발전소의 대량 구축, 새로운 석탄 채굴과 국내원유 생산 사업을 장려했다. 1986년 그는 카터 대통령 시절에 창출된 효과적인 연료 기준인 CAFE를 무효화했고, 몇 해 동안 미국의 자동차 생산자들은 매년 연비가 더 떨어진 새로운 모델의 자동차와 SUV차량을 내놓았(고 소비자들은 이런 차량을 샀)다(Roberts, 2004: 215~220). 미국 에너지 집약도는 보수적인 정치인들이 연이어 집권하게 되었을 때 다시 상승했고, 특히 조지 H.W. 부시와 조지 W. 부시 대통령 부자는 "에너지 보존은 신경쓸 필요 없다. 필요한 만큼 원유를 구해 공급해주겠다"라고 꽤 설득력 있게 말했다(Nemtzow, Robert, 2004: 220 재인용). 1994년 즈음 미국은 역사상 처음으로 자국 생산가능량보다 많은 석유를 수입했다. 효율성(보존)은 끝이 났고, 1970년대의 유물로 사라졌다.

사실 에너지효율성은 경제적 관점에서는 거의 중단할 수가 없다. 미국 발전전력 분야에서만 전력 사용을 40% 감소시킬 수 있고, 전력발전소와 전환체계를 개선함으로써 CO_2 산출을 절반가량으로 줄일 수 있다(Roberts, 2004: 220). 유명한 효율성 옹호자인 애머리 로빈스는 "이 나라에서 경차의 연비가 1

갤런당 2.7마일만 더 갈 수 있게 개선된다면, 이는 페르시아만으로부터의 원유 수입을 완전히 대체할 수 있다"고 했다(Roberts, 2004: 215 재인용).

효율성은 또한 기업적인 감각을 만들어낸다. 참여 과학자 연합(Union of Concerned Scientists)의 데이비드 골드스타인(David Goldstein)에 따르면 "어느 곳에서나 기업은 돈을 버는 것이 그들의 초기 목적이 아니었음에도 에너지 효율성을 추구했고, 그들이 이윤을 창출하는 것으로 마무리를 짓는다"고 했다(Roberts, 2004: 225 재인용). 미국의 에너지효율성을 증가시키기 위한 방법은 여러 가지이다. 가격 상승 순서대로 보자면, 다음과 같은 내용들을 포함한다.

1. 효율이 좋은 조명 장치로의 전환. 120개 거대 발전소의 산출에 해당하는 미국 전력을 절약할 수 있음
2. 유지비가 매년 36조 원(300억 달러)에 이르는 것을 감안할 때, 더 효율이 좋은 전력 발동기를 사용하면 기존 사용 에너지의 절반을 절약할 수 있음
3. 그런 모터 체계를 사용하면 150개 거대 발전소의 산출량을 절감하고, 대략 1년 안에 전환비용을 갚을 수 있음
4. 빈 사무실에 켜진 전등과 같은 순수 낭비 전력의 제거
5. 전기를 사용하는 지금의 구조를 더 나은 건축구조, 기후에 잘 견디는 구조, 단열, 그리고 온수와 난방에 태양 에너지를 사용하는 구조로 대체
6. 기계장치, 용광로 등을 비용 대비 효과가 높도록 효율적으로 제조하기

놀랍게도 이와 같은 다섯 가지 조치는 미국의 전력 효율성을 네 배나 올릴 수 있고, 생활방식의 변화나 신구와 상관없이 더는 전력발전소를 사용하지 않고 경제가 운영되는 것을 가능하게 해준다(Lovins, 1998). 하지만 에너지효율성을 향상시키는 효과적인 이득과 함께 변화에는 몇 가지 강력한 방해 요소가 명백하게 존재한다.

모든 계산과 마찬가지로 얼마나 많은 에너지가 효율성에 의해서 절약될 수 있는지는 계산하는 사람의 기술적·정치적 편견에 크게 의존하고 있다. 그러나 보수적인 관점에서 볼 때, 북미 경제가 에너지의 절반만을 사용하고도 현재의 기술과 비용으로 지금 하고 있는 모든 것을 할 수 있다는 것은 확실해 보인다(Meadows et al., 1992: 75). 이러한 수치를 단순히 사변적인 것으로 보아서는 안 된다. 유럽 사람들은 미국과 캐나다 사람들이 1인당 사용하는 에너지의 절반 정도를 사용하면서도 그들과 동등한 생활방식을 보인다. 효율성의 가능성은 사고의 심오한 이동을 만들어내고 있다. 전통적으로 경제학자들은 보존과 환경보호를 경제적 억제, 높은 비용, 소비축소 등만을 의미하는 것으로 본다. 그러나 몇몇 사람들은 효율성을 위한 거대한 미래 시장을 투자자에게 유익한 것으로, 그리고 실질적인 '제2의 산업혁명'을 위한 토대로 생각하고 있다. "더 녹색에 가까운 경제를 발생시키는 데 실패한 국가들은 환경뿐 아니라 경제적으로도 잃는 것이 많게 되기 쉽다"(Brown, 2001; Hawken, Lovins, and Lovins, 2000; Flavin and Dunn, 1999; McDonough and Braungart, 2002). 이 주제에 대해 특히 제7장에서 다시 다룰 예정이다.

5. 방해요소, 변천, 그리고 에너지 정책

에너지 곤경은 다른 사회적·환경적 문제들과 본질적으로 관련이 있다. 이러한 것들은 오염, 생물다양종의 감소, 환경황폐화, 건강 문제, 도시 확장·정체, 국내수지 적자의 문제, 원유와 가스 매장 장소에 접근하는 데 유지되는 지정학적 비용, 그리고 국제적 불안정성을 증폭시키고 때때로 전쟁으로 확장되기도 하는 가변적인 경제적 종속성과 관련한다. 저개발국가에서 에너지 곤경은 산림벌채, 사막화, 발전의 방해요소, 가난, 그리고 기아와 관련이 있다. 가장 나쁜 징조는, 우리의 현재 에너지 체계가 인류의 미래에 가장 심각한 거대한 위협요소의 핵심 용의자로 간주된다는 것이다. 인위개변적인 기후변화가 그것이다.

5.1 변동의 방해요소

우리는 더 효율적이고 가격이 합리적이면서 환경친화적인 에너지 체계로 세계를 변동시키는 기술적인 가능성을 많이 가지고 있다. 이러한 여러 가능성이 있고 재생가능 에너지가 그렇게 큰데, 왜 그러한 에너지원으로 세계 에너지의 16%, 미국 에너지의 6%만을 생산하는 것인가? 이것은 확실히 변화를 막는 강력한 방해물이 있는 것이다.

첫째, 재생가능 에너지는 세금감면, 보조금, 그리고 화석연료 또는 원자력 에너지에 주어지는 연구개발 비용 면에서 훨씬 더 적은 수준으로 지원을 받거나 이를 유지한다. 예를 들어 의회에서 고려했던 2005년 에너지 법안은 화석연료 산업에 대한 막대한 액수의 보조금을 포함하고 있었지만 대체연료에 대해서는 거의 없는 것과 같았다. 공공정책의 무게가 불공평한 영역에서 다루어진다. 전문가들은 만일 동등한 조건이 주어진다면 대체 에너지가 급속하게 발전하게 될 것이라고 보고 있다. 심지어 에너지 문제가 심각해지고 있을 때도, 지난 세기 동안 축적된, 현존하는 에너지체계와 인프라에 대한 거대한 매몰투자(sunk investment)는 실패한 시스템을 지지하기 위한 정책을 변화를 촉진하는 정책보다 더 합리적인 것으로 보이게 만든다(Fowler, 1992: 76; Miller, 2005: 391).

둘째, 많은 다른 사회문제와 마찬가지로, 에너지문제의 중요성은 쟁점-관심 주기(issue-attention cycle)에 따라 움직인다. 이 주기는 에너지와 관련된 국가적 사건과 이에 대한 언론보도의 양에 따른 관심의 증가와 하락의 주기이다

(Downs, 1972; Rosa, 1998; Mazur, 1991). 공급이 증가하고 가격이 온전할 때, 정치적 행동을 재촉하는 공공의 관심과 언론의 집중의 조합은 낮은 수준이다(Joskow, 2002: 105). 1989년의 오랜 무더위 이후에는 사회적 핵심 문제였지만 1990년대에 날씨가 '서늘해지자' 단지 공적인 논쟁과 담론 수준으로 서서히 관심이 수그러들었던 것이 바로 지구온난화의 운명이었다(Ungar, 1992, 1998). 따뜻한 겨울, 재앙적인 허리케인, 그리고 1갤런당 3달러의 가솔린 가격으로 인해 2006년에 지구온난화와 에너지 문제는 다시 우리의 관심을 끄는 높은 수준의 사회적 문제가 되었다고 해도 과언이 아니다.

  셋째, 에너지 정책은 단편적이고, 모순적이며, 종종 혼란스럽기까지 하다. 미국에서의 에너지 정책은 연료형태에 따라 분리되어왔다. 즉, 각 연료마다 제도적 조직, 이해관계, 규제기관이 다 달랐으며, 더 큰 연합체를 설립하려는 시도는 거의 없었다. 광업국(Bureau Mines)은 석탄 문제와 이해관계를 다루고, 내무성(Department of Interior)은 가스와 원유를 다루며, 핵 규제 위원회(Nuclear Regulatory Commission)는 원자력 에너지를 다룬다. 전력은 50개 주에서 다르게 규제된다. 정부 에너지 정책은 비용을 보조하면서 효율성과 대체 연료를 개발하기보다는 소비를 증가시키는 공급 측면의 정책과 동반해 시장에 의해서 규제되었다(Switzer, 1994: 138).

  효과적인 에너지 정책의 넷째 방해요소는 지구적인 수준에서 정책들이 유기적으로 구성될 필요가 있다는 점에서 비롯한다. 만일 에너지 효율성의 극적인 진보가 고개발국가로 제한된다면 이러한 진보는 지구적 환경을 보호하는데 충분하지 않을 수 있다. 고개발국가가 에너지 제한을 통해 지구적 환경과 기후 문제들을 강조하는 것은 저개발국가에서는 '소귀에 경 읽기'와 같이 여겨질 수도 있다. 만일 고개발국가들이 저개발국가가 경제 발전과 환경 보호를 동시에 추구할 수 있도록 돕는 길을 찾지 못한다면 말이다.

5.2 전환과 정책

정책을 변화시키는 데 강력한 방해물이 있을 때도 에너지와 사회 간의 연계망을 포함하는 세계 변동요소들을 기본적으로 갖추는 것이 중요하다. 항상 그러하듯이 어떤 종류의 에너지 전환이 진행 중이라는 것을 의미한다. 앞선 두 가지의 세계 에너지 전환의 예를 고려해보자.

산업혁명 전 사람들은 전통적인(나무와 분뇨 같은) 생물자원 연료, 동물의 힘, 그리고 수력과 결합한 에너지에 의존했다. 1800년대 초에는 새로운 에너지 체제(energy regime)가 석탄을 중심으로 진화했고, 이는 증기전력 산업체계의 기반이 되었다(에너지 체제라는 용어는 특정 에너지원을 중심으로 발전하는 산업 영역의 연결망을 의미할 뿐 아니라, 그에 따른 정치적·상업적·사회적 상호작용을 의미한다). 1855년과 1913년 사이에 석탄 체제는 19세기 말에 세계 곳곳으로 확산되었고, 이와 같은 단일 에너지원은 세계 총 상업적 에너지의 20~60% 이상을 제공하도록 운영되었다. 1915년까지 석유는 불을 밝히기 위한 등유로 사용되었고, 유럽과 북미에서는 석탄 가격보다 3~12배 비싼 가격으로 책정되었다. 그러나 해군 선박과 군사 운반 수단의 개조를 통해 석유에 기초한 에너지 체제는 사적 기업 자체에 의해서 되었던 것보다 더 급속하게 구축되었다. 석유에 의해 제공되는 세계 에너지의 몫은 1910년 5%로부터 1973년까지는 50% 넘게 성장했고, 제2차 세계대전 이후에는 산업화된 세계의 대부분에서 운송, 전력 발생, 난방에 핵심 자원이 되었다(Podobnik, 1999).

현재와 가까운 장래

어떠한 종류의 에너지 전환이 지금 우리에게 다가와 있는가? 나는 세계에너지위원회(World Energy Commission)와 국제에너지기구(International Energy

Agency)에 의한 평가에 의존한다. 1924년에 설립한 세계에너지위원회(WEC)는 다양한 고개발국가와 저개발국가, 세계은행, 국내 공기업, 에너지 연구 기관, 그리고 에너지 관계부처 전직 장관들로 구성된 다양한 에너지 기구들을 대표한다. 1970년대의 오일 파동의 각성 이후 형성된 국제에너지기구는 더욱 새로워졌고, 유럽연합, 미국, 호주, 일본, 터키, 그리고 일본과 같은 26개국의 주요 고개발국가를 대표한다. 그들은 2010년까지 세계 핵심 에너지 원료의 90%는 화석연료가 차지하게 될 것이며, 저개발국가들은 나무와 동물분뇨와 같은 전통적 연료를 포기하게 되리라고 예견한다.

세계에너지위원회나 국제에너지기구 중 어느 곳도 현재의 상업적인 화석연료의 믹스에 대한 중요한 변화가 있을 것으로 예견하지 않는다. 두 조직은 모두 세계 상업적인 에너지 소비의 중요한 성장이 있을 것을 예견한다. 세계에너지위원회는 2020년까지 세계 에너지 소비의 성장과 형태를 예견하는 가설적인 시나리오를 가지고 작업한다. 고(高)에너지 시나리오는 세계 상업적인 에너지 소비의 82%의 성장을 예견하지만, 이는 거의 시나리오에 가까운 수준이고, 세계에너지위원회는 세계 상업적인 에너지 소비의 50% 증가를 예견한다. 세 번째 세계에너지위원회의 시나리오는 "에너지효율성을 올리는 대규모의 추진운동"과 관련이 있다. 이 시나리오는 수력발전, 풍력, 태양력과 같은 재생 가능한 자원으로부터 나온 에너지의 빠른 확대와 더불어 천연가스 사용의 증가 및 적절한 원자력 에너지의 증가를 가정한다. 장기적인 유용성과 원유가격에 대한 원유 수입 국가들의 국제적인 관심이 증가함에 따라 이러한 시나리오는 탄력을 받을 것이다. 핵심 행위자는 화석연료를 수입하거나 원자력 발전소를 개발할 만한 자본은 없지만 바람, 태양, 생물자원은 풍부하게 소유하고 있는 저개발국가가 될 것이다(Humphrey, Lewis, and Buttel, 2002: 138~140).

이러한 대규모의 추진운동을 제외하고는 국제에너지기구와 세계에너지위원회 모두 재생가능 에너지가 향후 20년 동안 세계 상업적인 에너지 믹스에서 핵심 역할을 수행하리라고 보지는 않는다. 어떠한 조직도 재생가능 에너지원의 중요성을 평가 절하할 수 없지만 '2020년 이후에는 그 사정이 달라질 것'이다. 확고한 사실은, 낙관적으로 전망한다고 해도 대체·재생가능 연료의 조합이 앞으로 수십 년 동안은 에너지의 세계적 수요를 충족하기 어려울 것이라는 점이다. 세계에너지위원회는 이렇게 말한다. "명백하고도 광범위한 공공정책의 지원이 있다 해도, 새로운 재생 가능한 에너지원(태양력과 풍력)이 화석연료를 의미 있게 대체할 수 있을 때까지 개발되고 확산되는 데는 수십 년이 걸릴 것이다"(World Energy Commission, 1993: 94).

21세기의 에너지 전환에서 19세기 말의 석탄과도 같은 역할을 하는 원유는 저성장과 상대적인 정체 상태에 들어갔다. 전문가들은 생산이 2010~2020년 사이에 최고조에 이르게 될 것이고, 그 후 하락세를 시작하게 되리라고 본다(Hirsch et al., 2005; McKenzie, 1992; Podobnik, 1999). 21세기에는 새롭고도 더 다양한 세계 에너지 체계가 출현할 수도 있다. 이러한 새로운 에너지 체제 내에서 더욱 다양한 에너지 구성은 가능하면 원유와 석탄에 지속적으로 의존할 것이다. 그러나 또한 더 많은 천연가스에 의존하게 될 것이며, 그리고 빠르게 성장하는 분산된 에너지 구성, 즉 풍력, 태양력, 태양수소에너지와 같은 비재생에너지에도 의존하게 될 것이다. 이들은 주로 지금 세계의 총 상업적 에너지 비용 중에서 낮은 비율로서 틈새시장을 형성하고 있지만, 1910년 원유가 가졌던 지위보다는 훨씬 더 큰 수준이다(Podobnik, 1999). 이러한 새로운 체제는 현 에너지 추세가 빚을 최악의 상황을 막아주고 궁극적으로 완전히 다른 방식의 에너지 체계를 창출하는 데 더 많은 시간과 유연성을 주는 다리 역할을 하는 경제체제가 될 것이다. 미국은 이러한 전환적인 단계를 (1) 천연가스 수입을 확장하는 방향으로의 즉각적인 이동, (2) 탄소세의 빠른 도입, 그리고 (3) 극적으로 향상된 자동화된 연료 효율성에 의해서 고무시킬 수 있다. 가스 연계 경제(bridge economy)는 지난 20~30년 동안 지속될 수 있었고 배출 증가율의 속도가 늦춰지기 시작했다. 연료 전지(Fuel cell)는 속도가 느리기는 하지만 꾸준하게 자동화 및 고정식 동력시장에 스며들어가고 있고, 기술발전으로 수소를 재생가능한 비용경쟁력을 갖추게 만들 때 수소경제(hydrogen economy) 출현의 기반을 세우게 될 것이다(Roberts, 2004: 313, 315).

6. 요약: 에너지와 우리가 처한 위기

21세기의 첫 수십 년 동안 국제에너지기구와 세계에너지위원회에 의해 예견된 세계 에너지 체계의 미래 시나리오를 다시금 환기해보자. 이들은 상업적 에너지의 50~80% 증가를 전망했는데, 이것은 원초적으로 원유, 석탄, 그리고 천연가스처럼 탄소에 기반을 둔 화석연료에 맞추어 있다.

와! 어떠한 위험이 이렇게 거대한 증가추세와 관련이 있는 것일까? 두 가지 종류가 있다. 첫째는 지구적이면서 장기적인 것이지만 그럼에도 강력한 것이다. 이러한 증가추세로 인해 늘어난 탄소배출이 이미 온난하하고 있는 지구 기후에 어떻게 영향을 미치게 될 것인가? 위험의 두 번째 종류는 사회적이면서 정치적인 것이다. 저개발국가들의 자원에 대한 고개발국가들의 점증하는 에너지 의존의 지구적 결과는 무엇이며, 또 그러한 고개발국가 간의 지구적 결과는 무엇이 될 것인가? 그리고 모든 지역 사람들이 열망하는 것은 무엇이 될 것인가? 부분적으로 사회생활의 에너지 기반과 국가들의 세계적 네트워크에 의해 추동되는 것으로서, 국가 내에서 그리고 국가 간에서는 어떤 종류의 사회적·정치적 불안정성이 초래될 것인가(Humphrey, Lewis, and Buttel, 2002: 171)?

7. 독자들이 생각해볼 문제

결론과 질문

독자의 사적인 사안과 관련 있는 에너지 소비와 다양한 사회적·환경적 사안에 대해 생각하도록 만드는 몇 가지 질문이 있다.

1. 제3장은 탄소에 기초한 우리의 에너지 체계가 지구온난화의 주된 원인 중 하나라고 주장했다. 평균적으로 인간은 자기 몸무게와 동일한 양의 탄소를 약 24만 원(200달러)를 들여 대기 중으로 배출한다. 북미지역과 같은 곳에 산다면 아마도 더 많이 배출할 수도 있다. 엄밀하게 계산해보자. 당신 또는 당신의 가족이 얼마나 많이 탄소를 배출할 것 같은가? 3억 인구의 미국사람들로 확장해보자(애들에 대해서는 약간 삭감하자).

2. 이 장에서 국가들은 저개발국가로부터 고개발국가로 이동하고, 초기 산업사회로부터 후기 산업사회 – 더 서비스 중심이 되는 – 로 이동하기 때문에, 국가들은 경제적 산출 단위당 더 큰 에너지 효율성을 가지게 된다고 언급했다. 그러나 〈그림 4.3〉은 에너지 비효율성을 주도하는 미국인들을 보여주고 있으며, 또한 에너지의 투입과 경제적 산출 사이의 관계에서 발전된 시장경제 사이에서 고려되어야 할 변수들을 보여주고 있다. 미국과 다른 국가들의 주어진 환경과 생활형식에 대해서 독자가 무엇을 알고 있고, 왜 그렇다고 생각하는가?

3. 운송수단은 에너지 예산에서 중요한 부분을 차지하고 있기 때문에, 여기에 대한 날카로운 질문이 있다. 만일 당신이 차를 운전한다면, 의미가 있는 수준으로 운전을 적게 하도록 유인하려면 갤런당 휘발유가 얼마로 책정되어야 할까? 다양한 직업을 가진 사람들은 이 질문에 대해서 얼마나 다르게 답할까? 지역사회 생활의 어떤 변화가 당신이 이를 더 쉽게 행하도록 만들 것인가?

우리가 할 수 있는 것

에너지 근검절약을 위한 가능성과 관련된 생활방식의 작은 변화는 잘 알려져 있다.

- 덜 운전하고, 차를 정비해둔다. 가능한 한 걷고, 자전거를 타거나 버스나 도시철도를 이용한다. 카풀제도를 이용한다.
- 가정을 단열하고 겨울에 실내온도를 낮춘다. 집안을 난방하거나 냉방하는 것보다 옷을

입고 벗는 것으로 온도변화를 조절한다. 가전제품을 절약해 사용한다. 그리고 가능하다면 에너지효율이 높은 가전제품으로 교체한다.
- 생산과정에서 소비자에게 도착하기까지 사용된 에너지가 적은 '녹색제품'을 산다. 기타 등등……. 우리는 우리가 할 수 있는 작은 일들에 대해서 꽤 알고 있다. 많은 사람이 이러한 행동들을 한다면, 녹색제품은 더 많아질 것이다.

더 크고 더 의미 있는 생활방식의 변화는 좀 더 변하기 어려운 측면이 있다. 이것들은 더 계획적이고, 투자가 필요하고, 통합적인 방식으로 작동해야만 한다. 이는 무엇을 의미하는 것일까?

- 일하는 곳에서 가까운 곳에 살도록 계획한다. 교통비와 시간을 절약할 수 있다. 살고 있는 집에서 가까운 직업을 찾거나 지금 일하는 곳에 더 가까운 곳으로 이사할 수 있을 것이다. 어느 것이든 간에 변화가 일어날 수 있고, 우리 대다수에게는 이러한 행동에 중요한 방해들이 있을 수 있다.
- 에너지와 다른 환경부하량을 고려할 때 더 가볍게 걸으면서 일할 수 있는 직업을 선택한다. 다른 말로 표현하면, 근검절약할 수 있는 것으로 말이다. 어떤 종류의 직업이 정확하게 이와 같을 수 있을까? 내가 알고 있다고 확신하지는 못하지만, 나는 이러한 질문을 던지는 것에 의미를 부여한다. 불교에서는 윤리적인 지침으로 '올바른 삶'의 개념에 대해 강조한다. 무엇이 환경적인 측면에서 올바르게 사는 생활방식이 될 것인가?
- 일반적으로, '웰빙'을 지원하는 방법으로 자신의 삶을 단순화하도록 해본다. 이렇게 행동하는 것은 쉬운 일이 아니다. 일단 시도를 하게 되면 그런 삶을 살 수 있는 방법에 대해 관심을 갖게 될 것이다. 이는 또한 잘사는 것에 대한 자신의 생각이 정확한 방식인지 시험하게 만들 것이다.

실제 상품들

자전거! 자전거는 이제껏 발명된 것 중에서 가장 열동학적이고 효과적인 운송수단이고, 세계에서 가장 보편화되어 사용되는 개인 운송수단이다. 자전거는 우리가 걸을 때 소비하는 칼로리로 도달할 수 있는 거리의 세 배 이상을 이동할 수 있도록 해준다. 그리고 휘발유 칼로리와 음식 칼로리를 비교했을 때 에너지효율성의 측면에서는 보편적인 자동차보다 53배 이상에 이른다. 자전거는 공기오염을 유발하지 않고, 원유 유출이나 원유전쟁을 야기하지 않으며, 기후도 변화시키지 않고, 교외로 도시를 팽창시키지도 않으며, 도시 공간에서 도로나 주차장으로 공간의 반을 허비하지 않으면서, 매년 교통사고로 25만의 사람들을 사망에 이르게 하지도 않는다. 아직 세상에는 모든 사람들이 사용할 만큼 충분한 자전거가 있지는 않지만 빠른 속도로 이에 이르려고 하고 있다. 가장 근사한 추정치로는 8억 5,500만에 이르는 두 바퀴 운송수단이 붐을 맞이하는 것이다. 이러한 수치는 전 세계 자동차 수를 뛰어넘는 것이며, 자동차 운송수단보다 빠르게 성장하고 있다. 미국인들 역시 이러한 계산에 예외가 아니다. 미국인들의 1인당 자전거 보유대수는 중국인들의 그것과 견줄 만하다. 하지만 미국인들은 자전거를 중국인들만큼 애용하고 있지는 않다.

나는 나 자신이 자전거 광신자라는 것을 인정한다. 내 친구 몇몇은 그것에 대해 다른 용어를 사용한다. 많은 미국인 아이들과 같이 나는 자전거를 타면서 성장했고, 중년이 되어서야 기어가 달린 가벼운 자전거를 발견했다. 나는 사이클이 인생을 구해주는 운동이자 마음을 달래주는 수단이라는 것을 알았다. 나는 주말마다 도시 외곽의 녹화지구에서 자전거를 타는 것을 즐기면서 내가 차를 타고 드라이브를 하면서 즐겼던 것보다 더 친근한 방법으로 도시 이웃들의 다양함을 찾아내고 있다. 운 좋게도 나는 내 직장과 가까운 곳에 살고 있다. 자전거로 20분 정도 걸리는 거리이다. 내 차는 대개 차고에 있다. 나는 교외에서 30마일 떨어진 곳에 살고 있는 내 동료들을 질투하지 않는다. 오마하 기준으로는 드라이브라고 여겨지지만, 시카고에서는 엎어지면 코 닿는 수준으로 여겨지는 거리이다. 동료들은 일터로 가려면 사람 성질을 잔뜩 긁는 4차선 자동차도로를 이용해야 한다.

추가 자료

Campbell, Colin C. (2002). *Petroleum and people. Population and environment.* 24(2). 193~207.

Deffeyes, K. (2001). *Hubbert's peak: The impending world oil shortage.* Princeton, NJ: Princeton University Press.

Flavin, C., and Lessen N. (1994). *Power surge: A guide to the coming energy revolution.* New York: W. W. Norton.

Freudenburg, W. R., and Gramling R. (1994). *Oil in troubled waters: Perceptions, politics, and the battle over offshore drilling.* Albany, NY: State University of New York Press.

Geller, H. (2003). *Energy revolution: Policies for a sustainable future.* Washington, DC: Island Press.

Humphrey, C. R., Lewis, T. L., and Buttel F. (2002). *Environment, energy, and society: A new synthesis*. Belmont, CA: Wadsworth/Thompson Learning.

전자 자료

www.energy.gov/

www.eia.doe.gov/

www.em.doe.gov/index4.html

www.worldenergy.org/wec-geis/

www.iea.org/envissu

www.awea.org

제5장
인구, 환경, 그리고 식량

◀ 지구의 급격한 인구 성장은 모든 종류의 천연자원 수요를 더 많이 창출하고, 발생되는 폐기물과 오염물의 양을 증가시킨다.

100명의 인구, 곧 50명은 여성이고 50명은 남성이 살고 있는 지역사회를 상상해보자. 더욱이 다음 25년 동안 이 여성들이 4명의 자녀(아들 둘과 딸 둘)를 두었다고 상상해보고, 그 딸들이 성장해서 또한 4명의 자녀를 두었다고 상상해보자. 따라서 처음의 50명의 어머니들은 200명($50 \times 4 = 200$)의 자녀들 가졌다. 여기서 다시 100명은 어머니가 되어 400명($100 \times 4 = 400$)의 손자를 낳았다. 우리의 가상의 지역사회는 100명에서 7배가 증가된 700명으로 팽창했다($100+200+400=700$). 이러한 상상의 시나리오는 모든 살아 있는 개체 수와 마찬 가지로 '기하급수적인 성장'을 표현해주고, 인간의 인구수는 기하급수적으로 성장할 수 있는 능력을 가지고 있다. 사실 세계 인구는 매우 극적으로 기하급수적인 성장을 하고 있다.

수천 년 동안 인구는 나선형의 모습으로 성장했다. 19세기 초기 대략 10억 명의 인구에 도달하기까지는 약 100만 년의 세월이 걸렸다. 그러나 인구 성장의 속도는 급속하게 증가했다. 10억 명이 다음 130년 만에 늘었고, 다음 30년 만에 30억 명이 되었으며, 겨우 15년 만에 40억 명에 도달했다(McNamara, 1992). 1990년대 즈음 지구행성에 50억 명 이상의 인구가 살게 되었고, 유엔은 1999년 10월 초에 60억 번째로 신생아가 탄생했다고 추정했다. 공교롭게도 60억 번째 신생아는 가난한 나라의 가난한 가족에서 태어났다(Gelbard et al., 1999). 〈그림 5.1〉을 참조하자.

기하급수적 성장 비율을 표현하는 다른 방법으로는 '배가기(doubling time)'를 계산하는 것이다. 인구의 규모가 2배가 되는 데 걸리는 연수를 말한다. 1750년부터 대략 1950년까지, 세계 인구의 배가기는 대략 122년이었다. 그러나 2003년까지는 배가기가 겨우 58년 정도였다.[1] 세계 평균성장률은 국가들

---

1   배가기는 70의 규칙에 의해 계산될 수 있다. 즉, 70을 백분율로 표현된 매년 성장률로 나눈다. 그래서 1990년대 매년 약 2%의 성장률에서는 배가기가 35년이 되었다. 기하급수적인 성장 로그로 표현된다. 그래서 배가기를 구하려면, 2의 자연로그(또는 log e)를

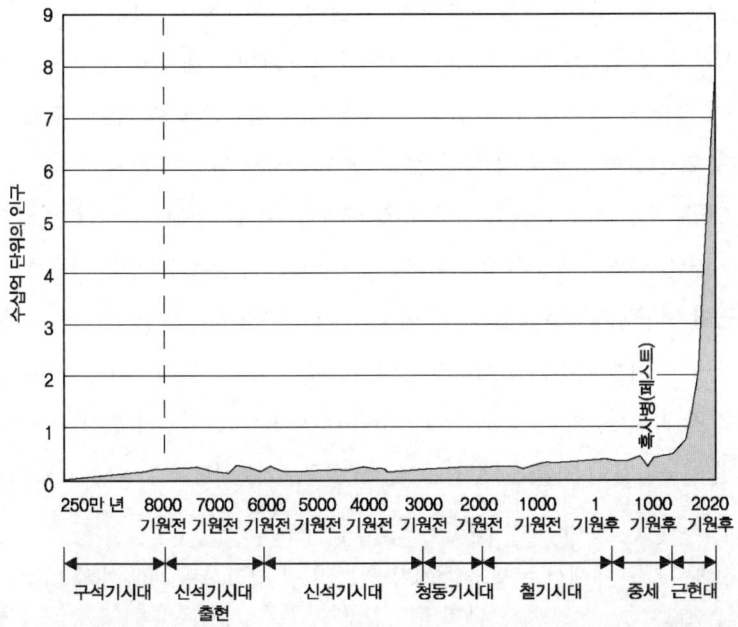

〈그림 5.1〉 세계 인구 성장의 역사

자료: M.Kent(1984), *World Population: Fundamentals of Growth*. Population Reference Bureau 재인용.

간의 다양한 변수들을 감추고 있다. 고개발국가들은 배가기가 60년에서 70년에 이르고, 저개발국가들은 출생률이 더 높기 때문에 배가기가 23년보다 더 짧다(Weeks, 2005: 39). 생각해보자. 23년마다 세계의 가장 가난한 국가들 – 아이티, 방글라데시, 르완다 – 은 식량, 식수, 주택, 그리고 사회적 서비스를 현재의 생활수준을 저해하지 않으면서 유지하기 위해서 이들 모두를 두 배로 증가시켜야만 한다. 지구의 평균 성장률은 최근 몇십 년 동안 다소 감소하는 추세이고, 2003년에 세계 인구는 매년 1.2% 비율로 성장하고 있었다. 그렇다고 해

찾아야 하는데, 이것이 0.70이 나왔다. 여기에 소수점을 소거하기 위해 100을 곱한다.

도 인구의 절대적인 수와 많은 여성의 우수한 수태 능력으로 인해 70억 세계 인구는 매우 빠르게 달성될 듯하다. 유엔 인구부(U.N. Population Division)는 출생률과 사망률의 다양한 시나리오에서 표준화된 세계 미래 인구수를 예측했다. 그들 중 세 가지가 - 저, 중, 고 시나리오 - 실제 가능한 시나리오로 나타났다. 2003년에 발표한 이 시나리오는 2050년에는 73억 인구(저 시나리오), 89억 인구(중), 그리고 1백7억 인구(고)로 예측했다(United Nations, 2000).

이러한 수준은 확실히 어마어마한 수준이고, 유명한 용어인 '인구폭발'은 최근의 인구통계학사로 볼 때 참으로 적절한 표현이다. 만일 현재의 63억 인구가 눈에 띄게 환경용량 체계를 교란시킨다면 80~100억의 인구는 어떠한 영향을 받게 될까? 이 장에서는 (1) 인구변동의 역학, (2) 환경과 인간 문제와 관련된 인구증가의 역할에 대한 논쟁, (3) 인구증가, 식량공급, 그리고 더 많은 인구를 먹여 살려야 하는 급식의 전망, 그리고 (4) 세계 인구의 성장과 규모를 안정화시키는 데에서 논쟁의 여지가 있는 몇몇 정책적 문제에 대해 다루어보려고 한다.

1. 인구변동의 동태

기하급수적인 인구 성장에 대한 관심이 새로운 것은 아니다. 인구 성장에 대한 현대적 관심은 1798년에 처음 출판된 토머스 맬서스의 『인구에 관한 소론(Essay on Population)』에 의해 제기된 질문으로 구축되었다. 그의 책은 7판에 거쳐 거듭 인쇄되었고 의심할 여지 없이 인구증가의 사회적 결과에 대해 세계에서 가장 영향력 있는 역작 중 하나가 되었다. 맬서스와 다른 고전주의적 경제 사상가들은 인구와 산업의 성장의 가속화로 식량에 대한 수요가 영국 농업이 감당할 수 있는 것보다 더 빠르게 급증했던 시기인 19세기 초반부에 대해 기록했다. 그들은 실질임금이 하락하고 식량수입은 급증하는 것을 목격했다. 대개의 고전주의 경제학적 사상들은 고정된 토지의 바탕에서 더 많은 노동과 다른 투입사항을 적용하는 것은 필수불가결하게 수익률을 감소시키게 될 것이라고 주장하면서 농지 부족이 농업의 확대에 부과하는 한계점으로 강조했다(여러분은 제1장의 고전주의 경제학자들에 관한 토론 내용을 재검토하기를 원할 수도 있다). 그들의 주장은 제한된 자본과 노동의 공급뿐 아니라 제한된 생산요소인 토지 역시 얼마나 많은 사람이 국가에 의해 지탱될 수 있는지를 결정한다고 보았다.

맬서스는 이러한 주장을 완전히 반대로 뒤엎어버렸다. 그는 "성적인 열망은 지속적"이기 때문에 인구는 기하급수적으로 증가하겠지만 토지, 식량, 그리고 자연자원의 공급은 산술급수적으로 증가하게 될 것이라고 했다. 따라서 제한적인 자연자원(토지)과 인구에 따라 제한되는 노동력 대신에 맬서스는 인구증가를 자원의 과용과 노동의 시장가치를 하락시키는 원인으로 보았다. 자원과 노동의 부족보다는 인구증가가 바로 가난과 인간의 비극을 양산하게 된다는 것이다. 실업수준에 의해 측정될 수 있는 '과잉인구(overpopulation)'는 사람들이 결혼해 가족을 이룰 수 없는 지점까지 임금을 하락시킬 것이다. 이러한 저임금과 함께 지주와 기업소유주는 더 많은 노동력을 고용하게 될 것이고 생계수단을 증가시키게 될 것이다. 그러나 이는 더 많은 사람들이 빈곤 속에서 살아가고 재생산하도록 하는 것일 뿐이다. 맬서스는 이러한 순환을 인구의 자연법이라고 주장했다. 식량 공급 증가는 결국 더 많은 사람이 가난 속에 살게 된다는 것을 의미할 뿐이었다.

맬서스는 기아가 직접적으로 작동해 사람이 죽는 경우는 거의 없다는 것을 깨달았다. 그는 전쟁, 질병, 그리고 가난이 인구 성장에 적극적 억제요인들(positive checks)로 작용한다고 보았다(이 맥락에서 'positive'라는 단어는 항상 나를 혼란스럽게 만든다!). 그는 사려 깊은 인구 통제 — 예방적 억제요인들(preventive checks) —

의 가능성을 열어놓았지만, 그 효과를 썩 긍정적으로 보지는 않았다. 그는 피임과 낙태를 모두 도덕적으로 용납될 수 없는 것으로 여겨 거부했으며, 성욕억제와 늦은 결혼과 같은 도덕적 억제만을 수용할 수 있다고 믿었다.

종합해보면, 맬서스는 가난은 인구 성장의 종국적인 결과라고 주장했다. 그는 만약 사람들이 가난에 대해 무엇인가를 하려고만 한다면, 가난은 사람들을 궁핍에서 벗어날 수 있도록 하는 하나의 자극이라고 주장했다. 그래서 그는 만일 사람들이 가난을 유지한다면, 이는 그들 자신의 실패라고 주장했다. 가난한 사람들을 다른 사람이 부양하는 것은 그들의 궁핍을 영속화하는 데 기여하는 것이라고 생각했기 때문에, 그는 영국의 빈민법(Poor Law)을 반대했다(Weeks, 2005: 77~78). 흥미롭게도 우리 시대의 많은 이들은 이와 같은 맥락에서 정부의 복지체계를 비판했다. 맬서스의 사고는 그의 시대에는 모든 면에서 공격을 받았다. 나는 나중을 위해 이러한 비판들을 염두에 둘 것이다. 왜냐하면 이러한 비판들은 환경문제에 대한 인구통계학적 설명에 대해 현대에 행해진 많은 비판의 전조가 되었기 때문이다. 단기적으로 봤을 때 확실히 현재까지의 경과는 맬서스의 시각을 뒷받침하지는 않는다. 그는 예견할 수 없었던 것이다.

> 세계 경작지의 팽창이 1850에이커의 두 배 이상에 이르렀다; 농업기술의 발전은 전통적인 경작 방식에 의해 성취되는 생산물의 4배 이상을 수확할 수 있었다. …… 보건서비스의 혼란과 향상된 위생은 사망률을 낮추고, 이내 출생률도 낮추었다. 예를 들어 농부가 잉여생산물을 줄이고 침식을 방지하기 위해 경작하지 않음으로써 보상을 받는 현실을 그는 결코 예견할 수 없었을 것이다. …… 또한 그는 세계 인구의 성장에 놀랐을 것이다(Hendry, 1988: 3).

세계인구와 이와 관련된 문제들이 계속해서 극적으로 증가함으로써 다음 세기에도 맬서스가 틀렸다고 여겨질지는 별개의 문제다. 내가 여기서, 그리고 앞선 내용에서 제기한 문제들에서 볼 수 있듯이, 그의 관심사에는 수많은 측면이 존재하며, 오늘날 신맬서스주의자들(neo-Malthusians)은 환경과 인간사회 문제의 원인으로서 인구증가에 대해 경고하고 있다. 그러나 이러한 사안으로 돌아가기에 앞서 인구학자가 이해한 것처럼 일반적인 인구 동학과 변동에 대한 일반적인 개요를 살펴볼 것이다.

1.1 인구추이 모델

가장 보편적으로 관찰되지만 여전히 명확하게 설명되지 않은 인구성장 유형 중 하나가 바로 **인구추이**(demographic transition)이다. 1960년대까지 조지 스톨니츠(George Stolnitz)는 "인구변천론은 현대사회의 흐름에 대해 가장 전반적으로 그리고 가장 잘 기록한 것들 중 하나이다 …… 그것은 특정한 장소들과, 시기들, 사건들을 모두 다루는 수많은 조사에 기초하고 있다"라고 언급했다(1964: 20). 이러한 인구변동의 모델에는 세 가지 단계가 있다. (1) 원시적인 사회 조직으로, 출생률과 사망률은 모두 비교적 높은 수준이다. (2) 전환기적인 사회 조직으로, 사망률은 하락하고 출생률은 높은 수준을 유지하며, 인구는 높은 자연 증가율을 보인다. (3) 현대 사회 조직으로, 사망률과 출생률은 비교적 낮은 수준에서 안정화되어 있고 고정화된 인구가 가까운 미래에 가능하다(Humphrey and Buttel, 1982: 65). 이러한 과정을 대략적으로 〈그림 5.2〉를 통해 볼 수 있다.

이러한 변천에 대한 설명은 다양할 뿐 아니라 다소 이질적인 요소들이 함께 결합되어 있지만, 일반적으로 이것들은 근대화와 산업화의 인구통계학적인 결과에 대한 가정에서 시작한다. 첫째, 산업화는 제조업과 농업의 생산성을 동시에 향상시키고, 그 결과로 경제적 기반이 더 많은 인구를 부양할 수 있게

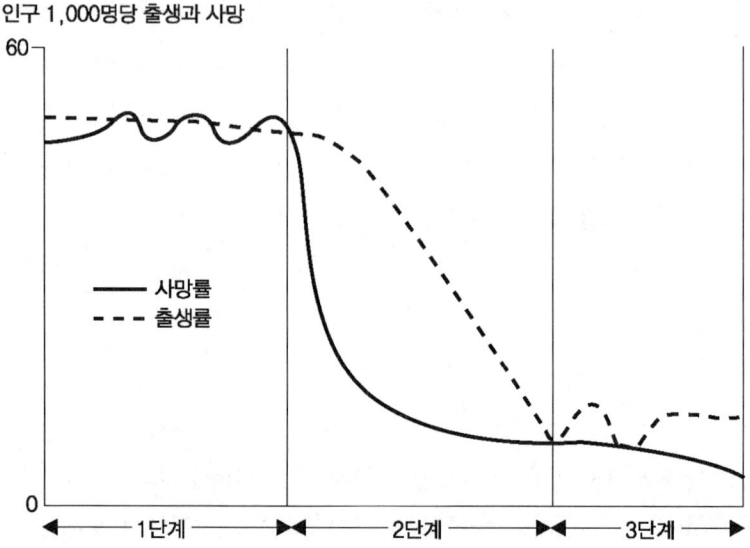

〈그림 5.2〉 인구추이모델

만든다. 둘째, 전염성 질환을 통제할 수 있는 의료 기술의 발전과 도시 하수, 물 체계, 쓰레기 처분과 같은 공공서비스의 향상은 건강을 향상시키는 데 기여했고 사망률을 감소시켰다. 셋째, 인구는 계속해서 도시화되기 때문에 가족의 변화가 발생한다. 시골 농부에게 자녀들은 일반적으로 경제적인 자산이 된다. 자녀들은 적게 먹고, 어린 나이부터 실질적으로 가족 농장과 가계에 기여한다. 그러나 도시 자녀는 교육과 양육 때문에 자산보다는 경제적인 부담에 더욱 가깝게 된다(Weeks, 2005: 90~98).

산업화는 또한 여성들이 가정 바깥에서 일할 수 있는 기회를 또한 배가시켰고, 결국은 여성의 지위를 향상시켰다. 출생률은 높은 지역에서의 여성의 지위는 낮게 유지되고, 여성은 경제적으로 남성에 종속되었다(Keyfitz, 1990: 66). 산업화는 또한 친족에서 분리된 사회 안전 프로그램을 갖춘 사회를 양산했다.

이는 부모가 나이가 들었을 때 자녀에게 부양을 덜 의지하게 된다는 것을 의미한다. 다른 말로 바꾸면 산업적인 근대화는 더 작은 가족을 증진하는 다양한 유인책을 가지고 있다는 것이다. 사회적·경제적 유인책이 변화하자, 대가족을 증진시키던 문화적 규범은 약화되기 시작했다. 마침내 연구는 산업화가 출생률과는 역의 관계에 있다는 것을 보여주지만 경제적 평등의 수준 또한 변화시켰다는 것을 보여주었다. 유럽의 국가들 속에서 "인구통계학적 전환과 경제적 전환은 모든 사람을 위한 생활수준의 일반적인 향상과 소득 불평등의 점진적인 감소를 이끌어냈다"(Birdsall, 1980). 더 깊은 사회경제적 원인을 제외하고 오직 가족계획 프로그램의 영향에서만 출생률 하락의 원인을 찾는 시각에 대해 의문을 가지는 것은 당연하다. 하지만 산아 제한과 피임에 대한 접근 정보가 모든 나라에서 출생률 하락의 중요한 요소가 되고 있다는 증거는 충분히 많다(Keyfitz, 1990: 66).

그러나 인구변천과정은 발생했으며, 이는 사회적·경제적 근대화의 시작, 출생률 하락에 시간적 간격을 두고 따라오는 사망률 하락을 의미하는 것이다. 그러나 이러한 것들 사이에는 출생률은 높게 유지되지만 사망률이 급격하게 하락하는 추이적 성장(transitional growth)의 시기가 있다. 추이적 성장의 기간으로는 산업화 시대의 시작 이래로 인구폭발이 발생했던 시기를 볼 수 있다. 지구적인 수준에서 적용될 때, 인구변천모델은 세계인구증가가 결국에는 안정화되는 것에 대한 이유를 제공해준다. 이는 넓은 수준의 추상화된 설명으로 고개발국가의 장기간에 걸친 인구증가의 사실들과 일치하지만, 제시된 다양한 원인들이 그것에 대해 아주 일관된 이론을 형성하는 것은 아니다.

거기에는 적어도 두 가지의 다른 인구변천모델의 제약사항이 있다. 사실 국가들이 근대사회의 세계로 들어갈 때 역사적·정치적·경제적 환경이 다르다는 것은 중요하지만, 고개발국가의 인구변화의 역사적인 과정이 저개발국가에서도 반복적일 것이라고 가정하는 자민족중심적인 사항이 있다. 이러한

제5장_ 인구, 환경, 그리고 식량 245

비판과 관련된 것이 하나 더 있다. 모델은 정확하게 사망률과 출생률 수준의 정도 또는 지구적 수준보다 낮은 수준인 국가적 수준에서의 출생률 하락의 시기를 예견할 수 없다는 것이다. 이것은 인구통계학적 전환의 원인들이 잘 이해되지 않기 때문이며, 또한 역사적 사건들(전쟁 또는 경제적 붕괴)이 인구통계학적 연구의 안정성에 예측할 수 없는 변화를 야기하기 때문이다. 계획된 숫자의 작은 차이가 오랜 기간 동안에 걸쳐 확장된다면 이는 큰 차이점으로 추가될 수 있는 것이다. 이것은 바로 인구계획기구들이 전형적으로 고, 중, 저 수준의 것을 만들고 사용자로 하여금 가장 합리적인 것이 무엇인지 결정하도록 두는 이유이다. 이는 '지구 안정화는 얼마나 빠르게 발생할 것인가?'와 '균형수준의 이르는 인구수는 얼마인가'와 같은 정말로 중요한 질문에 대해 어떤 확실성을 가지고 답변할 수 없게 한다는 것을 의미한다. 이러한 불확실성은 제3장에서 논의했던 기후변화에 대한 것과 비슷하다.

1.2 인구분할: 고개발국가와 저개발국가

인구가 추이적 성장의 기간을 통과하자, 고개발국가들은 발전된 가능성을 가진 땅과 자원이 갖추어진 풍부하지만 인구 밀도가 낮은 외부지역으로 확장해나갔다. 이러한 유럽의 팽창과 식민화의 과정은 산업화 혁명이 일어나기 이전인 1500년대에서 시작했다. 1930년대까지 유럽과 북미국가에서는 세계의 다른 국가들보다 빠른 속도로 인구가 성장했다. 그러나 그 때 이래로 인구증가의 속도는 늦추어졌고 지리적으로 외부 세계를 향한 팽창은 눈에 띄게 감소했다. 오늘날 대개의 고개발국가에서는 인구안정화가 꽤 오래 진행되어, 인구전환의 제3단계 형태가 자리를 잡아가고 있다. 고개발국가에서 출생률은 하락하고 있고, 성장률은 낮은 수준이다. 많은 곳에서 출생률은 평형상태 또는 교체(replacement), 즉 인구증가 0% — 여성 1인당 2.1명의 자녀 — 에 가까운 수준이다. 2000년까지 서유럽에서 인구증가는 세계의 다른 지역에서 온 이민자들의 영향이 있었음에도 거의 0 또는 약간 하락하는 추세였다. 독일과 이탈리아는 매년 1%씩 하락했다. 프랑스와 영국의 인구는 서서히 성장했고, 미국은 고개발국가 중 가장 높은 성장률 - 매년 0.9% - 을 보였다. 이러한 인구증가는 전적으로 이민자의 유입에 기인한 것이었다. 러시아, 루마니아, 리투아니아, 우크라이나를 포함하는 포스트 공산주의국가인 동유럽의 많은 지역에서는 경제적·사회적 상황이 너무 나빠서 출생률이 낮은 교체수준(replacement levels)이었고, 인구의 규모는 매년 조금씩 축소하는 추세였다(Population Reference Bureau, 1998: 8; Weeks, 2005: 5).

저개발국가에서는 이야기가 사뭇 다르다. 저개발국가에서 빠른 추이적 성장은 지역적인 팽창의 혜택이 없이 20세기 후반 늦게 찾아왔다. 인구증가의 압력을 흡수하는 인구가 적은 지역 또는 식민지가 없었다는 것을 의미한다. 게다가 그들은 사망률에 비해 출생률이 유럽의 고개발국가보다 훨씬 높았다. 그 결과, 저개발국가의 인구는 급속도로 증가하는 중이고, 특히 가난한 국가들의 가장 가난한 사람들의 인구가 급속히 늘고 있다. 고개발국가에서 인구통계학적 전환은 내부의 경제발전을 따라 빠르게 진행되었다. 그러나 저개발국가의 사망률 하락은 세계보건기구와 같은 외부 기구에 의한 질병 통제의 효과적인 기술의 빠른 도입여부와 관련이 있다. 오늘날 가난한 국가에서 태어난 아기들은 역사적으로 성년기까지 생존할 전례 없는 기회를 가지고 있고, 국가들의 평균수명은 거의 비슷하게 수렴하고 있다. 2000년을 향하던 시기에 세계는 매년 8,600만 인구가 추가되었고, 적어도 성장의 90%는 저개발국가에서 발생하는 중이었다.

그때조차도 경제적 발전 - 생활수준의 광범위한 향상, 여성에 대한 향상된 교육수준과 교육기회, 더 작은 가족에 대한 유인책, 그리고 국가적 사회안전망 체계의 설립 - 은 가장 가난한 저개발국가 안에서는 그 보조를 맞추기 어려웠다. 대가족을 선호하던 문화적·종교적 규범은 여전히 강력했다. 세계경제가 성장하고 있는 때에도 가장 가난한 국가의 사람들은 낮은 경제성장을 경험하는 반면에 인구증가는 열성적으로 지속되었다. 종종 문자 그대로 인구폭발이 경제성장을 '먹어버리는' 수준이 되어왔다. 다음 세기를 향한 고개발국가와 저개발국가 간의 인구통계학적인 상이함이 지속되는 것은 지정학적인 긴장, 이동의 압력, 난민 증가, 그리고 부국과 빈국 간의 사회적·환경적 이중성을 증가시킬 수도 있다. 저개발국가의 도시와 지방의 인구는 급속히 증가하고 있으며, 천연자원에 대한 압력도 증가하고 있다. 또한 지방정부와 중앙정부가 증가하는 노동력을 위해 일자리를 제공하고, 팽창하는 도시의 인프라, 즉 전기, 상수도, 하수처리시설 등을 제공하고자 함으로써 종종 경제적·기술적 자원은 압도당하고 있다.

1.3 인구 재분배: 도시화와 인구이동

지금까지 인구학적인 추이이 동한 속에서 인구 성장을 살펴보았다. 인구변동의 또 다른 형태로는 개인과 가족을 한 장소에서 다른 장소로 순수하게 이전시키는 것과 같은 인구의 공간적 변동을 의미하는 **인구 재분배**(population redistribution)가 있다. 가장 중요한 인구 재분배의 두 종류에는 도시화와 인구이동이 있다. 모두 인구증가의 압력과 관계가 있다.

도시화

지금 대다수의 북미사람들은 도시에서 태어나거나 살고 있다. 도시의 쾌적함에 매료되거나 또는 도시의 문제점들을 저주하면서도, 우리는 도시 생활이 현대 사회의 문화적·경제적·정치적 중심이라는 사실을 인식한다. 도시화 또는 지방으로부터의 인구 재분배는 새로운 것은 아니지만 이미 언급한 바 있 듯이 폭발적인 추이적 성장과 함께 극적으로 촉진되고 있다. 지방 주민과 비교할 때, 도시 주민은 1850년대 세계 인구의 11% 정도였지만 1950년에는 30%, 2000년에는 48%에 이르고 있다. 고개발국가 사이에서는 적어도 75%가 20세기의 전환점까지 그렇게 살고 있었다.

물론, 도시는 확실히 새로운 것은 아니다. 도시는 농업혁명으로 출현했지만 이러한 도시들은 오늘날의 기준으로 볼 때 그렇게 거대하지는 않다. 고대 바빌론의 인구가 5만 명, 아테네가 8만 명, 로마는 50만 명 수준이었을 것이다 (Weeks, 2005: 456). 이러한 시각에서 볼 때, 지중해 세계와 그 배후지역을 포괄하던 최초의 제국 도시였던 로마는 최고 수준에 이르렀다고 해봐야 나의 고향 네브래스카 오마하보다 약간 더 작은 수준이었다. 고대 도시들은 넓게 펼쳐진 '바다'와 같은 지방 마을들의 내부에 위치한 정치적·의례적·행정적 중심지로서 대단히 밀집된 거주지였다. 지방의 주민은 이러한 총 사회 인구의 95%를 차지했고, 그들의 농작물과 가축들은 진정한 부의 근원이었으며, 도시 엘리트들은 거기에 세금을 부과함으로써 살아갔다. 고대 그리고 중세 도시들은 경제적으로나 인구통계적으로나 스스로 지속될 수 있는 곳은 아니었고, 조악한 위생 상태와 전염병(고대, 중세시대의 흑사병)의 급속한 확산은 도시가 시골지역보다 사망률이 높고 출생률이 낮다는 것을 의미했다. 도시에서는 종종 연례적으로 사망률이 출생률을 초과했고, 그것은 도시 인구가 시골지역의 이주자로 다시 채워져야만 했다는 것을 의미했다. 도시는 인구통계학적으로 자급적이지 못했다.

고개발국가의 도시화

산업시대 도시화는 도시에 살 수 있는 기회의 확장이라는 의미에 의해 촉진되었을 뿐 아니라 지방의 과잉인구, 가난, 토지 통폐합, 산업화된 농업으로 인한 농업 노동시장의 위축에 의해서도 촉진되었다(제2장에서 이미 언급했다). 경제적 발전이 유럽과 북미에서 진행됨에 따라 도시는 그 효율성으로 인해 성장해나갔다. 그 도시들은 산개되어 있는 시골 생산구조에 비해 더 많은 원자재, 노동자와 공장, 금융가, 그리고 물건을 사고파는 사람들을 한 지역에 모이도록 했다. 더욱이 산업사회가 발전함에 따라, 발전된 생산 양식은 지속적으로 도시의 경제적 기반을 재형성했다. 즉, 1600년대와 1700년대의 상업과 무역의 중심지(예를 들면 암스테르담, 런던, 보스턴)로부터 1800년 후반부 산업생산과 공장의 중심 도시(예를 들면 버밍햄, 피츠버그, 시카고)로 재형성되었다. 제2차 세계대전 이래로 '서비스와 정보'에 기초한 기술 향상과 경제 성장은 많은 도시의 경제적 기반이 더는 제조업에 있지 않고 광범위하게 다분화되고 다국적인 기업과 은행의 핵심 본부가 위치한 곳에 있다는 것을 의미했다. 예를 들어 미니애폴리스가 그러하다. 지금 도쿄, 뉴욕, 그리고 로스앤젤레스와 같은 가장 거대한 고개발국가의 도시들은 국제적 무역, 상업, 그리고 금융을 조직하고 통제함으로써 부를 생산하는 진정한 세계 도시들이다.

2000년 이후, 인구의 절반 이상이 도시에 거주하게 된 것으로 분류되었을 때 세계는 중대한 이정표를 지나친 것이었다. 2015년에 저개발국가는 절반 이상이 도시가 될 것이다. 1950년에 1/4에 지나지 않았던 도시였는데 말이다.

저개발국가의 도시화

세계 10대 도시를 고려해보자. 1950년에는 10대 인구밀집 도시 중 단 두 개 도시(상하이와 캘커타)만이 저개발국가에 위치했다. 그러나 유엔인구통계 계획은 2025년까지는 10개 도시 중 9개가 저개발국가에 있게 될 것이라고 내다본다. 순서대로 정열하면, 멕시코시티, 상하이와 베이징(중국), 상파울루(브라질), 그레이터 뭄바이(Greater Mumbai)와 캘커타(인도), 자카르타(인도네시아), 다카(방글라데시), 그리고 마드라스(인도)가 된다. 1950년 목록에는 포함되었던 뉴욕, 런던과 파리는 모두 찾아볼 수 없게 될 것이다. 도쿄와 요코하마는 세계에서 여전히 가장 큰 도시지역이 될 것이지만 2025년에는 인구통계적으로 멕시코시티, 상파울루(브라질)에 이은 세계 제3위에 이를 것이다(United Nations, 1998b).

이전 시대에는 고개발국가에서와 같이 현 시대의 저개발국가에서의 폭발적인 도시화는 가난, 배고픔, 토지를 떠나야 하는 농부의 궁핍에 의해서 그리고 높은 출생률과 인구 압력의 강력한 힘에 의해서 가속화되었다. 그러나 두 시대에는 근본적인 차이점이 존재한다. 고개발국가의 도시화는 또한 산업화된 도시에서의 경제적 기회의 폭발이 병행했다. 오늘날 저개발국가의 도시화는 동적인 도시 경제성장이 병행되어 발전되는 기회 없이 시골의 강요된 가난의 문제에서 대개 비롯한 것이다. 다른 말로 표현하면, 저개발국가들은 제2차 세계대전 이후 시기 동안 급속도로 발전했지만 이들의 발전 단계에는 고개발국가가 경험했던 오래된 산업과 제조업에 의한 경제성장이 생략되었던 것이다. 덜 발전하기는 했지만, 많은 저개발국가의 도시가 산업화 성장의 전환적 단계를 거치지 못하고 서비스 경제에 해당하게 되었던 것이다(Walton, 1993: 289~302).

우리가 미국에서 발견했던 서비스 경제는 종종 고용을 덜 창출하고 산업, 제조업 경제에 비해 상대적으로 많은 사람이 저임금을 받도록 만든다. 따라서 캘커타, 카이로, 다카르, 자카르타, 리우데자네이루와 같은 도시는 도시취업이라는 풍요로운 꿈을 꾸지만 전망은 냉혹한 이주농민들로 넘치고 있다.

> 깊어만 가는 농촌의 가난을 피하기 위해 …… [수백만의] 환경적인 난민들이 남미, 아프리카, 아시아의 몇 지역에서 대부분 농촌에서 도시를 향해 이동하고 있다. 도시 서비스산업은 도시 인구 성장으로 인해 붕괴되고 있고, 관리되지 못할 수준의 오염은 인류 건강에 대한 다양한 위협이 되고 있다 ……. 고체폐

기물은 네 배가 증가했고 …… [많은] 강들에는 하수가 유입되고 있었으며, 거대도시지역을 거쳐 흐르는 많은 운하는 생물학적으로 죽은 것이었다(Camp, 1993: 130~131).

이러한 도시의 대중들은 판자촌에서 살면서 전형적으로 보잘것없는 재화와 용역의 노점 상인으로 궁핍한 삶을 근근이 이어가고 있다.

이러한 도시로의 인구이동은 시골의 비참한 생활상뿐 아니라 도시 거주자들에게 우선적인 권한을 주는 정책에 의해서 가속화되었다. 도시에서는 국내 정부가 학교에 집중하고, 초국가 기업에게서 투자를 이끌어내고, 식료품의 가격을 규제하는 데 더 노력을 쏟는다. 식품 가격에 보조금을 줄 때 도시에서는 삶을 더 쉽게 영위할 수 있게 되지만 농촌의 수입은 하락한다. 도시 생활은 적은 수의 자녀와 높은 소득을 그 특징으로 한다(Harper, 1998: 263).

도시에서 시골로 확산된 새로운 소비행태와 식습관은 또한 시골에 대한 흥미를 잃도록 만들었다. 시골의 거주자들은 고개발국가의 소비행태를 요구하고 흉내 내는 것을 빠르게 배우니, 이에 따라 평균적인 시골 농부들에게서는 생산될 수 없는 상품 – 쌀, 개량된 곡물, 육류, 차, 빵, 비스킷, 맥주, 소다수 등 – 에 대한 수요가 급증한다. 결과적으로 교외지역의 전통적인 곡류와 식량에 대한 수요는 하락하는 반면 가장 성공적이고 현대화된 농민들은 수출 시장을 위해 생산을 하게 된다(Hendry, 1988: 22). 어떤 일이 진행되고 있는지 이해해보자. 식료품을 포함한 생산품이 세계시장경제 속에서 수출시장을 겨냥해 빠르게 제조되고 있을 때 기괴하고도 그릇된 도시 발전의 과정에서 도시와 교외의 빈민에게 유용한 전통적인 음식의 생산은 감소한다. 정부의 투자와 가격정책은 도시 거주자들에게 이익을 주고, (값싼 식량을 생산하는) 전통적인 소농들의 수입은 억제하는 것으로 의도되고 있다.

저개발국가의 새로운 도시 거주자들이 자신들의 마을에 살고 있는 사촌들보다 더 잘살게 되었음에도, 이러한 급격한 도시화는 직장, 물, 위생, 그리고 음식을 제공하는 도시의 능력을 압도하게 되었고, 그 결과로 빚어진 최근 이주자들의 비참함과 삶의 저하는 역사적으로 전례가 없는 수준이다. 쇠락하는 경제 환경의 뒷전으로 남겨진 절망적인 농부들은 대개 한계 토지를 과도하게 경작하면서 근근이 살아가기 쉽다.

이동

도시화는 확실히 이동(migration)의 특별한 형태로서 개인, 가정, 그리고 단체가 그들의 원래 지역사회를 벗어나 새로운 지역으로 비교적 장기간에 걸쳐 이동하는 것을 의미한다(de Blij, 1993: 114~115). 문화적인 이방인과 현존하는 직장과 서비스에 대해 새롭게 요구하는 사람이 존재하기 때문에, 새로운 주요 지역사회에서의 이러한 사람들의 출현은 일반적으로 어렵고도 논쟁을 발생시킨다. 그들은 돈과 정보를 이민 오지 않은 가까운 친척에게 보낼 수도 있다. 정말로 독자는 이동을 사람들의 수적인 재분배로서뿐 아니라 인간의 문화를 확산시키고 재형성하는 느리지만 구석구석 스며드는 사회적 상호작용, 그리고 권력과 부의 재분배과정으로 이해할 필요가 있다.

이동은 영국이 수감자들을 배에 태워 미국 조지아 주와 호주에 있는 범죄자 유배지로 보냈던 경우처럼 '강요'될 수도 있다. 또한 신세계(New World)로 아프리카 노예들을 수출하던 경우도 있었고, 1970년대에 5만 명의 아시아인이 가방 하나 달랑 멘 채로 아프리카의 우간다로부터 강제적으로 쫓겨 나간 경우도 있다. 그러나 이동은 19세기 말과 20세기 초에 물질적 향상과 더 큰 기회를 구하기 위해 대부분의 유럽인들이 북미로 찾아갔던 경우처럼 '자발적'으로 이루어질 수 있다. 그들은 더 좋은 기회에 의해 매료되었던 반면에, 그들은 또한 고향의 부패한 상태로부터 종종 도망가기 위해서 이주를 선택했다. 아일랜드

이민자가 보스턴과 뉴욕으로 이동했던 것과 같이 몇몇 이주자는 고향의 기근, 가난, 실험으로부터 탈출하려 했던 것이다. 제1장에서 언급했던 아일랜드 감자 잎마름병과 그 결과로 찾아온 기근을 기억하는가? 또 다른 경우로는 전쟁 또는 정치적 그리고 때로는 종교적 탄압을 피하는 경우도 있었다.

국내이동의 거대한 물결은 혈족 연결망을 약화시키지만 파괴하지는 않는다. 이러한 현상은 주요한 제도들이 서비스를 받는 사람들의 수와 특성의 변화에 적응할 것을 요구한다. 예를 들어 그것은 노동의 유용성, 노인병의학의 수요, 교육체계에 의해 제공되는 학생들의 수와 특성과 같은 것을 변화시킨다. 이민자들이 항상 지역사회의 위계적 지위에 그들 자신을 끼워 넣거나 또는 소멸시켰기 때문에 그들은 항상 지역사회의 계층적 체계를 변화시킨다. 이주해 온 사람들은 지역사회 안으로 편입됨으로써 자신들의 지위를 향상시키고자 하며, 이주해 나간 사람들은 탈퇴함으로써 그러하고자 한다. 종합하자면, 적응은 종종 어려운 것이기는 하지만, 새로운 지역사회뿐 아니라 이주를 떠난 지역사회에서도 요구된다. 국내이동(internal migration)은 대개 사람들이 다른 곳에서 더 나은 삶을 누릴 수 있다는 자신의 인식과 관련해 이동을 선택한다는 점에서 항상 자유롭다. 국제이동(International migration)은 가끔 자유롭지만, 그것은 보통 이주자가 꽤 엄격한 입국 요구사항을 충족시켜야 한다거나, 불법적으로 입국하거나, 난민 지위의 인정이 주어진다는 것을 의미한다.

이동을 설명하기

이동의 원인에 대한 가장 일반적인 이론은 인구학자와 지리학자들이 밀고 당기기 이론(push-pull theory)이라고 부르는 것으로, 어떤 사람들은 그들의 고향땅으로부터 밀려나갔기 때문에 이동을 가는 반면에, 다른 사람들은 새로운 지역으로 매료되거나 이끌렸기 때문에 이동했다는 것이다. 실제로 밀고 당기는 요소들의 복잡한 혼합은 이동하는 행위를 촉진하기 위해 결합적으로 작동한다. 밀어내는 요소로는 경제적 기회의 부족과 가난, 개인 안전의 공포, 정치적·문화적·윤리적 압제, 내전을 비롯한 전쟁, 그리고 가뭄·홍수 기타의 자연 재앙 등이 있다. 종종 이러한 구체적인 요소들의 밀어내기를 뒷받침하는 것은 급속한 성장에 의한 인구압박이다. 잡아당기는 요소들은 밀어내는 요소들, 또는 유사한 요소들의 복합체에 대해 거울에 투영되어 나타난 반대의 모습이다. 더 좋은 경제적 기회의 인식, 더 큰 사회적 안정성, 그리고 친척들과 친구들을 어울리는 데 필요한 우호적인 태도 등이 그 예이다. 어쨌든, 사회과학은 이주자를 이주와 이동, 또는 정착의 비용과 이익을 계산하는 합리적 결정자로 생각한다. 이러한 명제는 1885년 영국 제도 내의 이주를 연구한 인구통계학자 에른스트 라벤슈타인(Ernst Ravenstein)이 오래전에 취했던 가정을 이어받은 것이다(1889).

라벤슈타인은 이주자들이 공통의 성격을 가지고 있다는 사실 – 이후에 많은 연구자들이 전부터 동의했던 내용이다 – 을 알았다. 그들은 비이민자들보다 더 어렸고, 가족을 형성하는 것이 쉽지 않고, 적은 수의 나이 어린 자녀를 가지고 있었으며, 교육수준이 더 높았다(Weeks, 1994: 197~203). 사실, 자발적인 이민자들은 선발된 인구들로, 일반적으로 비이민자들보다 더 다재다능하고 능력 있고 적응력이 높고 야심에 가득 찬 사람들이었다. 이와 같은 개인적인 특성에 더해, 이주행위의 밀고 당기는 원인들은 간섭요인들과 방해물들에 의해 제한될 수 있다. 이러한 것은 이사비용, 이동의 선택 및 복잡한 이사를 관리하는 것에 대한 지식의 부족, 지리적 뿌리의 중요성에 대해 확립된 가치와 같은 사회문화적 환경, 그리고 변화에 대한 개방성 등을 포함한다. 밀고당기기 이론이 간결성이라는 매력이 있기는 하지만, 실제 상황은 꽤 복잡하고 예견하기가 쉽지 않다. 이동 행위에 대한 복잡한 원인을 개념화시킨 야심찬 노력은 드 용과 포셋(De Jong and Fawcett, 1981)을 참조하라.

지구적 이동의 신구 형태들

우리는 얼마나 많은 사람들이 언제 세계 곳곳으로 이동을 했는지 정확하게 알지 못하지만, 근대 시대의 초창기(1500년대)에 거대한 규모의 이민을 설명하는 특별한 지역들과 관계된 개별적인 이동 물결들이 있었다. 독자도 알고 있으리라 확신하는데, 그러한 흐름 중 하나가 실질적인 북미의 국가들을 구성했다. 미국 원주민을 제외하고 미국, 캐나다, 멕시코의 시민들 '모두'는 다른 지역으로부터 유입된 사람들의 후손들이다. 미국에서 유럽으로부터의 이민자들 - 특히 영국 - 은 항상 더 환영을 받았고, 1920년대까지 미국은 비앵글로색슨족의 이동을 '부적절한' 흐름으로 여겨 비유럽인의 이입을 심각하게 제한하는 국가별 할당에 관한 법률을 통과시켰다.

제2차 세계대전 이전에 이동의 주요 흐름으로는 유럽과 아시아 지역의 인구 조밀 지역을 떠나 미국과 남미, 오세아니아로 향하는 이동이 있었다. 1950년대 이후 이러한 양상은 변화되어 순 이동 흐름의 방향이 유럽으로 되돌아가는 것과 남미로부터 여전히 북미로 향했지만 비유럽국가들로부터도 개방된 형태로 나타났다. 국제적인 이동의 대략 절반은 저개발국가로부터 다른 저개발국가로 향했지만 이동의 순 유입량은 지금 저개발국가로부터 고개발국가로 향하고 있다(Gelbard et al., 1999: 16). 제2차 세계대전 이래로 급속하게 증가하는 저개발국가 인구의 압력은 놀랄 만한 수준으로 자연자원에 대한 압력과 고용과 사회적 서비스의 수요를 증가시키는 반면에 고개발국가에서는 느리게 증가하는 인구와 활발한 경제적 성장이 종종 저개발국가에서 온 저임금 노동자에 대한 수요를 창출했다. 따라서 '특별출연(guest)' 노동자는 비교적 덜 발전된 남부 그리고 지중해 유럽뿐 아니라 알제리, 이집트, 터키, 중동 부근에서 그리고 더 최근에는 붕괴된 사회주의국가들인 동구 유럽으로부터 북부 유럽으로 유입되었다. 내전을 포함하는 전쟁은 종종 이민자와 난민의 홍수를 자극하는 사회분열을 창출한다. 이민자들은 자신이 모국으로부터의 박해를 피하

> ⟨글상자 5.1⟩ 미국으로의 이민
>
> 거의 70만 명의 외국인이 매일 미국에 도착하고 있다. 대다수는 거주자로서가 아니라 방문객으로 말이다. 6만 명 이상이 여행객, 사업종사자, 학생, 또는 외국인 노동자이다. 약 5,000명 정도가 불법적으로 입국한다. 이들 중 4,000명은 체포되고 대략 1,000명은 감시의 법망을 교묘히 피해간다. 지금 이들은 대개 남미계열 사람들이다.
> - 남미로부터 52%(이 중 반 이상이 멕시코인)
> - 아시아로부터 30%
> - 유럽으로부터 13%
> - 기타 국가로부터 5%
>
> 미국의 출생률과 사망률은 비교적 낮은 수준에 도달했기 때문에 이동의 역할은 최근 몇십 년 동안 증가했다. 이민은 1990년과 1998년 사이에 총 인구증가의 대략 30%에 기여했다. 외국 태생 인구가 1990년 1,980만 명에서 1998년 2,630만 명으로 증가했다(Population Reference Bureau, 1999).

기 위해 떠났다는 것을 증명할 수 있다면 난민 또는 피난처를 구하는 이들로 간주되었다.

유럽과 미국으로 향한 난민과 피난처를 구하는 자들은 합법적이기도 하고 불법적이기도 하다. 그들은 다양한 이유로 걸어서, 기차나 비행기, 배를 타고 도착한다. 어떤 사람들은 무시무시한 환경을 감내하면서 트럭이나 배를 타고 밀입국하기도 한다. 항상 그렇듯이, 이민자들의 유입은 이들이 직업을 구하고 국가의 정치적·문화적 일관성에 의문을 제기함으로써 갈등과 논쟁을 낳는다. 2006년 즈음에 이민은 미국과 여러 유럽국가에서 중요하고도 일촉즉발의 논쟁을 불러일으켰다. 특히 독일은 관대한 피난처 관련 법률들을 개정하기 위해 분주해졌다. 저개발국가에서 인구가 빠르게 성장함에 따라 국내에서는 마땅한 일자리를 찾는 것이 점점 더 어려워졌고, 사람들은 종종 이주를 강요받았다. 그리고 미국과 유럽은 새로운 길을 찾아 이주하는 이민자들의 파도를 막아내는 것이 얼마나 어렵고 비용이 많은 드는 것인지 체득하고 있다.

우리가 선호하건 아니건 간에, 저개발국가로부터 상당한 비율의 사람들이 들어와 우리의 이웃이 되고 있다. 그리고 그들은 인구통계, 문화, 그리고 결국에는 국가의 정치를 변화시키고 있다. 예를 들어 미 인구조사국은 이민과 소수민족의 높은 출생률에 의해 국가의 인종적·민족적 구성이 가속도가 붙어 급격히 변하고 있음을 예견했다. 백인종의 비율은 2000년 70%에서 2050년에는 53%로 축소돼 가까스로 다수를 차지하고, 히스패닉계 사람들이 흑인계 미국인을 제치고 가장 큰 소수 집단의 자리를 차지할 것으로 예측된다(Martin and Midgeley, 1999: 23). 로스앤젤레스, 마이애미, 뉴욕과 같은 최고의 이민 출입항은 사실 미국의 도시일 뿐 아니라 '지구적인' 도시가 될 수도 있다.

인구, 환경, 그리고 사회적 안정성

지금까지 인구변동의 유형을 성장, 도시화, 그리고 이동의 세 가지로 약간 세분화해 논의했다. 이제 환경문제의 가정적인 발생 원인으로서 그들의 연관성을 요약하고자 한다. 맬서스의 시대 이래로 무시무시한 현대 시대의 인구증가는 환경을 위협하는 것이라고 주장되고 있다. 식량, 물, 에너지, 그리고 자연자원에 대한 수요를 증가시킴으로써 그렇게 되는 것이다. 대개 이러한 문제들은 세계 인구가 다음 세기에 90억에서 100억으로 증가되었을 때 민감한 사안이 될 것이라고 생각한다. 제2장의 토양부식과 물 문제의 토의내용을 상기해보라. 인구 압력은 이동과 도시화에 모두 기여하고 그 결과 인구증가의 환경 영향은 공평하게 배분되지는 않는다. 문제들은 특별히 공기, 물, 그리고 토지가 더는 산업과 밀집인구의 부산물로서의 독성 물질과 폐기를 흡수할 수 없게 되는 도시지역에서 민감하게 나타난다. 인구밀집의 문제와는 또 다른 것으로는 도시의 '위치'가 환경적인 위험의 원인이 될 수 있다. 도시 인구와 산업은 많은 양의 물을 필요로 하기 때문에, 호수, 강, 그리고 바다만을 따라 위치하는 경향이 있다. 그 결과로서 미주리 강, 미시시피 강, 오하이오 강; 이리 호와 미시간 호; 체서피크 만과 뉴욕 항은 심각하게 오염되었다(Eitzen and Baca Zinn, 1992: 101). 결국 저개발국가 안에서의 혼란과 고난을 창조함으로써 인구증가는 국내와 국제 이동의 흐름을 더욱 가속화할 것이다. 하지만 장기적으로 볼 때 언젠가 이민국과 지역사회는 이민을 높이는 것이 정치적·사회적으로 치명적인 부담이라는 사실을 알게 될 것이다. 피난민의 거대한 흐름이 사회분열과 시민 폭력과 결합된다는 증거들이 나타나고 있다(Homer-Dixon, 1996). 이는 특히 세계 경제가 불경기에 있을 때 더욱 그러하다. 이미 언급된 바와 같이 인구통계적인 분열 때문에 인구증가와 관련된 문제들이 저개발국가에서 '자제'될 수 있을 것이라 생각하는 것은 환상이다. 좋든 싫든 간에, 제3세계의 많은 나라들은 우리와 함께 살아가게 될 것이다.

종합하면, 많은 인구학자와 생태학자가 인구증가는 지구적인 사회 안정화, 인간의 물질적인 복지, 그리고 환경 보전을 위협한다고 주장한다. 다음 세기에 인구증가는 실질적으로 이 행성의 환경용량을 압도할지도 모른다. 적어도 이는 '인구학'적인 해석이자 '신맬서스주의'적인 해석이다. 그러나 이전에 언급한 바와 같이, 맬서스 시대 이후로 모순적이면서도 논쟁적인 관점이 될 수도 있다. 그때나 지금이나 많은 학자들은 이것이 근본적으로 결점이 있다는 것을 알아내었다. 어떻게 그러할까?

2. 세계 인구증가가 얼마나 심각한 문제인가?

맬서스 이론에 대한 가장 최근의 반대의견은 150년 전에 제기되었다. 그 시대 사람인 프랑스 정치경제학자 콩도르세(Condorcet)는 과학적 진보가 전환점을 상쇄해줄 것이라고 주장함으로써 오늘날의 과학적 낙관주의의 전조가 되었다. 콩도르세는 "새로운 제도, 기계, 기술은 인간의 능력을 향상시킬 수 있다 ……. [그리고] 인간 생산의 질과 정확성을 동시에 향상시키고 생산에 소요되어야 하는 시간과 노동을 줄일 수 있고 …… 매우 작은 토지에 적은 양의 원자재를 소모해도 공급에서는 많은 양을 생산할 수 있을 것이다 …… "라고 말했다(Condorcet, 1795). 50년 후 마르크스는 특히 맬서스 이론에 대해 맹렬히 비난했다. 그는 여기에는 계급적 착취를 위한 근거 이상은 아무것도 없다고 일축하고, 인간의 참혹함과 빈곤의 진정한 원인은 소수 자본가 계급의 손 안에 부의 집중이 일어나기 때문이라고 주장했다. 인구 압박이라기보다는 비극과 고갈의 지점까지 노동자를 착취하는 그들이야말로 바로 가난의 원흉이라고 보았다. 지금까지 경제적 사상의 지배적인 흐름은 시장에 유인되는 교체와 혁신의 적응력을 강조하기 위해 자연자원의 제약 – 인구의 규모 포함 – 을 소홀히 다루었다. 또 하나의 맬서스주의에 대한 고전적인 반대 사상으로, 나소 시니어(Nassau Senior)는 가난한 사람들의 향상된 생활수준이 그들의 수를 맹목적으로 증가시키도록 이끄는 것이 아니라 그들이 현실적으로 얻은 것을 보존하기 위해서 다산을 제한시키는 결과를 불러온다고 단언했다(Hutchinson, 1967). 따라서 우리는 다음과 같은 사실을 알 수 있다. 즉, 비록 그의 책은 수십 년 동안 베스트셀러였지만, 지금처럼 그때에도 맬서스는 사방에서 공격을 받았다. 하지만 그럼에도 학자들은 임박한 인구통계적 종말을 논하며 유령처럼 떠도는 그의 예견을 무시할 수 없는 실정이다.

사회과학과 자연과학에서 인구증가에 대한 것만큼이나 매우 뜨겁고도 오래된 논쟁은 거의 없었다. 현대의 담론에서 세 가지 일반적인 입장이 있다(제1장에서부터 논의해온 그 패러다임들이다). 첫 번째는 인구 성장은 심각한 위협이고, 가장 주요한 환경황폐화와 비참한 인간생활의 원인이 될 수 있다고 주장한다. 두 번째는 시장이 희소자원을 배분하고 효율적인 혁신을 낳을 것이기 때문에 인구증가는 중요한 위협이 아니라고 주장한다. 이러한 위치에 서 있는 더 최근의 변수는 '공급측면에서 인구학(supply-side demography)'이라고 이름 붙여진 것으로, 인구가 성장하는 시기의 역사적 기록이 보여주는 바와 같이 인구증가는 사실 수혜적인 측면이 될 수 있다고 주장한다. '인구가 많으면 많을수록 더 좋다.' 세 번째 입장은 비참한 인간생활과 환경의 문제가 인구증가 그 자체에서 비롯한 것이라기보다는 사회제도와 경제적 배열 – 국제적·국내적 불평등, 가난, 무역정책, 고가격, 전쟁 – 이 작동한 결과로서의 잘못된 재분배에 있다고 주장한다. 이러한 주장은, 결국 맬서스에게로 국면이 옮겨 가는 것으로서, 구조적으로 유발된 비참함이 인구증가와 환경황폐화를 야기한다(그 반대가 아니라)는 것이다. 이 견해들에 대해서 좀 더 공들여 살펴보도록 하자.

2.1 신맬서스주의자의 주장

생태적 신맬서스주의자들의 견해의 기본은 인구증가가 비참한 인간생활과 환경황폐화의 원인이 된다는 것이다. 이것은 많은 인구통계학자들의 기본적인 생각이지만 생물학자, 생태학자, 그리고 자연과학자 사이에서는 특별한 생각이다(Ehrlich and Holdren, 1974; Ehrlich and Ehrlich, 1992). 지구적 종말을 예견한 몇몇 예측들은 견고하면서도 극적이다. 1968년에 스탠퍼드 대학교의 동물학자 폴 에얼릭(Paul Ehrlich)은 "인류를 먹여 살리는 전투는 끝났다. 1970년대에 세계는 기근을 경험하게 될 것이다. 수억 명의 인류가 아사하게 될 것이다"(Stark, 1994: 558 재인용). 참으로 1970년대의 기근과 넓은 지역에 걸친 영양실조가 사하라 주변 아프리카의 세계 특정지역에서 발생했다. 그러나 거대한 규모로 예측된 정도에 이르지는 않았고, 지구의 식량 생산은 인구증가를 능가해 지속적으로 이뤄졌다.

현대 역사는 1940년대 이래로 일상적으로 '문 뒤에 늑대가 있다(the wolf is at the door, '몹시 굶주리다'라는 뜻이 있다 – 옮긴이)'고 주장하던 신맬서스주의에 친절함을 보이지는 않았다. 그러나 그 늑대는 지금까지 현실로 나타나는 데 실패했다. 아니면 늑대가 나타난 것일까? 신맬서스주의는 과잉인구로 인해 실제적으로 사람이 죽었다고 믿지는 않지만 다른 면, 곧 질병, 전쟁, 영양실조 또는 기근과 같은 현실적인 원인들로 인해서는 그러했다고 믿는다. 그들은 대략 한 세대 내에서 배가되는 세계 인구가, 더 현실적인 원인들로 명백한 것이기는 하지만 지구환경과 인구복지에 가해지는 스트레스의 주요한 근본원인이 된다고 주장한다. 예를 들어 인구증가는 국가들 간의 확장된 소득 불평등을 낳는다. 과거 20년 동안 전체로서의 저개발국가들은 고개발국가들이 이룩했던 것보다 더욱 빠르게 총 경제적 산출을 증가시켰다. 그러나 이러한 소득의 많은 부분이 더 높은 인구증가율에 의해 상쇄된 것이었다. 1인당 소득의 관점에서 볼 때, 상대적인 격차는 무시해도 될 만큼 협소해졌지만 절대적인 격차는 실질적으로 벌어졌다. 1965년부터 1980년대 중반까지 미국과 인도를 비교해보자. 전체적으로 국민총생산은 인도에서 더욱 빠르게 성장했지만 인구가 두 배 빨리 성장함에 따라 인도의 1인당 연평균 소득성장은 미국의 1.7% 성장보다 약간 낮은 1.6%였다(Repetto, 1987: 13). 인구가 급속도로 증가함에 따라 전쟁도 마찬가지로 빈발했다. 세계 무장 갈등의 횟수가 1950년에는 12회였지만 1998년에 31회가 되었고, 1991년에는 50회로 최고로 많았다. 이들은 국내적인 갈등이었지만 종종 소말리아, 르완다, 세르비아의 코소보 지방과 동티모르와 같이 국제적인 차원과 연루되어 있는 경우도 있다.

　신맬서스주의자들이 다른 요소들(가뭄, 가난, 전쟁)은 환경적 또는 사회적 스트레스의 중요하지 않은 원인들이고 오로지 인구증가만이 고려될 핵심원인이라고 생각하지는 않는다. 이들이 생각하기에, 만일 모든 다른 요소들이 환경적으로 중립적일 수 있다면, 대규모의 인구증가가 여전히 사회적 스트레스와 환경적 퇴화를 자극할 수 있다(Stern et al., 1992: 76~77). 실제로, 신맬서스주의자들은 일단 인구증가가 이를 지탱할 수 있는 지구의 장기적인 능력을 초과하는 수준에 이르기만 하면, 그 수준에서 안정적이거나 제로성장일지라도 미래의 환경황폐화를 가져올 것이라고 주장한다(Ehrlich and Ehrlich, 1992). 이러한 학자들은 환경용량이라는 것이 존재하고, 또한 세균배양 페트리 접시 안에 박테리아가 그러했던 것처럼 장기적인 관점에서 이는 인간에게도 적용될 수 있다고 믿는다. 성장을 지속시키는 행성의 물리적 능력에는 어느 지점에선가 한계가 있다는 것이다.

2.2 경제학자의 주장

신고전경제학 이론은 인구증가가 문제가 되지 않고 진보의 요인이 될 수도 있다는 점을 주목했다(Boserup, 1981; Simon, 1990). 인구증가 - 그리고 다른 자원 문제들 - 은 증가된 효율성, 자원 대체, 보전, 그리고 혁신에 투자하는 것을 자극한다. 자원이 부족하게 되었을 때, 잘 작동하는 시장은 사람들이 자원을 더 효율적인 방법으로 배분하게 만들고 가격을 올려 자원을 보호한다. 인간 역사의 오랜 시간 속에서 인구증가가 하락보다는 성장 - 인간건강, 수명, 그리고 복지의 향상을 포함해 - 과 정적 관계가 있었음을 보여주는 것은 사실이다. 오늘날 많은 사람들이 인구수가 더 적었을 때보다 더 오래, 그리고 더 잘 살고 있는 것이 사실이다. 제2차 세계대전 이후 급격한 인구 폭발 기간에도 지구의 식량 생산은 항상 인구 성장을 능가했다. 신맬서스주의자들의 견해와는 다르게, 부족은(그것이 인구증가와 소비 증가의 결과이든 환경의 문제이든) 발생하지 않았을 때보다 우리 삶을 더 풍요롭게 해주었다.

이러한 이유는 지적인 창의력 - 인간 자본 - 의 축적된 혜택이 부족이라는 도전을 맞아 이를 극복해버리는 것이다. 우리는 인간이 만든 자연자원의 대체물과 부족한 자원을 위한 더 풍부한 자연자원을 알아냈고, 이용가능한 자원과 더 효율적인 사용을 허용하는 기술들을 발명했다. 신고전경제학자들은 부족한 천연자원을 대체할 것을 발견하는 것이 가능하며, 이것은 자원 부족에 효과적으로 대응하는 시장의 능력에 의존한다고 주장한다(Jolly, 1993: 13). 이러한 견해에서 문제의 원인은 성장에 있는 것이 아니라, 가격을 현실화하지 않고 낭비, 비효율성, 자원고갈에 대해 보조금을 지급하는 것과 같은 정책과 시장 실패에 있다는 것이다. 값을 지불한 것은 얻고, 값을 지불하지 않은 것은 잃게 된다(Panayotou, Brown and Panayotou, 1992 재인용). 신고전경제학자들은 신맬서스주의자들이 인구, 자원, 환경을 균형 있게 재조정해주는 시장의 역할을 무시하고 있다고 주장한다(Simon, 1998).

더 새로운 주장으로는 '공급측면에서 인구학(supply-side demography)'이라는 것으로, 인구증가는 문제가 아니라 긍정적인 혜택이라고 주장한다(Camp, 1993). 시간이 지남에 따라 1인당 자원이 감소된다는 맬서스주의자들의 견해와는 대조적으로, 이러한 견해를 주장하는 사람들은 궁극적인 자원은 인구가 성장할 때 그 자체로서 시간이 지남에 따라 축적되고 인간에게 적용될 수 있는 다차원적인 자원은 바로 인간의 창의력이라고 주장한다. 다양한 사례가 이러한 견해를 뒷받침한다. 지난 세기에 당구공에 쓰이는 코끼리 상아가 부족해지자 이를 대체할 물건을 개발하는 데 상금이 걸렸는데, 이때 셀룰로이드가 발명되었고 그 뒤를 이어 지금 사용하는 여러 플라스틱이 개발되었다. 고래가 19세기에 등잔기름의 원료로 멸종에 이를 만큼 사냥되었을 때 등잔기름을 대체하기 위해 등유와 같은 석유가 증류되었고, 이로써 첫 석유산업이 창출하게 되었다. 16세기에 땔감나무가 부족하게 되자 영국 사람들은 석탄을 사용하는 법을 배웠다. 인공위성과 섬유광학 - 모래에서 추출 - 은 전화통신에 비싼 구리 대신 다른 것을 사용할 수 있게 했다. 중요한 것은, 새로운 자원은 과거의 것보다 더 저렴하고 더 풍부했다는 점이다. 따라서 이는 문명화의 전형적인 흐름이 되었다(Simon, 1990). 사람들이 부를 창출함에 따라 인구증가는 더 이상 적절하게 조직화된 자유시장 경제에서 문제가 되지 않았다. 신고전경제학자들에게 인간수용용량의 개념은 보이는 것보다 더 많은 것을 숨기고 있으며 경험적인 타당성을 가지고 있지 않은 정적인 인구자원의 균형 상태인 것이다. 환경용량이라는 것은 기술적인 발명과 시장적 배분을 무시한다. 인구가 성장할 때 자원이 부족하게 되기보다 증가한다는 것은 직관에 반하는 것처럼 보인다. 유한한 자원 기반에 스트레스를 가하기보다는 1만 년 전에는 400만 명이 살았지만 19세기 즈음에는 지구가 10억 명의 인구를, 그리고 오늘날에는 60억 명의 인구를 부양하고 있다는 사실을 인식한다면 더 정확하게 이해가 될 것이다(Simon, 1998). 이러한 견해는 인간의 유일무이한 능력이 인간을 지구의 물리적 한계로부터 벗어나도록 만든다는 최근의 급진적인 개념의 사상이다.

2.3 불평등 관점에서의 주장

불평등 관점 또는 계층의 관점에서의 주장은 인구증가뿐 아니라 인간의 참혹함과 환경적 퇴화는 거대하게 불평등한 사회구조적 배열에 의해 야기된다고 주장한다. 이것은 좀 더 복잡하고 미묘한 뉘앙스를 가진 주장이다. 신마르크스주의자들이 선호하지만 광범위한 수준의 사회과학자, 경제학자, 농경제학자 그리고 몇몇 생물학자들 역시 선호한다. 신고전경제학자들과는 다르게, 그들은 인구규모가 문제라고 주장한다. 맬서스주의자들이 항상 원인에서 잘못된 가정을 취하고 있다는 점은 정당하다. 지구적인 정치적·경제적 구조들과 불평등의 작동은 다른 주변적 요소들과는 달리 인구증가, 인간의 비참함, 그리고 환경문제를 야기한다. 예를 들어 그들은 저개발국가의 경제적 불경기는 경제발전을 지연시키는 급격한 인구증가 대신에 가난, 불평등한 무역정책, 진행되는 종속성에 의해서 야기된다고 주장한다.[2] 그들이 주장하는 바로는

---

2 이전부터 여러 번 강조했음에도, 독자는 작동하는 방법에 대해 여전히 놀라고 있을지 모른다. 인도 학자 맘다니(M. Mamdani, 1972)는 왜 개발도상국의 가난한 사람들이 대가족을 이루고 있는지에 대해 명확한 설명을 제공해주었다. (1) 아이들은 공적인 퇴직

세계 인구학적 전환의 마지막 행동은 과잉인구가 아니라 고착된 국가의 경제 발전에 의해서 지연된다고 본다.

신맬서스주의자인 폴 에얼릭과 그의 동료들의 주장에 강하게 반대하는 생물학자 배리 코머너(Barry Commoner)는 저개발국가에서의 산아제한, 낙태, 불임에 초점을 두는 인구제한 계획은 급격한 인구증가의 주된 원인 – 가난 – 을 무시한다고 주장한다. 더욱이 코머너는 전체적으로 진보된 기술과 풍부한 생활습관은 급증하는 인구수보다 환경에 더 위협적이라고 주장했다(1992). 그와 많은 다른 이들은 지구적 환경황폐화의 현실은 증가하는 저개발국가의 빈민 대중이 아니라 거대 초국가 기업이 대개의 환경 파괴에 책임이 있다고 주장한다. 예를 들어 세계의 우림을 파괴하는 사람들은 토착민이나 농업을 생업으로 하는 농부들은 아니라고 한다. 그것은 바로 목재 회사, 거대한 경작 토지 소유자, 그리고 광산 회사이다.

유사한 맥락에서, 지금 일상적으로 적어도 인류의 1/5을 괴롭히는 영양실조도 사람들이 실질적으로 기아에 허덕이게 만드는 주기적인 기근 모두는 인구증가에 의해 발생되지 않았다고 주장하는 이들도 있다. 가장 직접적인 굶주림의 원인은 너무 많은 사람들에 있는 것이 아니라 높은 식량가격과 이에 비한 돈의 부족에 있다. 분석의 체계적인 수준에서, 기아와 영양실조는 모두 농업의 정치경제학적 측면, 곧 투자의 형태와 토지 소유, 그리고 세계경제의 무역구조를 의미하는 측면에서 직접적으로 비롯한 것이다(Norse, 1992). 예를 들어 다음 내용들을 고려해보자.

....
준비가 제공되지 않는 국가에서는 노령인구를 지원하는 자원이 된다. (2) 아이들은 농장에서의 노동력 또는 그들의 노동력을 다른 사람에게 판매함으로써 경제적인 지원을 제공한다. 그리고 (3) 아이들은 깊은 가난의 상태에서 가계 지출을 그다지 늘리지 않는다. 그의 주장에 따르면, 주기적인 가난에서 산다는 것은 출생률을 낮추는 유인책이 되지 못하고, 인구조절 정책은 실패하기 쉽다.

- 가장 식량 부족에 허덕이는 22개의 아프리카 국가들은 이웃 국가에 의해 발생하는 잉여식량의 11% 수준만을 가지고도 그들의 음식 수요량을 맞출 수 있다.
- 중국은 인도의 1인당 경작지의 절반을 소유하고 있다. 하지만 인도사람들은 광범위하고도 심각한 영양실조로 고통받고 있고, 중국은 그렇지 않다.
- 태국은 쌀 생산이 30% 증가했으나 쌀 수출이 9배 이상 증가함에 따라 1인당 이용가능한 쌀의 양은 오히려 떨어졌다.
- 중국에서 농작물 수출은 1970년대 초반 이래로 30% 이상 증가했다. 하지만 칠레사람의 40%는 생존에 필요한 칼로리의 75%만을 소비하고 있다.
- 1970년대에 인도가 영양부족 상태에 있는 3억 이상의 인구를 가지고 있었을 때, 인도정부는 대기업과 합작해 저개발국가들 중에서 가장 큰 식량 수출국 중 하나로서 인도의 지위를 변모시켰다.

지구적으로, 저개발국가들은 지금 식량 원조 또는 농업 보조금을 받는 것 이상으로 더 많은 농작물을 고개발국가에 수출하고 있다. 결과적으로, 세계인구의 대다수는 가난하고 종종 기아에 남겨지게 되었다. 문제는 식량의 부족에 있는 것이 아니라 지구적 분배의 형태에 있는 것이다(Buttel, 2000a).

또 하나의 불평등한 이론의 주장으로는 인간의 참혹함과 환경황폐화의 원인을 세계 시장의 작동 또는 불평등의 구조에서 찾지 않고 책임 있는 정부와 자유 시장의 부재와 권위주의에서 찾는다(Sen, 1981). 민주적인 통치구조, 자유 시장, 그리고 자유 언론을 가지고 있는 민주국가들은 기근을 예방하기 위해 가격정책과 식량공급을 통해 가뭄과 동요를 잘 처리할 수 있는 반면에 권위주의 통치구조는 그러하지 못하다. 가장 심각한 기근이 단일정당국가, 독재 또는 식민지에서 발생한다는 것은 결코 우연이 아니다. 모택동의 중국, 영국령 인도, 또는 스탈린의 소련. 약 3,000만 명이 기근에 허덕였던 중국의 마지막 대기근은 1960년대 모택동의 대약진운동 기간에 발생했으며, 이것은 주민들의 토지소유를 몰수해 집단화한 것이었다. 1970년대 개혁기간 동안 중국이 농업을 다시 사유화했을 때 기근은 사라졌다. 그리고 1967, 1973, 1979, 그리고 1987년 인도의 식량부족이 있었을 때와 인도 서부지역은 사하라 주변 아프리카의 1인당 식량공급의 절반 정도만을 소유했다. 민주주의, 종교, 그리고 공공 작업 프로그램들이 전반적으로 만연된 기근을 막아내었다. 소말리아, 에티오피아, 수단에서는 그렇지 못했다. 이들 나라에서는 전쟁, 부패, 민주주의의 부재, 문제를 인정하는 데 주저하는 정부들로 인해 가뭄은 대량 기근으로 이어졌다(Sen, 1993).

아마도 미국인에게 가장 친근한 것으로는 1992~1993년 언론을 장식했던 굶주린 소말리아 아이들의 소름끼치는 사진들이 있다. 그러나 그러한 기근은 너무 많은 사람이나 너무 적은 음식이 가장 직접적인 원인은 아니고 오히려 내전, 혼란, 그리고 전쟁 중인 파벌의 국가 식량공급 약탈에 있는 것이다.

불평등 이론의 시각에서는 가난이 다산과 인간 비참함의 직접적인 원인일 뿐 아니라 환경 파괴와도 연관되어 있다. 환경적 입장에서 다국적 광업, 농업 기업, 그리고 목재 회사에 더 큰 역할이 있기는 하지만, 가난은 저개발국가의 자원 압박에 상당한 영향을 주는 것이 여전한 사실이다. 가난한 가정은 종종 생계를 위해 자연자원을 매일 과용하게 된다. 따라서 자포자기한 농부들은 높은 언덕 중턱에 카사바와 옥수수를 키운다. 땔감이 부족한 국가의 시골 가정은 연료로 쓰려고 잎사귀를 벗겨내고, 농작물 잔여물과 동물의 잔재물을 비료로 사용하지 못하고 태운다. 이러한 현실은 또한 나무와 식물 잔재물이 제거된 땅은 수분을 흡수하기 어렵기 때문에 사막화의 원인이 된다. 해안 지역 마을에서 불완전하게 고용된 사람들은 이미 고갈되어 있는 어족을 과잉 착취하고 있다(Repetto, 1987: 13).

인구증가의 심각성에 대한 논쟁은 단순한 학술적 차원으로 존재하는 것은 아니다. 인구 사안은 너무 중요해서 최근 몇십 년 동안 유엔은 1974년 부쿠레슈티, 1984년 멕시코시티, 1994년 카이로에서 세 개의 국제 인구 회의를 조직했다. 인구문제에 대한 긍정적인 활동을 수행하기 위해 과학적·경제적·도덕적·정치적 차원에서 해결을 위한 논쟁이 진행되었다. 각기 다른 지배 체제 속에서 미국 행정부는 이러한 유엔의 노력에 선택적으로 기금을 대기도 하고 취소하기도 했다. 가장 최근의 카이로 회의, 인구와 발전을 위한 국제회의(International Conference on Population and Development)는 가장 넓은 범위의 정부 공무원과 많은 비정부 대표 기구가 총합적으로 참석했다. 인구 안정성을 증진시키기 위한 야심찬 의제가 마침내 동의를 얻었다.

3. 이 논쟁의 의미 찾기

이 책을 읽으면서 인구 사안과 문제의 복잡함 때문에 다소 혼란을 겪고 있다면, 걱정하지 않아도 된다. 다른 이들도 마찬가지이니까. 논쟁의 의미를 더 잘 이해할 수 있도록, 우리는 초기에 논의된 몇몇 주장에 대해 사실적인 측면의 논쟁뿐 아니라 다른 패러다임에 속해 있는 것까지도 이해할 필요가 있다.

물리학자와 생태학자(그리고 많은 인구통계학자)는 궁극적으로 물리적인 한계가 있는 세계에서 그 규모가 점차 더 커지는 문제들의 관점에서 세계를 바라본다. 부족함에 적응하고 자원의 대체물에 대한 투자를 자극하는 인간의 기술적 혁신과 시장의 분배능력 때문에, 신고전경제학자들은 대조적으로 세계를 충분히 변하기 쉬운 가능성을 지닌 체계로 본다. 그들은 생태학자들이 시장의 마술을 평가하는 데 실패했다고 주장한다.

하지만 생태학자들은 경제학자들이 성장이 초래한 환경에 대한 '빚'을 금융적자로 연기해놓은 형태로 파악하고 있다고 전적으로 반박한다. 행성의 궁극적인 물리적인 한계를 인식하는 데 실패한 사람들이 "지구를 마치 파산한 사업체인 양" 다루고 있다고 환경 생태학자 허먼 댈리(Herman Daly)가 주장했다(Brown, 1991: 9 재인용).

불평등과 계층화를 주장하는 사람들은 원인으로서 지구적 한계보다는 인간의 사회적 요소의 중요성을 강조하기 때문에 경제적 주장과 유사한 것처럼 보인다. 그러나 이러한 견해를 제안하는 사람들은 기하급수적인 인구증가와 환경황폐화를 모두 실제적인 문제로서 바라보기 때문에 생태학자들과 유사하다. 요약하자면, 인구증가와 인간·환경문제 사이의 관계를 이해할 때, 신맬서스주의자들은 규모의 쟁점(scale issues)을 강조하고, 신고전경제학자들의 주장은 시장 할당의 쟁점(market allocation issues)을 강조하며, 불평등 주장들은 분배의 쟁점(distribution issues)을 강조한다. 이러한 패러다임들은 세계가 움직이는 방법에 대해 각기 다른 관점을 가지고 있지만, 이들은 모두 편파적인 성향을 가지고 있고 반드시 서로 배제적인 것만은 아니다(Jolly, 1993: 21). 내가 생각하기로 이들 견해의 몇몇 차이점은 조화를 이룰 수 있다.

인간 역사의 넓은 지취를 고려할 때, 신고전경제학자와 기술론적 낙관주의는 더 나은 사실적 주장을 하고 있다. 확실히 인구증가는 특히 산업화 이전 세계에서 환경과 사회 재난에 기여하는 특별한 시기와 경우가 있었다. 그러나 전체적으로 산업화 시대에서는 기술적인 진보가 항상 인구증가의 압박을 초과했던 것은 아니다. 종합하면, 신맬서스주의자들은 항상 지구 인구통계적 재앙에 대해서는 틀리게 주장했던 것이다. 늑대는 결코 문 뒤에 서 있지 않았다.

하지만 그 자신의 방법에서 신고전경제학 패러다임은 고정화된 한계의 물리학 개념으로 살펴볼 때 정적이면서도 역사와는 관계없는 성격을 가지고 있다. 인구의 규모, 그리고 문제들을 극복하기 위한 기술적 혁신과 시장의 능력 사이에서의 변하지 않는 일직선의 관계를 가정하고 있다. 그것은 제2차 세계대전 이후 인구규모의 비상한 성장이 인간역사상 그 어느 때보다도 우리를 행성의 절대적인 물리적 한계에 훨씬 더 근접하게 만들었다는 것을 인식하지 못한다. 이를 경제학적 용어로 표현한다면 자연자원과 인간이 만든 자원 사이에서 대체물의 융통적인 탄성은 역사적으로 꽤 다양하고 지금은 하락하고 있는 추세이다. 대체의 탄성치(Elasticities of substitution)는 단순하게 얼마만큼 많이 인간 기술의 능력이 자연적 한계를 극복할 정도로 확장될 수 있는지, 충분히 '탄성적인지' 질문한다. 만일 그것이 매우 높다면 문제가 없지만, 탄성이 낮다면 확실한 지점 이상으로 인간의 발명은 자원 한계를 극복하는 데 충분하지 않다. 나는 산업화 시대에는 전산업화시대보다는 더 높았다고 주장하지만 절대적인 인구증가와 축적된 환경 위험 때문에 지금은 하락추세에 있다고 본다.

더욱이 어떠한 대체물도 극복할 수 없는 물리적 한계가 존재한다. 예를 들어 밀은 오직 노동만으로는, 또는 물 없이는 성장할 수가 없다(Jolly, 1993: 15). 내가 생각하기로는 대단히 거대한 세계 인구 – 다음 50년 안에 100억 명에 육박할 수도 있는 인구 – 는 우리가 더 적은 선택, 더 적은 책략의 여지, 더 많이 낙후된 자원 기반, 그리고 예전 역사에 비해 환경 위험을 흡수하고 회복하는 데 더 적은 능력을 가지게 될 것을 의미한다. 우리는 '창의성 격차(ingenuity gap)'에 직면할 수도 있다. 나는 경제적·기술적 능력의 의존성이 현재와 미래 인구규모에 의해 부과된 위협의 규모를 비교적 감소시킬 것이라고는 믿는다. 생태적 신맬서스주의자들의 이론은 인구-환경 평형상태가 역사적으로 유동적이기 때문에 좀 더 심각하게 받아들여져야만 한다. 늑대는 아직 문 뒤에 와 있지 않지만 확실히 주변에 있는 것이 확실하며, 100년 전에 있었던 것보다 더 가까이에 와 있는 것이 사실이다.

마지막으로 나는 신맬서스주의자와 불평등 이론 사이의 갈등은 현실보다 더 명확하다고 생각한다. 신맬서스주의자들의 주장은 추상적으로 그리고 장시간의 범위 속에서 더 설득력이 있다. 그러나 계층 이론은 인간의 비참함과 환경황폐화에 대해 지금 바로 여기에서 좀 더 확신에 찬 설명을 제시하고 있다. 다른 말로 표현하면, 기아, 가난, 물 오염과 같은 것들은 과잉인구의 망령을 강조하는 것에 의해서보다는 사회적·정치적·경제적 타협에 의해 좀 더 직접적이고 구체적으로 발생한다. 인구통계학적 주장 또는 계층화 주장 중 무엇을 선호하는지는 독자가 직접적이고 확고한 원인을 선호하는지, 아니면 원시안적이고 근원적인 원인을 선호하는지에 달려 있다. 이는 또한 독자가 단기적인 원인 또는 장기적인 시간의 주기를 강조하는지에 달려 있다. 그러나 앞서 보았듯이 그들은 어떻게 인간과 환경의 문제가 양산되었는지에 대한 아주 다른 정책적 함의를 가지고 있다.

하나 더 추가하면 다음과 같다. 새로운 '공급측면에서 인구학(supply-side demography)' 주장과는 반대로, 책임 있는 다수의 학자들은 일반적으로 많은 사람들이 반드시 좋아지는 것은 아니고 아마도 더 나빠질 것이라고 생각한다. 가장 위험한 증거는 국립과학아카데미 내부의 국립연구협의회(National Research Council: NRC) 전문가 패널들의 증거를 재검토하다 나왔다. 이들은 '인구밀도가 더 적으면 기술적 혁신, 효율성, 규모의 경제를 유인해내는 자극이 줄어 1인당 소득이 더 줄어들게 된다'는 말에는 별 증거가 없음을 알아냈다. 저개발국가에 관해서는, 패널은 인구의 완만한 증가는 대개의 발전 국가의 경제발전에는 이득이 될 수 있지만 …… 이득의 양을 엄격히 따져볼 때 맥락 의존적이면서 어려운 부분이 있다고 결론을 내렸다(National Research Council, 1986: 90). 종합하면, 만일 세계 인구증가가 더 낮은 수준에서의 '평형상태의 숫자'에서 좀 더 빠르게 속도가 감소하고 안정화된다면 자원공급, 인류 물질 안보, 환경적인 보전을 둘러싼 현대와 미래의 모든 문제는 더 다루기 쉬워질 것이라고 보는 데 폭넓은 합의가 있다(Reppetto, 1987; National Research Council, 1986).

인구학자와 환경 과학자 사이에서 도출되고 있는 합의에 의하면 인구증가는 인간의 비참함과 환경황폐화의 많은 원인 중 하나이지만 유일한 원인은 아니다. 저개발국가의 문제들에 적용되고 있는 것으로서 두 명의 인구학자가 서술한 합의내용이 여기 있다.

> 인구와 발전 간의 관계에 관한 계속된 연구로부터 얻은 가장 중요한 교훈은 이러한 관계를 중재하는 제도의 핵심역할에 있다 ……. 제도적 방해물들로는 …… 불평등한 부와 정치적 권력, 빈약한 관리 조직체계, 그리고 군사활동에서 비롯한 폐기물 문제의 불평등한 분배[가 포함된다]. 급속한 인구증가는 많은 결과적인 문제들을 악화시키지만 완만한 속도의 인구증가는 변화를 향한 긍정적인 발걸음 없이는 처한 상황의 문제들을 치료할 수 없을 것이다. 몇몇 사람들은 …… 급속한 인구증가를 이 이야기의 '악역'이라기보다는 '공모자'로 규정한다(Merrick, 1986: 29, King and Kelly, 1985 재인용).

이는 앞서 기술한 패러다임의 어떤 것보다 복잡하고 뉘앙스가 섞인 합의라고 볼 수 있다.

4. 인구, 식량, 그리고 기근

아마도 인구증가는 인간의 비참함과 환경황폐화를 악화시키는 한 가지 원인일 뿐이지만, 200년 전 맬서스가 생각한 인간의 기초 필수품인 식량과 기근의 문제는 어떠한가? 확실히, 폭증하는 인구에 근심하고 (토양, 물 등) 대부분의 농업자원이 눈에 띄게 스트레스를 받고 있다는 증거에 관심을 가졌던 것에는 이유가 있다고 많은 사람들은 주장한다. 기근협회는 대략 3,000만 명의 미국인이 영양실조 상태에 있다고 추정했고, 1999년 미 농무성은 적어도 미국 가정의 10%가 건강을 유지하는 데 충분한 음식을 섭취하지 못하고 있다고 보고했다(Charles, 1999). 영양실조는 실제로 미국과 전 세계가 현실적으로 직면한 과제이다.

우리는 세 가지 층위에 살고 있는 지구의 식량소비자들을 생각해볼 수 있다. 하위층에는 대략 11억 명의 사람들 - 대략 세계 인구의 20% - 이 건강 식단을 제공받지 못하고 있다. 이러한 사람들은 음식-에너지 부족(food-energy deficient)이라고 분류되고 이들 중 대략 60%가 어린이들이다. 만성적 영양실조는 대량 기근처럼 매우 이상한 형태를 취하지는 않지만, 그럼에도 결과는 재앙적인 수준에 이른다. 성장한 후에 적절한 영양공급이 이루어진다고 하더라도 어린이들의 신체적인 성숙을 지연시키고, 두뇌발전을 저해하며, 지력을 감퇴시킨다. 영양이 결핍된 어른들은 장시간의 고된 노동을 할 수 없고 질병에 대한 저항성이 떨어진다. 풍토병의 위험은 과잉인구가 있고 잘 먹지 못하는 지역에서 항상 크다. 중간층에는 대략 40억 명의 곡류섭취자들이 있는데, 이들은 식물성 단백질로 충분한 양과 칼로리의 음식을 섭취하는 사람들로서 세계 인구 중 가장 건강한 기본 식이를 하고 있는 사람들의 층이다. 그들은 기본적으로 뚱뚱한 사람들보다 20% 덜 섭취하고, 충분히 낮은 수준의 식이요법을 유지해 과잉 식이로 비만에 이르는 것으로부터 자신을 보호한다. 상위층에는 수십억의 육류섭취자들이 있으며, 주로 유럽과 미국에 분포되어 그들이 섭취하는 칼로리의 거의 40%를 지방으로부터 얻는다(세계 나머지 인구의 3배 수준). 중간 계층 사람들(예를 들면 중국)은 더 풍부한 수준을 유지하게 되면 최상위층 사람들을 흉내 내려고 먹이사슬을 위로 이동시키는 경향이 있다(Brown, 1994b). 정상에 위치한 사람들의 높은 육류섭취는 건강에도 좋지 않을 뿐 아니라 식량자원과 환경 남용의 지구적인 불평등의 지속적인 원인으로 자리 잡고 있다. 이를 묘사하자면 육류를 생산하는 데 사용되는 많은 양의 연료와 화학물질을 무시하고 오로지 다양한 음식을 1킬로그램 생산하는 데 사용되는 물의 양만을 고려해보자.

감자	500
밀	900
옥수수	1,400
쌀	1,910
콩	2,000
닭	3,500
쇠고기	100,000

(Baylis, 1997)

적게 잡아도 세계 곡물의 1/3이 육류를 얻기 위한 동물을 먹이는 데 사용된다. 그러므로 육류를 덜 섭취하는 단순한 행동만으로도 세계 식량공급에 '영향'을 줄 수 있고, 더 많은 인구를 먹여 살리는 데 기여할 수 있고, 현재의 지구 식량 불평등의 수준을 주요하게 감소시킬 수 있다.

4.1 세계 기근의 변화와 형세

중요하게도, 세계 인구가 성장하던 1950년대 이래로 세계 기근율이 감소하기 시작했다. 1960년대에서 1980년대까지 대략 30%에서 20%로 가장 가파른 하락세가 있었다는 점에 주목하는 것이 또한 중요하다. 1990년대에 기근 완화 추세는 20%에서 19%로, 아주 조금 수그러들었다(Buttel, 2000a).

기근율의 하락이 낙관론의 원인이 될 수도 있었지만, 절대적인 숫자 면에서 세계와 미국의 굶주린 사람들이 예전보다 더 많아진 것 역시 사실이며, 이것은 인구 성장의 지속적인 추세 때문이다. 2000년에 세계 60억 명의 인구가 살아 있다고 가정하면, 11억 명의 인구가 영양부족과 저체중 상태였다. 기근과 기아의 두려움은 문자 그대로 그들의 삶을 형성했다(Young, 1997: 27, 30). 기근은 다른 지역에서도 높게 집중되어 있다. 사하라 이남의 아프리카 지역은 영양부족 상태 비율이 높았고(1996년 39%), 반면에 북미와 근동(Near East) 지역은 발전하고 있는 지역 중에서도 비율이 낮았다(12%). 남미, 카리브 연안 국가들, 동남아시아, 그리고 남부 아시아, 특히 인도의 아래 대륙은 중간 수준을 유지했다(13~15%). 대다수의 나라들은 아이들 사이의 영양부족 상태에 관한 좋은 자료를 가지고 있는데, 이는 아이들이 영양부족에 매우 취약하기 때문이다. 인도는 아이들의 53%가 영양실조이고, 방글라데시는 56%, 에티오피아는 48%에 이른다. 그러나 몇몇 지역에서는 확실히 눈에 띄는 진보가 있었다. 남미에서는 영양부족 상태에 있는 아이들의 비율이 1980년 14%에서 2000년 6%로 떨어졌다. 그러나 동아시아와 동남아시아, 특히 중국은 사하라 아프리카 남부보다 더 많은 인구를 가지고 있기 때문에, 세계 기근 인구 중 상당수가 이 지역 내에 있다. 동아시아와 동남아시아에서 최근 몇십 년 동안 영양실조 인구의 수가 크게 하락했지만, 사하라 아프리카 남부, 근동 지역, 그리고 (특히) 남아시아로 인해 절대적인 수는 상승했다(Buttel, 2000a; DeRose et al., 1998; Pinstrup-Anderson et al., 1997).

만성적인 기아의 실제적인 개요를 다루는 것은 비교적 쉽다. 미국과 세계에 지속되고 있는 기아의 원인을 설명하려는 시도는 조금 더 복잡하고 논쟁적이다. 기아의 원인과 관계가 있는 어떤 것들은 식량 사안에 대한 정치적·이념적인 차이에 관계없이 모든 연구자가 동의하고 있는 사안이다. 첫째, 적어도 현재까지 만성 기아는 너무 많은 사람들보다는 너무 적은 음식에 그 원인이 있다. 세계의 농부들은 세계 인구를 적당하게 먹여 살릴 만큼 충분한 곡물, 육류, 다른 식료품을 생산한다. 총합해 계산해보면, 1인당 하루에 2,800칼로리를 공급하기에 충분한 양이 있다. 이것은 하루 최소필요 칼로리를 훨씬 넘는 것이고, 심지어 육체노동자에게 필요한 칼로리(2,200~ 2,800칼로리)인 것이다(Halweil, 2006). 둘째, 기아의 문제는 사람들이 현존하는 식량에 접근할 기회가 부족하기 때문에 발생하는 식량의 배분 방법에 그 원인이 있다(Field, 1993). 이러한 합의를 넘어서서, 만성적인 기아가 사라지지 않는 원인은 모순적이면서도 논쟁적이다. 생물물리적 요소의 인용에 추가해, 기아에 대한 설명은 불평등과 소득 재분배, 인구밀도와 성장, 농업적 연구주제, 전쟁·복지·보험정책과 같은 사회적 배분, 그리고 농업 무역과 상품가격과 같은 것들을 언급할 수 있다. 달리 말하자면, 기아에 대한 설명과 해결 방법은 20세기 전 세계 사회들의 지배적인 제도의 핵심을 건드리는 것이기 때문에 모순적이면서도 논쟁적이다.

4.2 세계 기근에 대한 설명

학구적인 수준가 식량정책 범주에서 각기 다른 지점을 강조하고 다른 증거를 제시하면서 결국 다른 형태의 정책적 함의를 내포하고 있는 기아 발생의 원인을 설명하는 여러 사상이 있다(Buttel, 2000a). 여기서는 그들의 다양한 논의지점을 살펴보려고 한다.

농업의 근대화(Agricultural modernization)는 세계 기아 문제가 특히 저개발국가에서와 같이 충분하지 않은 식량과 전통적인 생산방법의 낮은 생산성에 기인한다고 주장한다. 이러한 접근방법은 대단히 큰 직관성을 가지고 대중적인 지지를 받고 있으면서 미 농림성과 같은 기구와 서구 농업기업회사에서 선호되고 있다. 설득력이 있다고 해도, 이러한 접근법은 모든 사람이 충분하지 않은 식량에 문제가 있는 것이 아니라 어떻게 분배하는지에 대한 방법에 문제가 있다고 받아들이고 있으므로 잘못된 것이다. 더욱이 만일 이와 같은 전통적 농업의 '근대화'가 거대한 초국가 농기업 회사들의 옹호를 받는다면, 세계는 더 많은 식량을 얻을 수도 있겠지만 여전히 영양실조에 걸린 사람들은 가난하다는 이유로 굶주려야 할 것이다.

생태적 신맬서스주의(Ecological neo-Malthusianism)는 기아의 원인을 이론화하는 두 번째 방법이다. 그것의 논리는 간단한 것처럼 보인다. 인구가 더 많을수록 또는 인구증가율이 촉진될수록, 다른 사람들에게 유용한 식량과 다른 자원들이 줄어들게 될 것이라는 논리이다. 그러나 식량분석가들이 동의한 바 있듯이 인구가 급격하게 성장할 때도 총 식량생산은 이것을 초과했다. 인구 성장을 인간과 관련한 문제들의 단순하고 직접적인 원인으로서 바라보는 구식 맬서스주의는 너무 많이 유행에 뒤쳐져버렸다. 하지만 인구를 많은 문제와 연관성이 있는 중요한 것으로 바라보는 신맬서스주의는 여전히 유용하다. 인구의 규모 또는 성장은 사람들이 굶주리고 사망하는 직접적인 원인이 될 수는 없지만 더 직접적인 원인과 연관된 다소 거리가 있지만 간과할 수 없는 요소가 될 수는 있을 것이다. 생태적 신맬서스주의는 인구증가를 토양과 물과 같이 식량을 생산하는 환경자원 요소의 퇴화와 연관 지어 바라본다.

가장 현학적인 형태에서 생태적 신맬서스주의는 기아를 설명할 때 환경적 지속가능성(인간이 생존할 수 있도록 해주는 생명자원의 환경적 서비스와 물·토양을 보호하면서 식량의 이용가능성을 증가시킬 필요)을 인구의 규모와 성장 그 자체보다 더 중요한 것으로 여긴다. 이것은 특히 식량안보에 대한 미래의 위협이라는 사고에서 발현한 것이다. 학자들은 20세기 제2차 농업혁명이 얼마나 많이 환경적으로 위협적인 현실과 기술에 의해 성취되었는지에 대해 연구하고 있다. 초기에 우리는 토양 부식, 수자원의 퇴화, 지속적인 관개로 인한 과도염수화현상(oversalinization), 종다양성의 감소, 석유자원의 과용, 감금된 동물과 농화학제품을 통한 만연된 오염 등과 같이 이러한 현상의 많은 것들을 이미 논의했다. 농업의 환경적 퇴화가 미국의 농부들에게 영향을 주는 정도이지만, 분석가들은 세계 곳곳의 가장 가난한 나라에 사는 시골 농부들의 식량지위를 특별하게 위협하는 요소가 되고 있다고 본다(Halweil, 2000). 더욱이 세계 곳곳에는 충분한 식량이 있지만 총생산이 아닌 '1인당' 생산은 1980년대와

1990년대에 그 수준이 변화되지 않고 있는 실정이다. 농업자원 – 비옥한 토지, 관용수, 토양, 목장 – 은 모든 곳에서 압박에 처해 있는 상황이다. 〈그림 5.3〉에서 〈그림 5.5〉를 참조하라.

생태적 신맬서스주의는 식량과 관련 농업정책들에 대해 적은 영향을 미치는 잘 확립된 학문적 견해로 평가받는다. 예를 들어, 국가 간 비교연구는 인구의 규모와 증가율이 다른 요인들에 비해 기아와 덜 밀접하게 관련되어 있다는 사실을 밝혀내고, 기아의 발생요인으로서 인구의 중요성은 지역적으로 매우 특이한 것이라는 사실을 밝혀낸다. 그러나 왜 정책 집단의 영향력이 온화한지에 대한 다른 이유들이 있다. 서구가 지배하고 있는 세계 식량무역을 확장해야 하는 이유, 세계를 현대화해야 하는 이유, 사회개혁을 위한 기술적 대체물(예를 들어 유전적으로 조작된 농작물)을 공급해야 하는 이유를 제공하는 것으로써 현재 지배적인 제도의 정통성을 뒷받침해주지는 않는다. 대조적으로 생태

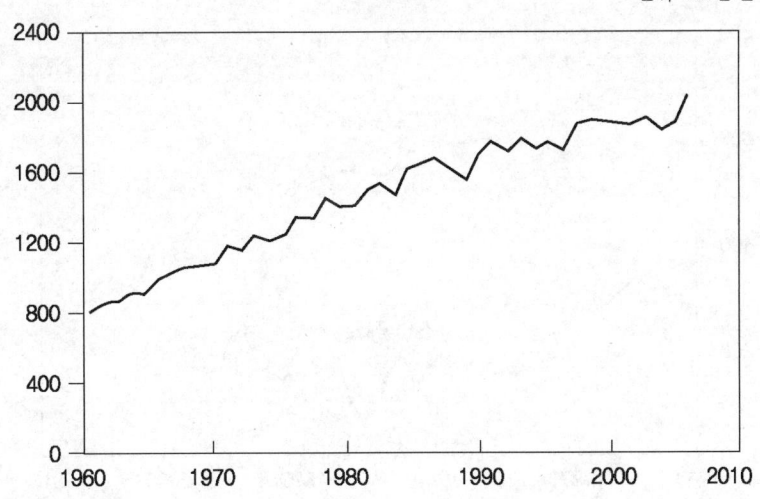

〈그림 5.3〉 세계 곡물생산, 1961~2004

단위: 100만 톤

자료: Food and Agricultural Organization과 Halweil, 2005.

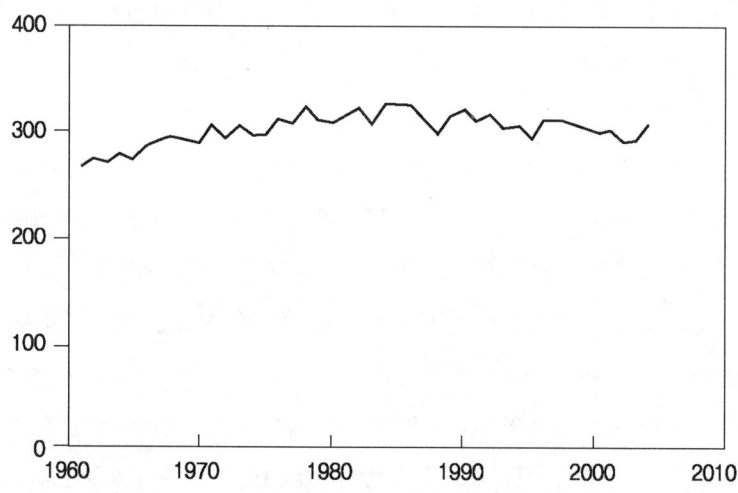

〈그림 5.4〉 1인당 세계 곡물생산, 1961~2004

자료: Food and Agricultural Organization과 Halweil, 2005.

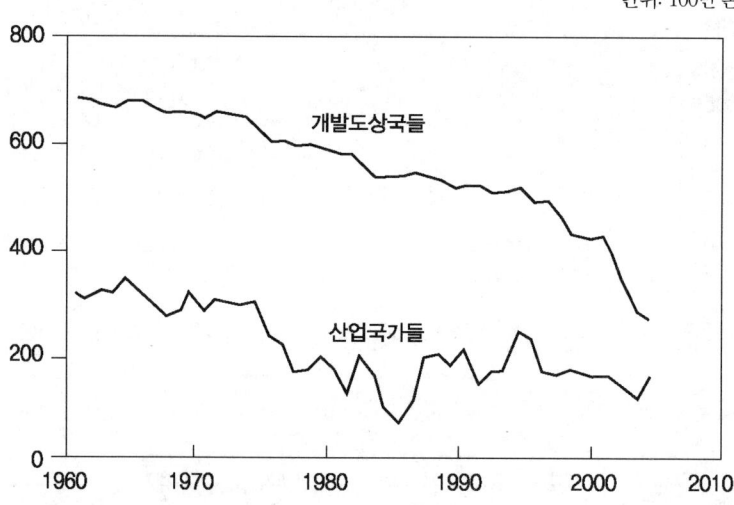

〈그림 5.5〉 산업국가와 개발도상국의 곡물 비축, 1961~2005

자료: Food and Agricultural Organization과 Halweil, 2005.

적 신맬서스주의는 지구적 자원기반의 한계를 소비를 억제하고 좀 더 지속가능한 농업형태를 요구하는 것으로 보고 있다. 그것은 농업기술과 방법의 전환을 요구할 것이다. 즉, 그것은 성공적이고 이윤이 남지만 환경적으로 피해를 주어온 농업기술과 방법을 버릴 것을 요구할 것이다. 그리고 그것은 풍요로운 자들에 의한 식량소비를 제한한다. 우리는 왜 이것이 기아를 설명하는 지배적인 관점이 아닌지 알 수 있다.

정책결정자들과 벤처자본가들에게는 호소력이 부족하기 때문에 생태적 신맬서스주의는 일종의 강제적인 관점인 것이다. 기아는 가난과 인구증가가 서로를 강화시키는 지역과 국가에 집중된다. 인도 아(亞)대륙을 예로 들면, 매년 호주 인구에 맞먹는 2,100만의 사람들이 늘고 있다. 유엔 계획에 따르면 인도에서만 2050년 즈음까지 5억 1,100만의 인구가 더해질 것이고, 그 결과 현 미국 인구의 두 배가 늘게 될 것이다. 지금도 지구에서 가장 배고픔에 떨고 있는 지역인 아대륙은 세기 중반 즈음에는 또 다른 7억 8,700만의 인구가 추가로 늘어날 것이라고 예측된다(Buttel, 2000a: 156~217).

불평등의 정치경제학(Inequality and political-economy: I&PE)에 대한 사상들은 기아를 설명하는 세 번째 형태를 형성한다. 그것은 미국과 개발도상국가 – 지역적으로나 지구적으로나 – 에서 발생하는 사회적 불평등과 빈곤이 기아의 원인이라고 가정한다. 지구화 시대에 불평등과 가난은 식량과 다른 상품들의 세계시장의 규모가 확장됨에 따라 영속되고 아마도 증폭된다. 이러한 세계시장은 정부보조금과 세계무역기구와 같은 국제적 기구에 지원을 받아 거대 기업에 의해 조직된다. 세계시장은 경제적 자산을 집중시키고 판매되는 상품의 총량을 증가시키지만, 많은 국가에서 소규모의 생산자와 노동자를 대체하고 불이익을 입힌다. 이러한 거대 시장은 돈을 가진 사람들을 위해서는 잘 작동하지만 그 과정에서 돈이 없거나 그들의 땅과 직업을 잃도록 내밀려진 사람들을 위해서는 잘 작동하지 않는다.

이제 불평등의 정치경제학에서 신뢰성이 있는 지점들을 정리해보자. 예를 들어, 만성적인 기아는 총 공급량보다는 음식의 분배와 더 직접적인 관련이 있고 기아는 영양이 과잉 공급되는 국가 내에서는 식량에 접근할 수 있는 정도의 문제가 된다. 더욱이 기아를 설명할 때 농업의 근대화 사상이 가지고 있는 많은 어려운 문제들은 불평등의 정치경제학적인 설명방식을 뒷받침하고 있다.

- 자급적인 농부들이 근대화와 토지정리 과정에서 토지를 떠나도록 강요되는 경우
- 근대화가 시장에 내놓을 더 많은 식량을 생산하지만 추방되는 사람들과 가난한 사람들에게는 그렇지 못한 경우
- 더 높은 생산 기술에 대한 연구가 사람들을 직장에서 쫓아냄으로써 기아를 증폭시키는 경우
- 육류섭취가 풍부한 식단이 충분히 가능할 만큼 생산량이 풍부해졌지만, 이 과정에서 많은 배고픈 이들의 식단을 지원할 수 있는 곡물이 동물들을 사육하는 데 요구되는 경우

기아의 원인에 대한 세 가지 다른 이론화 유형은 모두 그 나름의 장단점을 가지고 있다. 농업근대화 접근방법은 가난과 기아 모두와 관련이 있는 것으로서 농업, 농사기술의 연구와 발전에 대한 자본 투자의 부족을 지적하고 있다. 그러나 농업근대화에 대한 투자와 식량안보를 지키고자 하는 시도들은 반드시 환경적 지속가능성을 염두에 두어야 한다. 생태적 신맬서스주의는 해결지점은 생태권의 한계 내에서 발전되어야만 하고 장기적인 관점에서 이해되어야 한다는 것을 우리에게 상기시켜주지만, 그것은 인구와 환경 자원을 기아를 형성하는 사회적·정치적 요소의 맥락보다는 기아의 독립변인으로서 과도하

게 강조하고 있다. 나는 불평등의 정치경제학적 접근이 다른 세 가지 견해들을 조화롭게 융화시킬 수 있다는 프레드릭 버텔(Frederick Buttel)의 견해에 동의하는 반면에 사회적 관계에서 가장 근본적이면서 기아의 핵심뿌리인데도 경시되고 있는 세 가지 요소들의 역동성에 대해서 지적하고자 한다.

    기아를 설명하는 데 많은 진척도 있었지만, 이러한 세 가지 관점은 영양실조가 지속되는 것과 관련해 발견된 여러 설명 요소를 그럴듯하게 얼버무리고 있다. 예를 들어 연구는 전쟁과 사회불안과 같은 '**사회분열**(social disruption)'을 특히 식량의 권리가 낮은 지역에서 기근의 선행요소로 보고 있다. 가난한 국가에 사는 사람들이라도 사회분열이 없는 곳에서는 기근을 피할 수 있다(Messer, 1998). 둘째, 심각한 폭풍우, 허리케인, 홍수, 가뭄, 그리고 기타 등등의 '자연재앙(natural disasters)'은 기근과 관계가 있다. 자연재앙과 기근은 종종 중요한 것이지만 연구자들과 정책집단은 이를 과도하게 강조하고 있다. 기근과 자연재앙은 모든 아사자의 10% 정도의 원인으로 추정되고, 많은 부분이 인재에 기인하는 경우도 있다. 셋째, 지방토지의 지배구조, 민족적 계층화, 계급과 특권관계, 지역적 불평등과 지역사회 권력구조와 같은 **지역에서의 사회관계**(local social relations)가 굶주림을 낳고 있다(Buttel, 2000a). 넷째, 남녀 관계(gender relations), 성불평등, 그리고 가정 권력의 역동성 등은 네 가지의 관점에 의해 직접적으로 다루어지지 않는다. 하지만 모든 견해와 학자들은 식량에 대한 접근이 강하게 성별화되어 있음을 인정한다. 마지막으로 노벨상 수상 경제학자인 아마르티아 센(Amartya K. Sen)은 기근이란 식량에 권리를 부여하고 식량을 조정하는 개인과 집단의 능력과 관계가 있다고 강조했다. 관습, 사회적 지위, 법에 의해 정의되는 먹을 권리는 사회 권력에 접근할 수 있는 것을 반영하기 때문에 누가 먹고 누가 먹을 수 없는지를 형성한다. 그들은 국제적·국내적·지역적·가계적 수준에서 권력을 반영한다(1993).

5. 50년 후 80억 인구를 먹여 살리기

확실히 식량을 둘러싼 불평등, 가난, 사회적 환경을 다루는 것은 단기적으로 세계 영양실조를 다루는 데서는 그 핵심임이 분명하다. 이론적으로 모든 사람들을 먹여 살리는 데 적절하고도 풍부한 식량이 있는데도, 1인당 생산은 하락하고 있으며 식량을 둘러싼 세계적 안정의 한계지점이 하락했다. 〈그림 5.3〉을 다시 참조하라.[3] 기아에 관해 '더 많은 식량'과 '단일변수로서의 인구 증가'에 대한 주장은 결점이 있기는 하지만 우리가 장기적인 관점에서 더 많은 식량을 필요로 할 것이라는 점에 대해서는 여전히 사실이다. 다음 세기말에 출현할 더 많은 인구를 먹여 살리려면 압박을 받고 있는 지구 식량 자원의 기반에서 현 식량산출의 수준을 더 큰 규모로 키워야 할 것이다. 이러한 두려움은 세계 정책결정자와 농부들이 '어떠한' 환경에 처하든지 간에 지속가능한 방법을 수행하는 것인지 아닌지에 대한 현명한 자세를 요구하게 될 것이다. 우리는 더 많은 식량을 생산하면서 동시에 농업자원 기반의 파괴를 멈춰야 할 것이다. 그런데 어떻게?

식량공급을 늘리는 가장 명확한 방법은 1950년 이래로 잘 구축된 기술을 확장시키는 것이다. 경작을 위해 농지를 확장하고, 비료·살충제·제초제를 더 많이 사용하며, 관개시설을 더 확충하는 등등 말이다. 그러나 계속적인 기술의 사용은 곡물 산출의 증가세를 둔화시킨다. 초기 급성장의 J형 곡선은 추

---

[3] 식량안보의 핵심 사안은 소비일수를 고려한 '이월 재고식량(carryover stock)'에 있다. 이월 재고식량은 새로운 경작기가 시작될 때 저장소에 있는 곡물의 양을 말한다. 1990년대 이월 재고식량은 대략 75일 동안 세계인구가 먹을 수 있는 양이었는데, 이는 1960년대의 80일 정도 수준보다는 적은 양이었고 1987년대에는 104일 정도로 최고 수준이었다. 이월 재고식량이 1970년대에 그러했던 것처럼 60일 미만으로 하락하면, 곡물의 가격은 높게 치솟고 때때로 두 배에 이른다(U.S. Department of Agriculture, 1993).

세가 둔화되는 한계에 이르게 되면 정체되어 S형 곡선을 그리게 된다. 단위 면적당 곡물산출 영역에서 대부분의 국가에서 여전히 상승세를 이루고 있지만 낮은 비율을 보이고 있다. 그러나 1950년부터의 집약적 농업 기술은 더는 1인당 산출량을 증가시키지 못하고 있고, 농업의 자원기반을 낙후시키는 것으로 나타나고 있다(Bender and Smith, 1997: 25~40). 미국과 유럽에서 실용화된 집약적 농업의 현 산출량이 큰 변동 없이 이번 세기 동안 환경적으로 지속가능한 것인지 아닌지에 대해서는 의심스러운 부분이 있다. 심지어 만약 정부와 기업이 경작물을 기꺼이 포기한다고 할 때, 또는 저개발국가가 그것을 살만한 돈을 가지고 있다고 할 때, 온대지역의 단일경작 농업이 열대 또는 아열대 지역으로 성공적으로 대량 수출될 수 있는지 더욱 의심스러운 부분이 되고 있다. 필요로 하는 규모면에서, 우리는 하지 않을 것이며, 그들은 안 하고 있다.

5.1 생물공학?

몇몇 사람들은 생물공학 또는 유전공학을 다가오는 세기에 농업생산성을 크게 진전시키고, 1960년대에 시작된 개량의 녹색혁명과도 같은 유전혁명이 이룩되는 기술적 만병통치약으로 바라본다. '녹색혁명(green revolution)'이란 경작지 단위 면적당 생산성을 향상시켜 결국 총 식량생산을 증가시키는 재배 종자를 잡종 개량화시키는 대대적인 지구적 노력을 말한다. 신녹색혁명을 통한 개량된 잡종의 지구적인 확산은 세계 곳곳에서 농작물의 유전적 다양성을 매우 감소시켰다. 유전자 접합과 주입에 의해서 신유전공합기술은 '어머니 대자연도 알지 못하는' 신종을 탄생시켰다. 병충해에 더 강하고, 조기에 성숙하며, 가뭄에 잘 견디고, 염분에도 강하면서 광합성 작용을 하는 동안 태양 에너지를 더 효율적으로 사용하는 품종으로 말이다. 강력한 혜택과 이윤으로 인해, 유전자 조작(GM) 농작물은 2000년 즈음까지 미국의 농장과 식량 체계에 빠르게 유입되었다. 예를 들어 콩류의 대략 2/3은 조작된 종자로부터 성장했다. 사실 콩류는 2001년에 모든 유전자 조작 농작물의 63%에 이르고 있다. 옥수수는 대략 19%, 그리고 다른 농작물 – 면, 카놀라, 토마토, 감자 – 는 아주 작은 비율을 차지하고 있다. 단지 세 국가 – 미국, 캐나다, 아르헨티나 – 만으로도 2001년 유전자 조작 농산물의 96%에 이르고 있으며, 이것들 중 대부분(77%)은 제초제에 더욱 잘 견딜 수 있다는 단일 특성을 위한 목적으로 조작되었다 (Buttel, 2002). 우연찮게도, 유전자 조작 종자들은 제초제 시장을 형성하고 있는 동일한 기업들이 특허를 내고 판매하고 있다. '범지구적인 생물공학의 혁명'이라는 명성과 떠들썩한 말들이 있었지만, 그것이 대체로 세 국가에서 (제초제에 대한 내성이라는) 단일 특성과 관련한 한 종의 작물이었다는 점에 주목하는 것은 중요하다. 지금까지 유전자 조작 농작물의 확산은 깊지만 매우 협소했다. 세 국가의 콩류(그리고 더 적은 영역의 옥수수) 생산지역 외에서는 매우 적은 지역의 경작지에서 유전자 조작 농산물이 경작된다. 3대 주요 식량 경작물이 쌀, 밀, 옥수수라는 점을 감안할 때, 주요산물 영역 내에서 혁명의 실제는 시작이 초기에도 못 미치는 수준이다(Buttel, 2002: 7).

유전자 조작 농산물을 주의해야 하는 데에는 생태학적 이유들이 있다. 막대한 양의 비료, 물이 없다면, 대다수의 (1960년대) 녹색혁명 농작물 변종들은 전통적인 품종보다 산출량이 많지 않다. 심지어 더 적은 경우도 있다. 유사하게 만일 유전적으로 조작된 농작물이 광합성을 촉진시키는 방법을 통해 생산성을 향상시킨다면, 그들은 토양 자양분의 손실을 촉진시킬 수 있고, 더 많은 비료와 물을 요구할 수도 있다. 방대한 양의 물, 좋은 토양, 그리고 적절한 기후가 없다면 유전자 조작 신종들은 실패할 수밖에 없다. 더욱이 신종들은 자연적인 먹이사슬, 포식체계, 영양주기에 침투되어 예측할 수 없는 결과를 가져올 수도 있다. 잡초들이 유전자 조작 농작물의 특별한 방어체계나 광합성 능력을 갖게 될 수도 있고, 살충제를 내부적으로 갖춘 농작물이 해충보다는 다른 익충에 해로울 수도 있다. 더욱이 환경적으로 새롭게 유입된 유기체들 자체가 해로운 것이 될 수도 있다. 제발 이러한 것을 중요하지 않은 사안으로 취급하지 않았으면 한다. 미국에서는 순종이 아닌 식물 침입자로 인해 이들을 다루는 비용을 포함해 총 1,380억 달러에 이르는 손해가 발생했다(Pimentel, 1999). 역사적으로 볼 때 의도적으로 유입된 120종 이상의 경작물이 미국 내에 골칫거리 잡초가 되고 말았다. 미국 사람들과 다르게, 유럽 사람들은 생물공학에 대한 산업적인 요청, 곧 유전자 조작 식품을 소비하는 것이 건강에 해롭지 않다는 주장에 대해 강한 회의주의를 표명했다. 유럽 사람들은 또한 환경 안으로 유입되는 의도되지 않은 해로운 유전자 또는 물질에 대해서 경계심을 가지고 있다. 21세기 전환지점에서, 이러한 사안과 관련해 미국과 유럽 간의 심각한 식량 무역전쟁이 일어나려는 중이다(Halweil, 1999, 2000).

왜 생물공학(biotechnology)이 세계적인 영양실조에 관한 의심스러운 만병통치약인지에 대한 또 다른 이유들은 경제적·제도적인 맥락과 관련이 있다. 유전공학(genetic engineering)은 거대한 자본과 기술적인 투자를 요구하고, '그들의 유기체(organisms)'에 대한 특허권을 음식이 필요한 사람들에게 값싸게 제공되기보다는 적절한 가격을 제시하는 구매자에게 판매하고자 하는 거대 사기업에 의해 수행되고 있다. 지금까지 생물공학 연구들은 굶주리거나 농업적인 지속가능성을 위한 식량이라기보다는 농업기업체의 판매 요구와 이윤에 맞추어 이루어졌다. 예를 들어 제초제 기업의 더 높은 판매 이윤을 양산하는, 제초제 내구성이 강한 농작물을 개발하는 것이 우선사항이었다는 점을 들 수 있다. 널리 알려진 일화로, 몬샌토(Monsanto) 기업은 유한한 유전자를 가진 산출량 높은 종자들을 개발하고 있었는데, 경작물이 성장한 이후에 수확된 씨들이 다시 자랄 수 없게 조작한 것이었다. 즉, 다음 해에 뿌릴 종자는 농민들이 수확한 씨를 보관해두는 게 아니라 기업으로부터 새롭게 구입해야 했다. 반발이 너무 부정적이어서 회사는 그 계획을 무산시켰지만 기업 내에서는 그 종자가 여전히 존재한다. 위험스럽지만 대단히 높은 이윤을 낳기 때문에, 농기업 회사들은 지금 조작된 종자들을 발전시키고 특허권을 얻으려고 야심차게 경쟁하고 있다. 세계의 가난한 사람들과 배고픈 사람들을 위해 더 많은 식량을 생산하겠다는 전망은 지금까지 연구자들에게는 없는 것 같고, 더 중요한 점은 투자자들은 여기에 별 관심이 없다는 점이다.[4]

그렇다고 해서 이것이 유전자 조작된 농작물이 즉시 거절되어야 한다는 것을 의미하지는 않는다. 특히 만일 연구 의제가 더 많은 이윤이 아닌 더 많은 식량과 더 적은 환경 손실의 방향으로 재조정된다면 말이다. 이를 수행하려면 연구와 발전 주제에 대한 통제가 세계 식량 소비자와 농부에게로 이동해야 한다. 그러나 생물공학이 세계 식량 문제의 해결점이라는 것을 의심하는 산업 비평가와 환경과학자들만을 생각하지는 말아주었으면 한다. 수 년 동안 파이어니어 하이브레드 인터내셔널(Pioneer HiBred International) — 세계에서 가장 큰 종자 생산자 중 하나 — 에서 연구 이사를 맡았던 도널드 듀빅(Donald Duvick)의 말에 귀기울여보자. "눈에 띄는 획기적인 성공은 없었다. 생물공학은 진보를 위해 필수적이지만 어떤 주어진 상황 내에서의 몇 농작물을 제외하고는 산출량을 눈에 띄게 올리지는 못했다"(Miller, 1998: 607 재인용). 많은 새로운 과학적 기술과 같이, 유전공학은 환경적이지만 또한 경제적·정치적으로도 심각하고도 때로는 불길한 가능성이 혼재된 희망을 가지고 있는 것이다.

---

4 그렇지만 세계의 기아로 인한 식량수요를 강조하는 유전공학 식품과 관련해 내가 유일하게 알고 있는 사례를 고려해보자. 2000년 스위스 연구소는 쌀을 주식으로 하는 사람들에게 나타나는 문제인 비타민A(베타카로틴)를 공급하고 철의 흡수를 방해하지 않는 쌀의 성질을 개발하고 있었다. 더욱이 소위 '금쌀(golden rice)'이 가진 성질은 특허를 받거나 다국적 기업에 의해 팔리지 않았고, 다만 제3세계에 분배를 위한 국제 쌀 연구협회에 주어졌다. 그럴 때조차도, 많은 식량수출국이 금쌀에 있는 소량의 베타카로틴은 중요한 차이를 만들지 않는다고 믿었음에도, 다국적 기업은 가난한 나라들에 유전자조작에 기반을 둔 식량을 증진시키는 홍보물로서 그것을 이용하려고 했다.

5.2 지속가능한 농업: 농작생태학과 저투입 농사

근대의 집약 농업의 한계와 생물공학의 위험성이 명백해지고 있는 지금, 농경제학자들과 생태학자들은 조금 더 노동 집약적인 전통 농업 양식에서 장점을 재발견하고 있다. 이러한 양식은 노동력이 풍부하지만 자본과 기술이 열악한 열대 저개발국가의 식량을 증가시키는 가장 명료한 방법이다. 세계시장경제에서 이윤이 덜 남을 수도 있지만, 많은 전통적인 경작 방법은 에너지 투입과 장기적인 지속가능성을 고려할 때 단위 면적당 생산성 측면에서 우수했다(Armillas, 1971). 지금 농업생태학(agroecology)의 더 새로운 농업 패러다임은 농장 자체가 생태계이고 지속가능성뿐 아니라 생산성을 향상시키는 다양성, 상호의존, 그리고 시너지의 생태적 원칙을 사용한다고 인식한다(Altieri, 1995). 산업적인 집약 농업의 도구들은 간단하면서도 강력하며, 이것은 시중에서 파는 살충제를 사용하고 있다는 것을 의미한다. 대조적으로 농업생태학은 복잡하고 그 도구들은 미묘하고 창의적인 경우가 많다. 이는 간작 – 동시에 동일한 경작지에 여러 개의 농작물을 심는 것 – , 다모작 – 1년에 동일한 토지에 1회 이상 경작하는 것 – , 윤작, 그리고 동식물 혼합 생산(mixing of plant and animal production) 등으로, 이것들은 세계 곳곳의 농부들에게 전통적으로 각광받아온 농사법(Lappé et al.,1998: 77~78)이다. 농업생태학은 유기농법과 저투입 기술과 혼합될 수 있다. 예를 들어 농부들은 동물거름과 녹색거름 – 식물 잔재 – 을 비료로서 재생할 수 있고, 토양생산성을 향상시키고 부식을 방지하기 위해 식물 잔재를 남기는 저경작방식(low-tillage plowing)을 사용할 수도 있다.

1999년 아이오와 주 분(Boone) 지역 가까이에 있던 300에이커 규모의 농장의 예를 들어보자. 농부 딕 톰슨은 옥수수, 콩, 귀리, 그리고 밀을 각종 유형의 풀을 포함해 구색을 갖춘 토끼풀과 건초용 풀과 함께 간작했다. 해충은 대개 하나의 농작물에 '특화'되어 나타나기 때문에 이웃 단일경작 농가에 침입한 해충이 문제가 되지 않았다. 다양화된 모습으로 인해 하나의 해충은 그리 문제가 되지 않았다. 복합경작이 단일경작보다 더 효과적으로 영양자원을 사용하기 때문에, 이러한 다양성은 잡초 문제를 감소시키는 경향이 있다. 그래서 소비할 잡초가 덜 남는다. 톰슨은 또한 중서부 옥수수 농장에서는 드물게도 소에게 풀을 뜯기는 식으로 잡초를 활용했다. 지금 소들은 대개 사육장에서 키워진다. 소와 돼지, 그리고 질소 조절은 토양을 영양적으로 건강하게 해준다. 더욱이, 톰슨은 돈도 벌었다. 그는 건강한 토양과 경작물로, 그리고 화학비료나 살충제 등의 '투입' 비용이 거의 없는 데서 이윤을 남겼다(Halweil, 1999: 29).

이러한 기술은 생산성이 높을 수 있지만 '인간노동력이 조심스럽고도 참을성 있게 적용되었을 때만이' 가능하다. 개발도상국가의 사례들은 인상적이다. 중국, 대만, 한국, 스리랑카, 그리고 이집트의 농업은 높은 산출량을 보여주는 이러한 양식에 더 근접해 있다(Hecht, 1989). 그러나 쿠바에서는 이러한 대안적 농법이 가장 큰 실험을 거치고 있다. 공산주의 세계의 붕괴 이전에 쿠바는 녹색혁명 방식의 농업경제의 모델이었다. 농업은 거대한 양의 수입 화학제와 수출경작물을 생산하기 위한 기계를 사용하는 거대한 생산 설비에 기초하고 있지만 식량은 절반 이상을 수입해야 하는 국가였다. 1990년 즈음 쿠바가 무역권과 사회주의권에 의해 지원받던 보조금이 사라지자, 쿠바는 1인당 섭취 칼로리가 30% 수준까지 하락하는 전례 없이 심각한 식량위기를 맞이하게 되었다. 식량과 농화학제의 수입이 불가능해지자, 쿠바는 농부에게는 더 높은 판매가격, 더 적은 농업 설비, 도시 농업에 기초하는 자기충족적인 농업을 만드는 쪽으로 방향을 선회했다. 1997년 즈음에 쿠바 사람들은 1990년 이전에 그들이 먹던 방식과 거의 흡사하게 식사를 할 수 있게 되었다(Rosset, 1997).

도시농업은 도시 거주자들에게 도시 내부와 주변의 빈 공간, 뒷마당, 그리고 여타 공간들 안에 채소를 경작하도록 하는 생각에 기초하고 있다. 1996년

아바나의 이러한 채소 재배인들은 도시 식량의 5~20%를 공급했다. 도시 원예는 새로운 생각이 아니다. 예를 들면 '빅토리 가든(victory gardens)'과 같은 곳은 제2차 세계대전 동안 미국의 신선한 채소의 40~50%를 생산했다. 도시 원예는 지금 상하이와 캘커타와 같은 저개발국가의 거대 도시 안에서 주요한 식량공급원이 되고 그 곳에서 식량확보는 종종 생존의 문제가 된다. 미국에서는 수많은 도시에서 단체들이 형성되었으며, 이 단체들은 정기적으로 만나 생산품을 팔고 물물교환하는 도시의 채소 재배인들을 지원하기 위한 것이다. 옹호자들은 도시농업을 도시인들이 이웃을 범죄와 오염으로부터 선도하는 것을 돕고, 저소득층 거주자에게 사업기술을 훈련시키고, 젊은 사람들에게 영양문제, 환경문제, 식량확보문제 등에 대해 가르치기 위한 하나의 수단으로 여기고 있다. 따라서 1970년대에 지역사회가 지원하는 농업으로 시작한 이 운동은 최근 세계 곳곳에서 600개의 프로그램을 포함하고 있다(Nelson, 1996).

유기농업은 환경적으로 실행가능한가? 유기농업은 작지만 지속가능한 농업생태학의 급성장하는 분야이다. 많은 미국인들은 유기농업을 피해망상적인 히피족, 신경질적인 엄마, 자기정당화하는 농부와 동일시하고, 많은 과학자들은 유기농재배가 세계 식량문제를 해결할 수 있다고 생각하지 않는다. 케임브리지 대학 화학자들이 이에 대해 퉁명스럽게 말했다. "가장 큰 재앙은 ……지구온난화가 아니라 지구적 차원의 유기농법으로 전환하는 것이다. 대략 20억의 사람들이 아사하게 될 것이다"(Halwell, 2006: 18). 그러나 다수의 농사업가, 농업과 생태 과학자, 그리고 국제 농업전문가들은 유기농법으로의 대규모 전환은 세계 식량공급을 증가시킬 뿐 아니라 굶는 사람들을 근절하고 농업의 환경 영향을 낮추는 유일한 방법이라고 믿는다. 유기농법의 '외부비용(external costs)'은 전통적인 농법보다 더 낮은 수준이다. 토양부식, 음용수에 대한 화학적 오염, 야생종과 조류의 멸종, 그리고 음식에 잔존하는 독성 농화학물질 등의 면에서 볼 때 말이다.

세계 곳곳의 많은 연구들은 유기농이 전통적 농법보다 다소 많거나 그와 비슷한 양을 생산할 수 있다고 본다. 이러한 간극의 차이는 많은 농화학물질과 살충제가 사용되는 고개발국가들 내에서 가장 크다. 유럽과 북미의 200개 이상의 연구들의 자료를 조사한 코넬대학 연구에서는 유기농 산출량이 대략 전통적인 산출량의 80% 정도라고 밝혀냈다. 미국의 우천 관개농지(rain-feed and irrigated land)의 154번의 성장기를 거쳐 축적된 자료들을 재검토한 캘리포니아-데이비스 대학 과학자들은 유기농 옥수수의 산출은 전통적인 산출의 94%, 유기농 밀은 97%, 그리고 유기농 토마토는 산출에 차이가 없다고 밝혀냈다. 중요하게도, 영국의 에섹스 대학 연구자들은 대부분의 기아 지역에서는 산출량의 사이가 완전히 사라졌다고 밝혀냈고, 때때로 유기농법이 더 높은 산출을 보여주고 있다고 밝혔다(Halweil, 2006).

일종의 유기농의 이상세계로의 완전한 전환이 세계의 기아와 환경문제를 해결해줄 수 있는지에 관한 질문은 잘못된 것이다. 아프리카와 미국에서 수십 년 동안 농업 확장 경험을 가지고 있는 로널드 번치(Ronald Bunch)는 농업생태학의 '중간경로'를 대신 강조하고 있다.

저투입 농업은 유기농의 많은 원칙들을 사용하고 화학제를 적게 사용한다. 이러한 체계를 통해 즉각적으로 소농이 현재 생산하는 양의 2~3배를 산출할 수 있고, 이는 단위 생산당 비용을 적게 들일 수 있다. 저개발국가의 많은 소농들이 완전한 유기농을 실현하기보다는 이를 선택해 농작하고 있다. 왜냐하면 그렇게 하면 자식들을 굶길 염려가 없기 때문이다. 만일 농부 다섯 명이 화학제 사용량을 반으로 줄인다면, 환경에 미치는 결과는 농부 한 명이 완전히 유기농 재배를 하는 데서 생기는 효과의 2.5배가 될 것이다(Bunch, Halweil 재인용, 2006: 23~24).

변화에 관한 강력한 증거와 가능성을 언급한 후에, 나는 모순적이게도 현재 미국 농업이 더 작은 규모의 대안적 농업체계로 진화하는 것이 '아니라', 거대 농기업회사에 의해 소유되고 조정되는 더 크고 화학적으로 집약적인 단일경작 농업으로 변하고 있다는 것을 언급하려고 한다. 거대한 목축장과 돼지와 닭과 같이 제한된 동물 사육 작업(confined animal feeding operations: CAFOs)에 의해 묘사된 바 있듯이 곡물경작과 가축사육에서 이는 사실이다. 농업 연구소·주 정부·연방의 보조금 그리고 가격 정책은 이러한 작업을 선호하고 있다. 농업생태학이라는 용어를 최초로 만들어낸 농과학자 알티에리(Altieri)는 최근에 "농업의 미래는 권력 관계에 의해 결정될 것이고, 그리고 만약 충분한 권력이 주어졌을지라도, 왜 농부와 일반대중은 농업의 방향을 지속가능성이라는 목표를 향해 가도록 촉구할 수 없는지에 대한 이유는 없다는 것은 명백하다"고 언급했다(1998: 71).

6. 세계 인구의 안정화: 정책적 선택

세계 곳곳에서 출생률이 떨어지고 있기 때문에, 인구증가율은 거의 10년 동안 하락세에 있다. 국가와 지역 사이에서 매우 다양한 변수로 작용하는 여러 가지 원인들이 성장률의 하락세에 기여하고 있다. (1) 사회경제적 발전과 몇몇 저개발국가의 인구통계학적 전환을 만드는 출생률 하락, (2) 가족계획 프로그램의 성공, (3) 여성주의와 여성권리 운동의 지구적 확산, 그리고 (4) 증가하는 영양부족, 인류의 불행, 빈곤, 그리고 사망률을 증가시키는 에이즈 바이러스/후천성면역결핍증이 그것이다.

1980년대 동안, 세계 곳곳의 여성들은 자신들의 사회적·경제적·정치적 환경을 개선하고자 로비하기 위해서 작은 비정부기구들(NGOs)을 형성하기 시작했다. 1990년대까지 저개발국가의 여성들은 정보와 접근을 향상시키기 위해서 가족계획 프로그램의 향상을 옹호했고, 프로그램 서비스 제공자가 고객을 더 존중하도록 장려했다. 인구증가와 관련한 윤리적·과학적·종교적 논쟁뿐 아니라 존재하는 가족계획 프로그램에 대한 여성단체들의 반대는 다섯 차례에 걸친 인구에 대한 유엔 회의(UN conference on population)를 위한 배경을 형성했다. 인구와 발전에 대한 국제회의(International Conference on Population and Development: ICPD)는 발전 사안과 인구문제를 직접적으로 연관시키는 데 독보적이었다. ICPD가 1994년 이집트 카이로에서 개최되었을 때, 비정부기구에 의한 참여는 유래가 없을 정도로 대단했다. 1,200개가 넘는 비정부기구가 ICPD 프로그램을 행동으로 실천할 수 있도록 참여자 또는 사절단으로서 참석해 정부 관련 공무원과 함께 일했다. 인구와 발전 사안을 직접적으로 연관 지은 것은 인구 관련 회의에서는 전례 없는 일이었다(Gelbard et al., 1999: 34).

압도적인 합의에 의해 ICPD 사절단은 인구증가는 핵심적인 사회적 환경적 문제를 악화시키는 심각한 문제라고 주장했지만, 그들은 인구증가가 모든 인간문제의 원인이라는 생각에는 반대했다. 그들은 부부나 연인이 기꺼이 자녀를 적게 낳겠다고 생각하는 환경을 만드는 것이 필요하다고 강조했다. 이전의 회의와 같이, 그들은 (1) 모든 사람에게 유용한 가족계획/피임의 전통적인 전략을 만들고, (2) 인구증가를 확장시키는 가난과 빈곤을 해결할 것을 확인했다. 모든 곳에서 이러한 전략은 차이점을 가지고 있다는 강력한 증거가 있다. 그러나 인구와 발전에 관한 국제회의는 상당히 새로운 것을 강조했다. (3) 여성에게 권력을 부여하는 것. 특히 세계 인구증가의 90%가 발생하고 있는 저개발국가에서 사는 많은 여성들은 그들 자신을 위한 사회적·경제적 안전을 성취할 만한 다른 방법이 없기 때문에 대가족을 가지게 된다. 가부장(남성우월)이 강한 사회에서는 여성이 종종 일찍 결혼하도록 강요된다. 여성들은 일을 할 때에도 남성보다 월급이 적고, 토지 또는 은행 신용도에 접근하기 더 어려우며, 정치활동을 할 때에도 더 적은 기회를 얻게 된다. 발전과 인구 정책에 대한 학자와 여성 단체들 사이에서의 보편적인 합의는 여성에게 유용한 복지를 향상시키고, 사회적 선택사항을 확장시키도록 하는 정책들이 인구 성장을 제한하고 환경문제를 중요하게 여기고 인간발전을 증진시키는 데 기여할 수 있다는 것이다. 여성들의 지위가 낮고 재정적으로 남편에 의존적일 때, 출산율은 높게 유지된다. 이러한 일반화에는 예외가 없다(Camp, 1993: 134~135; Sachs, 1995: 94). 그러나 우리는 왜 가부장적 사회에서 권력을 소유한 사람들이 이러한 변화에 강하게 저항할 것인지 이해할 수 있다.

무엇이 ICPD 이후 10년 동안 인구통계적인 변화를 위한 '핵심카드'가 될 것인가? 내가 생각하기로는 '혼합된 것'이다. 출산율의 지구적 하락추세는 1990년대에 계속되었고, 여성의 지위와 사회적 선택을 개선하는 진보는 많은 국가에서 측정가능한 것이 되고 있다. 그러나 사회와 환경에 대해 변덕스러운 인구통계학적 압력에 직면한다는 것은 인구증가를 정면에서 억제할 것을 필요로 한다. 인구와 가족계획 프로그램을 확장하는 데에는 국제적인 협력과 자원이 필요하다. 하지만 고개발국가는 협약을 맺을 때 자신들의 역할을 제대로 수행하지 않고 있으며, 전문가, 물자, 그리고 기금에서도 기여도를 높일 필요가 있다. 세계는 피임, 에이즈바이러스/후천성면역결핍증 예방, 그리고 다른 재생산 서비스에 필요한 물자가 부족한 상황이다. 예를 들어, 세계 전역에서 사용할 수 있을 만큼의 콘돔을 공급하는 데 드는 1년치 비용은 2015년까지 5억 5,700만 달러에 이를 것으로 전망된다(Mastny and Cincotta, 2005: 36). 불행하게도, 가장 시급하게 필요한 때에 국제적인 구호가 감소하고 있다. 2000년까지는 ICPD가 카이로에서 합의했던 170억 달러의 단지 절반 수준만을 유지했다. 미국에 제시되었던 몫인 19억 달러의 대략 1/3만이 실제로 기부되었다. 2004년에는, 미국 정부는 유엔 인구기금에 제공해야 하는 3,500만 달러의 기부를 보류했다. 그것은 기구 예산의 대략 10%에 달하는 것으로, 2006년까지 지불되었다(Mastny and Cincotta, 2005: 36~37).

7. 결론

지구적인 수준에서 몇 가지 유행을 타고 있는 인구통계적인 추이의 신호들은 몇몇 낙관주의자들을 위한 기반을 제공해주지만, 세계 인구는 타성에 의한 절대적인 성장추세에 있기 때문에 큰 문제이다. 인구증가를 질주하는 중형 트럭으로 비유하자면 낙관주의자들은 트럭이 시속 80마일에서 시속 60마일로 속도가 줄었다고 할 것이다. 비관주의자들은 우리가 다른 곳을 보는 사이에 누군가가 짐칸에 두 배 이상의 짐을 실었다고 말할 것이다.

8. 독자들이 생각해볼 문제

함축과 질문

독자는 지적인 방식으로 대규모의 인구 변화를 이해할 수 있다. 하지만 내 추측으로는 그것은 너무 추상적이고 만연되어 있는 현상이어서 독자는 인구 변화와 관련되어 있는 독자의 일상생활 환경, 문제들, 기회들을 거의 생각하지 않을 듯싶다. 독자의 생활을 인구통계학적인 맥락에서 살펴볼 수 있도록 돕는 몇 가지 핵심 질문이 있다.

1. 높은 인구밀도는 사람들이 더 가깝게 살아가고, 더 빈번하게 상호작용을 하며, 공급이 제한되어 있는 생활공간과 모든 자원을 얻으려고 더 맹렬하게 경쟁한다는 것을 의미한다. 독자가 다른 사람들과 함께 더 좁고 더 조밀한 환경(예를 들면 공동 아파트, 대학 기숙사, 기숙학교, 군대 등)에서 살았던 때를 생각해보자. 독자는 이런 경험에 대해서 어떻게 설명하는가? 어떤 종류의 문제들을 독자와 주변 사람들이 경험했는가? 덜 조밀한 생활환경에서는 중요하지 않았던 어떤 종류의 것들이 중요하게 되는가? 어떤 종류의 특별한 규율이나 규제 사항이 증가하는 인구밀도의 문제를 다루는 데 진화되었는가? 기숙사나 군대와 같은 어떤 시설에 사는 문제들을 다룰 때 생겨난 특별한 규율에 대해서 생각해볼 수도 있다. 모든 규율이 인구가 조밀하고 밀집되어 발생하는 문제를 다루는 것은 아니지만, 많은 것들이 그러하다.

2. 인구증가의 안정성은 여러 해 동안 세계의 정치적인 의제가 되고 있으며, 대부분은 카이로 인구와 발전에 관한 국제회의를 통해 널리 알려지게 되었다. 이 회의는 가족계획 프로그램, 저개발국가에서의 사회 발전을 국제적인 기구의 원조와 세계 곳곳의 여성의 지위 강화와 더불어 지속함으로써 인구증가의 속도를 늦추는 전략을 분명히 밝혔다. 독자가 생각하기로 다른 사안과 비교할 때 이 사안에 얼마나 큰 우선성을 두어야 할 것인가? 독자에게서 세금을 거두는 정치인들에게 이를 얼마나 촉구해야만 하는가? 나이, 가족의 지위, 교육, 정치적 태도, 또는 종교적인 배경은 이러한 질문들에 답하는 데 어떤 영향을 주는가?

우리가 할 수 있는 것

이 장에서 동전의 양면과도 같은 관심사는 인구와 식량이었다. 만일 독자가 시기적으로 음식 공급에 혼란을 겪고 있는 미국인 중 소수에 속하지 않는다면, 식량확보는 독자에게 생소한 관심사일 수도 있다. 그러나 식량안보는 대략 3,000만 미국인들에게 문제가 되고 있고, 또한 많은 다른 나라의 사람들에게도 그러하다. 독자의 어떠한 행동이 세계의 식량안보를 증가시키는 데 기여하고 있을까?

1. 큰 묶음 단위이고, 포장이 간소하며, 요리되지 않은 식품을 구입할 수 있다. 음식을 단위 생산당 더 싸게 살 수 있고, 이런 음식이 몸에 더 좋을 가능성이 크고, 생산에 에너지가 덜 사용되고 쓰레기를 덜 발생시킨다. 식량 소비에 들어가는 비용이 직접적으로 생산자와 처리작업을 하는 중개기업에 더 많이 돌아가기도 한다. 또한 선택적인 소비를 통해서 독자는 천연 또는 유기농 음식 생산, 그리고 지역 또는 지방의 생산자를 지원할 수 있다. 이것은 맞벌이로 바쁜 가족과 패스트푸드, 슈퍼마켓, 그리고 1차 조리된 식품에 의해 점차 지배되는 음식체계에서 실천하기에는 어려운 일이 될 수도 있다. 하지만 이것은 우리 가족을 위한 일이다!

2. 기아와 식량안보 자체에 도움을 줄 수 있는 가장 명백한 방법은 일반적으로 식량은행과 국제 식량구호기구에 기부하는 것이다. 이것은 좌절에 빠진 사람들을 먹여 살리는 것을 돕는 것이지만, 그들이 진행하고 있는 식량의 자급자족을 증진시키는 데 기여하지는 않는다. 국제 기구 옥스팜과 같은 대다수의 식량구호기구는 지금 식량 생산 능력의 발전을 강조하고 있다. 독자는 공적으로도 사적으로도 식량발전 프로그램에 기여할 수 있다. 만일 독자 또는 독자의 친구가 진정으로 도전적인, 그렇지만 중요한 계획을 원한다면 세계의 배고픈 사람들을 대신해 기구를 조직하라. 주 정부와 회사보다는 직접 음식을 생산하는 사람들을 위한 식량농업 발전 프로그램을 얻기 위해 시도하라. 그 일을 하는 동안, 어떤 수준 – 시, 주, 연방 – 에서든 배고픈 사람들을 위한 식량생산을 향상시키는 방향으로 국내의 정치적인 우선성을 재정의하도록 시도할 수도 있다. 독자가 볼 때, 식량안보사안을 주장하는 것은 쉬운 것이 아니고 사적인 것만큼이나 정치적인 것이 될 수 있다.

3. 개인이 할 수 있는 중요한 사적인 일로는 직접 먹을 음식을 뒤뜰, 창문 화분, 지붕 화원, 협동공동체 정원 등에 심어서 키우는 일이 있다. 거실 규모 정도의 정원에 식물을 심는 데 대략 31달러를 들여서 대략 250달러 정도의 푸성귀를 수확할 수 있다. 시장과 같은 곳에 이를 다시 팔아본다면 어떨까(Miller, 1992: 386)!

4. 훨씬 더 중요한 것은 먹이사슬의 더 낮은 수준에서 먹는 것으로, 바로 고기를 덜 먹고 곡물, 과일, 채소를 더 많이 먹는 것을 의미한다. 만일 이러한 생활방식의 변동이 보편화된다면, 환경문제, 식이적인 건강, 그리고 식량안보에서 얻는 혜택은 엄청나게 클 것이다. 돈과 에너지를 절약할 수 있고, 과식, 심장질환, 여러 질병과 관련된 지방의 섭취가 줄어든다. 또한 공기와 물 오염, 물 사용, 산림벌채, 토양 침식, 과잉 방목, 소에 의해 발생되는 온실가스 – 메탄 – 배출을 감소시킬 수 있다. 미국에서 가축을 이용한 농업은 모든 지방과 산업에서

사용하는 담수보다 더 많은 담수를 오염시킨다. 만일 미국인들이 육류섭취를 10%만 줄인다면, 절약되는 곡류와 콩류로 6,000만 명을 제대로 먹여 살릴 수 있다. 미국 경작지의 반 이상이 가축을 먹여 살리는 데 이용된다. 가축은 또한 직접적인 소비뿐 아니라 사료를 키우고 분뇨를 처리하는 데에서 미국에서 사용되는 물의 절반 이상을 소비한다. 한 사람의 채식주의자가 나타날 때마다 1에이커의 나무, 110만 갤런의 물이 매년 절약되고, 절반 정도의 물만을 오염시키게 된다. 현재 대략 3%의 미국인이 채식주의자이다(Miller, 1992: 368).

5. 쇠고기에 대한 불만(the beef about beef). 이 이야기를 하기는 싫다. 특별히 내가 오마하에 살았던 이래로, 이 도시는 전국에 쇠고기를 공급하는 도시가 되었다. 후배지는 소의 목장, 사육장, 식품가공공장으로 이용되었고, 쇠고기 산업은 지방 경제에서 매우 중요해졌다. '감미로운' 오마하의 불고기 광고를 본 적이 있는가? 사실 네브래스카에서는 사람들이 쇠고기를 덜 먹도록 부추기는 것보다 신성모독적인 것은 없다. 그러나 독자는 그래야만 한다. 왜? 가장 명백한 것은 포화지방이 높기 때문에 건강에 관한 이유를 들 수 있다. 쇠고기는 다른 가축보다 단위 무게당 사료와 농업적인 투입을 더 많이 요구한다. 쇠고기 1칼로리를 얻는 데 약 9칼로리의 에너지가 투여된다. 그래서 에너지의 관점에서 살펴보면 이것은 순손실에 해당하는 것이다. 대다수 미국 목장의 쇠락은 돼지나 닭이 아닌 소에서 비롯하고 있다. 우리가 먹는 모든 쇠고기가 미국에서 생산되는 것은 아니다. 생태적으로 가장 손실이 큰 쇠고기는 남미의 열대 토양에서 사육되는 소에서 나온다.

이제, 나는 정직해질 필요가 있다. 나의 가족과 나는 여전히 쇠고기를 포함한 육류를 먹고 있지만 우리는 작은 지역의 농부에게서 '자연적으로 사육된' 쇠고기를 종종 산다. 나는 특수 처리된 사료를 먹어 비대해지고, 성장호르몬과 항생제를 과다하게 먹어 몸집만 커지고 집중적인 폐기물 처리 문제를 양산하는 조밀한 사육장에서보다 생태적으로 관리되는 방목으로 길러진 쇠고기를 먹는 것이 더 좋다고 느낀다. 그러나 미국에서 개방된 방목을 통해 생산되는 쇠고기는 매우 적다.

실제 상품들

중국 사람들의 식사. 그것은 압도적으로 쌀 또는 국수, 양파·고추·토마토와 같은 채소로 구성되고, 지역적으로 생산된 돼지고기 — 때로는 닭고기, 쇠고기 또는 조개류와 같이 다양한 — 가 있다. 중국 사람들은 미국사람들이 섭취하는 육류의 1/5를 먹고, 먹이사슬의 낮은 수준에서 생태적으로 올바른 식습관의 모습을 보여주고 있다. 또한 그들의 포화지방과 콜레스테롤 소비량은 국립암센터와 미국심장협회가 미국인들로서는 꿈꿀 수 없을 만큼 이상적인 수준으로 감소시킨 양이다. 결과적으로 중국인들은 심장마비, 뇌졸중, 암으로 고통받는 일이 적다. 그들은 또한 칼슘의 섭취가 낮은데도 빈혈이나 골다공증을 앓을 일도 적다(Durning, 1994: 98). 중국이 발전함에 따라 많은 중국인들이 그들의 전통적인 건강 식이요법을 포기하고 풍요로운 미국인과 같은 식습관을 배우고 있다.

내 가족은 중국음식을 좋아하고, 우리는 육류가 있기도 하고 없기도 한 중국요리를 직접 조리해서 먹기도 한다. 그러나 조심하라. 중국화된 미국의 식당 음식은 종종 지방과 콜레스테롤이 다시 함유된 볶음밥을 내놓기도 한다. 대다수의 식당은 일반적인 쌀밥을 내놓는 것을 좋아한다.

추가 자료

Birdsall, N., Kelley, A. and Sinding, S., Eds. (2001). *Population patterns: Demographic change, economic growth, and poverty in the developed world*. New York: Oxford University Press.

Desouza, R., Williams, J., and Meyerson, F. (2003). Critical links: Population, health, and the environment. *Population Bulletin*, 58, 3.

McFalls, J. (2005). Population: A lively introduction. *Population Bulletin, 58*, 4.

Weeks, J. (2005). *Population: An introduction to concepts and issues* (9th ed.) Belmont, CA: Wadsworth.

전자 자료

www.census.gov/main/www/cen2000.html

popenvironment.org

www.populationenvironmentresearch.org

www.jhuccp.org/popenviro/

worldwatch.org/alerts/000304.html

www.fao.org

www.ucsusa.org/resources/index.html

제 6 장

세계화, 성장, 그리고 지속가능성

◀ 궤도상에 있는 인공위성이 촬영한 미국항공우주국(NASA)의 가장 유명한 합성사진이 환경문제뿐 아니라 모든 종류의 인간 활동들을 사실적으로 표현해주고 있다.

역사가들은 우리 시대에 대해서 기술할 때, 20세기 후반부와 21세기 초반부를 '세계화(globalization)'와 '비상한 성장(prodigious growth)'이 심화된 시기로 서술할 것이다. 실제로 인간 활동의 모든 면은 지구환경에 영향을 준다. 우리의 일상에서 이와 같은 과정이 발생하고 있음을 나타내주는 표시들은 쉽게 찾아볼 수 있다. 옷장에서 옷들이 만들어진 장소를 확인하고, 미국의 어느 수수한 도시에서 외식을 한다면, 우리는 꽤 국제적인 - 중국, 일본, 그리스, 한국, 멕시코, 베트남, 그리고 그 이상 - 음식점을 선택하게 될 것이다. 그 역도 또한 사실이다. 우리는 베이징, 모스크바, 과테말라, 그리고 100여 개 국가 이상에서 빅맥 햄버거를 먹을 수 있다. 몇 해 전에 내가 리투아니아에서 공부할 때, 수도인 빌니우스의 주요 도로에 멕시코 음식점이 있었고, 그곳에서 동유럽 스타일의 타코와 저렴한 가격의 코로나 맥주를 즐길 수 있었다. 그곳은 중국 음식점의 바로 아래 도로에 있었다. 지구 주변의 다른 곳에서는 미국인을 대중문화, 영화, TV 프로그램을 통해 알게 되고 있다. 무역적자, 직업, 테러리즘, 그리고 전쟁에 대한 근심도 분명 존재한다. 우리는 불균형한 컴퓨터 통신능력과 정보기술의 시대에 살고 있다. 이러한 사례들은 모두 세계화 과정의 지표이다. 우리는 급증하는 세계 시장경제를 인식하고, 느슨하게 통합되어 있지만 극심하게 단절된 민족국가와 유엔, 북대서양조약기구와 같은 국제기구의 세계체계 속에 살고 있다. 중요한 비정부적 국제기구(INGOs)로서 국제적십자, 그리고 수백 개의 과학, 체육, 자선, 환경 기구들을 포함하고 있다. 국경과 자타 간의 경계를 넘는 인간, 사상, 돈, 기술, 생산품, 노동의 흐름은 혼란스러워 보이고 종종 위험스러워 보인다. 세계의 국가 간 접촉은 확실히 새로운 것은 아니지만 과거보다 조금 더 많아진 것이고, 세계는 하나로 통합되었지만 무질서하고 용광로 같은 체계가 되고 있다. 다양한 지역과 국가의 사람들 사이의 차이점은 계속되었지만 과거 100년 동안 우리는 점점 더 동일한 생각, 물질적 상품, 문제들을 함께 나누게 되었다.

세계화와 달리, 지난 세기 후반부의 성장 속에서 명확하지만은 않다. 하지만 우리는 우리가 살아가는 방법, 우리 부모와 조부모 세대가 살았던 방법, 그리고 그네들이 얼마만큼 소비를 했는지에 대해 생각해볼 수 있다. 우리는 아마도 더 많이 운전하고, 더 많은 전력을 사용하고, 더 많은 물을 소비하고, 그리고 더 큰 집에서 살고 있을 것이다. 만일 독자가 북미의 중간계층이라면 부모와 조부모세대보다 더 많은 종류의 물건들을 소비할 것이다. 이러한 사실들은 저개발국가에서도 사실이다. 인도와 중국의 예를 들면, 가난한 인구도 많아졌지만 더 풍요롭게 사는 인구의 실질적인 수가 많아진 것도 사실이다. 이전 장에서 반복되는 가치의 주제로 지속적 성장(continual growth)이라는 것이 있다. 인구, 산림벌채, 사용될 물, 생산된 식량, 소비된 광물과 연료, 발생된 화학 오염물질, 공기 오염, 고갈된 해양 어류, 그리고 도시확장으로 콘크리트 처리된 땅. 지난 반세기 동안 세계경제는 7배 성장했다. "가장 놀라운 것은, 2000년 한 해 동안의 세계경제 성장이 전체 19세기의 성장을 초과했다는 점이다······. 안정성이 규범의 차원에서 고려되기 시작했다"(Brown, 2004: 4). 지구라는 행성은 참으로 인간 발자국에 의해 변형되기 시작했다.

이 장의 주요 관심사는 성장과 세계화 간의 관련성, 그리고 그들의 환경적 결과이다. 나는 세계의 지속가능성에 관해서 많은 사람들에게 중요한 것이 무엇인지 질문을 제기하고, 이 책의 나머지 부분에서 다양한 방법으로 이를 탐사해갈 것이다. 첫째, 이 장에서 세계화의 원인과 과정, 그리고 그것과 관련된 점증하는 사회적 불평등에 대해 논의할 예정이다. 둘째, 지속가능성이라는 복잡한 개념을 살펴볼 것이다. 셋째, 지속가능성을 이해하고 학습하기 위한 두 가지 주요한 전망(성장의 한계와 생태적 근대화)와 관련 연구에 대해 논의할 예정이다. 넷째, 이 장은 지속가능사회와 연관되었다고 생각되는 몇 가지 특성에 대해 구체적으로 조사할 예정이다. 다섯째, 더 큰 지속가능성을 향한 대규모의 사회변동에 대한 전망을 논의하기 위해 사회학 이론을 사용할 것이다.

1. 세계화

세계를 구성하는 부분들의 접촉이 예로부터 존재했지만, 촉진된 세계화가 최근의 두드러진 특성이라는 것이 새로운 뉴스거리는 아니다. 세계화와 세계체계의 출현에 대해 간단하게 요약했고 제2장에서 이에 대해 묘사했지만, 지금 성장과 환경적 함의를 가지고 이를 연관시키고자 약간 더 깊이 있게 그 과정에 대해 논의하려고 한다. '지난 100년 동안 어떻게 그리고 언제 지구통합의 과정이 촉진되었는가? 무엇이 그것의 요인이었는가?' 두 가지 전망이 우리에게 이 질문에 대한 핵심을 제공해줄 것이다.

1.1 정치경제학적 전망 Ⅰ: 신자유주의

신자유주의적 전망은 시장과 정치에 대한 경제학자들의 생각을 구체화시킨 것이다. 그것은 우리에게 친근하면서 단순하지만 매우 극적인 가정에 근원을 두고 있다. 최상의 인간계는 법의 제약 아래 자유롭게 자신의 이익을 추구하는 개인들에서 비롯된다는 것이다. 이는 너무 명확하게 언급되어 충격을 줄 수 있지만, 그것은 특히 근대적인 관점이지 최근까지 넓게 공유되었던 것은 아니고 오늘날 모든 국가에서 실행되고 있는 것도 아니다. 꽤 최근까지도 사람들은 정부가 국내 산업을 위해 특별한 수출 보조금으로 사회복지를 증진시키고 수입 관세로 외국과의 경쟁으로부터 국내 산업을 보호하는 것이 옳다고 여겼다. 마치 외부의 침입자를 막는 군대와 같이 말이다. 역사적으로 중상주의(mercantilism)라고 명명된 정책은 17세기부터 시작된 것으로, 유럽의 왕들이 자국에 이익이 되는 상업과 무역을 통제하려는 시도였다. 세계시장체계가 출현하고 있지만, 경쟁적인 사업들이 '불공정한' 대외 경쟁에서 정부의 보호를 요구하고 있기 때문에 오늘날 경제적 민족주의가 소멸된 것은 결코 아니다.

그러나 경제적 민족주의는 세계의 정치·기업·금융 지도자들이 만나 20세기의 잊지 못할 충격적 사건들을 떠올리기 시작하면서 논란의 대상이 되었다. 세계 경기불황을 동반한 두 번의 세계 전쟁은 길고도 재앙적인 세계적 수준의 혼란, 갈등, 그리고 비참한 결과를 양산했다. 세계의 큰 은행의 관계자들과 금융 관련 장관들은 제2차 세계대전이 종결된 즈음에 뉴햄프셔 주의 휴양지인 브레턴우즈에서 미래에 이와 같은 유사한 사건을 방지할 만한 방법을 고려하기 위해 만났다. 이들은 무역을 방해하고, 경제적·정치적 불안정성과 실업을 양산하고, 소비자 가격을 올리는 과잉경쟁은 경제적 민족주의와 관련한 실패에서 비롯했다고 생각했다. 이들은 국제적인 자유 무역의 정책을 시행하기로 동의했다. 브레턴우즈 체계(Bretton Woods system)는 장벽 없는 시장 개방을 통한 국제적인 무역의 자유로운 체계로서 전망되었다. 이와 같은 세계 무역 체계에서 개별 국가들은 영향력 있는 경제학자인 케인스(Keynes)가 대공황 이래로 옹호하고 주장했던 인플레이션과 실업을 조절하고 경제적 성장을 고양하는 정책을 수행할 수 있었다. 환언하면 국가들은 국가 '내'에서는 경제 규제를 위한 중요한 역할을 수행해야 하지만 자유시장은 국가들 '사이'의 관계를 지배하려는 것이었다. 세계체계에 대한 정치경제학을 이해하는 수단은 더 이상 국가 대 시장의 관계가 아니라 오히려 개방된 시장이라는 종합적인 체계 속에서 얼마나 많은, 그리고 어떤 종류의 국가 개입이 필수적인지였다(Balaam and Veseth, 1996: 16, 42, 50).

세계 시장 체계의 성장과 그것에 대한 이해는 국제무역을 통한 세계 주변의 이윤과 그들의 시장을 팽창시키려는 투자자와 기업의 목표와 꼭 들어맞는다. 이러한 체계는 새로운 농업, 제조업, 그리고 운송기술 내의 신기술의 발전, 특히 1970년대 이래로는 신정보기술 – 컴퓨터와 인터넷 – 의 발전에 의해서 촉진되었다. 그 속에서 투자, 채무, 그리고 소유권은 '눈 깜박할 사이'에의 세계 곳곳으로 이동하게 되었다(Castells, 2000). 이러한 신기술은 지구 곳곳에 산재한 장소에서 사업을 하는 데 드는 비용을 감소시켰다. '무역과 관세에 관한 일반협정(GATT)'은 서서히 무역제한을 줄이고자 협상을 했고 세계의 노동, 자본 흐름, 생산을 지배하고자 하는 거대한 다국적 기업(MNCs) 또는 초국가 기업(TNCs)의 극적인 성장을 촉진하도록 도왔다. 1970년에는 7,000개의 초국가 기업이 존재했고, 2002년 즈음에는 적어도 6만 개의 기업이 있었다(French, 2002: 190). 기업 – 특히 초국가 기업 – 들은 번영했고 전체 세계 재화와 용역의 성장률을 폭발적으로 증식시켰다. '세계의 총 경제적 산출량은 1950년 이래로 4배 이상으로 성장했고 이는 인구증가율을 초과한 수준이었다.'

세계체계에 대한 정치경제를 이해하는 데 신자유주의 경제학은 지성적인 이론일 뿐 아니라 세계의 정부, 기업가, 그리고 금융업자에 의한 국제적인 정책에서 주요한 흐름이기도 했다. 그것은 국가들 간의 협상을 형성했다. 예를 들어 북미자유무역협정(NAFTA)을 형성하고 세계은행(World Bank), 국제통화기금(IMF), 세계무역기구(WTO)와 같은 국제 제도를 야기한 지배적인 사고방식이 그것이다. 이러한 기구들은 강력한 힘을 얻어 지구 정치경제 정책과 국가·지역의 운명을 통제하게 되었다. 이러한 생각들을 멀리하는 것은, 실세계에서 일어나기 어렵다.

이러한 세계체계와 시장 경제는 극적으로 무역과 생산을 증가시켰지만 확실히 심각한 문제와 논쟁거리로부터 자유로운 것은 아니었다. 이 책에서는 그저 그들에 대한 몇 개의 사회적 반응에 대해서만 논의할 뿐이다. 가장 명백한 것 중 하나가 각 국가의 국내총생산과 비교했을 때 초국가 기업의 규모와 순자산이다. 1998년까지 세계에서 가장 큰 100개의 지구 경제 주체는 국가가 아니라 절반 이상이 기업이었다. 이를테면 월마트(Wal-Mart)의 순자산은 그리스의 국내총생산(GDP)을 초과했다. 필립모리스(Phillip Morris)는 칠레를 초과했고 네슬레는 헝가리를 초과했다(Rauber, 1998: 17). 거대 기업 활동가들의 자산은 많은 국가와 초국가 기업 사이에서조차도 협상을 힘들게 만들었다. 신자유주의 이론에 기초한 정책이 기업의 이익과 맞았다면, 그것은 정부의 확고한 이해관계와는 조화롭지 못한 부분을 발생시켰다. 초국가 기업들이 세금과 규제를 피할 수 있는 곳에 투자하고, 상품과 이득을 그들이 근거지로 삼고 있는 나라로 다시 싣고 가거나 이익을 그곳의 소비자와 투자자에게 환원함으로써 사업국에 내야 할 세금을 종종 교묘히 탈세했기 때문이다.

또한 이러한 새로운 세계 경제 통합은 종종 새로운 경제기술과 세계의 저렴한 노동력에 의해 대체되기도 하기 때문에 노동자로서 일하는 사람들의 이해관계와도 조화롭지 못했다. 인간의 노동은 종종 주변화되고, 소외되며, 실업 또는 비정규고용에서 비롯한 긴장은 지역사회와 국가에 부과된 사회적 짐이 되었다. 따라서 신자유주의 세계 시장경제는 깊은 모순점을 가지게 되었다. 증가하는 생산의 집중과 국가 간 또는 국가 내에서 우후죽순으로 늘어나는 불평등과 가난. 세계 인구의 20% 이상이 하루 기초대사량에 미치지 못하는 상태라고 정의되는 절대적인 빈곤의 곤경에 빠져 있다(Giddens, 1995: 98). 신자유주의 이론가들은 적어도 국가적 또는 기업적 수준에서 어떻게 이러한 차이가 나는 불평등이 출현하게 되었는지 설명하려고 했다. 세계시장경제의 지배구조에 관한 해박한 구절 하나가 존재한다. 이를 완곡하게 표현한 용어가 주도권 구조(hegemonic structures)이다(Balaam and Veseth, 1996: 51).

기업 특히 초국가 기업은 '좋은 공적 관계' 또는 자원 기반인 경우를 제외하고는 장소 또는 지구물리학적 환경에 대해 구애받지 않거나 아마도 암암리에만 그러하다. 그러나 사람, 정부, 그리고 비정부기구는 장소에 제한을 받는다. 그래서 출현하고 있는 세계체계와 관계하고 있는 긴장은 사회 운동과 비정부기구의 과잉을 양산한다. 적절하고 평등한 보건 의료, 교육, 음식, 주택, 그리고 환경보호를 포함하는 사회적 요구와 맞닿아 있는 기업과 정부 간의 차이를 강조하는 시도들은 존재한다. 1999년 한 추정치에 의하면 국제비정부기구(INGOs)는 1956년 1,000개에서 2만 개를 넘는 수로 성장했다(Brown, 1999a:

26). 이것은 지금 확실히 적게 계산된 것이지만, 그럼에도 비정부기구(NGO)와 국제비정부기구(INGO)는 세계 곳곳에서 수백만 명의 관계자들과 연관되어 있다. 이렇게 출현하고 있는 비정부기구의 '시민사회' 계층은 자유 세계시장체계에서 증폭된 문제들을 처리하는 데 적절한지 아닌지 여부를 '열린' 질문인 채로 남겨두었다. 제8장에서는 이러한 환경운동과 기구의 역할을 좀 더 심도 있게 살펴볼 예정이다.

1.2 정치경제학적 전망 II: 세계체계론

출현하고 있는 세계체계에 관한 매우 다른 개념은 국가와 시장에 대한 가정에서 시작하지 않고 1500년대 초 근대세계의 정치적·경제적 역사에 관한 가정에서 시작한다. 대개의 현대국가는 대략 1500년대 이래로 유럽국가가 근대화와 접촉하는 과정에서 이루어졌고, 1800년 즈음에 식민지 제국국가를 형성한 유럽이 세계 교역을 통제함으로써 접촉의 범위가 대부분 넓어졌다. 서구 기술, 문화, 그리고 가치의 전 지구로의 확산은 이 기간 동안 촉진되었다. 식민지로부터 값싼 원자재를 수입한 식민모국은 다시 더 비싼 제조 상품을 식민모국 정부에 의해 통제되고 있는 식민지 시장에 재수출했다. 그러나 1900년 즈음에 식민 제국 – 영국, 네덜란드, 프랑스, 독일 – 은 붕괴하기 시작했고, 정치적 통제는 무역의 체계를 통해 경제적 통제로 대체되기 시작했다. 이러한 관점에서 초기에 언급된 세계 시장체계는 경쟁하는 국내 법인체 – 정부뿐 아니라 기업 포함 – 들 사이에서 분할된 지구적인 경제교환 네트워크였다. 그러나 산업적으로 더 발전한 국가 – 고개발국가 – 가 투자 자본과 기술을 제공하고, 반면에 덜 발전한 국가 – 저개발국가 – 는 원자재를 제공하고 이후 점진적으로 값싼 노동력을 제공하게 되었다는 점에서 그것은 매우 불평등하고 계층화된 교환체계였다.

세계 위계질서는 진화하는 세계체계와 노동의 분화로 특징 지워졌다. 그것은 또한 고개발국가 - 넓게 보면 북반구 - 와 저개발국가 - 넓게 보면 남반구 - 간의 무역체계의 높은 불평등에 의해 운영되었다. 고개발국가는 금융자본과 무역조건을 지휘하고 있기 때문에 세계체계의 결정적인 통제를 보유한다. 저개발국가는 세계체계 안에서 점진적으로 부채국가로서의 종속적인 지위에 맞물려지게 되었고, 이는 정확히 그들을 덜 발전되게 한 상태로 지속시키는 것이 되었다. 따라서 고개발국가와 저개발국가는 함께 진화했다. 브레턴우즈제도, 세계은행, 국제통화기금 등의 정책은 이러한 불평등과 권력 종속적인 관계를 증폭하도록 작동했고 그들의 정책과 차관 그리고 결정은 이미 부유한 고개발국가들에게 혜택을 더 크게 주도록 편향되게 만들어졌다. 이는 지금 세계에서 널리 인식된 사실이다. 그들은 저개발국가들이 발전을 위해 자금을 빌리고, 초국가 기업의 지배가 가능하도록 경제를 개방하고, 외채를 갚기 위해 예산을 감축(이것이 교육과 보건의료체계를 약화시킨다)하도록 부추긴다. 국제통화기금의 용어로 이를 '**구조조정**(structural adjustment)'이라 한다.

이러한 시각은 경제학자들에 의해서는 **종속이론**(dependency theory)이라 여겨졌지만(Frank, 1997), 그것은 점차 세계체계론(world-system theory)으로 발전했다. 이론적 사고의 핵심은 세계의 경제적·정치적 구조를 이해하기 위한 경제계급, 갈등, 사회 내 불평등을 주장하는 마르크스주의로 확장되었다. 이는 때때로 '신역사유물론(new historical materialism)'으로 이해되기도 한다. 이를 가장 옹호하는 학자인 월러스틴(Wallerstein)은 출현하고 있는 세계체계를 3단 구성 구조로 보았다. 강력하고 풍요로운 고개발국가들 - 미국, 독일, 일본 - 은 **핵심국가**(Core Nations)라고 하는데, 이들은 산업 경제와 세계체계를 뛰어넘는 숙련된 정치, 경제, 재정 통제를 다각화시켰다. **주변국가**(Peripheral Nations)는 가장 힘이 약하고, 농업생산품과 광물들의 협소한 경제적 기반을 가지고 있으며, 종종 초국가 기업들에 값싼 노동력을 제공하기도 한다. 방글라데시, 르완다, 인도네시아, 에콰도르 등이 있다. 이들 사이에 **반주변국가**(Semiperipheral Nations)가 있는데, 이들은 부, 정치적 자율성, 그리고 경제적 다각화의 관점에서 중도 정도의 위치에 있다. 예로 멕시코, 말레이시아, 브라질, 베네수엘라가 있다(Wallerstein, 1980; Chase-Dunn, 1989 참조).

국제정치경제에 대한 이러한 이론적 시각이 세계 시장의 작동 방법을 설명할 때 왜 정책적으로 영향력이 덜한지 명백하게 볼 필요가 있다. 상식적으로 볼 때에도 핵심국가가 그들에게 거대한 이익을 주면서 작동하는 무역을 평등하게 만들고자 하는 시도에 대해 저항한다는 것은 이해가 간다. 그러나 이는 사회과학적으로만 발전하는 이론적 연구시각일 뿐이다. 예를 들어 이는 아마존 지대와 같은 저개발국가 내에서 증가하는 빈곤과 환경적 퇴화를 설명하는 데 사용된다. 이러한 현상은 세계 경제를 지배하고 더 약한 저개발국가의 노동력과 토지·자연자원을 착취하는 고개발국가의 정부, 은행, 기업에 의해 나타나는 것이다(Ciccantell, 1999). 세계체계론에서 가장 명확한 난점들은 고개발국가를 복잡한 세계에서 너무나도 일관되게 행동하는 것으로 묘사하고, 비참한 처지에 대해 고개발국가에 쏟아지는 비난을 면하기 위해 저개발국가에 부유한 엘리트를 제공한다는 점이다. 이러한 저개발국가 내에서 지도자와 엘리트 계층은 그들이 종종 이익을 얻고 있는 개발도상국들의 문제와 너무 많이 연관되어 있다. 이러한 시각에 대한 더 많은 정보와 비평은 하퍼와 라이트(Harper and Leicht, 2002), 헤트와 콕번(Hecht and Cockburn, 1989), 렌스키와 놀런(Lenski and Nolan, 1998), 샌더슨(Sanderson, 1995), 그리고 울프(Wolf, 1982)를 참고하라.

요약해보면, 18세기 이래로, 점증하는 지구적인 통합과 출현하는 세계체계는 다음의 여덟 가지 경향과 관련이 있다.

1. 극적으로 증가하는 인구
2. 사회와 공동체의 평균 규모의 대형화

3. 도시화와 이에 대한 반응으로 시골 지역으로부터의 이주
4. 증가하는 새로운 상징체계와 기술의 발전
5. 사회문화적 변동률의 촉진
6. 기술과 문화 정보의 수용 증가
7. 사회 간 또는 사회 내 불평등의 증가
8. 생태계 그리고 세계적 차원의 생물물리적 환경에 대한 인간계의 영향력 증가(Lenski and Nolan, 1998: 69).

1.3 세계화와 사회적 불평등

많은 자리에서 사회적 불평등 또는 사회 계층화에 대해 언급했지만, 좀 더 심도 있게 특히 환경 상태와 관련 있는 것으로 강조할 필요가 있음을 느낀다. '계층(stratification)'의 세 가지 차원이 이것과 관련성이 있다. 경제적 불평등, 인종적·민족적 불평등, 그리고 세계 곳곳의 국가와 사람들 사이에서 이와 연관된 불평등이다. 중요한 것은, 이 모든 것이 최근 몇십 년 동안 꾸준히 증가하고 있다는 점이다. 이를 묘사하면 1980년에는 가장 돈을 잘 버는 인구의 1/5이 모든 미국 수입의 43.7%를 차지하고 있는 반면에 가장 돈을 못 버는 인구의 1/5은 수입의 4.3%를 차지했다. 그러나 2000년 즈음에는 그 간극이 더욱 벌어졌다. 상위 1/5은 49.6%를 차지하지만 하위 1/5은 겨우 3%를 차지했다(DeNavas-Walt et al., 2003). 수입은 모든 종류의 경제적 자산 – 가정, 재산, 토지, 주식과 채권 – 이 결합되어 있는 부(wealth)와는 다르다. 부는 수입보다 훨씬 더 불평등하게 분배된다. 예를 들자면, 2000년 즈음에는 미국의 가장 부유한 1%의 사람들이 모든 부의 38%를 소유하고 있는 반면 미국의 가장 빈곤한 80%의 사람들은 17%만을 소유했다. 상위 1%가 거의 모든 법인 주식의 절반을 소유했지만 하위 80%는 4%만을 소유했다! 미국인들 사이에서 부의 집중

은 1970년대 중반 이래로 급격하게 증가했다(Mishel et al., 2003). 1990년대에는 인구의 10%만이 모든 세대의 부의 절반을 소유했고, 상위 30%는 그것의 80% 이상을 소유했다(U.S. Bureau of the Census, 2001b, 〈표 4〉와 〈표 5〉를 참조하라).

확실히 수입과 부의 차이는 미국 내에서 매우 크고, 사회과학자들이 사회경제적 계층이라 부르는 층위로 존재하며, 구조화된 사회적 불평등의 체계를 낳는다. 미국에서 이러한 계층화의 형태는 오랜 세월 동안 변화하지 않았다. 부자와 빈자 간의 간격이 뉴딜 정책과 제2차 세계대전이 있었던 1930년대와 1940년대에 다소 협소화되는 경향이 있었지만, 부자는 더욱 부유하게 되고 빈자는 더욱 가난하게 되어 1970년대 중반에는 불평등이 더욱 눈에 띄기 시작했다. 사실 1990년대 즈음에는 미국의 부의 분배 – 수입이 아니라 – 는 독일, 영국, 캐나다의 분배형식보다는 필리핀, 인도, 그리고 베네수엘라의 그것과 더 많이 닮은 것처럼 보였다(Durning, 1990: 138; Sivard, 1993)!

경제적 불평등은 인종적이고 민족적인 불평등과 강하게 연관되어 있다. 2000년 즈음에는 백인계 중산계층의 가정이 남미계 또는 흑인계 중간계층 가정의 부보다 7배 많이 소유하고 있었다. 백인계 가정 11세대 중 1세대, 하지만 흑인계 또는 남미계에서는 4세대 중 1세대가 순재산가치 측면에서 순무가치 또는 부적 순가치(zero or negative net worth)를 나타냈다(U.S. Bureau of the Census, 2001b). 미국의 인종적·민족적 불평등의 다양한 형태들은 너무 친숙해서 여기서 이들에 대해 논평을 하지는 않으려고 한다. 그러나 다른 사회계층처럼 다양한 인종적·민족적 단체들이 그들의 생물물리적 환경과 다양한 방법으로 연관되어 있는 것을 살펴보는 것은 중요하다. 미국 신교도의 후원을 받아 완성된 획기적인 1987년 연구는 흑인계 미국인과 다른 유색인종들은 다른 미국인들에 비해 상업적인 유해 폐기물 매립지 가까이에 있는 지역사회에서 살 확률이 2~3배 높다고 결론을 내렸다. 예를 들어, 디트로이트에서는 모든 백인계의 3%와 모든 소수민족의 11% - 이는 백인계의 거의 네 배 수준에 달하는 수치 - 가 유해 폐기물 시설의 1마일 반경 이내에 살고 있다(Bryant, 1995).

이와 유사하게, 많은 후속 연구에서 공기 오염, 고체폐기물 하치장, 그리고 독성 화학물질의 분배와 해로운 폐기물 시설의 위치가 종족, 사회경제적 계급, 그리고 종종 둘 모두의 거주지와 대응하는 형태가 드러났다. 연구의 방대한 결과는 낮은 사회경제적 계급과 인종적 소수민족이 환경문제와 변화의 비용에 대한 자신들의 몫 이상을 감내하고 있음을 보여주었다(Bryant, 1995; Bullard, 1990, 1993). 다른 연구분석틀을 사용한 몇몇 연구가 인종에 대한 이러한 연구결과에 도전하고 있지만, 이것들은 항상 환경적 위험과 사회계급 사이의 강한 연관관계를 표명하고 있는 실정이다. 종족과 관련이 있든 계급과 연관이 있든지 간에 이러한 상황은 '환경은 사회적 정의의 사안이다'라는 사고를 촉진시켰고, 그들은 환경적 정의 운동과 풀뿌리 변화운동을 직접적으로 연결시키는 데 보탬이 되었다(제8장에서 이에 대해 다시 언급할 예정이다).

지구적 차원에서의 불평등(global inequality)은 사회 내부뿐 아니라 국가들 사이에서도 유사한 양태를 보여주고 있다. 1879년 산업혁명의 여명기에 세계에서 가장 부유한 5개국 내에 사는 사람들은 세계에서 가장 가난한 5개국에 사는 사람들의 수입의 거의 7배의 보상을 받았다. 1960년대 즈음까지 가장 부유한 국가에 살고 있는 사람들은 가장 가난한 국가에 살고 있는 사람들보다 30배 이상을 자유로이 소유할 수 있었다. 그러나 그러한 세계 수입의 집중이 충분히 나쁜 수준에 있는 것으로 보이지 않았는지, 오늘날 상위 5개의 부유한 국가가 하위 5개 가난한 국가의 수입의 68배를 소유하게 되었다(U.N. Human Development Program, 1998a; Bell, 2004: 19). 흥미롭게도 불평등이 국가 내부에서 커질수록, 국가 간의 불평등의 정도는 안정화되는 것처럼 보이고 아마도 1980년대와 1990년대에는 다소나마 축소되는 것처럼 보였다(Goesling, 2001 참조). 만일 국가를 중심으로 하지 않고 세계 곳곳에 사는 사람들의 소득 불평등을 조사한다면, 더욱 놀라운 결과가 나올 것이다. 가장 부유한 지역의 5인은 세계 가장 가난한 지역의 5인의 150배에 달하는 수입을 자유로이 사용할 것이다.

우리는 이러한 불평등을 그들의 인간성과 연관성이 있는 것으로 완화시키는 시도를 해볼 수도 있다. 왜냐하면 가난한 사람들의 비율 - 대략 세계인구의 20% - 이 1960년대의 수준과 지금 거의 같기 때문이다. 그러나 절대적인 수 - 비율이 아니라 - 로서의 가난한 사람들은 1960년대 이래로 두 배가 되었고, 이것은 점증하는 세계 인구증가와 그 속도를 같이하고 있다는 것을 의미한다. 다른 비교는 훨씬 더 놀라운 것이 된다. 12억의 인구가 하루 1달러에도 미치지 못하는 돈으로 생활을 하며, 28억의 인구 - 세계 인구의 대략 40% - 가 하루 2달러 미만으로 살아간다. 1990년대 세계 경제의 팽창기 동안, 세계의 200대 부자들은 '50억 달러에 해당하는 총 1조 달러를 움직였고, 이는 1994년에 가졌던 것의 두 배 가치'에 달하는 것이다(Bell, 2004: 19). 12억 인구가 하루 2달러에도 미치지 못하는 돈으로 산다는 맥락에서 이것을 상기해보자. 전체 달러 규모에서 계산한다면, 200대 부자들이 12억의 가난한 사람들만큼의 부를 가지고 있다는 것을 의미한다(U. N. Human Development Program, 1998a, 2000; Bell, 2004). 지구적인 불평등은 〈그림 6.1〉에서 '세계 부 분배의 샴페인 잔(champagne glass of world wealth distribution)'이라고 표현되는 그림처럼 묘사될 수 있다.

세계 소득 격차는 이와 똑같은 모습으로 생활수준과 복지의 차이를 내포하는 심각한 수준의 소비격차(consumption gap)를 가져온다. 1990년대 저개발국가의 사람들의 평균과 비교하면, 평균 고개발국가의 사람들은 더 많은 곡물, 물고기, 그리고 담수의 3배, 육류의 6배, 에너지와 목재의 10배, 철강 제품의 13배, 종이의 14배, 다양한 화학물질의 18배를 소비하는 것으로 나타났다

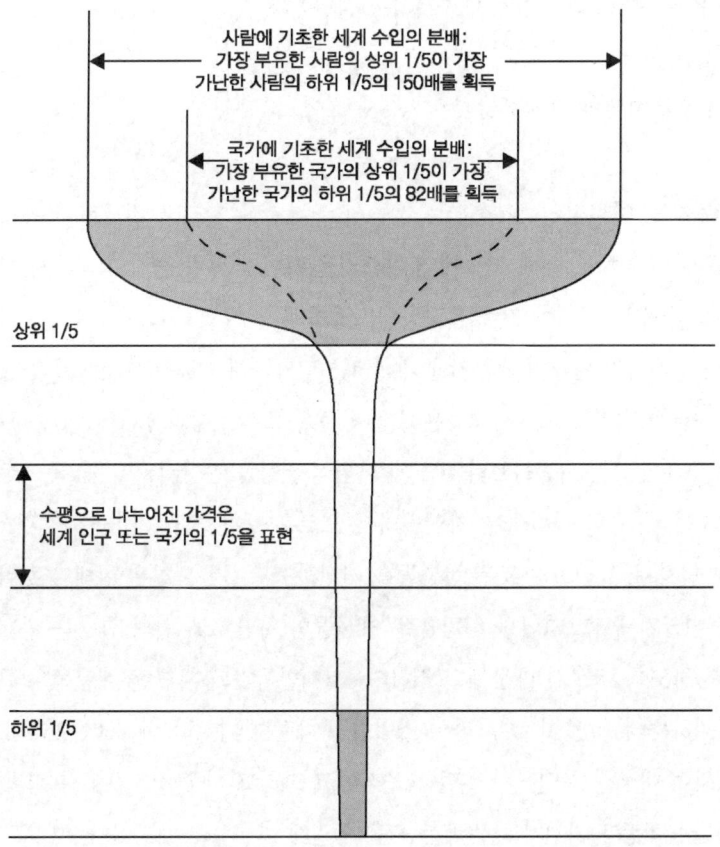

<그림 6.1> 세계 부 분배의 샴페인 잔

자료: United Nations(1998a: 219); Korten(1995).

(Durning, 1992: 50). 풍요로운 삶의 형식을 확장시켜보면 다른 사람들이 물리적인 결핍의 상태를 기반으로 살고 있다는 것과 맥락을 같이하는 것이다. 저개발국가에서는 거의 8억의 인구 – 세계 인구의 대략 18% – 가 영양부족 상태에 있다. 62억 세계 인구 중 10억의 인구가 자신들을 비, 눈, 더위, 추위, 오물, 그리고 설치류와 해충들로부터 보호하는 데 적절한 피난처를 가지지 못한 것

이다. 1억의 인구는 누울 보금자리조차 전혀 없다. 10억 이상의 인구가 안전한 음용수를 제대로 확보하지 못하는 실정이다.

1.4 불평등과 환경부하량

독자는 사회적·정치적 지속가능성이 국지적 그리고 지구적 차원에서의 불평등의 격차로 인해 어떻게 혼란스러운 것이 되고 있는지 명백하게 이해하고 있을 수도 있지만 지금 불평등이 '그 자체'로 강력하고 대략적으로 어떻게 환경황폐화의 원인이 되는지에 대해서는 명확하게 이해하지 못하고 있다.

지금까지의 풍부한 사례들은 소득에 관한 스펙트럼의 양 끝에 있는 사람들이 중간에 있는 사람들보다 지구의 환경적 건강을 손상시키기 쉽다는 것을 보여준다. 부유한 사람들은 자신들의 풍요로운 생활습관을 지구의 식량, 에너지, 원자재, 그리고 제조된 상품들을 거대하고도 불균형화된 형태로 소비하도록 이끌기 쉽고, 가난한 사람들은 자신들의 가난으로 인해 환경을 파괴하고 남용하도록 이끌기 때문에 그러하다. 고개발국가의 가난한 계층들은 환경을 파괴하는데, 그들이 너무 많이 소비하기 때문이 아니라 단지 더 오래되고 더 값싸며 내구성이 떨어지고 덜 효율적이고 그리고 더 환경적으로 파괴적인 상품들 - 자동차, 가전제품, 주택 등 - 을 구입해 사용하기 때문이다. 따라서 이러한 황량한 불평등은 사람들이 매우 다른 수준으로 물질 소비와 안보를 가지게 할 뿐 아니라 다양한 방법으로 환경문제에 영향을 주게 된다는 것을 의미한다. 풍요로운 사람들은 환경문제에 그들의 생활방식을 최소로 조정하는 방식을 통해 대응을 할 수 있다. 예를 들어 더 높은 가격 또는 에너지세를 지불하거나 더 효율적인 주택, 자동차 또는 가전제품을 구입하는 것이 최상이다. 가난한 사람들은 그렇게 할 만한 형편이 되지 않는다. 이들의 가난은 그들에게 행동을 조정하거나 소비를 훨씬 더 삭감하도록 압력을 가할 수도 있다. 다른 말로 하면, 가장 새롭고 효율적인 것을 살 수 있는 부유한 사람들은 그들이 소비하는 에너지와 물질의 단순한 양에 의해 환경에 손상을 줄 수 있다. 가난한 사람들은 그들이 소비하는 것이 무엇이든지 간에 각 단위당 환경적 영향을 더 크게 가지도록 하기 쉽기 때문에 환경에 또한 손상을 줄 수 있다(Dilman et al., 1983; Lutzenhiser and Hackett, 1993). 자동차, 아파트, 가전제품 등을 전혀 가지고 있지 않은 가난한 사람들 중 '가장 가난한 사람들'이 환경적으로 가장 파괴적인 행동을 할 수 있는 사람들이라는 데 주목하는 것이 중요하다. 더욱이 비숙련 노동자로 개선의 여지가 있는 계층 – 노동계급 또는 저수준의 중산계층 – 이 예를 들어 사실적으로 아무것도 가지고 있지 않은 저개발국가의 떠돌이 노동자, 노숙자, 빈곤층보다는 여전히 환경 영향에 효율적인 개선을 가할 수 있는 사람들이다.

저개발국가에서는 인구 압력과 불평등한 소득 배분은 많은 가난한 사람들을 과도하게 착취해야 하는 자원 기반이 허약한 토지로 내몰고 있고, 현재를 구조하기 위해 미래를 희생하도록 하고 있다. 단축된 휴경기간, 재생률을 초과하는 경작, 표토의 고갈, 산림벌채와 같은 단기적 전략들은 현재의 생존을 위한 것이지만 환경적 지속가능성과 미래 세대에 큰 짐을 부과하는 것이다(Goodland et al., 1993: 7). 사실 엄청난 통일성을 가지고 세계의 가장 가난한 지역이 곧 가장 나쁜 환경을 파괴하는 지역으로 고통을 받게 되는 것이다. 두 개의 지도가 거의 교체가 될 수 있다. 예를 들어 중국, 인도, 파키스탄, 그리고 아프가니스탄에서는 가난한 사람들이 반건조지역과 건조지역에서 생활을 하고 있거나 히말라야 산맥을 둘러싼 언덕 지역에 밀집해 있다. 중국의 가난한 사람들은 특히 황토고원에 집중되어 있고, 그곳에서는 토양이 큰 규모로 부식되고 있다(Durning, 1989: 45).

종종 세계적으로 가난한 사람들의 환경 파괴적인 행위는 토지의 소유 형태와 직접 연관이 있다. 시골의 소지주들은 자신이 가난하더라도 보유한 토지에 심각한 과부하를 주지 않는다. 그러나 소유권을 박탈당했거나 위험에 처한 시골 세대들은 토지에 과부하를 주는 것 말고는 선택적 여지가 없다. 고용된 노동자, 고용된 관리자, 소작인 누구도 소유주가 하는 것만큼 토지를 보호하지는 않는다. 이것은 미국 내에서도 명백하다! 토지가 없다는 것은 사실 저개발국가의 시골 가정에게는 보편적인 현상이다. 아프리카인의 40%, 인도의 53%, 필리핀의 60%, 에콰도르의 75%, 브라질의 70%, 그리고 도미니카공화국의 92%에 달하는 시골 가정이 땅이 없거나 거의 땅이 없는 것과 마찬가지인 실정이다(Durning, 1990: 142). 이와 같은 가난이 환경에 영향을 주는 반면에 원인관계는 한 가지가 아니다. 환경이 퇴화되기 이전에조차도 자연적으로 한계지역은 가난한 주민들을 먹여 살릴 만큼 충분한 잉여생산물을 생산하는 것은 아니다. 가난한 지역과 가난한 사람들은 서로를 파괴한다. 토지가 없는 세계의 농부들에게 작은 구획일지라도 안정된 토지 소유권을 보장하는 개혁된 토지 보유체계는 높은 출생률을 온건하게 유지하고 세계의 가난한 사람들에 의한 생태계의 파괴를 멈추게 하는 방향으로 다소 이동하게 한다.

불법적이고 규제되지 않는 자원 추출은 고도로 연관된 토지 소유권 형태에 종종 부속되어 있다. 불법적인 자원 추출 - 원유, 목재, 다이아몬드, 구리 - 은 뒷거래, 준군사적인 폭력적 갈등, 인간의 권리에 대한 침해, 인류적 재앙 - 예를 들면 기근 - 그리고 **환경파괴**(environmental destruction)와 밀접하게 연관이 있다. 어떤 불법적인 자원 추출의 수익자는 고개발국가가 되지만, 사회정치적 환경의 짐과 환경 재난은 저개발국가와 세계의 가난한 사람들의 어깨에 놓인다.

고개발국가의 풍요로운 사람들은 또한 지구의 생태계를 위협하지만 이들이 선택할 여지가 없이 비관적인 것은 아니다. 고개발국가는 소비주의적인 성향, 구매력, 그리고 세계 자원을 비균등한 몫으로 소비하도록 만드는 세계시장경제의 배열을 가진다. 그들은 자원고갈, 환경오염(온실가스 배출 포함), 그리고 인간이 원인이 되는 서식지 퇴화에 대해 균등하지 않은 몫의 책임이 있다. 전체적으로 어떤 수준 내에서 소비해야 하는 풍요로운 사회란 생태학적으로 불가능하다(Durning, 1994: 12).

1.5 환경부하량 측정: $I = PAT$

제1장의 말미에서 언급한 것처럼, 인구증가만이 지구에 거대한 영향을 미치는 유일한 요소는 아니다. 더욱이 수많은 사람들이 천연자원을 소비하는 계층의 수준에 의해 복잡하게 구성되어 있다. 소비수준은 풍요로움의 수준, 문화적 가치, 그리고 천연자원을 소비할 수 있는 생산품으로 전환할 수 있는 기술의 존재 등에 의해서 차례로 형성된다. 이러한 관계를 알아보는 가장 유명한 시도로, 생물학자 폴 에얼릭과 에너지학자 존 홀드런(John Holdren)이 $I = PAT$라는 방정식을 만들어냈다. 그들은 주어진 환경에서 인구와 국가의 영향(I)이 인구에 의해 생산(P)된 것인지, 풍요로움의 수준(A), 그리고 특정 기술(T)에 의해 수행된 것인지 그 위험요소들을 중요하게 다루었다(Holdren and Ehrlich, 1974). 따라서 다음과 같이 나타낼 수 있다.

$$I = P \times A \times T$$

이것은 수많은 사람, 그들이 소비하는 상품 - 자원 - 의 양, 상품을 생산하는 데 사용하는 기술의 기능들로서 환경부하량의 다차원적인 차이점을 묘사하는 우아할 만큼 단순한 방법이다. 이들의 상대적인 비중은 논쟁거리가 되고 있지만, 공식의 각 항에 대해 정량화시킨 축약적인 측정치를 발전시킬 수 있기 때문에 과학적인 연구를 위해 방법적으로 유용하다고 볼 수 있다(Dunlap, 1992: 464).

인구규모와 성장률은 P를 나타내는 지표이다. A에는 1인당 국내총생산 또는 선택된 상품 - 구리, 육류, 철, 재목, 자동차, 플라스틱 등 - 의 1인당 소비량에 의한 시책을 사용할 수 있다. 그리고 T에는 1인당 전력의 kWh 또는 경제적 생산성의 다른 어떤 에너지 측정치를 사용할 수 있다. A모델은 불평등을 더 넓게 만들고, T모델은 물질문화를 측정하는 시책이 되지만 비물질문화 - 신념, 세계관, 그리고 가치 - 를 더 넓게 고려했다는 것을 내포하고 있다. I는 그 자체로 부식된 토지 또는 산림벌채의 면적, 고갈된 해양 어족, 오염, CO_2 배출 등으로 측정될 수 있다. 톰 디에츠(Tom Dietz)는 PA는 단순한 인구증가만을 고려하는 것이 아니라고 강조했다. 인간의 환경부하량을 고려하고자 한다면 단순히 증가하는 인구수보다는 1인당 환경부하량을 염두에 두고 계산한 생물권과 동등한 인간(biospheric equivalent persons: BEP)을 고려하는 것이 더 유용하다($BEP = AT/P$). 인도 또는 중국이 미래세계 인구 성장에 더 많이 기여를 하게 되지만, 반면에 모든 미국인·캐나다인·독일인의 아기는 전 생애에 걸쳐 1인당 더 큰 환경부하량을 미칠 것이다. 만일 우리가 토양부식, 감소하는 종다양성, 온실기스 배출과 같은 것을 고민한다면, 우리는 인도 또는 중국의 단순한 인구수보다는 북미와 유럽의 1인당 환경부하량에 대해 더 고민해야 할 것이다(Dietz, 1996/1997).

종합하면 풍요로움과 가난은 모두 환경에 위협을 줄 수 있고, 이것들은 현대 세계화 과정을 통해 부분적으로 벌어지는 사회 불평등의 간격을 점점 더 확장시킨다. 국가 내부 또는 국가들 사이에서 사회적 불평등을 감소시키는 것 - '제거'하는 것보다는 그럴듯한 - 은 환경압력을 감소시킬 것이다. 풍요로운 사람들의 거대한 자원소비'와' 가난한 사람들의 최소 생계요구를 맞추기 위한 초과경작, 초과목축, 남획 등을 감소시킬 때 그렇게 될 수 있다. 더욱이 형평성(equity)의 문제들이 발생하지 않는다면 세계의 가난한 사람들 또는 가난한 국가들은 자연환경을 보전하거나 복구하는 환경적 합의사항 - 가까운 시간 안에 소비상태를 낮추는 것에 의해서 - 에 기꺼이 동의하리라고 쉽게 생각하지 않는다. 비참한 상태에 처한 사람들에게는 세계 부유한 사람들에 의한 '환경 구하기' 담론은 종종 제국주의 - 녹색제국주의(green imperialism) - 의 새로운 형태로 들릴 수도 있다. 가난의 감소가 환경적 지속가능성에 우선해야만 한다고 주장하는 이들도 있지만, 환경적 지속가능성이 사회적 지속가능성의 선행조건이라고 주장하는 이들도 있다. 이것이 고전적인 '달걀-닭'논쟁이지만, 우리가 어떻게 답변하는지는 중요한 인간과 사회정책에 대한 함축적인 내용을 고려하는 것이 된다(Passarini, 1998: 64). 성장과 불평등에 대해 논의했으니, 이제 지속가능성 그 자체의 개념에 대해 살펴보겠다.

2. 지속가능성

지속가능사회와 지속가능발전에 대한 사상은 오래되고도 혼잡한 역사를 가지고 있다. 지난 몇십 년 동안 이러한 개념들은 공동의 목표를 추구하는 학자들의 특화된 관심사 또는 적어도 환경 사안에 대한 공적인 담론과 논쟁 속에서 매력적인 구호로 계승되었다. 무엇이 지속가능발전인가? 개념적으로나 추상적으로 볼 때 이 문제는 매우 간단하다. 지속가능하다는 것은 변화 과정 또는 활동이 고갈되거나 붕괴되지 않고 유지될 수 있다는 것을 의미한다. 발전이란 변화와 향상이 동적인 과정에서 발생할 수 있다는 것을 의미한다(Southwick, 1996: 96). 미래에 대한 고려 없이 자연세계의 낭비적인 사용을 의미하는 것이 아니지만, 그렇다고 정적인 상태를 함축하는 것 역시 아니다. 인간적인 용어로 표현하자면, 이는 인간의 필요에 대응하도록 고안된 방법으로서 그 이면에는 생물물리적 환경의 능력을 계속적으로 필요에 대응할 수 있도록 보전한다는 것을 뜻한다. 지속가능사회에서는 "그 물리적 또는 사회적 지원 체계가 약화되지 않고 세대를 넘어 유지될 수 있다"(Meadows et al., 1992: 209). 더 인간적인 용어로 표현하자면, 지속가능사회란 '미래 세대의 수요를 충족시키는 능력의 손상됨이 없이 현재 세대의 수요를 충족시키는 사회'를 말한다(World Commission on Environment and Development, 1987).

역사적으로 볼 때, 지속가능발전이라는 개념은 아마도 유토피아적인 사상처럼 보이며 썩 현실적이지는 못한 개념이다. 이에 대해 너무 많이 생각할 필요는 없다. 결국 전체 인구는 더 적었고, 경제적 기술은 덜 강력했으며, 자연의 관대함은 유한한 것처럼 보였다. 그러나 지금 지속가능성을 대략적으로 고려하는 것은 그냥 좋은 생각만은 아니다. 그것은 세계 인구의 미래를 고려한 절대 필요한 명제인 것이다. 물질적으로 안정되고, 이성적으로 평등하며, 그리고 민주적인 미래 말이다. 누가 진정으로 지속가능성 또는 발전에 반대할 수 있을까? 누구도 악마와 춤추는 것을 원하지는 않는다.

지속가능성은 종종 e가 들어간 '세 가지' 용어로 말해진다. 경제(economics), 생태(ecology), (사회적) 평등(equity)이 그것이다. 이는 한 세대 '내부'의 평등뿐 아니라 세대 '간'의 평등을 고려한 사회적 복지에 대한 비전을 제시한다. 미래 세대로부터 빌려온 것도 아니고 현재 세대의 경비로 사는 것도 아니다. 그러나 이러한 추상화된 개념하에 단순히 잠복해 있는 것들이 바로 행위자와 제도들 간의 본질적인 것들이 될 수 있다(Passarini, 1998: 60~63). 특정 생산품 ― 휘발유 또는 무기 비료 ― 이 물질적인 소비를 자극하는지 저해하는지에 관한 공적인 논쟁을 통해 야기될 이해관계의 갈등을 고려해보자. 곧, 상품을 판매하는 사람, 사용을 함으로써 이득을 얻는 사람, 인간 건강과 생태복지에 위험을 가져온다고 보는 사람 등 매우 다양한 전망과 이해관계를 가지게 된다. 유사한 예로, 환경적 독소와 오염원의 발생을 정당화하려면 무엇이 필요할까, 그리고 누가 감소된 양에 대한 비용을 지불해야 할까? 또는 어떤 (물리적이거나 생물적인) 자원이 미래 세대에 남겨지거나 ― 야생 산림 또는 습지처럼 ― 인간 영향으로부터 자유롭게 유지되어야만 하는가?

공적인 담론에서는, 지속가능발전(sustainable development)과 지구의 **환경용량**(carrying capacity)과 같은 관련 용어들은 지구적으로 널리 알려진 것으로 판명되었지만 생득적인 정치화된 개념은 아니다. 결과적인 논쟁이 다양한 목적, 자원, 그리고 정치적 영향을 가진 다양한 옹호 단체와 운동들을 발생시킨다. 예를 들면 미국에서는 지난 몇십 년 동안 현존하는 가장 큰 환경주의 단체인 시에라 클럽(Sierra Club)과 사하라 클럽(Sahara Club)이 비슷한 이름을 가지고 있다. 사하라 클럽은 개인적인 자유를 접어두고 개인의 직업과 국가의 경제 신장을 없애도록 시도하는 '선도적인 환경주의자들'에 의해 성장한 미국의 이익단체로서 지난 20세기에 결성되었다. 이 견해는 인간은 지구의 주인이며 지구의 자원은 인간의 필요에 따라 사용될 수 있다는 단순한 시각을 갖고 있다 (Southwick, 1996: xix).

지속가능성에 대한 학구적인 논쟁은 이 책에서 논의되고 있는 패러다임 갈등의 매우 핵심적인 부분을 향해 있다. 경제, 생태, 평등(Economy, Ecology, Equity)의 세 가지 E를 통합하는 잠재적인 갈등에 대해 다시 생각해보자. 정책적으로, 우리는 자연에 해를 덜 입히는 경제를 발전시키는 한편 욕심 많은 소비를 유지하는 것으로 시작해야 할까? 그것이 인간의 이용개발로부터 생태계를 격리시키고 소비를 억제하는 것을 뜻한다고 해도 생태계를 보전하는 데서 시작해야 할까? 환경적 지속가능성에 대한 합의를 가능하도록 만드는 사회적 지속가능성과 유대감을 가져오기 위해 가난과 사회적 불평등을 강조하는 평등으로 시작해야 할까(Gould, 1998; Passarini, 1998; Redclift, 1987)? 이것이 친숙하게 들리는가? 그래야만 한다. 패러다임들로는 자원 배분, 유한한 체계 속에서의 성장, 사회적 계층화와 불균형 배분과 관련이 있다.

유사하게도 환경용량에 대한 개념은, 인구 생태학자들에게도 매우 유용한데, 인간 체계의 행성적 차원으로 확장될 때 논쟁적으로 변할 수 있다. 환경사회주의자 윌리엄 캐턴은 지구는 유한한 환경용량을 가지고 있고 우리가 그것을 초과할 수도 있다고 주장했다. 제2장에서 환경이란 인간에게 세 가지 기능을 가지고 있다는 생각을 논의했다. 다른 사람들뿐 아니라 던랩과 캐턴 역시 인구의 기하급수적인 성장과 인간의 목적을 위한 지구의 사용은 우리가 이미 지구의 장기적인 환경용량을 초과했다는 것을 의미한다고 생각했다(2002). 제2장의 〈그림 2.4〉를 참조하라.

사실 캐턴은 지속가능발전 같은 것은 없다고 주장했다. 이는 파괴적인 성장을 계속하기를 원하고 '그것에 대해 좋게 느끼는' 사람들을 위한 수사학적이면서도 이념적인 용어이다(1997: 175~178). 환경주의자인 레스터 브라운(Lester Brown)과 도넬라 메도스(Donella Meadows)는 우리가 이미 지구의 환경용량을 초과했지만 자기 생각을 계속 방호하려 한다고 본다(Brown and Flavin, 1999; Meadows et al., 2004). 경제학자 줄리언 사이먼(Jullian Simon)은 유한한 환경용량이라는 것은 없다고 끊임없이 옹호하는 사람으로, 물질 소비의 성장과 발전은 과거 50년 동안 열정적이고 발전적으로 증진되었음이 틀림없다고 본다(1998).

이러한 생각의 역사를 철저히 재검토하면서, 이론 생물학자 조엘 코헨(Joel Cohen)은 지속가능발전과 지구의 환경용량과 같은 개념은 중요하기는 하지만 과학적 연구를 위해 매우 유용하지는 않다고 주장한다(1995). 그는 '얼마나 많은 사람들을 지구가 지원할 수 있는가'와 같은 질문은 선천적으로 규범적(normative)이고 가치를 내재하고 있다고 주장한다. 얼마나 많이 그리고 어떤 물질적 복지의 수준까지? 어떤 물질적인 소비 수준에서 어떤 기술을 가지고? 어떤 종류의 생물물리적 환경에서 살아야 하는가? 어떤 문화적 가치, 정치적·법적 제도를 가지고? 자비롭고 참여적인 지속가능성보다는, 사람들은 강력한 권위주의적 엘리트의 행정에 의해 강제적으로 관리되는 희소성의 지속가능성을 상상할 수 있을까? 사실상 사회의 노예노동 수용소와 닮은꼴은 아닌가(Heibroner, 1974; Schnaiberg and Gould, 1994 참조; 또는 핼런 엘리슨(Harlan Ellison)의 SF소설에 근거해 지속불가능성에 관한 악의에 찬 초상화를 그린 1970년대 초기의 비디오 〈소일렌트 그린(Soylent Green)〉을 빌려서 감상하라!?

코헨이 옳다고 가르치는 것은 독자를 놀라게 할 수도 있을 듯싶다. 지속가능성과 환경용량은 객관적이면서 수량화된 개념은 아니다. 그러나 제발 오해하지 말았으면 한다. 그것들은 규범적인 사회적 사실로서, 중대하고 우리가 피하고 싶고 또는 피하기를 원하는 구상에 도움을 줄 수 있다. 거대한 그림 속에서 이들은 진정으로 중요하지만 시민, 과학자, 정책결정자가 어려우면서도 규범적이고 가치 있는 질문인 정책적인 질문들을 구체화하도록 만들어준다. 자연과학자들과 신고전경제학자들은 복잡한 규범적인 해결책과 관련된 규범적인 사회적 사실 또는 정책들을 다루는 데 익숙하지는 않다. 그러나 그들은 사회학적인 전문가들이다. 파제리니(Passerini)는 지속가능성을 이해하는 데 기여하는 여러 연구의 사회적 맥락을 주장한다. 시간적 범위(time horizon), 위험 분석, 공적·사적 영역 사이의 차이점, 그리고 사회변동이다(1998). 나는 이 장에서 이러한 사안들의 몇몇 부분에 역점을 두어 다룰 예정이다.

3. 성장과 지속가능성: 두 가지 관점

1950년 이래로 세계 인구는 두 배가 되었고, 지금 60억~70억 사이에 이르고 있다. 의심할 여지 없이 상승세는 지속될 것이다. 그때 이래로, 지구의 경제적 산출은 네 배에 이르고 있다. 고성장을 좋아하고 계속 팽창하고자 하는 소비주의의 문화적 기풍(ethos)은 세계 곳곳에서 빠르게 확산되고 있다. 동시에, 불평등의 간극은 성장하고 가난은 증식하고 있지만 더욱 커진 지구적 평등에 대한 전망은 점차 멀어지는 것처럼 보인다. 대부분의 생태계와 생물권적 환경 체계는 지구행성의 기후를 개조하는 실질적인 시각과 더불어 질적으로 퇴보하고 있다.

이러한 추세가 지속되는 것을 가정해보자. 지구를 망치지 않고 그렇게 할 수 있을까? 사람들이 생존하는 데 현명함을 사용할지라도 많은 사람들이 자유롭게 이를 선택할 수 있는 상황에 이를 수 있을까? 생태학자들과 인구 생물학자들은 잘 알고 있는 이스터 섬의 인간들 — 그곳의 사람들이 태평양 섬의 부유한 자연자원을 고갈시켰을 때, 번영하고 복잡한 인간 지역사회가 붕괴되었다 — 과 마야 문명, 매슈 섬의 순록, 세균배양 페트리 접시 안의 박테리아가 그랬던 것처럼 그러한 **분출-충돌**(outbreak-crash)이 있을 때 인간들은 지구적 규모로 그러한 상황을 빚어낼까? 또는 이러한 현상은 절대 발생하지 않을까? 지구상의 수많은 사람들을 지속가능한 고소비의 세계로 이끌 수 있는 생활방식을 고안해내고 성장시킬 만큼 우리는 충분히 현명한가? 이러한 질문들이 20세기 후반기에 출현했다. 지구라는 행성을 도는 인간들의 궤도들에 대해 다양한 생각의 방향이 있고, 과학적이고 지성적인 집단 내에서 다양하고도 대립하는 이론들의 옹호자들이 이론을 사례를 들어 승냥하고 강하게 비판하기도 한다. 이 두 가지를 조사해보려고 한다.

3.1 성장의 한계: 분출-충돌

성장의 한계(Limits to growth: LG)는 1970년대의 고안된 인간생태학적 관점으로 기하급수적인 인구증가, 산업 생산, 그리고 물질 소비로 인한 장기적인 지구적 결과에 대한 신맬서스주의와 같은 생각들이 대중성을 얻게 되면서 그 결과로 나타났다. 성장의 한계라는 용어는 (비영리연구재단인) 로마클럽에 의해 창안되었는데, 그것은 과거로 거슬러 올라가고 미래로 예정되는 오랜 시간에 걸친 성장에 대한 지구적 자료의 컴퓨터 시뮬레이션으로 나타났다. 이러한

〈그림 6.2〉 표준치 한계 시나리오

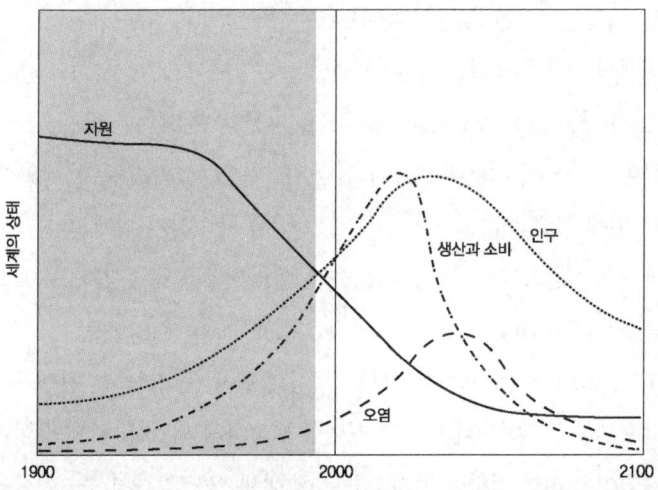

자료: Meadows, Randers, and Meadows, 2004, Limits to Growth: The 30 Year Update, p.169.
재인용. Chelsea Green 출판사의 사용허가.

연구에 기초한 보고서는 지속적으로 새롭게 고쳐졌다(Meadows, et al., 1972, 1992, 2004). 그들은 인구증가, 기하급수적인 1인당 경제 생산성과 소비의 성장, 그리고 결과론적인 오염의 조합이 결국 인간사회의 생계기반에 과도한 짐을 부과하고 있다고 주장했다. 이는 세계 곳곳에서 인구증가, 인간을 위한 발전과 복지의 하락을 의미할 수 있다. 그들은 인간-환경의 미래에 대해 인구생태학자들에게는 유명한 모델인 '분출-충돌' 모델을 가정했다. 〈그림 6.2〉를 참조하라.

연관성이 있는 다른 시각에서도 다른 가정들에 의해 성장의 한계에 대한 예후에 도달한다. 환경에 적용된 갈등이론과 신마르크스주의 시각은 환경의 이용개발이 시장경제 구조, 근대성의 제도, 그리고 현대적이면서도 특히 자본주의적인 생산체계적 성장에 의해 잔인하게 수행되고 있다고 주장한다(Benton, 1989; Bookchin, 1982; O'Conner, 1988; Roberts and Grimes, 2002; and Schnaiberg,

1980). 슈나이버그와 굴드(Schnaiberg and Gould, 1994)의 '생산의 반복활동' - 제2장에서 언급 - 는 환경황폐화뿐 아니라 현대 경제의 요인이다. 이윤을 유지하기 위해서, 생산자들은 끊임없이 생산을 확장해야 하고, 사회와 환경 사이의 '끊이지 않는 갈등(enduring conflict)'을 양산한다. 하지만 확장은 궁극적으로 유한한 천연자원 때문에 한계가 있다. 오코너(O'Conner)는 이것을 '자본주의의 두 번째 모순'이라고 묘사했는데, 생산을 유지하기 위해 천연자원 사용이 요구되어 이를 고갈시키고, 이는 다시 생산 비용을 급증시키고, 그 결과 이윤을 축소시키게 된다는 것이다(York, Rosa, and Dietz, 2003: 286).

결과적인 종말에 대처하기 위해서, 성장의 한계 분석가들은 천연자원 소비의 증가추세를 금지하거나 낮추는 개혁을 권고하게 되었다. 하지만 어떤 정책 또는 개혁이 이러한 결과를 낳게 되는지에 대해서는 몇 가지 수수께끼의 형태로 제공했다. 세계체계 이론가들은 핵심 산업국가의 주도권을 제한하거나 아니면 현재의 세계시장체계를 해체하는 세계체계의 급진적인 구조 전환이 있어야만 했다고 생각했다.

놀라울 것 없이, 이러한 권고내용은 제3세계 국가들의 효과적인 발전에 대한 전망뿐 아니라 산업 세계 내의 인간 진보 - 이윤을 포함 - 에 대한 핵심 사상의 중앙을 가격함으로써 많은 방면에서 격렬하고 완강한 비판을 낳았다. 개혁에 대한 이러한 요청은 많은 환경단체(NGOs), 환경과 환경규제와 관련된 정부부처, 또는 환경주(環境主, environmental state)로 불리는 것까지 관심의 확산을 야기했다(Fisher and Freudenburg, 2004; Frank et al., 2000). 1970년대에는 이러한 정부와 비정부기구 형태가 북미, 일본, 유럽에 동시대적으로 출현했고, 심지어 지금은 주변국가와 같은 거의 모든 지역에 존재하고 있다(Mol 2003: 50). 개혁을 위한 1970년대와 1980년대의 이러한 노력은 환경문제와 문화 변동에 더 큰 관심을 불러왔지만, 현대 경제 또는 탐욕적인 소비 형태의 환경부하량을 실제로 축소시키는 데서는 큰 개선을 일으키지 못했다. 신맬서스주의와 환경적 관심사는 지속되었지만 사회제도는 큰 변동 없이 지속되었고 어떤 의미 있는 방향으로 개혁을 일으키는 데 실패했다. 사실, 2004년 6월에는 『성장의 한계(The Limits to Growth)』의 개정판이 새로운 자료와 과거 30년 이후의 새로운 주장을 토대로 해 동일한 저자들에 의해 출판되었다(Meadows et al., 2004). 그뿐 아니라 신마르크스주의 정치경제학적 가정들과 결합된 성장의 한계 모델은 환경사회학이 성장하는 자양분이 되었고, 이론화와 경험적 분석을 위한 지배적인 형식을 형성하는 작업을 계속하고 있다(Dunlap and VanLiere, 1984; Schnaiberg, 1980).

성장의 한계: 증거와 비판?

생태 경제학자인 마티스 웨커네이걸(Mathis Wackernagle)과 그의 동료들은 자신들이 인간 **생태발자국**(ecological footprint)이라 부르는 것을 (가정과 국내 두 가지 수준에서) 평가해 성장의 한계를 증명하는 가장 널리 알려진 사례들을 발전시켰다(Wackernagle et al., 1996, 1999, 2000, 2002; 생태발자국 웹사이트). 생태발자국이란 인간의 오염으로 인한 쓰레기를 동화하고 소비된 자원을 생산하는 데 요구되는 생물학적으로 생산적인 토지와 물을 말한다. 이는 토지가 생물물리적 환경에서 인간에게 주는 세 가지 기능적인 혜택을 위한 기반이 된다는 사실을 반영한 집합적인 측정치이다. 삶의 터전, 자원의 근원, 그리고 폐기물 처리장소 등이 여기에 포함된다(York, Rosa, and Dietz, 2003: 282). 이 방법의 장점은 소비된 자원이 어떤 용도로 사용되었는지 연구자들이 특별히 알지 않아도 되며, 측정이 어려운 소비의 간접적인 결과를 얻을 수 있다는 것이다. 수학적인 용어로, '소비=[생산+수입]−수출'이 된다(Wackernagle et al., 2000).

인간을 위한 지구의 총 생물적 환경용량을 1인당 계산하면 대략 2만 1,000제곱미터(2.1헥타르)로 산출되고, 이는 행성의 다른 동물들은 계산에 넣지 않은 것이다. 1인당 2만 1,000제곱미터(2.1헥타르)보다 낮은 수준의 생태발자국을 가진 국가들은 장기적인 지속가능성을 위협하지 않으면서 되풀이해 생활하는 것이 가능하다. 만일 더 이상의 인구증가가 없다고 가정한다면 말이다. 놀랍게도 미국의 발자국의 범위는 1인당 3,500제곱미터(0.35헥타르)에서 16만 제곱미터(16헥타르) 사이에 이르고 있고, 이는 천연자원의 심각하고도 지나친 남용을 보여주는 것이 된다(Wackernagel et al., 2000, 2002). 최근의 1인당 생태발자국의 사례는 미국이 12만 2,000제곱미터(12.2헥타르), 독일은 6만 3,000제곱미터(6.3헥타르), 중국은 1만 8,000제곱미터(1.8헥타르), 그리고 가장 낮은 수준인 방글라데시는 6,000제곱미터(0.6헥타르)에 이른다(Wackernagle et al., 2000). 몇몇 자원이 재생산되는 속도보다 더 빠르게 추출되고 있기 때문에 지구의 총 발자국은 일시적으로 이용가능한 토지 지역을 초과할 수 있다 - 예, 산림자원 - . 더욱이 발자국은 대기 중에 축적되고 있는 CO_2 배출을 흡수하는 데 필요한 토지의 양을 포함한다(York, Rosa, and Dietz, 2003: 282).

요르겐슨(Jorgenson)은 '생태발자국' 사안을 교차 국가적인 방법의 틀로 구축하고, 세계체계 내에서 국가의 위치는 1인당 생태발자국의 규모를 형성한다고 주장했다. 그는 핵심국가의 생태발자국은 가장 높을 수 있고 주변 국가들은 가장 낮은 수준에 이를 수 있다고 가정했고, 208개 국가의 사례 연구를 통해 그것을 증명했다. 세계체계에서의 국가의 위치는 소비를 증가시키는 것으로 가정된 다른 변수들 - 국내 불평등, 도시화, 그리고 문맹률 - 의 간접효과와 결합되었을 때, 국가의 1인당 생태발자국이라는 변수의 77%를 설명해준다(2003). 고려될 다른 변수들의 중요성을 지적해보자. 도시화와 높은 문맹률은 더 높은 소비와 '소비주의·소비라는 문화적 이념'을 표시한다. 따라서 생태발자국의 규모는 인구 또는 국민총생산의 단순한 기능은 아니다(Clapp, 2002).

비판가들은 성장의 한계(LG)라는 전망은 인간의 위험을 '지나치게 과장'하고 기술적 혁신에 의한 '탄력적인 대체재'를 최소화시키는 고정화되고 유한한 생태권적 환경용량의 개념에 의존한다고 지적한다. 예전에 지적한 바와 같이, 유한한 환경용량의 개념에 대한 엄격한 검토를 통해 그것이 중요한 수사학적 사용이 될 수 있지만 과학을 위한 분석적 도구로서는 유용하지 않음이 밝혀졌다(Cohen, 1995). 대중적인 면에서, 그리고 학문적인 면에서의 비판은 환경 재앙이 결코 예정표대로 도착하지는 않는다고 끊임없이 지적한다. 예를 들면, 신맬서스주의자인 폴 에얼릭은 대다수의 인류가 1975년 즈음에 기아에 허덕일 것이라고 예견했다. 사실은, 세계 인구 중 30%가 1960년대에 전통적인 영양실조로 고통을 받았지만 1990년대 말 즈음에는 그 수가 대략 19%로 하락했다.

3.2 생태적 근대화: 환경보호와 번영

물론, 아주 다른 견해가 존재한다. 이러한 견해는 신고전경제학자들(이들의 견해에 관해선 이미 여러 곳에서 논의했다)이 제시했고, 환경주의 경제학자와 사회학자들이 그들의 생각을 수정해서 제창했다. 그들은 성장과 근대성은 환경적인 문제를 양산했지만 더 큰 경제적인 발전은 문제들을 추가시키기보다는 해결하게 될 것이라고 보았다. 환경의 질은 '사치품'으로 간주되며, 주로 이것을 구매할 만한 여유가 있는 풍요로운 사회에서 관심을 가진다. 필요한 풍요로운 수준에 도달하게 되면, 공공의 관심사, 비정부기구로부터의 압력과 환경적 상태에 관한 정책은 환경문제의 비용을 효과적으로 완화시킬 것이며, 기업이 환경보호에 투자하도록 만들 것이다 – 예, 녹색기술 – . 경제학자 사이먼 쿠즈네츠(Simon Kuznets, 1955)의 이름을 따 만든 쿠즈네츠 곡선 주기로 알려진 가설적인 관계는 경제발전과 소득 불평등 간의 유사한 관계를 보여준다. 경제적 불평등은 경제성장의 초기 단계에서는 커지지만 경제가 성숙한 후기 단계에서는 위축된다. 쿠즈네츠 이론과 연구를 요약한 노드스트롬과

본(Nordstrom and Vaughan, 1999)을 참조하고 52쪽의 〈그림 1.4〉를 참조하라.

1980년대 말 환경주의적 사회주의자 프레드 버텔(Fred Buttel)과 동료들은 환경적인 논쟁의 핵심은 '성장의 한계'로부터 '지구적인 변화', 곧 '세계화 과정의 환경적 차원'이라는 부분으로 이동하고 있다고 주장했다(Mol, 2003: 55). 1987년에는 환경과 발전의 세계위원회(World Commission on Environment and Development)는 지속가능발전을 향한 지구적인 윤리의식과 개혁을 옹호했다. 실제로 지속가능발전은 그 시대의 수사학적으로 통일된 구호가 되었다. 많은 비판이 있었지만, 지속가능발전이라는 언어는 동시대의 담론이 되었고 정치적인 스펙트럼의 눈에 띄게 넓은 자취를 지니는 평판을 유지하게 되었다. 환경파괴가 감소되는 추세가 축적되고 독일·네덜란드·일본·미국·스칸디나비아 국가들과 같은 가장 발전된 국가들에서 에너지 집중(energy intensity)이 하강하자 새로운 강조지점이 자극되었다. 어떤 이들은 이것을 경제적 흐름으로부터 물질적 흐름이 분리되는 초기단계의 신호와 인간생계기반을 덜 파괴하는 현대제도의 개혁의 다양한 신호로 보았다.

생태적 근대화(ecological modernization: EM)라고 불리는 것은 특히 녹일·네덜란드·영국과 같은 서구유럽에서 먼저 이론화되기 시작했다. 그것은 신고전경제학자들의 사상에 대한 덜 결정론적인 사회학 해석으로 볼 수 있고, 후기 물질주의(Ingelhart, 1990) 또는 **성찰적 근대화**(reflexive modernization)로 명명되었다(Beck, 1995; Giddens, 1991). 그리고 '세계시민사회'의 출현(Frank, Hiroka, and Schofer, 2000)과 같은 근대사회의 진화에 관한 사회학적 이론의 다른 분파들과 유사하지만 이상주의적인 성격을 가지고 있지는 않은 것으로 분류된다. 생태적 근대화는 생태적 효율성(ecoefficiency), 청정생산(clean production), 산업 생태학(industrial ecology), 자연 자본주의(natural capitalism), 개조기술(restrorative technology), 자연적 단계(the natural step), 환경을 위한 디자인, 차기 산업혁명(next industrial revolution)으로 알려진 것들보다 대중적인 개념이라고 볼 수 있다(Brown, 2001; Collins and Porras, 2002; McDonough and Braungart, 2002; Prugh and Costanza, 2000).

생태적 근대화 과정

조금 더 특수한 경우를 살펴보도록 하자. 생태적 근대화가 작동할 때의 몇몇 과정은 다음과 같은 것을 포함한다.

- 생물학적 흉내내기(Biomimicry). 재생하고 환류하는 과정을 가진 생태계를 닮은 산업 경제를 구축하고 추출 자원과 폐기물 처리라는 생산과 소비의 단선적인 과정을 최소화하는 것
- 폐열발전(Cogeneration), 또는 또다른 '공급원료(feedstock)'로서의 산업화과정으로 폐기물을 사용하는 것(다용도 전력을 생산하기 위해 공장에서 산출된 열을 다시 사용하는 것과 같이). 산업 기술자들은 주민들이 산업 생태계를 형성하는 '저배출' 산업공원을 실험하는 중이고, 그곳에서 하나의 회사가 또 다른 회사가 배출한 비독성적이면서 유용한 폐기물을 이용하며 유지되도록 한다.
- 급진적으로 발전된 자원생산성(Radically increased resource productivity)은 천연자원의 고갈을 줄이고, 더 낮은 수준으로 오염, 독성, 그리고 종종 더 높은 수준으로 직업을 창출하도록 한다. 환경적·사회적으로 해로운 것들은 거의 대부분 천연자원과 인간자원을 사치스럽게 사용하는 데서 비롯한다. 이는 산출의 각 요소들에 점차 더 적은 환경자원이 요구될 것임을 뜻한다. 예를 들어 소비자를 위한 제품에는 1970년대에 비해 훨씬 더 적은 물질을 사용하지만, 이와 같은 **탈물질화**(dematerialization)는 증가된 소비와 다른 하부구조에 대한 투자의 성장에 의해 종종 취소되고 만

다는 데 주목할 필요가 있다.
- 용역과 유량경제(A service and flow economy)는 나타나고 있고, 매매가 이루어지는 대신에 상품은 소비자에게 임대되고, 서비스되고, 그리고 생산자에 의해 재생 또는 재제조된다. 용역과 유량경제는 산업장비, 사무실 복사기, 상업용 융단, 그리고 심지어는 자동차 부분에서 시도되고 있다. 생태적 근대화를 위해 노력하는 기업에는 몬샌토, 3M, 듀퐁, 듀라셀(Duracell), 존슨앤드존슨(Johnson&Johnson)와 같은 대기업이 포함된다. 그들은 세 가지 R － Reduce(감소), Reuse(재활용), Recycle(재생) － 을 실행해 환경 영향을 감소시키고, 자금을 아끼며, 공적으로 환영받는 영광을 얻는다(Cunningham et al., 2005: 514).
- 세금, 시장, 또는 정부의 보조금의 변화와 같은 **유인책 전환**(Incentive shifting)은 환경 파괴를 창출하던 만연된 보조금과 대면할 수 있다. 이러한 유인책 전환은 세금을 증가시키지는 않지만 (소득세와 같은) 몇몇 세금은 감소시키는 반면 화석연료를 사용하는 데 드는 세금, 쓰레기와 독성 폐기물의 발생, 살충제이 사용과 같은 것들은 증가시킬 수 있다. 사실상 유럽연합 국가들은 이러한 세금과 보조금의 변동과 더불어 실질적인 이득을 얻을 수 있도록 시도하고 있다(Roodman, 2000: 138~139).

생태적 근대화는 성장의 한계에 대해 많은 이들이 주장했던 바와 같은 인간 복지의 감소를 내포하지 않는다. 더욱이 생태적 근대화는 '근대 산업주의의 노동력 분화를 생태적으로 덜 파괴적이면서 현재 외부효과적인 비용과 영향을 내부화시킴으로써 다시 합리화시키는 것'을 뜻한다(Mol and Sonnenfeld, 2000). 생태적 근대화의 일화들은 다양한 장소에서 발생할 수 있다. 다른 수준으로 명백하게 나타날 수 있다. 몇몇은 정치적인 정책의 변화 － 유럽국가들의 유인책 전환 － 와 관련이 있고, 다른 몇몇은 정치 하부적인 제도 － 예, 기업 －

들의 변동과 연관이 있으며, 또 다른 몇몇은 집합행동과 사회운동을 통한 문화적이고 행태적인 변동과 관련이 있다(Mol, 2003).

생태적 근대화: 사례와 비판?

대부분의 열정적인 동시대의 사회과학 연구는 이전에 논의되었던 성장의 한계와 생태발자국 개념을 지지하고 있다. 그러나 생태적 근대화를 지원하는 연구가 산업화된 국가들, 하지만 동남아시아에 국한되어 에너지와 이와 관련된 경제영역으로서의 탁월한 사례연구로서 수십 개의 논문으로 나타났다(Mol, 2003: 57). 특정 사례에 대한 심도 있는 이해를 위해서는 중요한 연구였지만 비판지점은 대부분의 생태적 근대화 연구가 국가들에 나타날 수 있는 사례로서의 체계적인 방법에 기초하지 않고, 측정가능한 환경 파괴보다는 희망적인 상징체계와 제도적인 변화를 보여주고 있기 때문에 취약성을 가지고 있다고 주장되었다(Buttel, 2000a: 118; York and Rosa, 2003). 여러 가지 연구들이 부분적으로 이러한 문제들을 주장하고 있다. 피셔(Fisher, 2004), 그리고 피셔와 프로이덴버그(Fisher and Freudenberg, 2004)는 지구온난화의 지표로서 CO_2의 예보를 조사했다. 그들은 산업국가들(OECD)의 표본(N=30)에 대한 유용성 있는 자료들을 연구했다. 다른 연구자들처럼 그들도 인구증가와 국내총생산을 온실가스 배출 생산을 예견할 수 있는 인과변수로 사용했지만, 다른 연구들이 주로 약식 통제 측정치만을 사용한 데 비해 이들은 더 정교하게 다듬은 일련의 통제변수를 다변량 회귀방정식에 적용했다.

피셔와 프로이덴버그의 연구에서는 CO_2의 발생을 대부분 예견하는 변수들로 1998년에는 산업폐기물, 1980년에서 1997년 사이의 에너지 사용에 대한 비율 변화, 그리고 1997년에는 1인당 모터사이클 여행을 포함시켰다(R^2 = .722). 이러한 모든 것들은 최근 몇 년 동안 감소세에 있고, 확실히 생태적 근대화에 의해 특화된 에너지 효율성 변수의 종류가 될 수 있었다. 중요하게도, 그들이 통제변수로서 소개되었을 때, 1인당 국내총생산 – 성장의 한계에서의 중요한 변수 – 은 '다변량변수의 어떤 곳에서도 CO_2에 중요한 결과를 미치는 것으로 판명되지 않았다'(Fisher and Freudenberg, 2004: 177). 이것은 생태학적인 상황에서 단순한 제도 변화가 아니라 중요한 결과를 보여주는 생태적 근대화의 사례라고 볼 수 있고, 문제의 변수들이 정책을 언급하는 것과 관련이 있기 때문에, 연구자들은 환경상태를 단순히 '상징적인' 결과라기보다는 오히려 '실질적인' 성격을 가지는 것으로 이해했다.

차후의 연구가 생태적 근대화의 이론이 '생산의 반복활동'의 개념을 조사함으로써 구상될 수 있다는 효율성에 대한 가능성을 주장했다(Freudenberg, 2005, 2006). 이 연구에서는 미국에서의 경제적 성장이 환경황폐화와 넓게 연관되어 있다는 질문이 아니라 오히려 이러한 퇴화가 미국 경제를 넘어서는 기업 모두의 자본주의적 생산양식 – 심지어 후기 자본주의적 생산양식도 포함 – 에 천성적으로 내재되어 있는 것은 아닌지 물었다. 만일 그렇다면 환경파괴는 미국경제의 대부분의 부문과 회사를 넘어서는 넓은 수준으로 명백한 증거가 되는 것이다. 프로이덴버그는 1993년 처리하는 폐기물을 (정부의 요구에 따라) 독성물질배출목록(Toxic Release Inventory)에 기록하고 있다는 2,039개 회사의 독성 폐기물을 조사했다. 그는 모든 산업 배출물의 60%가 두 개 산업부문 – 화학과 금속 – 에서 비롯한다고 밝혀냈다. 국내총생산의 약 4%에 이르는 이 작은 부문 내에서 두 회사 – 뒤퐁과 프리포트 맥모런(Freeport McMoran) – 가 국내 모든 독성물질의 14%를 배출했고, 시설 한 곳 – 루이지애나 주 세인트 제임스의 프리포트 맥모런의 IMC-Agrico – 이 1993년에 국내 배출량의 4.55%로 추산되는 127만 톤(28억 파운드)의 독성물질을 배출했다(2005: 20~21). 생산활동의 반복은 자본주의 회사의 본질일 수 있지만 이를 일반화시키는 것은 환경에 대한 그들의 영향과 거대한 차이를 은폐하는 것이 될 수 있다. 생태적 근대화의 타당성에 대한 명백한 증거로 확실하게 볼 수는 없지만, 이는 경제의 많은 부분이 생태적 근대화 이론가들에 의해 주장되는 더 높은 효율성과 더 낮은 환경부하량을 위한 잠재성을 가지고 있다. 유사한 연구분석으로 북미의 도시 재생의 영향을 보기 위해서는 샤인버그(Scheinberg, 2003)를 참조하라.

성장의 한계와 생태적 근대화를 농업과 식량과 같은 동시대의 경제의 다른 부분까지 지지할 수도 있다. 성장의 한계를 위한 사례로는 물과 토양부식과 같은 남용된 사례, 종다양성을 파괴하고, 물이나 신체에서 검출되는 농화학제, 질산, 호르몬방해물질 사용해 경작하는 '기술화된' 단일경작 생산의 사례, 급증하는 해양수산자원의 고갈 사례를 들 수 있다. 이러한 주제들의 대부분은 제2장과 제5장에서 논의되었다. 그러나 다른 관찰내용으로 생태적 근대화를 지지할 수 있다. 물 사용에서의 효율성은 명백하고, 미국에서의 단위면적당 물 사용이 감소했다. 놀랍게도, 사용된 물의 총량은 1970년대 이래로 변하지 않고 유지되고 있지만 같은 기간 동안의 관개농업 지역은 20%까지 확장되었다(Perry, 2004: 2A). 토양부식은 농업지역을 초지 또는 산림으로 변모시키는 목적의 1985년 농장법안(Farm Bill)의 후속조치들과 보전 프로그램(Conservation Reserve Program)과 같은 가장 큰 역사적인 조치들로 그 속도가 늦추어졌다. 산업화된 농업은 전면으로 부상했지만, 제5장에서 언급한 바와 같이 증산된 자연식품과 많은 미국 농부들 속에서 '농생태적인' 실행이 확산되고, 지역 생산자를 연결해 신선한 식품을 구입할 수 있는 '직거래 시장'이 활발하게 이루어졌다. 채식주의자용 식단을 이전의 몇십 년과는 사뭇 다르게 모든 곳에서 고를 수 있다. 소매업에서도 유기농 또는 천연 무농약 식품이 지금 빠른 속도로 – 비교적 작은 가게에 국한되어 고가로 판매될지라도! – 식품매대를 채우고 있다. 제5장은 또한 한국, 쿠바, 중국, 스리랑카와 같은 몇몇 저개발국가를 포함한 다른 나라들의 농생태적인 유사사례에 대해서도 언급했다(Halweil, 2000a; Harper, 2005).

3.3 논쟁에 대한 이해

지금까지 지속가능성에 대해 아주 다른 함의를 가지고 인간-환경의 미래를 보는 두 가지 아주 다른 모델과 각 모델의 사례와 비판을 함께 제시해보았다. 다음은 이들이 고려하고 있는 함의에 대해 조사해보도록 하자. 나는 지금까지 꺼낸 가장 좋은 사례들을 통해 성장의 한계가 인간-환경 관계의 지배적인 추세라고 주장했고, 추세가 지속가능하지 않은 방향으로 냉혹하고도 천천히 이동하고 있다고 생각한다. 또는 요크(York)와 로사(Rosa)를 부연하면서 전체 환경 영향이 일반적으로 경제발전과 더불어 서서히 증가하고 있지만 효율성 향상으로 균형 잡힌 것은 아니라고 지적하는 바이다(2003: 281). 이해할 만한 수준으로 사회 과학은 '핵심 경향을 보이는 사례'에 항상 의존했다. 내가 생각하기로 생태적 근대화의 가장 심각한 비판은 **효율성**(efficiency)과 **총자원소비**(total resource consumption)를 적절하게 구별하지는 못한다는 점이다.[1] 따라서 생태적 근대화에서 보여주는 더 큰 효율성에 기인한 탈물질화는 환영에 지나지 않을 수 있다. 생태적 근대화가 지구의 생물물리적 자원에 끼치는 인간의 영향에 대한 변화보다는 제도적·문화적 변화 가능성에 대해 묘사하고 있다고 주장한다면 그것은 적절한 지적이라고 볼 수 있다.

곧, 근대화의 많은 장소와 차원에서 생태적 근대화 과정의 명백한 신호가 있다고 보는 것은 중요하다. 기든스(Giddens, 1991)에 의해 이해되었던 '성찰

---

[1] 석탄 사용의 효율성의 증가가 전체 석탄 소비의 감소를 가져오지 않는다는 사실을 목격했던 영국 기술자 제번스(Jevons) 이후에 이를 '제번스의 역설'이라고 이름 지었다. 이는 석탄에서 이루어진 더 큰 효율성이 투자자들에게 더 매력적으로 보일 수 있기 때문이었다(York and Rosa, 2003 재인용). '네덜란드의 오류'도 유사한 사례이다. 이것을 전체적인 차원의 환경적인 검소와 보호를 추구하지만 더 많은 자원을 수입하는 국가를 말한다. 따라서 환경영향은 더 넓은 차원으로 확실히 확장된다.

적 근대화'라고 묘사된 '후기 근대성'에서는 특히 그러하다. 주장을 위해, 생태적 근대화가 중요하게 이를 증명하는 사례의 주된 자료로서 고개발국가들 속에서의 성공을 가정해보자. 이는 여전히 환경 과용을 양산하는 근대성과 소비증가를 모방하는 저개발국가 사람들의 대다수를 그대로 남겨두게 되는 것이다. 저개발국가의 생태적 근대화와 관련한 몇몇 사례가 있었지만, 근대화가 온화하게 성공적으로 진행되고 있는 이들 국가 – 예, 중국과 인도 – 에서 새롭게 풍요로움을 맞이한 계층들이 서구 형태의 소비주의를 탐욕적으로 채택하고 있다. 그러나 사람들은 또한 생태적 근대화가 고개발국가와 저개발국가 모두에서 동시에 성공적으로 진행되는 매우 혼재된 상황을 떠올릴 수도 있다. 사실 저개발국가들은 종종 전산업주의적인 전통과 경제에 더 가까울 수 있고, 그들이 생태적 근대화에 근접한 형태를 채택하도록 하는 것이 더 쉬워 보일 수 있다.

생태적 근대화에 관한 증거가 희박하긴 하지만, 성장의 한계에 대한 증거와 비교할 때, 이 이론은 세계 곳곳에서 더 많은 조사와 연구가 이루어질 필요가 있다고 보이지만 특히 미국, 연방정부에게서 이렇다 할 지원을 받지 못하면서 몇몇 지방정부, 기업, 농업생산자가 생태적 근대화 이론의 단계를 밟아가는 미국과 같은 곳에서는 더 많은 연구가 필요하다. 이는 제8장에서 더 많이 논의하겠다. 생태적 근대화 이론은 더 큰 지속가능성을 성취하고자 하는 환경적 개혁을 이끌어낼 가능성이 풍부한 이론이다(Dunlap and Marshall, 2006: 31).

그러나 지금까지 성장의 한계와 그것에 따른 비관적인 암시를 보여주는 근대성, 성장, 그리고 세계화의 과정이 '주무대'인 반면에 생태적 근대화의 과정은 눈에 띄는 볼만한 '부속무대'이다. 분석가들은 '토끼와 거북이'라는, 대개의 사람들이 수긍하는 수수한 은유를 사용한다. 토끼는 매우 빠르게 달릴 수 있지만 아무데서나 시간을 낭비하며 진행하는 간헐적인 성격을 가진 반면 거북이는 매우 느리게 움직이지만 꾸준하게 이동한다는 일화로 말이다. 확실히

경주는 거북이의 승리이다. 요크와 로사가 언급했듯이 "제도적 · 기술적 변형의 토끼가 가차 없이 성장하는 거북이의 속도를 앞지를 수 있는지"가 바로 핵심 질문이다(2003: 280).

이는 몇몇 소수 학자들만의 의견이 아니다. 한계와 지속가능성 사안을 중요하게 다루는 조직화된 세계 과학집단 사이의 폭넓은 합의가 있다(Science Advisory Board, U. S. 환경보호국, 1990: 17; Union of Concerned Scientists, 1992). 1992년 가장 유명한 과학단체이자 극단적인 자세를 취하지 않는 것으로 잘 알려진 국립 런던사회(Royal Society of London)와 미국 국립 과학 아카데미(U. S. National Academy of Sciences)는 "과학과 기술의 발전이 더 이상 환경파괴 또는 인류 대부분이 고통받는 기근을 피하도록 해주지는 않는다"는 유례없는 중립적 언급을 발표했다(1992).

3.4 더욱 지속가능한 소비의 촉진

성장의 한계라는 관점은 지구종말론적인 시나리오 같은 단순하고 간단한 차원의 것이 아니다. 그것은 더 긍정적인 가능성에 의해서 피할 수 있는 미래로 받아들여져야만 한다. 이 점에서 독자는 '정확히 어떤 방법으로 가능한가'라는 궁금증을 품을 수 있다! 생태적 근대화는 천연자원 단위당 인간의 영향을 감소시키는 많은 가능성을 제공해주었지만, 대규모 수준의 지속적인 소비를 정당화시켜주는 것 이상의 의미를 필요로 한다. 그것이 효과적으로 이루어진다고 하더라도 말이다. 긍정적인 변화가 물질 소비의 진정한 감소와 함께할 수 있는 생산적인 효율성을 의미할 수도 있다. 그것은 환경사회학자 미셸 벨(Michel Bell)이 '소비의 반복활동'이라고 표현한 것을 부정하는 것과도 연관이 있고, 그것에 의해서 사람들은 인간의 만족 또는 복지의 어떤 진정한 이득이 없이도 더 많은 물질들을 소비하는 것이 가능하다(Bell, 2004: 49).

소비를 줄이고 지구에서 조금 더 예의 있게 사는 방법에 관한 사고는 새로운 것이 아니다. 그것은 세계의 주요한 종교적 전통의 가르침을 구체화했을 뿐 아니라 사람들이 자발적 단순성(voluntary simplicity)이라는 생활방식을 택하도록 촉구하는 1980년대의 뚜렷한 사회문화 운동이 되었다(Elgin, 1982). 영국의 경제학자이자 철학자인 슈마허(E. F. Schumacher)의 책『작은 것이 아름답다(Small is Beautiful)』(1973)가 널리 읽히면서 유사한 사상들이 인기를 얻었다.

지구에서 조금 더 점잖게 사는 개인적인 노력이란 새로운 것이 아니다. 1980년대에 수백만의 미국인과 유럽인이 자발적인 단순한 삶을 누리고 있었다(Durning, 1992: 137). 단순하게 사는 것은 오늘날의 많은 기준에서 보면 덜 편리한 삶이다. 그것은 단순화된 습관과 설비장치를 의미한다. 예로 냉동제조된 단순조리 식품보다는 있는 것으로 준비한 상차림, 드라이클리닝을 하지 않는 의복, 걷기, 대중교통 이용, 운전을 덜하고 자전거 타기 등이 있다. 자발적인 단순화된 삶은 어떠한 삶이 계절과 자연에 순응하는 것인지에 대한 심도 있는 고려와 주의를 요구한다. 소비를 줄이는 것이 사람들에게서 실제로 중요한 재화와 용역을 빼앗는 것은 아니다. 사실, 그것은 그들이 어떤 것 – 대화, 가족과 지역사회의 유대, 극장, 음악, 그리고 정신 – 을 추구함으로써 자유로운 생활을 누리도록 만든다(Durning, 1992: 140~141). 자발적인 단순성이 가난한 자들을 위해 적절한 것은 아니다. 그들은 이미 조금 더 사악한 종류의 비자발적 단순성(involuntary simplicity)이라는 삶을 살고 있는 것이다.

그러나, 사실 단순화된 삶의 방식을 위해 빠른 속도의 삶이 주는 기쁨을 '자발적으로' 포기하려는 사람들은 상대적으로 아주 적다. 단순한 삶을 살려고 하는 노력은 강력하고도 재정적으로 잘 후원받고 있는 마케팅과 물질 소비 또는 적어도 소비욕구를 키울 것을 끊임없이 모색하는 언론 홍보에 의한 반대에 직면해 있다. 더욱이, 사람들은 단순한 삶의 방식을 직장과 열성적인 가족 내 여러 계획들과 통합시키는 것이 어렵다는 것을 안다. 고개발국가의 많은 사람들은 물질적 검소함과 자발적인 단순성을 추구하기보다는 소비를 증가시키는 방법에 더 많은 시간과 에너지를 소모한다! 그러나 이러한 생각은 지나가는 유행 이상의 것이다. 그리고 자발적인 단순성이라는 생각에 대한 옹호가 1990년대 말에 다시 커지고 있으며, 이것이 단순한 생태적 관심에서 비롯하는 것만은 아니라는 것을 보여주는 많은 증거가 존재한다(Bell, 2004; Cohen, 1995). 그것은 어떤 중요성을 지닌 사회적(어떤 경우에는 문화적) 운동이 된다. 이러한 증거들에 관해서 제8장에서 다시 언급할 예정이다.

3.5 성장, 복지, 그리고 행복

이 책을 읽으면서, '자발적인 단순성이 만일 충분히 많은 사람들이 이를 생활방식으로 채택한다면 도움을 줄 수도 있겠지만 내가 또는 우리가 좋은 삶을 위해서 모든 면에서 내가 원하는 소비생활과 편리성을 억제하고 조금 더 검소하게 산다면 과연 진정으로 행복할 수 있을까?'라고 생각할 수도 있다.

실제로, 지속적인 경제성장과 풍요로움 그리고 복지와 행복 사이에 긍정적인 관계가 있을까? 세계은행 자료는 연소득 증가액수가 1인당 840만 원(7천 달러)에서 960만 원(8천 달러) 사이에서 온화하게 이루어질 때에는 기대 수명과 인구 건강에 다른 객관적인 지표가 더는 증가하지 않는다는 것을 보여준다. 더욱 놀라운 것은, 소득이 일정 수준을 넘어서게 되면 복지 또는 '행복'의 자산이 증가하는 사례가 거의 없어진다는 점이다(Frey and Stutzer, 2002; Reese, 2002: 258). 1957년과 1993년 사이에 실제 1인당 소득은 두 배가 되었다. 1957년 국내 의견조사 센터에 참가한 미국인의 35%는 매우 행복하다고 답변했다. 1993년 배가된 풍요로움 속에서 32%만이 같은 대답을 했다. 미국인은 부유하게 되면 될수록 더 행복해지는 것은 아닌 것이다(Myers and Diener, 1995: 14). 미국과 다른 곳에 대한 또 다른 연구들은 같은 결과를 보여주었다(Schor,

1992). 포괄적인 검토를 위해서는 레인(Lane, 2000)을 참고하라. 흥미롭게도 그는 책 제목을 『시장민주주의에서 행복의 상실(The Loss of Happiness in Market Democracies)』이라고 지었다. 매우 가난하고 완전히 곤궁에 처한 사람들을 제외하고는 증가하는 부와 행복 사이의 연관성은 전혀 명확하지 않은 것이다.

주관적인 복지에 영향을 줄 수 있는 것으로는 상대적 소득(relative income)을 들 수 있다. 고개발국가 사이에서는 가장 부유한 사회가 개인적·집단적 건강 또는 주관적인 행복을 가지고 있는 것이 아니라 빈부의 격차가 더 적은 국가들에서 오히려 이를 가지는 것으로 나타났다(Wilkinson, 1996). 또 다른 중요요소는 일상생활에 영향을 주는 결정에 대한 통제력에 있다. 프레이와 스튜처(2002)는 지역적인 자율성을 더 많이 가질수록 소득보다는 행복을 증가시키는 지역적인 민주적 제도들을 더 발전시킨다는 사실을 밝혀냈다. 역설적이게도, 불평등의 심화와 사람들이 자기 삶에 영향을 주는 결정과정으로부터 소외되는 것은 세계화의 주요한 추세라고 볼 수 있다(Rees, 2002: 259).

4. 지속가능사회?

우리가 지금 지속가능성이라는 더욱 원대한 방향의 삶을 살고 있지 않거나 이동하지 않는다고 할지라도 그것은 바람직한 미래상이며, 더 지속가능한 사회문화의 체계가 어떤 종류의 특성을 가지고 있는지를 고려하는 것은 중요하다. 과연 어떠한 사회문화의 체계가 그러한 모습일까? 누구도 어떤 정책이 이러한 변화를 가져올 수 있는지 말할 수 없지만, 이러한 정책들은 (1) 잠재적으로 정치적인 폭정을 낳을 수 있는지, 그리고 (2) 잠재적으로 국가 내부와 국가들 사이에서의 불평등을 감소시킬 수 있는지의 관점에서 판단되어야 할 것이다. 대규모 과용을 전환시키는 것은 바람직하지만 그렇게 할 수 있는 방법의 선택 역시 과용 그 자체를 전환시키는 것만큼 아마도 많은 인구에게 중요할 수 있다. 완벽하게 지속가능한 사회란 신석기 혁명 이래로 거의 존재한 적이 없지만, 적어도 가정적인 이상형으로서 가지는 포괄적인 성격은 명확하다. 이러한 것들은 (1) 생물학적 기반, (2) 인구, (3) 에너지, (4) 경제적 효율성, (5) 사회 개혁, (6) 문화, (7) 세계 질서 속에서의 참여와 관련이 있다.

1. 지속가능사회는 비옥한 토양, 초지, 어족, 산림, 습지, 담수를 포함하는 생물적인 기반을 보전하고 복구하려고 한다. 지속가능사회는 농업이 단일경작과 산업 농화학물질로 자연을 퇴화시키기보다는 가능한 한 다양성과 광물 재생 면에서 자연을 모방하도록 기획한다.
2. 지속가능사회는 인구증가의 기세를 완화시키고 그 규모가 안정화되도록 한다. 성장을 완화시키기 위해 안정화된 인구의 규모란 사람들이 피임과 가족계획에 접근할 수 있고, 극심한 물질의 불안정을 완화시키도록 통제하며, 남성과 여성 간의 불평등을 완화시킨다는 것을 암시한다.
3. 지속가능사회는 점진적으로 화식연료의 사용을 최소화하거나 사용하지 않는 것을 뜻한다. 그것은 오염이 적은 (천연가스와 같은) 탄소 연료로 이동하는 것이지만 결국 지역사회 상황에 적당한 다양화된 에너지와 재생가능 에너지원으로 더욱 의존하는 것이다(Roodman, 1999: 172~173).
4. 지속가능사회는 경제적·환경적으로 모든 관점에서 효율적이 되도록 하는 것이다. 그것은 효율적인 장비와 건물에 대한 투자를 매우 크게 증가시킬 수 있고, 물질과 폐기물의 재생을 최대화하는 것이다. 더욱 근본적으로는 그것은 생산, 포장 그리고 재화와 용역의 분배 과정에서 발생하는 폐기물을 감소시키는 것이다. 재화와 용역의 물질적인 구성성분을 줄여 폐기물을 감소시킬 수도 있다(Frosch and Gallopoulos, 1990; Hawken, Lovins, and Lovins, 2000).

5. 지속가능사회는 자연적·기술적·경제적 특성이 함께 설 수 있는 사회 형태를 가지는 것이다. 조정된 탈중앙집권화와 유연한 중앙집권화의 혼합된 형태가 있을 수 있다. 따라서 기업주의(entrepreneurialism)과 소규모 연계망은 거대 조직과 도시생활과 함께 번영을 맞이할 수 있다. 거대 조직과 도시생활이 경제성과 효율성을 낳게 될 때 사람들은 작은 것이 항상 아름다운 것은 아니며 큰 것이 항상 추한 것은 아니라는 것을 이해할 수 있게 된다(Lewis, 1992: 254). 지속가능사회는 이론적으로 전제주의를 낳을 수도 있다. 하지만 그러한 세계에서 사는 것을 누가 원할 것인가? 더욱 바람직한 지속가능사회는 행위 측면에서 사회적인 절제를 가지도록 하지만 다양성, 사회정의, 민주적인 정치라는 관용은 사람들 사이에서의 응답, 협력, 조정을 유도하는 데 필수적인 가치를 가진다(Roodman, 1999: 182~185). 사회 불평등은 이성적으로 자유로운 지속가능사회에 만연될 수 있지만 지속가능사회는 물질적 부의 잉여뿐 아니라 가난과 기아로 혹사되는 것을 금지하는 방향의 정책들을 가지는 것이다. 물질 안보의 충분한 수준을 넘어서, 사회적·경제적 복지는 소유되거나 소비되는 물질의 양보다는 삶의 질과 관련된 서비스에 의해서 더 잘 얻어질 수 있다. 환경적인 사안은 경제적인 것만큼 정치적으로 중요한 사안이 될 수 있다.

6. 지속가능사회는 자연적·경제적·사회적 가치를 정의내리고 합리화시키는 신념, 가치, 그리고 사회적 패러다임의 문화를 요구할 수 있다. 신념과 행동을 강조하는 지배적인 사회 패러다임이 적절하게 변화될 수 있다. 충분한 물질과 절제의 미덕은 물질주의의 문화를 교체시킬 수 있다. 서구 - 특히 미국 - 의 자유롭게 움직이는 소비주의는 지속가능사회로의 전환을 촉발할 수 없다(Brown et al., 1990: 190). 상품을 소비하고 물질을 소유하는 데 소비되는 에너지의 많은 부분은 더 부유한 인간관계, 더 강력한 지역사회, 그리고 예술적이고 문화적인 표현을 위한 더욱 거대한 출

구를 형성하도록 한다.
7. 사회가 서로 교류하고 공유된 세계 환경과 연결되어 있는 세계에서 지속가능사회는 다른 환경에 기초한 사회와 지속가능성의 협상을 위해 협력하도록 요구될 수 있다. 다국적인 협정, 조약, 그리고 규제 기구에 참여하는 것이고, 불평등과 환경 파괴를 성장시키는 세계보다는 지속가능사회 세계를 증진시키기 위해 활동하는 것이다. 유한한 세계에서 국내 자율성을 요구하는 지구적인 규제체계를 요구하는 균형자로서 작동하는 것이다(Roodman, 1999: 176).

이렇게 나는 다소 유토피아적인 용어로 지속가능사회의 성격을 기술했다. 그러나 나는 현실적인 지속가능성이란 이상적인 형태에 근접한 모습을 요구할 수 있다고 생각한다. 오늘날 어느 사회가 진정으로 지속가능사회에 근접해 있을까? 명백하게는 없다. 확실히 지속가능성이라는 것은 상대적인 것이고 이러한 방향의 변화는 작고 점진적인 단계로 진화할 수 있다. 그러나 효율적인 세계가 되는 데 충분한 변화는 시대하고도 극적인 사회변형을 가져올 것이다. 이러한 사회적인 변형이 어렵다면 지속가능사회를 실현하는 기회를 가질 수 있다고 생각하는 것은 합당할까? 그것은 사회적인 변화가 어떻게 발생하는지에 달려 있고, 이 문제에 관해서는 다음에 다시 논의하도록 하겠다.

5. 전환과 지속가능성: 사회변동

지속가능성을 향한 이러한 거대한 전환의 시각을 이해하기 위해 제1장에서 논의되었던 세 가지 전통적인 사회학적 전망을 간략하게 다시 살펴보자. 하나의 전통 - 기능주의 이론(functional theory) - 은 사회와 변화는 사회체계 그 자체의 성장과 생존을 위해 요구되는 활동과 과정에 의해서 형성된다고 주장한다. 이러한 과정은 기능(functions)이라고 명명된다. 또 다른 전통 – 갈등이론(conflict theory) – 은 사회와 변화는 제한된 가치와 자원의 분배를 통제하고자 경쟁하는 집단, 조직, 그리고 사회적 계급 – 사회의 '부분들' – 사이의 권력 관계와 갈등에 의해서 형성된다고 주장한다. 세 번째 전통 – 상징적 상호주의 이론, 그리고 사회 구성주의 이론이라고 불리는 것을 포함하는 해석학 – 은 사람과 집단 간의 사회 행동과 상호작용을 통해 사회를 구성하는 문화와 사회적 내용 자체가 사회의 전환을 창출하고, 조정하고, 유지하고, 개조한다고 주장한다. 목적적인 인간의 행동을 위해서 '현실은 사회적 구성체'인 것이다.

이러한 것은 사회에 대한 매우 다른 그림을 그린다. 첫 두 가지 – 기능주의와 갈등주의 – 는 '구조와 구조의 작동' 사이에서 비롯하는 사회적인 생활을 분석하는 거대한 시각이면서 허공과도 같은 높은 수준의 사회 구조를 그려내고 있다. 비록 특정 부분에서 차이를 보이고 있지만 말이다. 해석적 관점은 조금 더 미시적인 수준에서 시작한다. 이들은 서로 다른 수준에서 목적적인 인간의 사고와 행동을 분석하기 시작하는, '스냅사진'이라기보다는 '영화'와도 같은 것이다. 그렇다면 변화에 대해서는 어떨까?

5.1 기능주의와 변동

초기 기능주의 사상가들은 전통사회에서 산업사회로의 진화에 관심을 가지고 있었다(Durkheim, 1893/1964; Spencer, 1896). 그러나 1950년대 즈음에 기능주의적인 이론화 작업은 변화를 피하는 '평형을 유지하는 구조(equilibrium-seeking structures)'로서 사회를 묘사하는 것에 의해 지배되었다(Parsons, 1951). 인류학적으로도 유사한 접근, 특히 생태적 인류학에서의 접근 대부분이 자기 규제적이고 인간사회가 환경에 '적응'한다는 관점에서의 자동적인 경향을 가정했다. 두 가지 접근은 이후 신임을 잃게 되었다(인류학에 관해서는 Orlov, 1980 참조).

더욱 최근의 기능주의 사상은 스트레스 또는 억제가 심각하게 사회 또는 체계를 위험하게 될 때마다 핵심성격을 유지하려고 하는 방해에 대항하기 위해서 '보상행위'를 고안하게 될 것이라고 가정함으로써 사회변화를 이해하려고 했다. 이것들은 성공할 수도 실패할 수도 있지만 어느 경우든 그들은 체계 전반에 걸쳐 상당한 갈등과 변화를 양산하기 쉽다고 했다. 이러한 시각에서 볼 때 사회적인 생존은 영속적인 사회 재조직화 과정이다(Alexander, 1985; Olson, 1968: 150~151).

종합하자면, 기능주의자들은 중요하고 규모가 큰 변화는 희망이기도 하고 경고이기도 하다는 관점을 취한다. 성공적인 적응이 발생할 수도 있지만, 확실하지는 않다. 실제로, 역사 기록들은 성공과 실패로 점철되어 있다.

5.2 갈등이론 관점과 변동

대개의 사람들이 이해하기로는 사회 갈등은 파괴적일 수 있지만 그것은 또한 사회적 안정성을 강화하거나 적어도 인간체계의 지배적인 부분과 경쟁적인 부분 사이에서 안정성은 지속될 수 있다고 본다. 더욱이 그것은 새로운 사회적 배열을 부여하는 권력 관계의 '새로운 거래'를 양산하게 되고, 이는 인간의 스펙트럼 차원에서 폭넓은 수준의 이로운 것이 되거나 적어도 차별적인 모습을 띠게 된다. 예를 들어 사회단체와 계급 간의 갈등은 영국의 귀족이 존 왕에게서 더는 왕의 칙령으로 통치되지 않을 권리를 부여받은 대헌장 – 가장 최초의 민주적인 입헌문서 – 에 서약을 받아냄으로써 의회 민주주의를 낳았다 (Collins, 1988; Dahrendorf, 1959).

갈등이론의 시각에서, 무엇이 진정한 지속가능사회 질서를 향한 사회적 변혁의 전망이 될 수 있을까? 장기적으로는 가능한 것이지만 단기적으로 길게 여겨지는 것이다. 체계의 지배적이고도 강력한 요소들은 자신들에게 이익이 되는 경제 팽창을 계속적으로 방어할 것이다. 억제와 규제는 많은 가시적인 행동을 통해 가장 견딜 수 없는 환경상태에서 강조될 것이다. 경제적인 팽창과 환경적 지원 사이의 모순이 더는 지속되거나 무시될 수 없을 때, 필요한 정치적인 지원이 급진적인 변화와 실질적인 지속가능성을 위해 나타날 것이다. 혹시 우리가 그때쯤 이러한 변화가 물리적으로도 가능한 한계점을 한참 넘어서지 않았다면 말이다(Schnaiberg, 1980).

5.3 해석학 이론과 변동

해석학 이론은 사회적 삶이 근본적으로 변화의 과정이라고 보기 때문에 변화를 '설명되어야' 하는 것으로 보지 않는다. 사회 행동은 개인적인 행위자들에 의해서 시작되지만, 사회 운동, 공적 단체, 기구, 기타 등등의 집합행동으로 모아진다(Touraine, 1978). 어떤 주어진 시간에 행동에 대한 억제가 나타나지만 사회는 구조 또는 확립된 것이라기보다는 일련의 사회적 과정이 진행되는 것으로 여겨진다. 이러한 과정들은 오랜 기간을 통해 안정이냐 변화이냐를 예견하는 것이 실제적으로 불가능한 생래적으로 다차원적인 원인과 결과의 복잡한 사슬로 연관되어 있다. 요약하면, 함의하는 바는 대규모의 전환 – 세계화 – 은 가능하고 있을 수 있다는 것이다. 그러나 그것들이 더 큰 지속가능성을 가져올 수 있는지 아닌지에 관해서는 대답하기 어렵다.

5.4 통합적 관점? 기관, 구조, 그리고 시간적 범위

많은 사회학자들은 이러한 고전적인 시각의 삼각대 사이에서 연관성이 부족하다는 점에 불만족스러워하고 있다. 역사적인 변동 분석가들은 특히 19세기부터 전해오는 거대한 구조주의 이론 – 사회변동을 법칙에 가까운 예견할 수 있는 사회 발전 또는 진보로 가정하고 있는 – 에 특히 비판적이다. 현실적인 사람들의 행동이 강하게 부정되고 있는 이러한 이론들은 사실 현실에서 나타난 역사적인 변동의 특정성을 잘 설명하지 못한다. 찰스 틸리(Charles Tilly)는 고전적인 이론들에 파묻혀 있는 '파괴적인 가정'을 넘어서는 일반적인 성격을 가진 사회변동에 대해 주장했고, 관심의 영역을 폭넓게 유지하고자 했다.

1. 사회는 과정이고 끊임없는 변화를 경험한다.
2. 변화는 대부분 내부적 원인을 가지고 있고, 자기전환의 형태를 취한다.
3. 변화의 궁극적인 원동력은 개인과 집단으로 구성된 인간 대리기관의 힘에 있다.
4. 변화의 방향, 목표, 속도는 다양한 기구들 사이에서 논쟁지점이 되고 갈등과 투쟁의 영역이 된다.
5. 행동은 식변한 구조의 맥락에서 발생한다. 그리고 행위는 구조와 행위자 모두를 위한 이중적인 성질을 형성한다.
6. 인간의 행동과 구조 사이의 상호교환은 인간이 창조하고 구조가 결정하는 국면을 개조해가면서 발생한다(Tilley, 1984; Sztompka, 1993: 200 재인용).

이것은 도움이 되지만 그러나 여전히 변화를 추구하는 힘과 실제로 발생하는 변화 사이의 관계를 구분하는 것은 여전히 중요하다. 첫째, 아마도 집단 또는 사회 운동의 구성원이 되는 개인을 의미하는 '행위자 또는 대리인(agent)'이 있는데, 의도적이건 아니건 간에 안정성 또는 변화를 증진하기 위해 행동하거나 행동하도록 촉진된다. 사실 소규모의 단체들은 그들을 억제하는 더 큰 체계 속에서 변화를 위한 대리인이 될 수도 있다. 둘째, 사회, 사회 체계, 지역사회, 문화, 그리고 사회제도와 같은 추상적인 통일체(wholes)로 구성된 체계 또는 구조가 있다. 이러한 체계는 작동하거나 기능하는 방법을 통해 반복적인 형태 또는 역동성을 보여준다. 예를 들어, 제너럴 모터스(General Motors), 로마 가톨릭 교회, 그리고 미국 의회는 다른 체계로서 차이점을 가지고 작동하지만 반복적이고 다소 예견 가능한 형태를 가지고 있다.

대리인과 체계는 변화의 동력이고, 변화를 위한 잠재성을 가지고 있지만 '실제 변화'의 결과물은 대리인과 체계 간의 상호작용에서 비롯한다. 상호 호혜적인 과정이다. 대리인은 체계 내에서 작동하고, 때때로 체계를 전환시키고, 체계는 행위자의 노력을 억제하거나 촉진한다. 예를 들어 시민은 변화를 증진하거나 막기 위해 작용할 수 있고, 그렇게 함으로써 지역사회와 정부와 같이 무엇이 가능한지에 대한 제한을 형성하는 체계와 대면하게 된다. 독자는 권력이 체계의 옆에 있다고 생각할 수도 있지만, 행위자들의 열정, 노력, 천재성이 극적인 체계 전환을 수행하도록 하는 시간과 환경은 존재한다. 예를 들어 제2차 세계대전 이후 환경운동가와 단체들은 미국사회와 자연환경 - 예로 토양, 공기, 물, 종다양성 - 사이의 관계를 진정으로 변화시켜놓았다. 그러나 2000년 즈음에는 이러한 배열이 재검토될 필요성이 발견되었다. 대리인과 체계 또는 구조 사이에의 대면의 결과로 나타난 실제적인 변화의 산출물들은 때때로 관례(praxis)라고 불리기도 했다. 독자에게 생소할 수 있는 이러한 용어는 '실행할 수 있는(practical)'과 '실행(practice)'이라는 단어의 그리스 어원을 말한다. 이는 사회에서 무엇이 진행되고 인간이 무엇을 행동하고 있는지에 대한 변증법적인 통합의 단어이다. 더 넓은 사회 기능의 상위에 있고, 개인이나 단체의 행동 아래에 있는 이중적인 상태를 말하는 것이다. 그러나 개별적으로는 축소될 수 없다. 이는 '사회 세계에 확실히(really) 실재하는(real) 현실(reality)'인 것이다.

5.5 시간적 범위들

지속가능성을 가져올 수 있는 대규모 변화의 결과물은 행위자와 집단 전체가 작동하는 시간적 범위에 의해 강하게 형성될 수 있다. 우리는 미래를 위해 얼마나 먼 시간을 고려할 수 있고, 미래의 이익을 위해 현재의 이익을 버리는 계획을 기꺼이 세울 수 있을까? 만일 행위자와 집단 전체가 짧은 시간 범위와 개인을 중시하는 방침을 가지고 있다면 그들은 다른 사람들과 미래의 세대에게 지속가능하지 않은 비용을 미뤄두는 것이 합리적이다. 반면에 만일 그들이 긴 시간 범위와 사회를 중시하는 방침을 가지고 있다면 그들 자신과 자식 세대, 그리고 지역사회가 장기적으로 이익을 얻을 것이라는 기대하에 공공선에 기여함으로써 눈앞의 이익을 미뤄두는 것이 가장 합리적인 행동이 될 수 있다. 이것이 얼마나 중요한지 이해할 수 있다. 현재, 기업은 1분기에서 3년에 이르는 시간 범위를 가지고 있고 정부는 4년을 바라보는 계획을 하고 있거나 다음 선거까지를 바라볼 수 있다. 몇몇 개인과 단체는 25년에서 50년에 이르는 기간이나 다음 손자 세대까지 생각해볼 수 있다(Passarini, 1998: 64~65). "미래에 대한 예측은 현재의 부분이 될 수 있고 따라서 실제적으로 미래에 얼마나 발전할 수 있는지에 대한 반향이 될 수 있다(Giddens, 1991: 177~178)."

6. 결론: 지속가능성으로 전환?

사회변동에 대한 이론을 통해 우회했던 얘기들의 핵심은 지속가능사회세계에 대한 중요한 전환의 가능성을 고려하자는 것이다. 이러한 이론은 무용하지는 않지만 결과물을 알고자 할 때 우연성이 크게 좌우한다. 수사학적인 일련의 질문을 취함으로써 지속가능성을 향한 변화의 가능성을 살펴보도록 하

자. 이 같은 규모의 주요한 변혁이 실제 가능한가? 매우 간단하지만 그렇다. 그것은 틀림없이 발생할까? 누가 알겠는가? 숙련된 추측들이 다양하게 나타나 있다. 현재 지식에 기반을 두고 있는 인간의 목적적인 행동들은 이와 같은 과정을 형성할 수 있을까? 그렇다. 이러한 과정들의 장기적인 시간을 통한 결과물들은 실제로 견고하게 알 수 있거나 예견될 수 있을까? 그렇지 않다. 변화의 결과물들은 대부분 부정적일까? 대부분 긍정적일까? 또는 혼재될까? 그러나 내가 생각하기로 이것은 중요하다. 만일 우리가 선택하지 않는다면, 우리는 특정한 일련의 사회 구조, 제도적 배열, 권력과 지배의 구조, 소비 동학 등등 안에 확실히 매몰되어 있는 것은 아니다.

사실, 확실히 빠르게 발생했던 대규모이고 목적이 있는 사회 변형의 예들은 있다. 19세기, 봉건제도는 일본에서 포기되었고 노예제도는 몇몇 지역에서 초법적인 현상으로 지속되기는 했지만 전 세계에서 법적으로 금지되었다. 금세기에는 제국주의의 퇴각과 통합된 유럽의 출현을 목격할 수 있었다. 전쟁은 명백한 사례들로 제시된다. 제2차 세계대전 동안 국가의 존속이 위험에 처할 수 있다는 생각이 들었을 때, 미국 인구는 놀라운 방법을 통해 그들 자신을 동원했고 변형시켰다. 또한 인상적인 예로 전쟁 이후 유럽을 재건하고자 하는 목적이 마셜 플랜에 있고, 1947년에 미국은 대략 10년 동안의 거대한 일련의 계획하에서 국민총생산의 거의 3%를 사용했다(Ruckelshaus, 1990: 131~132). 최근 소련은 체제 내부에서 대리인의 행동을 통해 붕괴되었다. 가장 놀라운 것으로 1993년 즈음 남아프리카공화국은 대중적으로 선출된 흑인 수상을 배출함과 동시에 잔인하고 전제적인 인종차별의 특권체계로부터 다당제와 다민족 사회로 '평화롭고도 민주적'으로 그 자체를 변형시켰다. 세계시장에서 경제적·기술적 통합이 촉진됨에 따라 우리는 학구적·과학적·문화적·인도주의적 연계망뿐 아니라 지금까지 보지 못했던 규모로 평화와 전쟁, 국제통화불안정 ― 이에 관한 모든 문제를 다루는 국제통화기금과 같이 ― 을 다루고자 시도하는 다차원적인 제도에 이르기까지 전체적인 장관이 출현하는 것을 보았다. 우리는 지금 유례없는 수준으로 민주주의, 보편적인 인권, 그리고 생태적 관심사를 강조하고, 세계적인 문화의 출현을 진정으로 목격하고 있다.

이러한 변형은 유례가 없는 것이기는 하지만 시험적인 수준에 있고, 몇몇은 발생 중이거나 막 출현하는 시점에 있다. 어떤 것도 의도된 바대로 정확히 작동하지는 않았고, 어떤 것도 존재 그자체가 문제가 없는 세계로 이끌어내지는 못했다. 이러한 모습들로 인해 확실히 지속가능성으로의 변형이 발생할 것이라고 증명하지는 못한다. 그러나 이러한 설명적 전환이 발생하기 전에는 전문가를 포함한 많은 사람들은 매우 희박하거나 불가능한 것으로만 보았다. 1980년대에는 약간의 정치 관련 글이 있었는데, 그중 '여보시오, 동유럽과 소련에 계속 주목하시오, 거대한 변화가 오고 있소'라는 글이 있었다(Diamond, 2002). 게다가 남아프리카공화국에는 인종대학살이 생길 수 있다는 많은 전망이 있었다. 그러나 1990년대에 사람들이 깨어나 보니 하루아침에 거대한 사회주의 실험이 끝났고, 남아프리카공화국에서 민주주의가 생겨났다는 것을 깨달았다. 내가 생각하기로 이러한 사실들은 대규모의 전환은 가능하고 종종 예측되지 않는다는 것을 증명한다.

대중적인 사회적 변화가 가능할 뿐 아니라 몇몇 사회는 수천 년 동안 붕괴되지 않고 지속가능하게 존속되어왔다. 제러드 다이아몬드(Jared Diamond)는 자바(Java), 통가왕국(Tonga)과 티코피아(Tikopia) - 후자의 두 개는 남태평양 이스터 섬에서 붕괴되고 생성된 두 가지 반대적 사례에 해당 - 와 일본 - 1945년까지 - 을 언급했다. 오늘날 독일과 일본은 성공적인 재조림(reforestation) 프로그램을 가지고 있고, 그들의 산림은 위축되기보다 오히려 팽창하고 있다. 알래스카의 연어잡이와 오스트레일리아의 바닷가재 잡이는 지속가능한 수준으로 관리되고 있다. 전제주의 역사로 가난한 나라에 속하는 도미니카공화국은, 그럼에도 대부분의 국내 거주지를 둘러싸고 있는 보호 구역에 대한 포괄적인 체계를 거의 포기하지 않았고, 이는 남미와 캐리비안 지역에서 희소한 가치를 만들어낼 수 있었다(Diamond, 2003: 51; Diamond, 2004 참조).

이 책의 마지막 부분은 환경과 사회의 지속가능성을 위한 가능성과 방해물에 대해 초점을 맞추고 있다. 이 후 내용에서는 이 장에서 언급한 변화의 원동력에 대해 조사하려고 한다. 구조와 인간의 행동이 결합되어 작동하는 것은 대규모의 관례(praxis)를 가져올 것이다. 제7장에서는 경제적 시장, 정치, 그리고 공공정책에 대해서 다룰 예정이다. 제8장은 이념, 행동, 그리고 환경주의의 다양한 형태에 관심을 가지는 환경기구를 조사할 예정이다.

7. 독자들이 생각해볼 문제

질문과 암시

제1장은 독자들이 지배적인 사회 패러다임에 대한 매우 순화된 추상화를 구체화하는 데 도움을 주는 시도로서 사적인 영역에서의 소비주의에 대한 질문들을 제기했다. 나는 여러분이 풍요로움에 관한 개인적인 연계점과 그러한 암계를 뒷받침하는 소비주의적 문화에 대해 생각해볼 것을 부탁한다.

1. 소비 그 자체는 문제가 아니다. 소비는 삶 그 자체를 유지하고 기본적인 신체의 생존을 넘어서 인간 삶을 의미 있게 만드는 재화와 용역을 제공한다. 문화적인 복합체로서의 소비주의는 이와는 사뭇 다른 것을 의미한다. 그것은 계속적으로 증가하며, 공급되는 물건과 서비스를 사고 또 소비하는 것은 개인적인 행복과 만족뿐 아니라 안보를 제공하리라고 주장한다. 풍요로움은 사회적 권력과 지위의 지표이다. 그리고 적절한 것 − 적절한 화장, 방취제, 또는 유행하는 의복 또는 자동차 − 들을 가진다는 것은 개인적·성적인 매력과도 연관되어 있다. 세계 종교 중 어느 것도 행복과 성취가 물질적인 획득과 소비를 통해 얻어질 수 있는 것이라고 가르치지 않는다. 사실 대개의 종교는 이러한 생각을 열심히 부정해 고통으로부터 벗어나라고 한다. 어떻게, 우리는 소비주의 기풍(ethos)을 받아들이게 되었을까? 우리가 그렇게

하도록 강압하는 여러 가지 힘들이 있다. 좋아하게 되거나 받아들이기를 원하는 우리의 초기의 사회화과정, 열망 또는 필요를 가지게 하는 우리의 능력, 그리고 대규모로 우리가 소비하도록 하는 수백만 달러의 광고. 이러한 요소 중 어떤 것이 자신의 삶에서 어떻게 작동해왔는지 생각해볼 수 있다.

2. 여기의 인도 독립운동가이자 작은 것이 아름답다는 생각을 만들어낸 사상적 고취자로서의 간디의 인용문이 있다. "용어의 실제 의미로 볼 때, 문명은 증식 안에 있는 것이 아니라 사려 깊고 자발적인 욕망의 감소에 있다." 그의 생각에 동의하는가? 왜 또는 왜 아닌가?

3. 당신의 생태발자국을 계산해보라. 그렇게 하는 간단한 방법들이 유용하다. 웹브라우저로 가서 www.ecologicalfootprint.org를 찾아라. 재정의된 진보(Redefining Progress)가 만든 웹사이트에서 몇몇 기본적인 질문에 답하기만 하면 여러분 가정의 생태발자국을 계산할 수 있다. 만일 세계인구가 독자가 생활하는 것과 같이 산다면, 얼마나 많은 세계가 필요할까? 이와 같은 계산에 많은 오류 요소(50%라고 해두자)들이 있다고 할지라도, 그것은 실제로 시야를 넓혀줄 것이다.

실제 상품들

내가 여기서 언급하고 싶은 두 가지 '실제적인 것'이 있다. 생산품이나 사물은 아니다.

1. '녹색 상품'에 대한 건강한 회의주의. 생산자들과 광고 담당자들은 환경적으로 현학적인 소비자라는 의미를 이해했다. '녹색'또는 환경적으로 우수한, 천연, 또는 유기농이라고 상표 붙은 모든 것이 그러한 것은 아니다. 미국에서, 모든 신상품의 대략 1/4에 '오존친화적, 생분해성, 재생가능, 자연분해, 천연, 국내산' 또는 이와 유사한 문구가 붙는다. 때때로 이러한 주장들은 환경과학자뿐 아니라 소비자가 인식한 사실과 맞을 수도 있고 틀릴 수도 있다. 생산품의 내용을 표시하는 상표를 부착하고 상표에 주의사항을 보여주도록 하는 압력이 있을 수 있지만, 생산품의 상표를 읽는 것은 이것들을 항상 진실로서 평가할 만한 지식을 가지고 있지 않은 소비자에게는 혼란스러운 경험이 될 수 있다. 그러한 녹색 사기는 반대적인 압력에 부딪혔다. 1994년 미국 식약청은 식품 생산자에게 첨가물, 칼로리, 지방, 그리고 무기질 함유량을 자세하고 이해하기 쉽게 표준화된 상표를 사용하도록 요구했다. 산업 단체들로부터의 저항을 뒤로 하고, 네덜란드와 프랑스의 환경주의자들은 국내 입법기관을 통해 12포인트 크기의 글자로 환경광고내용을 표기하도록 함으로써 잘못된 정보를 줄이는 것을 시도했다(Durning, 1993: 17~18).

2. 공공이익단체. 이러한 단체들은 마케팅 캠페인을 관찰하고 광고와 언론의 개혁을 주장한

다. 이들은 특정산업과 연관되어 있지 않고 직업적인 단체가 아니기 때문에 신뢰할 수 있다. 이들은 시민행동 단체들이다. 환경 또는 건강 사안과 관련한 모든 것을 다루는 것은 아니다. 몇몇은 사회 정의, 종교, 가족 또는 정치적인 개혁 사안들을 촉구한다. 예를 들어, '아이들을 위해 마련된 텔레비전을 통한 행동(Action for Children's Television)'은 1990년대 말 아이들을 대상으로 하는 광고를 미 의회가 제한하도록 하는 것을 성공시킨 보스턴 지역에 근거한 단체이다. 오스트레일리아의 소비자 연합(Cosumers' Association)은 정크푸드 광고를 비난했고, 아이들에게 해로운 음식을 판매하는 공고를 금지하거나 제한할 것을 요청했다. 미국의 소아과의사들의 학회가 했던 것과 유사한 행동을 유럽에서 공공이익단체들이 했다. 이것들이 낙관적인 신호이기는 하지만, 그 결과는 종종 거대하고, 강력한 로비활동에 의해서 압도되기도 한다.

추가 자료

Cohen, J. (1995). *How many people can the earth support?* New York: W. W. Norton.

Olsen, M., and Landsberg, H. (Eds.) (1973). *The no-growth society.* New York: W. W. Norton.

Wackernagel, M., and Rees, W. E. (1996). *Our ecological footprint: Reducing the human impact on earth.* Philadelphia: New Society Publishers.

전자 자료

dir.yahoo.com/society_and_culture/environment_and_nature/sustainable_development

www.iied.org/enveco/

www.fordham.edu/halsall/mod/wallerstein.html

www.unep.org/unep/products/edu/eeupub.htm

www.sristi.org/

www.webdirctory.com/sustainable_development

dmoz.org/society/issues/environm.ent/sustainable_development

제 7 장

구조의 전환: 시장과 정치

▲ 정치는 환경과 인간의 관계를 포함한 많은 규칙과 공공정책을 형성한다. 정치과정의 부분으로서 정당은 전당대회를 통해 후보자를 선택하고 정책에 관해 논쟁을 한다.

◀ 경제적 시장은 모든 인간 활동의 환경적 영향을 형성한다. 한 소년에 의해 운영되는 작은 가게나 뉴욕의 주식 거래소와 같은 거대한 주식시장의 중개인에 의해 조정되는 세계시장만큼이나 다양하다.

1973년, 건축가 자이메 레르네르(Jaime Lerner)는 브라질의 쿠리치바(Curitiba)의 시장으로 임명되었다. 이 지역은 인구 50만이 살고 있는 팽창하는 지방으로, 인구의 절반이 저개발국가의 빈민의 형태(slum, favelas)로 곪아터지고 있었다. 빈민가는 많은 문제를 가지고 있었는데, 그중 큰 문제는 쓰레기였다. 거리가 비좁거나 심지어 거리라고 할 만한 것이 존재하지 않았기 때문에 수거되지 못하는 쓰레기가 적지 않게 쌓여 있었다. 트럭은 안으로 진입할 수 없고 쓰레기는 설치류 동물과 질병을 유인했기 때문에 레르네르는 쓰레기를 도시 바깥으로 옮길 방법을 생각해야만 했다. 레르네르는 해결책으로 빈민가 주변에 재생가방을 배치하고 분리되어 재생할 수 있는 쓰레기를 가져온 경우에는 시의 교통수단을 이용할 수 있는 토큰을 지불하는 식으로 쓰레기에 대해 돈을 지불했다. 시는 유기물 쓰레기의 경우 음식으로 교환할 수 있는 토큰을 주었고, 이 유기물 쓰레기는 농부들이 농지에 비료로 쓸 수 있도록 했다. 이 방법은 깜짝 놀랄 만큼 잘 통했다. 아이들은 쓰레기를 주으려고 빈민가 주변을 배회했고, 저밀도와 고밀도 폴리에틸렌 병 사이의 차이점을 정확하게 배웠다. 가난한 시민들에게 토큰은 청결함과 검소함을 증진시키고 폐기물을 재생하도록 하면서 직장이 있는 곳을 찾아 빈민가를 벗어날 수 있는 수단이 되었다. 계획은 혁신적이지만 간단하다. 재생에서 얻어진 돈은 트럭이 협소한 거리로 들어가지 않아도 되어 절약된 돈과 합해져 토큰을 지불하는 데 사용되었다. 그것은 풀뿌리로부터 권한이 주어진, 순환적이면서 폐기물 등가 식량(waste-equals-food)인 체계였다.

쿠리치바는 지금 생태적으로 지속가능하고 사회적으로 정당한 도시 발전에서 세계적으로 획기적인 사안이었다. 쿠리치바는 미래적인 꿈이 아니라 브라질과 세계시장에서 번영한 기업경제를 가진 250만 인구의 활기찬 도시로 성장했다. 자전거 도로가 전 도시에 걸쳐 뻗어 있고, 자동차는 교외지역의 약 50블럭까지 금지되었다. 쿠리치바는 대부분의 도시들과 비교할 때 1인당 더 적은 에너지를 사용하고, 공기오염, 온실가스 배출, 그리고 교통혼잡이 더 적은 도시가 되었다. 70%의 종이가 재순환되고, 60%의 유리, 금속, 플라스틱이 가정으로부터 일주일에 3회 수거되어 분류됨으로써 재순환되었다. 낡은 버스들은 미취업자에게 기본적인 기술을 가르치는 이동교실로 사용되거나 저임금 가족들에게 무료로 제공되는 일일보호센터가 되었다. 가난한 사람들은 무료 의료, 치과치료, 그리고 탁아시설을 제공받았다. 쿠리치바 내 대다수의 가정은 전력 사용, 식수 음용, 쓰레기 수거가 가능하게 되었다. 대략 95% 도시 시민이 읽고 쓸 수 있게 되었고 성인의 83%는 적어도 고등학교 교육을 받을 수 있었다. 여론조사에서는 도시 거주민의 99%가 다른 곳에서 살기를 원하지 않는다는 결과가 나왔다(Cunningham et al., 2005: 494; Miller, 2005: 563). 저개발국가의 전형적인 도시 또는 이러한 문제를 가지고 있는 대개의 미국 내 도시는 아니지만, 쿠리치바는 무엇이 실현가능한 것인지를 잘 보여주고 있다. 지속가능성을 확보하고자 시도하는 미국의 도시는 수없이 많다. 가장 성공적인 곳은 아마도 오리건 주의 포틀랜드(Portland)와 테네시 주의 채터누가(Chattanooga)일 듯싶다(포틀랜드의 경우는 상대적으로 잘 알려져 있다. 채터누가와 관련해서는 Cunningham et al., 2005: 478 참조).

이러한 '도시이야기'는 기구와 구조의 전망에 대한 제6장 내용을 개념틀로 만들어볼 수 있는 내용이다. 이 장에서는 구조의 전환에 초점을 맞추고 다음 장에서는 기구 – 환경주의와 환경운동 – 에 관해 논의해볼 예정이다. 이 모두는 인간사회변동의 변증법에 있어 필수적인 요소이다. 더욱더 견고하게 (1) 시장, (2) 정치와 정책, (3) 구조전환을 위한 잠재성, 그리고 (4) 지구 정치경제에 대해 조사해볼 것이다.

1. 시장

　인간은 지구의 자원으로부터 궁극적으로 제공되는 믿을 수 없을 만큼 다양한 종류의 재화와 용역에 대한 명백한 수요를 가지고 있다. 투자자, 생산자, 판매자, 그리고 소비자를 야기하는 재화와 용역의 분배를 통한 체계를 경제적 시장(markets)이라고 한다. 고대나 동시대의 저개발국가 등 세계 곳곳의 마을에 있는 도시의 농부 시장 또는 전통적인 시장을 생각해보라. 이러한 시장에서 사람들은 빠르게 비교하고 무엇이 경쟁인지 이해하게 된다. 독자는 배 한 쪽, 장미 한 다발 또는 올리브 등을 한 스푼 맛보고, 냄새 맡고, 한 방울 혀에 떨어뜨려볼 수 있다. 가격을 흥정하고, 다양한 기구를 동원해 상품의 질을 비교할 수 있고, 마음에 썩 들지 않다면, 그냥 지나쳐버릴 수도 있다. 이러한 기쁨은 깊게 내재화되어 있고, 큰 만족을 주며, 그리고 보편적으로 목격된다(Hawken, 1993: 76). 더 긴 용어로는 이러한 시장의 모습은 사기와 잘못된 표현에 대해 구축된 보호형태인 것이다(같은 판매자로부터 얼마나 많이 속임을 당할까?). 현 시대의 사회에서는 시장은 종종 전통적인 시장의 모습과 같이 일정하게 공고화된 장소에서 나타나는 것이 아니라 생산비용, 가격을 묻는 것, 그리고 소비자가 재화와 용역에 대해 지불하고자 하는 가격 사이의 상호작용 모두를 표현하는 추상적인 용어인 것이다. 더욱 간단하게 말하자면 실제 경제적 가치(가격)는 공급과 수요의 상호작용에 의해서 결정된다. 시장은 재화와 용역의 실제적인 경제적 가치, 우리가 하고 있는 일, 그리고 사람들이 특정 환경 내에서 특정한 재화와 용역에 대해 지불하고자 하는 가격에 대한 현실적인 신호를 보내줄 수 있기 때문에 중요하다. 그래서 CD, 포드 자동차, 밀 한 포대, 환경사안 관련 서적, 그리고 환경적으로 우수한 생산품 등에 대한 특정한 시장이 존재한다. 이러한 생산품은 모두 누군가가 값을 지불해야만 하는데, 책정된 가격은 우리가 특정 가격에 얻을 수 있는 혜택의 수준과 양을 포함한다.

다른 식으로 생각한다는 것은 지식이 없는 것이거나 순진한 것이다.

신고전경제학 이론이 이와 같은 시장을 근원적으로 가치를 할당하는 구조로 보고 있기 때문에 많은 인간 문제 - 사회적·환경적 - 가 시장의 문제와 실패로서 이해될 수 있다고 강조한다. 앞선 장에서 언급했듯이, 신고전경제학 이론은 인간계와 그 문제점을 자원할당 패러다임(resource allocation paradigm)으로 내재화하고 있다. 이론은 생산자와 소비자는 비교적 수입, 가격, 그리고 외부적 제약의 변화에 반응한다고 주장하고 그 결과 - 만일 시장 신호가 개인들에게 도달되고, 시장 가격이 모든 사회적 비용과 개인행동의 혜택을 포함한다면 - 문제에 대한 반응들은 급속하고도 효율적으로 발생한다고 본다(Stern et al., 1992: 136). 불행하게도, 이러한 특화된 상황들은 종종 실제세계와는 같지 않고, 따라서 인간의 사회적·환경적 문제들이 시장 실패(market failures)로부터 발생하게 된다.

1.1 시장 실패

시장이 항상 동일하게 작동하지 않는 이유 하나는 모든 자원이 똑같은 방식으로 소유되거나 사용되지 않기 때문이다. 자원의 영역에서의 몇 가지 유형으로는, 시장이 방금 언급된 종류의 실제 신호를 효과적으로 보내지 않는 경우가 있다. 이러한 자원의 영역은 세 가지 범주로 나뉜다. (1) 개인재산 자원(private-property resources)은 개인(또는 조직)에 의해서 소유되거나 사용될 수 있는 것을 말한다. 나머지 사람들은 이러한 자원을 사용하는 것으로부터 배제되고, 개인(또는 조직)이 이것들을 소유하고 있기 때문에 보통 그들을 보다 더 절약하며 사용하고 자원의 유지와 보전에 더 투자하고자 한다. 단언하면, 우리는 개인재산 자원을 지속가능하게 사용할 가능성이 많다. 개인재산 자원에는 의복과 자동차와 같은 것들이 포함되지만 또한 사적으로 소유된 농장, 사업 장치, 금융투자도 포함된다. (2) 공동재산 자원(common property resources)은 사람들이 비교적 자유롭고 제한 없이 접근할 수 있는 자원을 말한다. 이들은 사적으로 소유될 수 없다. 따라서 이를 과용하며 낭비하는 개인 또는 조직에 실제적인 경제적 비용을 지불하게 되는 일이 거의 없고, 이러한 자원을 유지하고 관리하는 데 유인책도 거의 존재하지 않는다. 많은 자원들이 여기에 포함된다. 공기, 강, 지하수, 국제 해역, 그리고 이들 내에 포함되어 있는 모든 화학적·생물학적 자원 등이 그것이다. 개인재산과 공동재산 자원 사이에는 (3) 공공재산 자원(public property resources)이라는 것이 있다. 이것은 지역사회, 주, 국가 내 모든 사람들에 의해 공동으로 소유되거나 정부나 공공기관에 의해 관리된다. 국립 또는 주립 산림공원, 야생 서식지, 해안, 연안, 공원, 그리고 목장이 사적 소유와는 구별되는 공공재산 자원의 예이다. 사회제도는 또한 공공재산 자원으로 이해되는데, 미국에서는 소방시설, 공공교육, 군사안보, 고속도로체계, 감옥 등이 포함된다. 명백하게 사람들은 이러한 모든 공공재산 자원을 사용(하거나 참여)하지만 정부는 그 사용을 규제하는 배제적인 권한을 가진다. 정확하게 얼마나 많이 무엇을 필요로 하는지는 다른 문화적·법적·정치적 전통이라는 관점에서의 사회 속에서 개인재산과 공공재산 범위의 변화를 통해 이루어진다.

자원들 사이에서의 이러한 구별은 경제적 과정에 대한 환경적 결과를 이해하는 데 중요하다. 왜냐하면 공동재산과 공공재산 영역에서 발생하는 특별한 문제들이 있기 때문이다. 공기와 강물은 오염되었고, 이용가능한 수자원은 말라가고, 국제 어획 수준은 고갈되었다. 정부나 국제기구가 통제하고 강력한 이익단체로부터 압력을 받기 때문에 목재, 목초지, 광물과 에너지 자원에 대한 접근권은 종종 만일 그들이 개인재산 자원이라면 기대될 수준보다 훨씬 낮은 가격이 책정된다. '합리적인' 최상의 이득을 추구하는 개인들은 종종 사회적·집단적 재앙과 강력한 사회적 공동의 딜레마를 초래한다. 동물학자 가닛

하딘(Garnet Hardin)은 '공유지의 비극(the tragedy of the commons)'(1968)이라는 공동의 환경문제에 관한 개념을 널리 알렸다. 사회적 전통과 법규는 종종 무임 접근이 가능하도록 하기 때문에, 그는 공동으로 운영되는 목초지가 사유지에 비해 종종 과도하게 사용된다는 것을 관찰했다. 동일한 원칙을 대기 오염과 남획에도 적용시킨 것이다. 짧게 말하면, 공유의 문제는 명확하게 정해진 개인재산에 대한 권리의 결핍 때문에 누구도 환경적 퇴화를 방지하는 데 유인책을 가지고 있지 않는다는 것을 남김으로써 시장 실패를 낳는다. 몇몇 분석가들은 공유지의 비극이 너무 강력하고도 만연해 있어서 자연 세계의 '법칙'과 같은 것이라고 여긴다. 내가 생각하기로는 이는 잘못된 판단이다. 이 개념에 대해서 다시 살펴볼 예정이다.

다른 자원의 시장 실패

공유지의 문제는 시장 실패의 일반적인 사례이다. 그러나 다른 것도 존재한다. 첫째, 나는 앞선 장에서 누군가가 생산과 소비의 전체비용을 지불해야 하지만 현존하는 시장가격으로는 환산되지는 않는다는 의미를 가진 **외부효과**(externalities)의 문제를 언급했다. 재화와 용역을 사고파는 데 관여하지 않는 개인이 그럼에도 불구하고 영향을 받을 수 있다. 오염은 일반적으로 하류로 흘러내려가거나 바람을 타고 표류하면서 오염을 양산한 산업체나 상품의 소비자만이 아닌 인간과 다른 생물종들에게 영향을 준다. 제4장에서 언급했듯이, '송유관을 통해' 흐르는 원유를 유지하는 데 드는 외교적·군사적 비용과 외국 원조비용은 미국의 휘발유 가격 어디에도 비용으로 환산되지 않는다. (수명이 40년 남짓한) 핵발전소의 원자로를 폐기처분하는 데 드는 비용은 독자의 전력 사용률 안에 할당될 수도 있지만 현실적으로 아마도 그렇게 하지 않을 것이다. 외부효과는 미래에 독자 또는 다른 사람들에게 실질적으로 숨겨진

'세금'의 형태로 부과될지도 모른다. 둘째, 이해가능한 이유를 근거로 해 정부는 종종 가격 규제, 정부보조금 또는 사적으로 소유될 수 있었던 것으로부터 준공유자원(quasicommon) - 공공재산자원 - 을 창출해냄으로써 시장을 침해하거나 지위를 빼앗기도 한다. 예로는 원유 소비량을 제한하는 것과 인위적인 농장과 목재 산업에 공유지를 값싸게 제공해주는 것을 포함한다. 미국에서는 물 권리를 실제적인 물 시장의 출현을 배제하는 방법으로 향유한다. 셋째, 비용산출의 문제점(cost accounting problems)이 존재한다. 시장은 생산자, 소비자, 그리고 비소비자 모두에게 영향을 주는 비용을 고려하는 어떤 것의 순가치에 대한 정보를 수집하는 비용과 어려움 때문에 진정 온전한 가치와 비용에 대한 실제신호를 보내지 못할 수도 있다. 비용 산출의 문제는 우리가 지금 어떤 것을 소비할 것인지, 그렇지 않으면 미래를 위해 저축을 할 것인지에 관한 딜레마에 직면하게 될 때 특히 심각해진다. 지속적인 가격의 인플레이션 때문에, 신고전경제학자들은 일반적으로 미래가치에 대해서는 '할인(discount)'하는 경향이 있고, 지금 그것을 소비하는 것이 더 큰 경제적 가치를 가진다고 주장한다(Gardner and Stern, 2005: 100; Roodman, 1999; Ruberstein, 1995).

1.2 환경적으로 역전된 보조금과 시장 유인책

독자는 정부개입이 시장을 왜곡시키는 가장 강력하고 보편적인 방법을 이해할 필요가 있다. 정부개입은 지속가능하지 않은 자원 사용과 환경황폐화를 자극하는 공적·사적 결정을 활발하게 고무시킨다. 이를 위한 증거들은 압도적으로 많다. 이러한 개입들은 시장의 원칙으로부터 보호를 제공하는 정치지도자를 얻기 위해 강력한 경제단체와 회사의 이해할 만한 노력으로부터, 그리고 사람들이 일할 수 있도록 유지시키고 가격을 낮추기 위한 정치인들의 요구로부터 흘러나온다. 개입의 메커니즘은 가격과 시장 정책뿐 아니라 세금과 재정적인 유인책을 포함한다. 그들은 또한 다른 국가들과의 환율을 보호하고 수출하기 위해 상품을 더 싸게 만드는 정부보조금을 포함한다. 그러나 이와 같은 벌목, 취락, 그리고 목장에 대한 세금 감면의 특권은 산림벌채, 생물종의 감소, 그리고 토양과 수질 하락을 촉진시킨다. 이것들은 사람들이 세금 면에서, 그리고 건강과 환경에 대한 비용 면에서 두 배 이상을 지불하도록 만든다. 농업이 이러한 부당한 정부보조금의 명확한 사례이다.

눈에 띄는 것으로 북미, 서구 유럽, 그리고 일본 내의 전체 식량 순환은 막대한 직간접 보조금을 끌어들이고 있다. 고개발국가(OECD)의 농업 생산자를 향한 보조금은 2001년에는 총 3,110억 달러에 이르고, 이는 농장 수입의 31%에 이른다. 관개용수, 연료, 그리고 농화학제를 위한 다른 농업 보조금은 이러한 수치에 포함되지 않았고 또한 복지 프로그램과 학교급식을 통해 값싸게 음식을 공급하도록 하는 직접적인 보조금에도 포함되지 않는다. 유용한 사회적 목적의 요구에 맞는 것이긴 하지만, 그러한 보조금은 농부들에게 토양과 물 보전을 보전하기 위한 적은 액수의 돈보다 더 강력한 신호를 보내게 된다. 이러한 것들이 농부가 수지가 맞지 않는 한계 토지를 점유하고, 수목을 벌목하고, 살충제와 비료, 대수층 물을 낭비하도록 만든다.

1.3 시장 유인책의 전환: 녹색세금

신고전경제학자들은 환경문제를 역설하는 해결책에 대해 사적 시장에서 배제하거나 공공 또는 공적 재산 자원을 형성하도록 하는 종류의 환경보호가 아니라고 주장한다. 그들이 주장하기로는 이는 실제의 인간과 회사에 의한 보전을 위한 어떤 유인책을 제거함으로써 부당한 결과가 나오게 되는 전략이라고 한다. 그들은 낭비적인 사용과 소비를 보조하기보다는 지속가능한 사용을 장려하는 실제적인 유인책을 창조함으로써 시장의 마술이 작동하도록 놔두어야 한다고 주장한다. 반면에 앨런 슈나이버그와 같은 사회학적 갈등 사상가는 시장과 자본주의를 환경적으로 파괴적인 '생산의 반복활동'이라 연관시킴으로써, 시장의 마술이 환경적인 퇴화의 문제를 역설하도록 허용하는 것에 의심을 가지기 시작했다(그의 생각은 제1장에서 토의되었다). 그러나 그들은 또한 성장을 낭비시키는 후원자로서 정부를 바라봄으로써 그 개입의 파괴적인 결과에 대해서도 주목했다(Schnaiberg and Gould, 1994).

어떻게 시장은 더 지속가능한 경제화 사회를 양산하도록 개혁될 수 있을까? 한 가지 생각은 사업의 총비용에 이를 내면화하고 그들이 속하는 시장에 다시 할당하는 세금과 보조금으로 변환하는 것이다. 이렇게 함으로써 사업체가 사회적·환경적으로 책임을 지고 발전시키는 경제가 창출될 것이다. 다른 말로 하자면, 그들은 그렇게 하는 것이 옳은 일을 하는 것이기 때문이 아니라 그것은 이윤의 바닥을 배가시키기 때문에 좀 더 환경적으로 변모하며 경쟁하면서 번영을 이룩한다는 것이다. 이렇게 하는 공동의 제안은 현재 소득과 종업원 수에 대한 세금부과 형태를 녹색세(green taxes)로 이동시키는 것이다. 정부는 점진적·점차적으로 소득, 저축, 그리고 투자('좋은 것들')에 대한 세금을 감소시킬 수 있고, 토지, 공기, 그리고 물에 배출되는 오염과 그리고 높은 환경부하량을 가진 상품('나쁜 것들')에 에너지와 자원 사용에 대한 세금을 증가시킬 수 있다. 녹색세의 목적이 정부의 총 세입을 증가시키는 것이 되어서는 안 된다(정부는 균형 잡힌 세입을 유지해야만 한다). 그들의 목적은 모든 시장 참여자에게 총비용에 대한 정확한 정보를 제공하고 무작정 저가를 추구할 때 발생하는 잘못된 왜곡을 취소하는 것이 되어야만 한다. 세금은 그때 비로소 산업과 사회에서 부과된 종합적인 세금의 추가 없이 소비 형태와 산업의 비용구조에 대해 환경적으로 긍정적인 영향을 가질 수 있게 된다. 녹색세로의 전환은 저소득 사람들에게 소득과 투자에 대한 세금을 낮추는 것에 의해서는 덜 혜택을 받지만 시장가격으로 소비하는 것에서는 동등하게 됨으로써 세금이 과다 할당되는 형태로 부과되지 않기 위해서 점차적으로 발생할 수 있다. 녹색세 부과 목적은 사람들과 기업에게 그들이 소득세와 수입세를 피하도록 할 때 긍정적인 유인책을 주도록 하기 위한 것이다. 시장은 다른 종류의 신호를 줄 수 있을 것이다(Hawken, 1993: 167~171).

연료의 탄소 함유에 대한 세금은 소비자에게 오염과 온실가스 배출이 적은 연료로 교체하도록 유인책을 줄 수 있고, 생산자에게는 에너지 효율성에 투자할 수 있는 이유를 제공해준다. 지구온난화에 대한 관심사를 강조하는 것 외에 또 다른 혜택이 있다. 1976년에서 1990년 사이의 일본, 미국, 구소련, 그리고 유럽공동시장(ECM)국가들의 경제에 대한 연구는 경제적인 성취가 에너지 가격과 직접적으로 정적 관계를 맺는다는 것을 보여주었다. 직관적인 통찰과는 다르게, 에너지 자원의 가격이 더 오를수록, 기술적인 혁신과 경제적 성장은 더 커진다. 에너지 가격이 보조되고 세계시장가치보다 낮은 곳에서는 혁신과 경제성장 모두가 심각한 수준으로 후진적인 형태로 뒤처진다. 미국은 구소련 – 현재는 해체한 – 보다 우수했지만 유럽 국가보다는 그러하지 않았다. 유럽 국가들은 미국보다 에너지에 더 높게 세금을 부과했지만 일본보다 높지 않았다(Hawken 재인용, 1993: 180). 에너지 녹색세금이 점진적일 필요가 있다는 것을 재차 강조하는 것을 서두르고 싶다. 만일 세금이 (1970년대의 원유불매운동 기간의 결과처럼) 밤사이에 오른다면, 이는 인플레이션과 경제·사회분열의 원인이 될 것이다. 그러나 더 오랜 기간(20년)에 걸쳐 오른다면 생산자와 소비자는 적응하고 계획하고 개혁하는 시간을 가지게 될 것이다.

1.4 경제적 · 사회적 번영의 새로운 시책

국가들의 경제적 건강 정도는 일상적으로 판매된 모든 재화와 용역에 대한 총 가치 변화, 국민총생산(GNP)이라는 시책의 관점에서 측정된다. 경제학자들은 또한 인플레이션에 의해 조정된 '실질' 국민총생산 또는 인구의 수에 의해 나누어진 1인당 실질 국민생산을 사용한다. 이러한 통계적인 수단이 사람들 사이에 존재하는 거대한 불평등 때문에 판단을 그르치게 하는 경우도 있다. 때때로 국내총생산(GDP)이라는 시책을 사용하기도 하는데, 이는 수입된 재화와 용역의 가치를 계산에 넣은 것이다. 이러한 시책들은 비교적 기록하고 측정하기가 쉽고, 그들의 '성장'은 종종 국가의 경제적 복지뿐 아니라 사회적 복지를 측정하는 수단으로서도 취해진다. 그러나 이것들은 인간적 복지에 대해서는 적절한 시책이 아니다. 그들은 모든 재화와 용역을 여러 외부효과가 있음에도 유사한 것으로 다룬다. 곧, 어떤 것이 건강에 좋은 음식인지, 사람들을 오염에 의해 아프게 만들 수 있는지, 대규모 기름 유출 또는 핵발전 사고로 인한 피해를 정화해야만 하는지에는 관심이 부족하다. 사실 그들은 사회적 복지를 나타내는 데에는 좋은 시책이 아니며, 착취적이고 위해한 노동환경 속에서 생산된 상품과 안전하고 수지가 맞는 노동환경 속에서 생산된 상품 사이의 차이점을 구별하지 못한다. 그들은 한 국가 내의 개인 또는 단체 사이의 재화와 용역의 가치의 실질적인 분배에 대해서는 어떤 것도 말해주지 못한다.

이러한 것을 변화시키기 위해 미국 비정부기구들은 진보를 재정의할 수 있도록 진정진보지표(genuine progress indicator: GPI)를 창출했다. 이 지표에는 무보수 육아, 자원봉사와 같은 무시되었던 요소들을 추가하고, 교통, 인구, 그리고 범죄와 같은 수치화되지 않은 경제적 비용을 공제한다. 미국 국내총생산은 1982년에서 2002년까지 56% 성장했지만, 진정진보지표는 수혜적인 서비스의 가치가 외부효과에 의해 고려되어 계산되었기 때문에 단지 2% 성장한 것으로 나타났다(Ventoulis and Cobb, 2004). 2004년 중국 정부는 5년 이내에 '녹색 국내총생산(Green GDP)'을 이행하겠다고 천명했다. 초기 연구에 따르면 1985년과 2000년 사이의 중국 평균 국내총생산 성장은 2%가량 감소되었다. 조금 더 포괄적으로 사용될 수 있는 지표로 유엔은 인간발전지표(Human Development

Index)를 만들었는데, 이는 한 국가의 평균적인 삶의 질을 추정하는 경제적 · 사회적 지표를 결합한 것이다. 0부터 1까지로 측정되고, 인간발전지표는 세계 각국에서 쉽게 취합할 수 있는 자료에 근거해 (1) 출생 시 기대수명, (2) 문맹률, 그리고 (3) 1인당 실질 국내총생산을 집합한 것이다. 유엔 분석가들은 국가마다 순위를 매겼고, 그들에게 표준화된 점수를 부여했다.

이러한 경제적 · 사회적 · 환경적 복지의 선택적 지표들이 질문의 여지없이 확실한 것은 아니다. 그것에 환경적 · 사회적 비용으로 포함된 것들은 가격화하기에는 너무나도 어려운 것들이다(Dietz and Rosa, 2002). 그들을 채택하기에 앞서 또 하나의 장벽은 내가 생각하기로는 몇몇 이익단체가 현재 외부화된 비용이 사회경제적 보고에 포함되는 것을 원하지 않을 것이라는 점인데, 그렇게 하면 사업에 들어가는 인간 · 환경 비용이 다른 때와 마찬가지로 부각될 것이기 때문이다. 예를 들어, 가난하지만 과도하게 군사시설에 투자하는 국가들은 종종 인간발전지표(HDI)를 거부한다.

1.5 합리적 선택과 인간 – 환경의 문제

이러한 경제적 주장들은 신고전경제학 이론보다 더 넓게 공통적으로 관통하는 이론적 기반을 가지고 있다. 행위주의 심리학, 경제학, 정치과학, 사회학, 그리고 정책 연구와 같은 다양한 학문분야에서의 폭넓은 학자들은 인간행위에 대해 진정으로 초학문적인 시각인 **합리적 선택이론**(rational-choice theory)을 창출했다(Coleman, 1990; Wallace and Wolf, 1991). 이러한 견해에서 인간은 합리적 선택을 하는 행위자이다. 경제적 이론에서 이들은 비용이 얼마이고, 얼마나 많이 필요로 하는지의 관점에서 경제적인 재화와 용역을 선택한다고 주장한다. 그러나 합리적 선택 이론에서 사람들은 이전에 경험했던 비용과 이익에 기초해 모든 면에서 이성적인 **사회적 선택**(social choice)을 한다고 주장한다. 예를 들어 이러한 것에는 어떤 정치인에게 표를 줄 것인지, 어떤 이성 – 또는 동성 – 에게 가장 매력을 느끼는지, 대학의 무슨 전공이 적절한지, 법을 따를지 아니면 어길지, 어떤 단체 계획을 위해 열심히 일을 할지 아니면 홀로 빈둥대면서 어쨌든 이득을 취할지, 결혼을 유지할지 아니면 이혼을 할지, 사회적 관계를 유지할지 아니면 멀어질지, 그리고 개인 문제에 대해 치료사를 만날지 아니면 스스로 해결할 것인지 등을 포함하고 있다. 합리적 선택 이론에서 우리는 비용에 비해 비교적 높은 이익을 주는 것을 선택한다고 주장한다. 우리가 "나는 선택할 수가 없어"라고 말할 때는 그 의미는 바로 선택을 할 때 비용이 너무나 높다고 생각한다는 것이다. 이는 개인들이 모든 면에서 비용과 이익을 정확한 수치로 세심하게 계산하는 회계사와 같이 행동한다는 것을 누군가 믿고 있다는 것을 말하는 것은 아니다. 이들의 주장은 어떤 면에서는 다소 모호하지만 현실적인 것으로 인간은 비용을 최소화하고 이익을 극대화시키기 위해 노력하면서 살아가는 방식을 채택한다는 것이다. 어떤 것은 비용과 이익은 자연적으로 주어진 것일 수도 있지만 배고픈 사람은 거의 식량을 얻기 위한 행동을 하게 될 것이다. 다른 것은 문화와 인식 속에서 형성된다. 그들은 물질적일 뿐 아니라 상징적일 수도 있다(사람들은 사회적 명예와 정신적인 영예에 가치를 둔다). 합리적 선택은 단기적으로 작동해야 할 필요는 없다. 시간이 지남에 따라, 우리는 상품, 기호, 또는 책임에 대해 정당한 교환이 무엇인지에 대한 감각을 발전시킨다.

따라서 환경황폐화의 인간적 원인은 우리가 지속가능하지 않은 소비를 할 때 이익을 얻을 수 있지만 비용은 종종 눈에 보이지 않거나 우리가 미처 계산에 넣지 못하는 연장된 시간의 틀에서 작동할 수 있다. 더욱이 합리적 선택 이론은 환경운동의 변화 전략 중 상당수가 정확하게 중요한 행동의 변화를 만들어내기 위한 방법으로는 잘못된 것이라고 주장한다. 생태적 재난을 막기 위한 방법은 공유재산 – 종종 아직 태어나지 않은 세대들의 이익 – 에 대한 그들의 이기적인 습관을 포기하도록 사람들을 설득하는 것이 아니다. 전형적으로, 호소는 희생, 이기심 포기, 그리고 도덕적 수치심을 강조한다. 조금 더 효과적인 전략은 항구적인 인간 번영을 단기간의 이해관계로 생각하게 만드는 것이다. '선함'을 주장하는 도덕적 호소는 현실적인 유인책이 없으면 썩 잘 작동하지는 않는다. 우리는 공유재산을 사영화하는 것에 의해서 절약하는 방법을 생각해야만 한다. 이러한 생각에서 주장하는 바에 따르면 실제적인 협력은 소규모 상호작용 교환에 의한 경험으로부터 신뢰가 형성되지, 도덕적인 훈계에서는 형성되지 않는다. 강력하고도 중요한 인간의 동기를 무시하고 있는 가장 잘 묘사된 사례로는 모든 경제 상품을 공유재산으로 만들려고 했던 - 지배자들은 이를 도덕적이라고 여겼던 - 소련의 운명을 들 수 있다. 이는 환경적으로나 사회적으로나 정치적으로나 재앙이 되는 것으로 판명되었다. 외부비용은 다른 누군가의 일이고, 우리는 공유재산 자원에 무임승차(free rides)할 수 있다. 또는 우리가 생각하기로는 그렇다.

대다수의 사람들이 환경문제를 자각하고 있고 추상적으로 지속가능사회를 발전시키고자 하는 생각들에 동의하지만, 우리의 행동과 사회 체계의 작동 방식을 변형시키는 데에는 난관이 많다. 합리적 선택이라는 관점은 우리에게 선해지라고 촉구하는 것 대신에 선해짐으로써 진정한 영예를 얻기 위해서는 무엇이 요구되는지와 자신의 이익이 일치하는 데에 견고한 신호를 보내는 경제 시장과 사회생활의 유인체계를 변형시켜야 한다고 주장한다. 이것이 바로 이제껏 내가 논의했던 모든 제안사항들의 실제적인 논리적 강조점이다. 이는 의심할 바 없이 변화무쌍한 인간 행위의 동학에 기초한 강력하고도 강압적인 주장이다. 나는 이것 역시 파악하기 어렵고 또한 잘못된 방향으로 갈 수 있다고 생각한다. 왜 그렇게 생각하는지 이유를 말해보겠다.

1.6 시장 하나로는 해답이 되지 않는다

환경비용을 내부화시키는 앞선 모든 생각들, 곧 공유재산을 사유화하고, 공공재산자원으로부터 유사시장을 만들어내자는 것은 우리의 문제들이 다양한 시장 실패에 기인하고, 처방은 시장의 기능과 유사하게 수행되어야 한다는 것이다. 신고전경제학자들과 조금 더 보수적인 정치 사상가들은 시장의 해결책을 선호한다. 그래서 그들은 대부분의 인간과 환경문제들에 대해 과도한 개입으로부터 시장을 자유롭게 하고, 단지 시장이 작동하도록 놓아두는 간단한 해결책을 제시한다(DiLorenzo, 1993). 이는 매혹적이지만 결점이 대단히 큰 사고이다. 문제들은 시장 실패보다 더 깊은 수준이고, 완전하게 작동하는 시장조차도 그 자체로서는 우리의 문제를 해결할 수 없을 것이다.

우리가 인식하고 있는 시장의 한계는 적어도 네 가지가 있다. 첫째, 시장은 독성 폐기물을 정화하는 것이 발생하든지, 핵미사일을 생산하든지, 또는 집이나 식량, 미술작품을 만들어내든지 상관없이 모두 달러 – 가치에 대한 판단 없이 – 로 환산되어 달러당 동등한 가치로 다룬다. 생산이 깨끗한 공정을 통해 이루어지든지 또는 탄소 · 황 · 염소 등을 대기나 물로 방출하는 값싼 공정을 통해 이루어지든지 이는 계산에 포함되지 않는다. 생산품이 안전한 환경 속에서 잘 숙련된 노동자에 의해 만들어지든 아니면 저임금을 받거나 건강하지 못한 노동환경에 있는 노동자나 아이들에 의해 만들어지든 어떠한 비중도 두지 않으며, 종종 적절하지 않은 방법으로 생산된 물품을 비싸지 않게 만들어내는 것에 사회적 선호가 생겨나는 잘못된 현상이 나타나게 된다. 시장은 이러한 것들에 대해 상관하지 않는다. 그러나 사람들은 상관이 있다.

둘째, 공식적인 시장에 참여하지 않은 사람들에 의해 가치가 생겨난 상품은 체계적으로 저평가된다. 살아 있는 나무에 대한 달러 가치는 얼마인가? 일상적으로 죽은 목재가 시장에서 팔릴 수 있을 때 가격이 형성된다. 그러나 나무에서 과일 또는 열매를 경작하는 사람에게 그것의 가치는 얼마인가? 또는 홍수로부터 인접한 토지를 보호하는 사람들에게서 가치는? 또는 나무를 바라보기 좋아하거나 그늘을 즐기기 때문에 가치를 부여하는 사람들에게는? 이러한 모든 사람의 요소들이 결합된 나무의 순가치는 당연히 목재로서의 시장 가격 이상이 될 것이다. 그러나 나무에 가치를 부여하는 모든 사람의 수요를 통합하는 협동적인 배열을 방해하는 것, 나무를 베어서 그것을 시장에 판매한다는 것은 시장이 나무에 가치를 부여하는 모든 사람의 가치를 가장 적절한 수준으로 표현하지는 않는 방식으로 작동할 것이라는 점을 의미한다. 더욱이 이러한 인간의 사용 – 살아 있건 죽었건 목재로서 나무의 가치를 부가하는 – 중 어떤 것에서도 생태계 유지, 유역 보호, 서식지 공급, 토양 안전성 등을 위한 나무의 무수한 기능을 결합하지는 못한다. 시장 가격은 서식지를 유지하고 종다양성을 존속하는 다른 생물종들의 필요를 결합하지는 않는다.

셋째, 시장은 자원 또는 생산품의 실제 가치를 오직 현재 실제적인 교환 내에서만 측정한다. 가격을 내부화하거나 공공재산자원으로부터 유사시장을 창출하는 모든 시도는 몇몇 전문가, 행성가, 또는 관료들에 의해 사변적인 방법에 의해 결정되는 잠재 가격(shadow prices)이다. 예를 들면 이전에 언급했던 미래의 가치를 절하하는 습관들을 생각해보자. 우리는 오늘 미래 세대들을 위해 소비하거나 절약해야만 하는가? 미래의 자원가치를 계산하는 확립된 방법은 인플레이션과 기술변화는 특정자원 – 산림, 광산, 구리 – 의 미래 달러 가격을 감소시킬 것이라는 것을 가정한다. 다른 말로 표현하면 미래 가치는 매년 자원을 보전할 때마다 몇 퍼센트씩 감소할 것이다. 이러한 과정은 장기적인 지속가능성과 갈등을 일으키고, 미래 세대의 권리를 거의 제로에 가깝게 감소시킨다(Stern et al., 1992: 86).

시장의 네 번째 한계는 정치적으로 왼쪽에 서 있는 사람들에 의해서 종종 지적받는다. 시장은 협소하게 정의된 경제적인 효율성을 창출할 수도 있지만,

비시장적인 억제책 없이 오랜 시간에 걸쳐 작동할 때 시장은 인간의 복지와 규칙적인 시장자체에 영향을 주는 사회적 비용(social costs)으로 표현된 중요한 - 그러나 일반적으로 외부화되는 - 사회적 불평등의 '거대한' 체계를 발생시킨다. 이러한 결과에 대한 사례들은 제6장에서 언급되었듯이 국내 또는 국가들 사이에서 압도적으로 나타난다. 공공자원으로부터 교역가능한 배출허용권을 부가하는 유사시장의 창출에 대한 몇몇 반대의견들은 정확하게 이 지점에 서 있는 것이다. 부유한 기업 또는 국가들은 더 가난한 기업 또는 국가들 - 이들은 배출권을 싸게 판매하라는 일상적인 압력을 받게 된다 - 로부터 배출허용권을 사거나 추징금을 지불할 자원을 가지고 있을 수 있다. 어떤 식이든, 부유한 사람들은 오염시킬 수 있는 여유가 여전히 주어지고 실질적인 감소는 가난한 사람들의 뒤에서 이뤄질 수 있다. 종합하면, 시장이 가진 이러한 모든 문제는 시장이 그 특성상 효과적으로 모든 것에 가격을 부여하지는 않는다는 것, 그리고 사람들이 관심을 가지는 많은 것들에 가격이 부여되지 않는 경우가 있다는 것을 의미한다.

순수 시장 전략은 더 큰 한계를 가진다. 몇몇 자유 시장 국가, 특히 미국과 신고전경제학자들은 철학, 종교, 문화, 또는 정치적 신념의 차이에 상관없이 모든 사람들 사이에서 동시에 제기되는 다소 자연적이고 실제하는 체계로서 시장을 바라보는 경향이 있다. 시장은 거의 자연의 일부인 것처럼 보인다. 반대로, 정치와 문화는 더 명백하게 사회적으로 구조화되고, 독단적이며, 변덕스럽고 종종 비합리적인 것으로 보인다. 국민총생산은 현실로서 받아들여진다. 사회적·경제적 진보를 위한 조치가 독단적인 것처럼 비친다(Dietz and Rosa, 2002). 더욱이 '시장'이라는 단어가 기술적인 단어인 '경제'에 부착될 때 우리는 정부의 방해 없이 적절한 기능을 수행하는 세계의 힘을 다루고 있다는 만족스러운 감정을 느끼게 된다. 우리는 은행과 다국적 기업에 의해 조직된 거대한 지구적 시장을 마을 시장의 기본적인 실재들이 단순하게 확대 투영된 것으로 생각한다. 시장 참여자의 규모와 연계가 크게 차이가 나고 경제적·사회적 가치에 대한 환류 신호체계가 훨씬 더 애매하고, 추상적이며, 조작가능할 수 있음에도 말이다.

사실 시장은 그것이 전통적인 대면방식의 경제이건 아니면 세계 시장경제이건 간에 상관없이 정치와 문화보다 더 자연적인 것은 아니다. 특화 그리고 정치와 문화의 맥락을 넘어서 작동하는 시장은 결코 없었고 앞으로도 없을 것이다. 전통적인 마을 시장은 문화적 전통에 의해서 마을 안에 특정된 장소로 할당되고, 어떤 특정한 날에 수행되었다. 그리고 전통적인 시장조차도 약탈로부터 보호되었고, 지역 순경 또는 지역의 배후세력, 후계자 또는 군주의 군대는 질서 있는 상업을 보장했다. 지금 시대의 국내·국제 시장에서 정치적인 규제 또는 문화의 제한을 받지 않고 완벽하게 자유롭게 기능하는 시장이란 존재하지 않는다. 지구적인 시장에서 모든 나라는 정부가 국내 회사와 생산품의 무역에 유리한 조건을 창출하는 데 노력을 기울여주기를 기대한다. 세계무역기구(WTO)에 의해 지금 조직된 비교적 자유로운 세계 무역체계로 다가왔을 때, '시장 그 자체의 자연스러운 긱등' 때문에 발생한 것이 아니라, 고통이 따르고 노력이 깃든 협상, 정치인, 관료, 그리고 기업 대표자들의 노력에 의한 것이었고 합의와 반대가 가득 차 있는 성격의 것이다. 출현하고 있는 세계시장경제 체계에 대한 이러한 노력들은 40년 이상 진행된 것이다. 정치·문화와 같이 시장은 현실 속의 사회적 축조물인 것이다.

왜 이러한 점을 장황하게 검토하고 있을까? 앞서 언급했던 환경문제들을 다루는 시장 전략 – 녹색세, 공유재산에 대한 사유화, 교역가능 배출권을 가진 유사시장의 창출 – 에 대해 다시 검토해보면, 그것들은 모두 생산자와 소비자에게 다른 신호를 주고 있는 시장을 재구조화할 때 정치적 행위(political action)을 요구하고 있다. 이는 규제적인 시장을 자유로운 시장으로 가게 하는 경우가 아니라 오늘날 환경적으로 잘못된 개입을 새로운 일련의 덜 해로운 개입으로 옮기는 것이다. 이는 '정치적으로' 뜨거운 감자(tough nut to crack)인 것이다.

에너지세에 대해서 이야기하는 것이 적절한 시기에 잘 나온 것 같지만, 에너지를 생산하는 지역의 어떤 정치인들이 에너지에 부과되는 더 높은 세금을 위해 표를 던지게 될까? 와이오밍의 어떤 상원위원이 공공지에 방목하는 목장주에게 경제적 혜택을 주는 보조금을 없애는 표결을 하게 될까? 합리적 선택 이론의 원칙은 여전히 유효하다. 서로 다른 정치적 자원의 시장에서 정치인은 활동한다. 선거 투표와 기부 캠페인을 예로 들 수 있다. 제1장에서 논의되었듯이, 산업사회에서의 복잡한 노동분화와 직업적 특화는 다른 경제단체들은 같은 물리적 환경에서조차도 혜택과 비용이 매우 다르게 나타난다는 의미를 가진 준전문화가 발생한다. 그러나 합리적 선택은 협소하게 정의된 것보다 더 넓은 개념이 될 수 있다. 독일 소비자들이 TV와 전자제품과 같은 많은 상품을 쓸 때 법에 따라 약간의 세금을 내는 법을 준수하고 있고 소비자와 제조업자들이 이 물품들을 수거해 법적으로 적절한 분해, 재생 또는 재제조 과정을 거친다는 사실은 시장보다는 독일의 녹색당과 문화의 영향력이 더 크다는 것을 말해준다. 이러한 비용은 그들이 경제적 거래에서 생기는 약간의 비용보다는 외부효과의 비용을 더 많이 줄여주게 된다. 2005년과 2006년에는 미국 언론은 환경운동가와 대농장주들이 서로를 주요한 적으로 정의하기보다는 서부 미국 목장의 지속가능한 사용을 증진하기 위한 공동의 발판을 찾고 있다는 종합적인 내용의 보고서를 보여주었다. 그래서 녹색경제를 창출하는 것을 말하는 것과 그것이 지속적으로 잘 작동하도록 만드는 것이 하나가 되었다. 내가 생각하기로 전제는 간단하다. 시장의 유인책을 변화시키는 것은 행동을 변화시키는 것이다. 그러나 시장유인책을 변화시킨다는 것은 정치를 정면으로 맞대고 직시하는 것을 의미한다.

2. 정치와 정책

시장과 같이, 정치적 제도는 또한 자원 할당과 관련이 있다. 정치의 고전적인 정의는 누가 무엇을, 언제, 어떻게 가지고 있는지를 결정하는 과정이다. 그러나 합리적 선택 이론이 단순하게 다른 종류의 시장 – 판매를 위해 영향력을 가진 – 과 관련 있는 것으로서 정치를 이해할 수도 있지만 적어도 이것은 부분적으로 잘못된 것이다. 정치는 표면적인 공공선을 위해서 자원을 분배하는 권력의 동원과 관련이 있고, 그것이 공적·집단적 혜택을 발생시키는지 여부에 의해서 정당화된다. 반면에 시장은 그들이 사적인 소득을 양산하는지 여부라는 관점에서 정당화된다.

19세기 말, 미국의 주들은 '법원과 정당(courts and parties)'의 정부였고, 그 속에서 보수적인 의회는 특권적인 개인재산에 대한 연방정부의 개입을 위한 더 강력한 역할을 형성하도록 하는 시도를 봉쇄했다. 그러나 규제되지 않은 근대화가 진행되었을 때, 그것의 많은 결과들은 권리를 침해당한 유권자를 양산했다 여기에는 농부, 노동자, 노인, 은행과 소비자 사기로 인한 희생자들을 포함한다. 천연자원은 또한 규제되지 않은 사적 사용과 이윤 창출로 인해 폭넓게 감손된 것으로 보였다. 개혁가들은 독점적인 도로, 은행, 그리고 농장기계 회사의 보호를 촉구했다. 중산계급 개혁가들은 은행, 금융, 식품과 의약품에 대한 규제를 촉구했고, 또한 노동자·어린이·노인 보호와 천연자원의 보호를 논함으로써, 예전에 논의되었듯이 보수적인 운동, 동요된 진보를 가져왔다. 공공단체 및 환경운동과 압력단체들의 동원이 환경규제국가(environmental regulatory state)를 창출하는 데 도움을 주었다는 것은 거의 의심의 여지가 없다. 제8장에서 논의될 예정인 미국과 다른 국가에서 발견된 것으로 막스 베버가 서구 민주주의에서 '관리자'의 중요성 또는 확장된 합리성이라고 불렀던 것이 나타난 것이다(Humphrey, Lewis, and Buttel, 2002: 275). 제1장을 참조하

자. 그러나 규제적인 성격을 가진 주 정부는 다양한 방법으로 환경규제와 관리를 성취하려고 시도하는 중이다.

2.1 공공정책을 위한 전략

정부들은 공공정책을 통해 행위를 관리하거나 변화시키기를 시도한다. 그러나 정부가 사용하는 다양한 종류의 대리인과 방식에는 이를 둘러싼 거대한 우산인 보호막이 있다. 정부가 사용하고 있는 몇몇 서로 다른 정책 선택과 이러한 정책과 환경문제와의 관련성을 짚고 넘어가보자. 공공정책이 변화를 낳고자 시도하는 데에는 네 가지 전략이 존재한다. 던랩(Dunlap)은 이들을 공공정책을 기술, 행동, 사상, 그리고 법을 변화시키고자 하는 것을 포함하는, 환경문제들에 대한 다른 종류의 수정법이라고 서술한다(1992).

첫째이자 문제들의 해결책으로서 가장 빈번하게 명시되는 것으로 기술적인 조정(technological fixes)이 있다. 예를 들어 여기에는 연료를 덜 사용하고, 오염을 덜 배출하는 조금 더 효율성 있는 배출조절장치가 장착된 자동차 엔진, 교통사고를 감소시키는 기술화된 고속도로와 실시간 교통신호, 범죄율을 낮추는 데 사용되는 더 좋은 가로등 또는 강도방지 신호, 난방비를 감소시키는 단열장치, 생산성이 좋은 종자 잡종에 의한 유전 공학, 생물기술학 등을 포함한다. 문제들을 강조하는 기술적인 제안들의 목록들은 끝을 셀 수가 없다. 공공정책은 공공투자, 보조금, 세금 정책 또는 규제 정책 등의 다양한 방법을 통해 신기술의 채택을 끊임없이 자극할 수 있다.

둘째, 행위적인 조정(behavioral fixes)이 있다. 공공정책은 우리가 다른 행동을 취하도록 하는 유인책을 제공한다. 이것은 소문과 같이 어떠한 행동의 조정을 요구하지 않는 기술적인 고정화보다 어려운 측면이 있다. 행위적인 고정화의 예들로는 먹이사슬의 더 낮은 수준에서 섭취 – 생태학적·건강상의 이유로 - 하기, 콘돔 사용하기, 금연하기, 스웨터 입기, 겨울에 실내온도 낮추기, 여름에 천장 팬을 사용해 에어컨디셔너 덜 사용하기, 걷기, 자전거 타기, 카풀, 대중교통수단 이용하기 등이 있다. 기술이 투자를 요구하는 반면에, 행위적인 변화는 전형적으로 유인책 또는 저벌을 요구한다. 우리는 새로운 기반에 서 있는 것은 아니다. 이것은 제4장의 에너지 보존 연구에 대한 발견지점일 뿐 아니라 초기에 발전시킨 합리적인 선택의 전망의 전체적인 요점사항이었다.

셋째는 사람들의 마음속에 있는 문제의 자각을 일으키기 위해 시도하는 인식적인 조정(cognitive fixes)이다. 사람들의 마음을 변화시키면 그들은 그들의 행동을 변화시킬 것이라는 가정에 기초한다. 인식적인 조정은 종종 공공 교육과 언론 캠페인에 의존하고 있다. 이와 관련된 사례들로는 사람들에게 "연료를 낭비하지 마세요"라고 말하는 에너지 보존 광고와 우리에게 "재생을 하지 않고 있다면 그것 전체를 버리고 있는 것입니다"라고 주의를 환기시키는 재생 광고를 들 수 있다. 인식적인 조정을 통한 호소는 자발적인 변화에 의존하고 개인 자유의 규범과 조화롭게 되는 것이다. 불행하게도 이러한 전략이 다른 사람들로부터 고립된 상태에서 작동하는지에 대해서는 증거가 거의 없다. 그렇다고 할지라도, 포괄적인 정책 변화 전략의 부분으로서 인식적인 변화의 중요성은 종종 낮게 평가되고 있다.

넷째는 유인책, 보조금 또는 설득보다는 법과 규제를 통해 변화를 명령하는 법적인 조정(legal fixes)이 있다. 예로는 주 간 고속도로의 연방 제한속도, 휘발유에서의 납 성분 제거, 오염정화장치 장착, 또는 음료용기 또는 가정용·산업용 폐기물의 재생 등을 포함한다. 실제적으로 첫 번째 두 가지 전략 - 기술, 행위 - 은 규제 또는 비규제 수단에 의해 추구될 수 있다. 규제 전략은 매우 효과적일 수 있지만 그들은 정부 규제를 부정적으로 보게 하기 때문에 사회에서 인기가 없다. 규제전략은 거대한 정치적 의지 또는 적어도 행동을 하고 강제력을 부과하기 위한 효과적인 동원과 압력단체의 연합을 요구한다(Dunlap,

1992). 이 네 가지 접근을 모두 결합한 공공정책에서 비롯한 변화 전략이 가장 효과적이라는 것은 정책학자들 사이에서 명명백백한 이치이다. 다른 말로 표현하면, 변화는 더 나은 기술 수단의 제공, 사람들 마음의 변화, 물질적인 유인책의 제공, 그리고 규제책 또는 목표의 사용에 의해 동시에 증진될 수 있다.

2.2 정책과 경제생산 주기

정책전략은 사회행동의 여러 영역에 적용할 수 있지만 조금 전에 조정이라고 언급되었던, 정책은 또한 경제생산 주기의 세 가지 다른 단계에 적용될 수 있다. 첫째, 석유사업 등의 운송과 같은 하위흐름(downstream) 또는 '수송관의 마지막 단계(end-of-the-pipe)'라는 소비 이후 간섭작용이 발생한다. 청정공기 기준치, 반오염조치, 그리고 재생이 그 예이다. 이와 같이 경제적 주기의 마지막 단계의 전략은 명백하게 작동하고, 지금까지 처벌, 오염기준치, 또는 유인책 제공에 의한 환경적인 입법의 방법이라 할 수 있다. 1975년과 1995년 사이에, 세계는 재생되는 종의의 양을 두 배로 올리는 한편 반오염장치를 위한 시장은 국내총생산의 세계적 합계의 2%까지 성장해서 항공우주산업을 간단히 능가하고 화학 산업의 중요한 부분에 접근했다(Matoon, 1998; Renner, 1998). 이러한 전략은 유용하지만, 지속가능하지 않은 소비를 감소시키는 것과는 관련이 없다. 사람들의 마음속에는 그것들이 더 많은 소비를 위해서 합리적인 것을 구성하는 것처럼 보일 수 있다. 둘째, 중위흐름(midstream) 전략은 소비를 감소시키고 쓰레기와 폐수를 단순히 적게 만드는 것을 고무시키지는 않는다. 여기에는 이미 언급했던 행동변화 폐열발전과정을 이용하는 산업이 포함된다. 셋째, 정책개입은 일찍이 생산과정 그 자체의 상위흐름(upstream)에서 작동한다. 환경적으로 더 좋은 생산을 만들거나 생산과정에서 폐기물과 오염물질을 감소시키는 것에 의해서 말이다. 미국에서 이러한 뛰어난 사례로는 식기세척기에서 자동차에 이르는, 에너지 효율을 높인 생산 기술을 들 수 있다. 포장이 많이 필요하지 않은 제품들이 또 다른 예이다.

역사는 대부분의 정책적 관심이 오염과 독성 배출물을 다루는 하위흐름 개입에 주어진 이유의 일부이다. 1960년대의 환경적인 관심은 오염물질에 주로 초점을 맞췄다. 소비와 자원 사용 사안에 대한 자각은 그 이후에 이루어졌지만, 거기에는 역사를 넘어서는 이유가 있다. 중위흐름과 상위흐름 정책은 단순한 오염을 정화시키는 것보다 더 근본적인 방법으로 경제에 개입하는 것을 의미한다. 이들은 생산기술, 소비 형태, 또는 그 둘 모두를 개조하는 것을 의미한다. 그리고 실제 상위흐름은 소비자로부터 생산자로 변화의 부담이 이동한다. 이것은 생산자가 소비자보다 더 강한 정치적 영향력을 행사하는 정치체계에서는 특히 어렵다. 오염과 폐기물을 재생 또는 수송관의 마지막 통제에 의해 감소시키는 것이 종종 비용이 더 들어갈지라도, 자원 효율성을 통해 그것을 감소시키는 것은 항상 이윤을 발생시킨다. 다시 말하자면, 잘하는 것은 제대로 하는 것과 양립할 수 있다. 아마도 수송관의 마지막 단계와 관련한 정책에 초점을 맞추는 것이 정치적으로도 더 쉬웠을 것이다. 우리가 지저분한 것들을 깨끗이 처리하기만 한다면 우리가 좋아하는 대로 소비를 계속할 수 있다는 위안을 환상으로 제공했다.

2.3 정책과 사회구조

정치과학자 시어도어 로위(Theodore Lowi)는 수십 년 동안 어떻게 공동정책이 사회 구조 속에서 다른 방법으로 정교화되는지를 묘사하는 분석틀을 발전시키고자 노력했고, **구성정책**(constituent policies)과 **규제정책**(regulatory policies)을 구별했다(1964, 1972, 1979). 구성정책은 목재 또는 오일 산업을 위해 세금 혜택을 제공하는 것과 같이 특정한 구성원, 고객, 또는 공중에게 혜택을 제공한다. 환경 구성정책은 햇빛이 많은 남서부지역 주민들에게 이익이 되는 태양력이나 옥수수가 자라는 지역에 사는 주민들에게 근본적인 혜택이 되는 '가소홀(gasohol, 가솔린과 에틸알코올의 혼합)' 연료에 보조금을 부여하는 것이 될 수 있다. 구성정책은 종종 특별한 구성원 단체나 산업을 규제할 때조차도 특정 구성원들에게서 비정상적인 행위를 단속하기 위해서 필요한 것으로서 (불평이 없지는 않지만) 환영받는다. 예를 들어 유가증권 사기에 대비해 주식시장을 단속하는 유가증권 거래 위원회(Securities Exchange Commission)가 있다. 대평원(Great Plains)에 걸쳐 있는 주들은 주 입법기관들은 물 공급을 보전하기 위해 오갈라라 대수층(Ogallala aquifer)에서부터 물 사용을 규제하고 계량할 수 있게 법안을 만드는것을 고려하고 있었다. 이러한 정책이 아직 구상 단계에 있고 아주 효과적이지도 않기는 하지만, 놀랍게도 건조지역의 농부들은 이 정책에 별달리 저항하지 않았다. 구성정책은 정치적으로 쉽다. 만일 이러한 정책이 보조금 또는 세금 특혜와 관련이 있다면 열정적으로 환영받을 것이다. 만일 정책이 규제와 관련이 있다면 이익단체 또는 산업을 위해 필요한 안전 조치로서 마지못한 환영을 받을 수 있다.

구성정책과 대조적으로, 진정한 규제 정책은 또 다른 문제이다. 규제 정책은 구성단체, 산업, 그리고 경제 과정의 다양한 층위에 걸쳐 행동을 규제하고자 시도한다. 환경적인 사안과 관련해서는, 넓은 범위의 대기 또는 수질 오염 기준치를 마련했던 1960년대의 초기 입법이 바로 이러한 규제 정책의 사례이다. 1872년 이래로 넓은 규제정책 몇몇을 포함한 미국의 정책은 〈표 7.1〉에서와 같이 환경과 생태계를 보호하기 위해 입법화되었다.

〈표 7.1〉의 입법 내용은 거의 모두 야생, 산림, 그리고 민감한 서식지를 보호하고 대기와 수질 오염을 통제하고 작업장의 건강과 안전을 유지하기 위한 진보를 이룩하는 것과 같이 중요한 결과를 산출했다. 1960년대와 1970년대에 얼마나 많은 환경규제가 통과되었는지, 그리고 1990년대 이래로는 어떤 주요

〈표 7.1〉 미국의 주요환경법, 1872~1999

연도	법률
1872	광산법(Mining Act)
1935	토양보전법(Soil Conservation Act)
1963	청정대기법(Clean Air Act, 1965, 1970, 1977, 1990 개정)
1964	야생법(Wilderness Act)
1965	연방 수질오염방지법 또는 청정수질법(Federal Water Pollution Control Act, Clean Water Act)(1972 개정)
1968	강의 야생성과 경관을 위한 법(Wild and Scenic Rivers Act)
1969	국가환경정책법(National Environmental Policy Act)
1972	연방 제초제방지법(Federal Pesticides Control Act)
	해양 보호·연구·보호구역법(Marine Protection, Research, and Sanctuaries Act)
	해양포유류보호법(Marine Mammal Protection Act)
	해안지대관리법(Coastal Zone Management Act)
1973	멸종위기종 관리법(Endangered Species Act, 1982, 1985, 1988 개정)
1974	안전한 음용수법(Save Drinking Water Act, 1984, 1996 개정)
1975	자원보전과 복구법(Resource Conservation and Recovery Act: RCRA)
	연방토지정책관리법(Federal Land Policy Management Act)
	국가산림관리법(National Forest Management Act)
1976	청정수질법(Clean Water Act: CWA)
	광산개발법(Surface Mining Reclamation Act)
	유해물질방지법(Toxic Substances Control Act: TOSCA)
	국가산림관리법(National Forest Management Act)
1977	토양과 수질 보전법(Soil and Water Conservation Act)
1980	포괄적인 환경반응·보상·부담법(Comprehensive Environment Response, Compensation, and Liability Act, superfund)
	어족과 야생보전법(Fish and Wildlife Conservation Act, Nongame Act)
1984	유해물질과 고체폐기물 개정법, 자원보전과 복구법 개정(Hazardous and Solid Waste Amendment, RCRA 개정)
1987	수질법, 청정수질법 개정법(Water Quality Act, CWA 개정)
1988	1988년 해양으로의 쓰레기폐기법(Ocean Dumping Acts of 1988)
1990	1990년 청정대기법 개정(Clean Air Act 개정)

자료: Miller, 2002: A7 변형; Kraft, 2001.

환경법안도 통과되지 않았다는 점에 주목하자. 그때 이래로, 환경보호에 별반 도움이 되지 않는 정치적 풍토에서 연방 의회와 백악관은 이미 존재하는 규제장치를 개정함으로써 효율성을 감소시키는 엉터리 땜질을 하게 되었다.

2.4 정치와 정책의 한계

규제정책의 허약성은 입법과 강행으로 획득되는 구성정책에 책임을 위임하는 경향을 가진다. 구성정책은 종종 '다양한' 구성원 사이의 갈등을 촉발시키는데, 이는 환경정책이 때때로 정치라는 진흙탕 – 누가, 무엇을, 언제, 어떻게 획득하는지를 결정하는 논쟁적인 과정에 빠지도록 만든다는 것을 의미한다. 정치를 기초하는 정책을 강조한다는 것은 공동정책을 토론으로 지배할 수 있다는 오류를 가진 기술적 가정을 배경으로 한다. 우리가 적절한 행동을 하도록 하는 합리적이고, 실행할 수 있고, 비용효과적인 시장 개입과 유인체계를 간단하게 고안해낼 수 있고 간단하게 입법화할 수 있다는 것이다. 말도 안되는 소리다. 정치적인 정당성이 우선 고려되어야 하는 것은 필수다!

각 국가의 정치적인 제도와 문화는 유사하지 않고, 다양한 국가의 정책과정도 다르게 작동한다. 미국에서 제도적인 권력의 분립은 기업과 비정부기구에 로비활동, 소송, 그리고 사법체계를 통한 정책을 형성할 수 있는 대단히 많은 기회를 제공한다. 일본과 프랑스와 같이 조금 더 중앙집권적인 정치체계는 정치과정에서 시민활동의 참여를 제한한다. 다른 고개발국가의 시민들은 미국보다 더 강한 정당 연합을 가지기 쉬운 경향이 있는 반면, 이들은 환경단체와 다른 비정부기구에 덜 참여하고 정책적인 논쟁에 덜 연관되는 경향이 있다. 환경정책은 비교적 영국, 일본, 프랑스에서는 국가적 수준으로 중앙집중화되는 반면 독일에서는 지역적·지방적 수준에서 근본적으로 관리된다(Brickman et al., 1985).

예전에 언급했듯이, 유럽 국가들은 인간-환경의 연관성을 향상시키고자 본질적으로 솔선수범한다. 생태적 근대화의 개념은 국내정책을 발전시키고 형성시킨다(제6장 참조). 유럽 사람들은 재생의 선구자이다. 녹색경제를 증진하고자 이동하는 세금과 보조금 면에서, 풍력과 태양력 같은 대안적 에너지원을 발전시키는 면에서, 그리고 교토기후협약과 같은 국제적 조약을 지지하는 면에서 말이다. 유럽이 선두적인 역할을 할 수 있었던 이유는 단지 문화와 관련이 있는 것이 아니라 정치구조와 관련이 있다. 한 가지 예를 들자면, 양당체계 구도에서 '승자 독식'이라는 선거방식을 가진 미국선거체계에서는 개혁지향적인 단체, 파벌, 그리고 운동이 집행적인 성격의 정책결정과정에서 대표성을 가지도록 하기가 어렵다. 대조적으로 독일에서는 정부를 구성할 때 다양한 선거정당이 참여하는 의회중심적인 비례대표제도를 통해 사회개혁에 헌신하는 정당과 단체가 정치체계에 더 많이 접근할 수 있는 기회를 가지게 된다(Parkin, 1989). 예를 들어 독일과 네덜란드의 녹색정당은 그 수와 자원만큼 일정한 비율의 정치적인 영향력을 가지게 되고, 이는 미국 환경주의자들의 부러움의 대상이 되곤 한다. 네덜란드와 독일의 '녹색당(Greens)'은 결코 다수의 집권당이 될 수 없지만 1990년에서 2004년 사이에는 좌파 사회민주당과 함께 집권당의 중요한 의정연합 대상이 되었다. 그러나 양당제 대통령중심체제와 다당제 비례대표체제 사이의 형식적인 차이점에 추가되는 다른 차이점들이 있다.

의원과 대통령 입후보자들에게 미국선거의 승자체계는 매우 값비싼 과정이라는 것과 가장 많은 돈을 끌어 모은 정당이나 사람이 승리할 가능성이 크다는 것은 새로운 뉴스가 아니다. 평균적인 미상원의원은 캠페인을 벌이는 데 수백만 달러를 쓴다. 이는 적어도 312주(6년) 동안 매주 6,000만 원(5만 달러)을 조달해야 하는 것을 의미한다. 개인적으로 부유하거나 자기 돈을 쓰지 않는다면, 입후보자들은 이러한 돈을 부유한 개인이나 기업에게서 제공받을 수도 있다. 따라서 미국선거체계에서는 법인들의 정치적 행위단체나 소위 경제적 엘리트에 의해 제공되는 자금에 의해서 운영되는 추세가 증가한다. 롱워스(Longworth)는 이러한 체계는 주주들에 의해 통제(shareholder control)되는 강한 편향성을 가지는 것, 곧 법인과 경제 엘리트의 통제를 발생시킨다고 지적한다. 대조적으로 다른 민주주의체제들은 지방자치단체, 노동단체, 시민단체, 교수연합, 그리고 지역 단체들과 같이 이해관계와 관련된 거대한 단체들이 더 많은 관심을 가지게 되는 편향적인 영향력(stakeholder influence)을 가지게 한다(1998). 서구 국가들은 다양한 참여자들의 이해관계에 더 관심을 갖게 한다. 독일의 '공동결정(codetermination)'의 전통은 노동단체, 지방자치단체, 그리고 법인 이해관계자들이 동등한 권한을 가지고 정책과정에 모두 참여할 수 있는 모습을 형성하게 한다(Weinberg et al., 1998).

이러한 차이점이 있지만, 민주주의체제는 전반적인 체계개혁을 수행할 수 있다. 과거 미국에서 보여주었던 전반적인 체계개혁에 관한 다음과 같은 사례들을 생각해볼 수 있다. 1900년대 은행, 주 정부 간에 이루어지는 상업, 음식 안전, 그리고 노동관계를 규제하는 진보적인 개혁(Progressive Reforms), 사회 안전과 경제를 관리할 때 더 활발한 정부 역할을 설립한 1930년대의 뉴딜정책 - 대공항을 잠식시키지는 못했지만 - , 또는 1960년대 가난과의 전쟁과 시민권의 확장 등이 그 예이다. 아마도 가장 큰 미국의 개혁은 1969년 국내 환경보호법안의 입법통과를 들 수 있을 것이다. 이로써 환경보호국(EPA)을 설립하는 법적 기반을 마련하고 〈표 7.1〉에서 언급했던 1960년대와 1970년대의 환경입법의 분화구로서의 행정적인 일관성을 가질 수 있게 되었다.

환경보호국의 설립은 많은 국가 내에서 유사한 미국식의 변화를 불러일으켜 사람들이 흔히 환경규제국가라고 부르는 용어를 만들어내었다(Fisher and Freudenburg, 2004). 지금 대다수의 국가들은 행정부 수준에서의 환경규제 관련 부처를 가지고 있다. 미 환경보호국 - 다른 국가들의 유사 기관 - 은 실질적인 향상을 가져왔고, 또는 적어도 40년 동안 환경악화를 늦추는 결과를 가져

> ### 〈글상자 7.1〉 부시 행정부와 환경
>
> 조지 부시 행정부의 연임 이후 미 환경 안전조치에 거스르는 파괴적인 캠페인에 대한 기록의 사례들이 꽤 쌓였다. 예를 들어, 행정부는 구 오염산업과 발전소를 정화시키도록 강행했던 새로운 자원검토프로그램을 약화시키는 것을 통해 "청정대기법(Clean Air Act)"을 서서히 잠식하는 시도를 했다. 수천 개의 습지와 유역의 환경보호상태를 해체시켜 "청정수질법(Clean Water Act)"의 영역을 협소화시켰다. 서식지 보호프로그램을 제거함으로써 멸종위기에 처한 생물종을 위태롭게 했다. 거의 모든 주가 지역적으로 어획된 물고기 소비의 수은중독 위협에 대해 경고를 했지만, 부시 행정부는 현존 청정대기법에서 요구하는 수은오염방지의 수준을 대폭 완화시키는 계획을 추진했다. 부시 행정부는 세계 곳곳의 온실가스 배출을 감소하라는 정부와 과학자들의 요청에 대해 눈을 감았고 협력에 가장 기본적인 노력조차도 거부함으로써 지금 나홀로 노선에 외로이 서 있다. 부시 행정부가 출범한 이래로, 지역에서 어획된 물고기를 섭취하지 말라는 건강상의 경고가 두 배로 올라갔고, 기금(Superfund)이 사용되었던 독성 폐기물 정화 사업은 예전의 52% 수준으로 하락했다. 오염원에 대한 시민소환(Civil citations)은 57% 수준으로 하락했다. 정부가 발표한 자료에 대한 기자단 단체(Knight-Ridder)의 언론 분석은 미국의 환경은 갈수록 더러워지고 있지만 오염원들은 더욱 자유롭게 활동하고 있음을 보여준다(Kennedy, 2005; National Resources Defense Council, 2006; Pope and Rauber, 2004). 한 환경사회학자는 "지난 5년 동안 부시의 정책들은 인구증가와 만연한 소비주의의 모든 원인이 결합한 것보다 더 많이 환경을 파괴했다"고 신랄하게 비평했다(Dunlap, 2006).

왔지만, 최근 10년 동안 부쩍 가시화되었다. 미 환경규제국가는 1970년대부터 1980년대에 이르는 시기에 공화당 온건파 대통령인 리처드 닉슨의 보호아래 양당이 협력하는 분위기에서 창출되었다. 사실, 주주 정치 – 주요 주주들은 보수적인 기업후원가 – 의 출현은 21세기 첫 10년 동안의 국내 정치가 1960년대와 1970년대에 입법이 추진되었던 많은 환경보호법안의 퇴보를 시도했다는 것을 의미했다. 이러한 경향은 보수당이 의회를 장악한 클린턴(Clinton) 집권 시기 동안 목격될 수 있었지만 실질적인 변화는 환경을 보호하는 데 가장 큰 방해물을 만들었던 조지 부시(George W. Bush) 집권 시기에 나타났다. 조지 부시 행정부는 환경을 보호하고자 하는 폭넓은 대중들의 호소의 영향으로 실질적으로 미국의 환경규제국가 상태를 해체할 수는 없었다. 그러나 그들은 체계적으로 이루어졌던 규제가 덜 엄격하게 적용하도록 그 내용을 미묘하게 변화시킬 수는 있었다.

이러한 정책들이 미 환경에 매우 부정적인 결과를 가져왔다는 충분한 사례가 있다. 이를 증명하는 몇몇 견본을 제시해본다.

- 몇 년 동안 하락세가 계속되었지만, 가장 최근에 기록된 연차 산업 독성 물질배출목록에서는 공기, 물, 토양으로 배출된 독성 물질이 5% 증가했다는 것으로 나타났다.
- 미 환경보호국(EPA)은 2001년 이래로 안전하지 않은 수질에 기인한 해변 출입통제가 해마다 36% 증가했다고 보고했다.
- 국내 산림 총 면적의 반 이상이 벌목, 광물채취, 그리고 산업 자원채굴을 가능하게 하는 공동도로의 44만 마일 확충을 통해 환경적으로 낙후되었다(Pope and Rauber, 2004: 121).
- 카터 대통령은 스리마일 섬 핵 사고를 조사하기 위한 대통령자문위원회를 약속했지만, 부시 행정부는 2001년 오하이오 톨레도 주변의 베시-데이비스(Besse-Davis) 핵원자로에서 발생한 거의 유사한 실수에 대해 요청하거나 논평한 적이 없다(Pope and Rauber, 2004: 102~105).
- 2003년 미국호수의 담수어 견본의 76%가 3세 어린이에게 안전하지 않은 수준의 수은을 함유하고 있는 것으로 밝혀졌고, 신생아 60만 명 이상이 태아 상태일 때 이미 미 환경보호국 건강 기준치를 초과하는 수은 함량에 노출된 것으로 나타났다(National Resources Defense Council, 2006).

이러한 결과는 부시 행정부의 실패일 뿐 아니라 더 큰 맥락에서 정책학자들 사이에서는 공공연한 사실이지만 대중적으로 논의되지는 않는 미국 공동정책의 더러운 작은 비밀이 되어 최근 몇십 년 동안 국내 행정부 또는 정당 어디에서도 과거와 같은 전반적인 체제 개혁을 지지하는 연합을 동원하지 못했다. 아마도 1970년대 이후 증가하는 추세로 미국의 공공정책은 점차 공동의 이익을 반영한 '도매' 정책이기보다는 특정적으로 조직화된 고객의 요구만을 주장하는 구성정책으로서의 소매정책(retail policy)이 되고 있다(Mans, 1994). 만일 환경정책을 위한 순수한 시장전략의 한계점들이 우리로 하여금 결점 있는 현 시대의 정치를 직면하게 한다면, 무엇이 벌어질까? 모든 것을 잃게 될까? 확실히 그렇지는 않다.

3. 번영을 위한 가능한 지렛대

이러한 문제점들이 있지만, 구조가 긍정적으로 변화할 가능성은 있다.

3.1 환경상태와 규제정책

이러한 것들은 2000년 이후 적절한 환경국가의 정책과 규제 효율성이 주어진다면 어떻게 진보를 향한 합리적인 지렛대로 작용할 수 있을까? 더욱이 몇몇 연구와 많은 학자들이 환경국가의 결과물들은 단지 최근의 문제나 미국만의 문제가 아니라 현실적이기보다는 상징적이고 이념적인 것이라고 주장했다(Bucker, 1996; Freudenburg and Gramling, 1994; Krogman, 1999; Schnaiberg and Gould, 1994: 53). 이는 희망의 근원이기는 하지만 환경보호라는 세계적 수준의 실행은 모든 고개발국가와 많은 저개발국가들 내에서 환경규제국가의 영역을 발생시켰다. 환경보호가 미국문화에서 거대한 대중적 주제로 남겨져 있기 때문에 미국에서도 환경보호에 대한 공격은 종종 숨겨지거나 덮인다. 제3

장과 제7장에서 이미 언급되었던 실제 사례들이 또한 존재하지만, 주 정부의 정책과 환경규제가 또한 실질적이고 현실적인 환경향상의 결과를 가져올 수 있거나 또한 적어도 부정적인 영향을 늦출 수 있다고 봄으로써 대부분 간과되었다(Fisher and Freudenburg, 2004; Gardner and Sampat, 1999; Harper, 2005; Perry, 2004; Scheinberg, 2003).

대중적으로도, 그리고 많은 과학자 사이에서도 환경황폐화의 높은 수준, 독성 배출, 그리고 산업을 오염시키는 것은 경제성장, 직업, 그리고 번영에 필수적인 것이라고 보는 만연된 가정이 있다. 이것은 특히 환경보호국가에서 요구하는 독성물질배출목록(TRI)에서 측정되는 국내 독성배출의 60%를 양산하고 있는 화학공업과 제1차 금속산업에는 사실로 비친다. 그러나 이러한 산업은 국가 경제 산출의 4.2%만을 생산할 뿐이고 국가 직업의 1.4%만을 만든다. 더욱이, 단일 기업인 유타 주 롤리(Rowley)의 미국 마그네슘(Magnesium Corporation of America)사는 측정되고 있는 산업 영역의 독성물질 배출의 95% 이상에 대해 책임이 있다(Freudenburg, 2006).

오염을 발생시키는 자원산업을 (비교적 적은 수의 자본가보다는) '자본주의' 체제에 혜택을 주고 있는 것으로 보는 경향은 당면문제에 적절한 자료들을 제대로 해석해내지 못하고 있다는 것을 반영한다. 오히려, 유용한 자료들이 적은 수의 생산자에 의한 '특권적인 접근'을 지적한다. 이 생산자들은 국가의 독성물질 배출 중 상당히 불균형한 몫을 만들어낸다. "만일 사회가 직업과 경제성장의 중요한 손실을 기꺼이 받아들인다면 환경 개선이 가능할 수 있다는 폭넓은 가정과는 대조적으로, 실제 연구에서는 만일 모든 경제 행위자 중 일부만이라도 전체 경제에 또는 경제 부문에 대한 평균 수준으로 단위 작업당 배출량의 비율을 감소시킨다면 중요한 환경 개선이 이루어지게 된다고 밝힌다"(Freudenburg, 2006: 19, 12).

이것은 경제 성장과 번영을 위해서는 많은 산업에서 환경파괴적인 폐기물과 오염물질이 발생하는 것이 유감스럽지만 필연적인 일이고, 이들을 환경적으로 나은 방향으로 규제하는 것은 경제에 해로울 수 있다는 폭넓은 가정과는 대조되는 현상인 것이다. 실제로 환경적으로 규제된 경제 영역은 일반적으로 제조업 회사보다는 국제적인 경쟁성이라는 관점에서 '더 좋은' 역할을 하고, 오염과 이윤 사이에 존재하는 몇몇 정적 관계가 기대되지 않은 방향으로 가는 경향을 보여준다. 다른 말로 표현하면, 산업특성을 분석한 자료에서조차도 오염물질을 더 많이 생산하는 시설은 오염도가 덜한 시설에 비해 이윤 수준이 더 낮은 경향을 보였다(Freudenburg, 2006; Repetto, 1995). 사실 환경규제가 약한 지역과 환경 규제가 엄격한 지역을 특정 영역에 국한시키지 않고 미국의 지역을 전반적으로 비교해보면, 규제가 더 많은 지역과 주 정부가 경제적 번영도가 더 높은 것으로 나타났다(Freudenburg, 1991a). 경제적 번영은 확실히 규제의 단일한 체제보다 더 복잡하지만 이러한 엄격한 환경규제는 '좋은 사업환경'을 훼손시키는 것이 아니고 어느 정도 그것을 향상시키는 것으로 작동한다. 이러한 모든 상황은 전체 경제에 피해를 주지 않고서 환경정부와 연관되어 있는 더 폭넓은 규제정책을 시용해 기강 터무니없이 환경을 파괴하는 기업과 지역을 통제하는 데 중요한 잠재성을 시사한다.

3.2 생태적 근대화

자원 생산성의 급격한 증가, 생물학적 흉내내기(biomicry)의 증가, 서비스와 유량경제의 출현, 그리고 탈물질주의에 의해서 현존하는 자본주의 경제를 개혁하는 과정으로서의 생태적 근대화(EM)는 환경적 변화를 긍정적으로 증진시키는 잠재성을 가지고 된다. 나는 제6장에서 생태적 근대화에 대해 논의했던 내용을 반복할 생각은 없다. 단지 생태적 근대화가 미국보다는 유럽에 더 큰 환경적 영향을 주었다는 것과 그것이 행동의 변화가 없었다면 효과적이지 않았을 긍정적인 환경 변형이라는 퍼즐의 한 구조적 단편일 뿐이라는 점에 대해서만 언급하려고 한다. 하지만 그것은 명확하게 이해될 수 있고, 그것은 지배적인 경제적 실용성이 어디에도 없을지라도 거대한 잠재성을 가진 경제적 개혁 프로그램이다. 법인경제의 단편적인 모습 속에서도 몇 가지 방법을 통해 잠재성은 명확하다. 브리티시 석유와 로열 더치 셸(Royal Dutch Shell) 같은 거대 에너지 회사들 사이에 적용되는 법인정책에 변동이 있었다. 기후변화에 심각한 영향을 주는 회사들의 순위를 매길 때 다른 화석연료 회사들과의 서열이 무너질 정도의 수준이었다. 그들은 재생가능에너지라는 성장하는 시장에 투자했다. 이러한 변화들은 2006년 브리티시 석유의 알래스카 기름 유출이라는 수치스러운 사고가 있었을 때도, 그리고 브리티시 석유가 부분적으로 그렇게 함으로써 이윤을 얻도록 동기화되었을 수도 있었다는 사실에도 불구하고 유지된다. 서부 캐나다의 거대한 목재회사 맥밀런 블로델(MacMillan Bloedel)은 대중적인 저항의 대상이 되었고, 1990년대 내내 완전벌채(clear-cutting) 기술을 가지고 논쟁하게 되었다. 2000년에 이 '맥블로우(McBlow)'사가 완전벌채를 포기하겠다고 천명해 세상과 다른 목재회사를 깜짝 놀라게 했다. 완전벌채는 나무가 땅 위를 흐르는 빗물의 양과 토양의 침식을 조절하고 산림을 재생할 수 있는 야생 서식지를 제공할 수 있도록 유지될 만큼의 선택벌채 기술로 대체될 수 있었다. 미국에서는 지금 철강의 56%가 폐기물에서부터 생산되고 있다. 그 결과 최근에 지어진 철강소는 석탄과 철광석이 가까이 있는 서부 펜실베이니아에 위치하지 않고 노스캐롤라이나, 네브래스카, 그리고 캘리포니아와 같은 미국 곳곳에 흩어져 나타났고, 이들은 공급 지역들에서 나오는 파쇄물을 받아 운영하고 있다. 신철강소는 철광석에서 철을 생산하던 구철강소보다 에너지를 적게 사용하고 오염을 덜 발생시키면서 철강을 생산했다. 유사한 이동이 제지소에서도 나타났는데, 제지소는 한때 산림 속 지역에 거의 국한되어 자리했지만, 지금은 종종 도시 가까이에 위치해 지방에서 공급되는 폐지로 운영되고 있다. 이러한 사례들은 생태적 근대화의 잠재성을 보여주는 것이지만 지배적인 경제적 실천사례가 된 것은 아니다.

3.3 공동자원의 지역사회 관리

공동자원에 대한 지속가능한 지역사회 관리는 수 세기 동안 많은 지역에서 실행되어왔다. 그러나 최근에서야 그것은 사회과학자들에 의해 재발견되고 있고, 이것은 사람과 단체는 항상 공유자원기반을 남용한다는 가정을 하는 하딘의 '공유지의 비극' 개념이 '자연의 법칙'이 아님을 시사한다. 공동자원에 대해 지속가능한 지역사회 관리(common resources management: CRM)를 하고 있는 몇 가지 사례를 살펴보자. 14세기 이래로 스위스 퇴르벨(Torbel)의 마을 사람들은 손상되기 쉬운 알프스 산맥의 목초지와 산림 - 그곳에서 소들은 겨울을 제외하고 여름에 방목된다 - 을 성공적으로 관리하는 규칙을 실행시킬 수 있었다. 그들은 알프스산맥 지역이 개인 소유자보다는 지역사회에 공유되어야 한다고 결정했다. 어느 누구도 겨울에 먹이를 댈 수 있는 것보다 더 많은 동물을 여름에 사육할 수 있도록 허용되지 않았다. 소들은 모두 곧장 알프스산맥의 목초지로 보내져 그 수를 헤아리게 되었고, 벌목할 나무들은 1년에 한 번 지역사회 산림관에게 인가를 받아야 했다. 실용적으로 알프스 목초지를 관리하기 위해서 이러한 규칙들은 시간, 인구증가, 마을 영역 밖에서의 고용과 같은 시련을 견뎌냈다(Netting, 1981).

미국의 사례를 고려해보자. 북대서양의 많은 어획자원과는 다르게, 메인 주 동부 중앙 해안선을 따라 형성된 바닷가재 어획은 지속가능하도록 몇십 년 동안 관리되었다. 작은 배에 탄 어부들이 작은 바닷가재 잡이 망 - 항아리 - 을 식별 가능하도록 해안선 항구로 드리우며, 겨울에는 바닷가재를 잡기 위해 더 깊은 바닷속으로 망을 드리운다. 주 정부가 어획할 수 있는 바닷가재의 수,

〈표 7.2〉 성공적인 지역사회 자원관리에 공헌하는 상황

I. 지역적으로 통제가능한 자원
   A. 한정지을 수 있는 경계(물보다는 토지, 공기보다는 물)
   B. 경계를 지으며 머물러 있는 자원(동물보다는 식물, 바다물고기보다는 민물고기)
   C. 지방적 수준의 공동자원에 대한 지역사회 관리 규칙은 강화될 수 있다(더 높은 수준의 정부들은 지방의 통제를 인식하고 그러한 규칙을 강화시키도록 돕는다).
   D. 적절하게 모니터링될 수 있는 자원의 변화수준

II. 지방 자원의 의존성
   A. 자원 고갈의 인지가능한 위협
   B. 지방 자원의 대체물을 찾기 어려움
   C. 방치된 지역에 고착되기 어렵거나 그러한 지출비용

III. 지역사회의 존재
   A. 안정되고 일반적으로 적은 인구
   B. 사회 상호작용과 관계에 대한 두터운 연결망
   C. 공유된 규범.
   D. 자원사용자가 공정하고 효과적인 규칙을 가지고 자원을 사용하는 지방에 대해 잘 이해하고 있다.
   (A는 B를 촉진시키고, 둘 다 C를 촉진시킨다. 이들 모두는 정보를 공유하고 갈등을 비공식적으로 해결하기 쉽게 만든다.)

IV. 적절한 규칙과 절차
   A. 규칙에 대한 참여적인 선택과 조정
   B. 집단 통제 모니터링, 강화, 그리고 인원
   C. 규칙은 외부인의 배체와 내부인의 자제를 강조함
   D. 규칙과 자원의 조화
   E. 규칙은 준수할 수 있는 잘 갖추어진 유인책을 가짐
   F. 등급이 있고, 관리하기 쉬운 처벌

자료: Ostrom(1990); Gardner and Stern(1996: 130).

크기, 성별을 제한하고 있고, 바닷가재를 잡기 위해서는 인증서가 필요하며, 인증번호를 각 특정망들이 연결된 선 위에 눈에 띄게 드러내놓고 있기 때문에 공동자원에 대한 지역사회 관리 원칙이 가능하다. 그러나 어획된 바닷가재의

대부분은 어부들의 몫이 된다. 바닷가재 어부의 생계를 유지시키려고, 지역사회는 외부인을 방어하기 위해 할당된 지역을 지배하는 강한 불문율을 발전시켰다(Acheson, 1981; Gardener and Stern, 2005: 127~128). 이러한 사례들은 단지 공유지의 비극에 대한 비일상적인 예외의 경우일 뿐일까? 사실은 아니다.

정치학자 일리노 오스트럼(Elinor Ostrom)과 그녀의 동료들은 공동자원에 대한 지역사회 관리를 연구했고, 많은 성공적인 사례들을 알아냈다(Ostrum, 1990; 또한 Baland and Platteau, 1996 참조). 오스트럼은 생계에 중요한 역할을 하고, 지리적으로 어렵지만 불가능하지는 않은 정도로 충분히 크며, 사용에 혜택을 얻는 개인들은 배제할 수도 있는 공동 자원 기반의 지속가능성에 초점을 맞추었다. 오스트럼은 성공적이고 지속가능한 공동자원에 대한 지역사회 관리체계는 (1) 자원, (2) 그 자원을 사용하는 집단, (3) 그들이 발전시킨 규칙, 그리고 (4) 지역적 · 국내적 수준에서의 정부 활동의 특성에 달려 있다고 결론을 내렸다. 연구내용의 요약을 〈표 7.2〉에서 참조하라.

오스트럼은 공동자원에 대한 지역사회 관리의 성공이 지방적 지역사회, 특히 지방적 · 지역적 · 국내적 정부의 지원을 넘어서는 요소들에 의존하고 있음을 발견했다. 그러나 만일 공무원이 뇌물을 수락하거나 정치적인 선호가 그들의 몫 이상의 사용을 허용하게 될 때 특히 정부는 공동자원에 대한 지역사회 관리를 촉진할 뿐 아니라 방해할 수 있다. 미 연방과 캘리포니아 주는 이러한 방법을 통해 지역적인 물 사용자들을 도왔다. 물 관리제도는 '연관성이 있는 제도'였고, 그 속에서 더 작은 사적인 또는 지방정부의 펌프사용과 분배 기구가 더 큰 수준의 지방과 지역의 결사체들과 연관되어 있다. 그들은 물 권리를 둘러싸고 값비싼 소송을 하는 대신에 그 대안으로서 펌프의 사용을 제한하는 합의를 이끌어내기 위한 협상을 했다. 주 정부는 합의과정을 모니터링하는 비용을 후원하고 주 법원에서 이들을 법적으로 연계되어 있는 것으로 대했다. 이러한 **공동참여**(comanagement)는 공동자원에 대한 지역사회 관리에서 유망한 생각이다(McCay, 1993).

그러나 고개발국가에서는 어부, 벌목꾼, 목장주 같은 소수 사람들만이 방금 언급했던 사례처럼 지역적인 자원에 의존하고 있다. 세계화된 시장은 현금 소득이 있는 사람들은 그 지방에서 부족한 부분들을 다른 지역으로부터 사들이는 간단한 방법으로 지역적 부족에서 생기는 고통을 거의 항상 피할 수 있다는 확신을 심어준다.

공동자원에 대한 지역사회 관리는 따라서 20세기 강력한 사회 추세와 반대되는 것일 수 있다. 세계 시장과 세계체계의 출현은 지방적인 수준에서 이루어지는 공동자원에 대한 지역사회 관리를 종종 파괴할 수 있다. 세계화는 효과적인 공동자원에 대한 지역사회 관리를 위해 〈표 7.1〉에 있는 두 가지 주요한 특성을 약화시켜왔다. 즉, (1) 지방자원의 의존도와 (2) 밀집되고 안정된 지역사회 연결망의 존재이다. 미국의 가계 농장과 목장은 비교적 지속가능한 농장 관리를 실행하는 개인이 소유하고 있다. 그리고 그들의 자손에게 생산 토지를 물려주는데, 이들이 바로 지방사회의 역동성을 지원하는 사람들이 된다. 그들은 때때로 먼 거리의 '외부인'에 의해 소유되거나 관리되는 농장에 의해 대체되기도 한다. 이러한 투자가들은 (대략 10년 동안) 투자한 자본의 '수명(natural life)' 이상의 지속가능한 자원 생산성에 대해서는 대체로 별 관심을 보이지 않는다. 이로부터 두 가지 교훈을 얻게 된다. (1) 상업 발달은 공유지를 사유화하도록 하지 않고, 지역사회 자원의 통제가 외부인에게 맡겨지는 방향으로 이루어진다. (2) 공동자원에 대한 지역사회 관리는 때때로 전문가와 중앙정부 관료가 인식하고 있는 상업의 공동조정(commercial commodification)을 초과해 사회적, 환경적, 그리고 심지어 경제적 이익을 산출할 수 있다(Gardner and Stern, 2005: 145). 그뿐 아니라 오스트럼과 그녀의 동료들은 하딘의 공유지의 비극에 대한 보편성에 논쟁지점을 부여하고 보수주의자들의 사회 제도에 대한 강력한 반례를 제시했다는 점에서 큰 공헌을

했다. 공유지의 문제점은 실제로 '개방된 접근'의 문제이지만, 공동자원이 특정 사용자 집단으로 제한될 수 있는 곳에서 그것은 그러한 퇴화를 겪지 않을 수도 있다(Rose, 2001: 234).

공동자원에 대한 지역사회 관리를 적용하는 데에는 장점과 제한이 모두 존재한다. 장점을 먼저 제시해보자.

1. 오래된 사회적 전통에 기초해 세워졌다.
2. 외부효과를 내부화시킬 수 있다.
3. 매우 오랜 기간에 걸쳐 효과적일 수 있다.
4. 자기중심주의 또는 이기심을 벗어나도록 사람들을 고양시킬 수 있다.
5. 강제비용이 낮다.
6. 종종 무시되었던 전략이다.

그러나 공동자원에 대한 지역사회 관리는 다음과 같은 이유로 제한된다.

1. 그것은 자원형태에 따른 제한된 영역에서만 효과를 거둘 수 있다.
2. 사회적 추세는 성공적인 실행을 위한 기반을 종종 파괴한다(Gardner and Stern, 2005: 149~150).

제한사항들은 정말로 심각하다. 그들은 많은 세계 환경문제들이 공동자원에 대한 지역사회 관리(CRM)로 개정될 수 없고 아주 적은 지역사회들만이 이를 적용시키기 위한 필수사항들을 갖추고 있다. 이러한 제한사항들이 있다고 해도, 공동자원에 대한 지역사회 관리는 혼합적인 전략들의 일부로서 어떤 일정한 환경문제를 다룰 가망이 크다.

3.4 교역가능 허용수준

교역가능 환경허용(tradable environmental allowances: TEAs)은 환경 자원의 착취 또는 오염물질의 생산을 어떤 수준에서 멈추게 할 수 있는 또 다른 방법이다. 녹색세 부과에 대한 주요한 대안책으로서의 교역가능 환경허용은 정부가 개발 – 임업 또는 어업 – 또는 폐기물·오염물질 생산에 최대 허용가능한 한도를 설정하거나 생산자에게 허용되는 수준을 공매하는 것이다. 정부는 이러한 허용에 대해 가격을 결정하지는 않는다. 더욱이 공매과정에서 몇몇 허용치들은 가치가 증가하지만 생산자에게 별로 중요하지 않은 것들은 가치가 하락할 수 있다. 허용권을 소유한 기업들은 허용권을 현재 생산에 사용하거나, 미래 확장을 위해서 예치시키거나, 또는 다른 기업에 가치를 상승시켜서 판매할 수 있다. 교역가능 환경허용은 효과적으로 공동자원기반에 정량만큼 접근할 수 있다. 배출 억제에 적용시켜보면, 어떤 수준의 배출을 양산하도록 하는 허용치는 단위 생산당 배출결과를 최대화하는 방법을 찾아내도록 하는 경제적 유인책의 효과를 거둘 수 있다. 수산업의 개발에 적용되었던 방법을 오렌지 생산 감축을 위해 추정된 최대치의 지속가능한 산출과 더 적은 허용치에도 유용하도록 했을 때, 이들은 값을 다투어 올라갔다. 어부들이 더 풍부하고, 상업적으로 다양한 어획을 한다면 그러한 특정 어종의 어획은 중단되거나 늦춰질 수 있다. 어획량 제한이 특정화되었을 때, 정부는 교역가능한 허용체계 속에서 적당한 가격을 찾아내야 하는 책임이 없다. 시장이 적당한 가격을 결정한다. 세금체계를 보자면, 정부는 적절한 세금 비율을 찾아내야만 한다. 작은 일이 아니다. 그래서 어떤 수준에서 또는 그 이하로 환경파괴를 멈추게 하려 할 때 교역가능 환경허용은 종종 녹색세보다 더욱 효과적이다.

이 전략은 많은 국가에서 너무 많은 다른 자원의 종류로 확산되었다. 1999년 한 조사에 따르면 공기오염방지에서 9가지 변용사례를, 어업에서는 75가지, 수자원 관리에서는 3가지, 공기오염 조절에서는 5가지, 토지사용 조절에서는 5가지가 나타났음을 알아냈고, 그 이상의 적용사례를 찾지는 못했다(OECD, 1999). 바닷가재 남획에 대해 고민하던 오스트레일리아 정부의 성공사례를 보면, 어족의 지속가능한 산출량을 추정하고 그 양의 총 허용치를 계산했다. 바닷가재 어부는 이러한 허용치에 입찰할 수 있었다. 정부는 얼마나 많은 바닷가재를 매년 잡을 수 있는지 결정했고, 이 허용치가 얼마의 가격이 되는지는 시장에서 결정되도록 두었다. 1986년 교역가능 환경허용(TEA)이 적용된 이래로, 바닷가재 어획은 안정화되었고, 지속가능한 수준에서 작동하는 것으로 나타났다. 이러한 전략은 어업에 다양하게 적용될 수 있다. 지방 해안선에 서식하고 있는 바닷가재와 같은 어종에 더욱 성공적이며, 특히 다른 나라와 어장이 겹치는 (북대서양 대구와 같은) 어종에서는 적절하지 않다.

아마도 교역가능 환경허용의 가장 야심차고 성공적인 적용은 1990년에서 2000년 사이에 절반 수준으로 황 배출을 감소시킨 미국의 계획을 들 수 있다. 허용치는 61가지 전력시설에서 작동해 이보다 이산화황을 심하게 배출하는 263가지 발전소에 할당되어 적용되었다. 그 대다수는 미시시피 강 동쪽의 석탄을 사용하는 화력발전소였다. 그 결과 1990년에서 1995년 사이에 계획수준을 미리 앞서가면서 절반 수준으로 감축되었다(Schmalensee et al., 1998). 흥미롭게도, 시장에 기초한 전략이 기업이 더 효과적인 방법으로 배출을 감축시키는 데 동기부여를 했기 때문에 여기에 든 비용은 산업에서 계획했던 비용의 1/10 수준이었다(Miller, 2002: 411). 제3장에서 언급한 바와 같이, 지구적인 교역가능 환경허용 체계는 온실가스 배출에 대한 교토 의정서의 탄소감축목표치에 도달하기 위한 방법으로서 미국에서 제안되었다. 그러나 그 당시 국가들에 적용될 수 있는 교역가능 환경허용을 위한 선례가 존재하지 않았다.

교역가능 환경허용은 (1) '공매'를 유지하거나 관리하는 비용의 사례처럼 거래비용이 높고, (2) 허용치 유지선이 허용 할당치에서 부과된 억제선이 유지되는 것보다 속이는 것에 의해서 얻어지는 것과 같이 효과 없는 실행으로 나타나면 전체적으로 효과적이지 않다. 이는 아마도 국제적인 교역가능 환경허용에서도 문제가 될 수 있다. 더욱이 만일 목표가 장기적인 추세를 자극하는 것이라면, 그 기간에 걸쳐 세금을 점진적으로 부과한다면 더욱 효과적일 수 있다. 예를 들어, 만일 목표가 압도적으로 많은 비율의 화석연료를 태우는 산업국가에는 더 높은 목표치를 부과하면서 전 세계적인 수준의 탄소가스 배출을 감소시키는 것이라면, 정부들은 각 국가의 상황에 적절한 수준보다 상향된 제한치를 부과할 수도 있다(Brown, 2001: 249).

3.5 교역가능 환경허용(TEA)과 지역사회 자원관리(CRM)의 비교

법학자 캐럴 로스(Carol Rose)는 환경보호를 위한 두 가지 전략을 상호 비교했다(2002). 그녀는 지역사회의 자원관리 체계 - 법적 용어로는 체제(regime) - 는 종종 오랫동안 지속될 수 있고 매우 오래된 전통적인 방법일 수 있는 반면에 교역가능 환경허용 체계는 비교적 새로운 것이라고 언급한다. 지역사회 자원관리(CRM) 체계는 유럽 내에서의 역사성과 재산권 체계를 가지고 있는데, 환경자원은 외부인이 쉽게 배제되고 내부인이 자신들의 권리를 쉽게 외부인에게 판매할 수 없는 지역사회에서 공유되었다. 그들은 안정적인 일련의 내부인에게 적용되어왔기 때문에, 재산권과 의무는 꽤 복잡해질 수 있다. 대조적으로 교역가능의 환경허용 체계는 앵글로 미국계 재산권 체계에 그 근원을 가지고 있고, 그 속에서 자원은 개인에게 소유되고, 상업적으로 한 사람에게서 다음 또는 외부인에게 쉽게 교역이 가능하며, 따라서 전형적으로 간단하게 재산의 판매 가능한 형태로 되는 것이다. 그 결과 구매자와 이방인들은 무엇을 얻을 수 있는지 알 수 있다(2001: 247). 로스는 지역사회의 자원관리와 교역가능 환경허용 체계 간의 차이를 마치 이념형이 존재하는 것처럼 요약했다. 현실은 더

〈표 7.3〉 지역사회 자원관리와 교역가능 환경허용 체계 비교

	지역사회 자원관리(CRMs)	교역가능 환경허용(TEAs)
규모	작은 규모(연관 또는 재조정 되지 않는다면)	큰 규모
자원 복잡성	복잡함, 상호교류	단순함, 단일한 관심사
실행을 촉진시키는 요인	적응, 장기간의 안정성, 위험 분할	투자의 안전, 혁신
사회 구조	밀접한 결합	느슨하고 이방인적인 관계
자연환경내의 이동 적응	적응하기 쉬움	적응하기 어려움
인간수요에 대한 이동 적응	적응하기 어려움	적응하고 쉬움
전형적인 자원적용	오염	추출
판매할 수 있는 관계	판매하기 힘듦	판매하기 쉬움

자료: Miller(2002: A7); Kraft, 2001.

복잡한 양상을 보인다고 주의를 주기는 했지만 말이다 〈표 7.3〉을 참조하자
지역사회 자원관리와 교역가능 환경허용 체계는 거울의 상과도 같아서, 우리는 왜 교역가능 환경허용이 근대재산권 체계, 특히 전 세계적인 영역에서 지배적인 사상이 될 수 있었는지에 대한 이유를 이해해볼 수 있다. 그러나 지역사회 자원관리 체계는 몇몇 긍정적인 성격을 가지고 있는데, 특히 교역가능 환경허용 체계가 별 실효성을 가지지 못하는 경향을 가지는 곳, 특히 지방적으로 조밀하고, 산림과 습지와 같은 복잡한 자연체계와 맞서고 있는 지역에서 그러하다(Salzman and Ruhl, 2000). 환경관리자들은 현재 지역사회 자원관리 체계를 정부가 보조하고 통제하는 방법을 가지고 실험하고 있다. 앞에서 지방의 물 회사를 '연계망(nested)' 체계를 통해 지원하는 캘리포니아 주 정부의 노력을 언급했다. 잘 알려진 또 다른 사례는 지방 지역사회를 야생의 소유자로서

다루는 아프리카 짐바브웨의 노력을 들 수 있다. 지방의 지역사회가 여행과 사냥게임을 통해 얻어지는 이익금을 받을 수 있기 때문에, 지방의 지역사회 구성원들은 밀렵자들에게 넘겨주는 기술보다는 동물을 살리는(또는 지속가능한 생존이 가능할 만큼만 잡는) 유인책, 기술, 그리고 지식을 가지게 된다(Anderson and Grewell, 1999).

4. 범세계적 정치경제와 환경

이 장은 전적인 것은 아니지만 주로 미국의 정치와 경제에 초점을 두었고, 여러 곳에서 세계시장체계 그리고 세계체계에 대해 언급했다. 특히 제6장 세계화에 관해 논의했다. 이제 이러한 사고를 경제적·정치적 구조에 대한 특별한 언급과 함께 심화시켜보려고 한다. 먼 거리에 있는 사람들 간의 무역은 고대시대 이래로 인간의 사회적·문화적 통합에 중요한 역할을 해왔다. 확실히 국제무역은 자기의식적인 환경주의보다 더 오랜 역사를 가지고 있다. 예를 들어 국제무역은 이탈리아에 파스타를, 프랑스에 실크를, 콜럼버스(와 그의 동행인들)와 함께 온 모든 것들을 미국에, 소아마비 백신을 세계에, 코카콜라·말보로·벤앤드제리 아이스크림을 모스크바와 베이징에 가져다주었다(Zalke et al., 1993: x iv). 환경보호가 확실히 최근의 관심사였다고 우리가 생각하는 바에 따른다면 국제무역은 훨씬 더 오래된 것이다.

4.1 조직, 무역, 협약, 그리고 환경

명백하게 언급하기 위해서, 세계시장과 국가 간 세계체계의 출현만큼 중요한 것이 다면적인 정치적 그리고 경제적 조직들, 많은 회의, 그리고 조약과 연

> **〈글상자 7.2〉 강력한 경제성장이 없는 건강한 경제?**
>
> 정치지도자와 신고전경제학자들은 건강한 자유시장 또는 자본주의 경제는 지속적이고 강력한 경제성장을 필요로 한다고 믿는다. 왜냐하면 이는 고용과 생산된 재화와 용역을 소비함으로써 이윤을 발생시키는 충분한 소비자를 유지시키기 때문이나. 최근 이러한 충분한 성장률은 매년 3~4%로 추산되고 있다. 낮은 성장률은 실업과 경기침체와 관련이 있다. 환경파괴로부터 수자원, 토양사용, 종다양성을 유지시키는 서식지와 지구온난화를 강조하면서 보호하거나 보전하는 것은 최대 성장 잠재율 이하의 성장률을 가진 경제를 요구할 수도 있다. 따라서 실업의 고통 － 파업, 건강, 범죄, 가족문제, 정치적 소요를 암시하는 － 을 피하기 위한 성장과 취소할 수 없는 환경황폐화의 지속적인 축적 사이에서의 어려운 교환관계가 있는 것이다. 생태적 경제학자들은 노동생산성을 끊임없이 향상시키는 기술 경제에서는 왜 노동정책은 작업시간을 줄이면서 대다수 고용인의 임금과 고용을 유지할 수 없는지, 그로 인해 실업의 고통을 피할 수는 없는지에 대해서 의문을 가지고 있다. 미국에서의 고용과 관련한 두드러진 문제점이라면 의료서비스와 고용 관련 혜택 － 시간제 근로자, 작업시간의 연장 － 이 정부에 의해 관리되는 수혜적인 정책이 될 필요가 있다는 점이다. 캐나다와 유럽에서는 이들은 보편적인 건강보험프로그램하에 있다. 완벽하게 사회화된 의료에 의해서는 아니지만 말이다. 이러한 프로그램은 성공적으로 잘 작동하고 있다. 경제학자들에 의한 연구는 혼합되어 진행되고 있다. 몇몇은 이러한 프로그램의 실용성에 대한 사례를 발견하고 있지만 다른 사람들은 그렇지 않다. 네덜란드와 다른 유럽 국가들에서는 경제적 지도자, 정부, 그리고 노동운동가들이 이러한 개혁을 성공적으로 협상하고 있다(Booth, 2004). 경제-환경의 배타적 교환관계가 단순히 개념적이라는 생각은 피하고 있지만 명백하게 많은 현실적인 복잡성이 함께 내포되어 있을 수 있고, 이는 정치적으로나 이념적으로나 어려운 것이 될 수 있다. 그러나 원칙적으로 실용적인 자유시장 경제는 지속가능하지 않은 성장과 생래적으로 연관되어 있지는 않다.

관되어 있다. 정부, 기업체, 그리고 비정부기구의 거대한 국제적인 회합이 이루어진 유엔회의가 1972년 스웨덴 스톡홀름, 1990년 브라질 리우데자네이루, 그리고 2002년 남아프리카 요하네스버그에서 개최되었다. 이러한 회합에는 유엔 회원국뿐 아니라 인권·노동·환경 관련 비정부기구가 참석했다. 의심할 여지없이 독자는 이러한 많은 내용을 들은 바 있겠지만, 여기 유엔기구의 창립과 더불어 더 중요한 무언가가 있고 이에 대해 요약해보고자 한다.

1. 유엔환경프로그램(UNEP), 식량농업기구(FAO), 세계보건기구(WHO), 그리고 유엔개발프로그램(UNDP), 무역과 개발 유엔회의(UNCTAD). 무역과 개발 유엔회의는 저개발국가의 경제와 무역의 이해관계를 대변한다. 유엔환경프로그램은 이전의 세계보건기구와 같은 잘 조직되고 오래된 기구와 비교할 때 작고 기금 상황도 열악한 기구이다. 그리고 유엔 기구는 많은 사적 기구와 비교할 때 국제적인 정통성을 가지지만 이들은 종종 관심사, 사법권, 그리고 부분적으로 환경 사안에서 활동 영역이 중첩된다. 지속가능발전위원회(CSD)는 스톡홀름, 리우, 그리고 요하네스버그 회의에서 만들어낸 행동프로그램의 발전을 모니터링하기 위해 설립되었다.

2. 세계은행(WB), 세계무역기구(WTO), 지구환경기관(GEF), 그리고 국제통화기금(IMF). 세계은행, 국제통화기금, 그리고 세계무역기구는 제2차 세계대전으로 그들의 역사를 추적해볼 수 있는 부분적으로 공적이면서 사적인 기구이다. 세계은행은 경제발전을 증진시키기 위해서 창설되었고, 국제통화기금은 세계통화체계의 안정성을 책임지기 위해 설립되었다. 특히 세계은행은 환경계획과 관련을 맺어왔는데, 부적절하고 고개발국가의 경제적 이해를 편드는 환경정책과 계획을 추진한 데 대해서는 강하게 비난을 받았다. 세계은행은 노력을 혁신할 것을 맹세했다. 지구환경기관은 기부자에 의해 기금이 마련되고 환경보호와 지속가능한 생계를 위해 노력하는 저개발국가의 계획에 대해 지원하는 사적인 기구이다. 세계무역기구는 국가와 기업체 간의 자유무역을 증진시키는 기구이고, 국제통화기금과 같이 세계 노동과 인권뿐 아니라 환경사안과 필수적으로 관련이 있는 기구이다. 세계무역기구는 강한 반세계화 단체, 환경운동가, 인권운동가가 회의를 통해 계몽적인 역할을 할 수 있도록 하는데, 때때로 주관 국가에 의해서 보호되거나 해산되기도 한다(이것에 대해서는 좀더 관심을 가져보도록 하자).

3. 세계보호연맹(ICUN)은 생물학자, 보호주의자, 그리고 환경주의자들의 지구적인 연맹으로 원칙적으로 종다양성 보전에 관심을 가지고 있다. 세계 자연자원의 발전을 열성적으로 후원한다.

4.2 초국가 기업

세계무역기구 협정을 자세히 읽어본다면, 세계무역기구가 '자유(free)'가 아니라 특별 이해관계 단체, 다양한 관세, 그리고 강한 협상의 결과를 통해 나타난 산업의 공공연한 부정거래를 용인하고 그 허점을 방어하고자 했다는 것을 알 수 있다. 예를 들어 초국가 기업들의 관계자들 – 네슬레, 펩시콜라, 필립모리스, 몬샌토, 그리고 듀퐁 – 이 미국 세계무역기구 협상가들에게 권고할 수 있는 자격을 갖고 있다는 것을 볼 수 있다. 다른 국가들도 이와 유사하게 대표되거나 충고를 받는다. 소기업, 농업, 기업, 노조, 또는 환경기구로부터의 대표자는 없다(Hawken, 1993: 97). 초국가 기업은 세계화와 지속가능성을 연관시킬 때 제7장에서 언급되었다. 그들은 세계시장체계와 정부 대부분을 대표하는 구성체와 구조적인 실타래를 형성하고 있다. 하나의 초국가 기업은 하나의 국가 안에서 설립되지만 그들이 지사, 부서, 그리고 보조적인 회사는 수많은 국가에서 작동한다. 초국가 기업은 1970년 7,000개에서 2002년 80만 개의 외국 자회사와 매년 15조 달러의 매출과 더불어 대략 6만 개로 성장했다(French, 2002: 190).

초국가 기업은 종교, 노동, 사회정의, 그리고 환경단체 사이에서 많은 비판을 받는다. 어떤 압력을 받지 않는 이상 초국가 기업이 다른 국가로 생산품을 유입하는 것이 사회적 또는 윤리적으로 선한지 아닌지를 먼저 질문 받는 경우는 없다. 정말 터무니없는 경우를 들자면, 초국가 기업은 약품, 살충제, 분유, 피임용구가 그들의 모국에서 안전하지 않은 것으로 금지된 이후에 이것들의 사용을 저개발국가내에서 선전했다. 이들은 저개발국가에서 금지된 농약을 살포해 키운 채소를 미국 식탁으로 수입해왔다. 이렇게 해서 독성물질의 순환을 완성시켰다. 그들은 부유한 국가에서 고체폐기물과 독성 폐기물이 규제되었을 때 돈에 메마른 국가들에 이들을 판매하는 국제 중개인이 되었다. 독성 산업폐기물과 제약 잔여물이 유럽에서 아프리카로, 미국에서 중남미, 캐리비안 국가들로 운송되었다. 조직화된 지역적 저항이 커가는 곳에서, 정부와 관련 기업체는 이러한 폐기물을 다른 곳으로 이전하는 식으로 간단히 문제를 해결했다. 초국가 기업은 일본으로 수출하기 위해 인도네시아와 말레이시아의 열대우림을 벌목하는 것을 중개했다. 비슷한 사례로, 미 석유회사 텍사코(Texaco)는 20여 년 동안 에콰도르의 신흥 산업인 오일산업을 지배함으로써 에콰도르 열대우림을 너저분하게 만들었다. 산업표준치에 훨씬 못 미치는 수준의 환경관리기술을 사용해, 회사는 아마존 동부지역인 오리엔테(Oriente)를 심각하게 오염시켰으며 토착민과 그곳에 살던 소농의 삶을 파괴했다. 학자들은 텍사코가 설비한 에콰도르 관통 송유관이 파손돼 발생한 30여 건의 원유유출로 인해 1,680만 갤런의 원유가 유출되었음을 확인했다. 이는 대중적으로 잘 알려진 엑손 발데즈의 유출사고보다 50% 더 큰 수준이다(Fierro, 1994).

초국가 기업이 인간과 환경에 대해 벌인 공포스러운 사건은 너무 사례가 많기 때문에 상당히 두꺼운 분량의 색인을 따로 만들어도 될 정도이다. 그러나 우리는 또한 이러한 영향력에 대한 더 복잡하고 큰 그림을 감상해야만 한다. 미국, 캐나다, 대부분의 유럽국가를 포함하는 경제협력개발기구(OECD)의 1994년 연구에 의하면, 세계 곳곳의 초국가 기업은 종종 국내 회사보다 더 좋은 대우를 해주었다고 한다. 기업체가 더 낮은 환경규제 하나만을 찾아서 이동하는 것에 대해 과대평가해서는 안 된다. 총생산비용의 구성인자로서 노동비용은 일반적으로 더 중요하다. 예를 들어 1990년대에는 경제협력개발기구의 초국가 기업들의 환경 순응(compliance) 비용은 총판매수입의 대략 2%였다. 1991년 정부 부처로 구성된 테스크포스 연구는 멕시코에서의 미국 기업은 – 특히 대규모 투자를 수행하기가 더 쉬운 큰 규모의 다국적 기업 – 종종 세계적 표준치에 달하는 보조금을 소유하고 있으며, 그들은 미국에서 따르는 수준만큼 높은 수준이라고 밝혔다. 그 예로는 멕시코의 보조금 내에서 미 환경석 규제를 적용받고 있는 포드 자동차회사를 들 수 있다(Lasch, 1994: 55). 대부분 초국가 기업에서 비롯하는 세계 곳곳의 외국직접투자(FDI)의 혜택과 비용은 꽤 혼합되어 있는 양상이다. 이는 경제성장, 기술전이, 효율성 향상, 그리고 환경 부하량 감소 등을 촉진시킬 수 있다. 그러나 만일 투자가 오염을 유발하고, 건강에 해롭거나 지속가능하지 않은 생활방식을 증진시키는 재화와 용역의 전통적인 부문의 생산으로 전환시킨다면, 외국직접투자는 종합적으로 부정적인 영향을 가져올 수 있다(Gardiner, 2001). 외국직접투자로부터 얻어지는 국가이익이 모국의 규제적인 환경정책에 크게 의존하건 아니건 간에 이는 많은 저개발국가 내에서 부적절한 것이 될 수 있다.

다시 한 번, 긍정적이고 부정적인 사례들을 인용하는 것으로는 일반적 상황을 입증하지 못한다는 경고를 해본다. 우리가 일반적으로 초국가 기업을 가망성이 없는 구조로 보거나 또는 이간성과 책임감을 가진 잠재적이고 발전적인 구조로 보는 것은 실증적인 사례일 뿐 아니라 이념적인 부분에도 의존하는 것이다. 내 자신의 견해를 밝히자면, 초국가 기업은 세계 악의 주된 원인도 새로운 이상향의 선구자도 아니다. 전체적인 차원의 진실은 더 복잡하다.

4.3 세계화에 반대: 세계무역기구의 괴로움

우리가 본 바와 같이 지구 경제와 세계체계에는 강력한 모순, 의심, 그리고 이해관계의 내부적 갈등이 만연해 있다. 이전에 언급된 사례들을 통해본다면, 세계 무역에서 초국가 기업의 주요한 증진자인 세계무역기구가 세계화에 대한 노여움, 공포, 그리고 비판을 떠안는 상징이자 피뢰침이라는 점은 놀라운 것이 아니다. 왜냐하면 세계무역기구가 초국가 기업의 이해관계를 대표하고 있기 때문이다. 풍요로움과 더 나은 삶의 질이라는 명제가 환경 제한과 퇴화의 현실과 맞닿아 있고 소득 불평등을 심화시키며 인간복지에 위협할 때, 조화로운 통합보다는 갈등이 심화되어 나타난다.

1999년 워싱턴 주 시애틀에서 세계무역기구, 무역 관계 장관, 그리고 기업 대표자들이 만나서 또 다른 협약을 중재하고자 하는 회의가 개최되었다. 미국과 세계 곳곳으로부터, 다양한 이해관계 – 노동단체, 환경운동가, 인권옹호가, 민주주의와 개방 옹호가, 저개발국가의 사람들 – 를 대표하는 다양한 사람들이 그곳으로 모였다. 그들은 1년도 더 전부터 힘을 모았고 거리에서 시위를 벌이기 위해 모였다. 한국 농민들은 미국과 캐나다의 밀과 쇠고기가 수입되는 무역 규칙에 저항했다. 세계 곳곳의 환경주의자들은 무역과 이윤의 미명하에 자행되는 자연의 파괴에 저항했다. 미국 노동단체들은 값싼 노동력을 찾아서 그들의 직장이 해외로 이전되는 것에 저항했다. 민주주의 옹호가들은 세계 지역사회와 사람들의 대부분을 대표하지 않은 채로 많은 중요한 사안을 폐쇄된 상황에서 토론하는 것에 대해 저항했다. 경제적인 지렛대가 무엇이든지 이에 불이익을 초래할 수도 있는 최소노동과 작업안전표준치가 마련되어야 한다고 주장하는 저개발국가 단체의 다양한 집단으로는 착취적인 환경과 아동 노동력에 반대하는 활동가들이 있다. 여기에는 또한 1960년대 반전 활동주의를 다시 생각나게 하는 사람들도 있었다. 대다수의 시위참여자들은 정돈되고 잘 교육된 사람들이지만 몇몇은 초국가 기업의 지구적인 주도권을 상징하는 가게의 창문을 부수고 약탈하는 행동을 자행했다. 특히 맥도날드와 스타벅스가 그러했다. 시위참여자들과 로보캅 같은 폭동 방지도구를 착용한 시애틀 경찰 간에 거친 몸싸움이 유발되기도 했다. 이러한 것들은 언론을 통해 모두 보도가 되었다. 이러한 거리에서의 대면은 회의 내부에서의 동일한 사안 사이에 대한 분열을 나타내고 무역 관계 장관들 사이의 협상이 합의되지 않는다는 것을 반영했고, 회의는 어떠한 새로운 합의사항에 도달하지 못하고 별 의미 없이 일찍 종결되고 말았다. 다양한 반대의견과 이들의 효과가 시애틀에서 세계를 조정하려던 세계무역기구 회의의 계획을 어긋나게 하고 차단한 것이다. 예견된 동일한 저항의 모습들이 이탈리아 제노바, 카타르, 칸쿤, 그리고 홍콩에서 열린 세계무역기구(WTO) 회의에서 잇달아 회의 참석자들을 맞이했다.

4.4 환경보호를 위한 국가 간 조약과 협약

많은 문제점과 강한 반세계화 저항이 있지만, 환경보호는 지구적인 수준에서 제도화되고 국경을 초월해 이루어지고 있다. 지금 500개 또는 그러한 수준의 국제적인 환경협약이 결과적으로 나타나고 있다. 대략 150개가 지구적인 협약이지만, 몇몇 다른 것들은 더 제한적인 참여국들 사이의 협정 합의문이라는 형식을 취하고 있다(Cunningham et al., 2005: 24). 〈표 7.4〉에서 보여주듯이 몇몇은 주요한 환경협약이라고 할 만하다.

프랭크(Frank), 히로나카(Hironaka), 그리고 쇼퍼(Schofer) 같은 사상가들이 출현하는 '세계사회(2000)'라고 표현했듯이, 이러한 기구를 창설하고 강화시키는 내용의 협약은 지구적인 문화와 제도의 부분이라 할 수 있다. 이러한 개념은 두 가지 흥미로운 관찰에 근거하고 있다. (1) 문화적 기원이 확연하게 다른데도, (예를 들어 인권과 환경보호의 중요성에 대한) 지구 문화의 유사성은 인상적으로 급증하고 있다. 그리고 (2) 세계 곳곳에서 '기능적 필요성(functional necessity)'의 용어로 설명하거나 우발적이라고 보기에는 너무나도 큰 정부와 비정부기구 사이의 구조적·조직적 구성형식의 유사성이 존재한다(Buttel, 2000c: 117). 예를 들어 네팔에 국립공원이 나타날 때, 서아프리카공화국 감비아(가난한 아프리카 국가)에 조류보존을 위한 국제 협의회(International Council

〈표 7.4〉 몇 가지 주요한 국제 협약

1992 종다양성 협약(1993)
1973 야생 동식물 멸종위기종의 국제무역에 관한 협약(1987)
1979 표류성 야생동물의 보전에 관한 협약(1983)
1989 유해 폐기물과 그 처분에 대한 국경이동에 관한 바젤 협약(1992)
1985 오존층 보호에 대한 비엔나 협약과 오존층 파괴물질에 관한 몬트리올 프로토콜 (1992)
1992 유엔 기후변화 협약(1994)
1994 유엔 심각한 가뭄과 사막화를 경험하는 국가들(특히 아프리카)의 사막화방지 협약 (1996)
1971 습지(특히 물새 서식지)의 국제적 중요성 협약(1975)
1971 세계 문화 자연 유산 보호 협약(1975)
1982 유엔 해양법 협약(1994)

자료: Cunningham and Cunningham, 2005: 533.

for Bird Preservation)의 헌장이 발효되었을 때, 멕시코가 국제 포경위원회(International Whaling Commission)에 참여할 때, 환경협약 평가가 쿠웨이트에서 시작할 때, 그리고 루마니아가 환경부처를 설립했을 때 나타나는 지구적인 힘을 참고하라(Frank et al., 2000: 111). 그들의 연구는 다음과 같은 시기에 지구적인 환경보호의 제도화가 확산되고 있다는 것을 보여주었다.

- 모든 종류의 정부와 비정부기구 간의 국내 중요사건의 관점에서의 국가 정부와 세계사회 사이에서 더 크고 '더 긴밀한' 연대가 있을 때
- 환경보호를 위한 지구적 청사진을 받아들이고 해석할 수 있는 국내 과학기구와 생태학 기구라는 '수용기제'를 국가정부가 많이 보유하고 있을 때

그들은 대규모의 ― 지역적·지구적 ― 구조적인 과정과 힘은 환경보호를 위

한 제도와 협약의 확산을 증진시키고, 동원화를 촉진하는 국내여론과 사회운동과 같은 '국내적 요소'들은 변화의 원인보다는 변화의 기제로 작동한다고 결론을 내렸다(Frank et al., 2000: 111).

지정 토론자로서 버텔은 프랭크와 그 외 학자들이 환경보호를 위한 국가수준의 기구와 사회운동의 중요성을 미성숙하게 처리했다고 지적했다. 그는 이들이 국가수준의 기구와 운동의 중요성에 대한 방대한 보고서 내용들을 무시한다고 생각하고(예를 들면, Yearly, 1996), 프랭크는 문화적 합의와 '세계사회'의 연속성의 외연을 과대평가하고 매우 불평등하고 갈등을 일으키기 쉬운 세계에서의 환경보호라는 갈등과 긴장의 외연을 과소평가한다고 주장하는 것이다. 마침내 버텔은 많은 경우에 조직 형성과 협약의 지구적인 확산이 환경의 질에 긍정적인 영향을 미친다는 것에는 별 증거가 없다고 지적한다(2000c). 많은 비판가 중에서, 자연자원보호협의회(Natural Resources Defense Council)에서 일했던 환경관련 업무 내부자가 다음과 같은 내용에 동의한다.

> 현재 환경에 도움을 주려는 국제적인 노력은 전혀 작동하고 있지 않다 ……. 기후협약은 기후를 보호하지 않고 있으며, 종다양성 협약은 종다양성을 보호하지 않고 있으며, 사막화 협약은 사막화를 방지하지 못하고 있으며, 그리고 …… 해양법은 어족을 보호하지 못하고 있다. [세계산림보호는] 협약의 수준에조차 이르지 못하고 있다 ……. 지구환경문제는 설상가상이 되고 있다. 문제는 약한 강제력 또는 약한 준수에 있는 것이 아니다. 약한 효력을 가지는 조약에 있는 것이다(Miller, 2005: 623~624 재인용).

이러한 비판에 대한 대응으로, 프랭크는 몇몇 연구들이 국내적·지구적 정책의 변화가 사실 환경의 질을 향상시키고 있다는 사례를 보여주고 있다고 했다(Dietz and Kalof, 1992; Roberts, 1996). "더욱이 다양한 멸종위기에 처한 종

- 코끼리, 늑대, 그리고 호랑이 - 들의 개체군은 강하게 소생하고 있다. 오존파괴의 주범이라고 하는 CFC 배출은 가파르게 하강하고 있다. 산업세계로 인해 오염된 강과 만은 극적으로 개선되고 있다. 국내적·국제적 수준의 몇몇 규제는 명백하게 잘 작동하고 있다. 그러나 '체계 내의 결점(holes in the system)'은 다들 아는 이야기이다. 정책들이 환경의 질을 유지하고 재구축하는 데 충분히 효과적일까? 확실히 그렇지 않다. 정책들은 모두 효과적일까? 대답은 거의 '예'에 가깝다. 결점이 있는 체계일지라도 체계가 전혀 없는 것보다는 더 나을 수 있다"(Frank et al., 2000: 123).

5. 결론

지속가능성으로의 이동은 시장유인책과 공동정책의 힘을 활용하지 않고서는 생각할 수 없다. 물론 이렇게 행동하는 것은 우리의 집합적인 지혜와 의지를 시험하는 것일 테지만 말이다. 이 장에서 변화의 구조적인 차원을 조사할 때, 나는 독자에게 여러 가지 학문적 모순들의 핵심을 소개했다. 하지만 이러한 논의에서 놓친 몇 가지가 있다. 즉, 변화를 옹호하는 세력에 참여하는 개인의 사상과 힘의 영향은 정부에 압력으로 작용하거나 선택적인 구매 또는 경제적 불매운동에 의해 시장을 변화시키기도 한다는 것이다. 세계무역기구에 대한 저항의 형성에서, 또는 브리티시 컬럼비아에서 맥블로우사가 행하던 완전 벌채에 저항하는 형태에서, 알래스카 원유 재앙으로 피해를 준 엑손 모빌의 처벌을 촉구하는 시도에서 우리는 이러한 모습을 엿볼 수 있다. 이 장은 제6장 말미에서 강조했던 기구-구조의 변증법적 변화의 구조적인 측면에만 초점을 맞추었다. 다음 장에서는 '환경주의'를 표방하는 다양한 형식의 기구들을 살펴보고자 한다.

6. 독자들이 생각해볼 문제

암시와 질문

합리적 선택 이론은 우리가 이익을 최대화하고 비용을 최소화하는 선택을 한다고 주장한다. 사람들이 일상적인 선택을 하게 되는 상황을 통해 이 모델을 살펴보는 데 도움을 줄 몇 가지 질문을 던져보자.

1. 이전에 나는 직장과 가깝게 사는 것이 몇 가지 좋은 점이 있다고 주장했다. 그것의 비용은 무엇일까? 교외에서 살면서 일하러 가려고 몇 마일을 운전하거나 대중교통을 이용하는 것에는 어떠한 비용이 발생할까? 무엇이 더 이득일까? 교통비용이나 환경부하량(이것은 대부분의 사람들이 결코 생각할 수 없는 것일 수 있다)뿐 아니라 다양한 이웃 속에서 사는 사회적 삶의 질과 같은 것도 포함시키자. 사람들이 일하는 곳과 가깝고, 그곳에서 살고 싶지 않으며, 그러한 경우를 피하는 데 많은 돈을 감당해야 하는 곳이 있을까? 이렇게, 무엇이 순수한 합리적 선택인지 결정하는 것은 간단하지 않다.

2. 많은 사람들이 편의 음식들은 단위 가격당 매우 비싸고, 생산 시 방대한 물질과 에너지를 사용하는 여러 겹의 포장을 하고 아마도 독자의 영양적 그리고 건강적 가치에 의문을 제기할 수 있는 지방, 설탕, 소금, 화학물질, 합성보존제, 색소를 섞어 넣은 것이라는 점을 지적한다. 이것을 알고 있어도 이를 먹는 이로움이 건강에 더 이로운 음식을 먹는 이로움보다 가치 있을 때가 몇 번이나 있을까? 더 넓게, 비용과 이득에 대해 고려해보라. 돈, 일상적 직업에 부과된 비용, 가족 역할, 시간제한 그리고 시장 유용성. 대안적으로 환경주의자들과 영양학자가 옹호하는 방법으로 요리를 할 때의 비용과 이익에 대해서 고려해보자. 더 많은 양으로 처리되지 않은 식품을 사는 것과 가능한 한 집에 있는 것으로 요리하는 것. 커미트(Kermit)의 말을 인용해보자. "녹색화는 쉽지 않다."

자신의 경우를 떠올려보자. 환경적으로 더 검소해질 수 있는 것들이 많다. 그것은 왜 어려운 것처럼 보이는가? 생활방식을 변화시키는 것에 대해 입심 좋게 말하기는 쉽지만, 우리 스스로 그렇게 하는 것을 원할 때에도 실제로 그렇게 행동하기는 쉽지 않다. 과연 어떤 원인들이 있을까?

3. 합리적 선택이론을 행동에 적용할 때 복잡성을 확인할 수 있다. 몇몇 규제 전략이 환경보호, 직업적·안전 표준치, 건강, 사회 정의, 그리고 많은 다른 관심사들에 필수적이라고 주장한다. 미 환경보호국(EPA)을 창설시킨 국내환경정책행동(National Environmental Policy Act)은 규제정책에 대해 생각하는 미국인의 방식에 혁신을 가했다. 이러한 사실을 확고하게

생각해보라. 독자의 삶은 환경적 또는 직업적 규제에 의해 부정적 또는 긍정적으로 어떻게 영향을 받고 있는가? 이러한 전망에 대해 몇몇 다른 사람들과 이야기를 나누라. 도시 공무원, 대학 관리자, 주부, 이웃 또는 소기업 소유주. 이러한 규제를 좋아하는 사람들을 찾기는 어려울 것이다. 그러나 그들이 이러한 정책을 필요하다고 보는지 아닌지에 대해서는 의견이 어떻게 다를까? 독자가 생각하기로 무엇이 다양한 의견을 형성한다고 보는가?

우리가 할 수 있는 것

환경적인 직업? 환경적인 문제가 매우 활발하게 일어날 때, 정부와 사적인 비영리기구와 회사 내에는 환경적인 전문성을 가진 사람들을 위한 직업이 있을 것이다. 과학적·공학적인 배경을 가진 사람들을 위한 기회가 있을 것이지만 또한 사업, 정책연구, 법, 사회과학, 윤리학, 그리고 언론과 같은 다른 영역의 배경과 결합된 환경적인 이해관계를 가진 사람들을 위한 기회도 있을 것이다. 환경적·생태적 사안과 관련된 직업이 믿을 수 없을 만큼 다양하게 존재한다. 몇 가지만 살펴보자.

- 과학 영역: 환경 건강, 독성학, 환경지리학, 생태학, 화학, 기후학, 생물학, 대기 질과 수질 조절, 고체폐기물 관리, 에너지 분석, 에너지 보전, 재생가능 에너지 기술, 대기학, 도시 및 지방 토지사용계획, 대기과학
- 자원과 토지 관리 직업: 지속가능한 산림과 산맥 관리, 공원과 휴양, 어업과 야생보전관리, 보전생물학
- 공학과 건축: 환경공학, 고체폐기물 및 독성 폐기물 관리, 환경디자인과 건축, 생산과 사무 공학
- 인문학, 사회과학, 그리고 다른 영역: 환경법, 강행법규, 정책, 자문, 사회과학, 커뮤니케이션학, 위기 분석, 위기관리, 인류통계학(인구동학), 환경경제, 심리학, 사회학, 환경 언론, 환경 마케팅, 환경 정책, 국제 외교, 공공관계, 행동주의, 로비, 그리고 환경저술

도움을 얻기 위해, 다음을 참조하라.
www.ecojobs.com/index.php
격주로 다양한 환경영역에서의 500여 개의 직업이 소개되는 뉴스레터
www.EcoEmploy.com
미국과 캐나다의 직업에 대한 직접적인 연결: 직업소개, 이력서 작성 도움

추가 자료

Andrews, R. (1999). *Managing the environment, managing ourselves: A history of American environmental policy*. New Haven, CT: Yale University Press.

Brown, L. (2001). *Eco-economy: Building and economy for the earth*. New York: W. W. Norton.

Hawken, P., Lovins, A., and Lovins, H. (1999). *Natural capitalism: Creating the next industrial revolution*. New York: Little Brown.

Kraft, M. E. (2001). *Environmental policy and politics*. (2nd ed.) New York: Longman.

Ostrom, E., Dietz, T., Dolsak, N., Stern, P., Stonich, S., and Weber E. (Eds.) (2002). *The drama of the commons*. Washington, DC: National Academy Press.

Stavins, R. (Ed.) (2000). *Economics of the environment: Selected readings*. (4th ed.) New York: W. W. Norton.

Yearly, S. (1996). *Sociology, environmentalism, globalization*. London: Sage.

저자 자료

www.unep.org/unep/products/eeu/eeupub.htm

directory.google.com/Top/Society/Issues/Environement/Politics

제 8 장
환경주의: 이념과 집합행동

◀ 미국 내의 정치집회에 이러한 환경주의적 표시가 모습을 드러냈다.

▲ 환경보호를 위한 시위들은 지금 일상에서 쉽게 볼 수 있고, 매년 4월 지구의 날은 환경주의를 표현하는 의례가 되고 있다.

로이스 깁스(Lois Gibbs)는 가정주부였고, 뉴욕 주의 나이아가라폴스 시(市)의 노동계급 조직인 러브캐널(Love Canal)의 지역 협회 회장이고, 대단히 열성적으로 활동하고 있다. 1970년대에 그녀는 이웃과 함께 지방 공무원들에게 이상한 냄새의 화학제가 자신들의 지하실, 정원, 그리고 하수구로 새어 들어오는 데 대해 항의했다. 지방 공무원은 이러한 항의를 들었지만 무시했다. 학교 운동장과 오래된 운하 부근에서 어린이들은 이상한 화학제품을 태우면서 놀았다. 후커 플라스틱 화학 회사(Hooker Plastic and Chemicals)는 바지선 운행이 중단되면서 오랫동안 방치된 이 운하를 독성 화학 폐기물 하치장으로 이용했다. 1942년에서 1953년 사이에 후커사는 2만 메트릭톤(metric ton) 이상의 폐기물을 대부분 철제 드럼통에 담아 운하에 버렸다. 1953년에 회사는 쓰레기 투척지를 진흙과 표토로 덮고는 이 땅을 쓰레기 더미의 내용물이 원인이 된 상해 또는 재산 피해에 대해 회사는 이후에 책임을 지지 않는다는 특약을 달고 나이아가라 폭포 학교 위원회에 1,200원(1달러)에 매각했다. 결국 러브캐널 지역의 10개 블록에 초등학교와 949세대의 집을 짓는 주거 계획이 실행되었다.

로이스 깁스와 경각심이 높은 주민들에 의해 비공식적인 보건조사가 이루어졌다. 그 지역에서는 선천적 기형, 유산율, 각종 암, 그리고 신경, 호흡, 신장계통의 질환이 이상스럽게도 높은 비율로 나타났다. 지방 공무원들에게 항의를 해보았지만 별 효과가 없었다. 그러나 지역주민들의 지속적인 압력은 뉴욕 주가 체계적인 보건 환경 조사를 수행하도록 이끌었고, 이로 인해 지역주민들의 의심은 사실이었음 – 유산율이 보통보다 4배 높게 나타났다 – 이 확증되었다. 조사 결과, 지역 주택의 지하실뿐 아니라 지역의 공기, 물, 그리고 토양 등이 화학적 독성물질과 발암물질에 의해 매우 심각하게 오염되어 있었다. 1978년에 정부는 학교를 폐쇄했고, 쓰레기 더미에서 가장 가깝게 살고 있는 200세대 이상을 재배치했다. 미 환경보호국(EPA)에 의한 조사와 남겨진 주민들로부터의 거친 저항 이후에, 지미 카터 대통령은 러브캐널 지역을 연방 재해 지역으로 선언했고, 이사를 희망하는 모든 주민들을 재배치했다. 뉴욕 주 정부에 집을 팔 수 없거나 원하지 않는 45세대만을 제외하고 모두 이사를 했다. 1985년 이전에 살던 거주민들은 옥시덴탈 화학회사(Occidental Chemical) – 1968년에 후커사를 매입한 – 로부터, 나이아가라폴스 시로부터, 그리고 학교위원회로부터 보상금을 받았다. 보상금의 범위는 지속적인 발진과 편두통에서 심각한 정신지체에 이르는 상해에 대한 보상까지 대략 2,000달러에서 40만 달러에 이르렀다. 1988년에 미국 지방법원은 옥시덴탈 화학회사가 3,000억 원(2억 5,000만 달러)에 달하는 청정비용과 재배치비용을 지불해야 한다고 판결했고, 이에 회사 측은 항소를 제기했다.

역설적이게도, 쓰레기 투척지는 진흙으로 덮이고, 새어나오는 폐기물을 처리장으로 옮기는 하수체계로 둘러싸였다. 1990년 즈음 미 환경보호국(EPA)은 이 지역을 검은 시내 마을(Black Creek Village)이라 개명하고, 황폐하게 남겨진 236세대를 20% 저렴하게 시장에 매물로 내놓았다. 하지만, 여러 환경단체들은 러브캐널 지역으로 사람을 재이주시키기 이전에 보건위험 역학조사(health risk survey)를 수행하는 데 실패한 미 환경보호국에 대항하는 연방 차원의 청원서를 모았다. 그 즈음에 로이스 깁스는 위해 폐기물 시민정보센터(Hazardous Waste Citizens' Clearinghouse)를 건립했고 7,000개 이상의 시민 환경단체에 도움을 주었다. 구 '러브캐널' 구획으로 다시 사람들을 재배치하는 시도에 대해 그녀는 다음과 같이 말했다. "그것은 범죄가 될 수 있다 ……. 이는 쓰레기가 다시 새면 어떻게 하느냐 하는 문제가 아니라 언제 새느냐 하는 시간의 문제인 것이다"(Miller, 2005: 532 재인용).

이 이야기는 환경을 보호하는 것에 관해 무엇을 묘사해줄까? 두 가지가 있다. 구조를 변화시키는 것이 아니라 제6장에서 논의한 사회변동의 다른 차원이다. 개인의 목적적인 행동과 그들이 직면해 있는 구조 사이에서 일어나는 상호작용의 실제적인 산출(관례, praxis)로서의 변화가 그것이다. 두 번째, 최선의 행동을 위한 사람들의 풀뿌리적인 동원이다. 오래 지속된 문제를 다루고자 할 때, 헌신적으로 전념하는 조직가와 행동가들은 변화의 청사진을 가지고 무거운 짐을 벗어넌지고자 하는 장면에 도달하게 되고, 지역사회 일원으로서 잠재적인 능력을 능동적으로 발휘한다. 지역사회가 이러한 과정을 통제하는 것에서부터 시작을 하지만 그들은 결국 현존 조직 – 구조 – 내에서 관료, 전문가, 그리고 정치인의 확장된 그물망에 직면하게 된다.

이 장은 인간-환경 관계를 변혁시키는 것과 관계된 집합행동과 인간조직에 관한 내용을 다룬다. 다른 말로 하면 환경주의(environmentalism)에 관한 것이다. 환경주의는 이념이고 (변화를 위한 모집 운동이라는 점에서) 집합행동이다. 이러한 사실에 대해서 간략하게 논의한 이후에 이 장은 세 가지의 넓은 주제에 초점을 두고 논의할 예정이다. (1) 역사적·동시대적으로 바라본 미국 환경주의의 다양성, (2) 지구적인 환경주의, 그리고 (3) 환경주의와 변화, 어떻게 하는 것이 성공적인지에 대한 질문의 제기.

환경주의는 이념(ideology)이자 행동이다. (나는 이념이라는 용어를 부정적이거나 혼란스러운 관점으로 사용하지 않으며, 단지 중요한 인간 활동에 대한 바람직한 행동에 대한 일련의 신념체계와 문제를 인식하고 수용하는 일련의 체계를 나타내는 것으로 본다. 우리는 자유시장, 정치적 보수주의, 민주주의, 또는 인간의 권리를 둘러싸고 정당화하는 이념에 대해서도 이와 비슷하게 말할 수 있다.) 환경주의는 세계관에 그 뿌리를 두고 있고 제1장에서 언급한 바와 같이 사람들의 환경을 인식했다. 그러나 이념은 단순한 추상적인 신념과 어떻게 세계가 작동하는지에 대한 모델은 아니다. 그들은 (종종 심도 있게) 변화를 정당화하는 데 사용되고 있는 믿음이다. 환경주의자들은 오늘날 대다수의 국가 – 실제적으로 작동하지 않는다 할지라도 – 의 정치적 가치와 의제를 중요하게 형성시키는 대상의 범위, 깊이, 다양성 을 기초해 사회적·경제적·철학적 연구를 발생시킨다.

환경주의는 또한 인간과 환경이 관계 맺고 있는 방법을 변화시키는 의도를 가진 목적적인 행동이다. 그것은 개인적인 목적적 행동을 포함하지만, 더 중요한 것은 지역사회, 기업, 사회가 그들의 환경에 영향을 주는 방법을 변환시키고자 형성된 단체와 조직과 같이 다수 개인의 **집합행동**(collective action)이라는 점이다. 환언하면, 집합행동은 환경적 사회운동을 낳게 된다. 이러한 운동은 문제가 정의되고 집합행동으로 사람들을 동원화할 수 있도록 이념적으로 구축되었을 때 출현한다(Snow and Benford, 1988). 이는 어떻게 발생하는가(이에 대한 방대한 수준의 사회학적 연구들이 있다. Harper and Leicht, 2006 참고)?

- 1940년에 기능주의적 관점은 현대사회를 비공식적인 관계가 비교적 메마른 도시의 **대중사회**(mass societies)로 묘사했고, 사회운동을 광범위한 범위의 탈조직화, 동원화, 연대성이 없는 성격, 아노미, 그리고 소외현상으로 표현했다. 이러한 시각은 20세기 중반의 파시즘과 같은 급격한 운동의 출현을 이해하는 데 유용했다.
- **자원동원화 이론**(Resource mobilization theory)은 대조적으로 집합행동을 위해 사람들을 동원하는 권력과 권력투쟁의 역할에 초점을 맞춘다(Burton, 1985: 48). 집합행동을 위한 동원은 다양한 자원, 조직적 자원, 효과적인 운동을 선동하는 기술과 시기를 갖춘 지도자, 돈, 그리고 컴퓨터화된 메일 목록과 정보기술과 같은 기술적 자원의 존재 또는 부존재에 의해서 촉진된다.
- **정치과정 이론**(Political process theory)은 정치적 엘리트 사이의 통일되지 않음, 또는 국가를 마비시키는 통치의 위기와 같이 정치적 기회 구조의 중요성을 강조한다. 이러한 두 가지는 주창자로 하여금 그들의 관심사에 대해 동원할 수 있는 권력 기회를 제공해준다(McAdam et al., 1996).
- **준거틀**은 해석적인 이론으로부터 유래되어 어떻게 문화적이고 이념적인

틀거리가 구축되고, 운동의 관심사와 불만의 맥락을 제시하는지를 강조한다(Snow and Benford, 1988). 개연성 있는 틀거리는 왜 불만거리의 몇 가지 정의는 사회운동으로 작열하며 다른 것들은 그렇지 않는지에 대해 설명할 수 있도록 도와준다.

회고해보면, 1960년대의 미국 사회는 자원과 충분히 분화된 정치적 엘리트를 가지고 있었다. 이들 엘리트는 동원화와 사회운동의 출현을 위한 풍부한 기회를 제공했다. 예를 들어 반전운동, 시민권리, 여성주의 등이 있다. '환경위기(environmental crisis)'는 1960년대가 끝나갈 무렵에 미국인들의 의식에서 중요한 틀거리가 되었다(McAdam et al., 1988; Mertig et al., 2002). 추측할 수 있겠지만, 이러한 운동이 나타나는 상황에 대한 여러 시각은 서로 배제적이지 않다.

1. 미국 환경주의

미국 환경주의는 1960년대에 꽃을 피우고 변화했지만 그것은 특별한 역사적 상황에서 존재했던 100년이 넘는 집합행동과 운동조직들의 결과였다. 미국 환경주의는 역사적으로 특정한 조직이면서 동시에 환경문제를 다루는 다른 방식, 다른 담론으로 환경운동가들 사이와 더 넓은 영역인 공적 담론 - 언론과 정치과정 - 의 영역이었다. 사회학자인 로버트 브럴(Robert Brulle)은 8가지 환경적 담론을 밝히고, 이것이 미국의 역사 속에서 나타난 환경주의를 둘러싸고 경쟁하면서 그 물결을 형성했다고 주장했다(2000). 이러한 담론들을 연대순으로, 특징적인 환경운동 단체와 함께 요약해 나열해보자.

1. 보전(preservation, 1830년대): 자연은 인간의 물리적·정신적인 삶을 지탱하는 데 중요하고, 따라서 야생성과 야생생물은 인간행동에 의해 방해되지 않은 채로 지속적으로 존재해야 하는 것이 필수적이다[야생사회(The Wilderness Society), 시에라 클럽(Sierra Club)].

2. 보전(conservation, 1860년대): 자연자원은 가장 오랜 기간 동안을 거쳐 인간에게 가장 위대한 선(善)을 제공해주기 때문에 공리주의적 관점에서부터 과학적으로 다루어져야만 한다[미국산림사회(Society of American Foresters)].

3. 야생 관리(Wildlife management, 1890년대): 생태계의 과학적인 관리는 특별히 개조되고 변종됨으로써 초과인구를 위한 농작물이 경작될 수 있듯이 야생의 안정된 개체수를 유지할 수 있다[언리미티드 덕스(Unlimited Ducks)].

4. 개혁환경주의(Reform environmentalism, 1870년대이지만 실질적으로는 1960년대에 번영): 인간 건강은 수질과 공기오염과 같은 생태계 상태와 연관되어 있다. 건강한 인간사회를 유지하기 위해서는 생태적으로 책임있는 행동이 요구되고, 이는 자연 과학의 발전과 적용을 통해 이루어질 수 있다[환경보호기금(Environmental Defense Fund)].

5. 환경정의(Environmental justice, 1970년대): 생태적 문제는 사회 구조와 규범 때문에 존재하고, 환경적 착취의 혜택은 부를 발생시키지만 가난한 사람과 변두리로 대부분의 비용을 감내하게 한다. 따라서 환경문제의 해결은 근본적인 사회변화를 요구한다[위해 폐기물 시민정보센터(Citizen's Clearinghouse for Hazardous Waste)].

6. 심층된 생태학(Deep ecology, 1980년대): 부와 삶의 다양성은 본질적인 가치를 가지고 있어서 인간의 삶은 기초생계수단의 만족이 확장되는 곳에서만 얻어질 수 있다. 종다양성의 유지는 인간영향의 감소를 필요로 한

다[지구 우선!(Earth First!)].

7. **생태여성주의**(Ecofeminism, 1980년대): 생태계 남용은 남성중심주의 사고와 제도에 근원을 두고 있다. 지배구조가 아닌 상호보완성이 문화와 자연, 인간과 비인간, 그리고 남성과 여성의 관계 사이의 갈등을 해결하는 데 요구된다[발전과 환경 속의 세계 여성(World Women in Development and Environment)].

8. **생태관념주의**(Ecospiritualism, 1990년대): 자연은 신의 창조물이고, 인류에게는 종다양성과 오염되지 않은 생태계를 포함하는 창조물을 유지하고 사랑할 도덕적 의무가 있다[대부분의 종파를 포함하는 국립교구회(National Council of Churches, as well as most denominational bodies)].

또 다른 인간-환경 이념 틀거리를 하나 짚고 넘어가야 한다. 이것은 1620년부터 19세기 중반까지 미국 환경 담론에서 거의 논란의 여지없이 지배적 위치에 있던 것으로, 브럴은 이를 명백한 운명(manifest destiny)이라고 했다. 이것은 자연자원을 착취하는 데 대한 도덕적·경제적 이유로서, 자연이 고유한 가치가 없고, 인간의 복지가 자연을 착취하고 개발하는 데 있으며, 인간의 발명과 기술이 어떠한 자원 문제도 초월할 수 있다고 간주한다. 그 결과, 자연자원은 인간이 사용하기에 무한히 풍부하다(Brulle, 2000: 115). 우리는 새로운 이야기를 듣고 있는 것이 아니다. 브럴은 제1장에서 산업사회에서 인간-환경 관계 서양의 지배적 세계관이라고 묘사된 바로 그것을 논하고 있는 것이다. 이러한 관점은 유럽의 북미 대륙 정복과 개발에 대한 이론적 이유가 되며, 환경운동의 목표에 반하는 여러 대항운동 조류에 관한 논쟁과 담론을 제공한다(McCright and Dunlap, 2000; Meyer and Staggenborg, 1996: 1632). 이 장에서는 현재의 반환경주의로 되돌아가 살펴볼 것이다.

미국 환경주의의 초기 단계에서는 자연자원과 공간의 보전과 보존을 강조했었던 데 비해, 1950년대와 1960년대에는 공기와 물의 질, 오염, 인간 건강 문제에 초점을 맞췄다. 이러한 관심이 지속되는 한편, 더 최근에 미국 환경주의는 종다양성 문제와 기후 변화와 같은 지구적인 사안에 관해 조금 더 환경적인 초점을 발전시켰다(Mertig et al., 2002).

1.1 초기 미국 환경주의 운동, 1870~1950

보존과 보전은 처음 미국 환경주의에서 나타난 표현이었고(manifestation), 많은 현대적인 환경적 관심사의 전조가 되기도 했다. 19세기 말의 목재산업으로 인해 순식간에 진행된 미국 산림과 야생의 파괴는 가장 큰 환경적 관심사였다. 환경재앙을 일으키는 파괴현상들은 여론을 오래된 수목을 베어내는 것에 반대하는 쪽으로 이끌었다. 나무를 베고 남은 나무껍질, 나뭇가지, 그리고 다른 폐기물로 인해 벌목은 오염을 야기했다. 설상가상으로, 그것은 실질적인 분쟁의 씨앗이 되어 전국의 작은 마을들을 뒤덮었다. 1871년 위스콘신 화재로 대략 1,500명의 사람이 사망했고 130만 에이커의 땅이 불에 타버렸다. 지역사회의 재앙이 된 것으로 유명한 펜실베이니아 주 존스타운(Johnstown)의 홍수는 벌목된 토양이 물을 흡수하고 함유할 수 없었기 때문에 발생한 것으로 알려졌다(Humphrey and Buttel, 1982: 114). 미국 산림환경과 산맥의 파괴는 사적소유로 인한 무리한 남용을 되돌리기 위한 방대한 노력과 국가 환경자원의 '과학적인 관리'가 필요하도록 만들었다. 이러한 운동에 대한 (진보주의자 또는 개혁주의자로 불리는 많은 정치적 변화의 지도자로서의) 개별적 지도자들이 나타났다. 특히 지도자 세 사람 – 루스벨트 대통령, 존 뮤어(John Muir), 기퍼드 핀쇼(Gifford Pinchot) – 은 대단한 영향력을 가졌던 것으로 기억되었다. 그들은 보전을 위해 대중의 지지를 동원할 수 있었고, 시에라 클럽(뮤어에 의해 1892년에 설립), 오더본 협회(Audubon, 1905)와 같은 조직, 그리고 분(Boone)과 크로켓

클럽(Crockett Club)과 같은 옥외 휴양클럽을 많이 창출해냈다.

보전주의는 세 명의 저술에 의해 지적이고도 이념적인 형태를 갖출 수 있었다. 첫째는 조지 퍼킨스 마시(George Perkins Marsh, 1801~1882)가 쓴 『인간과 자연: 인간 행동에 의해 변경된 물리적 지리학(Man and Nature: Physical Geography as Modified by Human Action)』으로, 이 책은 산림과 산맥에 대한 인간의 부정적인 영향을 밝혀냈다. 마시는 벌목과 토양훼손, 습지·호수 간척사업과 동물 종 감소, 한 종의 개체에 대한 강압적인 감소와 다른 개체종의 교체, 그리고 심지어 인간 활동과 기후 사이의 관련성을 증명했다. 마시의 섬뜩한 생태적 통찰력은 자동차, 원유의 사용, 상업화된 벌목 또는 현대적 채굴방식이 발생하기 이전인 1874년에 출간되었기 때문에 더욱 뛰어난 것으로 평가되었다(Paehlke, 1989: 15). 존 뮤어(1838~1914)는 자연 위에 군림하는 인간을 바라보는 사람들의 인류중심주의에 대해 분노하며 반응을 보였다. 그는 자연과 야생이야말로 정신적인 경험세계이며 인간은 기껏해야 정신적인 전체세계의 부분에 지나지 않는 것으로 이해했다. 정치적으로도 지성적으로도, 뮤어는 인간의 침입으로부터 야생지역을 보전하기 위해 지치지 않고 노력했다. 그가 보기에는 세계가 인간을 위해서 만들어졌다는 사고방식은 거대한 자만심으로 여겨졌던 것이다(Nash, 1967: 131). 알도 레오폴드(Aldo Leopold, 1886~1948)는 동의했지만 그의 지적인 성취는 생태학과 윤리학의 혼합의 성격을 가지고 있다. 그는 토지 그 자체를 살아 있는 유기체로 보았다. 그가 지적하기로 인간만이 전체로서의 자연을 위협할 수 있는 유일한 종이라고 했다. 만일 우리가 그렇게 한다면, 확실히 우리는 우리 자신을 파괴하게 될 것이다. 레오폴드는 또한 대다수의 인간이 자신들이 경제와 산업에 의해 유지될 것이라고 상상하지만 모든 생명체와 같이 토지에 의해서 유지된다고 지적했다. 따라서 우리는 상호작용하는 지구 생태계의 한 부분일 뿐이지만, 우리는 우리 자신의 위험을 무릅쓰고 토지를 손상시킨다(Nash, 1967: 182). 요약하면, 현 시대의 환경주의의 지성적 · 이념적 바탕은 19세기 후반부에 순항하고 있던 것이었다.

보전주의의 호소는 말 그대로 상위와 중상계층, 곧 옥외 휴양, 공적 영역의 위축, 그리고 산림 파괴에 대해 관심을 많이 보이는 계층 사이에서 가장 강력했다. 보전주의자들은 산림훼손을 막는 데 법적 · 정치적 권력을 사용했고, 그 결과로 옐로스톤 강 보전법(Yellowstone Act, 1982), 애디론댁 산림보전법(Adirondack Forest Preserve, 1885), 요세미티 계곡(Yosemite)을 보전하기 위한 입법(1890), 라이너산 공원 보전법(Mount Rainer Parks, 1890, 1899) 등을 낳았다. 이와 같은 노력은 오더본 협회(Audubon Society), 그리고 특히 뮤어와 시에라 클럽과 같은 국내 운동조직에 의해 효과적으로 형성되었다(Humphrey and Buttel, 1982: 113~114).

그러나 정부 관료들은 끊임없이 두 가지 다른 방향의 여론에 의해 균형을 이루는 노력을 해야 했다. 시에라 클럽과 오더본 협회와 같은 조직들은 과학적 · 심미적 · '비소비적' 휴양 목적의 사용을 최소화하는 '야생의 보존'을 촉구했다. 하지만 대농장, 채굴, 목재의 상업적 이해관계뿐 아니라 사냥과 어획을 위한 집단들은 '과학적 관리'를 전제로 한 '자연자원의 공리주의적 사용'을 주장했다. 두 번째 이해관계는 노스캐롤라이나의 밴더빌트 부동산(Vanderbilt Estate)사의 개인 산림 관리인 기퍼드 핀쇼가 선봉에 서 있었다. 미 농무성은 산림국을 설치해 1891년에 의회가 산림보전법(Forest Reserve Act)을 통과시키도록 보조했으며, 핀쇼를 고용해 과학적 산림관리의 가능성에 대해 연구하도록 했다. 그는 산림국장으로 임명되었고, 자신의 과학적 · 정치적 능력을 조합해 자연자원의 현명한 사용을 국가정책으로 옹호하는 루스벨트 대통령과 각별한 관계를 형성할 수 있었다. 핀쇼는 뮤어보다 정치적으로 훨씬 더 기민한 모습을 보였다. 요약하면, '공리주의자들이 보전주의자들을 넘어서는 결정적인 정치적 승리를 구가'하게 된 것이다. 이러한 정책들은 정부 규제하에 공공토지의 상업적 사용을 가능하게 했다. 이 조치는 자원을 보호하는 데 효과는 있었지만, 또한 목재 회사와 대목장주의 공공토지 착취를 강화하고 합리화해주었다(Heys, 1959).

제1차 세계대전 이후, 미국은 대공황과 대평원의 '모래폭풍지대(Dust Bowl)'로 인한 홍수와 토양 침식에 의해 대규모의 환경재난에 직면하게 되었다. 루스벨트 행정부 시기 발전했던 보전주의의 두 번째 물결은 자연자원의 보호와 발전을 모두 강조했다. 민간식림치수단(Civilian Conservation Corps: CCC)과 테네시 강 유역 공공사업(Tennessee Valley Authority: TCA)과 같은 뉴딜 정책프로그램은 경제적 복구를 자극할 뿐 아니라 자연자원을 보호하는 작업에 착수했다. 1950년대에는 공공의 유희를 위해 자연의 아름다움과 야생성을 보전하는 것을 더욱 많이 강조했다. 시에라 클럽과 같은 환경운동의 노장 조직들이 이러한 '야생성 운동(wilderness movement)'의 선봉에 섰고, 그랜드캐니언과 국립공룡기념관을 구하기 위한 대중 캠페인을 펼쳐나갔다(Dunlap and Mertig, 1992: 2; McClosky, 1972).

1.2 최근 환경주의 운동

1950년대에 보전주의는 미국의 생활에서 안정적으로 사회적 영향력을 발휘하고 있었다. 이는 1970년대에는 다르면서도 거대하게 확정된 환경주의 운동으로 변모했다. 개혁환경주의(reform environmentalism)라 불리는 이러한 운동은 사상적으로 복잡한 체계를 갖추게 되었다(Brulle, 2000). 이는 단순한 차원의 보전주의 확장이 아니었다. (1) 발생적으로 더 복잡하고 종종 신기술에 의해서 지지되며, (2) 연기되고 복잡하고 탐지하기 어려운 결과와 (3) 자연체계뿐 아니라 인간 건강과 복지를 위한 결과를 가지고 있는 문제들로 여겨지는 더욱 새로워진 환경적 담론이다. 이것들은 오염이면서 또한 휴양적인 성격과 심미적인 성격의 자원을 둘러싸고 있기 때문에, 점차 환경적인 문제들을 통합적인 삶의 질에 대한 위협으로서 볼 수 있게 되었다(Dunlap and Mertig, 1992: 2~3; Hays, 1987; Mitchell, 1980).

초기의 운동과 같이 새로운 미국 환경주의는 지적이면서도 이념적인 중요한 토대들을 갖추고 있었다. 첫째로는 해양 생물학자 레이철 카슨(Rachel Carson)의 『침묵의 봄(Silent Spring)』(1962)이 있다. 이는 야생의 모든 형태에 영향을 주는 살충제 독성 성분의 결과에 대한 비타협적이면서 분노에 찬 분석이었다. 카슨은 합성 화학물질의 발전과 사용에 의해 어떤 위험에 노출되는지를 인지하는 과정에서 대중은 배제되고 과학은 정치적인 성향을 띠게 되는 데에 중점을 두었다. 『침묵의 봄』은 심각하고 사실적인 내용을 담은 책으로는 드물게 100만 권 넘게 팔린 베스트셀러로 알려져 있다. 합성 화학물질의 영향에 대한 직설적인 화법으로 인해, 미국 살충제 산업은 카슨이 '히스테리에 걸린 바보'라는 것을 증명하기 위해 25만 달러짜리 캠페인을 펼치기 시작했다. 카슨의 작품은 살충제의 생태적 영향에 대한 대중의 자각을 고양시켰고, 이러한 자각은 1972년 살충제 통제법(Pesticide Control Act)을 통과시키는 데 영향을 주었다(Sale, 1993: 4). 카슨의 작품은 오염의 문제를 환경적인 의제로 설정한 것이었다.

1968년에, 동물학자 개릿 하딘(Garret Hardin)은 유명한 저작인 『공유지의 비극』에서 맬서스주의를 재발견하게 되었다. 공유된 자원의 개념은 제7장에서 논의한 바 있다. 동물학자 폴 에얼릭의 책 『인구폭탄: 인구 조절인가 망각의 질주인가?(The Population Bomb: Population Control or Race to Oblivion?)』(1968)는 인구과잉의 사안을 종말론적인 방법을 통해 대중의 의식 속으로 자각시켰던 유명한 책으로, 모든 인류를 먹여 살리려던 전투는 끝났다고 주장했다. 에얼릭의 신맬서스주의적인 책은 이제껏 출간된 환경서적 중에서 가장 널리 알려진 것이 되었고, 출간된 첫 10년 동안 300만 부 넘게 판매되었다. 생물학자 배리 코머너는 환경적 관심사에 대한 가장 정치적이면서 지적으로 현학적인 이론적 틀을 구축한 인물로서, 환경에 대한 가장 위협적인 것은 인구증가가 아니라 소비를 증진시키는 기업의 힘과 현대 기술이라고 주장함으로써 에얼릭의 주장에는 동의하지 않았다(1971).

언론에 의해 공공연하게 알려진 환경직인 사건들은 그 자체로 문제에 대한 공공의 자각을 넓히는 계기가 되었다. 뉴욕 시에서는 1966년 여름에 대기역전 현상이 일어나는 동안 스모그로 80명이 사망했다. 1969년 1월과 2월에 샌타바버라 근해의 유정굴착장치가 캘리포니아 연안선을 따라 수백만 갤런 정도로 추정되는 원유를 누출시켰을 때 찐득한 검은 기름찌꺼기들이 해변에 스며들어 야생생물들을 죽였다. 산업 오염물에 노출된 클리블랜드 주변의 쿠야호가(Cuyahoga) 강은 화염으로 뒤덮였으며, 1969년 여름 이리(Erie)호는 하수와 화학 오염물질의 결과로 죽어가는 하수구가 되어버렸다. 1960년대의 10년 동안 주요 언론은 환경사고를 핵심 기사로 다루었다.

이러한 관심들은 1970년대까지 ≪타임≫, ≪포춘≫, ≪뉴스위크≫, ≪라이프≫, ≪뉴욕타임스≫, ≪워싱턴포스트≫ 등의 언론기사 제1면 기사로 점차 강하게 다루어졌다. '생태학'이라는 단어는 일반시민들에게 낯설지 않은 — 완전하지는 않지만 그런대로 이해되는 — 단어가 되었다. 환경 악용에 대해서는 공공의 항의가 빗발쳤다. 많은 사람들이 일상뿐 아니라 산업적 측면에서의 환경적 파괴와 오염을 더 이상 받아들이지 않았고, 오염을 양산하는 사업체와 이를 통제하지 못하는 정부에도 항의를 표시했다(Sale, 1993: 19~25).

환경적 의식과 행동주의에 대한 이러한 활발한 모습을 상징하는 것으로 바로 1970년 지구의 날을 들 수 있다. 이러한 행사에 대한 생각은 게이로드 넬슨(Gaylord Nelson) 상원의원이 한 대학 강연에서 범국민적인 환경의 날을 제안하면서 시작된 것으로, 1960년대의 베트남 전쟁에 대한 반전행사를 모델로 삼았다. 이러한 행사를 조직화할 때 공산주의적 선동이라는 비난과 닉슨 행정부의 반대가 있었음에도, 그는 연방의 허가와 정부기관들의 후원을 받아냈다.

대중적인 호응이 압도적이었다. ≪뉴욕타임스≫는 2,000만 명의 사람들이 참석했다고 보도했고, 이는 그 시대 환경주의에 대한 깊은 관심을 표현해주는 놀라운 증거였다(Sale, 1993: 34~35). 지구의 날은 환경주의 연례행사로서 오늘날까지 지속되고 있다.

환경운동이라는 거대한 정치적 힘은 계속 구축되었다. 1972년 아폴로 17호 우주선 선원들이 2만 2,000마일 벗어난 곳에서 일련의 지구 사진을 찍었다(그 중 한 장이 이 책 301쪽에 있다). 이는 환경운동의 표시가 되었다. 우주선에서 바라본 지구에 담겨진 은유를 사용하는 것은 지구는 한계를 가지고 있고 인류의 운명이 전체적으로 연관되어 있는 섬세한 자연의 균형은 깨질 수도 있다는 것을 표현해주고 있다(Brulle, 2000: 187).

더 오래된 국내 보전 단체들은 대중을 의식화시키고자 노력할 때 급증하는 대중의 자각에 의해 활력을 얻고 있다. 예를 들어 오더본 협회는 열성적으로 반살충제 캠페인을 지지했고, 야생연합(National Wildlife Federation)은 오염원에 대한 법적 투쟁을 시작했다(Sale, 1993: 19~20). 1967년까지 환경보호기금[Environmental Defense Fund, 후에 환경보호(ED)로 개명]과 같은 새로운 단체들이 환경운동조직의 새로운 물결을 대표하면서 나타났다. 그들은 레이첼 카슨의 책을 기반으로 구축된 환경적 담론과 운동 형식의 시작으로 특징 지워졌다. 과학적 연구와 환경과 인간의 건강을 보호하기 위한 법적인 행동을 병행하고 사용하는 환경보호(ED)의 행동방법은 많은 새로운 단체들의 예시로 다루어졌다. 세월이 흘러, 환경운동은 수천의 환경단체가 설립되어 성장했고, 1억 2,000만 원(10만 달러)의 예산을 초과하는 비교적 거대한 단체도 1,000여 개 이상이 되었다(Brulle, 2000). 많은 단체가 비교적 잘 정비된 집행부와 다수의 전문적인 법률, 과학, 행정 관련 사무원을 고용해 조직되었고, 동시에 다양한 수준 – 지역적, 국내적, 국제적 – 의 정치 행동에 다양한 기술을 사용하는 다중적인 목표들을 동시에 집행하는 능력을 갖추게 되었다. 이러한 면에서 우리는

〈표 8.1〉 국내 환경조직들, 2003년

단체명	설립연도	회원수**	세입 (단위: 100만 달러)
시에라 클럽(Sierra Club)*	1892	736,000	83.7
오더본 협회(National Audubon Society)*	1905	550,000	78.6
공원보전협회(National Parks and conservation Association)*	1919	375,000	20.9
아이작 월튼 연맹(Izaak Walton League)*	1922	45,000	4.3
야생사회(Wilderness Society)*	1935	225,000	18.8
야생연합(National Wildlife Federation)*	1936	650,000	102.1
언리미티드 덕스(Unlimited Ducks)		656,000	125.1
야생보호자(Defenders of Wildlife)		463,000	21.8
자연보호(Nature Conservancy)		972,000	972.4
세계야생기금-미국(World wildlife Fund-U.S.)		1,200,000	93.3
환경방어(Environmental Defense)*	1967	350,000	43.8
지구의 친구들(Friends of the Earth)*	1969	35,000	3.8
국내자원보호협회(Natural Resources Defense Council)*	1970	450,000	46.4
보전유권자연맹(League of conservation Voters)		60,000	7.0
그린피스 미국(Greenpeace USA)		250,000	25.9
미국의 강(American Rivers)		30,000	5.5
바다의 목자 보전협회(Sea Shepherd Conservation Society)		35,000	1.0
지구의 섬 연구소(Earth Island Institute)		20,000	4.9
환경작업그룹(Environmental Working Group)		-	1.8
환경정책연구소(Environmental Policy Institute)*	1972	회원으로 구성되는 단체가 아님	
총계		7,799,400	2,135

* 10대 단체
** 가능한 추정치로서의 회원수 또는 후원자수를 포함한다.
자료: Bosso, 2005, p.7과 Mertig et al., 2002, p.463 변형.

정말로 '환경적인 조직(environment establishment)'을 가지게 된 것이다(Bosso, 2005: 7).

개혁환경주의와 환경 로비

환경운동조직을 개조하는 국내적 연계망이 워싱턴에서 현재의 운동 형태를 지배하게 되었다. '10대 단체'로 알려진 이 단체들은 이해관계와 전략이 조금씩 달랐다. 어떤 단체는 환경옹호(proenvironment) 로비를 추구했고, 또 다른 단체들은 교육프로그램과 자기옹호적인 연구를 위한 전문성과 과학적 능력을 발전시켰으며, 환경정책을 발전시키고 강화시키기 위한 소송능력을 특화시킨 단체도 있었고, 야생상태를 그대로 보전하기 위해 토지를 매입하는 단체도 있었다. 이 핵심 연합은 정기적으로 모여 공동의 전략과 문제를 토의했고, 다른 단체들과 공동으로 작업했다. 〈표 8.1〉을 참조하라.

집단적으로, 국내 환경단체들은 1960년대 이후부터 주요하게 성장했지만, 저성장과 축소의 기간을 거쳐 산발적으로 고군분투했다. 첫 번째 성장은 1970년 지구의 날 바로 전년도에 있었다. 1970년대 동안은 성장이 둔화됐지만 역설적이게도 보수주의적인 레이건 행정부가 환경주의를 공격함으로써 1980년대의 두 번째 성장의 물결을 자극했다. 독성 폐기물, 해변 오염, 엑손 발데즈호의 기름 유출, 그리고 지구온난화와 같은 가시적인 생태적 문제들이 1990년대에 회원수가 치솟는 세 번째 파고를 자극했다. 클린턴·고어 행정부가 적어도 수사학적으로나마 녹색정치를 표방함으로써 환경운동의 성장은 다시 안정기(아마도 하락세이리라 본다)에 접어들었다. 2000년 국내 환경단체들은 또다시 격렬하게 회원을 동원하고 1970년대 이래의 환경정책에 대한 광범위한 타격이 되는 보수당의 의회 장악과 조지 W.부시 대통령 선출에 로비하는 시기를 맞이하기 시작했다(제7장을 참조하자). 국내 환경운동단체들은 지금 회원 또는 적어도 '재정 후원자'가 수백만에 이른다고 주장하기 시작했다(Brulle, 2000: 105; Mitchell et al., 1992: 2~3).

개혁환경주의, 여론, 그리고 입법

이러한 국내 환경운동단체 – 로버트 브럴이 개혁환경주의라고 이름 지은 – 들은 넓은 수준에서 단절된 인구 사이에서 환경적 자각과 관심사를 다양화시키고 증폭시켰으며, 특히 산업사회에서 생명과 관련된 위해요소와 관련해서 더욱 그러했다. 예를 들어, 1965년과 1970년 사이의 국내 여론 조사 자료는 대기질과 수질이 중요한 문제로 인식하는 정도가 증가되었음을 보여주었다. 조금씩, 이는 피해자에게 도움을 주는 이웃과 같이 정부가 관심을 보여야 하는 가치로서, 그리고 정부가 적어도 규제의 노력을 보여주어야 하는 부분으로 여겨지기 시작했다. 점점 더 많은 사람들이 오염 문제를 다루는 온당한 세금을 기꺼이 내려 하기 시작했다. 환경에 우호적인 이러한 환경적 태도의 성장은 가장 추상적이고도 논쟁적인 환경 사안인 지구온난화와 같은 사안에서도 나타나기 시작했다. 1982년에 실시한 조사에서는 국내 표본의 12%만이 온난화 효과를 '매우 심각'한 것으로 보았지만, 1989년 즈음에는 41%가 매우 심각하다고 답변했으며 나머지 34%가 '다소 심각'하다고 응답했다(Dunlap and Scarce, 1991: 661). 1970년대 즈음까지는 대다수는 환경우호적인 의견을 표현했고, 이는 공공여론전문가들의 언어에서도 합의적 쟁점(consensual issues)이 되었다. 이럴 때조차도 여론조사는 환경 사안이 얼마나 중요하고도 두드러진 것인지를 보고하지 않았다. 합리적인 해석에 의하면 대다수의 시민들은 환경사안을 문제로서 받아들이는 환경주의자들의 정의를 인정했고 환경보호에 동감했지만 범죄 또는 실업과 같은 사안과 비교했을 때에는 오직 소수의 사람들만이 환경문제를 가장 중요한 국내 문제로 여겼다(Dunlap, 1992: 92~96; Smith, 1985).

1970년대에는 민주당원뿐 아니라 공화당원들까지도 정치적인 핵심으로서 집권을 시도했을 때, 새롭게 선출된 공화당의 닉슨 대통령은 자신이 환경주의자이고 환경을 보호하는 입법을 지지한다고 천명했다. 환경보호국(EPA)은 모든 연방의 환경관련 부처의 계획사업에서 환경영향평가보고서(Environmental Impact Statement: EIS)를 발표하도록 요구했고, 개발토목공사와 같은 계획사업에 대한 승인거부권한을 가졌다. 환경 입법은 일반적으로 소위 토목공사와 같은 사업에 명령적인 지침서, 명백하고도 세밀한 절차적 규칙, 시민 참여 규정, 시민의 소송 당사자 권한 등을 통한 엄격한 승낙을 받도록 요구했다. 사실, 거의 모든 주요 환경적 입법은 산업체, 환경주의자, 또는 지역사회 단체들에 의해서, 때로는 동시다발적으로 주 의회에서 개정의 압력을 받아왔다. 그러나 NEPA와 환경보호국은 행정법령의 변형된 새로운 영역을 창출하는 데 노력을 기울여, 행정적인 결정을 내리는 데 환경 단체와 비전통적 단체의 참여를 넓혔다(Miller, 1992: 680~681; Rosenbaum, 1989: 214~219). 중요하게도 이러한 영향은 환경사안과 관련된 다른 정부부처들, 에너지성, 국토관리부처, 그리고 핵규제 위원회(NRC)에도 확산되었다. 그러나 환경보호가 확산되는 시기는 지속되지 못했다. 제7장에서 언급했듯이 1990년대 이래로는 어떤 중요한 환경적 법안도 통과되지 못했다. 왜일까?

개혁의 한계

개혁환경주의는 있을 법한 모든 환경적·생태적 사안을 조사하는 가능성을 가지고 있는 미국 환경주의의 지배적인 이념적 틀이 되었다. 초기 개혁환경주의는 주로 오염과 건강 관련 사안에 초점을 맞추었던 반면에 이후 환경주의 교리의 확산을 방해하는 것, 종다양성 손실, 지구온난화와 같은 지구 생태 문제에 대한 관심사로 확장되었다. 개혁환경주의의 성공은 대개 1970년대에 이루어졌다. 그러나 다양한 이유로 인해, '새로운' 쟁점을 다루는 데에서의 제한 요소들이 1990년대에 두드러졌다.

개혁환경주의는 원칙적으로 자연과학자와 물리과학자의 저술에 기초하고 있다. 배리 코머너를 제외하고는 생태과학자 대다수가 생태적 퇴화의 사회적·정치적 원인에 대해 조사하지 않았다. 그들은 특정 영역에서 전문가로서의 위대한 업적을 가지고 있었지만 그들의 이론은 환경황폐화의 사회적 요인에 대해서는 명확하게 밝히지 못했다(제1장과 제6장을 참조하자). 이러한 문제는 그들의 분석이 틀렸다는 것이 아니라 부분적이라는 것을 의미한다. 개혁환경주의는 사회를 더 지속가능하게 창출할 수 있는 방법에 대한 의미 있는 정치적 비전을 발전시킬 수 없었고, 이러한 비전이 없이는 그것은 정치적으로 빈약하고 아마도 부적절했던 것으로 보였다(Taylor, 1992: 136). 환경적인 개혁은 단편적인 노력이라는 형태로 나타났고, 끊임없이 과학적·법적 논쟁에 빠졌으며, 제한된 법률가와 과학자 집단 내에서 수행되었다(Brulle, 2000: 192).

게다가, 개혁환경주의는 아무리 여론이 효과적으로 형성된다고 하더라도 정치적 동원화의 능력을 제한하는 태도를 제한하는 관례를 조장했다. 과학에 기초한 파편화된 개혁을 실행함으로써, 과학자들이 두드러진 역할을 수행했기 때문에 운동 조직들은 과두조직 형태를 갖추게 되었다. 정치가와 공공영역은 과학자들의 충고에 유의하는 정도의 작은 행위자로서 역할을 했다. 재정적인 지원을 제외하고는 공적인 영역과 관련할 필요가 없었던 것으로 보이고, 브럴은 이러한 영역을 민중적인 풀뿌리조직이라기보다는 인공잔디(astroturf)직이라고 했다. 시에라 클럽과 오더본 협회는 과두적인 상명하달(top-down) 관리 방식에서 특히 예외적으로 운영되는 존재였다. 왜냐하면 그들은 지방적·지역적 수준에서 효과적인 풀뿌리 운동을 전개하던 국내 운동조직이었기 때문이다. 효과적인 풀뿌리조직의 지원이 없이는 이러한 운동조직들은 그들이 대표성을 띠었다고 주장하는 정통성과는 멀어지게 되고, 종종 독립적인 행동을 위한 능력을 타협하게 되고 만다(Brulle, 2000: 192~193). 개혁환경주의가 아마추어적인 조직에서 과학자와 법률가에 의해 운영되는 조직으로 성장하자, 그것의 정치적인 영향력에는 워싱턴 D.C. 정계의 '게임의 법칙'에 따르라는 보수적인 압력이 따라붙게 되었다. 1980년대 초기에는 국내 기구들과 다른 환경운동 단체들 사이의 긴장이 당장에라도 터질 듯이 끓고 있었다(Mitchell et al., 1992: 24).

1.3 환경정의와 풀뿌리 운동

워싱턴에 사무실이 있는 개혁환경주의 단체들은 협상이라는 연성 권력의 길을 걸었고, 용인될 수 있는 수준의 환경적 파괴 또는 오염의 양에 대해 다른 사람들과 타협했다. 그러나 오염된 지역에 살고 있는 사람들은 정면 승부의 강성 권력의 길을 걷게 되었고, 독성 폐기물 더미의 쌓이는 속도를 늦추는 것이 아니라 그것이 즉각 정지되어야 한다고 요구했다(Sale, 1993: 58). 풀뿌리 동원화는 1970년대와 1980년대에 극적으로 팽창했다. 독자가 감지하는 바와 같이, 풀뿌리 환경운동단체와 관련 있는 사람들의 정확한 수는 비공식적으로만 추측될 뿐이었지만, 1989년까지 지방단체에서 운영되고 있는 국내 연결망은 대략 8,300여 단체로 보고되었다. 지방 환경 행동주의는 종다양성이 쇠락하거나 야생지역을 보호하는 것과 같은 추상적인 관심사보다는 명백하고 현존하는 지역사회의 건강 위협요소들에 의해 자극되었다. 풀뿌리 조직은 독성·방사능 폐기물, 핵발전소, 소각로 또는 유해 폐기물 처리장 건립계획, 그리고 다양한 다른 해로운 물질들에 의해 촉발되고 자극되었다. 지방단체들은 전형적으로 해로운 물질에 대해서 자료를 수집했고, 그것을 암 유발인자 또는 해로운 물질로 보면서 현재적·잠재적인 건강 문제로 이를 연관시켰다. 기업들은 항상 이러한 문제들을 불러일으키기 때문에, 이러한 환경주의 운동은 환경적 위협요소들을 기업 범죄로서 재정의했다는 것을 의미한다. 기업체에 운영방식을 바꿀 것을 요구할 때, 지방 행동가들은 필연적으로 공공건강 관련 공무원, 법률가, 과학자 사이와 상호작용하게 되었다(Cable and Benson, 1993; Freudenberg and Steinsapir, 1992: 29).

이러한 운동들에 관한 틀 또는 담론을 조직하는 핵심적인 요소는 바로 '환경정의(environmental justice)'이다. 이것은 개혁환경주의가 했던 것보다 더 많이 환경적 관심사와 사회적 관심사를 통합시켰다. 그들의 관심사는 개혁환경주의와 중첩되었지만, 환경정의 운동의 핵심에서 주변화된 사람들과 대변인들은 환경문제를 계급주의, 인종주의, 그리고 성차별로부터 분리되기 어려운 것으로 보게 만들었다. 그들은 환경 사안을 자기결정권한, 인권, 그리고 노동자와 가족 복지에 불균형한 영향을 주는 환경적 위험요소와 같은 사회정의에 관한 관심사와 생래적으로 연관된 것으로 봄으로써 다른 각도로 환경사안을 바라본다(Taylor, 2000).

이러한 틀거리는 분배적 정의, 지역사회 권력, 그리고 민주적인 책임성에 관한 질문에 특히 주목한다. 그것은 인간사회와 자연환경이 서로 뗄 수 없을 만큼 연관되어 있고, 인간의 건강은 자연환경의 건강에 의존한다고 주장한다(Taylor, 1993: 57). 따라서 환경문제를 역설하는 것은 실제로 지방의 지역사회의 권력에 기초한 근본적인 사회변동을 의미한다.

개혁운동단체 지원자들은 주로 백인 중산계급이다. 환경정의 운동 단체들은 이보다 더 넓고 잘 발전된 사회적 토대를 가지고 있다. 환경적 위험요소에 의해 특히 영향을 받기 때문에, 자택소유 노동계급과 모든 소수계 민족 - 흑인계 미국인, 아메리카 원주민, 라틴계 미국인 - 들이 풀뿌리 환경운동 단체에 가입하게 된다. 노스캐롤라이나 워런 카운티(Warren County)의 흑인계 미국인 단체들은 매립지에서 폴리염화비페닐(PCB)이 오염된 토양을 봉쇄하는 투쟁을 강행했다. 사우스다코타의 파인리지(Pine Ridge) 아메리카 원주민의 보호거주지의, '모든 붉은 땅의 여성들(Women of All Red Nations)'은 오염된 물과 토지를 정화시키는 노력을 강행했다. 캘리포니아의 '이스트로스앤젤레스의 어머니들(East Los Angeles Mothers)'은 멕시코계 미국인 지역사회 옆을 통과하는 석유송유관의 건설을 막아내고자 조직을 구축했다(Freudenberg, 1984).

제6장에서 논의된 바와 같이 환경 위험요소의 불평등한 영향은 만연되어 있다. 다양하고 방대한 경험적 연구들이 이러한 사실을 밝혀주고 있다(예를 들어 Bryant, 1995 참조; Bullard, 1990; Daniels and Friedman, 1999; Mitchell et al., 1999; 그리고 특히 연구들에 대한 비판적 검토를 위해서는 Szasz and Meuser, 1997 참조). 그러나 모든 연구가 환경 위험요소와 소수계의 지리적 분포 간의 높은 정적 관계를 보여주는 것만은 아니다. 데이비드 펠로(David Pellow)는 이를테면 재산가치가 낮기 때문에 예전에 점유되지 않았던 위험지역으로 소수민족들이 내몰릴 가능성도 있다는 점 등을 볼 때, 시간이 지남에 따라 진행되는 '환경적 불평등 형성'의 과정을 주목할 필요가 있다고 주장한다(2000).

환경정의 운동은 예전에 논의한 바와 같이 (계층화와 불평등에 집중해) 기본적 인간-환경 패러다임을 표현한다. 독일의 사회이론가 울리히 벡(Ulrich Beck)은 다음과 같이 관측했다.

> …… 위험 분배의 역사는 부와 반대방향으로 위험이 계급 패턴과 밀접하게 연관되어 있는 것을 보여준다. 부는 상층부에서, 위험은 하층부에서 축적된다 ……. 특히 산업생산의 핵심 부근에 마련된 저소득계층들을 위한 값싼 주거지역은 공기, 물, 토양에 대한 다양한 오염원에 영구적으로 노출되어 있다 ……. 계급에 특정된 고통을 만들어내는 것은 이러한 사회적 여과나 확대만이 아니다. 위험에 대처하거나, 피하거나, 피해를 벌충할 가능성과 능력은 아마도 다양한 직업적·교육적 층위 사이에서 불평등하게 나뉘어 있는 듯하다(1996: 35).

러브캐널 항의모임(Love Canal Protest)의 창시자인 로이스 깁스는 학구적이지는 않지만 다음과 같이 표현했다.

> [그들] 모두는 이러한 독성물질들이 우리집 뒤뜰에 있다는 사실을 알고 있었다. …… 그리고 그들은 결정을 했다. …… 내 남편이 연봉 1,200만 원(1만 달러)을 벌고 있기 때문에, 그리고 우리의 계급이 낮기 때문에 우리가 죽게 두어도 상관이 없었던 것이다(Brulle, 2000: 217 인용).

소수민족과 노동계급에 있는 사람들은 환경적인 위험요소가 자신들의 지역사회에 더 가깝게 위치할 수 있기 때문에 풀뿌리 환경운동에 참여하기가 쉽다. 흑인계 미국인을 예로 들면, 이들의 혈액에는 더 높은 수준의 일산화탄소와 살충제가 함유되어 있었고 흑인계 미국인 어린이는 납중독 수치가 백인계 미국인 어린이에 비해 6배나 높았다(National Center for Statistics, 1984; Radford and Drizd, 1982). 이들은 환경 위험요소에 더 많이 노출될 뿐 아니라 더 잘사는 지역사회에서는 저항하기가 더 쉬우 위험하고도 해로운 계획에 자신이 목표가 되고 있다는 사실을 더욱 잘 인식하게 되었다. 그들의 환경은 다른 말로 표현하면 사회적인 측면에서 경제적·정치적 권력의 형태에 관련이 있는 것이고, 풀뿌리 단체에게 환경사안은 사회적이면서 인종적인 정의의 사안이 되었던 것이다. 따라서 환경정의는 공공의 건강 위험요소에 대한 것뿐 아니라 정치적 권력에 대한 질문과 관련이 있게 되었다(Capek, 1993; Freudenberg, 1984).

국내 조직과는 다르게, 환경정의 운동은 거의 전적으로 자원봉사자에 의존한다. 여성들은 이러한 풀뿌리 조직들의 회원과 지도력 측면에서 과도하게 대표되는 경향이 있다. 경험 있는 지역사회 운동가들이 관련이 있을 수도 있지만, 조직 경험이 없던 주부가 종종 새로운 지도자로 나타나는 것은 풀뿌리 환경운동의 눈에 띄는 특징이다. 시간이 지남에 따라, 이러한 경험의 결과로 상당히 중요한 과학적·조직적 기술과 변형된 형태의 정치적 의식의 발전이 이루어졌다. 이는 풀뿌리 운동이 형성시킨 전형적인 발전의 과정이다. 기업의 법규범 위반으로 환경 위험요소를 정의한 이후에 지방 운동가들은 일반적으로 국가 기구를 환경 규제를 강화하거나 창출하는 조직으로 보기 시작했다. 그렇게 함으로써, 그들은 국가를 정치과정 속에서 중립적인 태도를 취하는 기구가 아니라 종종 지역사회의 이해관계보다는 기업에 더 반응을 보일 수도 있는 기구로 이해한다. 따라서 그들은 민주적인 답변, 신용도, 공무원의 유능함에 대해서 시청에서부터 환경보호국까지 다양한 수준으로 효과적인 도전을 할 수 있게 되었다(Cable and Benson, 1993). 개인적인 경험과 일화적인 보고서 이상의 것을 요구하는 영역에 도달했을 때, 이들은 동맹자로서 과학자를 찾았으나 전문가와 과학자 사이의 연결지점들은 종종 모호했다. 환경정의 운동조직의 활동가들은 정부와 과학이 그들과 반대편에 설 수 있다는 것을 배웠고, 종종 그들의 청원을 비껴가거나 하찮은 것으로 치부할 수 있다는 것을 알았다. 결과는 전형적으로 심각한 회의주의와 과학과 관료 모두에 대한 불신이었다. 그들은 '진실에 대한 객관적인 추구'라는 과학의 이미지에 반대하는 경향이 있다(Freudenberg and Steinsapir, 1992: 29; Pellow, 1994). 풀뿌리 행동가들은 빠르게, 아마도 대부분의 속도보다 더 빠르게, 환경문제가 순수하게 과학기술과 관련한(혹은 심지어 본래 그러한) 문제가 아니라는 사실을 학습하게 된다.

환경정의 운동단체들은 사람들이 좌절하고, 도덕적으로 유린되고, 관료들이 책임을 방기한다거나 기존의 권력관계에 의해 조작되거나 허를 찔렀다고 느꼈을 때 동원되었다(로이스 깁스가 그렇게 표현했다). 경험과 조직할 자원이 부족할 때, 풀뿌리 운동단체들은 종종 환경주의를 개혁하는 데 유용한 게임의 규칙 – 연구, 로비, 선거 – 을 넘어서서 활동했다. 이들은 새로운 시설의 건설을 방해하려고 점거를 한다거나 핵심반대문구를 쓴 피켓을 들고 시위하는 **직접행동 전술**(direct action tactics)을 포함해 자신들에게 유용한 방법을 종종 사용한다. 러브캐널에서 로이스 깁스와 지역민들은 몇 시간 동안 환경보호국 공무원 두 명을 인질로 삼기도 했다. 이틀 뒤에, 지미 카터 대통령은 러브캐널을 재난지역으로 선포했다(Gibbs, 1982).

지방 환경정의 운동은 지방에만 머물러 있는 것은 아니다. 이러한 풀뿌리 운동단체들은 과학자, 기술자, 그리고 정치인의 지원을 얻기 위한 연합을 필요로 한다. 더 큰 운동 구조들이 지방운동단체 사이의 연계망과 연합을 통해 나타났다. 이러한 현상들은 대개 뉴저지의 풀뿌리 환경 조직, 캘리포니아의 시민운동 연합, 텍사스 연맹, 그리고 살충제에 대항하는 뉴욕 연합과 같이 지역적으로 나타났다. 이러한 단체들은 과학과 정치적 사안에 대해 구성원들을 교육시키고, 전문가들이 상호교류하도록 포럼을 제공하고, 더 포괄적인 정책과 옹호적 전략을 발전시켰다. 많은 수의 국내 조직이 풀뿌리 투쟁으로부터 출현했다. 이러한 것에는 로이스 깁스가 1981년에 설립한 유해 폐기물에 대한 시민정보센터 － 최근에 건강·환경·정의를 위한 정보센터로 개명 － 와 유해화학물질에 대해 지역행동가들에게 정보를 제공해주는 환경연구재단이 있다. 이러한 단체들을 국내회의체를 조직하고, 리더십 강연회를 개최하고, 뉴스레터를 발간하는 등의 활동을 하며, 지방단체들에 기술적인 지원을 제공한다 (Freudenberg and Steinsapir, 1992: 30~31).

풀뿌리 운동의 조직화는 형성되고 유지되기가 본질적으로 쉽지 않은데, 이는 부분적으로 단체들이 어떤 식으로든 항상 시청을 향해 투쟁하게 되기 때문이다. 몇몇 학자들은 풀뿌리환경주의가 대개 패배하기 십상이고, 기껏해야 현실적인 것보다는 상징적인 측면에서 승리를 얻는다고 주장한다(Pellow, 1994). 그러나 이들의 연구 결과에 의존하지 않고 풀뿌리 운동단체에 대한 연구를 진행했던 니콜라스 프로이덴버그(Nicholas Freudenberg)는 운동의 긍정적인 많은 사례들을 분석했다.[1] 풀뿌리 운동에 대한 비판들은 종종 이러한 운동의 관심사가 협소하고 자기 이익만을 추구하고, 사회에 대한 더 큰 의무를 무시한다고 주장한다. 이를 비난하는 표현으로는 '내 지역은 안 돼(Not in my back yard)'라는 영어 표현의 줄임말인 님비(NIMBY)현상이 있다. 님비주의에 대한 비판은 이러한 단체들이 공공건강의 개선에 실질적으로 기여했음을 인식하지 못했다. 또한 그들은 님비단체들의 참여가 종종 의식을 고양시키는 경험이 된다는 것을 인식하지 못했다. 지방행동가들은 종종 점진적으로 더 큰 관심사를 가지게 된다. 러브캐널 지역을 정화시키기 위한 시도는 국내 독성 폐기물 캠페인으로 확산되었고, 쓰레기 소각로 건설을 반대했던 많은 단체들은 재생과 폐기물 재생산 조치를 위한 옹호자가 되었다. 님비현상은 종종 '어느 누구의 지역도 안 돼(Not in anybody's back yard)'라는 니아비(NIABY)현상으로 계승된다. 특정 관심사에서 더 큰 관심사로 이전되는 것과 관련된 모습으로는 650명에 이르는 민중과 국내 지도자들이 워싱턴 D. C.에서 만나 4일 동안 환경정의에 대해 논의하는 첫 번째 국내 유색 환경 리더십 정상회의가 열린 일을 꼽을 수 있다. 사절단은 50개 주, 푸에르토리코, 칠레, 멕시코, 그리고 마셜 군도 사람들로 구성되었고, 아울러 연구가들도 초대받았다. 정상회의는 초점 영역을 넓혀 공공건강, 노동자 안전, 토지 사용, 운송수단, 주거, 자원 할당, 그리고 지역사회 권력의 사안을 포함한 "반독성 물질을 넘어서는 회의로 진행되었다" (Bullard and Johnson, 2000: 557).

개혁환경주의와 같이, 풀뿌리 환경정의 운동도 한계지점을 가지고 있다.

---

1   프로이덴버그와 슈타인사피(Steinsapir)는 7가지 종류의 결과 목록을 만들었다. (1) 폐기물 처리시설의 건축을 방해하기, 독성폐기물 정화시설을 강제하기, 제초제의 에어스프레이 사용을 금지하기 등등. (2) 생산책임 등을 통해 기업의 활동을 변화시키기. (3) 환경유해물질을 금지하는 대중적인 경제적·정치적 압력을 행사하기. (4) 환경 관련 정책결정에서 시민참여권에 관한 입법적 승리를 쟁취하기. (5) 지역사회 동원화를 활발하게 구축하기. (6) 사회정의의 문제와 환경문제를 연관시키기. (7) 더 넓은 공공 환경 의식화사업을 증진시키기(1922: 33~35).

방금 이야기한 것들이 있지만, 환경정의 운동은 단지 특정사례에서 성공할 수도 있고, 정부체들이 더 일반적인 환경 개혁을 위한 압력에 저항할 수도 있다. 환경적 기준 내에서의 중요한 사회변동은 지방의 환경 조직을 전국적 수준의 연합으로 조정할 것을 요구한다. 또 다른 한계점은 환경정의가 배타적인 인간 중심의 담론이라는 점이다. 자연에 대한 관심사는 어떻게 생태적 퇴화가 인간의 지역사회에 영향을 주는지를 조사하는 것으로 제한된다. 그러므로 환경정의 운동은 인간중심의 공리적인 고려대상에서 제외되는 종다양성 또는 자연을 보호할 수 있는 문화적인 실행을 소개할 수 없게 된다(Brulle, 2000: 221).

1.4 다른 주장들: 심층 생태학과 생태여성주의

환경주의가 발달하면서, 환경주의는 본질적으로 더욱 폭넓은 사안과 조직, 전략을 갖추며 다양화되었다. 보전주의와 환경주의의 이전 틀거리가 혼합되어 그 외연이 넓어지는 바로 그 무렵, 1980년대에는 다른 틀거리와 담론이 형성되고 있었다. 중요한 대중적 기반을(혹은 관제적인 기반마저도) 거의 가지고 있지 않았지만, 이들은 현 시대 환경주의의 이성적·이념적 형태를 형성했다. 이는 개혁환경주의로부터 영향을 받았거나 학자와 지성인에 의해 형성되었기 때문에 사실이다. 몇몇은 중요한 대중적 기반을 얻기에는 매우 제한적인 잠재능력을 가지고 있지만, 상당한 수준의 잠재능력을 가지고 있는 것들도 있다.

심층 생태학

1970년대 노르웨이 철학자 아르네 내스(Arne Naess)에 의해 최초로 형성된 심층 생태학(deep ecology)은 이에 대한 첫 번째 대중적 버전(1985)을 공동 저술했던 철학자 조지 세션스(George Sessions)와 사회학자 빌 드볼(Bill Devall)에 의해 처음으로 미국에 도입되었다. 대부분의 환경운동을 '편협한 환경주의(shallow environmentalism)'라고 보았던 것과는 대조적으로, 심층 생태학 사상가들은 인간중심적이라기보다는 **생물중심적**(biocentric) 또는 **생태중심적**(ecocentric)이다. 심층 생태학이 강조하는 것은 다음과 같다. (1) 지구상의 모든 생물체의 풍요로움과 다양성은 인간 활동에 의해 위협을 받을 수 있지만 그 나름의 고유한 가치를 가지고 있다. (2) 인간의 생활은 오로지 생명유지에 필요한 요구량을 만족시키는 선에서만 그 특권을 가지고 있는 것이다. (3) 종다양성을 유지하는 것은 자연환경에 대한 인간 영향의 축소와 지구 야생 지역의 본질적인 증가를 요구한다. 따라서 (4) 경제적·기술적·문화적 변화(그리고 아마도 그 결과로 나타나는 인구 규모의 최종적 감소)는 필수적이다(Devall and Sessions, 1985). 심층 생태학은 또한 자연에 속해 있는 존재로서의 인간의 자아**실현**(self-realization)을 강조하고, 자연 속에서 유기적 총체로서 자리매김하기 위해 노력하는 과정을 언급한다. 심층 생태학에 의해 영향을 받은 것들은 또한 자연과 더불어 영적인 정체성을 교화할 것을 단호히 밝히는데, 몇몇은 불교적 전통에 의해서, 다른 몇몇은 고유의 종족 의식을 재현하는 것에서 그렇게 한다는 것이다(Devall, 1992: 56; Sale, 1993: 63).

다양한 생활방식과 사회정책은 잠재적으로 심층 생태학적 생각들과 양립이 가능하지만, 심층 생태학과 관련한 저술들은 탈집중화되고 소규모적인 인간의 지역사회, 자기 충족감, 참여 민주주의, 물질적 소비를 최소화하고 자연의 풍성함을 최대화하는 생활방식을 강조한다. 다시, 우리는 새로운 바탕에 서 있는 것이 아니다. 심층 생태학적 사고방식은 제6장에서 논의한 바와 같이 미래에 대한 한계시나리오, 그리고 특히 자발적인 단순성 생활방식(voluntary simplicity lifestyles)의 긍정적인 가능성에 의해 상당히 영향을 많이 받았다. 심층 생태학자들은 고대 산림과 다른 야생 생태계의 보호, 종다양성의 복구, 그리고 채식주의를 지지한다. 이들 중 대다수는 간디가 강조한 변화전략의 한 종류로서의 비폭력 직접행동 전술과 같은 것들을 옹호한다. 이들은 소비재의 환경 영향을 최소화하는 녹색 소비주의와 생태학적 원칙을 옹호하는 정치운동세력과 정당의 형성을 의미하는 녹색 정치학을 지지한다. 그러나 심층 생태학에 가장 근본적인 것으로는, 생태학적 사유로의 경로가 비인간적인 환경에 대한 인간의 지배를 정당화하는 서구의 문화방식이 그릇되고 위험한 것이라는 생태학적 의식의 배양을 요구한다는 것이다(Devall and Sessions, 1985). 이러한 사상들이 복잡하고 추상적이기는 하지만, 캐나다, 호주, 북유럽뿐 아니라 미국에 지성계와 행동가들 사이에서 다양한 추종자들을 얻게 되었다. 실제로, 많은 사람들은 이러한 생각과 연관되어 있는 담론들을 인식하지 않은 채로 이러한 사상을 이해하거나 수용한다.

심층 생태학 조직과 행동

심층 생태학 조직으로 가장 널리 알려진 지구 우선!(Earth First!: EF!)은 데이브 포맨(Dave Foreman)과 미국 내 환경 조직에서 그들의 경험에 의해 각성한 소수의 사람들에 의해서 설립되었다. EF!는 인간과 다른 생명체에 대해 절대적인 비폭력과 불도저, 전력선, 그리고 포경선과 같은 '사물'에 대한 전략적인 폭력이 결합된 시민 불복종을 옹호했다(Miller, 1992: 689). 어떠한 특정 정치적 책략에도 구속받지는 않았지만, 관료제, 집중화된 정책 결정, 성차주의, 위계질서 등의 많은 목소리를 내면서 이들을 거부했다. EF!는 1980년대 동안 급진적인 환경운동의 소용돌이였다(Devall, 1992: 57). EF!의 창시자는 에드워드 애비(Edward Abbey)의 소설 『몽키 스패너를 든 무리들(The Monkey Wrench Gang)』(1975)에 의해 고무되어 자연을 방어하는 공격적인 책략들을 옹호했는데, 최후에는 게릴라 소총, 언론 플레이, 시민 불복종 등이 포함되었다. 비공식적으로, 그들은 환경오염 반대파업 - 몽키 렌치(monkey wrenching)라고도 하는 - 을 포함시켰다. 공공 토지에 도로를 건설하는 설비와 불도저 등의 생산설비 파괴

행위(sabotage), 측량 말뚝(survey stake) 뽑기, 광고판 파괴행위, 그리고 잘 알려진 것으로는 나무가 잘려지고 분쇄되는 것을 방지하고자 진행했던 무작위 '나무 못 박기(spiking tree)' 행위 등이 있다. 이러한 책략에 대한 옹호는 많은 사람들을 놀라게 했지만, 실제 행동에 대한 조사에서는 EF!가 대다수의 손해배상 고소에 대해 무죄인 것으로 판명되었다(Sale, 1993: 66).2

미국 내 개혁 단체들과 비교할 때 결코 커다란 부분은 아니지만, EF!(와 다른 급진적인 단체들)는 직업적 전문화(professionalization)와 관료화를 피하고자 노력한다. 거대한 분열을 극복해내고, EF!는 1980년대 소그룹에서 시작해 전국과 전 세계의 지지자가 1만 명이 넘는 것으로 추산되는 단체로 성장했다. 그리고 창설 10년이 되는 해에는 연 예산이 20만 달러를 넘게 되었다(Lee, 1995). 국내 저널을 갖춘 국내 운동단체가 되었음에도, 지방 행동가들과 단체들은 스스로 EF!에 가입해 활동하고 있다(Scarce, 1990). 상상할 수 있겠지만, 이러한 폭력적인 책략을 옹호하는 것은 EF!를 매우 모순적으로 만들었고 상당한 반대세력을 유인해냈다. 그들은 무정부주의자, 생태전사, 부족, 사회부적응자, 환경테러주의자, 그리고 몽상가들로서 다양하게 묘사되었다. 단체의 창시자인 데이브 포맨은 "한편에서는 우리를 감미롭게 나타내도록 노력하고 우리의 악덕을 무해하게 만들려고 하고, 다른 한편에서는 우리를 전통적인 좌파주의자의 감성을 가진 급진주의로 만들려고 한다. 우리를 아예 없애려는 세력

---

2 나무 못 박기로 인한 사고 중 유일하게 알려진 상해 사고가 1987년 캘리포니아 주 루이지애나 퍼시픽 밀(Louisiana Pacific mill)에서 일어났다. 나무에 박혀 있던 못에 띠톱이 걸려 한 노동자가 상해를 입은 것이다. 회사는 EF!에 그 원인을 돌렸고 언론은 이와 같은 주장을 잔뜩 과장해 보도했다. 하지만 EF!는 고소되거나 조사받지 않았고, EF!와 나무에 박힌 못을 연관 지을 어떠한 증거도 찾을 수 없었다. 더욱이 그 나무는 운동가들이 방어해오던 나무성장구역에 있던 것도 아니었고, 못이 박혔을 때 뿌리를 박고 제대로 서 있던 것도 아니었으며, 운동가들 방식의 몽키렌치 흔적도 없었다.

으로부터 진행되는 노력들이 있다"고 했다. 실제로 그러한 일들이 있었다. FBI는 EF!에 잠입하는 데 3년 동안 200만 달러를 썼고, 1989년에 포맨은 애리조나 피닉스 주변 전력탑을 파괴하는 데 재정적 지원을 했다는 명목으로 기소되었다. 1990년에는 캘리포니아에서 EF! 행농가 두 명이 탄 차에서 폭탄이 터지는 사고가 있었다(Devall, 1992: 57; Sale, 1993: 57; Miller, 1992: 689~690).

EF!만이 유일하게 심층 생태학의 틀거리 내에서 시위를 한 것은 아니다. 첫째, 그것은 인간 지역사회의 정치적인 영역을 생태계로 정의되는 영역으로 변화시키는 것을 옹호하는 **생물지역주의**(bioregionalism)에 영감을 불러 일으켰다. 현존하는 정치적 영역은 인간의 거주지와 통제라는 많은 역사적 사건에 의해 정의된다. **생물지역**(bioregion)은 토양의 성분, 유역, 기후, 그리고 토착 동식물을 포함하는 생태학적 보편성(commonality)으로 정의되는 지리학적 영역이다. 이러한 해석은 인간의 존재를 자연적 생태계의 한 부분으로서 재구축시키고 이로부터 분리시키지 않는다. 동일한 유역에 존재하는 지역사회 사이의 물 부족을 다루는 것과 같이 많은 사안들이 생태학적 초점에서 이해될 수 있다. 둘째, 심층 생태학은 진화적 생물학의 통일체, 그리고 종다양성을 보전하는 규범적 협정을 포함하는 생태학으로서 이해되는 **보전생물학**(conservation biology)의 학구적인 원칙들의 형성을 고무시켰다. 이러한 영역은 1986년에 국립과학 학회와 스미소니언 연구소가 후원하고 1만 4,000명의 사람들이 참여한 워싱턴 D.C에서 개최된 한 국내 회의에서 나타났다. 이 회의에서 명망 있는 생물학자 단체들은 이 책에서 줄곧 사용해왔던 종다양성이라는 용어를 사용해 멸종위기종 문제에 대해 재정의하고 이를 공표했다(제2장을 참조하라). 이렇게 함으로써 그들은 '지구를 공유하고 있는 인간과 다른 생물종들은 불평등한 생태학적 위기에 의해 처해 있다'는 믿음에 기반을 두는 정치적 행동에 박차를 가했다(Takacs, 1996: 9). 학자들 사이에서 이러한 운동을 선도한 단체로는 보전 생태학을 위한 사회(Society for Conservation Biology)가 있다. 보전

사회학자들은 자금조달자들과 연맹을 형성해 1989년에 심층 생태학을 위한 재단을 만들어 열대우림 보전을 지지하고, 풀뿌리 행동주의와 토착 제3세계 민족이 파괴로부터 자연환경을 보호하는 노력을 지원하기 위한 자금 활동을 벌였다. 1997년에 이 재단의 자산은 3,500만 달러 이상이 되었다. 1990년 즈음에 산림 행동주의자 단체들은 공유지에서의 완전벌채를 금지하는 로비 – 벌목 제로 캠페인으로 알려진 – 를 하던 시에라 클럽을 소생시키기 위해 시도하는 중이었다. 제안은 전국의 시에라 클럽 회원들의 투표에 의해 통과가 되었다. 이러한 노력이 환경주의 운동의 개혁을 부활시키기 위한 것인지 여부는 불명확하지만, 시에라 클럽과 몇몇 산림 보호 집단은 국유림의 보호와 소생을 위한 법안을 1997년 공화당 상원에 제출했다(HR 2789). 목적은 1897년 이래로 국유림에서 상업적인 벌목을 허용했던 정책과 입안을 전환시키는 것이었다(Brulle, 2000: 202~203).

심층 생태학의 한계

심층 생태학의 핵심 주제 – 생태중심적인 평등과 자신을 자연 세계에 포함시키려는 인간의 이해를 확장시키는 '자아실현(self-realization)' – 는 편협한 자기중심주의와 인간중심주의를 벗어나고 자기 이익과 동시에 다른 생명체에 대한 동정심을 발전시키게 했다. 이러한 담론은 심층 생태학에 의해 형성된 운동 단체들이 사회를 개혁하는 데까지 노력을 확장하지 않고 야생을 방어하는 데에만 거의 전적으로 초점을 맞추고 있기 때문에 제한적인 호소력을 가진다. 실제로, 심층 생태학은 종종 인간 지역사회를 향한 명백한 적대감과 지역사회를 더 넓은 자연 세계로 확장시키는 모호한 호소 사이에서 머뭇거리게 한다. 이러한 성격은 대안적인 정치적·사회적 현실을 형성하는 심층 생태학의 능력을 제한시킨다(Brulle 재인용, 2000: 206). 이러한 성격들 때문에 심층 생태학은 큰 대중적 기반을 얻는 데에도 제한이 있다.

생태여성주의

생태여성주의 담론은 남성에 의한 여성지배와 자연에 대한 약탈적인 지배의 개념적 연계를 강조하는, 여성주의와 생태학적 사고의 혼합 형태이다. 이는 여성과 생태적 위기의 문제를 공동의 틀거리로 바라본다(Merchant, 1981). 두 위기 모두 '지배'가 문화적으로 만연한 주제이자 사회적 패러다임인 가부장적 사회의 산물로서 간주된다. 서구적 세계관과 그것의 추상적 과학과 (심층 생태주의자들이 생태적 위기를 양산한 책임으로 보고 있는) '자연'을 통제하는 자극은 사실 가부장적 사회 내 남성적 사고의 역사적 산물이다. 그러나 자연과 여성 모두에 대한 지배는 일반적인 인간의 본성에 기인한 것이 아니라 남성에 의해 발전되고 통제되는 특정한 제도적 배열에 기인한 것이다.

이러한 것은 항상 그러했던 것일까? 생태여성주의에 의하면 그렇지 않다. 그들은 이러한 견해를 뒷받침하는 증거들을 우리가 공통적으로 이해하고 있는 역사(놀라울 것 없이, 가부장적 사회에서 역사는 남성에 의해서 주로 기록되고 해석된다)로부터 '전체적인' 역사적 기록들을 생각해냄으로써 찾는다. 생태여성주의 학자들은 유럽 신석기 사회가 기원전 4,000년에 가부장적이면서 호전적인 인도유럽 어족(Indo-European)의 목양자(pastoralist)의 침입이 있기까지는 대체로 평화롭고 최소 계층화되었으며 조화로우면서도 여신을 숭배하는 사회였다는 증거를 발견했다. 서양 문명의 선사시대의 전환점으로부터 우리 문화의 진화 방향이 문자 그대로 전환을 맞이했다. 우주의 생명을 창조하는 능력을 숭배했던 사회의 문화적 진화가 방해받기 시작했다. 선사시대에, 지구의 주변 지역으로부터 매우 다른 형태의 사회를 추구하는 침입자가 나타났다. 지구를 어머니로 여기고 풍요를 상징하는 조각상을 유럽 곳곳에 남겼던 석기시대의 지역사회와는 달리, 이들을 정복한 침입자들은 '칼이라는 치명적 힘'을 숭배했다. 다른 말로 표현하면, 그들은 생명을 불어넣는 것보다는 빼앗는 것을 지배를 낳고 강화하는 궁극적 능력으로서 강조했다(Eisler, 1988; Gimbutas, 1977). '지배'는 따라서 다른 남성과 여성, 그리고 자연에 적용되는 만연된 사고방식이 된다. 이는 인간 본성이 아니라 역사에서 취해진 세계관이다.

개연성 있는 - 그러나 여전히 논란의 여지가 있는 - 역사를 제공함으로써 생태여성주의에 기초한 선사시대에 대한 학문적 지식은 심층 생태학에서 부족했던 진화적인 깊이를 제공하게 된다. 그러나 독자가 이러한 역사적인 주장을 받아들일 수 없다고 할지라도, 이보다 논의의 여지가 없는 일련의 사실들은 생태여성주의 사고관을 지지한다. 여성, 발전, 저개발국가의 환경파괴 사이의 연관 지점이 그것이다. 경제적 발전은 생태적인 지속가능한 생계 농업을 종종 생계를 위해 자연자원 기반을 이용하고 파괴하는 돈벌이용 단일경작으로 대체시켰다. 저개발국가의 여성뿐 아니라 남성들은 이러한 사실로부터 함께 고통을 받지만, 여성들은 식량, 물, 그리고 연료의 근본적인 생산자로서 그들의 생계기반을 더 쉽게 잃어버릴 수 있기 때문에 더 큰 피해자가 된다. 더욱이, 강력한 가부장적 저개발국가 내에서 그들은 식민 시대부터 현재 세계 시장경제에 이르기까지 남성들이 토지 소유, 기술, 임금 고용, 소기업 차관의 기회를 얻는 것보다 더욱 희박하게 접근하게 된다(Mies, 1986; Shiva, 1988: 1~3). 제5장에서 세계 인구 성장속도를 늦추는 핵심은 여성의 지위를 향상시키는 것이라는 인구통계학자들 사이의 합의를 언급했다. 생태여성주의자들은 생태적 위기를 오랜 역사와 오늘날 전 세계에 퍼져 있는 가부장적 지배와 여성의 종속적 지위와 병행된 복잡한 영역이라고 조금 더 폭넓게 주장한다. 더욱이, 지난 몇십 년 동안의 조사 연구는 지속적으로 미국 여성들이 남성보다 환경과 기술 문제에 의해 부여된 건강 위협요소들에 더 관심을 가지고 있음을 보여준다. 이는 미국뿐 아니라 전 세계에서 쉽게 찾아 볼 수 있다. 실제로, 연령, 계급, 교육, 그리고 다른 사회 변수들과 비교할 때, 성별은 가장 강력한 환경 관심 변수이다(Dunlap, 2000b).

생태여성주의는 가장 새롭고도 가장 평범하지 않은 환경 담론 중 하나이고, 중요한 사회운동 모델로서 부여된 능력은 아직은 잘 발달하지 못했다. 몇몇 생태여성주의 운동단체가 존재하지만, 그것이 실질적으로 중요한 것은 아니다. 생태환경주의는 특히 대학과 여성 연구 프로그램으로부터 큰 지지를 받고 있다. 철학자들과 역사학자들은 이 주제에 대해 수많은 책을 냈다. 더욱이 여성의 목소리는 환경적인 함의를 가진 국제회의에서 점점 더 커지고 있다. 1994년 인구에 관한 카이로 회의와 그 다음해 여성 지위에 관한 베이징 회의를 예로 들 수 있다. 심층 생태학처럼 생태여성주의자들은 종합적인 하나의 목소리는 아니고 조금 더 넓은 여성주의 운동의 한 분파를 반영하고 있다. 예를 들어 그들은 자연의 여성적 성격에 대해 강조해야 하는지 또는 다 함께 성역할을 초월하는 것을 시도해야 하는지 등에 관해서는 하나의 목소리로 동의되지는 않는다. 세계 곳곳의 가부장주의 지배에 관해서, 생태여성주의 담론을 수용할 것인지는 다소 불확실하다. 그러나 생태여성주의는 심층 생태학과 개혁환경주의에 대한 널리 알려지고 있는 담론과 비판으로서 중요하다.

1.5 다른 주장들: 생태신학과 자발적 검소주의

생태신학(ecotheology)의 시작은 린 화이트(Lynn White)의 유명한 글(1967)에 대한 반응에서 비롯한다. 거기에서 그는 성경에 입각한 서구의 전통 - 유대교와 기독교가 기반을 두고 있는 - 은 현대 환경주의 위기의 근원이었다고 주장했다. 인간은 신의 창조물 중에서 분리되어 주인의 역할을 하는 것으로 비춰진다. 화이트는 "더 과학적이고 더 기술적인 것은 우리가 새로운 종교를 찾거나 예전의 것을 재고하고 나서야 비로소 현재의 생태적 위기에서 우리를 벗어나게 해줄 것이다"라고 말한다(White, 1967: 1206). (제1장에서도 언급한 바 있듯이) 논쟁적인 견해이지만 이는 서구 신학과 종교사상가들에게 문제점을 제시해준다. 급진적인 인간중심주의를 거절하고, 그들은 인간이 신의 창조물을 보전하도록 하는 명령을 혼합시킨 환경의 정신적인 측면을 발전시키도록 노력했다.

이러한 견해에 대한 여러 가지 내용들이 발전했다. 흑인계 미국인 교회에서 나온 한 가지 생각의 줄기가 환경정의 운동과 결합한 환경에 대한 정신적인 견해를 연관시켰다. 그들은 이러한 운동에서 주요한 세력이 되었다. 예를 들어, 1982년 노스캐롤라이나의 독성 매립지에 저항하는 첫 번째 저항운동은 지역 흑인계 미국인 교회가 조직하고 선도한 것이었다. 그리고 환경적 인종주의에 관한 초기 영향력 있는 경험적 연구들이 미국 기독교에 의해 후원을 받았다(Bullard, 1990). 환경을 보호하는 것은 정의를 창조하고 인간 지역사회를 보호하는 것과 연관되었다(Brulle, 2000: 229~230). '기독교 임무(stewardship)'로 알려진 또 다른 견해는 신의 창조물을 보호하는 성경의 명령에 기초한 복음주의 해석에 중점을 두고 있다. 보수주의 기독교 신학에 기초해 신의 창조물을 보전하는 도덕적인 명령을 창조하고 기독교 신학을 환경적 관심사에 적용하기 위해 작게나마 시도하고 있다. 신을 초월적 존재로서 바라보고 인간을 타락과 죄악이 있어 죄의 사함을 받아야 하는 존재로 본다. 초기 언급에 따르면, "창조 원리를 이해해야 하는 기독교신자들은 자연을 존경해야 하는 이유를 가지고 있고, 그들이 그렇게 할 때 인간에게 혜택이 주어진다. 좀 더 명확하게 보자. 이는 단순한 실용적인 태도가 아니다. 그것을 위한 근본이 존재한다. 우리는 신이 이것을 만들었기 때문에 존경심을 갖고 창조물을 다룬다"(Schaeffer, 1970: 76, Brulle, 2000: 232 재인용)고 표현하고 있다. 창조영성(creation spirituality)이라고 하는 세 번째 견해는 창조에 대한 기독교적 전통에서 벗어나 대안적 개념을 발전시킬 필요를 살핀다. 창조영성은 종교와 과학에 관한 새로운 통합적 관점을 추구한다. 창설자 중 한 명인 매슈 폭스(Matthew fox)는 "우리가 전체로서의 창조물을 바라보기 위해서는 서구 세계관의 이원론을 극복할 필요가 있다"(Delschlaeger, 1994: 169)고 주장했다. 모든 종교를 각기 다른 맥락하에서 신성함을 추구하는 것으로 받아들였기 때문에 폭스는 가톨릭 교구에서 축출되었다. 대중적인 시인이자 철학가인 웬델 베리(Wendell Berry)는 인류에 대한 '새로운 이야기'를 주장했고, 발생을 과학적 지식을 가지고 구성했다. 새로운 이야기란 우주의 특권적 지위로부터 인류를 제거하는 것이었다. 심층 생태학의 파장이 명백하다.

    1980년대 중반에 생태신학은 전통적으로 환경사안과 연관된 적이 없었던 종교사회 내에서 출현했다. 1989년에 교황 요한 바오로 2세는 백과사전식으로 방대하게 명명한 『생태적 위기: 공동의 책임(The Ecological Crisis: A Common Responsibility)』을 저술했다. 그는 가톨릭교도들에게 자원 소비를 줄일 것을 주장했고, 농부들이 생물공학 기술을 받아들이고자 할 때 윤리적인 경고를 사용할 것을 권했다. 종교와 환경에 대한 진술은 다른 미국인들에 의해 공표되었고, '환경 정상회의에서 종교적 지도자들의 진술'이라 명명된 24명의 주요 종교단체 지도자들에 의한 통합된 내용으로 완성을 보았다. 2억 명에 달하는 정통 기독교 신자의 영적 지도자인 바르톨로뮤(Ecumenical Patriarch Bartholomew)는 오염에 대항하는 공식적인 개혁운동을 전개했고, 이를 장소에 거스르는 죄악이라고 명명했다. 그는 지구를 위한 행동과 구원의 날과 성직자들을 위한 환경교육내용을 만들었다. 1993년까지 모든 주요 종교단체는 환경황폐화에 대한 성명서를 발표했고, 국가 종교 파트너십이 형성되었는데, 이는 주요 신교, 구교, 유대교, 복음주의를 환경황폐화에 종교적인 관점으로 대항하도록 발전시키는 데 그 목적을 둔 하나의 조직으로 통합한 것이다(Brulle, 2000: 234; Mastny, 2001).

    생태신학은 새롭게 출현한 담론이다. 미국인은 대개 종교를 명목상이라도 가지고 있기 때문에, 대중적인 기반을 동원할 거대한 잠재력을 가질 수 있다. 이는 또한 전략적으로 환경적 의식을 고무시키고 동원화하는 것을 촉진하는 역할을 할 수 있는 거대한 교육과 언론 연결망이라는 공식적인 제도들과 연관되어 있을 수도 있다. 그러나 생태신학은 몇 가지 제한점을 가진다. 첫째, 생태신학을 따르는 이들은 사회적·정치적 변형의 행위자라기보다는 현재 상태를 보전하는 행위자에 머무는 수준에 한정될 수 있다. 둘째, 그 자체를 위한 것이기보다는 종교적 근원을 두고 인간이 자연에 가치를 부여하도록 나타난 것이기 때문에 종교를 믿지 않는 사람들에게 받아들여지지 않을 수도 있다.

자발적 검소로 다시?

제6장에서 언급된 바와 같이, 철학자 엘긴(Duane Elgin)은 1970년대에 자발적 단순성(voluntary simplicity: VS)이라는 용어를 물질주의, 과도한 소비주의, 그리고 지속가능하지 않은 소비를 벗어나는 운동을 증진시키고 표현하는 용어로 묘사했다. 초기 자발적인 청빈운동은 1960년대 대항문화의 주제이자 '자연으로의 회귀'를 말하던 뉴에이지 영성(New Age spirituality)과 연관되었다. 이러한 움직임은 근원적으로 도덕적인 것을 강조했는데, 낭만주의적 고행의 목가적인 이미지나 자연 속에 살아가는 이미지를 표현하고 있으며, 지나치게 방임적인 태도를 가지고 있는 소비자를 비난한다. 그것은 많은 이들에게 호소력을 발휘하지는 못했고, 소비주의, 신용카드 사회, 쇼핑, SUVs 구입 등을 조장하는 더 강력한 힘에 의해서 압도되었다. 그러나 자발적으로 생활방식을 단순화하자는 생각은 단순한 유행 이상의 것이었다. 자발적 단순성은 이를 증진하고자 하는 운동과 함께 1990년대에 다시 찾아왔다. 1995년에는 국내 조사가 응답자의 85%가 미국인들은 그들이 필요한 것 이상으로 소비한다고 생각하고, 93%가 살아가는 방식이 너무 많은 쓰레기를 발생시킨다고 대답했으며, 91%는 우리가 지금 원하는 것이 너무 많아서 미래세대에는 충분하지 않을 것이라고 생각했다. 폭넓고 다양한 단체들이 나타나 소박한 삶, 검약, 속도 늦추기, 지구상에서 가볍게 살기 등을 이야기했다. 덜 사용하고 더 사는

것에 중점을 둔 뉴스레터 구두쇠신문(Tightwad Gazette)은 에이미 데시진(Amy Dacyczyn)이 발간을 중단할 때까지 10만 명의 구독자를 가지고 있었다. 검소한 신문(Frugal Gazette), 수전노 신문(Miser's Gazette), 헛수고 저널(Something for nothing Journal)과 같은 유사한 간행물이 지금 존재하고 있다. 자발적인 청빈에 흥미를 가지고 있는 사람들은 다양한 영역의 지역 토론 단체 – 청빈 동아리 – , 출판물, 웹페이지를 통해 친분을 유지하며 만남을 가졌다. 시애틀에서 시작했던 청빈 동아리는 지금 많은 주에서 존재하고 있다. 우리는 이들을 쉽게 찾아낼 수 있다.[3] 자발적인 청빈 단체들은 포틀랜드, 오리건에 있는 북서지역 지구 연구소(Northwest Earth Institute)와 워싱턴, 시애틀에 있는 뉴 로드맵 재단(New Roadmap Foundation)을 포함한다. 메릴랜드 타코마 공원에 있는 새로운 미국의 꿈을 위한 센터(Center for a New American Dream: CNAD)는 '버리는 문화' 내에서 과잉 소비하는 북미인의 태도를 변화시키고자 노력한다(Bell, 2004: 29~30; CNAD, www.newdream.org). 유럽에는 지속가능성을 위한 북부 연맹과 같은 많은 단체가 있고, 6개국에서 이들 단체가 활동하고 있다(Humphrey, Lewis, and Buttel, 2002: 235).

여기 두 번째 자발적인 청빈 운동이 있다. 그러나 그 능력과 파급력은 마케터, 광고업자, 그리고 언론의 반대적인 노력과 비교할 때 여전히 연약하다. 만일 새로운 자발적인 청빈 운동이 더 많은 호소력과 영향력을 가지고 있다면, 이전의 운동들이 전개했던 것 이상으로 다르게 증진되어야 할 필요가 있다. 높은 대중적 소비는 단순한 생활방식을 보급하려는 사람들이 종종 생각하는 것보다 복잡하다. 소비는 현대 사회에서 의미를 창출하고 전달하는 것과 관련이 있다. 소비는 지속적으로 증가하고 통제할 수 없는 지구 생산체계 내에서

---

[3] 나는 컴퓨터에서 몇 분 만에 캘리포니아에 22개, 미네소타에 7개, 뉴욕에 4개, 그리고 미주리에 4개를 찾아낼 수 있었다. 자발적인 청빈 연결망을 보여주는 웹사이트로는 www.simplicity.com이 있다.

생산보다 정체성, 지위, 특권을 더 명확하게 정의해준다. 이는 단순한 정신적인 황폐 또는 병든 문화를 의미하는 것이 아니다(Cohen, 1995). 가장 중요한 것은, 자발적인 청빈이 만일 과도하게 복잡하고 열광적인 삶을 경험하고 있거나 빠른 생활방식 속에서 만족 또는 여가가 별로 제공되지 못하는 사회에서 삶의 질을 향상시키는 수단으로 보인다면 더 넓은 호소력을 가질 수도 있다는 점이다. 자발적인 청빈은 자기 자신과 가족에게서 무언가를 박탈하기보다는 중요한 무언가를 교화시켜주는 수단으로서 평가될 수 있다.

종합하자면, 나는 거칠게나마 현재 다양한 환경주의에 대해서 서술해보았다. '환경주의'가 각기 다른 조직적 구조와 행동 전략, 다양한 구성원을 가지고 있는 다양한 이념적 틀거리 또는 담론에 기초하고 있기 때문에, 이들 모두는 성공적이라고 주장할 수 있지만, 이들은 모두 제한점을 가지고 있다. 이러한 다루기 힘든 운동은 그들로 하여금 더 큰 형태의 효과적인 운동을 둔화시키게 하는 모순적인 방법보다는 상보적인 형태로 서로 일할 수 있도록 하는 메타서사(metanarrative) 또는 종합적인 틀거리를 필요로 한다. 환경적 메타서사는 공동의 담론을 제공할 수 있고, 사람들이 힘을 모아 공정하고 민주적이며 지속가능한 사회를 창출하는 행동을 할 수 있도록 해준다. 이는 현존하는 담론을 파괴하는 것이 아니라 오히려 그들을 상호 결합하도록 하고, 집합행동을 위해 더 큰 능력을 창출해준다. 만일 이것이 불가능하다고 생각한다면 조금 더 제한적인 수준에서 공정한 행동을 하도록 해주는 메타서사의 형태를 고려해보라. 보전생물학자들이 최근에 공정하다고 고안해낸 것으로서 앞서 논의되었던 종다양성의 개념을 회상해보자. 이는 개별적으로 이전부터 존재해왔던 산림벌채, 남획, 서식지 파괴, 외래종의 도입, 그리고 멸종위기에 처한 생물종에 대한 환경적 담론들을 구체화시켰다. 이는 다른 종류의 담론들을 파괴하는 것이 아니었다. 오히려 다양한 단체들의 관심사를 그들의 공동의 목표를 위해 확장시키는 것이었고 더 큰 집합행동을 위해 잠재능력을 창출하는 것이었다(Brulle, 2000: 200~201). 이제 오래도록 지속되고 있는 인간-환경 담론을 살펴보고자 한다.

1.6 반환경주의: 명백한 운명과 대항운동

가장 오래되고 가장 많이 유포되어 있는 인간-환경 담론은 미국과 산업사회의 서구 세계관에서 유래했다. 명백한 운명(manifest destiny)이라 명명된 이 담론은 자연 환경을 약탈하는 데 대한 도덕적·경제적 근거를 제공해준다. 명백한 운명에서 자연이란, (1) 고유한 가치를 가지고 있지 않고, (2) 인간복지가 의존하고 있는 상품으로 변형시키는 인간 노동 없이는 비생산적이고 무가치한 것이며, 그리고 (3) 자신들의 필요에 맞게 자연을 사용할 권리를 가지고 있는 인간을 위해 방대한 자연자원을 가지고 있다고 가정한다. 유럽 정착민에 의한 북미 대륙 개발의 근거를 제공하는 것에 추가해, 명백한 운명은 환경주의의 목표에 반대되는 대항운동적인 여러 물결로서의 이념적인 담론 또는 틀거리를 제공했다(Brulle, 2000: 116). 이 장의 서두에서 이미 언급했던 바와 같이, 대항운동들은 그들이 반대하는 운동들의 관심사와 많은 목표들을 나누고 언론, 정치인, 더 넓게는 공공영역의 관심을 얻기 위해 경쟁적인 요구사항들을 만들어낸다.

초기 명백한 운명이 대항운동으로서 가장 중요했던 시위는 1897년 그로버 클리블랜드(Grover Cleveland) 대통령이 23개의 새로운 국유림 - 총 3,900만 에이커 - 을 만들었을 때 분출되었다. 저항은 서부에서 발생했고 대중들의 행진은 남부 다코타(Dakota), 데드우드(Deadwood)에서 3만 명의 인파로 이루어졌다. 한 몬태나(Montana) 상원의원은 사람들의 이익을 오만하게 경시한 대통령을 비난했고, 워싱턴 주 상원의원은 다음과 같이 질문했다. "왜 우리는 끊임없이 그리고 끝없이 괴롭힘을 당하고 분노해야 하며 하버드 대학 과학연구자들에 의해 곤혹을 치러야 하는가"(Brulle, 2000: 120 재인용-)? 연방 토지 정책에 대한 서부지역의 또 다른 일련의 저항은 1925년과 1934년 사이에 벌어졌다. 이는 스탠스필드(Stansfield) 폭동으로 알려진 바 있는데, 오리건의 상원의원 스탠스필드가 이끈 것으로서, 국유림에서 방목하는 것에 세금을 부과하는 데 반대하는 것이 그 주된 초점이었다. 1939년에 개정된 테일러 방목법안은 목장주와 보전주의자들의 이해관계 사이에서 타협하는 것으로 사안을 해결했다. 앞서 레이첼 카슨의 책『침묵의 봄』에 반대하는 내용들과 산업사회가 언론을 통해 그녀의 명성을 손상시키려 한 시도를 소개했다. 이러한 명예훼손 작전은 예상을 뒤엎는 반향을 가져왔다. 책의 판매가 늘자, 곧이어 가장 부당한 제초제의 사용이 법으로 금지되었다.

1970년대까지 야생보호와 멸종위기에 처한 생물종에 대한 운동들이 영구적으로 국유림의 일부에 대해 개발을 제한하고 사유지 소유주조차도 토지사용을 억제하도록 활동했기 때문에 토지 사용을 관리하는 법안은 환경주의에 맞게 입안되었다. 목장, 광산업, 목재 회사, 그리고 사업체들은 가장 명백하고 가장 직접적인 환경보호의 비용을 감내했다. 앞장에서 현재 계산되고 있지 않은 환경비용을 내부화하는 방법에 대해 많이 제시한 바 있다. 이에 경제 이익단체들은 주 정부에 의한 토지의 통제를 지방 기업체에 반환하도록 노력을 기울였다. 알려진 바와 같이 세이지브러시(Sagebrush) 폭동은 예전의 토지 사용 사안에 대한 반향이었다. 자유로운 기업을 보호하는 센터(Center for the Defense of Free Enterprise)와 기업을 지원하는 반환경 법인단체인 방어기금(Mountain States Legal Defense Fund) 같은 여러 운동 단체가 출현했고, 이들은 자유로운 기업체 체계에 부과된 환경적 제한에 대해 저항했다. 이 기금협회의 회장이자 법적 총책임자인 제임스 와트(James Watt)는 이후 레이건 대통령 시절에 환경보호국의 국장으로 임명되었다(Brulle, 2000: 124~126).

환경주의가 일시적 유행이 아니라는 것이 명백해지고 기업들이 환경주의로 인해 이윤에 위협을 받게 되자, 많은 기업이 이에 공세적인 모습을 취하기 시작했다. 회사들은 자신들을 환경주의에 입각한 선한 시민기업이라 묘사하는 공공캠페인을 대중적으로 전개하는 데 비용을 쏟는 한편, 환경주의자들을 경제적 번영, 직업과 인간 복지를 불필요하게 위협하는 대표성 없는 미치광이들로 묘사되게 하려고 했다. 환경주의자들에 대한 기업이 후원하는 공격은 다양한 형태를 취했다. 정치적인 로비, 홍보회사를 고용한 대민홍보, 그리고 광고 등이 그것이다. 1995년까지 미국 회사들은 매년 10억 달러를 반환경주의적 활동에 소진했다(Beder, 1998: 108). 이러한 캠페인에는 또한 환경주의자들과 규제 기관의 요구를 논박할 수 있도록 고안된 '후원받은 연구'를 포함했다.[4] 풀뿌리 운동과 급진주의자들의 직접행동 전술을 제외하고는, 기업의 전략은 종종 환경주의 단체들의 전략의 거울과도 같도록 정반대적인 책략이었던 것이다. 점점 더, 기업들은 환경을 사용하는 데 공식적으로 반대하는 사람들에 대항하는 소송 책략을 사용하기 쉽게 되었다(Clyke, 1993: 87~88; Sale, 1993: 102). 공공의 참여에 대항하는 전략적 소송(strategic lawsuits against public participation: SLAPPs)은 행동가들을 잠재우고 사안에 대한 관심에 물타기를 하려는 의도를 가지고 있다. SLAPPs에서 환경단체들과 풀뿌리 활동가들에게 명예훼손적인 성격, 계약 또는 기업에 대한 훼방, 또는 음모라고 반박했다. 그들의 초기 연구는 SLAPPs의 25%는 발전된 모습이었다는 사실과 그 외 20%가 오염과 동물들의 권리 사안이라는 사실을 알아냈다. 1990년대에는, 평균

---

4   국립 과학 아카데미의 회보 내용을 매우 비슷하게 답습했던 형식을 띤, '대기 중에 증가하는 이상화탄소의 환경 영향'이라는 제목이 붙은 1988년 3월의 기사를 살펴보자. 기사에서는 지구온난화의 예견은 잘못된 것이고 증가하는 이산화탄소 수준은 점차로 동식물에 좋은 영향을 줄 것이라는 결론을 내렸다. 사실, 이 기사 내용은 반환경주의 지식인 단체인 조지 마셜(George C. Marshall) 연구소에 의해 기금으로 발행된 비심사 출판물에 실린 것이었다(Brulle, 2000: 128).

SLAPPs가 108억 원(900만 달러)에 이르렀다. 어떤 소송은 1200억 원(1억 달러) 가량의 비용이 드는 경우도 있었다. 이러한 소송의 대부분은 성공적이지 않았고 결국에는 패소했으나, 그들은 활동가들에게 많은 문제를 일으켰다(예로는 재정적인 문제와 보복의 두려움, 그리고 끊임없이 확실한 사실에 근거한 자유 발언을 수행하는 것이 있다). 미국 기업들은 SLAPPs가 반대자들을 불편하게 만드는 데 효과적인 전략이라는 것을 알았다(Dold, 1992).

법적 방법이 충분하지 않는 곳에서는, 환경주의자들은 법 외적인 방법에 의해 어려움을 겪었다. 사무실이 파괴되고, 차가 파괴되고, 가택 침입을 당하고, 죽음의 위협을 받았다. 아칸소 그린피스 활동가들의 본부는 화재를 당했고, 캘리포니아의 EF! 2개 지구 활동가들은 소이탄으로 공격을 받았다. 오클라호마 ARCO 핵연료처리시설의 근무자인 캐런 실크우드(Karen Silkwood)는 괴롭힘을 당했고, 부정한 안전 보고서 절차에 대한 불법을 폭로하려고 시도했을 때 기업의 대리인에 의해 피살당했을 것이라고 추정되었다. 가장 터무니없고 잘 문서화된 사례로는, 의회 위원회가 1991년에 트랜스알래스카 파이프라인(Trans-Alaska Pipeline)사의 이사가 알래스카 원유산업에 대한 비판들을 찾아내고 이를 무마하기 위해 전국을 뒤지는 데 - 도청, 절도, 감시, 사기 - 수십만 달러를 사용했고 환경과 안전상의 결함에 대한 진실을 밝히려는 사원들을 괴롭혔다는 사실을 알아냈다. 내가 생각하기로 요점은 비합법적인 '급진적' 행동 모두가 환경을 방어하는 것은 아니었다는 것이다. 기업의 활동은 때때로 정부기관에 의해 지원을 받기도 했다. 정부 기관은 환경단체에 침투하기도 했고(EF!의 경우를 이전에 언급한 바 있다), 도청, 협박, 익명의 편지, 날조된 유인물, 전화 위협, 경찰의 과격한 반응, 그리고 애매한 검거 등의 책략을 사용하기도 했다(Dowie, 1995; Helvarg 1994; Sale, 1993: 102~103).

1980년대와 1990년대까지 새롭게 변모하는 대항운동이 진행 중이었다. 반환경주의의 새로운 가닥이 에너지, 목재, 그리고 광업 산업 결사체와 보수적인 재단의 합작품이었고, 현실적 문제로서의 지구온난화의 지위를 적법하지 않도록 하고 교토협약의 비준을 반대하는 집단이었다. 제3장을 참조하자(Lutzenhiser, 2001; McCright and Dunlap, 2000; McCright and Dunlap, 2003). 이러한 단체들과 이익집단들의 대항운동은 강력하기는 하지만 대중적인 기반을 구축했다고 말하기는 어렵다.

다시 활기를 찾은 반환경주의의 또 다른 흐름은 일반적으로 **지혜로운 이용운동**(Wise Use Movement, WUM)이라고 이름 붙여졌다. WUM은 보수적/우파 정치인과 언론대변인 - 예를 들어 러시 림보(Rush Limbaugh), 조지 윌(George Will) - 에게 지지를 받았고, 정부의 규제를 증가시키는 잘못된 노력에 의해 자유 기업, 사적재산권, 그리고 직업을 파괴하기를 원하는 환경주의자들에 대한 전쟁을 수행하는 것으로 운동을 스스로 규정했다. 이전 세이지브러시 폭동과 같이, WUM의 핵심 지지자는 산업 축소가 지나친 환경규제라고 비난하고 환경적 개혁에 의해 위협을 느끼는 사람들로 구성되어 있다. 벌목꾼, 광부, 목장주, 농장주, 사냥꾼, 산업주의자, 재산가, 공장노동자가 그러했다(Helvarg, 1994). 1988년에 WUM은 네바다 리노에서 지혜로운 이용을 주장하는 시구들의 성장을 이끌어내고 의제를 형성하기 위한 회의를 시작했다. 1995년까지 론 아놀드(Ron Arnold)가 지휘하는 워싱턴에 있는 자유기업의 보호를 위한 센터를 포함하는 대략 1,500여 개 단체가 형성되었다. WUM 운동 지도자들은 수백만의 추종자들에게 적극적인 참여를 요구했지만 10만보다 약간 더 많은 수의 사람들만이 회비를 내고 활동했다(Helvarg, 1994; Mertig et al., 2002: 460). 국내 운동 측면에서 볼 때 이는 EF! 정도의 작은 규모일 뿐이지만 그것의 영향력은 보수적인 지식인 단체 - 예를 들어 헤리티지 재단과 카토(Cato) 연구소 - 와 보수적인 법률 단체 및 로비 단체과의 연관으로 인해 더 크다고 볼 수 있다.

WUM과 관련 대항운동 단체들의 이름은 다소 기묘하다.

- 전국 습지 연합(National Wetlands Coalition): 원유 굴착기술자와 부동산 개발업자
- 미국 에너지 자각 회의(U.S. Council on Energy awareness): 핵발전 산업
- 독수리산의 친구들(Friends of Eagle Mountain): 개방된 광산채굴장소로 쓰레기매립지 유치를 희망하는 광업 사업자
- 황무지 영향 연구 재단(Wilderness Impact Research Foundation): 네바다 벌목과 방목 이익단체
- 미국 환경 재단(American Environmental Foundation): 플로리다 재산가 단체
- 지구 기후 연합(Global Climate Coalition): 지구온난화를 조절하기 위한 규제에 반대하는 기업

이름만 보면 이들이 환경 단체라고 생각할 수도 있을 듯싶다. 반환경주의의 취약지점은 바로 그것의 기구들이 종종 공적으로 성공하고자 할 때 이런 현혹적인 명칭을 붙여야만 되는 것임에 틀림없다. 환경주의자들은 이것을 녹색사기(green scamming)라고 명했다. '이윤을 위해 환경을 파괴하는 연합'과 같은 이름을 달고 대민관계를 다루는 단체를 상상해보자. 지혜로운 이용 운동은 "황무지와 국립공안을 포함하는 모든 공유지를 광물과 에너지 생산을 위해 개방"해야 하고, 멸종위기에 처한 생물종을 위한 법안은 "인간의 출현 이전부터 쇠락하기 시작했던 유물과도 같은 생물종들은 배제"해야 한다고 주장하는 내용의 의제를 공식적으로 채택했다(Brulle, 2000: 127 재인용).

참으로 거센 반대라고 본다. 이러한 대항운동들은 환경운동의 힘과 성공 그리고 이에 대항하는 강력하고도 지속적인 반대세력이 나타나는 어려움 모두를 보여주는 시책이 된다. 환경을 보호한다는 것은 여론조사에서 보여주는 것과 같이 교감하는 가치임은 분명 당연하지만 그렇게 하는 것에 대한 손익은

매우 불균형적으로 분배되어 있다. 반(反)환경주의 운동은 환경운동의 영향을 탈선시키는 것은 아니지만 확실히 빗나가게 하고 무디게 만드는 것도 사실이다. 이러한 대항운동들은 또한 그들의 취약점과 단점을 가지고 있다. 그 하나가 바로 반환경주의 운동들은 도덕적인 고결함을 내포하는 데 항상 어려움을 가지고 있다. 누가 행성의 자연자원기반을 파괴하거나 인류를 파멸시킬 수 있는 경제활동을 스스럼없이 옹호하는 '악마와 함께 춤'을 추려고 하겠는가? 이는 바로 반환경주의 운동이 항상 공적인 폭로에 매우 취약한 성격을 지닌 표면적인 눈속임에 의해서 운용되어야만 하는지에 대한 이유가 된다. 녹색사기는 취약성을 노출하는 전략이다. 더욱이, 환경에 찬성하는 태도가 자연적으로 교감된다면 이러한 대항운동은 맞불작전을 펼치기 쉽다. 보수적인 성격의 레이건 행정부를 첫 번째의 경우로 볼 수 있다. 환경 관련 법안들을 약화시키고 환경을 보호하는 프로그램을 감소시키는 환경적인 대항운동을 촉구하는 내용으로 제안된 입법은 종종 실패하고 있다. 지금까지 부시 행정부는 알래스카 야생생물의 자연보호구역을 개발하기 위해 의회의 인가를 얻는 데 실패했다. 더욱이 기업행위가 통일되지 않았다는 것을 지적하는 것은 중요하다. 이해할 만한 이유들로 인해 반대는 항상 자본 집약적이고 광업·임업·어업 등의 채취 산업에서는 더욱 강력하게 나타나고, 여론과 더 직접적으로 연관을 맺고 있는 소매업에서는 더욱 약하게 나타난다.

2. 범세계적 환경주의

미국의 경우처럼 환경주의는 자연적으로 1960년대와 1970년대 동안 모든 고개발국가에서 성장했지만 특별히 서구 유럽에서 더욱 두드러졌다. 나는 독일식의 환경정치와 정책에 기반을 두고 있는 독일인의 '녹색성(Greens)'의 영향을 언급했지만, 사실 독일에서 환경주의는 긴 역사를 가지고 있고 미국의 경우와 유사한 보수적 운동의 마지막 세기가 전환했던 시대로 거슬러 올라가 볼 수 있다(Dominick, 1992). 환경주의는 동유럽과 소련에서 1980년대에 이들의 체계가 해체하기 시작하면서 분명하게 출현했다. 미국의 경우처럼 공공적인 자각이 집합행동을 이끌어냈고 공무원에게 압력을 행사했다. 환경기구를 비롯한 다른 사적 기구들의 다수가 국제적으로 비정부기구로서 연관되고 연결망을 형성하게 되었다. 외교관과 국제기구가 토론하는 국제비정부기구를 포함한다.

지구 환경주의는 국제지구관측년(International Geophysical Year, 1957~1958), 국제 생물학 프로그램(International Biological Programme, 1963~1974), 환경문제에 대한 과학위원회(Scientific committee on Problems of the Environment: SCOPE)를 포함하는 생명의 지구, 그리고 행성 수준에서 연구를 수행하는 세계 과학계의 협력이 증가하는 것에 의해서 자극을 받았다. 앞서 언급된 세계기상기구(World Meteorological Organization: WMO)와 세계식량농업기구(FAO), 그리고 특히 국제 자연보호 연맹(International Union for Conservation of Nature and Natural Resources: IUCN)과 같은 비정부기구들을 포함하는 여타의 기구들은 이들에게 도움을 주었다. 국내적·국제적 수준에서는 공전학(atmospherics), 토질학(soil science), 해양학(oceanography), 환경독물학(environmental toxicology), 생태학(ecology)이 있다. 고개발국가에 의해 조직화되었지만, 저개발국의 과학자들은 자국 내에서 환경 의식화의 자각 정도가 높아짐에 따라 지도자로서 활약하게 되었고, 1971년 환경문제에 대한 과학위원회(SCOPE)는 호주에서 저개발국가의 시각으로 환경사안을 고려하기 위해서 과학자들로 구성된 회의를 시작했다(Caldwell, 1992: 65).

환경 의식을 지구적으로 퍼뜨리기 위한 또 다른 자극으로는 국가라는 경계를 넘나드는 문제들의 출현이 있었다. 여기에는 핵 방사능 물질, 공기와 물의

> **〈글상자 8.1〉 나무 껴안기(Tree Huggers)?**
>
> 가장 각광을 받고 있는 저개발국가의 풀뿌리 운동은 목재회사가 재목을 얻기 위해 마을과 그 지역의 가난한 남녀노소보다 먼저 나무를 칩코(chipko) — 문자 그대로 해석하면 껴안거나 집착한다는 뜻 — 하고 벌목꾼들이 배후에서 이들의 도끼를 내려놓도록 강행하던 때인 1993년 인도 우타 프라데시(Uttar Pradesh)의 언덕에서 성장했다. 아마도 독자는 환경주의자들을 위한 미국 속어인 '나무 껴안기(tree hugger)'라는 단어를 들어본 경험이 있을 것이다. 바로 이 단어의 근원지인 것이다(Bell, 1998: 190). 칩코 운동은 생태학적 관리라는 자원보호 이상의 의미를 가지고 진행되었다. 처음에 벌목꾼으로부터 나무를 지켜냈던 여성들은 지금 나무를 심고, 토양 보전 장벽을 만들고, 마을 산림계획을 세우고 있다. 유사하게도 브라질, 필리핀, 그리고 인도의 고아와 케라라(Kerala)의 전통어업 공동체들도 그들의 어족자원을 고갈시키는 산업 오염원과 상업적 견지낚시에 대항하기 위해 단체를 조직하고 있다.

오염, 환경유해물질의 월경(越境), 지구적 수준에서의 종다양성 감소 — 특히 열대우림 파괴로 인한 —, 전염병의 확산, 우주·해양·남극의 개발권의 문제와 같은 사안들을 포함했다. 국제적인 수준의 환경 의식화는 또한 언론의 집중조명으로 관심이 증대된 재앙에 의해서 확대되었다. 예를 들어 여기에는 1984년 제1세계의 기업이 제3세계 사람들을 사망에 이르게 했던 인도 보팔의 살충제 제조공장의 유독가스 누출사고와 1986년 소련 체르노빌 핵원자로 사고에 의한 방사능 누출사고를 포함한다. 이러한 재앙은 국제 언론을 통해 폭넓게 보도되었고, 환경적 취약성은 궁극적으로 지구적인 사안임을 극적으로 보여주는 계기가 되었다. 1990년대에는 더 일반적인 위협요소들이 지구 환경주의 출현의 중요성을 동등하게 다루는 계기를 보여주었다. 환경유해 독성물질 — 폐기물 포함 — 의 국제적인 선적, 성층권내 오존층의 파괴, 지구 기후변화의 위협 등이 있다. 그 경우에 과학적인 발견 내용은 공공의 의식화를 고양시키기 위한 내용을 언론에서 보도되었고, 결국 대중이 정부 대책과 국제 행동을 촉구하도록 하는 계기가 되었다.

환경주의는 풍요로운 고개발국가에만 국한되지 않고 지구적 문제에 의해서만 자극되는 것은 아니다. 풀뿌리 운동과 환경정의 운동을 동반했던 미국의 경우에서처럼, 환경운동 단체들은 세계의 가장 빈곤하면서도 현대 세계경제의 가장 변방인 저개발국가에서 매우 현저하고도 급격하게 늘어났다.

세계에서 사라지고 있는 열대우림에서 살고 있는 사람들은 생업의 기세를 꺾는 파괴의 속도에도 굴하지 않고 자신들의 가정을 보호하려고 노력하기 시작했다. 1970년대 말에, 열대우림에서 살고 있는 3만 명의 브라질 고무액 채취자들의 단체가 이러한 기세를 만들기로 결정했다.[5] 이러한 책략들은 간단하고 직접적이었다. 동력톱이 작동하는 곳에서는, 남성, 여성 그리고 어린이들이 평화적으로 산림을 점거했고 자신들의 몸을 파괴현장에 드러눕혔다. 이러한 행동은 지금까지 지속되는 폭력적인 보복을 야기했다. 1988년 적대세력이 고무채취 반대에 있어 국내 수장인 치코 멘데즈(Chico Mendez)를 총으로 쏘는 사건이 있었다. 치코는 후에 세계의 환경주의자들을 위한 열대우림 보호의 가장 강력한 상징적인 순교자가 되었다. 높은 비용을 내고, 고무채취자들은 약간의 수익을 얻을 수 있었다. 그들은 세계은행의 발전 정책을 재형성하는 데 도움을 주었고 국제 환경기구들은 브라질 정부가 고무액채취자들이 전통적인 생계를 계속할 수 있도록 거대한 채취자원 정책을 세우도록 요청했다. 태평양 너머 보르네오 섬의 다야크족은 이보다는 약간 불행한 측면이 있었다. 말레이시아의 울창한 산림에서 살고 있는 그들은 말레이시아의 수출 전략의 핵심인 열대 마호가니 등의 강목을 벌목하는 데 반대했다. 다야크족은 오직

---

5 고무액 채취자들은 아마존 전역에서 고무나무에서 라텍스를 채취함으로써 생계를 유지한다. 그들은 또한 산림이나 집 근처에 있는 작은 경작지에서 브라질 땅콩, 과일, 섬유들을 채집한다. 1988년 연구는 50년 이상 동안 수행했던 비목재생산품의 지속가능한 경작은 단위 면적당 고무 생산의 두 배, 소 방목의 세 배 이상의 산출량을 얻을 수 있음을 보여주었다.

지속가능한 방법으로 벌목되는 것을 원했고, 도로를 봉쇄함으로써 목재벌목 관계자들과 전쟁을 벌이는 한편 유럽의 소비자들에게 말레이시아 목재를 불매해주기를 호소했다. 정부의 비타협적 태도가 이들의 노력을 좌절시켰다.

남(Namm)이라 알려진 아프리카 연맹은 과소비하는 농업자원을 보호하고 복원하도록 사람들을 효과적으로 동원한 세계 풀뿌리 운동의 가장 성공적인 사례 중 하나이다. 식민지 이전 자조(self-help)의 전통을 구축했던 웅대한 남(Namm)의 활동은 사막화 경향을 보이는 사헬지대 - 사하라사막 주변 - 의 확산을 중지시키기 위한 농업 지식과 창조적인 정책을 구축했다. 남은 현재 모리타니아, 세네갈, 말리, 니제르, 그리고 토고 지역에서 다른 명칭으로 확장되고 있는 추세이다. 매년 건기 동안, 수천 개의 남 마을은 그들이 최소한의 외부적 지원을 시작하는 차원에서 보호활동을 하고 있다. 그들은 거대한 댐을 건설하고 식수와 관개용수를 가두고 토양 침식을 늦추기 위해 댐을 조사했다. 수백 명의 농부들은 영국 옥스팜이 개발한 토양과 물 보전을 위한 간단한 기술들을 채택했고, 이곳에서는 여러 가지 돌들이 호우로부터 유실되는 토양을 가두는 고랑을 따라 일렬로 세워졌다. 이 구조물은 토양 유실을 방지하는 한편 경작 산출량을 극적으로 증가시켰다(Durning, 1989: 34~39; Harrison, 1987).

동아프리카 케냐에서 풀뿌리 환경운동이라는 생각은 1970년대 초반 정치적인 캠페인을 통해 인식되었다. 1974년에 논리정연하고 열성적인 케냐 여성인 왕가리 마타이(Wangari Maathai)가 국제적인 유엔회의에 참석했고, 그곳에서 환경과 사회정의 비정부기구에서 활동하는 여성들과 만남으로써 그들의 연대를 발전시켰다. 케냐로 되돌아와서 왕가리 마타이는 케냐의 여성들과 함께 소작농업 종사자들이 나무를 심도록 하는 '녹색지대(Green Belt)' 식림작업 운동을 전개하기 시작했다. 운동의 목표는 토양 소실을 완화시키는 것뿐 아니라 사람들에게 식량 생산과 건강과 같은 다른 사안들과 환경과 정적 관계에 대해 교육시키는 활동을 하는 것이었다. 녹색지대 운동은 특정한 영역에서 여성의 유능함과 소득을 향상시키고자 의도되었다. 독특하게, 녹색지대 운동은 적대적이고 권위적인 정치 풍토 속에서도 합의와 비대결전략(대 갈등전략)을 사용함으로써, 그리고 국제기구의 지원을 획득해가면서 서서히 번창해나갔다. 1992년까지 1,000만 그루의 나무가 심어졌고 – 생존율 70~80% – 8만 명의 여성들이 훈련소에서 양성되었다. 점차적으로 사람들은 나무들이 토양 침식과 비옥도의 손실을 예방한다는 것을 배웠다. 그들은 토양 비옥도의 손실, 낮은 경작률, 그리고 기근 사이의 관계를 인식하기 시작했다. 지역적 수준에서 녹색지대 운동은 농장 수입을 증가시켰고 또한 케냐 지역사회가 자립할 수 있도록 힘을 실어줌으로써 지역사회를 변모시키는 데 도움을 주었다. 사회적 수준에서는, 폭넓게 환경황폐화가 점점 중요한 사안으로서 인식되기 시작했다. 1989년에 다른 아프리카 국가들의 환경 지도자들은 케냐의 녹색지대 운동에 의해 수행했던 교훈적 사례를 배우는 워크숍에 참석했고, 1992년에 리우 데 자네이루에서 개최된 '지구정상들'의 유엔환경회의 이후, 범(汎)아프리카 녹색지대 운동이 전개되었다(Michalelson, 1994). 이러한 서술에서 볼 수 있는 것은 저개발국가의 환경보호가 향상된 경제적·물질적 안보에 대한 요구와 명확하고도 직접적으로 연관되어 있다는 점이다. 명백한 이유들로 인해, 향상된 물질적 안보는 종종 환경보호 그 자체보다 저개발국가의 가난한 사람들 사이에서 더욱 압박을 주는 사안들이 되었다. 그러나 모든 지역의 사람들이 물질적 안보를 개선하는 것과 환경을 보호하는 것 사이의 관계를 이해하기 시작했다.

이러한 관심사들이 전 세계에서 현저하게 나타나기 시작했기 때문에 1972년 스웨덴 스톡홀름과 1992년 브라질 리우데자네이루에서 개최된 UNCED와 같이 유엔은 환경과 발전 사안에 대한 일련의 회의체들을 후원하기 시작했다(제7장에서 언급한 바 있다). 실망스럽게도 그것은 환경문제에 대한 강제적인 협약을 끌어내지는 못했지만 오염, 종다양성, 그리고 지구온난화와 같은 폭넓은 합의내용을 일구어냈다. 이를테면 인구, 여성의 권리, 지구온난화, 인간 거주지, 그리고 도시지역의 성장과 같은 조금 더 구체적인 사안을 다루는 일련의 회의들이 뒤를 이었다. 지구온난화와 인구문제와 같은 몇몇 사안들은 앞선 장에서도 논의된 바가 있었다. 그러나 실제적인 진보는 눈물겹도록 천천히 유지되는 수준이었고 새로운 국제적인 도전사항 − 테러, 군사조치, 그리고 세계 곳곳에서의 긴장 고조 − 들이 환경문제가 나열한 여세를 뒷전에 두도록 위협했다 (Runtan and Norberhaug, 2002: 30). 더 정의롭고 생태적으로 회복할 수 있는 세계를 향해 취해지는 행보는 너무나도 작고, 너무나도 서서히, 그리고 너무나도 협소한 근간을 두고 있었다. 환경과 발전에 관한 유엔회의가 리우에서 열린 지 20년 후인 2002년 요하네스버그에서 개최된 지속가능발전 세계정상회의(World Summit on Sustainable Development: WSSD)는 진보의 몇몇 사안들에는 많은 문제가 있고 지속가능발전과 환경보호는 1992년에 생각했던 것보다 더욱 어렵고 복잡한 사안이라는 점에 대해 합의하기 시작했다(Associated Press, 2002a).

중요한 점은 최근 몇십 년 동안 지구적인 괴획지식, 국세적 환경황폐화의 영향, 가난의 전세계화, 저개발국가와 고개발국가 내에서 나타나고 있는 국제환경 행동주의의 성장, 그리고 환경과 인간 발전에 대한 일련의 유엔 회의가 혼합되어 촉발시킨 환경적 위험요소에 대해서 진정으로 지구적인 관심사가 출현하기 시작했다는 점이다. 이러한 지구적 관심사의 증거로서, 행성의 건강(Health of the Planet: HOP)에 대한 갤럽 조사 결과를 떠올려보자. 이는 경제적·지리적 수준이 다양한 24개 국가들 내에서 표본사례를 추출해 환경사안과 관심에 대한 공공의 인식을 비교해보는 것이었다. 행성의 건강 조사는 미국과 덴마크와 같은 부유한 나라와 나이지리아와 인도와 같은 가난한 나라를 포함하는 모든 국가의 사람들에게 환경적 사안이 중요한 문제로 인식되고 있다는 것을 밝혀냈다. 놀랍게도 가난한 나라의 사람들은 환경과 관련된 사안을 부유한 나라의 사람들보다 높은 비율의 중요한 문제로 다루고 있었다. 하지만 이해할 수 있을 수준으로, 가난과 영양실조와 같은 국내 문제들과 견줄 때 환경문제는 비교적 중요도가 낮은 것으로 나타났다(Gallup et al., 1993). 이에 대해 가난한 사람들은 그들이 환경주의를 야기했다고 말할 수 있는 정도로 물질적인 보호와 탈물질주의 가치(postmaterialist value)를 경험하지 못했기 때문에 풍요로움에 대한 것만큼 환경에 대해 잘 인식하지 못하고 있는 현상이라고 몇몇은 주장했다(Inglehart, 1990). 그러나 풀뿌리 환경주의 논의가 잘 보여주듯이 미국에서 그것은 사실이 아니고, 전 세계적으로 사실이 아니다. 행성의 건강에서 보여준 조사 내용과 다른 연구내용에서 얻어진 사례의 우수한 점은 환경적 사안들이 부유한 사람들과 국가들에 국한된 사치스러운 것이라고 보는 일반적 생각이 잘못된 것이라고 밝혀낸 점이라고 볼 수 있다(Dunlap and Mertig, 1995; Mertig and Dunlap, 2001).

3. 환경주의와 변동

환경보호를 둘러싼 폭넓은 동원화가 40년 이상 일어났다고 할 때 어떤 실제적인 변동에 영향을 주었을까? 환경주의는 어떤 종류의 변동에서 적어도 부분적이나마 그 책임을 다하고 있었을까? 공정한 질문들이다.

3.1 사람과 환경: 태도, 위탁, 그리고 행동

환경과 관련된 변화된 태도와 행동에 대한 명확한 증거들이 있다. 예전에 언급했던 바와 같이, 환경문제에 대한 관심사는 미국인들에게는 거의 보편적인 것이 되었다. 1989년 해리스(Harris) 국립조사에 따르면 응답자의 94%가 국가가 환경을 보호하고 오염을 억제하기 위해 지금 하고 있는 노력보다 그 이상의 것을 해야 한다고 답변했다고 한다. 압도적인 사례들이 환경보호는 다시 합의를 기반으로 진행되어야 한다고 보여주고 있다(Dunlap, 1992: 107; Harris, 1989: 3). 이렇게 지지하는 태도가 넓고도 깊게 존재하지만 미국 인구 사이에서 공평하게 유지되는 것은 아니다.

어떤 종류의 사람들이 환경문제에 대해 더 관심을 가지기 쉬울까? 사회적·인구통계학적 성격에서 보면, 연구는 교육수준이 높을수록, 나이가 어릴수록, 환경 위험요소에 더 직접적인 영향을 받으며 살아갈수록 받은 사람들이 더 높은 관심도를 가지고 있음을 보여준다. 이러한 차이는 통계학적으로 매우 강력하게 나타나는 것만은 아니다(Gould et al., 1988; Samdahl and Robertson, 1989; Van Liere and Dunlap, 1980). 성별은 몇몇 환경적 태도에서 가장 강력한 지표가 되고 있다. 여성은 남성보다 건강과 안전 사안에 대해서 그리고 과학적 위험도 사안에 대해서 관심도를 높게 보이고 있지만, 지구온난화 또는 종다양성과 같은 다른 사안들에 대해서는 성별 차이가 없이 거의 유사하게 관심도를 보이고 있다. 더욱이 여성이 환경운동 활동에 참여하는 것이 남성보다 더 쉽지 않다고 나타났다(Caiassa and Barrett, 2003; Freudenburg and Davidson, 1996; Stern et al., 1993). 대부분의 연구에서 도시인이 시골인보다 환경에 관한 관심도가 더 높은 것으로 나타났는데, 아마도 이는 도시의 사람들이 더 확연히 낙후되고 오염된 환경에서 살아가고 있기 때문인 듯하다. 그러나 최근 연구는 조금 더 복잡한 양상을 띠고 있음을 보여준다. 농촌에 기거하며 농업에 종사하는 사람들은 농촌에 기거하며 농업에 종사하지 않는 사람들보다 환경에 대한 관심도가 높고, 농지를 직접 소유해 농업에 종사하는 사람들이 토지를 임대해 농업에 종사하는 사람들보다 관심도가 높게 나타났다. 더욱이, 환경사안의 종류에서는 몇몇 도시 사람들이 지방 사람들보다 관심도가 낮게 나타났다. 요약해보면, 도시와 지방의 차이점은 존재하지만 간단하지 않고 복잡하게 나타난다(Freudenburg, 1991a; Constance et al., 1994; Williams and Moore, 1994). 정치적·이념적 차이가 환경보호에서도 영향을 준다고 나타난다. 자유주의자들은 보수주의자들보다 더 환경우호적인 태도를 가지고 있고, 민주당원과 정치적 자유주의자들은 일관되게 공화당원들보다 더욱 강한 환경우호적 태도를 가지고 있는 것으로 나타났다(앞서의 사회적 변수처럼 차이점이 매우 커다란 것은 아니지만 말이다). 1980년대 이래로 민주당이 '환경당'이 되었고, 공화당이 그들을 스스로 반환경당이라고 표현하지는 않지만 반환경당이 되었다고 표현해도 이는 과언이 아니다. 대신에 그들은 경제적 성장과 기타 사항 그리고 환경보호 사이에서 '균형'을 맞출 필요가 있다고 말하는 것을 선호하는 편이다(Dunlap, 2000b).

이러한 차이가 있음에도, 2005년 갤럽 조사에 따르면 명백하게 미국의 대다수 사람들 – 36~53% – 은 경제성장을 넘어서 환경 보호에 우선성을 두고 선호하고 있다고 나타났고, 이러한 선호도는 2003년 이래로 강하게 나타나고 있지만 과거 1990년대만큼 강하게 나타나는 것은 아닌 듯싶다. 응답자의 58%는 정부가 환경보호에 너무 적은 관심을 두고 있다고 생각했다. 응답자의 5%는 정부가 너무 많은 관심을 두고 있다고 생각한 점과 비교할 때 말이다. 더욱이 이러한 조사에서 미국인의 65%가 자신을 환경운동에 대한 '적극적인 참여자'이거나 환경운동에 대한 심정적 동의자로 생각했고, 그 외 5%만이 자신을 '반대자'로 생각했다(Dunlap, 2006). 다른 연구에서는 상당수가 명백하게 활동가적 행동을 하고 있다고 조사되었다. 9%만이 국내 환경단체에 회원으로 가입하고 있지만 40%가 환경단체에 재정적 지원을 하고, 20%가 환경회의에 참석하고 있으며, 28%가 정치 입후보자의 견해가 환경적이기 때문에 그를 위해 일을 하고 있다. 실제 행동의 관점에서 보면, 보통 가정 내 행위가 다음과 같이 대부분 비슷하게 나타났다. 재생(90%), 에너지소비 줄이기(83%), 그리고 물 절약하기(83%) 행위 순으로 나타났고 그 다음이 쇼핑하기였다. 많은 사람들이 환경적으로 유해한 상품 구입을 피하거나(83%) 환경적으로 유익한 상품 구입하는 것으로(73%) 나타났다(Dunlap, 2000b: 21).

4. 환경주의: 얼마나 성공적인가?

변형된 문화와 의식에 관한 많은 사례가 있음에도, 생물물리적 환경 그 자체에서 진행되고 있는 문제들 때문에 여전히 환경주의가 성공적이지 못하다고 주장될 수 있다. 2004년 환경 기금제공자 회의에서, 언론인 마이클 셸렌버거(Michael Schellenberger)와 테드 노드하우스(Ted Nordhaus)는 「환경주의의 사망(Death of Environmentalism)」(2004)이라는 충격적인 글을 배포했다. 이들은 수십 년 동안의 동원화와 거대한 투자 이후 환경운동은 그 노력에 비해 별로 보여주는 것이 없다고 주장했다. 특별하게 미국에 대해 얘기한다면, 환경운동은 특정한 이해단체를 대표하고 엘리트 기술자의 언어로만 얘기함으로써 변화를 위한 대중적 시가 또는 전략을 발전시키는 데 실패했으며, 미국 사회의 가치를 가진 어떤 의미 있는 방법과도 연관 짓지 않았다. 그들은 환경보호는 여론의 지지를 상당히 상실했고 부시 집권기에는 종이호랑이와도 같았다고 공언한다. 그들은 미국식의 정치 담론에서 중요한 틀거리인 인지적 언어사용방식을 통해 진보적인 정책에 대한 지지를 얻어내는 다양한 수사학적 전략을"신아폴로 계획"이라 칭한다. 이에 대한 비판자들은 이것이 총체적으로 정치적 권리를 흉내 내 단순히 자신들의 주장을 재구성한 만병통치식(one size fits all) 접근방법이라고 보았다(Brulle and Jenkins, 2006: 83). 던랩은 셸렌버거와 노드하우스가 환경보호가 대중적인 지지를 잃었다고 주장했던 근거의 자료들이 어디에 있는지 궁금해했고, 그 반대의 자료들을 인용했다. 그들이 비판했던 환경주의처럼 균형적 사고와 정치·경제 변화에 대한 현실적 전망을 가지지 못한 채 엘리트주의와 기술적 접근방법을 옹호했다(Brulle and Jenkins, 2006).

환경주의를 방어하는 사람들은 셸렌버거와 노드하우스의 몇몇 비판 내용에 대해 사실적인 측면이 있다고 인정했다. 시에라 클럽과 보수 유권자 연맹(League of Conservation Voters)의 예외적인 국내 단체들은 선거 정치와 풀뿌리 조직화를 삼갔다. 지구의 친구들(Friends of the Earth)의 사무총장 브렌트 블랙웰더(Brent Blackwelder)는 "우리의 운동은 비정치적이다"라고 말하기도 했다(Hertzgaard, 2006). 대부분의 환경단체들은 지지자를 시민보다는 기부자에 국한해 보았고 풀뿌리조직화에 별 관심을 가지지 않았다. 그러나 부시 행정부 기간을 운동에 구원의 손길이 온 때로 볼 수도 있을 것이다. 왜냐하면 그들은 국내운동단체들에게 몇몇 새로운 사안을 인식하도록 촉발시켰기 때문이다. 더 성공적인 접근방법이 무엇인지 살펴보는 것이 공통의 주제가 되었다. 그것은 비관적인 재앙을 경고하는 것보다는 경제적인 유인책의 해결방법에 초점을 맞추는 것이었다. 이러한 방법은 다소 새로운 것이 될 수 있고, 때때로 이념적으로나 문화적으로 거리가 '먼' 후원자들에게도 다가갈 수 있으며 일상적인 사람들이 납득할 수 있는 평이한 언어로 구성된다. 이는 지속가능한 지방 단체들이 운동의 기반을 성장시킬 수 있고 로비, 소송, 그리고 여타 책략 등을 통한 기술들을 지원할 수 있다는 점을 강조하는 것이다(Hertzgaard, 2006). 개인적이고도 수사학적인 표현으로 선전하는 것 대신에 루크(Luke, 2005)는 시민들로 하여금 인간과 자연이 필요로 하는 속에서 사회기술적인 질서를 다시 균형 잡는 집단적 노력에 참여할 수 있도록 이를 **공공생태학**(public ecology)이라고 칭했다. 첫 번째 임무 중에 하나가 환경운동을 민주화시키는 것이고 시민들이 참여할 수 있고 장기적인 대책 속에서 건강의 문제들을 발전시키도록 하는 것이었다(Brulle and Jenkins, 2006). 여기에는 이러한 전략이 성공의 가능성을 높일 수 있다는 많은 사례들이 있다(Shaiko, 1999).

이러한 주장을 하도록 하는 적절한 시기가 있다. 지구온난화가 마침내 관심 있게 다루어야 할 문제라는 데 폭넓은 인식이 생겨났고, 이를 다루는 것을 상당히 이윤이 있는 것으로 만들 수 있게 되었다. 화석연료 에너지의 가격이 상승하면 할수록 녹색에너지에 투자를 해 이윤을 더 많이 얻을 수 있게 되는 것이다. 무엇보다도 에너지 효율성 측면에서 말이다(Hertzgaard, 2006).

5. 결론

인간과 환경 문제에 대한 음울한 이야기가 너무도 강한 것 같다. 그렇지 않은가? 그러나 나는 또한 진보를 강조하고자 노력했다. 글을 마치면서 이를 다시 강조해보려고 한다. 특히 유럽과 북미의 많은 도시에서 한 세기 이전의 상황보다 더욱 깨끗하고 살기 좋은 모습으로 변모하고 있다. 지난 20년 동안 세계 여성 대비 어린이 수의 평균이 6.1에서 3.4로 하락했다. 유엔은 2050년까지 모든 선진국과 75%의 개발도상국이 교체수준(2.1)을 밑도는 낮은 출산율을 경험하게 될 것으로 예견했는데, 이는 세계 인구가 이전에 예견했던 93억이 아닌 89억 명 선에서 대략 안정화될 것임을 의미한다. 지난 세기 동안 대다수의 나라에서 생명을 위협하는 질병의 발병률이 감소했다. 1990년대에 인구가 10억 명 증가했지만, 식량불안정과 만성적 기아에 직면한 인구의 수는 대략 4,000만 명 선으로 감소했다. 아시아의 산림벌채율도 1980년대에는 매년 8%였던 것이 1990년대에는 1% 미만 수준이 되었다. 자연보호지구와 보전 구역은 지난 20년 동안 5배 확장되었고, 이는 모든 육지면적의 약 8.2%에 달하는 것이다. 물론 세계 종다양성을 보호하는 데 필요하다고 여겨지는 12%보다는 낮은 수준이지만, 이 정도도 극적으로 증가한 것이기는 하다. 유럽연합은 2010년까지 재생가능 에너지로부터 전력의 22%, 총에너지의 12%를 얻어내겠다고 천명했다. 세계의 탄소집중도(carbon intensity) - 단위 생산당 얼마나 많은 탄소가 배출되는지 여부 - 는 1950년대 이래로 40%까지 하락했고, 그 대부분은 1985년 이후에 이뤄진 것이다(Dunn, 2002: 52). 민주주의와 환경이 2002년 요하네스버그의 지구정상회의(WSSD)의 주요 관심사가 되었던 이래로 지난 20여 년 동안 81개국에서 민주주의를 향한 중요한 행보를 취하고 있고, 전 세계 200여 개 국가의 3/4에서 다당제 선거를 지금까지 유지하고 있다는 점은 주목하고 넘어갈 만하다(Cunningham et al., 2005: 23~24).

이러한 것들이 진보의 신호가 될 수 있지만, 여전히 곳곳에서 나쁜 소식도 많이 존재한다. 환경운동가 마크 도위(Mark Dowie)는 이런 혼합된 현실의 상황을 다음과 같이 포착했다.

> 확실히 가시적인 진보가 나타나고 있다. 넓은 수준에서 사람들은 환경사안에 대해 더 잘 인식하고 있다. 그러나 이러한 의식은 충분하지는 않을 수 있다. 전체적으로 너무 미약하고 너무 느리다고 결론짓는 것을 피하기에는 어렵다. 우리는 하나의 산림을 보호하고 다섯의 산림은 파괴하고 있으며 하나의 생물종이 죽음 직전에서 이를 피할 수 있었지만 백의 생물종이 소리 없이 사라지고 있다. 우리는 오존층에 대한 위험을 조절하고 있지만 지구온난화의 측면을 놓치고 있다(Motavalli, 2000: 29 재인용).

우리 자신을 속여서는 안 된다. 이러한 문제를 강조하는 비용은 매우 크지만, 많은 영역에서 이를 간단하게 볼 비용이 아니라 지속가능한 세계를 위한 에너지와 자원에 투자하고 있는 합리적 선택이라고 봐야 할 것이다.

우리는 무엇이 지금 이루어져야 하는지 알고 있다. 매우 간단한 목록이다. 세 가지의 생각을 발전시킬 필요가 있다.

1. 자연과의 공존이 필요하다는 점
2. 인간 활동 범위에는 한계가 있다는 점
3. 인간 활동의 혜택은 더 넓은 수준으로 공유되어야 할 필요가 있다는 점
   (Kates, 1994: 118)

더 특별하게, 우리는 다음과 같은 사항이 필요하다.

1. 인구를 안정화시키는 것
2. 지나친 물질 소비를 축소하는 것
3. 환경적으로 유해한 기술들을 더 이로운 방향으로 변화시키는 것

이렇게 말하는 것은 쉽다. 하지만 이들을 어떻게 실천해야 하는지 깨닫는 것은 매우 어렵고, 정치적으로 이를 성취해야 하는 것은 특히 그러하다. 환경문제에 대한 숙고, 우리의 의식, 우리의 합리적 선택 능력, 그리고 우리의 기술적 유인책이 우리로 하여금 지구의 지속가능성을 위한 출구를 조금 더 쉽게 통과하도록 도움을 줄 것이다. 만일 내가 비관적이라고 한다면, 나는 희망을 가진 비관주의자로 남으려고 한다. 이제 사회의 '붕괴'에 대해 설득력 있게 표현하고 있는 제러드 다이아몬드의 글을 인용함으로써 이 책의 대단원을 마감하고자 한다.

사람들은 종종 내가 우리 미래에 대해 낙관론자인지 비관론자인지를 묻곤 한다. 나는 주의 깊게 살펴보는 낙관론자라고 대답한다. 우리는 지금 해결하지 않으면 이후 우리를 파멸시킬 커다란 문제에 직면해 있다. 우리가 처한 위험은 우리 능력을 벗어나 피할 수 없는 행성 전체의 붕괴에 직면하게 되는 위기는 아니다. 그보다도 우리의 문제는 우리가 스스로 만들어낸 것이고, 그래서 우리

는 이를 멈추게 할 능력을 가지고 있다. 유일하게 부족하면서 가장 필요한 것은 의지력이다. 우리는 먼 곳과 먼 시간의 [환경문제를] 이해함으로써 배울 수 있다. [이전 사회는] 이러한 선택권을 갖지 못했다. 역사가 주는 교훈을 토대로 우리는 이를 반복하는 운명에 처하지 않아야 할 것이다(2002: A35).

6. 독자들이 생각해볼 문제

질문과 함의

1. 독자가 알고 있는 사람들은 환경운동가 또는 환경단체들에 대해 어떻게 생각하고 있는가? 다양한 삶의 길을 걷고 있는 다양한 사람들 – 친구, 여러 분야의 교수들, 성직자, 사업가, 친척들 – 에게 물어보라. 어떤 종류의 답변을 하는가? 사람들은 책임성 있는(responsible) 환경주의와 급진적인(radical) 환경주의를 구분하고 있는가? 사람들이 환경주의를 위협요소로 보고 있는가? 그렇다면 무엇에 대한 위협인가?
2. 이 장은 환경주의가 재앙에 대한 경고보다는 매력적인 대안을 강조함으로써 더 잘 운용될 수 있을 것이라고 주장했다. 이에 대해 어떻게 보는가? 에너지, 교통수단, 소비, 식량사안, 물, 종다양성 유지, 지구온난화 등에 대해서 생각해보자. 나는 여러 지점에서 이를 주장했다.
3. 환경주의는 어떤 면에서 성공적이었고 어떤 면에서 실패했다고 생각하는가?
4. 종합적으로 심사숙고해보자: 독자가 읽고 있는 것과 토론하는 것을 반추해 생각해보면 독자가 학습한 내용 중에서 가장 중요한 것으로 어떤 것들이 있는가? 환경사안에 대한 독자의 견해와 생각이 처음과 비교할 때 (변화한 지점이 있다면) 어떻게 변화했는가?

우리가 할 수 있는 것

이 책은 추상화된 거대 담론을 다루고 있지만 나는 독자가 여기에서 개인적인 문제와 같은 또 다른 주제를 발견하기를 바란다. 종종 중요한 사회적 변화는 아래로부터 비롯하는 것이지 위에서부터 시작되는 것은 아니다. 나는 이 점에 대해 도입부에서 환경주의의 유명한 구호를 불안하지만 용기 내어 강조해보았다. "지구적으로 생각하고 지역적으로 행동하라." 개인들은 여러 가지 방법으로 이를 중요하게 다루어볼 수 있다. 독자는 독자 자신의 생활방식을 지구적으로 더 이로운 방식으로 변화시킬 수 있다. 그 자체로도 좋은 것이 될 수 있지만 또한 다른 사람에게 긍정적인 변화를 유도해낼 수도 있다. 내가 지금까지 제안했던, 독자가 행동할 수 있는 많은 것들은 이러한 가능성에 대한 것이었다. 만일 자발적인 청빈에 대한 생각이 독자의 흥미를 자아내고 독자도 또한 다른 사람들이 같이 할 수 있고 접할 수 있는 방법에 대해 더 많이 발견해내기를 원한다면, 다음의 웹사이트들을 방문해보라. www.simplicitycircles. com; www.newdream.org; www.adbusters.org. 자신을 변화시키는 것이 중요하다. 그러나 나는 또한 여러분이 다른 사람들과 함께 인간과 환경 사안에 대해 행동하거나 의식을 고양시키는 것 역시 중요하다고 생각한다. 그렇게 할 수 있는 방법들은 다양하게 존재한다.

추가 자료

Brulle, R. J. (2000). *Agency, democracy, and nature: The U. S. environmental movement from a critical theory perspective.* Cambridge, MA: MIT Press.

Florina, A. M. (Ed.) (2000). *The third force: The rise of transnational civil society.* Tokyo and Washington, DC: Japan Center for International Exchange and the Carnegie Endowment.

Kline, B. (2000). *First along the river: A brief history of the U.S. environmental movement*(2nd ed.). San Francisco, CA: Arcada Books.

Littig, B. (2001). *Feminist perspectives on environment and society.* New York, London, UK: Prentice Hall.

De Steiguer, J. E. (1997). *The age of environmentalism.* New York: McGraw-Hill.

Dobson, A, (2000). *Green political thought.* London, UK: Routledge.

Dalton, R. J. (1994). *The green rainbow: Environmental groups in Western Europe.* New Haven, CT: Yale University Press.

Dryzek, J., Downes, D., Hunold, Cl, Schlosberg, D. (2003). *Green slates and social movements: Environmentalism in the United States*, United Kingdom, Germany, Norway. New York: Oxford University Press.

Helvarg, D. (1994). *War against the greens: The "Wise Use" Movement, the New Right, and antienvironment violence.* San Francisco, CA: Sierra Books.

Switzer, J. V. (1997). *Green Backlash: The history and politics of environmental opposition in the U.S.* Boulder, Co: Lynne Rienner.

참고문헌

ACHESON, J. (1981). The lobster fiefs, revisited: Economic and ecological effects of territoriality in the Maine lobster industry. In B. McCay and J. Acheson (Eds.), *The question of the commons* (pp. 37~65). Tucson, AZ: University of Arizona Press.

ADEOLA, F. (2004). Boon or bane? The environmental and health impacts of persistent organic pollutants (POPs). *Human Ecology Review, 11* (1), 27~35.

ALEXANDER, J. (1985). *Neofunctionalism*. Beverly Hills, CA: Sage.

ALEXANDER, S., SCHNEIDER, S., and LAGERQUIST, K. (1997). The interaction of climate and life. In G. Daily (Ed.), *Nature's services: Societal dependence on natural ecosystems* (pp. 71~92). Washington, DC: Island Press.

ALEKLETT, K. (2006). Oil: A bumpy road ahead. *Worldwatch, 19* (1), 10~11.

ALTIERI, M. (1995). Agroecology: The science of sustainable agriculture. Boulder, CO: Westview Press.

ALTIERI, M. (1998). Ecological impacts of industrial agriculture and the possibility for a truly sustainable farming. *Monthly Review, 50* (3), 60~71.

AMANO, A. (1990). Energy prices and CO_2 emissions in the 1990s. *Journal of Policy Modeling*, 12, 495~510.

American Public Transit Association (2002). *Conserving energy and preserving the environment*. June 17, www.apta.org.

ANDERSON, T., and GREWELL, J. (1999). Property rights solutions for the global commons: Bottom up or top down? Duke Environmental Law and Policy Forum, 10, 73~101.

ARMILLAS, P. (1971). Gardens on swamps. *Science, 174*, 653~661.

ASSADOURIAN, E. (2005). Toxic chemicals, In Prugh, T. (Ed.). *State of the world, 2005: Redefining global security* (pp. 78~79). New York: W. W. Norton.

Associated Press (1994a, October 20). EPA reports improvements in air quality. *The Omaha World-Herald*, p. 19.

Associated Press (2002a, August 25). "Show me the money" replaces climate change as summit theme, *The Omaha World Herald*, p. 17a.

Associated Press (2006, June 23). Report says world now warmest in 2000 years. *The Omaha World Herald*, p. 3A.

AYRES, R. (2001), The energy we overlook. *World Watch, 14* (6), 30~39.

BALAAM, D., and VESETH, M. (1996). *Introduction to international political economy*. Upper Saddle River, NJ: Prentice Hall.

BALAND, J., and PLATTEAU, J. (1996). *Halting degradation of natural resources: Is there a role for rural communities?* Oxford, UK: Clarendon Press.

BARASH, D. (1979). Sociobiology. The whisperings within. New York: HarperCollins.

BASKIN, L., HIMES, K., COLBURN, T. (2001). Hypospadias and endocrine disruption: Is there a connection? Environmental Health Perspectives, 109 (11), 1175~1183.

BECK, U. (1995), *Ecological politics in an age of risk*. New York: Polity Press.

BECK, U. (1996). World risk society as cosmopolitan society? Ecological questions in a framework of manufactured uncertainties. *Theory, Culture, and Society*, 13, 4.

BEDER, S. (1998). *Global spin: The corporate assault on environmentalism*. White River Junction, VT: Chelsea Green.

BELL, M. (1998). *An invitation to Environmental Sociology*. Thousand Oaks CA: Pine Forge Press.

BELL, M. (2004). *An invitation to environmental sociology* (4th ed.). Thousand Oaks, CA: Pine Forge Press.

BENDER, W., and SMITH, M. (1997). Population, food, and nutrition. *Population Bulletin*, 51 (4).

BERGER, R, and LUCKMANN, T. (1976). *The social construction of reality*. New York: Doubleday.

BENTON, T. (1989). Marxism and natural limits: An ecological critique and reconstruction. *New Left Review, 178*, 51~86.

BHUTTACHARYA, S. (October, 2003). Global warming kills 160,000 a year. *New Scientist*.

BIRDSALL, N. (1980). Population and poverty in the developing nations, *Population Bulletin*, 35, 1~48.

BLEVISS, D. L., and WALZER, P. (1990). Energy for motor vehicles. *Scientific American, 263* (3), 103~109.

BLUMER, H. (1962). The field of collective behavior, In A. M. Lee (Ed.), *Principles of sociology* (pp. 167~221). New York: Barnes and Noble.

BOOKCHIN, M. (1982). *The ecology of freedom: The emergence and dissolution of hierarchy*. Palo Alto, CA: Cheshire Books.

BOOTH, D. (2004). *Hooked on Growth: Economic addiction and the Environment*. Lanham MD: Rowman and Littlefield.

BOSERUP, E. (1981). *Population and technological change: A study of long-term trends*. Chicago: University of Chicago Press.

BOSSO, C. (2005). *Environment, Inc.* Lawrence, KS: University of Kansas Press.

BRICKMAN, R., JASANOFF, S., and ILGEN, T. (1985). *Controlling chemicals: The politics of regulation in Europe and the United States*. Ithaca, NY: Cornell University Press.

BROWN, L. (1988). *The changing world food prospect: The nineties and beyond*. Worldwatch Institute Paper No. 85. Worldwatch Institute.

BROWN, L. (1991). The new world order, In L. Starke (Ed.), *State of the world 1991*. New York: W. W. Norton.

BROWN, L. (1994b). Who will feed China? *World Watch*, 7(5), 10~22.

BROWN, L. (1999b). Feeding nine billion. In L. Starke (Ed.), *State of the World 1999*. New York: W. W. Norton.

BROWN, L. (2001). *Eco-Economy: Building and Economy for the Earth*. New York: W. W. Norton.

BROWN, L. (2004). *Outgrowing the earth: The food scarcity challenge in an age of falling water tables and rising temperatures*. New York: W. W. Norton.

BROWN, and FLAVIN, C. (1999). A New Economy for a New Century, In L. Brown, C. Flavin, and H. French, *State of the World 1999*. New York: W. W. Norton.

BROWN, L., FLAVIN, C., and KANE, H. (1992). *Vital signs: Trends that are shaping our future*. New York: W. W. Norton.

BROWN, L., FLAVIN, C, and POSTEL, S. (1990). Picturing a sustainable society, In L. Starke (Ed.), *State of the world 1990*. New York: W. W. Norton.

BRULLE, R. J. (2000). *Agency, democracy and nature: U.S. environmental movements from the perspective of critical theory*. Cambridge, MA: MIT Press.

BRULLE, R. J. and JENKINS, C. (2006). Spinning our way to sustainability? *Organization and Environment*, 19(1), 82~87.

BRYANT, B. (1995). E*nvironmental justice: Issues, policies, and solutions*, Washington,

DC: Island Press.
BUCHHOLZ, R. A. (1993). *Principles of environmental management: The greening of business*. Englewood Cliffs, NJ: Prentice Hall.
BULLARD, R. D. (1990). *Dumping in Dixie: Race, class, and environmental quality*. Boulder, CO: Westview.
BULLARD, R. D. (Ed.) (1993). *Confronting environmental racism: Voices from the crossroads*. Boston: South End Press.
BULLARD, R., and JOHNSON, G. (2000). Environmental justice: Grassroots activism and its impact on public policy decision making, *Journal of Social Issues, 56*, 555~578.
BUNKER, S., (1996). Raw materials and the global economy: Distortions in industrial ecology. *Society and Natural Resources, 9*, 419~429.
BURINGH, P. (1989). Availability of agricultural land for crop and livestock production In D. Pimentel and C. W. Hall (Eds.), *Food and natural resources*. San Diego, CA Academic Press.
BURNS, T. R., and DIETZ, T. (1992). Cultural evolution: Social rule systems, selection and human agency. *International Sociology, 7*(3), 259~283.
BUTTEL, F. (1986). Sociology and the environment: The winding road toward human ecology. *International Social Science Journal, 109*, 337~356.
BUTTEL, F, (2000a). Ending hunger in developing countries. *Contemporary Sociology*, 29 (1), 13~27.
BUTTEL, F, (2000b). *The adoption and diffusion of GM crop varieties: The "gene revolution" in global perspective*. PATS Paper Series, Program on Agricultural Technology Studies, College of Agricultural Life Sciences, Paper no. 6, March. Madison, WI: University of Wisconsin-Madison.
BUTTEL, F. (2000c). World society, the nation-state, and environmental protection: comment on Frank, Hironaka, and Schofer. *American Sociological Review, 65* (February), 117~121.
BUTTEL, F, (2002). Ecological modernization as a social theory. *Geoforum, 31*, 57~76.
BUTTEL, F., HAWKINS, A. and POWER, A. (1990). From limits to growth to global change: Contraints and contradictions in the evolution of environmental science and ideology. *Global Environmental Change*, December 1990, 57~66, cited on p. 53 in A. Mol (2003), *Globalization and environmental reform: The ecological modernization of the global economy*, Cambridge, MA: MIT Press.

CABLE, S., and BENSON, M. (1993). Acting locally: Environmental injustice and the emergence of grass-roots environmental organizations. *Social Problems, 40* (4), 464~477.

CAIAZZA, A., and BARRETT, A., (2003). *Engaging women in environmental activism: Recommendations for Rachel's Network.* Washington DC: Institute for Women's Policy Research.

CAIRNCROSS, F. (1991). *Costing the earth: The challenge to government, the opportunities for business.* Boston: Harvard Business School Press.

CALDWELL, L. (1992). Globalizing environmentalism: Threshold of a new phase in international relations, In R. E. Dunlap and A. G. Mertig (Eds.), *American environmentalism: The U.S. environmental movement, 1970~1990* (pp. 63~76). Philadelphia: Francis Taylor.

CAMP, S. L. (1993, Spring). Population: The critical decade, *Foreign Policy, 90,* 126~144.

CAMPBELL, B. (1983). *Human ecology: The story of our place in nature from prehistory to present.* New York: Aldine.

CAPEK, S. (1993). The "environmental justice" frame: A conceptual discussion and application. *Social Problems, 40* (1), 5~24.

CARON, J. (1989, Spring). Environmental perspective of blacks: Acceptance of the new environmental paradigm. *Journal of Environmental Education,* 20, 21~26.

CARPENTER, W. (1992). Cited in T. Miller, *Living in the environment,* 7th ed. (p. 636). Belmont, CA: Wadsworth.

CARSON, R. (1962). *Silent spring.* Boston: Houghton Mifflin.

CARVER, T. N. (1924). *The economy of human energy.* New York: Macmillan.

CASTELLS, M. (2000). *The rise of the network society.* Oxford, UK: Blackwell.

CATTON, W. (1993/1994). Let's not replace one set of unwisdoms with another. *Human Ecology Review,* 1 (1), 33~38.

CATTON, W. (1997). Redundancy anxiety. *Human Ecology Review,* 3 (2), 175~178.

CATTON, W., and DUNLAP, R E., (1978). Environmental sociology: A new paradigm? *The American Sociologist,* 13, 41~49.

CATTON, W. R., and DUNLAP, R E., (1986). Competing functions of the environment: Living space, supply depot, and waste repository. Paper presented at the 1986 meeting of the Rural Sociological Society, Salt Lake City, UT.

CHARLES, D. (1999, October 15). Hunger in America. *Morning Edition.* Washington, DC:

National Public Radio.

CHARMAN, K. (2006). Brave Nuclear World. *Worldwatch 19* (4), 12~18.

CHASE-DUNN, C. (1989). *Global formation: Structures of the world-economy.* Oxford, UK Blackwell.

ClCGANTELL, P. (1999). It's all about power: The political economy and ecology of redefining the Brazilian Amazon basin. *Sociological Quarterly, 40* (2), 293~315.

CLAPP, J. (2002). The Distancing of waste: Overconsumption in a global economy. In Princen, T., Maniates, and Conca, K. (Eds.), *Confronting consumption* (pp. 155~176). Cambridge, MA: MIT Press.

CLARK, M. (1991). Rethinking ecological and economic education: A gestalt shift. In R. Costanza (Ed.), *Ecological economics: The science and management of sustainability* (pp. 400~414). New York: Columbia University Press.

CLARK, W. (1990). Managing planet earth, In *Managing planet earth: Readings from Scientific American* (pp. 1~12). New York: W. H. Freeman.

CLARKE, L. (1993). The disqualification heuristic: When do organizations misperceive risk? *Research in Social Problems and Public Policy,* 5.

CLYKE, F. (1993). *The environment.* New York: HarperCollins.

COHEN, J. E. (1995). *How many people can the earth support?* New York: W. W. Norton.

COLES, C. (2004). Water without war. *Futurist,* 38, 2.

COLEMAN, J. S. (1990). *Foundations of social theory,* Cambridge, MA: Harvard University Press.

COLLINS, R. (1975). *Conflict sociology: Toward an explanatory science.* New York: Academic Press.

COLLINS, J., and PORRAS, J. (2002). *Built to last: Successful habits of visionary companies.* New York: Harper Business.

COMMONER, B. (1971). *The closing circle.* New York: Knopf.

COMMONER, B. (1992). *Making peace with the planet.* New York: The New Press.

CONDORCET, M. DE (1979). *Sketch for a historical picture of the progress of the human mind.* (J. Barraclough, Trans.) London: Wiedenfield and Nicholson. (Original work published in 1795.)

CONSTANCE, D., RlKOON, J., and HEFFERNAN, W. (1994). Groundwater issues and pesticide regulation: A comparison of Missouri urbanites' and farm operators' opinions. Presented at the annual meeting of the Midwest Sociological Society, St. Louis, MO.

COOK, E. (1971). The flow of energy in an industrial society, *Scientific American*, 224 (3), 134~147.

COOPER, P., POE, G., AND BATEMAN, I. (2004). The structure of motivation for contingent values: A case study of lake water quality improvement, *Ecological Economics*, 50, 69~82.

COSTANZA, R., CUMBERLAND, J., DALY, H., GOODLAND, R., and NORGAARD, R. (1995). *An introduction to ecological economics*. Boca Raton, FL: St. Lucie Press.

COTTRELL, F. (1955). *Energy and society*. New York: McGraw-Hill.

CRAIG, J. R., VAUGHAN, D. J., and SKINNER, B. J. (1988). *Resources of the earth*. Englewood Cliffs, NJ: Prentice Hall.

CROSSON, P, and ROSENBERG, N. (1990). Strategies for agriculture, In *Managing planet earth: Readings from Scientific American*. New York: W. H. Freeman.

CUNNINGHAM, W., CUNNINGHAM, M., and SAIGO, B. (2005). *Environmental science: A global concern* (8th ed.). New York: McGraw-Hill.

DAILY, G., and ELLISON, K. (2002). *The new economy of nature*. Washington, DC: Island Press.

DAILY, G., MATSON, R, and VITOUSEK, P. (1997). Ecosystem services supplied by soil. In G. Daily (Ed.), *Nature's services: Societal dependence on natural ecosystems* (pp. 113~150). Washington, DC: Island Press.

DALY, H., and COBB, J. (1989). *For the common good: Redirecting the economy towards community, the environment, and a sustainable future*. Boston: Beacon Press.

DALY, H., and TOWNSEND, K. (Eds.). (1993). *Valuing the earth: Economics, ecology, and ethics*. Cambridge, MA: MIT Press.

DANIELS, G., and FRIEDMAN, S. (1999). Spatial inequality and the distribution of industrial toxic releases: Evidence from the 1990 TRI. *Social Science Quarterly*, 80 (2), 244~262.

DE BLIJ, H. J. (1993). *Human geography: Culture, society, and space* (4th ed.). New York: John Wiley and Sons.

DECONINCK, S. (2004). Israeli water policy in a regional context of conflict: Prospects for sustainable development for Israelis and Palestinians? Available at *http://waternet.ugent.be/waterpolicy.htm*.

DE JONG, G., and FAWCETT, J. (1981). Motivations for migrations: An assessment and a value expectancy research model. In G. De Jong and R. Gardner (Eds.), *Migration decision-making*. New York: Pergamon Press.

DENAVIS-WALT, C., CLEVELAND, R. W., and WEBSTER, B. H. (2003). *Income in the United States: 2002*. Washington, DC: U.S. Census Bureau.

DEROSE L. MESSER, E., and MILLMAN, S. (1998). Who's hungry? And how do we know? *Food shortage, poverty, and deprivation*. New York: United Nations University Press.

Der Spiegel (1992). May 25, p. 77. Reprinted in *Utne Reader*, May/June 1993, 57.

DEVALL B. (1992). Deep ecology and radical environmentalism. In R. E. Dunlap and A. G. Mertie (Eds.), *American environmentalism: The U.S. environmental movement, 1970~1990* (pp. 51~62). Philadelphia: Francis Taylor.

DEVALL, B., and SESSIONS, G. (1985). *Deep ecology*. Salt Lake City, UT: Peregrine Smith.

DEVEREAUX, S. and EDWARDS, J. (2004). Climate change and food security. *IDS Bulletin 35* (3), 22~30.

DIAMOND, J. (2002). Lessons from lost worlds. *Time, 160* (9), August 26, A54~A55.

DIAMOND, J. (2003), The last Americans. *Harper's Magazine*. June, 34~51.

DIAMOND, J. (2004), *Collapse: How societies choose to fail or succeed*. New York: Viking Press.

DIETZ, T. (1996/1997). The human ecology of population and environment: From utopia to topia. *Human Ecology Review, 3* (3), 168~171.

DIETZ T. BURNS, T, and BUTTEL, F. (1990). Evolutionary thinking in sociology: An examination of current thinking. *Sociological Forum, 5*, 155~185.

DIETZ, T. and KALOF, L. (1992). Environmentalism among nation-states, *Social Indicators Research*. 26, 353~366.

DIETZ, T., and VINE, E. L. (1982). Energy impacts of a municipal conservation program. *Energy, 7*, 755~758.

DILLMAN, D. ROSA, E., and DILLMAN, J. (1983). Lifestyle and home energy conservation in the United States: The poor accept lifestyle cutbacks while the wealthy invest in conservation, *Journal of Economic Psychology, 3*, 299~315.

DILORENZO, T. J. (1993, September/October). The mirage of sustainable development. *The Futurist*, 14~19.

DOLD, C. (1992, July/August). "Slapp back!" *Buzzworm*, 34~41.
DOMINICK, R. H. (1992). *The environmental movement in Germany*. Bloomington, IN: Indiana University Press.
DOWIE, M. (1995). *Losing ground: American environmentalism at the close of the twentieth century*, Cambridge, MA: MIT Press.
DOWNS, A. (1972). Up and down with ecology — The "issue-attention cycle." *Public Interest*, 28, 38~50.
DUNLAP R. E. (1992). From environmental to ecological problems, In C. Calhoun and G. Ritzer (Eds.), *PRIMIS: Social Problems*. New York: McGraw Hill.
DUNLAP, R. E. (2000a). Paradigms, theories, and environmental sociology, In R. E. Dunlap, F. Buttell, and A. Gijswijt (Eds.), Sociological theory and the environment (pp. 329~350). New York: Roman and Littlefield.
DUNLAP, R. E. (2000b). Americans have positive image of the environmental movement. *Gallup Poll Monthly, 415*, April.
DUNLAP, R. E. (2006). Where's the data? An examination of "The death of environmentalism"'s ambiguous empirical foundations, *Organization and environment, 19* (1), 1~15.
DUNLAP, R. E., and CATTON, W. (1983). What environmental sociologists have in common. Sociological Inquiry, 33, 113~135.
DUNLAP, R. E. and CATTON, R. (2002). Which function(s) of the environment do we study? A comparison of environmental and natural resource sociology. *Society and Natural Resources, 15*, 239~249.
DUNLAP, R. E. and MARSHALL, B. (2006). Environmental Sociology. Manuscript, forthcoming in Bryant, D., and Peck, D. (Eds.), *The handbook of 21st century sociology*. Thousand Oaks, CA: Sage.
DUNLAP, R. E., and MERTIG, A. G. (1992). The evolution of the U.S. environmental movement from 1970 to 1990: An overview, In Dunlap R. and Mertig, A. (Eds.), *American environmentalism: The U.S. environmental movement, 1970~1990* (pp. 1~10). Philadelphia: Francis Taylor.
DUNLAP, R. E., and MERTIG, A. G. (1995). Global concern for the environment: Is affluence a prerequisite? *Journal of Social Issues, 51*, 121~137.
DUNLAP, R. E., and SCARCE, R. (1991). The polls-poll trends: Environmental problems and protection. *Public Opinion Quarterly, 55*, 651~672.

DUNLAP, R. E., and VAN LIERE, K. (1978, Summer). The new environmental paradigm: A proposed measuring instrument and preliminary results. *Journal of Environmental Education, 9*, 10~19.

DUNLAP, R. E., and VAN LIERE, K. (1984). Commitment to the dominant social paradigm and concerns for environmental Q: An empirical examination. *Social Science Quarterly, 65*, 1013~1028.

DUNLAP, R. E., VAN LIERE, K., MERTIG, A., and JONES, R. (2000). Measuring endorsement of the new ecological paradigm: A revised NEP scale. *Journal of Social Issues, 56* (3), 425~442.

DUNN, S. (1998). After Kyoto: A climate treaty with no teeth. *World Watch, 11* (2, 4), 33~35.

DUNN, S. (1999). Automobile production drops. In L. Starke (Ed.), *Vital signs 1999: The environmental signs that are shaping our future.* New York: W. W. Norton.

DUNN, S. (2001). Fossil fuel use falls again, In L. Starke (Ed.), *Vital signs 2001: The trends that are shaping our future.* New York, W. W. Norton.

DUNN, S. (2002). Carbon emissions reach new high. In L. Starke (Ed.), *Vital signs 2002: The trends that are shaping our future.* New York: W. W. Norton.

DURKHEIM, E. (1964). *The division of labor in society.* (G. Simpson, Trans.) New York: Macmillan. (Original work published in 1893.)

DURNING, A. (1989). *Poverty and the environment: Reversing the downward spiral.* Worldwatch paper no. 92. Washington, DC: Worldwatch Institute.

DURNING, A. (1990). Ending poverty, In L. Starke (Ed.), *State of the world, 1990.* New York: W. W. Norton.

DURNING, A. (1993). Can't live without it: Advertising and the creation of needs. *World Watch, 6* (3), 10~18.

DURNING, A. (1994, March/April). The seven sustainable wonders of the world. *Utne Reader, 62*, 96~99.

ECKHOLM, E. (1976). *Losing ground: Environmental stress and world food prospects.* New York: W. W. Norton.

EDGELL, M., and NOWELL, D. (1989). The new environmental paradigm scale: Wildlife and environmental beliefs in British Columbia. *Society and Natural Resources, 2*, 285~296.

EDITORS, (2006a). We have been warned: Now everyone should understand why we have to combat climate change. *New Scientist*, Nov. 10~14, 5

EDITORS, (2006b). Low carbon now. *New Scientist*, Nov. 4~10, 7.

EDWARDS, B. (2000, November 19). Genetically engineered rice. *Morning Edition*. Washington, DC: National Public Radio.

EHRLICH, P. (1968). *The population bomb*. New York: Ballantine Books.

EHRLICH, P, and EHRLICH, A. (1992). *The population explosion*. New York: Doubleday.

EHRLICH, P, and HOLDREN, J. (1974). Impact of population growth. *Science, 171*, 1212~1217.

EHRLICH, P, and HOLDREN, J. (1988). *The Cassandra conference: Resources and the human predicament*. College Station, TX: Texas A & M Press.

EISLER, R. (1988). *The chalice and the blade*. New York: Harper and Row.

EITZEN, S., and BACA Zinn, M. (1992). *Social problems* (5th ed.). Boston: Allyn and Bacon.

ELGIN, D. (1982). *Voluntary simplicity: Toward a way of life that is outwardly simple, inwardly rich*. New York: Morrow.

ESTY, D. C. (1993). Integrating trade and environment policy making: First steps in the North American Free Trade Agreement. In D. Zalke, P. Orbuch, and R. F. Housman (Eds.), *Trade and environment: Law, economics, and policy* (pp. 45~55). Washington, DC: Island Press.

ETZIONI, A. (1970, April). Editorial. *Science*.

ETZIONI, A. (1993). *The spirit of community: Rights, responsibilities, and the communitarian agenda*. New York: Crown.

FALKENMARK, M., and WIDSTRAND, C. (1992). Population and water resources: A delicate balance, *Population Bulletin, 47*, 3.

FARHAR, B. (1994). Trends: Public opinion about energy, *Public Opinion Quarterly, 58*, 603~632.

FARLEY, J. (2003). *Sociology* (5th ed). Upper Saddle River, NJ: Prentice Hall.

FICKETT, A., GELLINGS, C., and LOVINS, A. (1990). Efficient use of electricity, *Scientific American, 263* (3), 64~75.

FIELD, J. (1993). *The challenge of famine*. West Hartford, CT: Kumarian Press.

FIERRO, L. (1994, September/October). Ecuador: The people vs. Texaco. *NCLA Report on the Americas*.

FISCHER, C. (1976). *The urban experience*. New York: Harcourt Brace Jovanovich.

FISHER, D. (2004). *National governance and the Global climate change regime*. New York: Roman and Littlefield.

FISHER, D., and FREUDENBURG, W. (2004). Postindustrialization and environmental quality: An empirical analysis of the environmental state. *Social Forces, 83* (1), 157~188.

FISHER, J. (1993). *The road from Rio: Sustainable development and the nongovernmental movement in the Third World*. Westport, CT: Prager.

FITZGIBBON, C. (1998). The management of subsistence harvesting: behavioral ecology of hunters and their mammalian prey. In Caro, T. (Ed.), *Behavioral ecology and conservation biology*, pp. 449~473. New York: Oxford University Press.

FLANNERY, J. A. (1994, October 27). Trade group report says Omaha water contains herbicides. *The Omaha World-Herald*, p. 10.

FLAVIN, C. (1986). Moving beyond oil. In L. Starke (Ed.), *State of the world, 1986*. New York: W. W. Norton.

FLAVIN, C. (1997). Storm damages set record, In L. Starke (Ed.), *Vital signs 1997: The environmental trends that are shaping our future* (pp. 70~71). New York: W. W. Norton.

FLAVIN, C. (1998). Last tango in Buenos Aires. *World Watch, 11* (6), 10~18.

FLAVIN, C. (1999). Wind power blows to new records, In L. Starke (Ed.), *Vital signs 1999: The environmental trends that are shaping our future* (pp. 52~53). New York: W. W. Norton.

FLAVIN, C. (2001a). Wind energy growth continues. In L. Starke (Ed.), *Vital signs 2001: The trends that are shaping our future* (pp. 44~45). New York: W. W. Norton.

FLAVIN, C. (2001b). Rich planet, poor planet, In L. Starke (Ed), *State of the world, 2001*. New York: W. W. Norton.

FLAVIN, C. (2005). Fossil fuel surges. In L. Starke (Ed.), *Vital signs 2005: Trends that are shaping our future* (pp. 40~41). New York: W. W. Norton.

FLAVIN, C. (2006). Nuclear revival? Don't bet on it. *Worldwatch. 19*(4), 19.

FLAVIN, C, and DUNN, S. (1999). Reinventing the energy system. In L. Stark (Ed.), *State of the world, 1999*. New York: W. W. Norton.

FLAVIN, C. (2005). Fossil fuel surges. In Starke L. (Ed.) Vital signs 2005: The trends that are shaping our future (pp. 30~31). New York: W. W. Norton.

FLAVIN, C., and YOUNG, J. E. (1993). Shaping the next industrial revolution. In L.

Starke (Ed.), *State of the world, 1993*. New York: W. W. Norton.

FOSTER, J. (1999). Marx's theory of metabolic rift Classical foundations for environmental sociology. *American Journal of Sociology 105* (2), 366~405.

FOWLER, H. (1992). Marketing energy conservation in an environment of abundance. *Policy Studies Journal, 20* (1), 76~86.

FRANK A. (1997). *Capitalism and development in Latin America*. New York: Monthly Review Press.

FRANK, D. (1999). The social bases of environmental treaty ratification, 1900~1990. *Sociological Inquiry, 69*, 523~550.

FRANK, D., HIRONKA, A., and SCHOFER, E. (2000). The nation-state and the natural environment over the twentieth century. *American Sociological Review, 65*, 96~116.

FRENCH, H. (1990). *Green revolutions: Environmental reconstruction in Eastern Europe and the U.S.S.R.* Washington, DC: Worldwatch Institute.

FRENCH, H. (1993). Reconciling trade and the environment. In L. Starke (Ed.), *State of the world, 1993*. New York: W. W. Norton.

FRENCH, H. (1994). The World Bank: Now fifty, but how fit? *World Watch, 7* (4), 10~18.

FRENCH, H. (1999, November/December), Challenging the WTO. *World Watch, 12*, 22~27.

FRENCH, H (2002). Reshaping global governance, In L. Starke (Ed.), *State of the world, 2002* (pp. 174~198). New York: W. W. Norton.

FREUDENBERG, N. (1984). *Not in our backyards! Community action for health and the environment*. New York: Monthly Review Press.

FREUDENBERG, N., and STEINSAPIR, C. (1992). Not in our backyards: The grassroots environmental movement, In R. E. Dunlap and A. G. Mertig (Eds.), *American environmentalism: The U.S. environmental movement, 1970~1990* (pp. 27~37). Philadelphia: Francis Taylor.

FREUDENBURG, W. R. (1984). Boomtown's youth: The differential impacts of rapid community growth on adolescents and adults. *American Sociological Review, 40*, 697~705.

FREUDENBURG, W. R. (1991a). Rural-urban differences in environmental concern: A close look. *Sociological Inquiry, 61* (2), 167~198.

FREUDENBURG, W. R. (1991b). A "good business climate" as bad economic news?

Science and Natural Resources, 3, 313~331.

FREUDENBURG W. R. (1992a). Addictive economies: Extractive industries and vulnerable localities in a changing world economy. *Rural Sociology, 57*(3), 305~332.

FREUDENBURG, W. R. (1993). Risk and recreancy: Weber, the division of labor, and the rationality of risk perceptions. *Social Forces, 71,* 909~932.

FREUDENBURG W. R. (2005). Privileged access, privileged accounts: Toward a socially structure theory of resources and discourses. *Social Forces, 84*(1), 89~114.

FREUDENBURG, W. R. (2006). Environmental degradation, disproportionality, and the double diversion: Reaching out, reaching ahead, and reaching beyond. *Rural sociology, 71* (1), 3~32.

FREUDENBURG W. R. and DAVIDSON, D. (1996). Gender and environmental risk concerns: A review and analysis of available research. *Environment and Behavior, 28,* (3), 332~339.

FREUDENBURG W. R. and FRICKEL, S. (1994). *Digging Deeper: Mining-dependent regions in historical perspective.* Paper presented at the 1994 meeting of the Midwest Sociological Society, St. Louis, MO.

FREUDENBURG, W. R., and FRICKEL, S. (1995). Beyond the nature/society divide: Learning to think about a mountain. *Sociological Forum, 10,* 361~392.

FREUDENBURG, W. R., and GRAMLING, R. (1994). Natural resources and rural poverty: A closer look. S*ociety and natural resources, 7,* 5~22.

FREY, B. and STUTZER, A. (2002). *Happiness and economics.* Princeton, NJ: Princeton University Press.

FROSCH R. and GALLOPOULOS, N. (1990). Strategies for manufacturing. *Managing planet earth: Readings from* Scientific American (pp. 97~108). New York: W. H. Freeman.

FULKERSON, W., JUDKINS, R., and SANGHVI, M. (1990). Energy from fossil fuels, *Scientific American, 263* (3), 128~135.

FUSFELD, D. (1976). *Economics* (2nd ed.). Lexington, MA: Heath.

GALLUP, G., DUNLAP, R. E., and GALLUP, A. (1993). *Health of the planet.* Princeton, NJ: Gallup International Institute.

GARDINER R. (2001). Foreign direct investment: A lead driver for sustainable development? *Towards Earth Summit 2002* (p. 3). London: UNED Forum-UK Committee.

GARDNER G. (1998). Organic waste reuse surging. In L. Starke (Ed.), *Vital signs 1998:*

Environmental trends that are shaping our future (pp. 130~131). New York: W. W. Norton.

GARDNER, G. (2000). Fish harvest down. In Starke, L. (Ed.) *Vital Signs 2000: Environmental trends that are shaping our future*. New York: W. W. Norton.

GARDNER, G. (2002). The challenge for Johannesburg. In L. Starke (Ed.), *State of the World, 2002* (pp. 3~23). New York: W. W. Norton.

GARDNER G. and SAMPAT, R (1999). Forging a sustainable materials economy. In L. Starke (Ed.), State of the World, 1999 (pp. 41~59). New York: W. W. Norton.

GARDNER, G., and STERN, P. (1996). *Environmental problems and human behavior*. Needham Heights, MA: Allyn and Bacon.

GARDNER G. T., and STERN, P. (1992). *Environmental Problems and Human Behavior* (2nd Ed). Boston MA: Pearson Custom Publishing.

GARDNER G., and STERN, P. (2005). *Environmental problems and human behavior* (2nd ed.). Boston MA: Pearson Custom Publishing.

GEDDES, P. (1979). *Civics as applied to sociology*. Leicester, England: Leicester University Press. (Original work published in 1890.)

GELBARD, A., HAUB, C., and KENT, M. (1999). World population beyond six billion. *Population Bulletin, 3* (54), 1.

GELBSPAN, R. (1997). *The heat is on*. Reading, PA: Addison-Wesley.

GIBBONS, J., BLAIR, R, and GWIN, H. (1990). Strategies for energy use. In *Managing planet earth: Readings from* Scientific American (pp. 85~96). New York: W. H. Freeman.

GIBBONS, J., and GWIN, H. (1989). Lessons learned in twenty years of energy policy. *Energy Systems and Policy, 13*, 9~19.

GIBBS, L. (1982). *Love Canal: My story*. Albany, NY: State University of New York Press.

GIDDENS, A. (1991). *Modernity and self-identity: Social and society in the later modern age*. Stanford CA: Stanford University Press.

GIDDENS, A. (1995). *Beyond left and right: The future of radical politics*. Stanford, CA: Stanford University Press.

GIMBUTAS, M. (1977, Winter). The first wave of Eurasian steppe pastoralists into Copper Age Europe. *Journal of Indo-European Studies, 5*, 281.

GLACKEN, C. (1967). *Traces on the Rhodian shore: Nature and culture in western thought from ancient times to the end of the eighteenth century*. Berkeley, CA:

University of California Press.

GLEICK, P. (1991, April). Environment and security: The clear connection. *The Bulletin of Atomic Scientists*, 17~21.

GOESLING, B. (2001). Changing income inequalities within and between nations: New evidence. *American Sociological Review, 66* (October: 745~761).

GOLDFRANK, W., GOODMAN, D., and SZASZ, A. (Eds.) (1999). The global environment and the world system. Westport, CT: Greenwood Press.

GOODLAND, R., DALY, H., and KELLENBERG, J. (1993, June 27~July 1). *Burden sharing in transition to environmental sustainability*. Paper presented at the Seventh General Assembly of the World Future Society, Washington, DC.

GOODMAN, H., and ARMELAGOS, G. (1985). Disease and death at Dr. Dickson's mounds. *Natural History, 94*, 9.

GOODSTEIN, D. (2004). *Out of gas: The end of the age of oil*. New York: W. W. Norton.

GOULD, K. (1991). The sweet smell of money: Economic dependency and local environmental political mobilization. *Society and Natural Resources, 4*, 133~150.

GOULD, K. (1998, Spring). Nature tourism, environment, and place in a global economy. *Environment, Technology, and Society, 89*, 3~5.

GOULD, L., GARDNER, G., DELUCA, D., TIEMANN, A., and DOOB, L. (1988). *Perceptions of technological risks and benefits*. New York: Russell Sage Foundation.

GRAMSCI, A. (1971). State and civil society. In Q. Hoare and G. N. Smith (Eds.), *Selections from the prison notebooks of Antonio Gramsci* (pp. 210~276). New York: International Publishers.

HAIMSON, L. (2002a, March 8) This just in ... *Grist Magazine*, www.gristmagazine.com.

HAIMSON, L. (2002b, January 24) This just in ... *Grist Magazine*, www.gristmagazine.com.

HALWEIL, B. (1999). The emperor's new clothes. *World Watch, 12* (6), 21~29.

HALWEIL, B. (2000). Where have all the farmers gone? *Worldwatch, 13* (5), 13~28.

HALWEIL, B. (2003). High farm subsidies persist, In Starke L. (ed.), *Vital signs: Trends that are shaping our future* (pp. 96~97). New York: W. W. Norton.

HALWEIL, B. (2006). *Can organic farming feed us all?* Worldwatch. 19 (3)

HALWEIL, B. (2006). Grain Harvest Flat, In L. Starke (Ed.) *Vital Signs: The Trends that are Shaping Our Future*. pp. 22~23. New York: W. W. Norton.

HAMMOND, N. (1982). *Ancient Mayan civilization*. Rutgers, NJ: Rutgers University Press.

HANNIGAN, J. (1995). *Environmental sociology: A social constructionist perspective*.

New York: Routledge.

HARDIN, G. (1968). The tragedy of the commons. *Science, 162*, 1243~1248.

HARDIN, G. (1993). Second thoughts on the tragedy of the commons. In H. E. Daly and K. N. Townsend (Eds.), *Valuing the earth: Economics, ecology, and ethics*. Cambridge, MA: MIT Press.

HARMAN, W. W. (1979). *An incomplete guide to the future*. New York: W. W. Norton.

HARPER, C. (1998). *Exploring Social change* (3rd ed.). Englewood Cliffs, NJ: Prentice Hall.

HARPER, C. (2005). Limits to growth and ecological modernization: The case of food and agriculture, Presented to the Annual Meeting of the Midwest Sociological Society, March, Kansas City, MO.

HARPER, C., and LEBEAU, B. (2003). *Food, society, and environment*. Upper Saddle River, NJ: Prentice Hall.

HARPER, C., and LEICHT, K. (2002). *Exploring social change* (4th ed.). Upper Saddle River, NJ: Prentice Hall.

HARPER, C., and LEICHT, K. (2006). *Exploring social change* (5th ed.). Upper Saddle River, NJ: Prentice Hall.

HARRIS, L. (1989, May 14). Public worried about state of environment today and in future. *The Harris Poll, 21*, 1-A.

HARRIS, M. (1971). *Culture, man, and nature*. New York: Thomas Crowell.

HARRIS, M. (1979). *Cultural materialism*. New York: Vintage.

HARRISON, P. (1987). *The greening of Africa*. New York: Viking/Penguin.

HARRISON, P. (1993). *The third revolution: Population, environment, and a sustainable world*. London: Penguin.

HAUB, C. (1993). Tokyo now recognized as world's largest city. *Population Today, 21* (3), 1~2.

HAWKEN, P. (1993). *The ecology of commerce: A declaration of sustainability*. New York: HarperCollins.

HAWKEN, R, LOVINS, A., and LOVINS, H. (2000). *Natural capitalism: Creating the next Industrial Revolution*. Boston: Back Bay Books.

HAYES, D. (1990, April). Earth Day 1990: The threshold of the green decade. *Natural History*, 55~70.

HAYS, S. (1959). *Conservation and the gospel of efficiency*. New York: Atheneum.

HAYS, S. (1972). *Conservation and the gospel of efficiency: The progressive conservation movement, 1890~1920.* New York: Atheneum.

HAYS, S. (1987). *Beauty, wealth, and permanence: Environmental problems and human behavior.* Needham Heights, MA: Allyn and Bacon.

HEBERLEIN, T. (1975). Conservation information: The energy crisis and electricity consumption in an apartment complex. *Energy Systems Policy, 1,* 105~118.

HEBERLEIN, T., and WARRINER, G. (1983). The influence of price and attitudes on shifting residential electricity consumption from on to off peak periods. *Journal of Economic Psychology, 4,* 107~131.

HECHT, S., and COCKBURN, A. (1989). *The fate of the forest.* London: Verso.

HEILBRONER, R. (1974). *An inquiry into the human prospect.* New York: W. W. Norton.

HEILBRONER, R. (1985). *The making of economic society* (7th ed). Englewood Cliffs, NJ: Prentice Hall.

HELVARG, D. (1994). *War against the greens: The "wise use" movement, the new right, and anti-environmental violence.* San Francisco, CA: Sierra Books.

HENDRY, P. (1988). Food and population: Beyond five billion. *Population Bulletin, 43,* 2.

HERTZGAARD, M. (2006). Green grows grassroots, *The Nation,* http://www.thenation.com/doc/20067331/hertzgaard.

HIRSCH, R. (1987). Impending United States energy crisis. *Science, 235,* 1471.

HIRSCH, R., BEZDEK, AND WENDLING, R. (2005), *Peaking of world oil production: Impacts, mitigation, and risk management.* U.S. Department of Energy, National Energy Technology Laboratory (February).

HOLDREN, J. (1990). Energy in transition. *Scientific American, 263* (3), 156~164.

HOLDREN, J. and EHRLICH, P. (1974). Human population and the global environment. *American Scientist, 26* (6), 6~7.

HOMER-DIXON, T. (1996). Environmental scarcity, mass violence, and the limits of ingenuity. *Current History, 95* (604), 359~365.

HRABOVSZKY, J. (1985). Agriculture: The land base. In R. Repetto (Ed.), *The global possible: Resources, development, and the new century* (pp. 211~254). New Haven, CT: Yale University Press.

HUMPHREY, C., and BUTTEL, F. (1982). *Environment, energy, and society.* Belmont, CA: Wadsworth.

HUMPHREY, C., LEWIS, T, and BUTTEL, F. (2002). *Environment, energy, and society: A new synthesis*. Belmont, CA: Wadsworth.

HUTCHINSON, E. (1967). *The population debate*. Boston: Houghton Mifflin.

HUTCHINSON, G. (1965). *The ecological theater and the evolutionary play*. New Haven, CT: Yale University Press.

Hydrogen International Research Center (HIRC). (2006). Accessed June 19 at http://h2pia.com.

INGELHART, R. (1990). *Culture shift in advanced industrial society*. Princeton, NJ: Princeton University Press.

Intergovernmental Panel on Climate Change (IPCC) (2001). *Climate change 2001: Impacts, adaptation and vulnerability* (McCarthy, b., Canziani, O., Leary, N., Dokken, D., and White, K., Eds.). Cambridge, UK: Cambridge University Press.

International Energy Agency. (1987). *Energy conservation in the IEA countries*. Paris: OECD.

JEFFERISS, P. (1998). Power switch. *Nucleus, 20* (2), 1.

JOLLY, C. (1993, May). Population change, land use, and the environment. *Reproductive Health Matters, 1*, 13~24.

JORGENSON, A. (2003). Consumption and environmental degradation: A cross-national analysis of the ecological footprint, *Social Problems 50*, 374~394. JOSKOW, P. (2002, March). United States energy policy during the 1990s, *Current History, 101* (653), 105~124.

KAHN, H., BROWN, W., and MARTEL, L. (1976). *The next 200 years*. New York: Morrow.

KAHNEMAN, D., SLOVIC, R, and TVERSKY, A. (1982). *Judgement under uncertainty: Heuristics and biases*, Cambridge, MA: Cambridge University Press

KANE, H. (1993a). Photovoltaic sales growth slows, In L. Brown, H. Kane, and E. Ayres (Eds.), *Vital signs 1993: Trends that are shaping our future* (pp. 52~53). New York: W. W. Norton.

KANE, H. (1994). Put it on my carbon tab. *World Watch, 6* (3), 38~39.

KATES, R. (1994). Sustaining life on the earth. *Scientific American, 271* (4), 114~122.

KATES, R., AUSUBEL, J., and BARBERIAN, M. (Eds.). (1985). *Climate impact assessment: Studies of the interactions of climate and society*. New York: Wiley.

KELLER, E. (1992). *Environmental geology* (6th ed.). New York: Macmillan.

KELLY, K., and HOMER-DIXON, T. (1996). Environmental security and violent conflict:

The case of Gaza. Toronto, Canada: The Environment, Population, and Security Project and the American Association for the Advancement of Science.

KEMP, W. B. (1971). The flow of energy in a hunting society. *Scientific American*, 224, 104~105.

KENT, M. (1984). *World population: Fundamentals of growth*. Washington DC: Population Reference Bureau.

KENT, M., and HAUB, C., Global demographic divide. *Population Bulletin*, 60 (4).

KENNEDY, R. (2005). *Crimes against nature: How George W. Bush & his corporate pals are plundering the country & hijacking our democracy*. New York: Harper Perennial.

KEYFITZ, N. (1990). The growing human population. *Managing plant earth: Readings from Scientific American* (pp. 61~72). New York: W. W. Freeman.

KING, T., and KELLY, A. (1985). *The new population debate: Two views on population growth and economic development*. Population Trends and Public Policy Paper no. 7. Washington, DC: Population Reference Bureau.

KINGSLEY, G. (1992). U. S. Energy conservation policy: Themes and trends. *Policy Studies Journal*, 20 (1), 114~123.

KIRBY, A. (2004). Sea "dead zones" threaten fish. *BBC News*, April 2.

KLARE, M. (2002, March). Global petro-politics: The foreign policy implications of the bush administration's energy plan. *Current History*, 101 (653), 99~104.

KLEIN, D. (1968). The introduction, increase, and crash of reindeer on St. Matthew Island. *Journal of Wildlife Management*, 32, 350~367.

KORMONDY, E., and BROWN, D. (1998). *Fundamentals of human ecology*. Upper Saddle River, NJ: Prentice Hall.

KORTEN, D. (1995). *When corporations rule the world*. West Hartford, CT: Kumarian.

KOTOK, D. C. (1993, December 6). Arab oil embargo changed habits. *The Omaha World-Herald*, pp. 1~2.

KRAFT, M. (2001). *Environmental policy and politics* (2nd ed.). New York: Longman.

KRAUSE, F., BACH, W., and KOOMEY, J. (1992). *Energy policy in the greenhouse*. New York: John Wiley and Sons.

KRECH III, S. (2005). Reflections on conservation, sustainability, and environmentalism in indigenous North America. *American Anthropologist*, 107 (1), 78~86.

KROGMAN, N. (1999). Bureaucratic slippage in environmental agencies: The case of wetlands regulation. *Research in Social Problems and Public Policy*, 7, 163~181.

KUHN, T. (1970). *The structure of scientific revolutions*. Chicago: University of Chicago Press.

KUZNETS, S. (1955). Economic growth and inequality. *American Economic Review* 45, 1~28.

LANE, R. (2000). *The loss of happiness in market democracies*. New Haven, CT: Yale University Press.

LAPPÉ, F., COLLINS, J., and ROSSET, P. (1998). *World hunger: Twelve myths*. New York: Grove Press.

LARSEN, J. (2001). Hydrological poverty worsening. In L. Starke (Ed.), *Vital Signs 2001: The Trends that are Shaping Our Future*. New York: W. W. Norton.

LASCH, W. H. (1994, May/June). Environment and global trade. *Society*, 52~58.

LEE, M. (1995). Earth first! Environmental apocalypse. Syracuse, NY: Syracuse University Press.

LEE, R. (1969). !Kung bushmen subsistence: An input-output analysis. In A. Vayda (Ed.), *Environment and cultural behavior* (pp. 47~78). Garden City, NJ: Natural History Press.

LENSKI, G., and NOLAN, P. (1999). *Human societies: An introduction to macrosociology*. New York: McGraw-Hill.

LESSEN, N. (1993). Providing energy in developing countries. In L. Starke (Ed.), *State of the world, 1993* (pp. 101~119). New York: W. W. Norton.

LEWIS, M. (1992). *Green delusions: An environmentalist critique of radical environmentalism*. Durham, NC: Duke University Press.

LEWIS, M. (1994). Environmental history challenges the myth of a primordial Eden. *The Chronicle of Higher Education, 40* (35), A56.

LI, Z. (May, July, August, 2006). Capturing the sun: The future of China's solar power. *Worldwatch, 18* (4), 10~11.

LONGWORTH, R. (1998). *Global squeeze: The coming crisis for first-world nations*. Skokie, IL: NTC / Contemporary Books.

LOTKA, A. (1922). Contribution to the energetics of evolution. *Proceedings of the National Academy of Sciences, 8*, 147~151.

LOTKA, A. (1924). *Elements of physical biology*. New York: Williams and Wilkins. [Republished in 1956 as *Elements of mathematical biology*. New York: Dover.]

LOTKA, A. (1945). The law of evolution as a maximal principle. *Human Biology, 14*,

167~194.

LOVINS, A. (1977). *Soft energy paths*. Cambridge, MA: Ballinger.

LOVINS, A. (1993). Letter to the editor. *Atlantic Monthly, 272*, 6.

LOVINS, A. (1998). Energy efficiency to the rescue. In T. Miller (Ed.), *Living in the environment* (10th ed., p. 378). Belmont, CA: Wadsworth.

LOW, R., and HEINEN, J. (1993). Population, resources, and environments: Implications of human behavioral ecology for conservation. *Population and Environment, 15*, 7~40.

LOWI, T., JR. (1964). American business, public policy, case-studies, and political theory. *World Politics, 16*, 677~715.

LOWI, T., JR. (1972). Four systems of policy, politics, and choice. *Public Administration Review, 32*, 298~310.

LOWI, T., JR. (1979). *The end of liberalism* (2nd ed.). New York: W. W. Norton.

LUKE, T. (2005). The death of environmentalism or the advent of public ecology? *Organization and Environment, 18*, 489~494.

LUTZENHISER, L. (1993). Social and behavioral aspects of energy use. *Annual Review of Energy and the Environment, 18*, 247~289.

LUTZENHISER, L. (2001). The contours of U.S. Climate non-policy. *Society and Natural Resources, 14*, 511~523.

LUTZENHISER, L., and HACKETT, B. (1993). Social stratification and environmental degradation: Understanding household CO_2 production. *Social Problems, 40* (1), 50~73.

LUTZENHISER, L., HARRIS, C., and OLSEN, M. (2002). Energy, society, and environment. In Dunlap, R. E., and Michelson, W. (Eds.) *Handbook of Environmental Sociology*, pp. 222~271. Westport, CT: Greenwood Press.

MACEACHERN, D. (1990). *Save our planet: 750 everyday ways you can help clean up the earth*. New York: Dell.

MACK, R., and BRADFORD, C. P. (1979). *Transforming America* (2nd ed.). New York: Random House.

MACNEILL, J., WINSEMIUS, P., and YAKUSHIJI, T. (1991). *Beyond interdependence: The meshing of the world's economy and the earth's ecology*. New York: Oxford University Press.

MAMDANI, M. (1972). *The myth of population control*. London: Reeves and Turner.

MANS, T. (1994). Personal communication.

MARSH, G. (1874). *The earth as modified by human action*. New York: Scribner and Armstrong.

MARTIN, P., and MIDGLEY, E. (1999, June). Immigration to the United States. *Population Bulletin, 54*, 2.

MARYANSKI, A. (1998). Evolutionary sociology. In L. Freese (Ed.), *Advances in human ecology*, vol. 7 (pp. 1~56). Greenwich, CT: JAI Press.

MASTNY, L. (2001). Religious environmentalism rises. In L. Starke (Ed.), *Vital Signs 2001: The Trends that are shaping our future* (pp. 146~147). New York: W. W. Norton.

MASTNY, L., and CINCOTTA, R. (2005). Examining the connections between population and security. In L. Starke (Ed.), *State of the World: 2005* (pp. 22~39). New York: W. W. Norton.

MATOON, A. (1998). Paper recycling climbs higher, In L. Starke (Ed.), *Vital Signs 1998: The Environmental Trends that are shaping our future*. pp. 144~145. New York: W. W. Norton.

MAZUR, A. (1991). *Global social problems*. Englewood Cliffs, NJ: Prentice Hall.

MAZUR, A., and ROSA, E. A. (1974). Energy and lifestyle: Cross-national comparison of energy consumption and quality of life indicators. *Science, 186*, 607~610.

McADAM, D., MCCARTHY, J., and ZALD, M. (1988). Social movements. In N. Smelser (Ed.). *Handbook of sociology*. Beverly Hills, CA: Sage.

McADAM, D., MCCARTHY, J., and ZALD, M. (1996). *Comparative perspectives on social movements: Political opportunities, mobilizing structures, and cultural framings*. Cambridge, UK: Cambridge University Press.

McCAY, B. J. (1993). *Management regimes*. Presented at the conference on Property Rights and Performance of Natural Resource Systems. Stockholm, Sweden: The Biejer Institute.

McCLOSKEY, M. (1972). Wilderness movement at the crossroads. *Pacific Historical Review, 41*, 346~364.

McCRIGHT, A., and DUNLAP, R. E. (2000). Challenging global warming as a social problem: An analysis of the conservative movement's counter-claims. *Social Problems, 47*(4), 499~522.

McCRIGHT, A., and DUNLAP, R. E. (2003). Defeating Kyoto: The conservative movement's impact on U.S. climate change policy. *Social Problems, 50*, 3, 348~373.

McDONOUGH, W. and BRAUNGART, M. (2002). *Cradle to cradle: Remaking the way we make things.* New York: North Point Press.

McNAMARA, R. (1992, November/December). The population explosion. *The Futurist*, 9~13.

MEAD, G. (1934). *Mind, self, and society: From the standpoint of a social behaviorist.* Chicago: University of Chicago Press.

MEADOWS, D., MEADOWS, D., RANDERS, J., and BEHRENS, W. (1972). *The limits of growth: A report for the Club of Rome's project on the predicament of mankind.* New York: New American Library.

MEADOWS, D., MEADOWS, D., and RANDERS, J., (1992). *Beyond the limits: Confronting global collapse and envisioning a sustainable future.* Post Mills, VT: Chelsea Green.

MEADOWS, D., RANDERS, J., MEADOWS, D., (2004). *Limits of growth: The 30-year update.* White River, VT: Chelsea Green.

MERCHANT, C. (1981). *The death of nature: Women, ecology, and the scientific revolution.* San Francisco, CA: Harper and Row.

MERRICK, T. (1986). World population in transition. *Population Bulletin, 41*, 2.

MERTIG, A., and DUNLAP, R. E. (2001). Environmentalism, new social movements, and the new class: A cross national investigation, Rural Sociology 66 (1), 115~136.

MERTIG, A., DUNLAP, R. E., and MORRISON, D. (2002). The environmental movement in the United States. In R. E. Dunlap and W. Michelson (Eds.). *Handbook of environmental sociology* (pp. 448~481). Westport, CT: Greenwood Press.

MESSER, E. (1998). Conclusions. In L. DeRose, E. Messer, and S. Millman (Eds.). *Who's hungry? And how do we know?* New York: United Nations University Press.

MEYER, D., and STAGGENBORG, S. (1996). Movements, countermovements, and the structure of political opportunity. *American Journal of Sociology, 101*, 6.

MICHAELSON, M. (1994). Wangari Maathai and Kenya's green belt movement: Exploring the evolution and potentialities of consensus movement mobilization. *Social Problems, 41* (4), 540~561.

MIES, M. (1986). *Patriarchy and accumulation on a world scale.* London: Zed Books.

MILBRATH, L. (1989). *Envisioning a sustainable society: Learning our way out.* Albany, NY: State University of New York Press.

MILLER, G. T. (1998). *Living in the environment*. (10th Ed.). Belmont, CA: Wadsworth.
MILLER, T., JR. (1992). *Living in the environment*. (7th ed.). Belmont, CA: Wadsworth.
MILLER, T., JR. (2002). *Living in the environment*. (12th ed.). Belmont, CA: Wadsworth.
MILLER, T., JR. (2005). *Living in the environment*. (14th ed.). Belmont, CA: Wadsworth.
MITCHELL, J., THOMAS, D., and CARTER S. (1999). Dumping in Dixie revisited: The evolution of environmental injustices in South Carolina. *Social Science Quarterly, 80*(2), 229~243.
MITCHELL. R. (1980). Public opinion on environmental issues. In *Environmental quality: The eleventh annual report of the Council on Environmental Quality*. Washington, DC: U.S. Government Printing Office.
MITCHELL. R., MERTIG, A., and DUNLAP, R. E. (1992). Twenty years of environmental mobilization: Trends among national environmental organizations. In R. E. Dunlap and A. G. Mertig (Eds.), *American environmentalism: The U.S. environmental movement, 1970~1990* (pp. 11~26). Philadelphia: Francis Taylor.
MOL, A. (2003). *Globalization and environmental reform: The ecological modernization of the global economy*. Cambridge, MA: MIT Press.
MOL, A., and SONNENFELD, D. (Eds.). (2000). *Ecological modernization around the world: Perspectives and critical debates*. Ilford, UK: Frank Cass.
MOTAVALLI, J. (2000, January/February). Flying high, swooping low. E Magazine, 11 (1), 20~30.
MOTAVALLI, J. (January/February, 2006). The outlook on oil. *E Magazine, 17*(1), 27~37.
MURPHY, R. (1994). *Rationality and nature: A sociological inquiry into a changing relationship*. Boulder, CO: Westview Press.
MYERS, D. and DIENER, (1995). Who is happy? *Psychological Science, 6*(1), 10~19.
MYERS, N. (1989). *Deforestation rates in tropical forests and their climatic implications*. London: Friends of the Earth.
MYERS, N. (1996). The biodiversity crisis and the future of evolution. *The Environmentalist, 16*, 37~47.
MYERS, N. (1997). The world's forests and their ecosystem services. In G. Daily (Ed.), *Nature's services: societal dependence on natural ecosystems* (pp. 215~236). Washington, DC: Island Press.
NABHAN, G., and BUCHMANN, S. (1997). Services provided by pollinators. In G. Daily (Ed.), *Nature's services: societal dependence on natural ecosystems* (pp. 133~150).

Washington, DC: Island Press.
NASH, R. (1967). *Wilderness and the American mine*. New Haven, CT: Yale University Press.
National Center for Statistics. (1984). Blood levels for persons 6 months to 74 years of age: United states, 1976~1980. *Vital Statistics*, no. 79. Hyattsville, MD: National Center for Health Statistics.
National Public Radio (April 18, 2006). *Morning Edition*.
National Research Council (1986). *Population growth and economic development: Policy questions*. Committee on Population, Working Group on Population and Development. Washington, DC: National Academy Press.
National Resources Defense Council (2006). http://www.nrdc.org/legislation/rollbacks/execsum.asp.
NELSON, T. (1996). Urban Agriculture, *Worldwatch. 9*(22), 110~117.
NETTING, R. (1981). *Balancing on an Alp: Ecological change and continuity in a swiss mountain community*. Cambridge, UK: Cambridge University Press.
NEWELL, P. (2000). *Climate for change*. Cambridge, UK: Cambridge University Press.
NORDHAUS. W. (2002). Reflections on the economics of climate change. In R. Stavins (Ed.). *Economics of the environment* (4th ed.). (pp. 495~509). New York: W. W. Norton.
NORDSTROM, H., and VAUGHN, S. (1999). *Trade and environment*. Geneva, Switzerland: World Trade Organization.
NORSE, D. (1992). A new strategy for feeding a crowded planet. *Environment, 43* (5), 6~39.
ODUM, E. P. (1971). *Fundamentals of ecology* (3rd ed.). Philadelphia: W. B. Saunders.
OELSCHLAEGER, M. (1994). *Caring for creation: An ecumenical approach to the environmental crisis*. New Haven, CT: Yale University Press.
OLSEN, M. (1968). *The process of social organization*. New York: Holt, Rinehart, & Winston.
OLSEN, M. and CLUETT, C. (1979). *Evaluation of seattle city light neighborhood conservation program*. Seattle, WA: Battelle Human Affairs Research Center.
OLSEN, M., LODWICK, D., and DUNLAP, R. E. (1992). *Viewing the world ecologically*. Boulder, CO: Westview Press.
O'MEARA, M. (1999). Urban air taking lives. In L. Starke (Ed.), *The state of the world*,

1999 (pp. 128~129). New York: W. W. Norton.

O'MEARA, M. (2002). CFC use declining. In L. Starke (Ed.), *The state of the world, 1999* (pp. 54~55). New York: W. W. Norton.

OECD (Organization for Economic Development and Cooperation) (1999). *Implementing domestic tradeable permits for environmental protection.* Paris: OECD.

ORLOV, B. (1980). Ecological anthropology. *Annual review of Anthropology, 9*, 253~273.

OSTROM, E. (1990). *Governing the commons: Evolution of institutions for collective action.* Cambridge, England: Cambridge University Press.

OSTWALD, W. (1909). *Energetische grundlagen der kulturwissenshaften.* Leipzig, Germany: Vorvort.

PAEHLKE, R. (1989). *Environmentalism and the future of progressive politics.* New Haven, CT: Yale University Press.

PARKIN, S. (1989). *Green parties: An international guide.* London, UK: Heretic Books.

PARRICK, D. W. (1969). An approach to the bioenergetics of rural West Bengal. In A. Vayda (Ed.), *Environment and cultural behavior* (pp. 29~46). Garden City, NJ: Natural History Press.

PARRY, M. (1988). *The impact of climatic variations on agriculture.* Reidel, Netherlands: Kluwer Academie.

PARSONS, T. (1951). *The social system.* Glencoe, IL: Free Press.

PASSARINI, E. (1998). Sustainability and sociology. *The American Sociologist, 29* (3), 59~70.

PELLOW, D. (1994). Environmental justice and popular epidemiology: Grassroots empowerment or symbolic politics. Presented at the annual meeting of the Midwest Sociological Society, St. Louis, MO.

PELLOW, D. (2000). Environmental inequality formation. *American Behavioral Scientist, 43* (4), 581~601.

PELTO, P. (1973). *The snowmobile revolution: Technological and social change in the Arctic.* Menlo Park, CA: Cummings.

PELTO, P., and MULLER-WILLIE, L. (1972). Snowmobiles: Technological revolution in the Arctic. In H. Bernard and P. Pelto (Eds.), *Technology and cultural change.* New York: Macmillan.

PERRY, T. (2004). Water conservation is working, report says. *Los Angeles Times,* Mar.

11; also in the Omaha World Herald, Mar. 11, 2A.

PIERCE, J., DALTON, R., and ZAITSEV, A. (1999). Public perceptions of environmental conditions. In R. J. Dalton, P. Garb, N. Lovrich, J. D. Pierce, and J. M. Witely (Eds.). *Critical masses: Citizens, nuclear weapons production, and environmental destruction in the United States and Russia* (pp. 97~129). Cambridge, MA: MIT Press.

PIMENTEL, D. (1992a, October). Rural populations and the global environment. *Rural Sociology*, 12~26.

PIMENTEL, D. (1992b). Land degradation and environmental resources. In T. Miller, *Living in the Environment* (7th ed.) (pp. 330~331). Belmont, CA: Wadsworth.

PIMENTEL, D. (1999, October 16). In J. Anderson, "Budding invasions costly." *The Omaha World-Herald*, pp. 1~2.

PIMENTEL, D., BERGER, B., FILBERERTO, D., NEWTON, M., WOLFE, B., KARATINAKIS, E., CLARK, S. POON, E. ABBERT, E., HANDOGOPAL, S. (2004). Water resources: Agricultural and environmental issues. *Bioscience 54* (10), 909~919.

PINSTRUP-ANDERSEN, P., PANDYA-LORCH, R., and ROSENGRANT, M. (1997). *The world food situation*. Washington, DC: International Food Policy Research Institute.

PIRAGES, D. (1977). *The sustainable society: Implications for limited growth*. New York: Praeger.

PODOBNIK, B. (1999, August). Towards a sustainable energy regime: Technological forecasting and social change. Presented at the 1998 meeting of The American Sociological Association, San Francisco, CA.

POINTING, C. (1991). *A green history of the world*. London: Sinclair Stevenson.

Population Reference Bureau (1998). *World population data sheet: Demographic data and estimates for the countries and regions of the world* [book edition]. Washington, DC: Population Reference Bureau.

Population Reference Bureau (1999). *World population: More than just numbers*. Washington, DC: Population Reference Bureau.

POPE, C., and RAUBER, P. (2004). *Strategic ignorance: The Bush administration is recklessly destroying a century of environmental progress*. San Francisco, CA: Sierra Club Books.

POSTEL, S. (1992a). Water scarcity. Environmental Science and Technology, 26 (12),

2332~2333.
POSTEL, S. (1992b). *The last oasis: Facing water scarcity*. New York: W. W. Norton.
POSTEL, S. (1993). Water scarcity spreading. In L. Starke (Ed.). *Vital signs 1993: The trends that are shaping our future* (pp. 106~107). New York: W. W. Norton.
POSTEL, S., and CARPENTER, S. (1997). Freshwater ecosystem services. In G. Daily (Ed.), *Nature's services: Societal dependence on natural ecosystems* (pp. 195~214). Washington, DC: Island Press.
PRUGH, T. (2006). Peak oil forum. *Worldwatch, 19* (1). 9.
PRUGH, T., COSTANZA, R, and DALY, H. (2000). *The local politics of global sustainability*. Washington, DC: Island Press.
RADFORD E., and DRIZD, T. (1982). Blood carbon monoxide levels in persons 3~74 years of age. *Advance Data, 76*, 8. Hyattsville, MD: National Center For Health Statistics.
RAPPAPORT, R. A. (1968). *Pigs for the ancestors: Ritual in the ecology of a New Guinea people*. New Haven, CT: Yale University Press.
RAUBER, P. (1998). Nations vs. corporations. *Sierra, 83* (3), 17.
RAVENSTEIN, E. (1889). The laws of migration, I and II. *Journal of the Royal Statistical Society, 48*, 167~235, 52, 241~305.
REDCLIFT, M. (1987). *Sustainable development: Exploring the contradictions*. London: Methuen.
REDDY, A., and GOLDEMBERG, J. (1990). Energy for the developing world. *Scientific American, 263* (3), 110~119.
REES, W. (2002). Global sustainability: Conflict or convergence? *Bulletin of Science, Technology & Society, 22* (4), 249~268.
REICH, R. (1991). *The wealth of nations: Preparing ourselves for 21st-century capitalism*. New York: Alfred A. Knopf.
RENNER, M., (1998). Pollution control markets expand. In L. Starke (Ed.). *Vital signs 1998: The environmental trends that are shaping our future* (pp. 144~145). New York: W. W. Norton.
RENNER, M., (1999). Wars increase once again. In L. Starke (Ed.). *Vital signs 1999: The environmental trends that are shaping our future* (pp. 112~133). New York: W. W. Norton.
RENNER, M., (2002a). Breaking the link between resources and repression. In L. Starke

(Ed.), *State of the world, 2002* (pp. 149~173). New York: W. W. Norton.

REPETTO, R. (1987). Population, resources, environment: An uncertain future. *Population Bulletin, 42*, 2.

REPETTO, R. (1995). *Jobs, competitiveness, and environmental regulation: What are the real issues?* Washington, D C: World Resources Institute.

REVKIN, A. (2006). Climate expert says NASA tried to silence him. *The New York Times.* http://www.nytimes.com/2006/01/29/science/earth/29climate.htm? Retrieved 1/29/2006.

Rijksinstituut voor Volksgesondheid en Milieuhygiene. (1991). *National environmental outlook, 1990~2010.* Bilthoven, Netherlands: RIVM.

RITZER, G. (1975). *Sociology: A multiple paradigm science.* Boston: Allyn and Bacon.

ROBERTS, P. (2004). *The end of oil: On the edge of a perilous new world.* New York: Houghton Mifflin.

ROBERTS, J., and GRIMES, P. (2002). World-system theory and the environment: Toward a new synthesis. In R. Dunlap, F. Buttel, P. Dickens, and A. Gijswijt (Eds.), *Sociological theory and the environment: Toward a new synthesis: Classical foundations, contemporary insights.* New York: Rowman and Littlefield.

ROBERTS, J., and GRIMES, P. (1999). Extending the world-system to the whole system. In Goldfrank, W., Goodman, D, and Szasz, A. (Eds.), *The global environment and the world system.* Westport, CT: Greenwood Press.

ROBERTS, J. T. (1996). Predicting participation in environmental treaties: A world-system analysis, *Sociological Inquiry, 66*, 38~57.

ROGERS, R. (1994). *Nature and the crisis of modernity.* Montreal, Canada: Black Rose Books.

ROODMAN, D. (1999). Building a sustainable society. In L. Starke (Ed.). *State of the world, 1999* (pp. 169~188). New York: W. W. Norton.

ROODMAN, D. (2000). Environmental tax shifts multiplying. In L. Starke (Ed.). *Vital signs 2000: The environmental trends that are shaping our future* (pp. 138~139). New York: W. W. Norton.

ROSA, E. (1998). Risk and environmental sociology, *Environment, Technology, and Society. 88* (8).

ROSA, E., KEATING, K., and STAPLES, C. (1981). Energy, economic growth and quality of life: A cross-national trend analysis. *Proceedings of The International Congress* of *Applied Systems Research and Cybernetics*. New York: Pergamon.

ROSA, E., and KREBILL-PRATHER, R. (1993). Mapping cross-national trends in carbon releases and societal well-being. Discussion paper submitted to the Committee on the Human Dimensions of Global Change, Commission on the Behavioral and Social Sciences, National Research Council. Washington, DC.

ROSA, E., MACHLIS, G., and KEATING, K. (1988). Energy and society. *Annual Review of Sociology, 14*, 149~172.

ROSE, C. (2001). Common property, regulatory property, and environmental protection: Comparing community-based management to tradable environmental allowances. In Dietz, T., Dolsak, N., Ostrom, E., and Stern P. (Eds.), *The drama of the commons* (pp. 123~258). Washington, DC: National Academy Press.

ROSENBAUM, W. (1989). The bureaucracy and environmental policy. In J. P. Lester (Ed.). *Environmental politics and policy: Theories and evidence* (pp. 213~237). Durham, NC: Duke University Press.

ROSENZWEIG, C., and PARRY, M. (1993, September 21). In Computer vision of global warming: Hardest on have-nots, *The New York Times*. Reprinted in Union of Concerned Scientists, *Pledge Bulletin*, Cambridge, MA, February 1994.

ROSS, M., and WILLIAMS, R. (1981). *Our energy: Regaining control*. New York: McGraw-Hill.

ROSSET, P. (1997). Alternative agriculture and crisis in Cuba. *Technology and Society, 12* (2), 19~25.

ROTHMAN, B. (1991). Symbolic interactionism. In H. Etzkowitz and R. Glassman (Eds.). *The renascence of sociological theory: Classical and contemporary* (pp. 151~176). Itasca, IL: F. E. Peacock.

Royal society of London and the U.S. National Academy of Sciences (1992). *Population growth, resource consumption, and a sustainable world*. Washington, DC: National Academy Press.

RUBENSTEIN, D. (1995, Winter/Spring). Environmental accounting for the sustainable corporation: Strategies and techniques. *Human Ecology Review, 2*(1), 1~21.

RUCKELSHAUS, W. (1990). Toward a sustainable world. In *Managing planet earth: Readings from* Scientific American (pp. 125~136). New York: W. H. Freeman.

RUNYAN, C., and NORDERHAUG, M. (2002). The path to the Johannesburg summit, *World Watch, 15*, 3.

RYAN, J. (1992). Conserving biological diversity. In L. Starke (Ed.). *State of the world, 1992* (pp. 9~26). New York: W. W. Norton.

SACHS, A. (1995). Population growth steady. In L. Starke (Ed.). *Vital signs 1995: The trends that are shaping our future* (pp. 94~95). New York: W. W. Norton.

SAHLINS, M. (1972b). The original affluent society. *Stone age economics* (pp. 1~38). New York: Aldine.

SALE, K. (1993). *The green revolution: The American environmental movement, 1962~1992*. New York: Hill and Wang.

SALZMAN, J., and RUHL J. B. (2000). Currencies and the commodification of environmental law. *Stanford Law Review, 53*, 607~694.

SAMDAHL, D., and ROBERTSON, R. (1989). Social determinants of environmental concern: Specification and test of the model. *Environment and Behavior, 21*, 57~81.

SANDERSON, S. (1995). *Macrosociology: An introduction to human societies* (3rd ed.). New York: HarperCollins.

SAWIN, J. (2005a). Climate change indicators on the rise. In L. Starke (Ed.). *Vital signs 2005: Trends that are shaping our future* (pp. 40~41). New York: W. W. Norton.

SAWIN, J. (2005b). Global wind growth continues. In L. Starke (Ed.). *Vital signs 2005: Trends that are shaping our future* (pp. 34~35). New York: W. W. Norton.

SCARCE, R. (1990). *Eco-warriors: Understanding the radical environmental movement*. Chicago: Noble Press.

SCHEINBERG, A. (2003). The proof of the pudding: Urban recycling in North America as a process of ecological modernization. *Environmental Politics, 12* (4), 49~75.

SCHELLENBERGER, M., and NORDHAUS, T. (2004). The death of environmentalism. Retrieved from *http://grist.org*.

SCHIPPER, L., and LICHTENBERG, A. J. (1976). Efficient energy use and well-being. The Swedish example. *Science, 194*, 1001~1013.

SCHMALENSEE, R., JOSKOW, P., ELLERMAN, A., MONTERO, J., and BAILEY, E. (1998). An interim evaluation of sulfur dioxide emissions trading. *Journal of Economic Perspectives, 12*, 3, 53~68.

SCHNAIBERG, A. (1980). *The environment: From surplus to scarcity*. New York: Oxford University Press.

SCHNAIBERG, A, and GOULD, K. (1994). *Environment and society: The enduring conflict*. New York: St. Martin's Press.

SCHNEIDER, S. H. (1990a). The changing climate. In *Managing planet earth: Readings from* Scientific American (pp. 26~36). New York: W. H. Freeman.

SCHNEIDER, S., and LONDER, R. (1984). *The coevolution of climate and life*. San Francisco: Sierra Club Books.

SCHOR, J. (1992). *The overworked American: The unexpected decline of leisure*. New York: Basic Books.

SCHULZE, E., and MOONEY, H. (1993). *Biodiversity and ecosystem function*. Berlin: Springer-Verlag.

SCHUMACHER, E. F. (1973). *Small is beautiful: Economics as if people mattered*. New York: HarperCollins.

SCHUTZ, A. (1967). *The phenomenology of the social world*. Evanston, IL: Northwestern University Press. (Original work published 1932.)

SELIGMAN, C., BECKER, L., and DARLEY, J. (1981). Encouraging residential energy conservation through feedback. In A. Baum and J. Singer (Eds.), *Advances in environmental psychology*, vol. 3. Hillsdale, NJ: Erlbaum.

SEN, A. (1981). *Poverty and famines*. New York: Oxford University Press.

SEN, A. (1993). The economics of life and death. *Scientific American, 208* (5), 40~47.

SHAIIKO, R. (1999). *Voices and echoes for the environment: Public interest representation in the 1990s and beyond*. New York: Columbia University Press.

SHIVA, V. (1988). *Staying alive*. London: Zed Books.

SILVER, C., and DEFRIES, R. (1990). *One earth, one future: Our changing global environment*. Washington, DC: National Academy of Sciences, National Academy Press.

SIMON, J. (1990). Population growth is not bad for humanity. *National Forum: The Phi Kappa Phi Journal, 70*, 1.

SIMON, J. (1996). *Ultimate resources 2*. Princeton, NJ: Princeton University Press.

SIMON, J. (1998). There is no crisis of unsustainability. In T. Miller (Ed.), *Living in the environment* (10th ed.) (pp. 26~27). Belmont, CA: Wadsworth.

SIMON, J., and WILDAVSKY, A. (1993, May 13). Facts, not species, are periled. *The New York Times*.

SIVARD, R. (1979). *World energy survey*. Leesburg, VA: World Priorities Publications.

SIVARD, R. (1993). *World military and social expenditures*. Washington, DC: World

Priorities Publications.

SMELSER, N. (1962). *Theory of collective behavior*. New York: Free Press.

SMITH, J., and TIRPAK, D. (Eds.) (1988). *The potential effect of a global climate change on the United States*. (Draft Report to Congress.)

SMITH, T. (1985). The polls: American's most important problems: Part I. National and international. *Public Opinion Quarterly, 46*, 38~61.

SNOW, D., and BENFORD, R. (1988). Ideology, frame resonance, and participant mobilization. In B. Klandfermans, H. Kriesi, and S. Tarrow (Eds.), *Structure to action: Comparing social movement research across cultures*. Greenwich, CT: JAI Press.

SOCOLOW, R. (1978). *Saving energy in the home: Princeton's experiments at Twin Rivers*. Cambridge, MA: Ballinger.

SODDY, F. (1926). *Wealth, virtual wealth, and debt: The solution to the economic paradox*. London: Oxford University Press.

SOUTHWICK, C. (1996). *Global ecology in human perspective*. New York: Oxford University Press.

SPEARS, J., and AYENSU, E. (1985). Resources, development, and the new century: Forestry. In R. Repetto (Ed.), *The global possible: resources, development, and the new century* (pp. 299~335). New Haven, CT: Yale University Press.

SPENCER, H. (1896). *The principles of sociology*. New York: Appleton.

STANISLAW, J., and YERGIN, D. (1993). Oil: Reopening the door. *Foreign Affairs, 72*(4), 81~93.

STARK, R. (1994). *Sociology*. Belmont, CA: Wadsworth.

STEPHAN, E. (1970). The concept of community in human ecology. *Pacific Sociological Review, 13*, 218~228.

STERN, P. (1992). Psychological dimensions of global environmental change. *Annual Review of Psychology, 43*, 269~302.

STERN, P., and ARONSON, E. (1984). *Energy use: The human dimension*. New York: W. H. Freeman.

STERN, P., ARONSON, E., DARLEY, D., HILL, E., HIRST, E., KEMPTON, W., and WILBANKS, T. (1986). The effectiveness of incentives for residential energy-conservation. *Evaluation Review, 10*, 147~176.

STERN, P., DIETZ, T., and KALOF, L. (1993). Value orientations, gender, and environmental

concern. *Environment and Behavior, 25* (3), 322~348.
STERN, P., and OSKAMP, S. (1987, March 28). Managing scarce environmental resources. In D. Stokals and I. Altman (Eds.). *Handbook of environmental psychology*, vol. 2. New York: Wiley.
STERN, P., YOUNG, O., and DRUCKMAN, D. (Eds.) (1992). *Global environmental change: Understanding the Human Dimensions*. Washington DC: National Academy Press.
STOLNITZ, G. (1964). The demographic transition from high to low birth rates and death rates. In R. Freedman (Ed.), *Population: The vital revolution*. Garden City, NJ: Anchor Books.
SWITZER, J. (1994). *Environmental politics: Domestic and global dimensions*. New York: St. Martin's Press.
SZASZ, A., and MEUSER M. (1997). Environmental inequalities: Literature review and proposals for new directions in research and theory. *Current Sociology, 45*, 99~120.
SZTOMPKA, P. (1993). *The sociology of social change*. Cambridge, MA: Blackwell Publishers.
TAINTER, J. (1988). *The collapse of complex societies*. Cambridge, England: Cambridge University Press.
TAKACS, D. (1996). *The idea of biodiversity: Philosophies of paradise*. Baltimore, MD: Johns Hopkins University Press.
TAYLOR, B. (1992). *Our limits transgressed: Environmental political thought in America*. Lawrence, KS: University of Kansas Press.
TAYLOR, D. (1993). Environmentalism and the politics of inclusion. In R. Bullard (Ed.), *Confronting environmental racism: Voices from the grassroots*. Boston: South End Press.
TAYLOR, D. (2000). The rise of the environmental justice paradigm, *American Behavioral Scientist, 43* (4), 508~580. http://tellus.org.
THOMAS, W. I. (1923). *The unadjusted girl*. Boston: Little Brown.
TIETENBERG, T. (2002). The tradable permits approach to protecting the commons: What have we learned? In Dietz et al. (Eds.). *The drama of the commons*. (pp. 197~232). Washington, DC: National Academy Press.
TILLY, C. (1984). *Big structures, large processes, huge comparisons*. New York: Russell Sage Foundation.

TILMAN, D. (1997). Biodiversity and ecosystem functioning. In G. Daily (Ed.), *Nature's services: Societal dependence on natural ecosystems* (pp. 93~112). Washington, DC: Island Press.

TOURAINE, A. (1978). *The voice and the eye: An analysis of social movements*. Cambridge, England: Cambridge University Press.

TUXILL, J. (1997). Death in the family tree. *World Watch, 10*(5), 13~21.

TUXILL, J. (1998). Vertebrates signal biodiversity losses. In L. Starke (Ed.). *Vital signs 1998: The environmental trends that are shaping our future* (pp. 128~129). New York: W. W. Norton.

TUXILL, J. (1999). Appreciating the benefits of plant biodiversity. In L. Starke (Ed.), *State of the world, 1999* (pp. 96~114). New York: W. W. Norton.

UNGAR, S. (1992). The rise and (relative) decline of global warming as a social problem. *The Sociological Quarterly, 33*(4), 483~502.

UNGAR, S. (1998). Bringing the issue back in: Comparing the marketability of the ozone hole and global warming. *Social Problems, 48*(4), 510~527.

Union of Concerned Scientists (1992). *Warning to humanity*. Washington, DC: Union of Concerned Scientists.

United Nations (1998b). *World urbanization prospects: The 1996 revisions*. New York: United Nations.

United Nations (2000). *World population prospects: The 1998 revisions*. United Nations Population Division. New York: United Nations.

U.S. Bureau of the Census (2001b). *Current population reports: Household economic studies*, Series P70-71. Household net worth and ownership: 1995. Washington, DC: U.S. Government Printing Office. Also www.census.gov/prod/2001pubs/p70-71.pdf.

U.S. Department of Agriculture (1993, February). *World grain situation and outlook*. Washington, DC: Government Printing Office.

U.S. Department of Energy (1989). *Energy conservation trends: Understanding the factors that affect conservation gains in the U.S. economy*. Washington, DC: Doe/Pe-0092.

U.S. Environmental Protection Agency (1990). *Superfund: environmental progress*. Washington, DC: EPA Office of Emergency and Remedial Response.

VAN DEN BERGHE, P. (1977~1978). Bridging the paradigms. *Society, 15*, 42~49.

VAN LIERE, K., and DUNLAP, R. E. (1980). The social bases of environmental concern: A review of hypotheses, explanations, and empirical evidence. *Public Opinion Quarterly, 44*, 43~59.

VENETOULIS, J., and COBB, C. (2004). *The genuine progress indicator 1950~2002* (2004 update). Oakland, CA: Redefining Progress.

VITOUSEK, P. M., et al. (1986). Human appropriation of the products of photosynthesis. *Bioscience, 36*, 368.

WACKERNAGEL, M., ONISTO, L., and BELLO, P. (1999). National natural capital accounting with the ecological footprint concept, *Ecological Economics 19*, 375~390.

WACKERNAGEL, M. and REES, W. (1996). *Our ecological footprint: Reducing human impact on the earth*. Gabriola Island, BC, Canada: New Society Publishers.

WACKERNAGEL, M., LINARES, D., SANCHEZ, M., FALFAN, I., and LOH, J. (2000). *Ecological footprints and ecological capacities of 152 nations: The 1996 update*. San Francisco, CA: Redefining Progress.

WACKERNAGEL, M., SCHULZ, N., DEUMLING, D., LINARES, A., JENKINS, M., KAPOS, V., MONFREDA, C., JOH, J., MYERS, N., NORGAARD, R., RANDERS, J. (July 9, 2002). Tracking the ecological overshoot of the human economy. *Proceedings of the National Academy of Sciences of the United States of America, 99* (14), 9266~9271.

Wall Street Journal (2006, July 14). Hockey stick hokum, p. A12.

WALLACE, R., and WOLF, A. (1991). *Contemporary sociological theory: Continuing the classical tradition* (3rd ed.). Englewood Cliffs, NJ: Prentice Hall.

WALLERSTEIN, I. (1980). *The modern world system, 2*. New York: Academic Press.

WALTON, J. (1993). *Sociology and critical inquiry: The work, tradition, and purpose* (3rd ed.). Belmont, CA: Wadsworth.

Washington Post. (1998, April 21). Big extinction under way, biologist says. *The Omaha World-Herald*, p. 5.

WEEKS, J. R. (1994). *Population: An introduction to concepts and issues* (5th ed.). Belmont, CA: Wadsworth.

WEEKS, J. R. (2005). *Population: An introduction to concepts and issues* (9th ed.). Belmont, CA: Wadsworth.

WEINBERG, A., PELLOW, D., and SCHNIBERG, A. (1998). Ecological modernization in the internal periphery of the USA: Accounting for recycling's promises and performance. Presented to the American Sociological Association, August, San Francisco, CA.

WEINBERG, A., PELLOW, D., and SCHNIBERG, A. (2000). *Urban recycling and the search for sustainable community development*. Princeton, NJ: Princeton University Press.

WEINBERG, C. J., and WILLIAMS, R. H. (1990). Energy from the sun. *Scientific American, 263* (3), 147~163.

WHITE, G. (1980). Environment. *Science, 209* (4), 183~189.

WHITE, L. (1949). Energy and the evolution of culture. In L. White, Jr. (Ed.). *The evolution of culture* (pp. 363~393). New York: Farrar, Straus, and Giroux.

WHITE, L., JR. (1967). The historical roots of our ecological crisis. *Science, 155*, 1203~1207.

WILKINSON, R. (1996). *Unhealthy societies: The afflictions of inequality*. London: Routledge.

WILLIAMS, J. A., and MOORE, H. (1994). The rural-urban continuum and environmental concerns. *Great Plains Research: A Journal of Natural and Social Sciences, 12*, 195~214.

WILSON, A. (1992). *The culture of nature: North American landscape from Disney to the Exxon Valdez*. Cambridge, MA: Blackwell.

WILSON, E. O. (1975). *Sociobiology: The new synthesis*. Cambridge, MA: Belknap Press of Harvard University.

WILSON, E. O. (1990). Threats to biodiversity. In *Managing planet earth: Readings from Scientific American* (pp. 49~59). New York: W. H. Freeman.

WOLF, A. (2000). Hydrostrategic territory in the Jordan basin: Water, war, and Arab-Israeli peace negotiations. In Amery, H., and Wolf, A. (Eds.). *Water in the middle east: A geography of peace*. Austin, TX: University of Texas Press.

WOLF, E. (1982). *Europe and the peoples without history*. Berkeley, CA: University of California Press.

World Commission on Environment and Development (1987). *Our common future*. Oxford: Oxford University Press.

World Energy Commission (1993). E*nergy for tomorrow's world: The realities, the real options and the agenda for achievement*. New York: St. Martin's Press.

YANKELOVICH, D. (1981). *New rules*. New York: Random House.
YEARLY, S. (1996). *Sociology, environmentalism, globalization*. London: Sage.
YEOMANS, M. (2004). *Oil: A concise guide to the most important product on earth*. New York: New Press.
YORK, R., ROSA, E., and DIETZ, T. (2003). Footprints on the earth: The environmental consequences of modernity. *American Sociological Review, 68*, 279~300.
YOUNG, E. (1997). *World hunger*. New York: Routledge.
YOUNG, G. (1994). Community with three faces: The paradox of community in post-modern life with illustrations from the United States and Japan. *Human Ecology Review, 1* (1), 137~146.
ZALKE, D., ORBUCH, P., and HOUSMAN, R. F. (Eds.). (1993). *Trade and environment: Law, economics, and policy*. Washington, DC: Island Press.

찾아보기

【ㄱ】
갈등이론 60, 61, 63, 327, 347~348
개인재산 자원 362~363
개혁환경주의 423, 428, 433~438, 443~444, 452
거대 문제점 133
경제적 합 62
경제적 합리성 모델 202
고어, 앨(El Gore) 148, 180, 433
고체폐기물 115, 415
공공생태학 475
공공재산 자원 363
공급창고 65, 79
공동재산 자원 363
공동진화 25, 130
공동참여 396
공생 25, 38, 65
과학적 패러다임 58
관리된 희소성의 합 62
광발전 전기 220~223
교체수준 247
교토 의정서 164~168, 400
교토협약 19, 169, 462
구성정책 382~383, 385, 390
구조조정 309
구획모델 25~26

국제이동 254
군집도태 25
규모의 쟁점 270
규제정책 62, 382~383, 385, 390, 392, 414
기계적 연대 63
기능주의 65, 346~348, 421
기능주의자 65, 348
기생주의 25
꽃가루받이 102

【ㄴ】
국내이동 254
녹색세 367~368, 376, 399
녹색제국주의 321
녹색혁명 285~286, 290
농업생태학 289, 291~293
농업의 근대화 277, 282
니아비 443
님비 19, 114, 443

【ㄷ】
다지위종 39
단일경작 27~28, 75, 80, 101, 285, 290, 293, 337, 344, 451
단일경작지 27
대체의 탄성치 271

독소의 순환 110~111
뒤르켕 57, 59, 63~65
디킨스, 찰스(Charles Dickens) 43

【ㄹ】
라마르크, 장 바티스트(Jean Baptiste Lamarck) 40
로트카, 알프레드(Alfred J. Lotka) 24, 38, 176
리카도, 데이비드(David Ricardo) 49~51

【ㅁ】
마르크스, 카를(Karl Marx) 43, 50~51, 57, 59~60, 63~64, 66~67, 260, 265, 309, 327, 329
마타이, 왕가리(Wangari Maathai) 468
맬서스, 토머스(Thomas Malthus) 49~51, 63, 240~243, 258~260
먹이사슬 21~22, 38, 74, 103, 112, 123, 135, 161, 274, 287, 298~299, 379
멘데즈, 치코(Chico Mendez) 467
명백한 운명 424, 458
무임승차 372
문화적 상징 36, 40
문화핵심 41
물리적 자원 79

【ㅂ】
바이오디젤 216
반주변국가 310
배출권거래제 56
버텔, 프레드릭(Frederick Buttel) 283, 332, 412
베버, 막스(Max Weber) 57, 60, 66~68, 378
보전생물학 415, 448, 457
북방침엽수림 91
분배의 쟁점 270
분출-충돌 326~327
〈불편한 진실(Inconvenient Truth)〉 148
브레턴우즈 305, 309
브리티시 석유(British Petroleum) 221, 393
비상한 성장 302
비생물계 26
비용산출의 문제점 365
비자발적 단순성 341

【ㅅ】
사이먼, 줄리언(Jullian Simon) 52, 324
사회계층체계 32, 61
사회과학 7~11, 18, 29, 36~37, 48, 61, 73, 193, 200, 255, 260, 265, 310, 312, 335, 394, 415
사회분열 50, 256, 259, 283, 368
사회연결망 30, 206
사회적 선택 295, 370
사회적 선택」 295
사회-환경 변증법 62
산업혁명 36, 42, 150, 222, 226, 229, 313, 332
상징적 상호작용론 68
상호주의 25, 64, 347
상호호혜의 교환 38
생명축적 112
생물권 21, 35, 84, 130, 133, 320, 325

생물자원 79, 98, 122, 160, 162, 182, 206~
　207, 213~217, 229, 230
생물중심적 445
생물지역주의 448
생물학적 흉내내기 333, 392
생산의 반복활동 61, 328, 336, 367
생태계 8, 19~28, 34, 37~39, 41, 44, 52, 54,
　56, 59, 64~66, 69~71, 73, 75, 79, 83, 90,
　92~95, 98~99, 103~104, 113, 117~118,
　122, 131~135, 152~155, 176~177, 187~
　188, 190~191, 193, 289, 311, 318, 323,
　325, 333, 374, 383, 423~424, 426, 445,
　448
생태계의 문제 132
생태발자국 329~330, 335, 356
생태적 계승 25
생태적 근대화 56~57, 303, 331~340, 386,
　392, 394
생태적 신맬서스주의 278~279, 281~282
생태적 지위 22, 34
생태적 합 62
생태중심적 445, 449
생활공간 66, 297
서식지 22~23, 34, 66, 90~91, 94, 97~99,
　102, 107, 180, 185, 214, 319, 363, 374,
　383, 388, 393, 404, 411, 457
서열-지배 위계질서 34
성장의 한계 303, 326~330, 332, 334~340
성찰적 근대화 332, 338
세계관 9, 32, 36~37, 45~47, 50, 60, 74, 205,
　320, 420, 424, 450~451, 453, 458
세계시장경제 43, 111, 183, 252, 289, 307,
　318, 376
세계은행 156, 169, 230, 306, 309, 342, 405,
　467
세계체계 32, 43, 46, 187, 302, 304~310,
　328, 330, 397, 403, 408
세계체계론 309~310
세계화 8, 43, 302~304, 311, 320, 332, 339,
　343, 349, 397, 403, 406, 408
소각 114~116, 118, 161, 437, 443
소극적 태양열 난방체계 219
소비격차 314
수소혁명 222
순 이용가능 에너지 208
순일차생산 123~124
슈나이버그, 앨런(Allan Schnaiberg) 61~62,
　71, 328, 367
스모그 18~19, 119, 121, 187, 430
스턴, 니콜라스(Nicholas Stern) 169~170
시장 실패 72~73, 264, 362, 364, 373
시장 할당의 쟁점 270
식량 피라미드 22
식량안보 112, 123, 152, 172, 278, 282, 284,
　298, 476
신맬서스주의 243, 259, 261~264, 266,
　270~271, 278~279, 281~282, 326, 328,
　331, 429
신생태적 패러다임 47, 59, 63
신자유주의 304, 306~307

【ㅇ】
에너지 위기 177, 180~181
에너지학 181, 190, 193, 194, 195, 204, 319

에얼릭 71, 261, 266, 319, 331, 429, 430
엑손 발데즈 188, 407, 433
엔트로피 190
연료전지 222
염수화 113, 278
예방원리 155
예방적 억제요인 242
오덤, 유진(E.P. Odum) 25, 27, 38
오염하치장 79
온대지역 산림 91
온실가스 56, 98, 142~144, 146, 149, 153, 158, 159, 162, 164~165, 167~171, 175, 181, 184, 187, 208~209, 212, 216, 221, 298, 318, 320, 335, 360, 368, 388, 400
온실효과 98, 142~143, 164
온실효과」 98
외부효과 55~56, 185, 334, 364, 369, 377, 398
유기적 연대 63
유기체 19, 21~25, 27, 34, 135, 188, 287, 426
유인책 전환 334
유전지 99
음식-에너지 부족 274
인간면제주의 패러다임 58~59, 63
인간생태학 8, 10, 37, 41, 326
인구 재분배 248~249
인구추이 243~244
인지된 환경 36~37
일반순환모델 144~146

【ㅈ】
자발적 단순성 341, 455

자연도태 24~25, 104
자원 할당의 문제점 72
자원분할화 22
재분배의 교환 38
재사용 115~116, 128
적극적 억제요인 241
적극적 태양열 난방체계 219
정적 관계 114, 146, 150, 196, 197, 263, 368, 392, 439, 468
정치적 행위 376, 386
제초제와 살충제의 반복 사용 112
종분화 39
종속이론 309
주도권 구조 307
주변국가 309, 328
준공유자원 365
준전문화 39, 64, 377
지구온난화 19~20, 56, 98~99, 131~132, 134, 141, 143, 145~147, 149, 152, 154, 156~158, 161, 164, 166~172, 176, 182~183, 213, 228, 233, 291, 335, 368, 404, 433~435, 460, 462~463, 470, 476~477, 479
지구적 차원에서의 불평등 313, 316
지리공학 157, 159, 161~162
지배위계체계 61
지속가능발전 321~324, 332, 405, 470
지속적 성장 303
지역에서의 사회관계 283
지혜로운 이용 운동 462~463
직접행동 441, 446, 460
진정진보지표 369
집단도태 25

집합행동 335, 349, 420~422, 457~458, 465

【ㅊ】
창의성 격차 271
초과이용 23~24
총자원소비 338
추이적 성장 245~247, 249
침출수 114

【ㅋ】
캐턴, 윌리엄(William Catton) 58~59, 64~66, 324
코머너, 배리(Barry Commoner) 266, 429, 436
쿤, 토머스(Thomas Kuhn) 58
클라인, 데이비드(David Klein) 23

【ㅌ】
탄소세 163, 231
탈물질주의 392, 471
탈물질화 116, 333, 338
태도-행위 일관성 모델 202

【ㅍ】
패러다임 9, 32, 47, 58~59, 63, 67, 71~73, 260, 269~270, 273, 289, 323, 345, 355, 362, 439, 450
폐기물 경제 116
폐기물 처리장 65, 79
폐열발전 160, 333, 381
포화 한계 28
풍력발전 169, 175, 213, 217, 219, 220

풍력발전기 217

【ㅎ】
합리적 선택이론 370, 414
합성가스 209
합의적 쟁점 434
해리스, 마빈(Marvin Harris) 195
해석적 관점 68, 347
핵심국가 309, 330
현상학 133
화석연료 142, 148, 159, 175, 182, 186~187, 189, 192~193, 199, 206, 208~210, 213, 215, 219, 222~223, 227, 230~231, 334, 344, 401, 476
화이트, 레슬리(Leslie White) 194
환경가능주의 40
환경규제 62, 328, 378~379, 383, 387~392, 407, 462
환경규제국가 378, 387~390
환경영향평가보고서 435
환경용량 23~24, 240, 259, 263, 265, 323~325, 329, 331
환경정의 423, 437~444, 453, 466
환경파괴 46, 61, 184, 318, 332, 336, 340, 391, 399, 404, 433, 451

지은이

찰스 하퍼는 미국 네브래스카 주 오마하에 있는 크레이턴 대학교의 사회학 교수다. 1968년부터 사회학과에서 여러 과정을 개발하고 강의를 해오고 있다. 그의 강의 및 학문적 관심은 사회변동, 세계화, 종교사회학, 사회이론, 환경사회학이다. 다양한 학술지에 논문을 게재했다.

하퍼 교수는 이 책 외에도 다른 두 권의 책을 저술했다. 하나는 케빈 라이트(Kevin Leicht)와 공동으로 저술한 *Exploring Social Change: America and the World* (Prentice Hall, 2007)인데 현재 제5판이 출간됐다. 다른 하나는 브라이언 르보(Bryan F. LeBeau)와 공동으로 저술한 *Food, Society, and Environment* (Prentice Hall, 2003)이다.

하퍼 교수는 학부 학생일 때 생물학과 자연과학을 전공했다. 센트럴 미주리 주립대학교에서 학사학위를, 미주리 대학교에서 사회학으로 석사학위를, 네브래스카 대학교 링컨 캠퍼스에서 사회학으로 박사학위를 받았다.

그와 그의 아내 앤(Anne)은 장성한 아이들, 의붓자녀, 손자, 손녀와 가족을 이루어 크레이턴 대학교의 캠퍼스에 가까운 곳에서 살고 있다. 여행, 자전거 타기, 독서를 즐긴다.

옮긴이

정대연(jeongdy@cheju.ac.kr)은 경북 청도에서 출생했다. 부산고등학교와 고려대학교 사회학과를 졸업하고, 고려대학교 사회학과에서 문학석사를 받은 후, 호주 퀸스랜드(Queensland) 대학교에서 환경사회학으로 사회학 박사학위를 취득했다.

1981년부터 제주대학교 사회학과 교수로 근무 중이고, 영국 셰필드(Sheffield) 대학교에서 강의교수로 근무했다.

『환경사회학』(2002) 외 환경 또는 사회과학 연구방법과 관련한 10권의 저서를 출판했고, 2010년에는 『한국 지속가능발전의 구조와 변동』을 출판했다.

옮긴 책으로는 다렌도르프(R. Dahrendorf)의 『산업사회의 계급과 계급갈등』(1980)과 기든스(A. Giddens)의 『선진사회의 계급구조』(1982)가 있다.

전문분야 활동으로는 Asia-Pacific Sociological Association 회장, 「대통령자문 지속가능발전위원회」 위원, 「기후변화협약 당사국 유엔총회」 한국정부 대표, 「OECD회원국 환경회의」 한국정부 대표, 「국회 지속가능발전을 위한 환경정책연구회」 연구위원 등을 역임했다.

한울아카데미 1254

지속가능한 지구를 위한 환경사회학

ⓒ 정대연, 2010

지은이 | 찰스 L. 하퍼
옮긴이 | 정대연
펴낸이 | 김종수
펴낸곳 | 도서출판 한울

편집 책임 | 이교혜
편집 | 문용우

초판 1쇄 인쇄 | 2010년 4월 30일
초판 1쇄 발행 | 2010년 5월 24일

주소 | 413-832 파주시 교하읍 문발리 507-2(본사)
    121-801 서울시 마포구 공덕동 105-90 서울빌딩 3층(서울 사무소)
전화 | 영업 02-326-0095, 편집 02-336-6183
팩스 | 02-333-7543
홈페이지 | www.hanulbooks.co.kr
등록 | 1980년 3월 13일, 제406-2003-051호

Printed in Korea.
ISBN 978-89-460-5254-3 93330(양장)
ISBN 978-89-460-4281-0 93330(학생판)

* 가격은 겉표지에 있습니다.

* 이 도서는 강의를 위한 학생판 교재를 따로 준비하였습니다.
  강의 교재로 사용하실 때에는 본사로 연락해 주십시오.